한국연구재단 학술명저번역총서 동양편 284

영환지략 2-유럽

한국연구재단 학술명저번역총서
동양편 284

영환지략 2 - 유럽

초판 1쇄 인쇄 2024년 6월 10일
초판 1쇄 발행 2024년 6월 25일

저　　　자	서계여
역 주 자	이민숙 정민경
펴 낸 이	이대현

편　　　집	이태곤 권분옥 임애정 강윤경
디 자 인	안혜진 최선주 이경진
기획/마케팅	박태훈 한주영

펴 낸 곳	도서출판 역락
주　　　소	서울시 서초구 동광로46길 6-6 문창빌딩 2층 (우06589)
전　　　화	02-3409-2055(대표), 2058(영업), 2060(편집) FAX 02-3409-2059
이 메 일	youkrack@hanmail.net
홈페이지	www.youkrackbooks.com
등　　　록	1999년 4월 19일 제303-2002-000014호

ISBN 979-11-6742-857-8 94900
ISBN 979-11-6742-443-3 94080(세트)

이 저서는 2020년 대한민국 교육부와 한국연구재단의 지원을 받아 수행된 연구임 (NRF-2020S1A5A7085442)

한국연구재단 학술명저번역총서 동양편 284

영환지략 2
유럽

瀛寰志略 권4~권7

서계여(徐繼畬) 저
이민숙 정민경 역주

역락

『영환지략』의 출판 배경과 서계여(徐繼畬)

1661년 중국은 마지막 태평시절을 누리고 있었다. 당시 중국은 정치적, 사회적, 사상적으로 가장 발달된 모델을 가지고 있다고 자부했기 때문에 다른 나라의 발전을 간과했다. 그러나 세계는 변화하고 있었다. 18세기에는 영국의 산업혁명, 미국의 독립전쟁, 프랑스의 대혁명, 해상 탐험을 통한 식민지 약탈 전쟁 등 인류 역사상 큰 변화를 보이고 있었으나, 중국은 아편전쟁 발발 전까지는 그들에 대해 어떤 특별한 관심도 없었고, 이들이 중국에 대해 어떤 생각을 가지고 있는지도 몰랐다. 19세기에도 중국인들은 여전히 자신들이 천하의 중심이고, 기타 국가들은 모두 '오랑캐'에 불과하다고 생각했다. 그러나 1840년 영국의 견고한 화륜선과 대포가 중국의 문을 열고 아편이 중국에 밀려들어오고 불평등한 문호개방을 하면서 중국의 지식인들은 참혹한 실패를 겪었다. 그 후에 지식인들은 중국의 당시 상황을 반성하고, 끊임없이 방법을 모색하기 시작했다. 임칙서(林則徐, 1785~1850)·공자진(龔自珍, 1792~1841)·위원(魏源, 1794~1857) 등은 새로운 사유방식과 시선으로 시대의 선봉에 섰고, 서계여(徐繼畬, 1795~1873) 역시 동시대의 지식인들과 함께 새로운 시각으로 세상을 바라보았다.

서계여는 산서(山西) 오대(五臺) 사람으로 전통적인 학자 집안 출신의 관리였다. 1813년 18세에 향시(鄕試)에 참가했고, 20세에 거인(擧人)에 합격했으며, 1826년 31세에 진사에 급제하여 한림원(翰林院) 편수(編修)로서 관계에 발을 들여놓았다. 그 뒤로 섬서도(陝西道) 감찰어사(監察御使), 광서(廣西) 심강(潯江) 태수, 광동 감운사(監運使), 광동 안찰사(按察使), 복건 포정사(布政使), 광서 순무(巡撫) 등을 역임했다.

아편전쟁은 서계여가 복건성의 연진소도도대(延津邵道道臺)로 있을 때 발발했다. 당시 서계여는 전쟁의 최전방에서 200년간의 전성기를 구가하던 중국이 7만 리 밖의 바다 오랑캐(洋夷)에게 곤욕을 치르는 사태를 목격하고, 화륜선과 대포를 결합시킨 영국 전함의 위력을 몸소 느끼면서, 강렬한 우환의식을 가지게 되었다. 이러한 우환의식은 중국을 침략한 서양각국에 대한 정확한 이해와 파악을 요구했고, 그 결과 『영환지략』의 편찬으로 이어지게 되었다.

서계여는 중국의 지리서를 바탕으로 본격적으로 해외 관련 자료를 수집하던 중 하문(廈門)과 복주(福州)에서 활동하던 미국인 선교사 데이비드 아빌(David Abeel)과 윌리엄 커밍스(William H. Cummming), 복주 주재영사 영국인 조지 레이(George T. Lay), 레이의 후임 알콕(Sir Rutherford Alcock) 부부 등을 만났다. 이들과의 만남을 통해 세계정세에 더욱 관심을 가지게 된 서계여는 결국 1844년에 『여도고략(輿圖考略)』을, 또한 같은 해 7월에 증보를 해 『영환고략(瀛寰考略)』을, 1848년에 최종적으로 『영환지략』을 완성해 세상에 내놓기에 이르렀다.

『영환지략』의 출판은 당시 우물 안 개구리였던 중국을 경악케 했다. 그들은 자신들이 살고 있는 이 땅이 원래는 지구라고 불리는 땅이며, 다른 국가들과 마찬가지로 중국 역시 세계의 한 구성원이고, 중국은 결코 '세계의 왕'이 아니라 낙후한 국가 중 하나라는 사실을 깨닫게 되었다. 역사적 사실에도 불구하고 당시 중국인들은 『영환지략』을 '요설로 대중을 현혹시키고', '국체를 손상시키며', '서양을 과대 포장하는' 책이라 비판했으며, 결국 서계여는 1852년에 조정으로부터 파면되었다.

서계여는 그 뒤로 산서성 평요현(平遙縣)에서 초산서원(超山書院)을 맡아 관리하면서 『퇴밀재시문(退密齋時文)』, 『고시원비주(古詩源批注)』, 『오대신지(五臺新志)』, 『거우집(擧隅集)』, 『후한서비주(後漢書批注)』 등의 책을 써냈다. 1865년 서계여는 다시 나라의 부름을 받고 북경으로 가 경사동문관(京師同文館: 지금의 북경대학)을 관리해 제1대 총장이자 외국어대학의 학장이 되어, 근대 중국의 신식교육을 이끌었으며, 대변혁시기의 전야에 놓인 학생들과 대중들을 계몽시켰다.

『영환지략』은 이후 일본에서 먼저 큰 반향을 불러일으키면서 1861년부터 출판본이 나오기 시작했고, 조선에서는 1850년에 『해국도지』와 함께 들어와 1880년대의 개국 혹은 개화 사상가들에게 큰 영향을 끼쳤다. 중국에서는 1860년 양무운동이 발생하면서 "중국 사대부들이 알고 있는 약간의 세계지리 지식은 이 두 책(『해국도지』, 『영환지략』)에서 비롯되었다.(梁啓超)", "근래에 해외에서 일어난 일들을 언급한 책으로는 『영환지략』과 『해국도지』가 그 효시이다.(王韜)"라는 문단의 평가를 얻어 그 가치를 인정받았다.

『영환지략』의 구성과 내용

『영환지략』의 구성은 다음과 같다.

권수	구성
권1	지구,「황청일통여지전도」, 아시아, 아시아 동양 2개국, 아시아 남양 연안 각국
권2	아시아 남양 각 섬, 아시아 동남양 각 섬, 태평양 제도
권3	아시아 오인도, 아시아 인도 서쪽 이슬람 4개국, 아시아 서역 각 이슬람국가
권4	유럽, 유럽 러시아, 유럽 스웨덴, 유럽 덴마크
권5	유럽 오스트리아, 유럽 프로이센, 유럽 독일, 유럽 스위스
권6	유럽 터키, 유럽 그리스, 유럽 이탈리아, 유럽 네덜란드, 유럽 벨기에
권7	유럽 프랑스, 유럽 스페인, 유럽 포르투갈, 유럽 영국
권8	아프리카, 북아프리카, 중앙아프리카, 동아프리카, 서아프리카, 남아프리카, 아프리카 각 섬
권9	아메리카, 북아메리카 빙하지역, 영국령 북아메리카, 북아메리카 미합중국
권10	북아메리카 남부 각국, 남아메리카 각국, 카리브제도

각 권의 요지는 다음과 같다.

권1~권3에서는 지구의 모양과 위도, 경도, 5대륙 전반에 대한 개략적인 상황 및 아시아의 지리, 역사, 풍속 등에 대해 상술하고 있다. 이를 바탕으로 일본을 비롯한 동양 2개국, 루손, 수마트라를 비롯한 인도네시아 각 섬 및 오세아니아에 대해 기술하고 있다. 특히 스페인의 루손 식민화 과정과 이를 교두보로 해 스페인이 어떻게 아시아 각국에 침투하게 되었는지를 흥미롭게 서술하고 있다.

권4~권7에서는 유럽의 자연, 인문학적 상황을 개괄적으로 기술한 다음, 19세기 당시 번역자에 따라 달리 사용되던 유럽 각국의 명칭을 상세하게 정리하고 있다. 이를 바탕으로 중국과 지리적으로 가까운 러시아에서 부터, 열악한 자연환경을 이겨내고 강국이 될 수 있었던 스웨덴, 좁은 강역에도 불구하고 요충지를 장악해 강국이 된 덴마크, 유럽의 정중앙에 위치한 독일연방과 중국 봉건제도의 유사성, 서방의 이상향 스위스, 넓은 강역에 비해 그 위세와 역량이 다소 부족했던 오스트리아, 그리스의 신화에서부터 그리스 페르시아 전쟁, 마라톤 전투, 델로스 동맹, 펠로폰네소스 전쟁, 종교적 견해의 차이로 두 나라로 분리된 네덜란드와 벨기에, 전통적인 유럽의 강호 프랑스, 대항해시대의 성공을 구가했던 스페인의 몰락, 포르투갈을 대서양국이라 불렀던 이유, 중국을 위기에 빠뜨린 영국에 대한 적대감과 동시에 오스트레일리아를 부강한 나라로 만든 영국의 원대한 기상까지 각국에 대한 저자의 독창적인 견해와 비판이 눈길을 끈다.

권8에서는 이집트와 에티오피아를 중심으로, 동아프리카(모잠비크, 소말리아, 케냐 등), 북아프리카(이집트, 모로코, 튀니지, 트리폴리타니아), 남아프리카(카르파리아, 나미비아 등), 서아프리카(기니, 콩고), 중앙아프리카(쿠르두판, 다르푸르 등) 각국의 연혁과 지리, 풍속, 외모, 언어, 문화적 특색에 대해 상술하고 있다. 나아가 로마와 카르타고와의 전쟁, 유럽 열강의 속지 및 희망봉에 대해서도 기술하고 있다.

권9~권10에서는 콜럼부스의 아메리카 대륙 발견 과정, 미국의 독립 과정과 역사, 26개 주의 설립과정, 헌법과 의회제도의 수립과정 및 정치, 종교, 교육, 복지, 경제 등에 대해 기술하고 있다. 특히 미국의 민주주의 제도와 그에 대한 조지 워싱턴의 역할, 그를 중심으로 한 미국인들의 인격 그리고 지도자의 중요성을 강조한 저자의 시각이 흥미롭다. 나아가 북아메리카의 남쪽에 위치한 멕시코, 텍사스와 남아메리카의 과테말라, 엘살바도르, 온두라스, 코스타리카, 파타고니아, 칠레, 콜롬비아, 페루 등의 지리, 연혁, 인구, 종교 및 물산 등에 대해 서술하고 있다. 여기서는 특히 스페인의 멕시코 식민화과정과 멕시코의 독립과정을 상세히 기술하면서, 미국을 본받아 독립을 한 멕시코가 강대국으로 발전하지 못한 원인과 '금광'으로 이름났던 페루가 빈국으로 전락할 수밖에 없었던 원인을 함께 비교 분석하고 있다.

『영환지략』 역주 작업의 경과 및 의의

『영환지략』 역주 작업은 한국연구재단 명저 번역 사업의 일환으로 진행되었다. 본 번역진은 2년에 걸쳐 초역을 진행했으며, 그 이후로도 계속된 윤독 과정을 거쳐 번역문에 대한 꼼꼼한 수정을 통해 출판하기에 이르렀다. 본 역주는 도광(道光) 28년본(福建巡撫衙門刻本)에 간행된 『영환지략』을 저본으로 삼아 기존의 다양한 판본을 비교 검토하면서 글자의 출입을 정리하는 것에서부터 시작했는데, 이 과정에서 송대천(宋大川)의 『영환지략교주(瀛寰志略校注)』(文物出版社, 2007)와 현재 출간 중에 있는 『해국도지(海國圖志)』(세창출판사, 2021)의 도움을 많이 받았다.

『영환지략』의 역주작업은 결코 만만치가 않았다. 세계문명지리서인 『영환지략』은 말 그대로 세계의 수많은 인명과 지명, 개념어가 나온다. 또한 『영환지략』에서 인용하고 있는 자료가 기원전부터 19세기 초중반 이전 시대의 것이 많다보니, 실제 해당 국가의 지명이나 인명이 지금 존재하지 않는 경우도 있고, 해당 인명이나 지명을 찾지 못하는 경우가 제법 발생했다. 따라서 많은 시간을 할애하고 노력을 기울였음에도 불구하고, 여전히 찾지 못한 원어 지명이나 인명이 한자어로 남아 있는데, 이에 대해서는 독자들의 양해를 구하는 바이다.

『영환지략』은 중화중심주의에 빠져 있던 중국의 지식인들뿐만 아니라 당시 근대화를 앞둔 조선과 일본에도 전래되어 큰 영향을 끼쳤다. 따라서 『영환지략』의 출간은 국내 최초의 완역이라는 점에서 그 의의가 상당하며, 특히 인문지리서에 해당하는 세계 각국의 자료는 중국 근대사와 세계 근대사를 연구하는 데 있어 중요한 기초자료를 제공한다는 점에서 가치가 있다. 다만 역주 작업에서 번역진이 미처 발견하지 못한 번역상의 오류가 있을 수 있으니, 독자 여러분의 아낌없는 질정과 도움을 바라는 바이다. 마지막으로 어려운 출판 여건 속에서도 좋은 책을 만들기 위해 애쓰시는 도서출판 역락 관계자 여러분께 깊은 감사를 드린다.

역주자를 대표해서
이민숙 씀

◆ 차례

✤ 영환지략 2-유럽 ✤

1권 | 영환지략 1-아시아

✦ 3권 | 영환지략 3-아프리카·아메리카 ✦

◆ 일러두기

1. 본 번역은 『영환지략(瀛寰志略)』 도광(道光) 28년본(福建巡撫衙門刻本)을 저본으로, 일본 문구(文久) 신유년(1861) 「대미각본(對嵋閣本)」과 송대천(宋大川)이 교주(校注)한 『영환지략교주(瀛寰志略校注)』(文物出版社, 2007) 등 『영환지략』 관련 여러 판본을 참고하고 교감해 역주를 진행했다.

2. 『영환지략』은 다음 원칙에 준해 번역한다.

　① 본 번역은 가능한 한 직역을 위주로 하고 직역으로 문맥이 통하지 않을 경우에는 본뜻이 벗어나지 않는 범위 내에서 의역하며, 문맥의 이해를 돕기 위해 필요시 [　] 부분을 삽입해 번역한다.

　　예 속옷[즉 훈도시]은 비단 폭을 이용해 허리에 두르고, [발에는] 짧은 버선을 신고 명주실로 짠 신을 끈다.

　② 본 번역에서 언급되는 중국의 국명, 지명, 인명, 서명의 경우, 한국식 발음으로 표기하며, 조목마다 처음에만 (　) 안에 한자어를 병기한다. 다만 홍콩, 마카오와 같이 한국인에게 널리 알려진 지명의 경우는 그대로 사용하며, 지금의 지명으로 설명이 필요한 경우는 중국 현대어 발음으로 표기한다.

　③ 중국을 제외한 외국의 국명, 지명, 인명, 서명의 경우, 외래어 표기법에 의거하여 해당 국가의 현대식 표기법을 따르고, 조목마다 처음에만 (　) 안에 해당 지역 언어를 병기한다. 그리고 나머지 필요한 상황은 주석으로 처리한다.

　　예 캘리컷(Calicut),[1] 알레니(Giulio Aleni)
　　　1 캘리컷(Calicut): 원문은 '고리(古里)'로, 지금의 인도 남서부에 있는 코지코드(Kozhikode)이다.

④ 외국 지명은 현대식 표기법을 따를 때 역사적 사건과 사실이 잘 드러나지 않는 경우가 있다. 안남(安南)의 경우, 오늘날의 베트남을 지칭하지만, 역사적으로 보면 베트남의 한 왕국 이름이다. 따라서 이 경우에는 부득이하게 한자음 발음을 그대로 따른다.

> 예 안남(安南)[2]
>
> 2 안남(安南): 지금의 베트남을 가리키는 말로, 당대에 이곳에 설치된 안남도호부(安南都護府)에서 유래되었다. 청대에는 베트남을 안남국, 교지국(交阯國) 등으로 구분하여 불렀다. 또한 안남국은 꽝남국을 가리키기도 한다. 따라서 본 역서에서는 역사 사실의 이해를 돕기 위해 원문에 입각하여 이 명칭을 그대로 사용한다.

⑤ 서계어의 '안(案)'은 번역문과 원문에 그대로 노출시킨다. 다만 본문과의 차이를 분명히 하기 위해 글자 포인트(9)를 줄이고 색깔을 입혀 처리한다.

> 예 살펴보건대 러시아의 영토가 아시아의 60%를 차지하고 있다. 그러나 러시아의 수도는 유럽의 발트해 연안에 위치한다. 터키 동부와 터키 중부는 아시아에 속하지만 수도가 있는 터키 서부는 유럽에 속한다.

⑥ 서계어의 '안(案)' 가운데 다시 안을 붙인 경우가 있다. 이 경우 서계어의 '안'과 구분하기 위해 다른 색깔을 입혀 처리한다.

> 예 아시아에는 아라비아해(Arabian Sea) 이란(Iran)과 아라비아(Arabes) 사이에 위치한다. 와 홍해(紅海) 서양에서는 레드 씨(Red Sea)라고 부른다. 가 있는데 모두 인도양을 거치면서 물줄기가 나뉜다.

⑦ 주석 번호는 권별로 시작한다.

◆ 영환지략 자서(自序)

　지리는 지도가 아니면 명확하게 알 수 없고, 지도는 가보지 않으면 알
수 없다. 대지는 형체가 있어서 마음대로 늘리고 줄일 수 있는 것이 아니
다. 서양인들은 원거리 여행에 뛰어나 배를 타고 사해를 일주하면서 가는
곳마다 번번이 붓을 꺼내 지도를 그리기 때문에 그 지도는 유독 근거로 삼
을 만하다. 도광(道光)[1] 23년(1843) 계묘년에 공무로 하문(廈門)에 머물면서 미
국[2] 사람 데이비드 아빌(David Abeel)[3]을 만났는데, 그는 서양의 박학다식한
사람이었다. 그는 복건 말을 할 줄 알았으며 지도책을 가지고 있었는데 그
림이 아주 세밀했다. 나는 그 글자를 몰라 괴로워하다가 지도 10여 폭을 베
끼면서 아빌을 찾아가 물어 번역하면서 각국의 이름은 대충이나마 알게
되었지만, 급한 나머지 자세히는 알 수 없었다. 이듬해 다시 하문에 갔을
때 군사마(郡司馬) 곽용생(霍蓉生)이 지도 2책(冊)을 구입했는데, 한 책은 2자
남짓 되고, 다른 한 책은 1자 정도 되었다. 그런데 아빌이 가지고 있던 책
자보다 더 상세했다. 또한 서양인이 중국어로 쓴 잡서 몇 종류를 찾아내고,
내가 또 약간의 책을 구했다. 책이 속되고 문아하지 않아 점잖은 사람들은
차마 볼 수 없었지만, 나는 이들을 모으고 인용하며, 작은 쪽지라도 얻으면

1　도광(道光): 청나라 제8대 황제 선종(宣宗) 애신각라민녕(愛新覺羅旻寧)의 연호(1820~1850)
　　이다.
2　미국: 원문은 '미리견(米利堅)'이다.
3　데이비드 아빌(David Abeel): 원문은 '아비리(雅裨理)'이다. 데이비드 아빌(1804~1846)은 1844년
　　중국에 온 미국인 선교사로, 서계여가 『영환지략』을 집필하는 데 많은 도움을 주었다.

역시 기록해 보존하면서 버리지 않았다. 서양인을 만날 때마다 번번이 책자를 펴서 묻고 고증했다. 그래서 해외 각국의 지형과 상황에 대해 조금씩 그 개요를 알게 되었다. 이에 지도에 근거해 체계를 세우고 여러 책에서 믿을 만한 부분을 가려 뽑아 부연 설명하고 책으로 엮었다. 한참 뒤에 이것이 쌓여 여러 권이 되었다. 책 한 권을 손에 넣을 때마다 간혹 새로운 소식이 있으면 번번이 고치고 증보해 원고가 수십 번은 바뀌었다. 계묘년에서 지금에 이르기까지 계절이 다섯 번 바뀌었다. 공무를 보고 남는 시간에는 오직 이 일로 시간을 보내면서 하루도 손에서 놓은 적이 없다. 방백(方伯)[4] 진자포(陳慈圃)와 관찰(觀察) 녹춘여(鹿春如)[5]가 이것을 보고는 남길만하다고 생각해 잘못된 부분을 잘라내고 고쳐 모두 10권으로 분권했다. 같은 뜻을 가진 사람들이 달라고 해서 살펴보고는 대부분 출판을 권유했다. 그래서 『영환지략(瀛寰志略)』이라 이름 짓고 이렇게 이 책의 서문을 쓴다.

도광 28년(1848) 무신년 가을 8월

오대(五臺) 사람 서계여(徐繼畬)가 쓰다.

---

4 방백(方伯): 『예기(禮記)』 「왕제(王制)」에 따르면, 지방장관을 말한다.

5 녹춘여(鹿春如): 녹택장(鹿澤長)이다. 녹택장(1791~?)은 자가 춘여이며 산동사람이다. 서계여를 도와 『영환지략』의 교감작업에 참여해 책의 출간에 큰 도움을 주었다.

地理非圖不明, 圖非履覽不悉. 大塊有形, 非可以意爲伸縮也. 泰西人善於行遠, 帆檣周四海, 所至輒抽筆繪圖, 故其圖獨爲可據. 道光癸卯, 因公駐廈門, 晤米利堅人雅裨理, 西國多聞之士也. 能作閩語, 攜有地圖冊子, 繪刻極細. 苦不識其字, 因鈎摹十餘幅, 就雅裨理詢譯之, 粗知各國之名, 然匆卒不能詳也. 明年, 再至廈門, 郡司馬霍君蓉生購得地圖二冊, 一大二尺餘, 一尺許. 較雅裨理冊子, 尤爲詳密. 幷覓得泰西人漢字雜書數種, 余復蒐求得若干種. 其書俚不文, 淹雅者不能入目, 余則薈萃采擇, 得片紙亦存錄勿棄. 每晤泰西人, 輒披冊子考證之. 於域外諸國地形時勢, 稍稍得其涯略. 乃依圖立說, 采諸書之可信者, 衍之爲篇. 久之, 積成卷軼. 每得一書, 或有新聞, 輒竄改增補, 稿凡數十易. 自癸卯至今, 五閱寒暑. 公事之餘, 惟以此爲消遣, 未嘗一日輟也. 陳慈圃方伯·鹿春如觀察見之, 以爲可存, 爲之刪訂其舛誤, 分爲十卷. 同人索觀者, 多慫慂付梓. 乃名之曰『瀛寰志略』, 而記其緣起如此.

道光戊申秋八月, 五臺徐繼畬識.

영환지략

권4

본권에서는 유럽의 역사, 지리, 환경, 풍속, 산물, 교육, 정치, 경제 등의 상황을 개괄적으로 기술한 다음, 19세기 당시 번역자에 따라 달리 사용되던 유럽 각국의 명칭을 정리하고 있다. 이를 바탕으로 중국과 지리적으로 가까운 러시아에서부터 스웨덴, 덴마크 등에 대해 소개하고 있다. 중국과 러시아의 역대관계, 유럽 최북단에 위치한 스웨덴이 열악한 자연환경을 이겨내고 강국이 될 수 있었던 이유와 좁은 강역에도 불구하고 요충지를 장악해 강국이 될 수 있었던 덴마크에 대해 상술하고 있다.

［유럽］

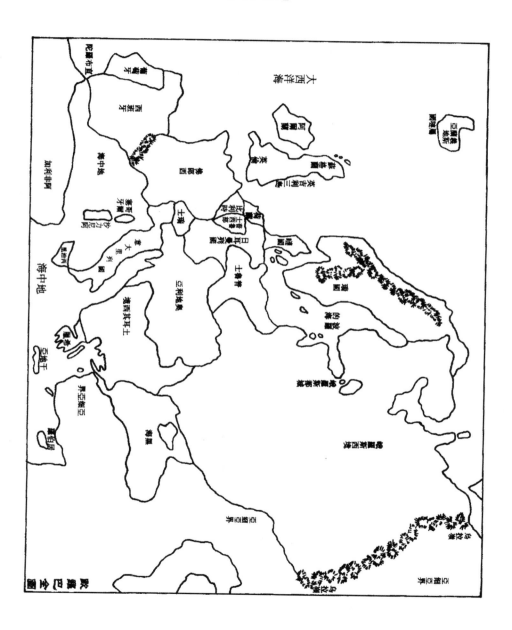

21

유럽전도

의사란지아(義斯蘭地亞): 덴마크령으로, 지금의 아이슬란드(Iceland)이다.

대서양해(大西洋海): 지금의 대서양(Atlantic Ocean)이다.

아세아계(亞細亞界): 아시아 강역이다.

오랍령(烏拉嶺): 지금의 우랄산맥(Ural Mountains)이다.

아라사서경(峨羅斯西境): 러시아 서쪽 강역이다.

아라사도성(峨羅斯都城): 러시아의 수도이다.

파라적해(波羅的海): 지금의 발트해(Baltic Sea)이다.

련국(嗹國): 지금의 덴마크(Denmark)이다.

영길리삼도(英吉利三島):

–소격란(蘇格蘭): 지금의 스코틀랜드(Scotland)이다.

–영륜(英倫): 지금의 잉글랜드(England)이다.

–아이란(阿爾蘭): 지금의 아일랜드(Ireland)이다.

하란(荷蘭): 지금의 네덜란드(Nederland)이다.

비리시(比利時): 지금의 벨기에(Belgium)이다.

보로사서부(普魯士西部): 프로이센 서부이다.

일이만열국(日耳曼列國): 지금의 독일(Germany) 연방공화국이다.

보로사(普魯士): 포로사(埔魯寫), 파로사(破路斯), 도리아(圖理雅)라고도 하며, 프로이센(Preussen)을 가리킨다.

오지리아(奧地利亞): 지금의 오스트리아(Austria)이다.

서사(瑞士): 지금의 스위스(Switzerland)이다.

불랑서(佛郞西): 지금의 프랑스(France)이다.

흑해(黑海): 지금의 흑해(Black Sea)이다.

토이기서경(土耳其西境): 터키 서쪽 강역이다.

뚝 솟아있는데, 바로 영국(United Kingdom)[28]이다.

유럽 각 나라는 이름이 책마다 달라 분간하기가 어렵다. 어떤 나라는 원래 이름이 여러 개인 경우도 있는 반면, 어떤 나라는 본래 이름은 하나뿐인데 번역을 거치면서 사람마다 서로 달라진 경우도 있다. 지금 이를 모아 편집해서 뒤에 달아 놓아 고찰하는데 보탬이 되고자 한다.

러시아 아라사(俄羅斯)·악라사(鄂羅斯)·액라사(厄羅斯)·아라사(阿羅思)·알로사(斡魯思)·올로사(兀魯思)·라찰(羅刹)·라차(羅車)·갈륵사(葛勒斯)·박라답(縛羅答)·막가사미아(莫哥斯未亞)·살이마서아(薩爾馬西亞)·몰수배(沒壽啡).

스웨덴 서전(瑞典)·소이천(蘇以天)·서정(瑞丁)·수림(綏林)·서서아(瑞西亞)·수역고(綏亦古)·서비야사과(西費耶斯科)·리도아니아(里都亞尼亞)·비마이가(匪馬爾加)·파적아(波的亞)·남기(藍旗).

덴마크 련마(嗹馬)·령묵(領墨)·린인(吝因)·정림(丁林)·대니(大尼)·단마이(丹麻爾)·대마이제(大馬爾齊)·설제아(雪際亞)·소액제(蘇厄祭)·영려마록가(盈黎馬祿加)·저납마이가(低納馬爾加)·황기(黃旗).

독일 아륵만(阿勒曼)·아리만(阿里曼)·점만니(占曼尼)·야마니(耶馬尼)·열이마니(熱爾麻尼)·아륵묵니아(亞勒墨尼亞).

프로이센 보로사(普魯社)·부로서아(部魯西亞)·포로사(埔魯寫)·도리아(圖理雅)·파로서(破魯西)·비아이미아(比阿爾未亞)·단응국(單鷹國).

오스트리아 오사적리아(奧斯的里亞)·아사득리아(阿士得厘亞)·아사저랍(阿士氐拉)·구새특리아(歐塞特里阿)·막이대미아(莫爾大未亞)·동국(東國)·쌍응국(雙鷹國).

---

28 영국(United Kingdom): 원문은 '영길리(英吉利)'이다.

터키 토이기(土耳磯)·도이기(都耳基)·다이기(多爾其)·특이제(特爾濟)·도로기(都魯機)·두이격(杜爾格)·공갈이(控噶爾)·아다마락(疴多馬諾)·아다만(阿多曼).

그리스 액리사(額里士)·액력서(額力西)·액륵제(厄勒祭)·액륵서아(厄勒西亞).

스위스 서자(瑞子)·속색릉(束色楞)·수사란(綏沙蘭)·소익살(蘇益薩)·흑이위서아(黑爾威西亞).

이탈리아 이타리(以他里)·이타리(以他利)·이달리(伊達利)·라문(羅問)·라문(羅汶)·나마(那嗎)·살도이니아(薩都爾尼亞)·액락지리아(厄諾地里啞)·오색니아(奧索尼啞).

네덜란드 화란(和蘭)·하란(賀蘭)·법란득사(法蘭得斯).

벨기에 비륵치(比勒治)·유리의(惟理儀)·배의(北義)·비이련객(比爾嗹喀)·비이일가(比爾日加)·밀이윤(密爾閏)·미이니임(彌爾尼壬)·비리윤(比利閏).

프랑스 불란서(佛蘭西)·법란서(法蘭西)·불랑기(佛郞機)·불랑제(佛郞祭)·오로(奧盧)·오록(奧祿)·아리아(牙里亞).

스페인 시반아(是班牙)·사편아(斯扁亞)·사편(士便)·간사랍(干絲臘)·의사파니아(義斯巴尼亞)·이서파니아(以西把尼亞)·대여송(大呂宋)·의비리아(意卑里亞).

포르투갈 포도가(葡萄駕)·포도고이(葡萄庫耳)·포로아(布路亞)·파이도기(波耳都欺)·박이도갈아(博爾都噶亞)·백이도아리(伯爾都牙里)·대서양(大西洋)·노서달니아(盧西達尼亞).

영국 영기려(英機黎)·영규려(英圭黎)·응흘려(膺吃黎)·암액리(諳厄利)·영륜적(英倫的)·급렬적불렬전(及列的不列顚).

살펴보건대, 이상의 각 나라 중에 오직 러시아만이 중국과 무역하는데, 해로가 아닌 서북쪽 육로를 통해 무역한다. 광동에 와서 무역하는 나라 중에는 영국 선박이 가장 많아 각국의 10분의 6을 차지한다. 스페인의 선박은 대부분 루손(Luzon, 呂宋)[29]에서 오기 때문에 광동에서는 대여송(大呂宋)과 소여송(小呂宋)이라 부르고 서반아라고 부르지 않는다. 선박은 영국보다 다소 많지만 서양의 쌀 이외에 다른 화물은 거의 취급하지 않는다. 이외에 오스트리아·프로이센이 그 다음이고, 덴마크·네덜란드가 그 다음이며 스웨덴이 또 그 다음이다. 프랑스 화물선은 매년 광동으로 오는데, 많으면 3~4척이고 적게는 1~2척이 오며 화물은 모두 나사(羅紗)와 우단(羽緞)[30]·시계 등의 진귀한 물건이다. 포르투갈은 바로 마카오에 거주하는 대서양국(大西洋國)으로, 본국 상선이 오는 경우는 아주 드물다. 독일의 함부르크(Hamburg)[31] 앙불이액(昂不爾厄)이라고도 한다. 와 브레멘(Bremen)[32] 불래매(不來梅)라고도 한다. 두 항구도시에서 간혹 화물선이 광동으로 온다. 벨기에는 지금 통상을 원하지만 선박이 아직 오지는 않았다. 이탈리아는 근래에 4개국으로 분리되어, 상선이 온 적이 없다. 터기는 이슬람 국가이고, 그리스는 지금 막 세워진 소국으로, 아직 통상한 적이 없다.

서양인이 쓴 『구라파열국판도설(歐羅巴列國版圖說)』에 다음 기록이 있다.

첫째, 러시아는 국왕이 다스리고 면적은 302만 정방리(正方里)이며, 인구는 4100만 명이다. 연간 세수는 5200만 원 은은 원(圓)단위로 계산하며 무거운 것은 7전 2푼이고 가벼운 것은 4,5,6전으로 일정하지 않다. 이고 국가부채는 2억 원이다. 병사는 60만 명이고 전시 때는 100만 명이 조금 넘으며 병선 36척을 보유하고 있다. 둘째, 영국은 여왕이 다스린다. 면적은 30만 정방리이고 인

---

29 루손(Luzon): 원문은 '여송(呂宋)'으로, 지금의 필리핀에 위치한다.

30 나사(羅紗)와 우단(羽緞): 원문은 '니우(呢羽)'이다.

31 함부르크(Hamburg): 원문은 '한보(翰堡)'이다.

32 브레멘(Bremen): 원문은 '북민(北閩)'이다.

구는 2200만 명이다. 연간세수는 2억 2800만 원이고, 국가부채는 35억 원이다. 병사는 9만 명이고 전시 때는 37만 명이며 병선은 610척이고 전시 때는 1천이 넘는다. 셋째, 프랑스는 국왕이 다스린다. 면적은 63만 정방리이고 인구는 3200만 명이다. 연간세수는 1억 5070만 원이고, 국가부채는 4억 8천만 원이다. 병사는 28만 명이고 전시 때는 32만 명이며, 병선 350척을 보유하고 있다. 넷째, 오스트리아는 국왕이 다스린다. 면적은 75만 정방리이고, 인구는 3200만 명이다. 연간세수는 5200만 원이고, 국가부채는 2억 원이다. 병사는 27만 명이고 전시 때는 72만 명이며, 병선 31척을 보유하고 있다. 다섯째, 프로이센은 국왕이 다스린다. 면적은 30만 정방리이고 인구는 1200만 명이다. 연간세수는 3천만 원이고, 국가부채는 1억 1400만 원이다. 병사는 15만 명이고 전시 때는 52만 명이며, 병선은 자세히 알려져 있지 않다. 여섯째, 스페인은 여왕이 다스린다. 면적은 41만 정방리이고, 인구는 1300만 명이다. 연간세수는 2600만 원이고, 국가부채는 2억 3천여만 원이다. 병사는 4억 6천 명이고, 전시 때는 17만 명이며 병선은 지금은 없다. 일곱째, 터키는 국왕이 다스린다. 면적은 60만 정방리이고, 인구는 9백여만 명이며, 연간세수는 1100만 원이고 국가부채는 3600만 원이다. 병사는 8만 명이고 전시 때는 20만 명이며 병선 1백여 척을 보유하고 있다. 여덟째, 스웨덴은 국왕이 다스린다. 면적은 67만 정방리이고, 인구는 380만 명이다. 연간세수는 7백 만원이고, 국가부채는 1700만 원이다. 병사는 4만 5천 명이고 전시 때는 13만 명이며, 병선 30척을 보유하고 있다. 아홉째, 덴마크는 국왕이 다스린다. 면적은 15만 정방리이고, 인구는 2백만 명이다. 연간세수는 4백만 원이고, 국가부채는 4천만 원이다. 병사는 3억 8천 명이고 전시 때는 7억 4천 명이며, 병선 1백 척을 보유하고 있다. 열째, 포르투

유럽인들은 신장이 크고 피부가 희며 코와 눈이 높고 깊으며 눈동자가 노랗고 간혹 눈동자가 검은 사람도 있다. 수염이 많아 귀밑까지 이어져 있거나 간혹 뺨을 덮은 사람도 있다. 수염이 중국인처럼 곧게 자란 사람도 있고, 규룡같이 꼬불꼬불한 사람도 있고, 수염을 다 자른 사람도 있고, 전체를 그대로 놔둔 사람도 있으며, 중국인처럼 수염을 부분적으로 남겨둔 사람도 있는데, 이는 나이와는 무관하다. 두발의 길이는 2~3치 정도 되는데, 두발이 자라면 잘라낸다. 두발과 수염은 금색이거나 붉은 색[黃赤]이 많으며 명나라 말기에는 네덜란드 사람을 홍모인이라 불렀으며, 최근에는 영국을 홍모인이라고 부르는데, 모두 두발과 수염의 색이 금색이거나 붉기 때문이다. 그런데 유럽인들 대부분이 이와 같으며, 이 두 나라만 그런 것은 아니다. 간혹 검은 색 수염과 두발을 가진 사람도 있다. 두발이 검은 색이면 눈동자도 검다. 여자들의 두발과 눈동자 역시 그러하다. 누군가는 중국에서 오래 살다보면 두발과 눈동자가 점점 검게 변한다고도 했다. 남녀 중에 중국인과 비슷하게 생긴 사람도 절반 정도 있다. 남자들은 정수리가 평평한 모자를 쓰는데, 원통에 끝부분이 좁고 높이는 3~4치 정도 된다. 모직물로 만든 것도 있고 비단으로 만든 것도 있는데, 손님을 만나면 모자를 벗어 예를 갖춘다. 남자들은 모두 턱까지 이어지는 넓은 옷깃, 좁은 소매 옷에 허리띠를 매는데, 긴 것은 배까지 내려가며 바지 역시 정강이에서 묶는다. 밖에 걸치는 옷은 대략 품이 넉넉하고 길어서 무릎까지 내려가며 앞섶이 넓다. 속옷은 면을 사용하고 겉옷은 나사(羅紗)[47]를 사용한다. 겨울에는 갖옷을 입지 않고 여름에는 갈옷을 입지 않는

47　나사(羅紗): 원문은 '대니(大呢)'로, 양털에 무명이나 인조견 등을 섞어서 짠 두터운 혼성 모직물이다.

다. 가죽으로 만든 신과 장화를 신는다. 여자들은 두발을 고스란히 길러 중국처럼 대충 머리를 틀어 올린다. 상의 역시 좁은 소매에 몸에 착 달라붙으며 옷깃이 없다. 앞은 가슴과 어깨를 반쯤 드러내놓고, 뒤는 목덜미와 등을 5~6치 정도 드러내놓고 있는데, 외출할 때면 넓은 옷깃의 옷을 걸쳐 가린다. 하의는 치마를 입는데 땅바닥에 쓸릴 정도로 길며 허리에는 모두 5~6단 정도의 주름이 잡혀 있다. 남녀는 모두 청결해 날마다 샤워한다.

유럽 여러 나라 중 남쪽에 있는 나라는 북회귀선 북쪽에 위치해 있어서 날씨가 중원과 비슷하다. 북쪽에 있는 나라는 북극권[48] 남쪽에 위치해 있어서 눈이 5~6자까지 쌓이고 얼음이 3~4자까지 언다. 전하는 말에 따르면 서양인은 추위를 두려워한다고 하는데, 이는 잘못된 말이다. 겨울에는 집에 모두 숯을 피우고 털옷을 여러 벌 껴입지만 가죽옷을 입는 사람은 없다. 전하는 말에 따르면 추위를 타는 사람은 흑인이라고 하는데, 흑인은 모두 인도 혹은 남양 각 섬의 사람들로 적도와 가깝기 때문에 옛날부터 눈과 얼음을 본 적이 없으니, 큰 추위를 만나면 몸이 오그라드는 것도 당연하다.

유럽에는 오곡이 다 난다. 최북단은 날씨가 아주 추워서 대부분 메밀을 심는다. 독일 이남은 밀·보리·메밀을 주로 심는다. 러시아 남쪽 지역과 터키는 조·기장·수수를 주로 심는다. 메벼를 심는 곳은 이탈리아·스페인뿐인데, 최남단에 위치해 있기 때문이다. 과일은 복숭아·살구·자두·능금·레몬·감귤·포도·앵두·올리브·오디·무화과·사탕수수 등이 난다. 야채는 종류가 다양한데, 감자를 가장 중시한다. 식사 때는 밀가루로 빵을 구워 먹고, 소고기, 양고기, 돼지고기는 모두 구워서 소스를 뿌려 먹는다. 음식을

---

48 북극권: 원문은 '북흑도(北黑道)'이다.

먹을 때는 나이프나 숟가락을 사용하고 젓가락은 사용하지 않는다. 음료는 커피를 마시는데, 끓여서 설탕을 넣어 마신다. 기름은 올리브로 만들어서 사용하는데 맑은 향이 참깨 못지않다. 술은 포도로 담그며, 간혹 앵두, 견과, 보리로 술을 담그기도 하는데, 농도가 포도주만 못하다. 우단(羽緞)[49]은 야크의 털로 만들고 나사(羅紗)는 면양의 털로 만들며, 면화는 오인도와 미국에서 수입해 온다. 방직기[50]를 이용해 직물을 짜서 인력이 줄고 가격이 저렴하다. 각국의 대부분이 금, 은, 구리, 철, 주석 등의 광산을 소유하고 있지만, 그중 러시아에서 나는 철이 가장 많아 다른 나라에서는 모두 이를 공급받아 사용한다. 은은 과거에는 독일의 작센에서 공급받았는데, 최근에는 남아메리카에서 가져온다. 목재는 도처가 숲을 이루고 있어 상수리나무·소나무·경(樫)나무[51]·느릅나무·자작나무가 가장 많으며, 나이테가 촘촘하고 재질이 단단하다. 중국에서 나는 가축이 모두 있으며 소와 돼지가 가장 많다.

유럽 각국이 광동으로 올 때는 모두 대서양에서 출발해 아프리카 서쪽 해안을 따라 남쪽으로 가면 그 끝에서 희망봉(Cape of Good Hope)[52] 호망각(好望角)이라고도 하며 속칭 대랑산(大浪山)이라고도 한다. 이 나오는데, 여기에서 방향을 바꾸어 동북쪽으로 간다. 배가 이곳에 이르면 풍랑이 험해져 바다에 익숙한 유럽 사람들 역시 두려움에 벌벌 떨다가, 이곳을 지나가면 손을 이마

---

49 우단(羽緞): 벨벳과 비슷한 직물이다. 우단은 벨벳에 비해 촘촘하고 주름이 적으며, 또한 따뜻해서 여성과 어린이들의 의복으로 이용된다.

50 방직기: 원문은 '화기(火機)'로, 내용상 천을 직조하는 방직기로 추정된다.

51 경(樫)나무: 삼나무와 비슷하게 생겼으며 아주 단단하다.

52 희망봉(Cape of Good Hope): 원문은 '급아온갈박(岌阿穩曷樸)'이다.

에 대고 축하한다. 인도양에서 동북쪽으로 가다가 수마트라(Sumatra)[53]·클라파(Kelapa)[54]의 순다해협(Selat Sunda)[55]으로 들어가서 다시 동북쪽으로 가면 광동에 도착하는데, 대략 7만 리 여정이다. 민간에 '오는데 3개월 가는데 5개월'이라는 말이 있는데, 아마도 대서양에서 중국까지 오는데 대략 3개월 여정이고, 귀국할 때는 5개월 정도의 여정이 필요하기 때문이다. 같은 길로 오고 가지만 속도가 다른 것은 모두 바람이 순풍인지 역풍인지에 따른 것만은 아니다. 천하의 물은 모두 동쪽으로 흘러 미려(尾閭)[56]에 이르러 대지로 들어갔다가 많은 물갈래를 따라 샘으로 솟아나서 나뉘어 흐르다가 나온다. 유럽에서 중국으로 가는 길은 순류이고 중국에서 서쪽으로 돌아가는 길은 역류가 되기 때문에 속도가 다를 뿐이다.

살펴보건대 칠춘원(七椿園)[57]의『서역문견록』에 따르면, 러시아의 서북쪽에 공갈이라는 큰 나라가 있는데, 러시아의 동쪽 강역과 서쪽 강역 밖까지 관할한다고 한다. 관할하는 각 성은 1만호에서부터 10여만 호까지 모두 다르다. 작은 성은 큰 성의 관할 하에 있으며, 큰 성은 작은 성 3~4곳부터 10여 곳까지 다스린다. 큰 성은 1400여 곳이 있다. 도성은 무로목(務魯木)으로, 남북의 길이는 말을 타고 가면 90일 거리이고, 동서의 너비 역시 그러하다. 성문은 2400개이며 성내에는 세 개의 큰 강이 있고, 산과 강, 호수와 늪이 셀 수

---

53 수마트라(Sumatra): 원문은 '소문답랍(蘇門答臘)'이다.

54 클라파(Kelapa): 원문은 '갈라파(噶羅巴)'이다.

55 순다해협(Selat Sunda): 원문은 '손타해협(巽他海峽)'이다.

56 미려(尾閭): 바다의 깊은 곳에 있어 물이 끊임없이 빠져나간다는 구멍을 말한다.

57 칠춘원(七椿園):『서역문견록』의 저자인 만주족 정남기인(正藍旗人) 칠십일(七十一)이다. 칠십일은 성이 니마사(尼瑪査)이고 호가 춘원이다.『서역문견록』은 그가 쿠차에 있을 때 지은 책이다.

在亞細亞界內. 土耳其之南, 地形如人掌, 拊於地中海, 曰希臘. 日耳曼之南, 曰瑞士. 再南如人股之著屐, 入於地中海, 曰意大里亞列國. 日耳曼之西北臨海, 曰荷蘭. 荷蘭之南, 曰比利時. 比利時之南, 曰佛郎西. 佛郎西之西南, 曰西班牙. 西班牙之西, 臨大西洋海, 曰葡萄牙. 佛郎西之西北, 有三島雄峙海中, 曰英吉利.

　　歐羅巴諸國之名, 諸書異說, 幾難辨識. 有一國本有數名者, 有本係一名, 而譯寫轉音, 遂致言人人殊者. 今釆輯於後, 以資考核.

　　峨羅斯 俄羅斯 · 鄂羅斯 · 厄羅斯 · 阿羅思 · 幹魯思 · 兀魯思 · 羅剎 · 羅車 · 葛勒斯 · 縛羅答 · 莫哥斯未亞 · 薩爾馬西亞 · 魯西亞 · 沒壽啡.

　　瑞國 瑞典 · 蘇以天 · 瑞丁 · 綏林 · 瑞西亞 · 綏亦古 · 西費耶斯科 · 里都亞尼亞 · 匪馬爾加 · 波的亞 · 藍旗.

　　嗹國 嗹馬 · 領墨 · 峇因 · 丁林 · 大尼 · 丹麻爾 · 大馬爾齊 · 雪際亞 · 蘇厄祭 · 盈黎馬祿加 · 低納馬爾加 · 黃旗.

　　日耳曼 阿勒曼 · 阿里曼 · 占曼尼 · 耶馬尼 · 熱爾麻尼 · 亞勒墨尼亞司.

　　普魯士 普魯社 · 部魯西亞 · 埔魯寫 · 圖理雅 · 破魯西 · 比阿爾末亞 · 單鷹國.

　　奧地利亞 奧斯的里亞 · 阿士得厘亞 · 阿士氏拉 · 歐塞特里阿 · 莫爾大未亞 · 東國 · 雙鷹國.

　　土耳其 土耳磯 · 都耳基 · 多爾其 · 特爾濟 · 都魯機 · 杜爾格 · 控噶爾 · 痀多馬諾 · 阿多曼.

　　希臘 額里士 · 額力西 · 厄勒祭 · 厄勒西亞.

　　瑞士 瑞子 · 束色楞 · 綏沙蘭 · 蘇益薩 · 黑爾威西亞.

　　意大里亞 以他里 · 以他利 · 伊達利 · 羅問 · 羅汶 · 那嗎 · 薩都爾尼亞 · 厄諾地里啞 ·

奧索尼啞.

荷蘭 和蘭 · 賀蘭 · 法蘭得斯.

比利時 比勒治 · 惟理儀 · 北義 · 比爾嚏喀 · 比爾日加 · 密爾閆 · 彌爾尼壬 · 比利閆.

佛郎西 佛蘭西 · 法蘭西 · 佛郎機 · 佛郎祭 · 奧盧 · 奧祿 · 牙里亞.

西班牙 是班牙 · 斯扁亞 · 士便 · 干絲臘 · 義斯巴尼亞 · 以西把尼亞 · 大呂宋 · 意卑里亞.

葡萄牙 葡萄駕 · 葡萄庫耳 · 布路亞 · 波耳都欺 · 博爾都噶亞 · 伯爾都牙里 · 大西洋 · 盧西達尼亞.

永吉利 英機黎 · 英圭黎 · 膺吃黎 · 諳厄利 · 英倫的 · 及列的不列顛.

按: 以上各國峨羅斯與中國互市, 在西北陸路, 不由海道. 其至粵東貿易者, 英吉利船最多, 居各國十分之六. 西班牙之船, 大半自呂宋來, 粵東稱大小呂宋, 不稱西班牙. 船之多, 幾過於英吉利, 而洋米之外少別貨. 此外則奧地利亞 · 普魯士次之, 嚏國 · 荷蘭又次之, 瑞國又次之. 佛郎西貨船, 每歲來粵, 多不過三四隻, 少則一二隻, 所載皆呢羽 · 鐘錶諸貴之物. 葡萄牙卽居澳門之大西洋, 其本國商船, 來者甚稀. 日耳曼之翰堡, 一作昂不爾厄 · 北閔 一作不來梅. 兩埠, 間有貨船來粵. 比利時現求通商, 船尙未來. 意大里亞近分四國, 商船無來者. 土耳其係回回, 希臘新造小國, 向未通商.

泰西人有『歐羅巴列國版圖說』: 一曰峨羅斯, 國王主治, 地三百二萬正方里, 居民四千一百萬人. 每年進帑五千二百萬圓, 洋銀皆以圓計, 重者七錢二分, 輕者四五六錢不等. 國家欠項二萬萬圓. 額兵六十萬, 戰時百萬餘, 師船三十六隻. 二曰英吉利, 女王主治. 地三十萬正方里, 居民二千二百萬人. 每年進帑二萬二千八百萬圓, 欠項三十五萬萬圓. 額兵九萬, 戰時三十七萬, 師船六百十隻, 戰時千餘隻. 三曰佛郞西, 國王主治. 地六十三萬正方里, 居民三千二百萬人. 每年進帑一萬五千七十萬圓, 欠項四萬八千萬圓. 額兵二十八萬, 戰時三十二萬, 師船三百五十隻. 四曰奧地利亞, 國王主治. 地七十五萬正方里, 居民三千二百萬人. 每年進帑五千二百萬圓, 欠項二萬萬圓. 額兵二十七萬, 戰時七十二萬, 師船三十一隻. 五曰普魯士, 國王主治. 地三十萬正方里, 居民一千二百萬人. 每年進帑三千萬圓, 欠項一萬一千四百萬圓. 額兵十五萬, 戰時五十二萬, 師船未詳. 六曰西班牙, 女王主治. 地四十一萬正方里, 居民一千三百萬人. 每年進帑二千六百萬圓, 欠項二萬三千餘萬圓. 額兵四萬六千, 戰時十七萬, 師船今無. 七曰土耳其, 國王主治. 地六十萬正方里, 居民九百餘萬人, 每年進帑一千一百萬圓, 欠項三千六百萬圓. 額兵八萬, 戰時二十萬, 師船百有餘隻. 八曰瑞國, 國王主治. 地六十七萬正方里, 居民三百八十萬人. 每年進帑七百萬圓, 欠項一千七百萬圓. 額兵四萬五千, 戰時十三萬, 師船三十隻. 九曰嗹國, 國王主治. 地一十五萬正方里, 居民二百萬人. 每年進帑四百萬圓, 欠項四千萬圓. 額兵三萬八千, 戰時七萬四千, 師船一百隻. 十曰葡萄牙, 女王主治. 地一萬八千正方里, 居民三百七十萬人. 每年進帑八百七十萬圓, 欠項二千四百萬圓. 額兵四萬, 戰時七萬, 師船二十三隻. 十一曰荷蘭, 二王分南北主治. 北曰荷蘭, 南曰比利時. 共地七萬七千正方里, 居民六百九十餘萬人. 每年進帑一千二百萬圓, 欠項一萬七千八百萬圓. 額兵四萬三千, 戰時六萬九千, 師船一百餘隻. 十二曰拿破里, 一名捏不爾士, 又作那不勒斯, 意大里亞所分國. 國王主治. 地一十二萬正方里, 居民七百四十萬人. 每年進帑一千二百萬圓, 欠項八千四百萬圓. 額兵二萬八千, 戰時六萬, 師船十二隻. 十三曰撒地尼, 一作沙力尼阿, 又作薩爾的尼亞, 亦意大里亞所分國. 國王主治. 地七萬四千正方里, 居民四百一十萬人. 每年進帑八百七十四萬圓, 欠項二千四百萬圓. 額兵二萬八千,戰時六萬, 師船八隻. 意大里亞本分四國, 兩國之外, 尚有羅馬‧突加拿二國, 此說遺之.

十四曰瑞士, 無國王, 民自推鄉長理事. 地三萬二千正方里, 居民二百萬人. 每年進帑二萬五千圓, 鄉兵三萬三千丁. 十五曰希臘, 國係新造, 地域稅入兵額未詳. 十六曰日耳曼, 分四國, 一曰巴華里, 一作拜焉, 又作巴威也拉. 有國王. 地九萬正方里, 居民四百萬人. 每年進帑一千四百萬圓, 欠項四千四百萬圓. 額兵五萬三千, 戰時七萬一千. 二曰漢那華. 一作漢挪瓦, 又作亞諾威爾. 有國王. 地四萬二千正方里, 居民一百五十萬人. 每年進帑四百六十八萬圓, 欠項一千二百萬圓. 額兵一萬二千, 戰時二萬六千. 三曰味耳典白, 一作威丁山, 又作瓦爾敦巴耳. 有國王. 地二萬正方里, 居民一百五十萬人. 每年進帑三百三十四萬圓, 欠項一千萬圓. 額兵四千, 戰時二萬七千. 四曰撒遜, 一作撒孫, 又作薩克索尼亞, 又作塞循. 地一千五百正方里, 居民一百四萬人. 每年進帑八百七十四萬圓, 欠項一千二百萬圓. 額兵一萬 三千, 戰時二萬四千. 別有大小侯國二十餘, 不在此內云. 余按: 此說各國地域之正方里, 與中國開方法不同, 不知其如何折算. 其所列進帑‧兵額‧師船之數, 與別書多不合, 殊不足據. 所謂欠項者, 乃國所欠於民之數. 西土之例, 國有兵事, 則聚鄉紳於公會, 令其籌辦兵餉. 皆貸於富商大賈, 而歲償其息. 愈積愈多, 或罄一歲之入而不足以償, 則加稅額以取盈焉. 民之怨畔, 國之衰弱, 半由於此.

歐羅巴一土, 以羅經視之, 在乾戌方, 獨得金氣. 其地形, 則平土之中, 容畜滄海, 數千里迴環吞吐, 亦與他壤迴別. 其土膏腴, 物產豐阜. 其人性情縝密, 善於運思, 長於製器, 金木之工, 精巧不可思議. 運用水火, 尤爲奇妙. 火器創自中國, 彼土仿而爲之, 益加精妙. 鑄造之工, 施放之敏, 殆所獨擅. 造舟尤極奧妙, 篷索器具, 無一不精. 測量海道, 處處志其淺深, 不失尺寸. 越七萬里而通於中土, 非偶然也.

46

[유럽 러시아]

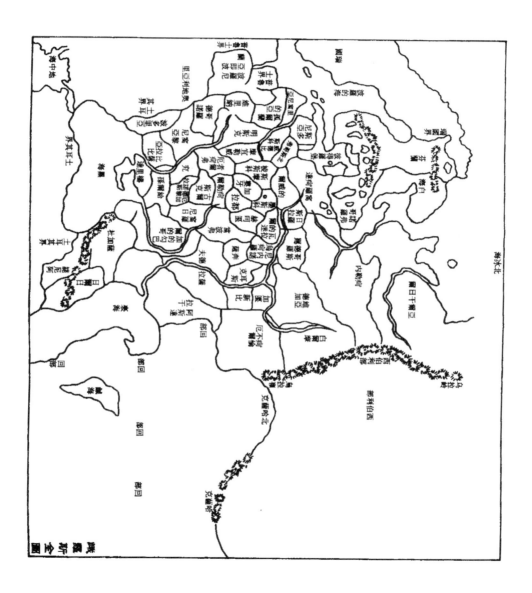

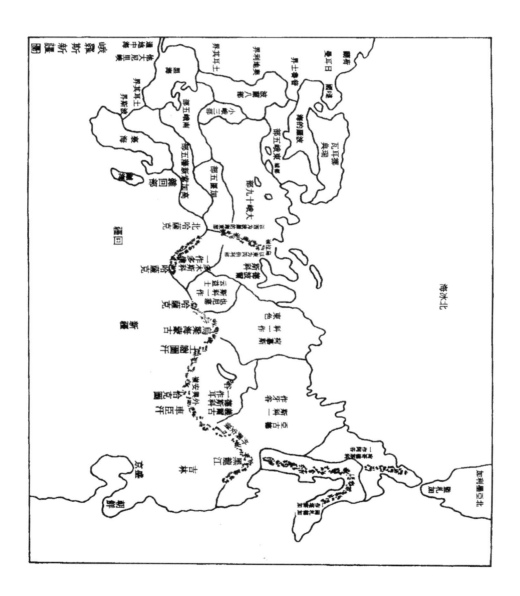

러시아 전도

북빙해(北冰海) : 지금의 북극해이다.

아이간일이(亞爾干日爾) : 아르한게리스카야(Архангельская область)로, 지금의 아르한겔스크(Arkhangel'sk)이다.

서국계(瑞國界) : 스웨덴 강역이다.

백해(白海) : 지금의 백해(White Sea)이다.

분란(芬蘭) : 지금의 핀란드(Finland)이다.

서백리부(西伯利部) : 지금의 시베리아(Siberia)이다.

아륵내(疴勒內) : 지금의 러시아 연방 카렐리야 공화국 남부에 위치한 올로네츠(Olonetz)이다.

낙불가라(諾弗哥羅) : 지금의 노브고로드(Novgorod)이다.

피득라보(彼得羅堡) : 지금의 상트페테르부르크(Saint Petersburg)이다.

파라적해(波羅的海) : 지금의 발트해이다.

서국(瑞國) : 지금의 스웨덴이다.

백이마(白爾摩) : 지금의 페름(Perm)이다.

유아덕가(維亞德加) : 뱟카(Vyatka)로, 지금의 키로프(Kirov)이다.

가사덕라마(哥斯德羅馬) : 지금의 코스트로마(Kostroma)이다.

일라사랍(日羅斯拉) : 지금의 야로슬라블(Yaloslavl)이다.

와라니일(窩羅尼日) : 지금의 보로네시(Voronezh)이다.

사다니아(斯多尼亞) : 지금의 북유럽에 위치한 에스토니아(Estonia)이다.

오랍령(烏拉嶺) : 지금의 우랄산맥(Ural Mountains)이다.

합살극(哈薩克) : 지금의 카자흐스탄(Kazakhstan)이다.

북합살극(北哈薩克) : 북카자흐스탄이다.

아륜·불이액(痾倫不爾厄): 지금의 오렌부르크(Orenburg)이다.

가언(加匽): 지금의 카잔(Kazan)이다.

신비이사극(新比耳斯克): 심비르스크(Simbirsk)로, 지금의 울리야놉스크(Ul'yanovsk)이다.

니내낙오가라(尼內諾烏痾羅): 지금의 니즈니노브고로드(Nijni Novgorod)이다.

와랍적미이(瓦拉的迷爾): 지금의 블라디미르(Vladimir)이다.

적위이(的威爾): 지금의 트베리(Tver)이다.

묵사과(墨斯科): 지금의 모스크바(Moskva)이다.

사마릉사과(斯摩棱斯科): 지금의 스몰렌스크(Smolensk)이다.

위덕비사과(威德比斯科): 지금의 벨라루스(Belarus)이다.

마의륵위(摩宜勒威): 지금의 벨라루스 마힐료우(Mahilyow)이다.

명사극(明斯克): 지금의 벨라루스 수도 민스크(Minsk)이다.

고이란적아(孤爾蘭的亞): 지금의 라트비아(Latvija) 쿠를란트(Kurland)로, 역사적 지명 가운데 하나이다. 쿠르제메(Kurzeme)라고도 한다.

리와니아(里窩尼亞): 리보니아(Livonia)로, 지금의 라트비아 동북부에서 에스토니아 남부에 걸쳐 있다.

보로사계(普魯士界): 프로이센 강역이다.

분살(奔薩): 지금의 펜자(Penza)이다.

도랍(都拉): 지금의 툴라(Tula)이다.

혁아언(赫阿匽): 지금의 랴잔(Ryazan)이다.

아륵이(痾勒爾): 지금의 오룔(Oryol)이다.

고이사극(古爾斯克): 지금의 쿠르스크(Kursk)이다.

자이액가불(者爾厄痾弗): 지금의 우크라이나 체르니코프(Chernigov)

이다.

가적구파이적가(加的勾巴爾的哥): 지금의 우크라이나 하르키우(Kharkiv)이다.

액가덕려낙사랍(厄加德黎諾斯拉): 예카테리노슬라프(Екатеринослав)로, 지금의 우크라이나 드네프로페트로프스크(Dnepropetrovsk)이다.

급이손(給爾孫): 지금의 우크라이나 헤르손(Kherson)이다.

와려니아(窩黎尼亞): 볼히니아(Volhynia)로, 우크라이나 서부에 위치한 역사적 지역이다.

비살랍비아(比薩拉比亞): 베사라비아(Bessarabia)이다. 동유럽의 역사적 지역으로, 지금의 몰도바 영토와 우크라이나 부자크 지역에 해당한다.

파다리아(波多里亞): 포돌리아(Podolia)이다. 동유럽의 역사적 지역으로, 지금의 우크라이나 중서부와 남서부, 몰도바 북동부에 해당한다.

도리달(擣里達): 타브리다(Taurida)로, 지금의 우크라이나 크림반도와 흑해연안에 걸쳐 위치했던 역사적 지역이다.

오지리아계(奧地利亞界): 오스트리아 강역이다.

토이기계(土耳其界): 터키 강역이다.

당파불(當波弗): 지금의 탐보프(Tambov)이다.

살랍덕부(薩拉德夫): 지금의 사라토프(Saratov)이다.

아사달랍간(阿斯達拉干): 지금의 아스트라한(Astrakhan)이다.

살가사(薩加社): 지금의 러시아 체르케스(Cherkess)로, 북캅카스와 흑해를 따라 북동쪽 해안가에 위치한 지역이다.

일이일(日爾日): 지금의 조지아(Georgia)이다.

낙니아(諾尼阿): 지금의 아르메니아(Armenia)이다.

회부(回部) : 지금의 신강(新疆) 위구르자치구의 타림분지에 거주하는 이슬람교도 주민을 가리킨다.

리해(裏海) : 지금의 카스피해(Caspian Sea)이다.

흑해(黑海) : 지금의 흑해이다.

지중해(地中海) : 지금의 지중해이다.

러시아 신강역도

북빙해(北冰海) : 지금의 북극해이다.

북아묵리가(北亞墨利加) : 지금의 북아메리카이다.

감찰가(監札加) : 지금의 캄차카(Kamchatka)이다.

아가덕사과(痾哥德斯科) : 지금의 오호츠크(Okhotsk)이다.

강찰덕가(岡札德加) : 감찰가(堪察加)라고도 한다. 카모하트카(Kamohatka)로, 지금의 캄차카반도(Poluostrov Kamchatka)이다.

아고덕사과(亞古德斯科) : 아곡(牙谷)이라고도 하며, 지금의 야쿠츠크(Yakutsk)이다.

아모사과(痾慕斯科) : 동색(東色)이라고도 하며, 지금의 옴스크(Omsk)이다.

덕파이사과(德波爾斯科) : 지금의 토볼스크(Tobolsk)이다.

우랄산맥 동쪽은 시베리아(Siberia)이다.

우랄산맥 서쪽은 발트해 동쪽 부락이다.

대아십구부(大峨十九部) : 대러시아 19개 주이다.

가언오부(加匽五部) : 카잔 러시아 5개 주이다.

나이와(挪耳瓦) : 지금의 노르웨이(Norway)이다.

서전(瑞典) : 지금의 스웨덴이다.

파라적해(波羅的海) : 지금의 발트해이다.

동아오부(東峨五部) : 동러시아 5개 주이다.

도성(都城) : 수도이다.

련국(嗹國) : 지금의 덴마크이다.

일이만(日耳曼) : 지금의 독일이다.

하란(荷蘭) : 지금의 네덜란드이다.

보로사계(普魯士界) : 프로이센 강역이다.

파란팔부(波蘭八部) : 폴란드(Poland) 8개 주이다.

오지리계(奧地利界) : 오스트리아 강역이다.

소아삼부(小峨三部) : 소러시아 3개 주이다.

토이기계(土耳其界) : 터키 강역이다.

흑룡강(黑龍江) : 지금의 아무르강(Amur R.)으로, 중국에서는 흑룡강이라 부른다.

외흥안령(外興安嶺) : 지금의 스타노보이산맥(Stanovoy Khrebet)이다.

의이고덕사과(義爾古德斯科) : 이곡(耳谷)이라고도 하며, 지금의 이르쿠츠크(Irkutsk)이다.

야니새사과(也尼塞斯科) : 운익사(云益士)라고도 하며, 지금의 예니세이크스(Yeniseysk)이다.

다목사과(多木斯科) : 다복(多僕)이라고도 하며, 지금의 톰스크(Tomsk)이다.

고가색신번오부(高加索新藩五部) : 캅카스(Caucasus) 신관할지 5개 주이다.

남아오부(南峨五部) : 남러시아 5개 주이다.

흑해(黑海) : 지금의 흑해이다.

차신한(車臣汗) : 세첸 칸부(Setsen khan)이다. 지금의 몽골인민공화국 동부에 위치한다.

합살극(哈薩克) : 지금의 카자흐스탄이다.

토사도한(土謝圖汗) : 투시예드 칸부(Tüsheet khan)이다. 세첸 칸부와 함께 지금의 몽골 중부와 동부 지역에 위치했던 몽골칸국 중의 하나이다.

북합살극(北哈薩克) : 북카자흐스탄이다.

오량해몽고(烏梁海蒙古) : 우량카이(Uriankhai)가 살던 몽골지역으로 추정된다.

잡회부(雜回部) : 다양한 이슬람교도 도시이다.

함해(鹹海) : 지금의 아랄해(Aral Sea)이다.

파사계(波斯界) : 지금의 이란(Iran) 강역이다.

리해(裏海) : 지금의 카스피해이다.

흑해(黑海) : 지금의 흑해이다.

타대니리협(他大尼里峽) : 지금의 다르다넬스(Dardanelles) 해협이다. 다르다넬스해협은 지중해와 통한다.

조선(朝鮮) : 조선을 말한다.

길림(吉林) : 지금의 중국 길림성이다.

성경(盛京) : 지금의 중국 요녕성(遼寧省) 심양(瀋陽)이다.

신강(新疆) : 지금의 중국 신강 위구르 자치구이다.

회강(回疆) : 지금의 중국 신강 위구르 자치구 타림 분지 일대 천산 남로 지역을 지칭한다. 청나라 때 이슬람교도의 강역을 '회강'이라 불렀다.

러시아 아라사(俄羅斯)·악라사(鄂羅斯)·액라사(厄羅斯)·아라사(阿羅斯)·알로사(斡魯思)·올로사(兀魯思)·라찰(羅刹)·라차(羅車)·갈륵사(葛勒斯)·박라답(縛羅答)·막가사미아(莫哥斯未亞)·로서아(魯西亞)·몰수배(沒壽啡)라고도 한다. 는 아시아와 유럽 두 대륙의 북쪽 지역을 차지하고 다시 바다 건너 아메리카의 서북쪽 모퉁이를 차지했으며, 패옥처럼 북극해를 둘러싸고 있는, 길이 2만여 리의 나라로 서양 오랑캐 가운데 제일 큰 나라이다. 서쪽 땅은 서쪽으로는 스웨덴·프로이센·오스트리아와, 남쪽으로는 터키·페르시아와, 동쪽으로는 서역 이슬람국과 경계한다. 동쪽 땅은 남쪽으로는 카자흐스탄(Kazakhstan)[1]·할하몽골(Mongolia Khalkha)[2]·몽골·흑룡강과 경계한다. 국토 전체를 종합해보면 아시아에 강역의 60%가, 유럽에 40%가 위치해 있다. 그런데 이전 수도와 지금의 수도 모두 유럽에 위치해 있고, 부유한 공국과 화려하고 웅장한 도시 역시 모두 서쪽에 모여 있다. 반면에 동쪽 땅은 광활하기는 하지만 황량하고 추운 불모지이다. 동맹과 전쟁 역시 모두 유럽 각 나라와 관계있고, 나라의 중심이 동쪽이 아닌 서쪽에 있기 때문에 유럽에 넣게 되었다. 러시아는 과거에 사르마티아(Sarmatia)[3]라 불렸으며, 당나라 이전에는 서북쪽의 별 볼일 없는 부족으로 흉노에 예속되어 지배를 받았다. 당나라 의종(懿宗) 함통(咸通)[4] 연간에 루릭(Ruric)[5]이라는 수장이 부족을 불러들여 나라의 기반을 마련

---

1 카자흐스탄(Kazakhstan): 원문은 '합살극(哈薩克)'이다.

2 할하몽골(Mongolia Khalkha): 원문은 '객이객(喀爾喀)'이다. 16세기 중엽 이후 막북 몽골부족의 총칭으로, 할하강(Khalkha R.) 유역에 산데서 나온 이름이다. 명나라 때는 한합(罕哈), 청나라 때는 객이객이라 불렸다.

3 사르마티아(Sarmatia): 원문은 '살이마서아(薩爾馬西亞)'이다.

4 함통(咸通): 당나라 제17대 황제 의종 이최(李漼)의 연호(859~873)이다.

5 루릭(Ruric): 원문은 '록리가(祿利哥)'로, 루릭(830?~879)은 루릭 왕조의 개창자이다.

했다. 블라지미르(Vladimir)[6]와 야로슬라프(Jaroslav)[7] 두 세대에 걸쳐 나라를 세우고 비로소 법규를 정했다. 오대 후주(後周) 세종(世宗) 현덕(顯德)[8] 연간에 여왕이 국정을 돌보면서 비로소 그리스정교를 받들기 시작했다. 블라지미르에게는 12명의 아들이 있었는데, 이들이 나라를 나누어 다스리면서 12개의 공국이 되었다. 이로부터 형제간의 싸움이 시작되어 서로 싸우고 정벌하느라 나라가 날로 쇠락해졌다. 송나라 이종(理宗)[9] 연간에 원나라 태조가 서쪽 정벌을 나서 울루스(ulus)[10]·오세티야(Ossetia)[11]·킵차크(Kipchak)[12] 세 지역을 멸망시켰다. 모두 지금의 러시아 강역에 속한다. 장남 주치(Juchi)[13]를 칸으로 세워 다스리게 하면서 몽골의 또 다른 칸국이 되었다. 원나라가 쇠퇴하면서 러시아 옛 왕들의 후손들이 점차 떨쳐 일어나기 시작했다. 명나라 가

---

6 블라지미르(Vladimir): 원문은 '오랍적미이(烏拉的米爾)'로, 키예프러시아의 대공이다. 블라지미르(956?~1015)는 재위동안 영토를 확장하고 그리스정교를 받아들여 국력이 강성해졌다.

7 야로슬라프(Jaroslav): 원문은 '아라사아(訝羅斯訝)'이다. 블라지미르 대공의 삼남으로 키예프러시아의 황금기를 이끈 인물이다.

8 현덕(顯德): 후주(後周)의 태조 곽위(郭威)의 두 번째 연호(954~960)이다.

9 이종(理宗): 남송 제5대 황제 조윤(趙昀)(재위 1224~1264)이다.

10 울루스(ulus): 원문은 '아라사(阿羅思)'로, 알라사(斡羅思), 알로사(斡魯思), 올로사(兀魯思)라고도 한다. 원 태조의 큰아들 주치의 봉지이다. 후에 바투 칸, 우즈베크 칸이 대대로 다스리다가 원나라가 멸망한 후에 대가 끊겼다.

11 오세티야(Ossetia): 원문은 '아속(阿速)'으로, 아소(阿蘇)라고도 한다. 오세티야는 오세트인이 거주하는 남오세티야와 북오세티야 공화국을 말한다. 캅카스산맥 북쪽과 돈강 하류 일대에서 활동하던 돌궐계 민족이다.

12 킵차크(Kipchak): 원문은 '흠찰(欽察)'로, 볼가강과 아랄해(Aral Sea) 북쪽에 위치했다.

13 주치(Juchi): 원문은 '술적(術赤)'이다. 주치(1182~1227)는 칭기즈 칸에 의해 투르가이와 우랄스크(Ural'sk)를 물려받았으나, 실질적인 통치권을 행사하지는 않았다. 몽골 제국에서는 목종(穆宗)으로 추존되며, 시호는 도녕황제(道寧皇帝)이다.

정(嘉靖)[14] 연간 초에 스웨덴의 병력을 빌려 몽골을 몰아내고 국토를 수복했다. 후에 국왕 이반(Ivan)[15] 이만(伊挽), 의만(宜萬)이라고도 한다. 이 웅대한 지략으로 땅을 개척하면서 영토가 날로 넓어져 동해 연안까지 이르렀다. 성정이 잔인하고 살육을 좋아해 신하와 백성 수만 명을 죽이는 바람에 민심이 이반했다. 보리스 고두노프(Boris Godunov)[16] 이후로 국력이 날로 약해져 사방에서 내분이 일어나기 시작했다. 당시 이제 막 강성해지기 시작한 폴란드(Poland)[17]에게 날마다 침략을 당했다. 러시아 사람들은 두려움에 떨면서 현명한 군주가 나와 국난을 평정해주기를 희망했다. 강희(康熙) 40년(1701)에 표트르 1세(Pyotr I)[18] 백다라(伯多羅), 피달왕(彼達王)이라고도 하는데 다른 책에서 말하는 차르(tsar)[19]이다. 가 제위에 올랐다. 표트르가 어렸을 때 누나[소피아]가 정권을 탐내 왕위를 차지하려고 했다. 표트르는 화를 피해 수도원에서 숨어 지내면서 수도승이 되었다. 사람들의 추대를 받아 제위에 오른 뒤로 극진한 예를 갖춰 영국의 현자를 모셔와 함께 국사를 돌봤다. 몸소 군사들에게 기마술과 궁술을 가르치는 동시에 화기를 익히게 해서 모두 정예병이 되었다. 이로부터 법령을 새로 개정하자 나라의 풍속이 크게 변했다. 국내가 안정되자 변경을 순행하고 항구를 열었다. 일찍이 러시아인들이 항해술에 뛰어나지 않다고 생각해 이름을 바꾸고 네덜란드로 가서 선장을 찾아가

---

14 가정(嘉靖): 명나라 제11대 황제 세종 주후총(朱厚熜)의 연호(1522~1566)이다.

15 이반(Ivan): 원문은 '이만(以萬)'으로, 이반 4세(Ivan IV, 1530~1584)를 가리킨다.

16 보리스 고두노프(Boris Godunov): 원문은 '파리사(波利斯)'로, 보리스 고두노프(재위 1598~1605)를 가리킨다.

17 폴란드(Poland): 원문은 '파란(波蘭)'이다.

18 표트르 1세(Pyotr I): 원문은 '백다라왕(伯多羅王)'으로, 피터 대제(1672~1725)를 가리킨다.

19 차르(tsar): 원문은 '찰한한(察罕汗)'이다.

선원이 되어 항해술을 모두 터득한 뒤에 귀국했다. 해군을 만들고 스웨덴과 전쟁을 벌여 승리하자, 스웨덴에서 핀란드(Finland)[20]를 할양하고 강화를 맺었다. 마침내 해변에 새로운 수도 상트페테르부르크 필특이사목이(必特爾士木爾), 비특혁(比特革), 상비사덕이불이액(桑比斯德爾不爾扼)이라고도 한다. 를 건설했다. 발트해로 통하는 길을 만들어 해상과 육상 모두에서 위세를 떨치기 시작해, 전쟁에서 승리하고 공격해서 땅을 빼앗아 강역이 더욱 넓어졌다. 근세 러시아의 강성함은 사실 표트르 대제에게서 시작되었다. 표트르 사후 그의 왕후[예카테리나 1세(Екатерина I)]가 왕위를 계승했는데 역시 총명하고 지혜로우면서도 권모술수에 뛰어났다. 그가 임명한 장군이 이웃 국가에 이름을 떨치면서 영토를 더욱 넓혔다. 건륭(乾隆) 20년(1755)에 예카테리나 2세[21] 가달리납(加達利納)이라고도 하는데 다른 책에서 말하는 퀸(queen)[22]이다. 가 제위에 올랐는데, 음탕해서 정부를 많이 두었지만 국정은 잘 다스렸다. 다른 나라의 기술자를 초빙해 녹봉을 넉넉히 주면서 사람들에게 기술을 가르치게 했다. 문학가와 예술가들을 널리 초빙하는 동시에 군비시설을 갖추었다. 남쪽 인근국인 터키는 이슬람 대국으로 러시아와 수십 년 동안 전쟁을 벌였다. 예카테리나 2세는 누차 그 예봉을 꺾고 터키의 북쪽 지역을 차지하고, 다시 폴란드의 3분의 2를 빼앗아 차지했다. 예카테리나 2세 사후 뒤이은 왕[바벨 1세]이 시해당하고 그 아들 알렉산더 1세(Alexander I)[23]가 왕위에

---

20 핀란드(Finland): 원문은 '분란(芬蘭)'이다.

21 예카테리나 2세: 원문은 '가타린(加他鄰)'으로, 예가테리나의 영문 이름인 캐서린Catherine)의 음차이다.

22 퀸(queen): 원문은 '구긍한(扣肯汗)'이다.

23 알렉산더 1세(Alexander I): 원문은 '아륵산덕려(亞勒山德黎)'이다. 알렉산더 1세(재위 1801~1805)

올랐는데, 몇 년에 걸쳐 프랑스와 싸우다가 강화를 맺고 전쟁을 그만두었다. 동생 니콜라이 1세(Nicholas I)²⁴ 니가로(尼哥勞)라고도 한다. 가 즉위하여 터키를 쳐서 승리했다. 이란²⁵이 침범해오자 그들을 격파하고 조지아(Georgia)²⁶ 등의 지역을 차지하며 그 위세를 드러냈으니, 지금의 러시아 군주이다. 러시아는 대략 4개의 강역으로 구분되는데, 유럽 경내에는 발트해 동부, 폴란드가 위치해 있고, 아세아 경내에는 캅카스(Caucasus)²⁷ 신관할지와 시베리아(Siberia)²⁸가 위치해 있다.

발트해 동부는 서쪽으로는 발트해에, 동쪽으로는 우랄산맥(Ural Mountains)²⁹ 우랄산맥은 북쪽 북극해에서 시작해 남쪽으로 페름(Perm)³⁰에 이르며, 길이는 약 4천 리인데, 아시아와 유럽 두 대륙이 우랄산맥을 경계로 나눠진다. 에, 북쪽으로는 북극해에, 남쪽으로는 흑해에 이른다. 러시아 전체의 강역은 남북의 길이는 약 7천여 리이고, 동서의 너비는 약 5천여 리이다. 지형이 평탄하고, 동쪽으로는 산봉우리가 보이며, 나라는 동러시아,³¹ 대러시아,³² 카잔 러시

는 바벨 1세의 아들이자 예카테리나 여제의 손자이다.

24 니콜라이 1세(Nicholas I): 원문은 '니가랍사(尼歌拉士)'이다. 니콜라이 1세(재위 1825~1855)는 러시아제국의 황제이자 폴란드 국왕이다.

25 이란: 원문은 '파사(波斯)'이다.

26 조지아(Georgia): 원문은 '일이일(日爾日)'이다.

27 캅카스(Caucasus): 원문은 '고가색(高加索)'이다. 코카서스라고도 하는데, 흑해와 카스피해 사이에 위치한다.

28 시베리아(Siberia): 원문은 '서백리부(西伯利部)'이다.

29 우랄산맥(Ural Mountains): 원문은 '오랍령(烏拉嶺)'이다.

30 페름(Perm): 원문은 '백이마(白爾摩)'로, 파모(巴母)라고도 한다.

31 동러시아: 원문은 '동아(東峨)'로, 만주와 몽고에 인접한 아시아 쪽 러시아를 가리킨다.

32 대러시아: 원문은 '대아(大峨)'로, 지금의 러시아를 가리킨다.

아,[33] 소러시아,[34] 남러시아[35] 5개 지역으로 구분된다. 동러시아는 나라의 서북쪽 경내에 위치하고, 발트해 동쪽 해안에 위치해 있기 때문에 동러시아라고 부른다. 이 지역은 5개 주로 나뉘는데, 수도는 상트페테르부르크로 옛날 표트르 대제가 이곳에 새로운 도시를 건설한데서 이렇게 부르게 되었다. 연해 일대에는 평야가 아득하게 펼쳐져 있고, 소나무와 느릅나무가 빽빽하게 우거져 있으며, 사이사이에 좁은 밭이 있다. 기후가 아주 추워 6개월이 동절기이다. 수도는 네바강(Neva R.)[36] 하구에 위치해 있어 항구가 아주 가깝다. 서풍이 불면 물이 불어 성으로 유입되어 거리가 범람한다. 성안에는 높고 아름다운 건물이 많고 왕궁은 길이가 45길, 너비가 38길로 금빛 찬란하며 서양에서 가장 웅장하고 화려하다. 서양인이 지은 집은 모두 층집으로 회랑이 둘러싸고 있으며, 밖에 담장과 정원이 없는데, 왕궁 역시 그러하다. 인구는 42만 5천 명이고, 근위대, 해군, 육군 모두 합쳐 5만 5천 명이며, 외지인이 2만 5천 명이다. 따로 무기를 보관해 두는 기지를 두는데, 바로 크론슈타트(Kronshtadt)[37]이다. 상트페테르부르크의 서남쪽에 에스토니아(Estonia)[38]가 있다. 다시 서남쪽으로 리보니아(Livonia)[39]가 있다. 에스토니아와 리보니아의

---

33 카잔 러시아: 원문은 '가언아(加匽峨)'이다.

34 소러시아: 원문은 '소아(小峨)'로, 우크라이나 남부지역을 가리킨다.

35 남러시아: 원문은 '남아(南峨)'로, 1797년부터 새로운 러시아(New Russia)로 불리게 되었다.

36 네바강(Neva R.): 원문은 '니와하(尼瓦河)'로, 내말하(内抹河), 날와하(涅瓦河)라고도 한다.

37 크론슈타트(Kronshtadt): 원문은 '입면(立冕)'으로, 객랑시탑득(喀琅施塔得), 왕관성(王冠城)이라고도 한다.

38 에스토니아(Estonia): 원문은 '사다니아부(斯多尼亞部)'로, 익란부(益蘭部), 애사니아(愛沙尼亞)라고도 한다.

39 리보니아(Livonia): 원문은 '리와니아부(里窩尼亞部)'로, 륵란부(勒蘭部)라고도 한다. 지금의 라트비아 동북부에서 에스토니아 남부에 걸쳐 있다.

내항에 리가(Riga)[40]라는 큰 부두가 있는데, 매년 1천여 척의 상선이 드나든다. 더 남쪽으로 쿠를란트(Kurland)[41]가 있다. 상트페테르부르크의 북쪽에 핀란드가 있는데, 본래는 스웨덴의 동북 지역이었으나 러시아가 전쟁에서 이겨 이 땅을 차지하게 되었다. 땅이 드넓고 광활한데 반해 기후가 너무 추워 사람들이 거의 없다.

대러시아는 러시아의 중원에 해당한다. 페초라(Pechora)와 그 북쪽 일대[42]까지 인접해 있으며 강역이 넓고 광활하기 때문에 대러시아라고 부른다. 대러시아는 19개 주로 나누어져 있으며, 수도는 모스크바(Moskva)[43] 목길(木吉)이라고도 한다. 이다. 모스크바는 사방의 정중앙에 위치해 있는데, 러시아의 옛 수도이다. 건축물이 크고 화려하며 귀족들의 저택은 모두 금은으로 꾸며져 있다. 가경(嘉慶) 16년(1811) 새로 집권한 프랑스의 나폴레옹(Napoleon)[44]은 한창 세력을 확장하면서 서방을 통일하고자 대군을 거느리고 러시아를 쳐서 모스크바를 포위했다. 성이 함락될 즈음 러시아인들은 나폴레옹이 모스크바를 차지할 것을 두려워한 나머지 성을 불사르고 달아나, 불이 열흘 동안이나 꺼지지 않았다. 프랑스 군대가 물러가자 도시를 순식간에 복구했다. 왕궁은 넓이가 77길, 길이가 210길로, 지구상에서 거의 비교할 만한 것이 없을 정도로 궁궐이 높고 크다. 모스크바의 좌측으로 블

---

40 리가(Riga): 원문은 '리아(利牙)'로, 리가(里加)라고도 한다.

41 쿠를란트(Kurland): 원문은 '고이란적아부(孤爾蘭的亞部)'이다. 1700년대 러시아에 할양된 역사적 지명으로, 지금의 라트비아에 위치한다. 쿠르제메(Kurzeme)라고도 한다.

42 페초라(Pechora)와 그 북쪽 일대: 원문은 '배지(北地)'로, 볼셰제멜스카야 툰드라(Bolshe Zemelskaya Tundra)를 포함하는 지역이다.

43 모스크바(Moskva): 원문은 '묵사과부(墨斯科部)'로, 막사과와(莫斯科窪)라고도 한다.

44 나폴레옹(Napoleon): 원문은 '나파륜(拿破倫)'이다.

라디미르(Vladimir),[45] 니즈니노브고로드(Nijni Novgorod)[46]가 위치해 있는데, 과거에는 나라의 대도시였으나 지금은 쇠락했다. 랴잔(Ryazan)[47]은 모스크바의 오른쪽에 위치해 있고, 칼루가(Kaluga)[48]는 많은 기술자들이 모이는 곳이다. 스몰렌스크(Smolensk)[49]는 모스크바의 남쪽에 위치하고, 툴라(Tula)[50]에서는 사람들이 철을 제련해 각종 기물을 만든다. 그 이외에 탐보프(Tambov),[51] 오룔(Oryol),[52] 보로네시(Voronezh),[53] 쿠르스크(Kursk)[54]가 있다. 모스크바의 북쪽에 코스트로마(Kostroma),[55] 야로슬라블(Yaloslavl),[56] 트베리(Tver),[57] 프스코프(Pskov)[58]가 있다. 더 북쪽으로 올로네츠(Olonetz),[59] 볼로그다(Vologda),[60] 노브고

---

45 블라디미르(Vladimir): 원문은 '와랍적미이부(瓦拉的迷爾部)'이다.

46 니즈니노브고로드(Nijni Novgorod): 원문은 '니내낙오가라부(尼內諾烏痾羅部)'이다.

47 랴잔(Ryazan): 원문은 '혁아언부(赫阿匽部)'이다.

48 칼루가(Kaluga): 원문은 '가루아부(加婁牙部)'이다.

49 스몰렌스크(Smolensk): 원문은 '사마릉사과부(斯摩棱斯科部)'로, 사마령읍(士摩怜邑), 사마련(斯摩連)이라고도 한다.

50 툴라(Tula): 원문은 '도랍부(都拉部)'로, 도랍(都臘), 도랍(圖拉)이라고도 한다.

51 탐보프(Tambov): 원문은 '당파불부(當波弗部)'이다.

52 오룔(Oryol): 원문은 '아륵이부(痾勒爾部)'이다.

53 보로네시(Voronezh): 원문은 '와라니일부(窩羅尼日部)'이다.

54 쿠르스크(Kursk): 원문은 '고이사극부(古爾斯克部)'이다.

55 코스트로마(Kostroma): 원문은 '가사덕라마부(哥斯德羅馬部)'로, 각다마부(各多馬部)라고도 한다.

56 야로슬라블(Yaloslavl): 원문은 '일라사랍부(日羅斯拉部)'이다.

57 트베리(Tver): 원문은 '적위이부(的威爾部)'로, 특유이(特維爾)라고도 한다.

58 프스코프(Pskov): 원문은 '배사가불부(北斯哥弗部)'이다.

59 올로네츠(Olonetz): 원문은 '아륵내부(痾勒內部)'로, 지금의 러시아 연방 카렐리야 공화국 남부에 위치한다.

60 볼로그다(Vologda): 원문은 '와라가달부(窩羅痾達部)'이다.

로드(Novgorod)[61]가 있는데, 이 세 주는 기후가 아주 차다. 최북단은 북극해에 이르는데, 아르한게리스카야(Архангельская область)[62]는 핀란드보다 더 광활하고 기후가 한랭해 농사를 지을 수 없으며, 인구가 아주 적고 대부분 물고기를 잡아 살아간다. 카잔(Kazan)[63] 여러 도시의 쌀이 때때로 내하를 거쳐 이곳에 와서 팔린다. 최북단 바닷가에서 사는 사람들은 모두 왜소하며, 개를 말처럼 이용하고 사슴을 소처럼 이용한다. 아르한겔스크(Arkhangelsk)[64]는 백해(White Sea)[65] 내항의 하구에 위치한다. 얼음이 녹을 때 상선이 드나들 수 있다.

카잔 러시아는 대러시아의 동쪽에 위치하는데, 본래는 타타르족의 땅이었다. 명나라 가정 연간에 러시아가 공격해 탈취한 뒤 5개의 주로 분리되었다. 토지가 비옥하고 광활해 농사짓기에 좋고 곡식이 많이 나며, 목재·구리와 철·비누가 난다. 이곳 사람들은 가죽을 잘 만들며, 주도는 카잔이다. 카잔의 남쪽으로 심비르스크(Simbirsk)[66]가 있다. 심비르스크 서쪽으로 펜자(Penza)[67]가 있다. 카잔의 북쪽으로 뱟카(Vyatka)[68]가 있다. 더 동북쪽에 페

61 노브고로드(Novgorod): 원문은 '낙불가라부(諾弗哥羅部)'로, 나아록(那峨鹿), 나아아락(那阿俄洛)이라고도 한다.

62 아르한게리스카야(Архангельская область): 원문은 '아이간일이부(亞爾干日爾部)'이다. 아르한겔스크는 이곳의 주도이다.

63 카잔(Kazan): 원문은 '가언(加㫏)'이다.

64 아르한겔스크(Arkhangelsk): 원문은 '천사두성(天使頭城)'이다. 백해로 유입되는 북드비나강의 하구 근처에 위치한다. 아르한겔은 영어로 Archangel(대천사)의 뜻이다.

65 백해(White Sea): 원문은 '백해(白海)'이다.

66 심비르스크(Simbirsk): 원문은 '신비이사극(新比耳斯克)'으로, 지금의 러시아 울리야놉스크(Ul'yanovsk)이다.

67 펜자(Penza): 원문은 '분살부(奔薩部)'로, 빈살읍(賓撒邑)이라고도 한다.

68 뱟카(Vyatka): 원문은 '유아덕가부(維亞德加部)'로, 미압가(未壓加), 위압가부(威押加部)라고도 한다. 지금의 키로프(Kirov)이다.

름이 있다.

소러시아는 대러시아의 서남쪽에 위치하며 과거에는 러시아 땅이었으나, 폴란드 회부에게 침탈당했다가 얼마 지나지 않아 다시 탈환했다. 이 땅은 기후가 온화하고, 하천이 깨끗하고 평야가 드넓으며, 푸른 버들과 수양버들이 마주보고 자라고, 포도와 감귤이 무성하게 자란다. 사람들은 농사를 짓고 가죽을 잘 만지고 비누를 만들면서 각자 본업에 충실해서 산다. 이 땅은 키예프(Kiev),[69] 예카테리노슬라프(Екатеринослав),[70] 체르니코프(Chernigov)[71] 3개로 구분된다.

남러시아는 대러시아와 소러시아의 남쪽에 위치하며, 토양이 비옥해 오곡이 가장 많이 나서 여러 나라에 내다 판다. 5개 주로 나뉘는데, 하르키우(Kharkiv),[72] 헤르손(Kherson),[73] 베사라비아(Bessarabia)[74]가 있다. 흑해 연안에 위

---

69 키예프(Kiev): 원문은 '구부(宪部)'로, 기보(基輔), 기부부(幾富部)라고도 한다. 지금의 우크라이나 수도이다.

70 예카테리노슬라프(Екатеринослав): 원문은 '액가덕려낙사랍부(厄加德黎諾斯拉部)'로, 지금의 우크라이나에 위치한다. 예카테리나 2세의 이름을 따서 예카테리노슬라프로 지었으나, 러시아 혁명이후 드네프로페트로프스크(Dnepropetrovsk)로 개명했고, 지금은 드니프로(Дніпро)로 불린다.

71 체르니코프(Chernigov): 원문은 '자이액가불부(者爾厄痾弗部)'로, 지금의 우크라이나에 위치한다.

72 하르키우(Kharkiv): 원문은 '가적구파이적가부(加的勾巴爾的哥部)'로, 지금의 우크라이나에 위치한다. 하리코프, 하르코프, 하르키프, 카르키프 등으로도 불렸다.

73 헤르손(Kherson): 원문은 '급이손부(給爾孫部)'로, 혁이송(赫爾松), 잡순(卡循), 길손(吉孫)이라고도 한다. 지금의 우크라이나에 위치한다.

74 베사라비아(Bessarabia): 원문은 '비살랍비아부(比薩拉比亞部)'로, 밀사랍미(密沙拉米)라고도 한다. 동유럽의 역사적 지역으로, 지금의 몰도바 영토와 우크라이나의 부자크 지역에 해당한다.

치하는 타브리다(Taurida)[75]는 낮은 산이 첩첩이 쌓여 있고 산수가 빼어나며 기후가 온난해 유토피아라 불린다. 하르키우의 동쪽에 위치한 사라토프(Saratov)[76]에는 돈코사크(Don cossacks)[77]라는 사람들이 있는데, 강인하고 용감해 전투에 뛰어나며 나는 듯이 빨리 달린다. 러시아인들이 늘 이들을 이용해 적을 격파해서 용병으로 이름났다. 시베리아의 넓은 영토를 개척할 때도 모두 이 주의 병력을 빌려 했다. 시베리아의 주둔병 역시 모두 이 주의 사람들이다.

폴란드[波蘭] 파란(破蘭), 파라니아(波羅尼亞), 야록야야(惹鹿惹也)라고도 한다. 는 발트해 동쪽 대공국의 서남쪽에 위치한다. 앞서 폴란드와 이웃하고 있던 [리투아니아의] 야기에워(Jagiełło)[78] 왕조의 왕[대공 요가일라(Jogaila)[79]]이 폴란드 여왕[야드비가(Jadwiga)]에게 장가들어 마침내 폴란드와 연합했다. 후에 러시아가 차지하면서 서러시아라 불리었다. 사람들이 피부가 희어서 백러시아라고도 불린다. 후에 폴란드가 쇠락하자 러시아와 오스트리아·프로이센이 나라를 분할했는데, 러시아가 3분의 2를 차지했다. 도광(道光)

---

75 타브리다(Taurida): 원문은 '도리달부(搗里達部)'로, 격리미아(格里彌阿), 극리미아(克里米亞), 극리목주(克里木州)라고도 한다. 지금의 우크라이나 크림반도와 흑해 연안에 걸쳐 위치했던 역사적 지역이다.

76 사라토프(Saratov): 원문은 '살랍덕부부(薩拉德夫部)'로, 살랍돌부(撒拉突部), 살랍탁부(薩拉托付)라고도 한다.

77 돈코사크(Don Cossacks): 원문은 '가살(可薩)'이다. 단과살사(端科薩斯), 단과사사(端戈沙司)라고도 한다.

78 야기에워(Jagiełło): 원문은 '사차이륜국(查遮爾倫國)'으로, 고격이륭(賈格爾隆)이라고도 한다. 리투아니아 대공 요가일라가 세운 폴란드의 왕조로, 야기엘론(Jagellon)이라고도 한다.

79 요가일라(Jogaila): 리투아니아의 대공 요가일라는 폴란드의 공주 야드비가와 결혼하고 폴란드왕 브와디스와프 2세(Władysław II)(재위 1386~1434)라 칭했다.

12년(1836)에 폴란드의 유신들이 그 땅을 차지하고 전쟁을 일으켜 러시아 군대와 싸웠으나 패배하고 달아났다. 그 땅은 결국 러시아에게 귀속되어 이전에 빼앗은 백러시아의 땅과 합쳐져 폴란드로 통칭되었다. 백러시아의 땅은 광활하고 평평하며 초목이 무성하고 토지가 비옥해 농사와 목축에 적합하다. 사람들은 아름답고 정갈하며, 건축물은 웅장하다. 이 땅은 벨라루스(Belarus),[80] 마힐료우(Mahilyow),[81] 민스크(Minsk),[82] 빌뉴스(Vilnius),[83] 그로드노(Grodno),[84] 볼히니아(Volhynia),[85] 포돌리아(Podolia)[86] 6개 주로 나뉜다. 폴란드는 땅이 숫돌처럼 넓고 평평하며 수목이 무성하고 곡식과 과일이 풍부하며 목재·석탄·벌꿀도 같이 난다. 이 땅은 모두 8개 주로 나뉘는데, 마조프셰(Mazowsze),[87] 크라쿠프(Krakow),[88] 산도미에(Sandomierz),[89] 칼리슈(Kalisz),[90]

---

80 벨라루스(Belarus): 원문은 '위덕비사과부(威德比斯科部)'이다.

81 마힐료우(Mahilyow): 원문은 '마의륵위부(摩宜勒威部)'로, 마희랍읍(摩希臘邑)이라고도 한다.

82 민스크(Minsk): 원문은 '명사극부(明斯克部)'로, 민사기부(閔士其部)라고도 한다.

83 빌뉴스(Vilnius): 원문은 '유리납부(維里納部)'로, 지금의 리투아니아 수도이다.

84 그로드노(Grodno): 원문은 '가라덕낙부(哥羅德諾部)'로, 아라나(俄羅儺)라고도 한다.

85 볼히니아(Volhynia): 원문은 '와려니아부(窩黎尼亞部)'로, 와리음니(窩利音尼), 아이희니아(阿爾希尼阿)라고도 한다. 우크라이나 서부에 위치한 역사적 지역이다.

86 포돌리아(Podolia): 원문은 '파다리아부(波多里亞部)'로, 파다린(波多隣)이라고도 한다. 동유럽의 역사적 지역으로, 지금의 우크라이나 중서부와 남서부, 몰도바 북동부에 위치한다.

87 마조프셰(Mazowsze): 원문은 '마색유아(馬索維亞)'로, 지금의 폴란드 중동부에 위치한다. 1526년에 폴란드령으로 편입되면서 없어졌다가, 1999년에 예전의 이름을 따서 신설된 주이다.

88 크라쿠프(Krakow): 원문은 '가랍가유아(加拉哥維亞)'로, 가구지(加勾地)라고도 한다. 바르샤바로 옮기기 전까지 폴란드의 수도였으며, 지금의 폴란드 남부에 위치한다.

89 산도미에(Sandomierz): 원문은 '삼다미이(三多迷爾)'로, 지금의 폴란드 남동부에 위치한다.

90 칼리슈(Kalisz): 원문은 '가리사(加利斯)'로, 지금의 폴란드 중부에 위치한다.

루불린(Lublin),[91] 푸오츠크(Plock),[92] 포들라스키에(Pdlaskie),[93] 아우구스토브 (Augustow)[94]가 그것이다. 원지도에는 8개 주의 경계가 구획되어 있지 않다.

캅카스[高加索] 고갑속(告甲俗)이라고 한다. 신관할지는 발트해 동쪽 여러 공국의 동남쪽에 위치하는데, 아시아의 최서단에 해당한다. 남쪽 경내에 캅카스산맥(Caucasus Mountains)[95]이 있고, 서쪽으로는 흑해와 인접해 있고, 동쪽으로는 카스피해(Caspian Sea)[96]에 이르며, 수많은 산봉우리가 구불구불 이어져 있다. 북쪽 강역은 카스피해를 둘러싸고 있으며, 평평하고 드넓은 땅이 카잔 러시아의 페름까지 이어져 있다. 과거에는 유목민족인 회부의 땅이었으나, 러시아가 무력으로 차지했다. 캅카스산맥의 남북에 위치한 캅카스의 이남은 모두 원주민이 살고 있는데, 사람들이 아주 거칠고 사납다. 과거에는 터키와 페르시아 두 나라에 속해 있었으나 최근에 모두 러시아의 속지가 되었다. 새로 5개 주가 신설되었다.

최북단에 있는 오렌부르크(Orenburg)[97] 아린보(阿鄰堡)라고도 한다. 는 서역의 회부와 인접해 있고, 무성한 풀이 들판에 펼쳐져 있으며, 몽골 각 부락이

---

91 루불린(Lublin): 원문은 '로백림(魯伯林)'으로, 지금의 폴란드 동부 루벨스키에주의 주도이다.

92 푸오츠크(Plock): 원문은 '파라각(波羅咯)'으로, 지금의 폴란드 중부에 위치한다.

93 포들라스키에(Pdlaskie): 원문은 '파달랍급아(波達拉給亞)'로, 파덕랍사(波德拉謝)라고도 한다.

94 아우구스토브(Augustow): 원문은 '아오사다와(亞烏斯多窩)'로, 지금의 폴란드 북부에 위치한다.

95 캅카스산맥(Caucasus Mountains): 원문은 '고가색산(高加索山)'으로, 고가살사대산(高加薩斯大山), 고전사산지(高田士山地)라고도 한다.

96 카스피해(Caspian Sea): 원문은 '리해(裏海)'로, 가사비약해(加斯比約海)라고도 한다.

97 오렌부르크(Orenburg): 원문은 '아륜불이액부(砢倫不爾厄部)'로, 아림포읍(阿林布邑)이라고도 한다.

이곳에서 무역하면서 말, 소, 양을 포목과 바꾼다. 오렌부르크의 서남쪽에 위치한 아스트라한(Astrakhan)[98] 아대한(迓大罕)이라고도 한다. 은 5개 주의 주도이다. 볼가강(Volga R.)[99]은 서북쪽 지역에서 출발해 이곳을 거쳐 카스피해로 들어간다. 양쪽 강안에 있는 초원이 상당히 좋아 목축이 아주 잘 된다. 토르구트(Torgut)[100]족이 기거하는 유목지대이다. 『서역문견록』에 따르면 "오파석(烏巴錫)[101]은 강물이 채 얼기 전에 볼가강 남쪽 사람들을 이끌고 와 자발적으로 복속하면서 볼가강 북쪽 땅을 버렸다."라고 되어 있다. 지금 볼가강의 서북쪽에서 동남쪽을 살펴보니 오파석은 동쪽으로 건너왔는데, 아마도 볼가강 동쪽 사람들을 이끌고 오면서 볼가강 서쪽 땅을 버린 것 같다. 그 땅은 교통이 사방으로 뚫려 있어 서역의 유목민족 가운데 호시하는 이들의 왕래가 끊이지 않기 때문에 5개 주 가운데 가장 부유하다. 여자들이 절세미인이라 각 주에서 다투어 사가 첩으로 삼으려 했기에 몸값이 아주 높았다. 재능이 있는 경우는 간혹 왕후가 되기도 했다. 카스피해에서 철갑상어가 나는데, 포획에 뛰어난 원주민이 이를 잡아 멀리 나가 판매한다.

아스트라한의 남쪽에 있는 체르케스(Cherkess)[102] 색이각설(色爾各設), 액륵아서(額勒阿西)라고도 한다. 는 캅카스산맥의 북쪽에 위치한다. 이곳 사람들은 산

98　아스트라한(Astrakhan): 원문은 '아사달랍간부(阿斯達拉干部)'로, 아사타간부(阿土他干部)라고도 한다. 지금의 러시아 아스트라한주의 주도이다.

99　볼가강(Volga R.): 원문은 '와와하(窩瓦河)'로, 와이아하(窩爾牙河), 와리아하(窩里牙河), 복랍가강(服拉加江), 와이가하(窩爾加河)라고도 한다.

100　토르구트(Torgut): 원문은 '토이호특(土爾扈特)'으로, 오이라트의 한 부족이다.

101　오파석(烏巴錫): 중국의 몽골족 수장으로 일찍이 볼가강변으로 이동한 토르구트의 칸이다.

102　체르케스(Cherkess): 원문은 '살가사(薩加社)'로, 북캅카스와 흑해를 따라 위치한 북동쪽 해안가 지역이다.

골짜기에서 거주하면서 농사를 짓지 않아 아주 가난하며, 천성이 특히 거칠고 사나워 약탈에 익숙하다. 마을마다 보루가 설치되어 있고, 스스로 장정을 훈련시켜 병사를 키워내 그대로 장대를 들고 일어나 반란을 일으키는 경우도 종종 있다. 러시아군은 이들을 체포해 종종 기를 꺾어놓기는 하지만 단지 회유하면서 변경을 굳건하게 지킬 뿐 그들을 길들일 수는 없었다.

캅카스의 남쪽에 있는 아르메니아(Armenia)[103] 액리(額里)라고도 한다. 는 캅카스산맥의 남쪽에 위치한다. 원래는 터키에 속해 있었으나 후에 군대를 일으켜 터키를 쳤고, 러시아가 이 땅을 정복해 속지로 삼았다. 이 땅은 산이 울퉁불퉁하고 인구는 많은 반면, 가난해서 남녀를 노비로 내다 팔았다. 풍속이 캅카스보다 훨씬 사납다. 아르메니아의 동쪽에 있는 조지아[日爾日部] 열아의(熱阿義)라고도 한다. 는 동쪽으로는 카스피해에 이르며, 캅카스산맥의 남북에 걸쳐 있다. 본래는 페르시아에 속해 있었으나, 가경 18년(1813)에 러시아가 전쟁에서 이김으로써 차지하게 되었다. 풍속은 아르메니아와 비슷하며 남녀 대부분 용모가 수려하다. 주도인 트빌리시(Tbilisi)[104]는 거리가 좁고 가옥이 나지막했는데, 러시아인들이 도시를 보수하고 단장하면서 도시의 면모가 점차 바뀌기 시작했다. 체르케스·아르메니아·조지아는 최근

---

103 아르메니아(Armenia): 원문은 '낙니아부(諾尼阿部)'로, 아이미니아(亞爾美尼亞), 아미니아(亞美尼亞), 아이민부(亞耳閔部)라고도 한다.

104 트빌리시(Tbilisi): 원문은 '득륵(得勒)'이다.

에 들어 다시 조지아·시르반(Shirvan)[105]·아르메니아·이메레티(Imeretis)[106]·밍그렐리아(Mingrelia)[107]·다게스탄(Dagestan)[108]·체르케스[109]·아바시아(Abassia)[110] 8개 주로 분리되었다. 8개 주 이외에 캅카스를 따로 두었으나 원 지도에는 경계가 모두 구획되어 있지 않다.

시베리아[西伯利部] 서비리아(西卑里亞), 실비리(悉比厘)라고도 한다. 는 아시아의 북쪽 지역에 위치한다. 서쪽으로는 우랄산맥에서 시작해, 동쪽으로는 태평양[111]에, 북쪽으로는 북극해에, 남쪽으로는 스타노보이산맥(Stanovoy Khrebet)[112]에 이르며, 흑룡강·솔론(Solon)[113]·할하몽골·우량카이(Uriankhai)[114]·몽골·카자흐스탄·회부와 경계한다. 남북의 길이는 약 1만 3천 리이고, 동서의 너비는 약 5천여 리이다. 시베리아는 최북단의 불모지에 위치하고 고산준령으로 막혀 있어 예로부터 초거(軺車)[115]가 이른 적이 없고 역대의 유목국

---

105 시르반(Shirvan): 원문은 '시이만(是爾彎)'으로, 기이만(奇爾萬)이라고도 한다. 지금의 아제르바이잔에 위치한다.

106 이메레티(Imeretis): 원문은 '의미륵다(義米勒多)'이다.

107 밍그렐리아(Mingrelia): 원문은 '명가륵리아(明哥勒里亞)'로, 조지아 서부의 역사적 지역이다.

108 다게스탄(Dagestan): 원문은 '달일사단(達日斯丹)'으로, 달기사단(達吉斯坦), 타길사탄(他吉土坦)이라고도 한다.

109 체르케스: 원문은 '서이가서아(西爾加西亞)'이다.

110 아바시아(Abassia): 원문은 '아파서아(亞巴西亞)'이다.

111 태평양: 원문은 '대양해(大洋海)'이다.

112 스타노보이산맥(Stanovoy Khrebet): 원문은 '외흥안령(外興安嶺)'이다.

113 솔론(Solon): 원문은 '색륜(索倫)'이다. 남방 통구스족의 일파로 아무르강의 남방에 분포한다.

114 우량카이(Uriankhai): 원문은 '오량해(烏梁海)'이다. 원래 몽골인들은 자신들보다 북쪽에 사는 수렵민족을 우량카이라고 불렀지만, 17세기 초가 되면 우량카이라는 말은 북서부 지방에 드문드문 흩어져 사는 부족들을 가리키게 된다. 탕누 우량카이(唐努烏梁海), 알타이 우량카이(阿勒坦淖爾烏梁海) 등이 있었으며, 나중에는 몽골, 러시아 연방, 중국 신강 위구르 자치구 등에 합병되었다.

115 초거(軺車): 말 한 마리가 끄는 작은 수레로, 사신의 명을 받든 자나 급한 명을 전달하는 자

74

가들이 거주한 적도 없는 지구상의 또 다른 지역이다. 그 땅은 기후가 상당히 한랭해 이남에서는 그래도 초목을 볼 수 있지만, 이북에서는 새싹조차 드물며, 왜송(矮松)과 백양(白楊)만이 있다. 1년 중에 9개월 동안 눈과 얼음으로 덮여 있다. 종족은 다양하고 인구는 아주 적으며, 유목민들이 간혹 들르기도 한다. 날씨가 너무 추워 오래 머물 수 없기 때문에 북정(北庭)의 각 부락에 대한 기록이 없다. 원대(元代)에 막북(漠北)[116]의 한 번왕(藩王)이 일찍이 그 땅을 정탐하고 산을 넘어가 차지하려 했으나, 길이 험해서 그만두었다. 명나라 중엽에 러시아가 일어났는데, 러시아의 한 상선이 얼음이 녹았을 때 배를 몰아 시베리아 해안까지 가서 서양물품으로 가죽 제품을 바꾸고 날로 친하게 지내면서, 러시아의 부강함이 과장되기 시작했다. [시베리아의] 한 수장이 사람들을 데리고 러시아에 와서 수도의 시가지와 궁전의 화려함을 보고 경도되었다. 각 부락에서 다투어 이 소식을 전하자 모두 방물을 바치고 속지가 되었다. 러시아는 오비강(Ob R.)[117] 하구에 포대를 세우고 요충지를 차지해 시베리아를 관할했다. 점차 죄수들을 보내 노역을 시켜 성을 쌓아 그곳을 지켰다. 그리하여 시베리아 서쪽 지역은 전쟁을 하지 않고 모두 러시아의 차지가 되었다. 얼마 뒤에 다시 동쪽 땅을 공략했으나 빙하에 막혔으며, 오직 사라토프의 군사들인 돈코사크만 얼음을 밟고 지나갈 수 있었다. 마침내 동쪽 여러 지역을 정복하고 동해의 해안까지 다다

가 타는 수레를 말한다.

116 막북(漠北): 고비 사막 이북인 지금의 외몽골 지방을 이르는 말이다.

117 오비강(Ob R.): 원문은 '오미하(烏彌河)'로, 아비강(痾比河), 호벽강(胡壁江), 악필하(鄂畢河)라고도 한다.

랐다. 러시아가 중국과 함께 알바진(Albazino)[118]을 다투었는데, 바로 이때의 일이다. 예카테리나 2세 때에 와서 러시아는 베링(Bering)[119]을 동북쪽으로 보내 탐색해본 결과 아시아와 아메리카가 연결되어 있지 않으며, 그 중간에 수십 리 길이의 해협하나가 놓여 있음을 알아냈다. 마침내 그 해협을 베링해협(Bering Strait)이라 부르고, 이로부터 바다를 건너 아메리카의 한쪽 땅을 차지하게 되었다. 시베리아 전체를 종합해보면 동쪽에서만 생산되는 가죽제품은 여우·토끼·담비·친칠라(chinchilla)[120]·수달 등의 털로, 오로지 중국에만 판매했다. 서쪽에서는 금·은·동·철 등의 각종 광물도 함께 난다. 철 생산량이 특히 많은데 매년 1백여만 섬이 생산되어 서양 각 나라는 모두 이곳에서 철을 공급받는다. 이 땅은 토볼스크(Tobolsk),[121] 톰스크(Tomsk),[122] 예니세이크스(Yeniseysk),[123] 옴스크(Omsk),[124] 이르쿠츠크(Irkutsk),[125] 야쿠츠크(Yakutsk),[126] 오호츠크(Okhotsk),[127] 캄차카(Kamchatka)[128] 8개 주로 나뉜다.

---

118 알바진(Albazino): 원문은 '아극살성(雅克薩城)'이다.

119 베링(Bering): 원문은 '묵령(墨領)'이다. 비투스 요나센 베링(Vitus Jonassen Bering)으로, 러시아어로는 이반 이바노비치 베린그(Иван Иванович Беринг)라고 한다. 베링(1681~1741)은 덴마크 태생의 항해사이자 탐험가로, 베링해협을 발견했다.

120 친칠라(chinchilla): 원문은 '서(鼠)'인데, 러시아에서 생산되는 친칠라로 추정된다.

121 토볼스크(Tobolsk): 원문은 '덕파이사과(德波爾斯科)'로, 도막사(都莫司)라고도 한다.

122 톰스크(Tomsk): 원문은 '다목사과(多木斯科)'로, 돈사기부(頓士其部)라고도 한다.

123 예니세이크스(Yeniseysk): 원문은 '야니새사과(也尼塞斯科)'로, 야액새사과(耶厄塞斯科), 열니서부(熱尼西部)라고도 한다.

124 옴스크(Omsk): 원문은 '아모사과(痾慕斯科)'로, 운사기부(雲士其部)라고도 한다.

125 이르쿠츠크(Irkutsk): 원문은 '의이고덕사과(義爾古德斯科)'이다.

126 야쿠츠크(Yakutsk): 원문은 '아고덕사과(亞古德斯科)'로, 아극살(牙克薩)이라고도 한다.

127 오호츠크(Okhotsk): 원문은 '아가덕사과(痾哥德斯科)'로, 아곡(阿谷)이라고도 한다.

128 캄차카(Kamchatka): 원문은 '강찰덕가(岡札德加)'로, 간사갑(干査甲), 감사갑(甘査甲)이라고도 한다.

토볼스크는 발트해의 동쪽 지역인 아르한게리스카야, 오룔,[129] 페름 등과 이어져 있으며 우랄 산맥을 경계로 한다. 기후가 아주 춥고 금·은·구리·철 등의 광물이 난다.

톰스크[多木斯科] 다복(多僕)이라고도 한다. 는 토볼스크의 서남쪽에 위치하며 발트해의 동쪽 지역인 페름·오렌부르크 등과 인접해 있다. 남쪽은 서역의 카자흐스탄 회부와 인접해 있다. 유목민족이 때로 침략해오는데, 방어부대가 있기는 하지만 그들을 막을 수는 없다. 러시아의 한 수장이 이곳에 거주하면서 동쪽 지역을 다스리는 동시에 광산 업무도 함께 감독했다.

예니세이크스[也尼塞斯科] 운익사(云益士)라고도 한다. 는 토볼스크의 남쪽, 톰스크의 동쪽에 위치한다. 목초지가 있고, 각종 광물이 난다. 남쪽 지역은 카자흐스탄과 이어져 있으며 4천 명의 군사를 주둔시켜 [주변의] 침략을 대비했다.

옴스크[痀慕斯科] 동색(東色)이라고도 한다. 는 예니세이크스의 동쪽에 위치하고 토지가 비옥하며 술을 잘 빚어 사람들이 자주 취해 있다. 남쪽은 스타노보이산맥까지 이르며 우량카이 각 도시와 인접해 있다.

이르쿠츠크[義爾古德斯科] 이곡(耳谷)이라고도 한다. 는 옴스크의 동쪽에 위치하고 면적이 드넓으며 은·아연과 같은 광물 및 가죽제품이 나는데, 매년 생산되는 아연과 가죽이 상당히 많아 국가살림에 보탬이 된다. 사람들은 대부분 용모가 빼어나고 문학을 중시한다. 남쪽 강역은 스타노보이산맥까지 이르며, 할하몽골·몽골 투시예드 칸부(Tüsheet khan)[130]·세첸 칸부(Setsen

---

129 오룔: 원문은 '아륵내(痾勒內)'이다.

130 투시예드 칸부(Tüsheet khan): 원문은 '토사도한(土謝圖汗)'으로, 도십업도한부(圖什業圖汗部), 객이객후로(喀爾喀後路)라고도 한다. 청나라와 민국 시기 몽골 할하 4부락 중 첫 번째 부락

khan)[131]와 인접해 있다. 남쪽 경내에 있는 캬흐타(Kyakhta)[132]는 바로 내지에서 말하는 흡극도(恰克圖)이다. 중국과 러시아인들이 이곳에서 무역했으며, 울란바토르(Ulaanbaatar)[133] 판사대신(辦事大臣)이 이 일을 맡아 처리했다. 그쪽에서는 가죽을 가지고 오고 중국은 차를 가지고 갔다.

야쿠츠크[亞古德斯科] 아곡(牙谷)이라고도 한다. 는 이르쿠츠크의 동쪽에 위치하고, 남쪽으로는 스타노보이산맥에 이르며 흑룡강과 인접하고 있다. 강희 연간에 국경의 경계를 논의 확정한 뒤에 바로 국경 표지석을 세웠다. 이 땅은 몹시 추워 1년에 3~4개월 정도만 빙하가 녹는다. 인구가 아주 적으며 사냥이외에 다른 생계는 없다. 러시아인들은 이들이 생산해낸 가죽을 세금대신 가져갔다.

오호츠크[疴哥德斯科] 아곡(阿谷)이라고도 한다. 는 야쿠츠크 동북쪽에 위치하고, 강역은 아시아 동북쪽 구석 모두에 이르며, 야쿠츠크보다 한랭하다. 원주민들은 모두 사냥으로 먹고 사는데, 러시아에서 관리를 두어 가죽에 세금을 매겼다. 도시는 해변에 건설해 발트해 동쪽 각 섬과 통상하며 가죽 제품을 사들인다.

캄차카[岡札德加] 감찰가(堪察加)라고도 한다. 는 오호츠크의 동쪽에 위치한다. 동쪽 강역은 비스듬히 펼쳐져 바다로 들어가는데, 지형이 큰 칼의 머리처럼 생겼다. 이 땅은 1년 내내 춥고 초목이 드물며, 바닷새가 파리처럼 날아 모여든다. 사람들은 물고기를 잡아먹고 살아가며 혈거생활을 한다. 동

북 3성[東省]에서 말하는 나나이족(Nanai)[134]이다. 러시아는 이곳에다 항구를 열고 가죽을 수매했으며, 중죄를 지은 신하가 있으면 이곳으로 유배 보냈다. 아시아 극동지역에서 아메리카의 각 섬에 이르기까지를 알류샨열도(Aleutian Islands)[135]라고 한다. 캄차카 이남은 쿠릴열도(Kurilskije Ostrova)[136]라 불리는 일본의 여러 섬과 이어져 있으며, 모두 가죽을 생산한다. 러시아 선박이 이곳을 왕래하면서 가죽을 수매해 중국에 내다판다. 북아메리카의 서북쪽 구석에 캄차카[137]가 있는데, 러시아인이 오호츠크의 베링해협을 넘어 건너가 차지했다. 이 땅은 너무 추워서 다른 어떤 산물도 없고 오직 가죽 제품만 생산될 따름이다.

러시아는 비록 4개의 강역으로 분할되어 있지만, 나라의 중심은 동서 두 지역에 있다. 시베리아는 러시아의 동부에 해당하고, 발트해 동부와 폴란드 두 지역은 러시아의 서부에 해당한다. 캅카스 신관할지는 아시아에 속하지만 발트해 동쪽 지역과 지형이 얽혀 있어 역시 러시아의 서부에 해당한다. 러시아 동부는 땅이 광활하고 산기슭이 없으며 얼음과 눈으로 뒤덮여 있어 예로부터 풀 한 포기 자라지 않는 불모지였다. 경내에는 레나

---

134 나나이족(Nanai): 원문은 '어피달자(魚皮韃子)'로, 사할린에 거주하던 나나이족을 가리킨다. 이들은 청나라 때 러시아 사람들에 의해 중국으로 밀려났는데, 어피(魚皮)와 노루 가죽을 입은 데서 어피달자라 불리었다.

135 알류샨열도(Aleutian Islands): 원문은 '아률군도(亞律群島)'로, 아래지군도(阿來地群島)라고도 한다.

136 쿠릴열도(Kurilskije Ostrova): 원문은 '고리군도(古利群島)'로, 천도군도(千島群島)라고도 한다.

137 캄차카: 원문은 '감찰가(監札加)'로, 감사갑(甘査甲)이라고도 한다.

강(Lena R.),[138] 예니세이강(Yenisey R.),[139] 오비강(Ob R.)[140] 등의 큰 하천이 있는데 대부분 막북에서 발원해 북극해로 유입된다. 큰 호수로는 후브스굴호(Хөвсгөл нуур)[141]와 바이칼호(Ozero Baykal)[142]가 있다. 원주민들은 아주 극소수이며, 객지 사람들이 섞여 살고 있기도 하지만, 이들 역시 드물다. 딱히 생각나는 종족도 없고 풍속 역시 언급할 만한 것이 없다. 물산으로는 동부에서는 가죽이, 서부에서는 광물이 나서 모두 많은 이익을 올릴 수 있는데, 이역시 외지의 한 기이함이다. 서부 세 지역은 사방 1만여 리에 이르고 반은모두 평지이다. 북쪽에 나라를 세우기는 했지만, 옥토는 대부분 남쪽에 있다. 최대 강인 볼가강은 동남쪽으로 7천여 리 흐르다가 카스피해로 유입된다. 드네프르강(Dnepr R.)[143]은 남쪽으로 흘러 흑해로 들어간다. 돈강(Don R.)[144]은 서남쪽으로 흘러 아조프해(Sea of Azov)[145] 아속(阿速)을 말한다. 로 들어간다. 자파드나야드비나강(Zapadnaya Dvina R.)[146]은 서북쪽으로 흘러 발트해안으

---

138 레나강(Lena R.): 원문은 '륵나(勒拿)'로, 리나하(里那河)라고도 한다.

139 예니세이강(Yenisey R.): 원문은 '엽니새(葉尼塞)'로, 엽니새하(葉尼賽河), 열니서하(熱尼西河), 이섭사하(伊聶謝河)라고도 한다.

140 오비강(Ob R.): 원문은 '아비(阿比)'로, 아피하(阿被河)라고도 한다.

141 후브스굴호(Хөвсгөл нуур): 원문은 '소미(蘇米)'로, 몽골 북서부 후부스굴주에 위치하는 후브스굴호로 추정된다. 러시아 국경과 가까운 지점에 위치해 그곳 사람들은 바이칼호와 함께 자매 호수라고 부른다.

142 바이칼호(Ozero Baykal): 원문은 '배반(排半)'으로, 백해아호(栢海兒湖)라고도 한다.

143 드네프르강(Dnepr R.): 원문은 '지니백하(地尼伯河)'로, 제섭백하(第聶伯河), 섭비이하(聶卑爾河), 지업강(地業江), 내이하(奈已河), 하백닉지(河百匿地)라고도 한다.

144 돈강(Don R.): 원문은 '돈하(頓河)'로, 단하(端河)라고도 한다.

145 아조프해(Sea of Azov): 원문은 '아속(亞速)'으로, 아사불해우(亞士弗海隅)라고도 한다.

146 자파드나야드비나강(Zapadnaya Dvina R.): 원문은 '토미나하(土昧拿河)'로, 득니강(得尼江)이라고도 하는데, 바로 서드비나강이다. 이 강은 백해로 유입되는 북드비나강인 세베르나야드비나강(Severnaya Dvina R.)과는 다르다.

로 들어간다. 오네가강(Onega R.)[147]은 북쪽으로 흘러 백해로 들어간다. 서북 지역에는 큰 호수가 많은데, 라도가호(Lake Ladoga)[148]·오네가호(Lake Onega)[149]· 세그호(Lake Seg)[150]가 그것이다. 배가 드나들 수 있는 해구로는 북쪽 백해 연 안의 조샤만(Chosha Bay),[151] 서북쪽의 핀란드만(Gulf of Finland)[152]·리가만(Gulf of Riga),[153] 서남쪽의 아조프만이다. 강줄기가 사방으로 통해 있어 배의 운행 이 편리하다. 다만 기후가 한랭해 바닷물이 얼지 않는 날이 1년에 6~7개 월, 혹은 4~5개월에 불과해 배가 수시로 드나들 수 없다. 남쪽 경내에 위치 한 흑해는 다르다넬스(Dardanelles)[154] 해협을 통해 지중해와 서로 연결되어 있 다. 바닷길이 다른 나라만큼 이롭지 못해 장거리 항해가 어렵다. 민족이 매 우 다양한데, 우선 슬라브족(Slavs)[155]이 대부분을 차지하고 있다. 리투아니아 인(Lithuanians)[156]은 발트해 연해에 거주한다. 핀인(Finns)[157] 핀란드 원주민을 말한 다. 은 서북쪽에 거주한다. 타타르족 서역의 회족을 말한다. 은 남쪽에서 유목

147　오네가강(Onega R.): 원문은 '아니아하(阿尼牙河)'로, 아내가하(痾內加河), 오날가하(奧涅加河) 라고도 한다.

148　라도가호(Lake Ladoga): 원문은 '랄다아(剌多牙)'로, 랍다아호(拉多牙湖)라고도 한다.

149　오네가호(Lake Onega): 원문은 '아니아(阿尼牙)'이다.

150　세그호(Lake Seg): 원문은 '서아(西峨)'이다.

151　조샤만(Chosha Bay): 원문은 '택가아(澤加牙)'이다.

152　핀란드만(Gulf of Finland): 원문은 '분란만(芬蘭灣)'이다.

153　리가만(Gulf of Riga): 원문은 '리아만(利牙灣)'으로, 리와니해우(利窩尼海隅)라고도 한다.

154　다르다넬스(Dardanelles): 원문은 '타대니리해협(他大尼里海峽)'으로, 달달니이(達達尼爾)라고도 한다.

155　슬라브족(Slavs): 원문은 '살랄와족(薩剌瓦族)'이다.

156　리투아니아인(Lithuanians): 원문은 '력정족(力丁族)'으로, 력등족(力登族)이라고도 한다.

157　핀인(Finns): 원문은 '분족(芬族)'이다. 핀란드어를 모국어로 사용하는 민족으로, 핀란드라는 나라 이름이 이들에게서 유래되었다.

생활을 하며 이슬람교를 믿는다. 칼미크인(Kalmyk)[158] 몽고족이다. 역시 유목생활을 하며, 불교를 신봉한다. 게르만족은 새로 개척한 땅에서 농사를 지으며 살고 있다. 유대인은 사방에 흩어져서 살고 있으며, 기술직에 종사한다. 이 땅에서는 오곡이외에 마와 가죽이 가장 많이 난다. 마를 돛베[帆布]로 직조해 해외 각국에 판매하고, 가죽은 중국에 전매(轉賣)한다. 상수리나무·소나무·느릅나무가 많이 나서 바닷길을 통해 각 나라에 실어 나른다. 남쪽에서는 말이 많이 나고 북쪽에서는 소가 많이 난다. 우지(牛脂)와 우피(牛皮)를 끝없이 수출한다. 동쪽 경내의 산에서 금·은·동·철·금강석이 난다. 사람들은 장삼(長衫)을 입고 겨울에는 양가죽을 걸친다. 음식이 가장 대충인데, 보릿가루로 탕을 끓이고, 가루를 탄 물을 마신다. 사람들은 대부분 술을 좋아하고, 목욕을 하지 않는다. 추운 겨울에는 화로를 만들어 난방하면서 그 위에서 생활한다. 민간에서는 그리스 정교를 중시하는데, 역시 천주교의 한 종파이다. 도성에 교황이 있으며, 큰 권력을 행사한다. 신부는 각 지역에 흩어져서 살고 있으며, 성당은 70만 칸, 사제는 16만 명이며, 수도원은 480칸, 수녀원은 156칸이 있다.

러시아는 재상이 정사를 주관한다. 나라에 대사가 있으면 국왕이 귀족 120명을 불러들여 의회에서 논의한다. 모두 8개의 부처가 있는데, 중국의 6부 상서와 대략 비슷하며, 또한 번왕부[159]가 있다. 매년 관세·토지세·잡세로 은 7800만 냥을 거둔다. 육군은 61만 명으로, 기마부대가 뛰어나고 화기에도 정통하다. 해군은 대병선(大兵船) 40척, 전선(戰船) 35척, 병선 28척, 소

---

158 칼미크인(Kalmyk): 원문은 '갑재족(甲才族)'이다. 유럽의 불교를 신봉하는 몽골계 민족인 칼미크인으로 추정된다.

159 번왕부: 원문은 '종인이번(宗人理藩)'이다.

선(小船) 300척, 갑판원 4만 명이 있다. 군법이 아주 엄해서 전쟁 때마다 군사는 반석과 같이 우뚝 궐기해 감히 물러서지 않는다. 형벌이 아주 가혹해서 태형의 경우 죽을 때까지 매질한다. 민간에서는 노예 축척을 숭상해 존귀한 관리나 부자 상인 각자가 보유하고 있는 노예가 몇 천 명씩 된다. 나라 전체의 노예는 대략 백여만 명으로, 군사보다 더 많다.

살펴보건대 러시아의 옛 나라로는 진(秦)나라·한(漢)나라 때는 혼유(渾庾)[160]·굴역(屈射)[161]·견곤(堅昆)[162]·정령(丁靈)[163] 등의 여러 나라가 있었는데, 모두 흉노에 예속되어 있었다. 당나라 때는 힐알사(黠戛斯)[164]·골리간(骨利幹)[165] 등의 나라가 있었다. 송나라 말기에 원 태조가 북방에서 흥기해 서역을 개척하고, 아라사(阿羅思) 러시아의 음역이다. 등 세 지역을 장남에게 분봉했는데 바로 동러시아·대러시아 두 지역의 땅으로 지금의 러시아 전체 강역은 아니다. 원나라가 쇠락하자, 러시아 옛 왕의 후예가 다시 남은 불씨를 지펴,

---

160 혼유(渾庾): 고대 종족명으로, 몽골공화국 북방 시베리아 오비강과 셀렝가강(Selenga R.) 주변에 위치했다.

161 굴역(屈射): 고대 종족명으로, 몽골공화국 북방 시베리아 바이칼호 동쪽 지역에 거주했다.

162 견곤(堅昆): 고대 종족명으로, 격곤(隔昆)이라고도 한다. 예니세이강 상류 지역에서 유목 생활을 하다가 기원전 3세기 말에 묵돌 선우에게 정복되었다. 당대에는 힐알사, 원대에는 키르기스[吉爾吉斯], 청대에는 키르기스스탄[布魯特]이라 불렸다.

163 정령(丁靈): 고대 종족명으로, 칙륵(敕勒)·철륵(鐵勒) 등으로도 불렸다. 한나라 때 주로 지금의 바이칼호 이남 지역에 분포했다. 한나라 초에 흉노에게 멸망당했으며, 동한시대에 일부만 남쪽으로 옮겨가고, 대다수는 막북에 남았다.

164 힐알사(黠戛斯): 하카스(хакас), 예니세이 키르기스라고 하며, 돌궐 민족의 한 부류로 예니세이강 일대에 살았다.

165 골리간(骨利幹): 지금의 바이칼호 이북 지역에 거주했다. 당나라 때 그 땅을 현궐주(玄闕州)로 편입했으며, 후에 여오주(余吾州)로 고쳐 불렸는데, 한해도독부(瀚海都督符)에 속했다. 골리간국은 바로 쿠리칸(Quriqan)을 가리킨다.

이웃 나라 코눙아리케트 스베리예(Konungariket Sverige)[166] 지금의 스웨덴에 해당한다. 의 병력을 빌려 몽골을 쫓아내고 영토를 회복했다. 훗날 더욱 강성해지자 북해(North Sea)[167]를 따라 점차 동쪽으로 영토를 확장하고, 서역 회부·외몽골 여러 지역의 북쪽을 돌아나가서 곧바로 흑룡강 동북쪽 변경 밖의 시베리아에 이르렀다.

청나라 순치 연간에 알바진에 성을 쌓고 솔론 등 여러 지역을 침입해 소요를 일으켰는데, 바로 러시아[168]이다. 이에 여러 차례 군대를 보내 알바진 요새를 무너뜨리고 바로 다시 그 지역을 차지했다. 강희 연간에 두 차례 국서를 보냈고, 다시 네덜란드 편에 국서를 보내서 그 나라 왕을 효유했다. 그 나라 왕이 곧 사신을 보내 서신을 올려 알바진의 포위를 풀어줄 것을 청해, 국경선을 분명히 정해서 비석을 세워 표지로 삼았다. 세첸 칸부의 캬흐타에서 무역을 하면서 아울러 [그 나라에서는] 사람을 북경에 파견해 중국어를 배웠는데 10년마다 교체했으며 이를 관례로 삼아 따랐다.

그 나라의 서쪽 강역은 표트르 대제가 굴기하면서 날로 영토를 확장했다. 서쪽으로는 스웨덴의 핀란드를 차지하고 남쪽으로는 캅카스 이북의 여러 지역을 병합하고 서쪽으로는 백러시아의 여러 지역을 차지하고 또한 폴란드의 3분의 2를 차지했으며, 터키·페르시아 북쪽 강역 역시 대부분 침략해서 빼앗았다. 그래서 러시아 영토는 북쪽으로는 북극해를 둘러싸고 서쪽으로는 발트해를 차지하고 있으며 동쪽으로는 태평양[169] 바로 동해(東海)이다. 에 이르고, 또한 바다를 건너 북아메리카 한 모퉁이를 차지하게 되어 나라의

---

166 코눙아리케트 스베리예(Konungariket Sverige): 원문은 '서비야특(西費耶忒)'으로, 서비야사과국(西費耶斯科國)이라고도 한다.

167 북해(North Sea): 원문은 '북해(北海)'이다.

168 러시아: 원문은 '라찰(羅刹)'이다.

169 태평양: 원문은 '대양해(大洋海)'이다. 중국에서는 중국의 동쪽에 위치한다고 해서 동해라고 불렀다.

길이가 약 2만여 리에 이르게 되었다. 남북의 형세를 살펴보면 서쪽 땅은 꽤 넓어서 6천~7천 리 정도이고, 동쪽 땅은 비교적 좁아서 4천~5천 리 정도에 이른다. 천하에서 영토가 광대하기로는 러시아를 넘어서는 나라가 없지만, 의당 그 강대함은 중국[170]과 견줄 바가 못 된다. 그렇지만 유럽 여러 나라 중에서도 영국·프랑스와 어깨를 나란히 할 정도는 되는데, 아직 한쪽에서 패업을 이루지 못한 것은 어째서인가? 일찍이 데이비드 아빌(David Abeel)[171]에게 물어보니, 이렇게 답했다.

"러시아가 차지하고 있는 땅은 대부분 북방 후예들의 외지고 황량한 땅입니다. 동쪽 지역은 얼음이 두껍게 얼고 눈이 쌓여 있어 풀이 많이 자라지 않고, 가축도 키울 수 없어 유목할 수가 없습니다. 그래서 막북의 여러 나라들도 이 땅을 내버려둔 채 거주하지 않습니다. 러시아인들이 이 땅을 차지해 [거기서 나는] 짐승 가죽과 광물로 이익을 얻고 있는데, 이는 이른바 남이 버린 것을 내가 취한 격으로, 무력으로 사람들을 쫓아내서 자신의 것으로 만든 것이 아닙니다. 서쪽은 유럽에 속하는데 인구가 아주 많습니다. 다시 서쪽으로 가면 대러시아·동러시아의 남쪽이 나오는데, 유명한 도시와 큰 도시가 아주 많습니다. 그러나 영국, 프랑스 등의 나라와 비교해보면, 결국 땅은 광대하나 다 이용할 수 없다는 것을 알 수 있습니다. 선박의 이점·무기의 정교함·지략의 철두철미함은 또한 여러 나라에 비해 훨씬 뒤떨어집니다. 그래서 연해지역을 차지하기 위해 각축전을 벌였지만 왕왕 뒤에서 바라보기만 할 뿐입니다. 다만 드넓은 영토를 소유한 덕분에 결국 천하의 대국으로 인정받기에 다른 나라들 역시 감히 러시아를 무시하지 못하는 것입니다. 권력이나 역량을 따지자면 그저 제(齊)·진(秦)·진(晉)·초(楚)나라 정도에 불과해 필적할 만합니다."

러시아의 수도는 바다에 임해있으며, 역시 거대한 군함 수십 척을 보유하고 있다. 그

170 　중국: 원문은 '경(京)'으로, '북경'을 가리키지만 넓게는 '중국'을 의미한다.

171 　데이비드 아빌(David Abeel): 원문은 '아비리(雅裨理)'이다.

러나 해전에 서툴다 보니 결국 대해에서 다른 나라와 승패를 겨룰 수 없다. 화물선 역시 그저 서양 각 나라를 왕래할 뿐, 일찍이 대양을 건너 광동에 온 적이 없다. 대개 러시아에서 가장 많이 나는 산물은 구리와 철, 아마포, 목재, 소와 말이다. 주변의 나라들이 모두 러시아에서 공급받아 살기 때문에 먼 곳까지 나가 팔 필요가 없었다. 가장 진귀한 산물은 여우·담비·바다사자[172]·낙타털·서양 친칠라 등의 가죽 제품으로, 전적으로 중국에만 공급한다. 상선에 가죽 제품을 싣고 남방으로 가서 물건을 살펴보면 모두 부패해 있다. 무역을 육지에서 하고 바다에서 하지 않는 것은 다 이런 이유에서이다.

『서역문견록』에 보면 "러시아는 본래 공갈이의 속국이다. 러시아가 조공하지 않고 또한 군대를 일으켜 변방을 어지럽히자 공갈이가 대군으로 러시아를 공격했다. 이에 러시아가 두려워하며 항복을 청하고 조공 세액을 증액하자, 공갈이는 이들을 내버려두었다."라는 문장이 있다. 또한 "러시아가 공갈이와 교전할 때, 속국 토르구트는 징집과 징세의 고통을 견딜 수 없어서 토르구트 칸 오파석이 러시아를 배반하고 백성들을 이끌고 고비 사막[173]을 건너와 자발적으로 항복했는데, 바로 건륭[174] 연간에 서역을 평정할 때였다."라는 기록이 있다. 지금 살펴보건대, 유럽의 각국 중에 공갈이라는 이름은 결코 없다. 1백년 이래로 러시아와 전쟁을 벌인 대국으로는 단지 터키·프랑스·페르시아 세 나라가 있을 뿐이다. 프랑스가 러시아를 침략한 것은 가경 16년(1811)으로, [이때] 러시아인들은 옛 수도를 불태우고 달아났다. 그 화가 상당히 심했는데 이 일은 토르구트가 귀순한 이후의 일이다. 페르시아와의 전쟁은 근래에 일어난 일이다. 오직 터키가 러시아와 전쟁을 벌인 것은 전후 백 년에 걸쳐 일어났다. 도광 초년에도 여전히 전쟁이 끝나지 않았다. 『서역문견

---

172 바다사자: 원문은 '해룡(海龍)'이다.

173 고비 사막: 원문은 '과벽(戈壁)'이다. 고비는 몽골어로 황량한 땅을 의미한다.

174 건륭(乾隆): 청나라 제6대 황제 고종 애신각라홍력(愛新覺羅弘曆)의 연호(1735~1795)이다.

록』에서 언급하고 있는 교전은 의심할 바 없이 터키에 대한 것이다. 터키의 수도는 콘스탄티노플(Constantinople)[175]로, 강사탄태낙격이(康思坦胎諾格爾)라고도 한다. [공갈이(控噶爾)의] 갈이(噶爾)는 바로 격이(格爾)이고, 앞의 다섯 글자인 강사탄태락(康思坦胎諾)을 공(控)으로 잘못 썼거나 혹은 음역하면서 글자가 생략된 것이다. 과거에는 본래 로마의 동도(東都)였으나, 후에 와서 도리어 로마의 이름을 사칭하게 되었다. 그래서 『서역문견록』에서 공갈이의 수도를 무로목(務魯木)이라고 했는데, 로목(魯木)은 바로 로마[羅馬]의 음역이다. 터키는 원래 이슬람 대국으로, 서방의 땅 가운데 지세가 좋은 곳을 차지하고 있었다. 용맹함만 믿고 감히 인근의 강대국을 침범해 소요를 일으켰다. 러시아는 터키와 수십 년에 이르도록 오랫동안 전쟁을 벌이느라 부득이하게 속국에서까지 병력을 징발했다. 오파석은 본래 병법을 몰라서 출전만 하면 항상 패배해 도망치는 경우가 많았다. 게다가 오이라트의 대길 사릉(舍楞)[176]으로 인해 우매해져서 이리(伊犁)의 옛 유목지대를 수복하려고 온 나라가 동쪽으로 이동하다가 카자흐스탄에게 약탈당하고, 몰려서 사막으로 들어가 종족이 거의 전멸될 지경에 이르렀다. 결국 마음먹고 청나라에 귀순하자 청나라에서 카라샤르(Karashahr)[177]에서 유목할 수 있게 해주었다. 러시아가 공갈이와 교전한 일은 바로 토르구트인이 전하여 기술한 것이다. 그러나 터키가 비록 강대하다고는 하지만 권력과 역량을 비교해보면 결국 러시아의 적수는 되지 못한다. 전투에서 러시아는 누차 승리한 반면 터키는 누차 패배했는데, 러시아가 터키에게 패배했다는 말은 아직 듣지 못

---

175 콘스탄티노플(Constantinople): 원문은 '군사단정(君士但丁)'으로, 지금의 튀르키에 수도 이스탄불이다. 로마 제국 황제 콘스탄티누스 대제(Constantine the Great)가 이름을 바꾸기 전의 원명은 비잔티움(Byzantium)이었다.

176 사릉(舍楞): 사릉(舍棱)이라고도 한다. 청대 오이라트 몽골 토르구트 칸의 대길로, 건륭 36년(1771)에 열하에서 건륭제를 알현했다.

177 카라샤르(Karashahr): 원문은 '객랍사이(喀拉沙爾)'로, 언기진(焉耆鎭)이라고도 한다. 건륭 23년(1758)에 건설되었으며, 지금의 신강 언기 회족자치현에 위치한다.

했다. 오파석은 러시아의 징집과 징세의 번거로움을 원망하다 궁지에 몰려서 나라를 잃었기 때문에 터키의 강대함을 최대한 과장해 러시아를 경멸했다. 칠춘원은 대서양에 있는 나라들의 형세에 대해 대체로 들은 적이 없었기 때문에 그대로 그 황당무계한 말만 믿고 거대한 공갈이를 조작해 냈으니, 현포(懸圃)[178]와 요지(瑤池)[179]의 예처럼 황당하다. 또 혹자는 "공갈이는 도리아국(圖理雅國)의 왕 이름으로, 일찍이 러시아와 영토를 다투었다. 오파석이 이 일을 전하여 서술하면서 왕의 이름을 국명으로 잘못 인식한 것이다."라고 했다. 지금 서양인의 기록을 살펴보니, 도리아는 바로 프로이센으로, 국력이 러시아에 훨씬 못 미친다. 또한 건륭 연간에 러시아와 전쟁을 한 일도 결코 없다. **폴란드의 옛 땅에 크라쿠프라는 곳이 여전히 존재하는데 면적이 1백여 리 정도 된다. 크라쿠프는 바로 폴란드의 유민이 세운 나라로, 군주를 세우지 않고 직접 향장을 뽑아 정사를 처리했다. 러시아의 속지인 폴란드의 서남쪽에 위치한다.**

러시아 화물선은 가경 11년(1806)에 일찍이 광동에 온 적이 있고, 도광 28년(1848)에 또한 한 선박이 상해(上海)에 왔는데, 모두 상주를 올려 윤허하지 말 것을 표명했다. 아마도 그 화물선은 우연히 다른 나라를 따라 개인적으로 온 것이지 결코 국왕의 명을 받들고 온 것이 아니기 때문에 한 번 반박하고 타이르자 곧바로 닻을 올리고 떠나간 것 같다.

---

178 현포(懸圃): 곤륜산 꼭대기에 신선들이 산다고 하는 꽃밭을 가리킨다.

179 요지(瑤池): 주(周)나라 목왕(穆王)이 서왕모(西王母)와 만났다는 선경(仙境)으로, 곤륜산에 있다고 전해진다.

⟦ 歐羅巴峨羅斯國 ⟧

峨羅斯國, 峨羅斯·鄂羅斯·厄羅斯·阿羅斯·斡魯思·兀魯思·羅刹·羅車·葛勒斯·縛羅答·莫哥斯未亞·魯西亞·没壽啡. 據亞細亞·歐羅巴兩土之北境, 復跨海據亞墨利加之西北隅, 拱北冰海如玦環, 長約二萬餘里, 外夷第一大國也. 其西土, 西界瑞典·普魯士·奧地利亞, 南界土耳其·波斯, 東界西域回部. 其東土, 南界哈薩克回部·喀爾喀·蒙古·黑龍江. 綜其全土, 在亞細亞者, 十之六, 在歐羅巴者, 十之四. 然其新舊兩都城, 皆在歐羅巴, 其富盛之部落, 雄麗之城邑, 萃於西偏. 迤東之地雖廣莫, 乃荒寒不毛之土. 其會盟戰伐, 亦皆與歐羅巴諸國爲緣. 國勢在西, 而不在東, 故隸之歐羅巴. 其國古稱薩爾馬西亞, 自唐以前, 爲西北散部, 受役屬於匈奴. 唐懿宗咸通年間, 有酋長祿利哥者, 招引族類, 肇造邦土. 傳至烏拉的米爾·訝羅斯訝兩世, 立國始有規模. 周世宗顯德年間, 有王后理國政, 始崇希臘天主教. 其嗣位之王有十二子, 分國爲十二部. 由是兄弟鬩牆, 互相攻伐, 日就衰亂. 宋理宗年間, 元太祖西伐, 滅阿羅思·阿速·欽察三部. _{皆今峨羅斯地.} 立長子術赤爲汗, 由是爲蒙古別部. 元衰, 峨羅斯故王後裔乃稍稍振起. 明嘉靖初, 借瑞典兵力, 驅逐蒙古, 復其土宇. 後有國王號以萬者, 一作伊挽, 又作宜萬. 有雄略, 闢地日廣, 達於東海之隅. 性殘忍好殺, 戮臣民數萬人, 由是群下離心. 傳至波利斯後, 國勢浸弱, 內訌四起. 時波蘭方強, 日見侵削. 國人恟懼, 思得賢主以靖國. 康熙四十年, 立彼得羅爲國王. 一作伯多羅, 又作彼達王, 即別書所云察罕汗. 彼得羅幼時, 其姊貪權, 欲據王位. 彼得羅避禍, 隱寺內爲僧. 既爲衆所推立, 卑禮招致英賢, 與圖國事. 躬教士卒騎射, 兼習火器, 悉爲勁旅. 由是政令更新, 國俗爲之一變. 境內既平, 乃巡行邊界, 開通海口.

嘗以峩人不善駛船, 變姓名, 走荷蘭, 投舟師爲弟子, 盡得其術乃歸. 治舟師與瑞典戰, 勝之, 瑞典割芬蘭以講. 遂建新都於海濱, 曰彼得羅堡. 一作必特爾士木爾, 又作比特革, 又作桑比斯德爾不爾扼. 疏通波羅的海道, 水陸皆操形勢, 戰勝攻取, 疆土愈闢. 峩羅斯近世之強大, 實自彼得羅始也. 彼得羅歿, 其后嗣位, 敏慧有權謀. 所任大將, 名震鄰國, 疆土益廣. 乾隆二十年, 王后加他鄰 一作加達利納, 卽他書所云扣肯汗. 嗣位, 淫蕩多嬖, 而精於理事. 招致他國百工, 厚給廩餼, 教國人以藝事. 廣延文學, 兼修武備. 南鄰之土耳其, 回部大國, 與峩構兵數十年. 后累挫其鋒, 割其北境, 又分割波蘭三分之二. 后死, 嗣王卽位見弒, 子亞勒山德黎繼立, 與佛蘭西連兵數年, 講和而罷. 弟尼歌拉士嗣立, 一作尼哥勞. 伐土耳其大捷. 波斯來侵, 擊退之, 割其日爾日等屬部, 威聲甚著, 卽今在位之王也. 其國大略分四部, 在歐羅巴境內者, 曰波羅的海東部, 曰波蘭部, 在亞細亞境內者, 曰高加索新藩部, 曰西伯利部.

　波羅的海東部, 西抵波羅的海, 東至烏拉嶺, 烏拉嶺北起北冰海, 南至白爾摩, 長約四千里, 歐羅巴·亞細亞兩土, 以此嶺爲界. 北距北冰海, 南盡黑海. 南北約七千餘里, 東西約五千餘里, 峩羅斯本國之全土也. 地形平坦, 東方始見山嶺, 大勢分五域, 曰東峩, 曰大峩, 曰加匽峩, 曰小峩, 曰南峩. 東峩, 在國之西北境, 因據波羅的海東岸, 故稱東峩. 地分五部, 首部曰彼得羅堡, 其故王彼得羅建新都於此, 因以爲名者也. 沿海一帶, 平野蒼茫, 松榆茂密, 間有狹田. 地氣寒甚, 冬氣居六月之久. 都城在尼瓦河口, 近逼海港. 西風起, 則水涌入城, 街衢泛溢. 城內多廣廈杰構, 王廷長四十五丈, 闊三十八丈, 金彩耀目, 宏麗爲西國之最. 泰西人造屋, 皆層樓叠架, 繞以迴廊, 外無墻垣院落, 雖王宮亦如此. 居民四十二萬五千, 內水陸兵五萬五千, 客民二萬五千. 別有藏軍器之城, 曰立冕. 彼得羅堡之西南, 曰斯多尼亞部. 再西南, 曰里窩尼亞部. 兩部內港有大埠頭曰利牙, 每年出入商艘千餘. 再南, 曰孤爾蘭的亞部. 彼得羅堡之北, 曰芬蘭部, 本瑞典東北境, 峩戰勝割得之. 地極廣莫, 而氣候寒冽, 人戶貧乏.

大峩, 峩之中原. 毗連北地, 幅員遼闊, 故稱大峩. 地分十九部, 首曰墨斯科部. 一作木吉. 在四境適中之地, 峩之舊都也. 規制巨麗, 百官之居, 皆飾以金銀. 嘉慶十六年, 佛郎西拿破侖新得國, 勢方張, 欲混一西土, 以大兵伐峩, 圍墨斯科. 城將陷, 峩人恐其據之也, 燒之而走, 火旬日不息. 佛師退, 乃次第修復. 王殿廣七十七丈, 長二百一十丈, 宇內宮闕之高大, 殆無與比. 墨斯科之左, 曰瓦拉的迷爾部, 曰尼內諾烏疴羅部, 舊爲國之大市, 今已衰廢. 曰赫阿囷部. 墨斯科之右, 曰加婁牙部, 百工萃集之地. 曰斯摩棱斯科部, 墨斯科之南, 曰都拉部, 其民冶鐵, 鑄造各器. 曰當波弗部, 曰病勒爾部, 曰窩羅尼日部, 曰古爾斯克部. 墨斯科之北, 曰哥斯德羅馬部, 曰日羅斯拉部, 曰的威爾部, 曰北斯哥弗部. 再北曰疴勒內部, 曰窩羅阿達部, 曰諾弗哥羅部, 三部地氣皆寒冽. 極北臨北冰海, 曰亞爾干日爾部, 廣莫倍芬蘭, 而荒寒不可耕, 人戶甚稀, 多以捕魚爲業. 加囷諸部之粟, 時由內河往糴. 極北濱海之民, 皆短小, 以犬爲馬, 以鹿爲牛. 有天使頭城, 在白海內港之濱. 冰消之時, 商船可以出入.

加囷峩, 在大峩之東, 本回部地. 明嘉靖間, 峩攻得之, 分爲五部. 地腴坦宜稼, 產穀甚豐, 又產木材·銅鐵·番鹼. 其民善於硝皮, 首部曰加囷. 加囷之南, 曰新比耳斯克部. 新比耳斯克之西, 曰奔薩部. 加囷之北, 曰維亞德加部. 再東北, 曰白爾摩部.

小峩, 在大峩之西南, 舊本峩地, 爲波蘭回部所侵割, 尋復奪還. 其地氣候溫和, 川原清曠, 綠柳垂楊相望, 葡萄柑橘皆繁生. 其民耕田熟皮造番鹼, 各勤本業. 分三部, 曰究部, 曰厄加德黎諾斯拉部, 曰者爾厄疴弗部.

南峩, 在大峩·小峩之南, 土脈膏腴, 產穀最多, 分糶諸國. 地分五部, 曰加的勾巴爾的哥部, 曰給爾孫部, 曰比薩拉比亞部. 在黑海中者, 曰搗里達部, 小山疊秀, 地氣溫煦, 稱樂土. 加的勾巴爾的哥之東, 曰薩拉德夫部, 其種人曰可薩, 悍勇善戰, 馳騎如飛. 峨人每用以破敵, 稱爲勁旅. 其開拓西伯利廣土, 皆此部兵力也. 西伯利部戍守之兵, 亦皆此部人.

波蘭部, 一作破蘭, 又作波羅尼亞, 又作惹鹿惹也. 在海東諸部之西南. 先是有查遮爾倫國者, 與波蘭鄰, 其王贅於波蘭女主, 遂與波蘭合. 後爲峨羅斯所取, 稱爲西峨. 其人白晳, 又稱白峨. 迨後波蘭衰亂, 峨羅斯與奧地利亞‧普魯士瓜分其國, 峨得三分之二. 道光十二年, 波蘭遺臣據地起兵, 與峨軍戰, 潰敗而逃. 其地卒歸於峨, 合前所得白峨地, 統稱波蘭部. 白峨地廣闊平坦, 草茂土肥, 宜耕宜牧. 其民修潔, 屋宇整峻. 分六部, 曰威德比斯科部, 曰摩宜勒威部, 曰明斯克部, 曰維里納部, 曰哥羅德諾部, 曰窩黎尼亞部, 曰波多里亞部. 波蘭地蕩平如砥, 林茂草芳, 穀果俱豐, 兼產材木‧煤炭‧蜂蜜. 分八部, 曰馬索維亞, 曰加拉哥維亞, 曰三多迷爾, 曰加利斯, 曰魯伯林, 曰波羅咯, 曰波達拉給亞, 曰亞烏斯多窩. 八部地界, 原圖未分畫.

高加索新藩部, 一作告甲岭. 在海東諸部之東南, 亞細亞極西之土也. 南境有高加索山, 西壓黑海, 東抵裏海, 綿亘蜿蜒, 千峰矗起. 其北境環抱裏海, 地勢平闊, 達於加匿部之白爾摩. 舊本游牧回部, 峨羅斯以兵力取之. 迤南在高加索山南北者, 皆土番種類, 獷悍異常. 舊屬土耳其‧波斯兩國, 近年俱爲峨羅斯所割. 置新藩五大部. 極北者, 曰疴倫不爾厄部, 一作阿鄰堡. 地接西域回部, 豐草鋪原, 蒙回各部, 互市於此, 以馬牛羊易布匹. 疴倫不爾厄之西南, 曰阿斯達拉干部, 一作迓大罕. 爲五藩部之都會.

窩瓦河從西北來, 由此入裏海. 兩岸草場豐美, 牧畜蕃庶. 卽土爾屬特寄居游牧之地, 『西域聞見錄』謂 "烏巴錫, 因河冰未合, 率河南戶口內附, 而遺其河北." 今考窩瓦河自西北而東南, 烏巴錫之東徙, 蓋攜其河東戶口, 而遺其河西也. 其地通衢四達, 西域游牧各部, 互市者絡驛於途, 故富饒爲五部之最. 女子絶美, 各部爭買爲婢妾, 價極貴. 有才能者, 或爲妃后. 裏海産鱘魚龍, 土人長於釣捕, 販行甚遠.

阿斯達拉干之南, 曰薩加社, 一作色爾各設, 又作額勒阿西. 在高加索山之陰. 種人居岩谷, 不事耕作, 貧甚而性特悍猛, 習於剽刦. 鄕皆土堡, 自練丁壯爲兵, 梗令揭竿, 時時有之. 峨軍收捕, 往往挫衄, 僅羈縻以固邊圍, 不能使之馴擾也.

薩加社之南, 曰諾尼阿部, 一作額里. 在高加索山之陽. 本屬土耳其, 後稱兵叛土, 峨羅斯征服之, 收爲藩部. 其地山嶺崎嶇, 戶口繁而貧, 販鬻男女爲奴婢. 民俗悍獷, 甚於薩加社. 諾尼阿之東, 曰日爾日部, 一作熱阿義. 東距裏海, 跨高加索山之南北. 本屬波斯, 嘉慶十八年, 峨羅斯戰勝割取之. 民俗與諾尼阿同, 男女多美姿容. 會城曰得勒, 甚卑陋, 峨人修飾之, 漸改觀矣. 薩加社·諾尼阿·日爾日三部, 近年又分爲八部, 曰日爾日, 曰是爾彎, 曰亞爾美尼亞, 曰義米勒多, 曰明哥勒里亞, 曰達日斯丹, 曰西爾加西亞, 曰亞巴西亞. 八部之外, 又別立高加索省, 原圖皆未分畫.

西伯利部, 一作西卑里亞, 又作悉比厘. 亞細亞之北境也. 西起烏拉嶺, 東距大洋海, 北距北冰海, 南抵外興安嶺, 界黑龍江·索倫·喀爾喀·烏梁海·蒙古·哈薩克·回部. 長約一萬三千里, 寬約五千餘里. 地處窮髮之北, 限以峻嶺崇山, 自古輬車之所未至, 歷代行國之所不居, 在大地爲別一區宇. 其地氣候極寒, 迤南猶見草木, 迤北勾萌鮮苗, 僅有矮松·白楊. 一年中冰雪凝結者九閱月. 其人種類各殊, 戶口甚稀, 游牧者或偶至焉. 寒冽不可久留, 故庭幕不傳於紀載. 元代有漠北藩王嘗探悉其地, 欲跨嶺割據之, 以險遠而止. 前明中葉, 峨羅斯既興, 有商舶於冰消時, 駛至西伯利海岸, 以洋貨易皮貨, 日漸狎熟, 盛夸峨之富强. 其頭人有率戶口至峨者, 睹其國都市廛宮殿之壯麗, 傾心歸向. 各部競相傳播, 咸貢方物爲藩屬. 峨建砲臺, 於烏彌河口, 扼險要以控制之. 漸徙罪人供力役, 築城戍. 於是西伯利西方諸部, 不費兵力, 咸爲峨有. 尋復展轉東略, 阻於冰雪, 獨薩拉德夫之兵, 能躡冰前進. 遂征服東方諸部, 達於東海之隅. 峨羅斯與我爭雅克薩城, 卽此時事. 至加他鄰后時, 遣其臣墨領向東北探尋, 知亞細亞與亞墨利加一士不連, 中隔海峽數十里. 遂名其峽曰墨領峽, 因跨海據亞墨利加之一隅. 綜西伯利全土, 東部所產惟皮貨, 狐狸 · 兔 · 貂 · 鼠 · 獺之類皆備, 專售中國. 西部兼產金 · 銀 · 銅 · 鐵各礦. 鐵尤多, 每歲得百餘萬擔, 泰西諸國皆仰給焉. 地分八部, 曰德波爾斯科, 曰多木斯科, 曰也尼塞斯科, 曰痾慕斯科, 曰義爾古德斯科, 曰亞古德斯科, 曰痾哥德斯科, 曰岡札德加.

德波爾斯科, 與海東部之亞爾干日爾 · 痾勒內 · 白爾摩等部相連, 以烏拉嶺爲界. 地氣寒甚, 產金 · 銀 · 銅 · 鐵礦.

多木斯科, 一作多僕. 在德波爾西南, 與海東部之白爾摩 · 序倫不爾厄等部接壤. 其南與西域之哈薩克回部毗連. 游牧者時來侵掠, 雖有防兵, 不能禁也. 峨有大酋駐此, 總理東方, 兼督礦務.

也尼塞斯科, 一作云盆士. 在德波爾之南, 多木之東. 有草場, 出各礦. 南境與哈薩克毗連, 駐兵四千, 以防侵擾.

痾慕斯科, 一作東色. 在也尼塞之東, 地頗豐饒, 善釀酒, 人多沈湎. 南境抵外興安嶺, 與烏梁海各部接壤.

義爾古德斯科, 一作耳谷. 在痾慕之東, 地極廣大, 出銀 · 鉛礦, 兼產皮貨, 每年所得鉛與皮甚多, 足助國用. 其人多美豐姿, 頗講文學. 南境抵外興安嶺, 與喀爾喀 · 蒙古士謝圖汗 · 車臣汗兩部接壤. 南界有甲他城, 卽內地所稱恰克圖. 中國與峨人互市於此, 庫倫辦事大臣司其事. 彼以皮來, 我以茶往.

亞古德斯科, 一作牙谷. 在義爾古德之東, 南境抵外興安嶺, 與黑龍江接壤. 康熙年間, 議定疆界, 立有界碑. 其地寒甚, 冰雪之消融者, 每歲止得三四月.

人戶稀少, 射獵之外無生計. 峩人取其所得之皮, 以當賦稅.

疴哥德斯科, 一作阿谷. 在亞古德東北, 地盡亞細亞之東北隅, 寒冽過於亞古德. 土人亦以獵獸爲生, 峩設官以賦其皮. 城建海濱, 與海東各島通商, 以收皮貨.

岡札德加 一作堪察加. 在疴哥德之東. 東界斜伸入海, 形如大刀頭. 其地終年寒冽, 草木稀疏, 海鳥翔集如蠅蚋. 居民捕魚爲食, 穴地而居. 卽東省所謂魚皮韃子. 峩人設口收皮, 朝臣有重罪者, 流竄於此. 自亞細亞極東北, 至亞墨利加海中各島, 稱亞律群島. 迤南接日本各島, 稱古利群島, 皆產皮. 峩船往來收皮, 鬻於中國. 北亞墨利加之西北隅, 曰監札加, 峩人逾疴哥德之墨領海峽, 跨而有之. 地寒凍無他產, 所得者, 皮貨而已.

峩羅斯雖分四大部, 而大勢則東西兩土. 西伯利, 其東土也, 海東 · 波蘭二部, 其西土也. 高加索新藩部, 地雖在亞細亞, 而與海東部牙錯, 亦西土也. 東土曠邈無垠, 雪窖冰天, 自古爲不毛之土. 境內有勒拿 · 葉尼塞 · 阿比等大河, 大半發源漠北, 流入北冰海. 湖之大者, 曰蘇米, 曰排半. 土人戶口稀疏, 雜以流寓, 亦甚寥落. 種族難稽, 土俗亦無可言. 物產則東皮西礦, 皆獲無窮之利, 亦外府之一奇也. 西土三部, 周回萬餘里, 半皆平土. 立國雖在北境, 沃壤則多屬南方. 河流之最長者, 曰窩瓦, 東南流七千餘里而入裏海. 地尼伯河, 南流入黑海. 頓河, 西南流入亞速 卽阿速. 海灣. 士味拿河, 西北流入波羅的海隅. 阿尼牙河, 北流入白海. 西北多大湖, 曰刺多牙, 曰阿尼牙, 曰西峩. 其海口之可通舟楫者, 北方則白海之隅, 澤加牙之灣. 西北則芬蘭利牙之灣, 西南則亞速之灣. 港汊四通, 舟行似便. 惟因地氣嚴寒, 海水之不冰者, 歲不過六七月, 或四五月, 船不能以時往來. 其南界之黑海, 由他大尼里海峽, 與地中海一綫相連. 海道不如他國之通利, 是以遠涉爲難. 其民各分種族, 一曰薩剌瓦族, 居齊民之大半. 曰力丁族, 居波羅的沿海. 曰芬族 卽芬蘭土人. 居西北方. 曰韃韃里族, 游牧於南方, 奉回敎. 卽西域回部種類. 曰甲才族, 亦游牧, 奉佛敎. 蒙古種類. 曰日耳曼人, 墾種新地. 曰猶太散民, 務百工. 地之所產者, 五穀之外, 麻與皮爲多. 麻織帆布, 售於各國, 皮轉售於中國. 其木多橡・松, 由海道運於各國. 南方多馬, 北方多牛. 牛之油與皮, 運出無窮. 東界之山, 產金・銀・銅・鐵・金鋼石. 其民衣長衫, 冬著羊皮. 食物最粗, 以大麥粉爲湯, 粉水爲飮. 人多嗜酒, 身體不浴. 冬月嚴寒, 臥爐上以取溫. 其俗重希臘敎門, 亦天主敎別派. 京師有總敎主, 大有權勢. 其各敎師散居各部, 有廟七十萬間, 僧一十六萬人, 男寺四百八十所, 女寺一百五十六所.

峨羅斯有宰相, 管政事. 有大事, 王召貴者一百二十人議於公會. 其部有八, 略如中國之六部, 益以宗人理藩. 每年關稅・田賦・雜稅, 共銀七千八百萬兩. 陸路額兵六十一萬, 長於馬隊, 火器亦精. 水師大兵船四十隻, 戰船三十五隻, 兵船二十八隻, 小船三百隻, 水手四萬丁. 軍法嚴, 每排陣, 軍士屹立如礬石, 無敢移步者. 用刑最酷, 榜掠之刑慘於死. 俗尙畜奴僕, 貴官富商, 每人所畜以數十百計. 通國奴僕凡百餘萬, 浮於兵額.

按: 峨羅斯舊國, 在秦漢爲渾庾・屈射・堅昆・丁零諸部, 受役屬於匈奴. 在唐爲黠戛斯・骨利幹等國. 宋末, 元太祖起北方, 拓地西域, 以阿羅思等 卽峨羅斯轉音. 三部, 分其長子, 乃東峨・大峨兩部地, 非今日峨羅斯之全土也. 元氏既衰, 峨羅斯故王後裔, 再燃餘燼, 假鄰國西費耶忒兵力, 今瑞典國. 驅逐蒙古, 恢復疆土. 迨後日益強盛, 沿北海漸拓而東, 繞出西域回部・外蒙古諸部之北, 直達黑龍江東北徼外, 名曰西伯利部.

我朝順治年間, 築城於雅克薩, 侵擾索倫諸部, 稱爲羅刹. 屢遣兵毀其城, 輒復據之. 康熙年間, 兩致國書, 復由荷蘭附書, 諭其國王. 其王乃遣使上書, 乞撤雅克薩之圍, 分定疆界, 立碑爲志. 通貿易於車臣汗部之恰克圖, 并遣人來京師, 學習漢文, 每十年更易, 沿爲常例.

其西境自彼得羅崛起, 日益恢拓. 西割瑞典之芬蘭, 南兼高加索迤北諸部, 西取白峨諸部, 又割波蘭三分之二, 土耳其‧波斯北境, 亦多被侵割. 於是峨羅斯境土, 北環北冰海, 西據波羅的海, 東距大洋海, 卽東海. 又跨海據北亞墨利加之一隅, 長約二萬餘里. 其南北之勢, 則西土較闊, 約六七千里. 東土較狹, 約四五千里. 宇內疆土之恢闊, 無過峨羅斯者, 宜其強大莫與京矣. 然在歐羅巴諸國中, 亦不過比肩英佛, 而未能定霸於一方者, 何也? 嘗以詢之雅裨理, 曰: "彼所有者, 多北裔窮荒之土. 其東部層冰積雪, 草不繁, 牲不育, 不可游牧. 故漠北諸部, 棄而不居. 峨人得之, 收其皮礦之利, 所謂人棄我取, 非力能驅除而據爲己有也. 迤西入歐羅巴界, 戶口稍盛. 再四至大峨‧東峨之南, 不乏名都大邑. 然較之英佛諸國, 總覺土滿. 舟楫之利, 火器之精, 心計之密, 又遠遜於諸國. 逐鹿海隅, 往往瞠乎其後. 特因其疆土之廣, 究係海內大國, 故諸國亦未敢輕視之. 比權量力, 不過齊秦晉楚, 相爲匹敵已耳."

峨羅斯都城臨海, 亦有巨艦數十. 然水戰究非所長, 故不能在大海中與諸國角勝. 其貨船亦止往來西洋諸國, 未嘗涉大洋而至粵東. 蓋其國物產之最多者, 曰銅鐵, 曰麻布, 曰木料, 曰牛馬. 鄰近諸國, 皆仰給焉, 不必求售遠方. 最珍貴者皮貨, 如狐‧貂‧海龍‧駱駝絨‧洋灰鼠之類, 專以供中國之用. 入海舶而載至炎方, 計無不朽敗者. 通市之在陸而不由海, 職是故也.

『西域聞見錄』云: "峨羅斯本控噶爾屬國. 峨羅斯缺其朝貢, 又興兵擾其邊, 控噶爾以大兵臨之. 峨羅斯恐懼乞降, 增其歲貢, 控噶爾乃捨之." 又云: "當峨羅斯與控噶爾連兵, 屬國土爾扈特, 不堪徵調之苦, 其汗烏巴錫叛峨羅斯, 率其人戶, 度戈壁內附, 正乾隆年間, 勘定西域之時也." 今考歐羅巴諸國, 并無控噶爾之名. 百年以來, 諸大國與峨羅斯構兵者, 止有土耳其‧佛郎西‧波斯三國. 佛郎西之侵峨, 係嘉慶十六年, 峨人焚舊都以避之. 其禍最烈, 事在土爾扈特投誠之後. 波斯之役, 亦係近年. 惟土耳其與峨羅斯連兵, 前後近百年. 道光初年, 猶交哄未已. 『聞見錄』所云交兵事, 其爲土耳其無疑. 土耳其都城, 名君士但丁, 一作康

思坦胎諾格爾. 噶爾卽格爾, 上五字之訛爲控, 或由於轉音省文. 舊本羅馬東都, 後來猶冒羅

馬之名. 故『聞見錄』稱爲控噶爾都城名務魯木, 魯木卽羅馬之轉音也. 土耳其本回部大國,

所據者, 西土形勝之地. 恃其虓悍, 敢於侵擾強鄰. 峨羅斯與之構兵, 至數十年之, 徵發及於

屬藩, 蓋非得已. 烏巴錫素不知兵, 出輒撓敗, 多所亡失. 又爲舍楞所愚, 欲恢復伊犁舊牧, 傾

國東徙, 爲哈薩克所掠, 逼入沙漠, 種類幾致覆滅. 乃決計內附, 賜牧於喀拉沙爾. 峨羅斯與

控噶爾連兵之事, 卽土爾扈特人所傳述. 然土耳其雖稱強大, 比權量力, 究非峨敵. 疆場之

役, 峨屢勝而土屢北, 未聞峨之挫於土也. 烏巴錫怨峨羅斯徵調之煩, 致己狼狽失國, 故盛夸

敵人之強大, 以輕蔑之. 七椿園於大西洋國土形勢概乎未有聞, 遽信其夸誕之說, 杜撰一莫

大之控噶爾, 比諸玄圃瑤池, 同一荒唐矣. 或云: "控噶爾乃圖理雅國王之名, 曾與峨羅斯争

地相戰. 烏巴錫傳述此事, 誤以汗名爲國名." 今考泰西人紀載, 圖理雅卽普魯士, 國勢遠遜

於峨. 乾隆年間, 并無與峨交兵之事. **波蘭故地, 尚有加拉哥維亞國, 袤延百餘里. 乃波蘭遺**

民所立, 自推鄉長理事, 不立君長. 地在峨屬波蘭部之西南.

　　峨羅斯貨船, 嘉慶十一年, 曾有來粵東者, 道光二十八年, 又有一船至上海, 皆經奏明駁

回. 蓋其國貨船偶隨諸國私來, 并非奉其國命, 故一經駁飭, 旋卽回帆而去.

〖유럽 스웨덴〗

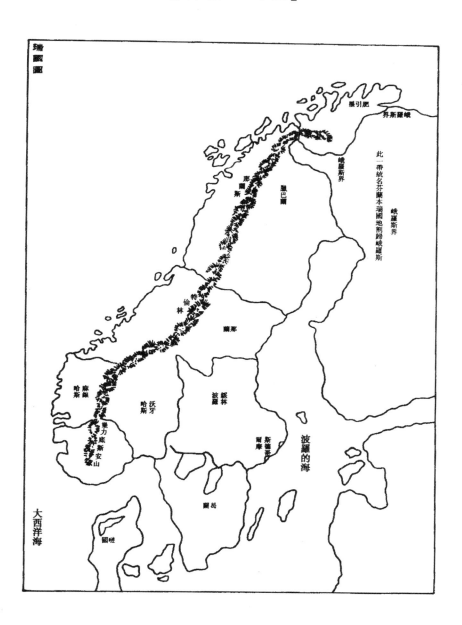

스웨덴 지도

아라사계(峨羅斯界): 러시아 강역이다.

아라사계(峨羅斯界): 이 일대의 총칭은 핀란드로, 본래는 스웨덴의 강역이었으나 러시아에 할양했다.

비인묵(肥引墨): 핀마르크(Finnmark)로, 노르웨이 북부에 위치했던 폐지된 주이다.

랍파란(臘巴蘭): 지금의 라플란드(Lapland)이다.

나란사(那蘭斯): 지금의 노르웨이 노를란(Norland)이다.

나란(那蘭): 지금의 스웨덴 노를란드(Norrland)이다.

마은합사(麻銀哈斯): 지금의 노르웨이 베르겐후스(Bergenhus)이다.

기력저사안산(幾力底斯安山): 지금의 노르웨이 크리스티안산(Kristiansand)이다.

옥아합사(沃牙哈斯): 지금의 아케르스후스(Akershus)이다.

수림파라(綏林波羅): 스웨덴 본토이다.

사덕가이마(斯德哥爾摩): 지금의 스톡홀름(Stockholm)이다.

파라적해(波羅的海): 지금의 발트해이다.

갈란(曷蘭): 지금의 고틀란드(Gotland)이다.

대서양해(大西洋海): 지금의 대서양이다.

련국(嗹國): 지금의 덴마크이다.

스웨덴 서전(瑞典)·소이천(蘇以天)·서정(瑞丁)·서서아(瑞西亞)·수림(綏林)·수역고(綏亦古)·서비야사과(西費耶斯科)·이도아니아(里都亞尼亞)·비마이여(匪馬爾如)·파적아(波的亞)·남기(藍旗)라고도 한다. 은 유럽의 가장 서북쪽에 위치한다. 과거에는 스웨덴과 노르웨이(Norway)[1] 눌위(訥爲), 낙로위아(諾魯威呀)라고도 한다. 두 나라로 분리되어 있었으나, 지금은 합쳐져 한 나라가 되었다. 동남쪽으로는 발트해에, 서북쪽으로는 대서양에 이르고, 북쪽으로는 북극해를 등지고 있으며, 남북의 길이는 약 3천여 리이고, 동서의 너비는 약 1천여 리에 이른다. 지형은 빈랑잎 부채가 아래로 처져 있는 것처럼 생겼으며, [스칸디나비아]산맥이 나라의 중앙을 가로질러 길게 뻗어 있다. 스웨덴은 산맥의 동쪽에 나라를 세웠고, 서쪽은 노르웨이의 옛 땅이다. 대지는 광활하지만 특히 황량하고 한랭하며 토지가 척박하기 때문에 먹을 것이 적고 사람도 거의 살지 않는다. 옛날에는 야만족 부락으로, 양한(兩漢) 시기에 독일경내로 흘러 들어가 각국에서 흩어져 살았다. 북송 초에 수장 에릭 세게르셀(Erik Segersäll)[2]이 사람들을 모아 성과 도시를 건설했는데, 이것이 바로 스웨덴 왕국의 시작이다. 당시 노르웨이에서도 하랄 1세(Harald I)[3]를 왕으로 추존했으나 몇년 뒤에 노르웨이는 덴마크에게 합병되었다. 명나라 홍무 연간에 지략을 갖춘 덴마크의 여왕 마르가레테 1세(Margaret I)[4]가 술수를 내어 스웨덴 사람들을 꾀어 덴마크에 복속시켜 하나의 나라가 되었는데, 덴마크는 이때부터 날로 부강해졌다. 그 뒤를 이은 여왕의 후손이 잔혹무도하게 굴자 스

---

1 노르웨이(Norway): 원문은 '나이와(挪耳瓦)'로, 나위국(那威國), 낙이물(諾爾物), 낙이물서아국(諾爾物西亞國), 낙물야국(諾勿惹國), 낙물열아(諾勿熱亞)라고도 한다.

2 에릭 세게르셀(Erik Segersäll): 원문은 '액리가(厄里哥)'로, 스웨덴 최초의 왕(945?~995)으로 알려져 있다.

3 하랄 1세(Harald I): 원문은 '합라이덕(哈羅爾德)'이다. 하랄 1세 하르파그리(Harald I hårfagre)로, 하랄 1세(872~930)는 노르웨이의 건국자이자 초대 국왕이다.

4 마르가레테 1세(Margaret I): 원문은 '마리가이달(馬里加爾達)'이다. 마르가레테는 덴마크, 노르웨이, 스웨덴 삼개국의 공동군주를 역임했다.

웨덴 사람들은 모두 반란을 일으켰다. 스웨덴의 왕손 구스타프 1세 바사 (Gustav Vasa)[5] 고사달와(古斯達臥)라고도 한다. 는 남달리 총명하고 결단력이 있어 은밀히 스웨덴의 주권 회복을 도모했다. 덴마크 사람들이 그를 옥에 가두자 변복하고 달아나 스웨덴으로 돌아왔다. 덴마크에서 하급관리를 시켜 그를 체포하려 하자 바사는 북쪽으로 달아나 수도원에 숨고서야 추격에서 벗어날 수 있었다. 바사는 눈물을 흘리면서 토착민을 모아 폭정을 없애고 원수를 갚을 것을 맹세하면서 군사를 이끌고 덴마크를 정벌했는데, 여러 차례의 전쟁에서 모두 이겨 옛 땅을 전부 수복했다. 가정(嘉靖) 2년(1523)에 구스타프 1세 바사가 왕위에 올라 위엄과 은혜를 함께 베풀자 스웨덴이 잘 다스려졌다. 바사 사후 세자가 그 뒤를 이어 왕위에 올랐으나 황음무도하고 정사를 돌보지 않더니 결국 사람들에게 잡혀 사약을 받고 죽었다. 만력 (萬曆) 38년(1610)에 왕 구스타브 2세 아돌프(Gustav II Adolf)[6]가 왕위를 이었다. 당시 합스부르크 가문의 왕 바로 오스트리아이다. 은 천주교를 숭상했는데, 다른 나라들이 예수교를 따르자 모두 공격해서 정벌했다. 스웨덴은 본래 예수교를 숭상했기에 아돌프는 같은 종교를 믿는 다른 나라를 구하기 위해 군대를 인솔해 게르만을 정벌하러 갔다가 전장에서 포를 맞고 죽었다. 장군과 병사들은 전쟁에서 이기고 개선했다. 왕녀 크리스티나(Kristina)[7]가 왕

---

5 구스타프 1세 바사(Gustav Vasa): 원문은 '살와(撒瓦)'이다. 바사는 스웨덴의 국왕(재위 1523~1560)이자 바사왕조의 시조이다.

6 구스타브 2세 아돌프(Gustav II Adolf): 원문은 '아세답(俄世答)'이다. 아돌프(재위 1611~1632)는 스웨덴이 근대 국가로 발돋움할 수 있는 기초를 마련했으며, 스웨덴을 유럽의 주요강국으로 만들었다.

7 크리스티나(Kristina): 원문은 '기리사적나(基利斯的那)'이다. 크리스티나 여왕(재위 1632~1654)은 바사 왕조의 마지막 국왕이다.

위를 계승했는데, 지나치게 문학을 좋아해 전쟁을 싫어하고 괴로워하다가 외사촌 칼 10세 구스타브(Charles X Gustav)[8]에게 왕위를 양도하고 스스로 로마에 유학을 가서 돌아오지 않았다. 칼12세 가이록사(加爾祿斯)는 샤롤[査理] 12세이다. 가이록사는 사리의 다른 음역이다. 는 강희 38년(1699)에 제위를 계승했는데, 18세의 나이에 혈기가 한창 왕성할 때이고, 전쟁에 뛰어나서 군사를 데리고 폴란드를 공격해서 그 땅의 절반을 차지했다. 폴란드·덴마크·러시아 삼국이 잇달아 군사를 내어 공격해오자 칼 12세는 그들을 물리쳐 그 명성이 일시에 떨쳐졌다. 후에 다시 폴란드령 우크라이나[9]를 공격했으나 전군이 모두 패해 직접 오스만제국[10]으로 가서 구원을 요청했다. 5년이 지나도록 그 요청이 받아들여지지 않자 귀국했다. 다시 군사를 이끌고 노르웨이의 프레드릭스할(Fredrikshald)[11]을 공격하다 성벽아래에서 전사했다. 러시아가 사람들을 이용해 스웨덴을 압박하는 바람에 새로 등극한 왕은 여러 차례 러시아와 싸웠지만 모두 패배했다. 동쪽 경내의 핀란드를 할양해서 강화를 체결하자 러시아 군대가 마침내 물러났다. 러시아 군대가 바야흐로 위급해졌을 때 각 지역의 귀족들은 제각각 어떻게 할지 거취를 정했는데, 간혹 독단적으로 행동하면서 제멋대로 구는 귀족도 있었기에 스웨덴 왕은 이를 마음에 두었다. 일이 마무리된 뒤에 스웨덴 왕은 여러 대공국과 연

---

8 칼 10세 구스타브(Charles X Gustav): 원문은 '가이록사(加爾祿斯)'이다. 칼 10세 구스타브(재위 1654~1660)는 구스타프 2세 아돌프의 조카이다.

9 우크라이나: 원문은 '오가래납부(烏哥來納部)'이다.

10 오스만제국: 원문은 '토이기(土耳其)'로, 역사적 사실에 따르면 바로 오스만튀르크이다.

11 프레드릭스할(Fredrikshald): 원문은 '비덕려사이(非德黎沙爾)'이다. 할덴(Halden)의 옛 지명으로, 지금의 노르웨이 남동부에 위치한다.

맹을 맺고 뜻을 따르지 않은 수장을 토벌하려고 했다. 이를 두려워한 귀족들은 왕을 시해하기로 모의하고 예배일에 사람을 매복시켜 화승총으로 왕을 때려 죽였다. 왕자가 왕위를 계승했으나 성격이 급하고 전쟁을 좋아했다. 누차 전쟁에서 패하고 세금을 닦달하자 사람들이 쿠데타를 일으켜 왕을 축출했다. 가경 14년(1809) 왕족 칼 13세(Karl XIII)[12]가 왕위에 올랐다. 그의 양자 샹 베르나도트(Jean Bernadotte)[13]는 프랑스 사람으로 일찍이 대장군을 지낸 바 있으며, 지략이 매우 뛰어나, 칼 13세는 그에게 정권을 맡겼다. 군사 시설을 갖추고 동맹을 맺었으며, 군사전략을 정한 뒤에 전쟁을 했기에 가는 곳 마다 승리했다. 칼 13세가 그에게 왕위를 넘겼기 때문에 역시 이름을 칼(Karl)[14]이라고 바꿨으니, 바로 지금의 왕이다. 서쪽 강역의 노르웨이는 본래 덴마크에 복속해 있었으나, 가경 20년(1815)에 각국의 공사가 빈(Wien)[15] 회의에서 덴마크 인근에 있는 스웨덴의 땅은 덴마크에 귀속시키고 노르웨이는 스웨덴에 귀속시켰다.

스웨덴은 기후가 아주 한랭하다. 북쪽 사막은 지대가 낮으며 모두 풀한 포기 자라지 않는 불모지이다. 남쪽 강역은 토지가 약간 비옥한 반면 해변 대부분이 진흙 펄이라 농사짓기가 상당히 어려우며, 이 때문에 부족한 먹거리로 항상 고생한다. 부자들은 비스킷과 감자를 먹고 가난한 사람들

---

12 칼 13세(Karl XIII): 원문은 '가이록사(加爾祿斯)'이다. 칼 13세(재위 1809~1818)는 구스타프 4세의 숙부로 60세가 넘어 왕위에 즉위했다.

13 샹 베르나도트(Jean Bernadotte): 원문은 '백이나다적(伯爾拿多的)'이다. 베르나도트(1763~1844)는 프랑스 혁명을 치르면서 나폴레옹에게 인정받아 육군원수로 임명되었다가 1814년에 스웨덴-노르웨이의 연합왕 칼 14세로 즉위했다.

14 칼(Karl): 원문은 '가이록사(加爾祿斯)'이다. 칼 14세 요한(Karl XIV Johan)(재위 1818~1844)이다.

15 빈(Wien): 원문은 '유야납(維也納)'으로, 오스트리아의 빈을 말한다.

은 나무껍질을 가루로 내어 염장 생선에 섞어 먹었다. 이 땅에서는 목재·구리·철 등이 나는데, 나라 전체가 이것으로 먹고 생활한다. 또한 은·아연·백반과 유황·짐승의 가죽도 난다. 경내에는 작은 하천이 아주 많은데 모두 서쪽에서 동쪽으로 흘러 발트해로 유입된다. 물살이 급하고 짧다.

과거에는 4개의 큰 지역으로 나눠져 있었다. 도시를 건설한 스웨덴 본토[16]는 수도가 스톡홀름(Stockholm)[17] 사돌훈(士突訓)이라고도 한다. 으로, 멜라렌호(Mälaren Lake)[18] 호숫가에 건설되었다. 교당이 휘황찬란하고 건물이 층층이 쌓여 있으며 밖으로는 해구와 통하는데, 나라 전체에서 가장 큰 항구이다. 남쪽에 있는 고틀란드(Gotland)[19]는 삼면이 바다와 경계한다. 북쪽에는 노를란드(Norrland)[20]가, 더 북쪽에는 라플란드(Lapland)[21] 륵필란(勒必蘭)이라고도 한다. 가 있다. 후에 다시 24개 주로 개편되었는데, 스톡홀름, 웁살라(Uppsala),[22] 베스테로스 (Västerås),[23] 뉘셰핑(Nyköping),[24] 외레브로(Örebro),[25] 칼스타드(Karlstad),[26]

---

16 스웨덴 본토: 원문은 '수림파라(綏林波羅)'로, 수림발라(綏林勃羅)라고도 한다.

17 스톡홀름(Stockholm): 원문은 '사덕가이마(斯德哥爾摩)'로, 소돌함도(蘇突含都)라고도 한다.

18 멜라렌호(Mälaren Lake): 원문은 '미랍이호(美拉爾湖)'로, 수도 스톡홀름을 흐르는 스웨덴에서 세 번째 큰 호수이다.

19 고틀란드(Gotland): 원문은 '갈란(曷蘭)'으로, 가덕란(哥德蘭)이라고도 한다. 스웨덴의 한 주를 이루는 발트해의 섬으로, 1645년에 스웨덴의 소유가 되었다.

20 노를란드(Norrland): 원문은 '나란(那蘭)'이다.

21 라플란드(Lapland): 원문은 '랍파란(臘巴蘭)'으로, 랍지(臘地)라고도 한다. 지금의 스웨덴 북부 노를란드 지역에 위치한다.

22 웁살라(Uppsala): 원문은 '오포살랍(烏布薩拉)'으로, 압사이(押沙爾), 옥살랄(沃撒剌)이라고도 한다.

23 베스테로스(Västerås): 원문은 '위사덕래사(威士德來斯)'이다.

24 뉘셰핑(Nyköping): 원문은 '니가병(尼哥兵)'으로, 니철평(尼徹平)이라고도 한다.

25 외레브로(Örebro): 원문은 '아륵파라(痾勒波羅)'이다.

26 칼스타드(Karlstad): 원문은 '가이라사달(加爾羅斯達)'이다.

코파르베리(Kopparberg),²⁷ 예블레보리(Gävleborg),²⁸ 린셰핑(Linköping),²⁹ 칼마르 (Kalmar),³⁰ 옌셰핑(Jönköping),³¹ 크로노베리(Kronoberg),³² 블레킹에(Blekinge),³³ 스 카라보리(Skaraborg),³⁴ 엘브스보리(Alvsborg),³⁵ 예테보리(Göteborg),³⁶ 할름스타 드(Halmstad),³⁷ 크리스티안스타드(Kristianstads),³⁸ 말뫼후스(Malmohus),³⁹ 고틀란 드,⁴⁰ 노르보텐(Norrbotten),⁴¹ 베스테르보텐(Västerbotten),⁴² 베스테르노를란드 (Västernorrland),⁴³ 옘틀란드(Jämtland)⁴⁴가 그것이다. 원지도에는 24개 주의 경계가 구

---

27 코파르베리(Kopparberg): 원문은 '사덕랍가파이비(斯德拉哥巴爾卑)'이다.

28 예블레보리(Gävleborg): 원문은 '일비륵파이(日非勒波爾)'이다.

29 린셰핑(Linköping): 원문은 '령가병(靈哥兵)'이다.

30 칼마르(Kalmar): 원문은 '가이마이(加爾馬耳)'이다.

31 옌셰핑(Jönköping): 원문은 '잉가병(仍哥兵)'이다.

32 크로노베리(Kronoberg): 원문은 '가라낙비이(哥羅諾卑爾)'이다.

33 블레킹에(Blekinge): 원문은 '파륵금일(波勒金日)'이다.

34 스카라보리(Skaraborg): 원문은 '사가랍파이(斯加拉波爾)'이다.

35 엘브스보리(Alvsborg): 원문은 '액이불사파(厄爾弗斯波)'이다.

36 예테보리(Göteborg): 원문은 '아덕파이(痾德波耳)'이다.

37 할름스타드(Halmstad): 원문은 '아이모사달(亞爾慕斯達)'이다.

38 크리스티안스타드(Kristianstads): 원문은 '기리사적안사달(基利斯的安斯達)'이다. 스웨덴에 위 치했던 폐지된 주로, 1997년에 지금의 스코네주(Skåne län)에 병합되었다. 1614년 덴마크 국 왕 크리스티안 4세가 도시를 건설한 데서 붙여진 이름이다.

39 말뫼후스(Malmohus): 원문은 '마이마호사(馬爾摩呼斯)'이다. 스웨덴에 위치했던 폐지된 주로, 1997년에 지금의 스코네주에 병합되었다.

40 고틀란드: 원문은 '가덕라(痾德羅)'이다.

41 노르보텐(Norrbotten): 원문은 '낙이파돈(諾爾波敦)'이다.

42 베스테르보텐(Västerbotten): 원문은 '위사덕이파돈(威斯德爾波敦)'으로, 지금의 노르웨이 북부 에 위치한다.

43 베스테르노를란드(Västernorrland): 원문은 '위사덕이낙이란(威斯德爾諾耳蘭)'으로, 지금의 노 르웨이 북부에 위치한다.

44 옘틀란드(Jämtland): 원문은 '잉덕란(仍德蘭)'이다.

획되어 있지 않다.

　노르웨이는 스웨덴의 큰 산[스칸디나비아산맥] 뒤쪽에 위치하며 지형이 좁고 긴 허리띠처럼 생겼다. 북쪽은 북극해에 이르고, 서쪽은 대서양에 접해 있으며, 산기슭이 뒤엉킨 채 집게발처럼 바다로 뻗어 있는데, 파도가 거세고, 암초가 우뚝 솟아 있어 선박이 잘못 부딪히면 바로 파손되었다. 남쪽은 토양이 비옥해서 곡물을 심어 40일이 지나면 익는다. 북쪽은 모래벌판이 많고 풀 한 포기 자라지 않을 정도로 추운 불모지이며 사람들은 대부분 물고기를 먹고 산다. 과거에는 6개 주로 나뉘어져 있었는데, 최남단에는 크리스티안산(Kristiansand)[45]이, 북동쪽에는 아케르스후스(Akershus)[46]가, 서쪽에는 베르겐후스(Bergenhus)[47]가, 더 북쪽으로는 트론헤임(Trondheim)[48]이, 더 북쪽으로는 노를란(Nordland)[49]이 있다. 극동북쪽으로 북극해를 등지고 있는 핀마르크(Finnmark)[50]가 있다. 후에 전국은 다시 17개 주로 개편되었는데, 아케르스후스,[51] 스몰레네네(Smalehnen),[52] 헤드마르크

45　크리스티안산(Kristiansand): 원문은 '기력저사안산(幾力底斯安山)'으로, 길제아나(吉提亞那), 난아제길(蘭亞堤吉)이라고도 한다. 노르웨이에 위치했던 폐지된 주로, 지금의 노르웨이 아그데르주에 병합되었다.

46　아케르스후스(Akershus): 원문은 '옥아합사(沃牙哈斯)'로, 아격호사(阿格胡斯)라고도 한다.

47　베르겐후스(Bergenhus): 원문은 '마은합사(麻銀哈斯)'이다.

48　트론헤임(Trondheim): 원문은 '특륜림(特倫林)'이다.

49　노를란(Nordland): 원문은 '나란사(那蘭斯)'이다.

50　핀마르크(Finnmark): 원문은 '비인묵(肥引墨)'으로, 노르웨이 북부에 위치했던 폐지된 주이다.

51　아케르스후스: 원문은 '아일호사(亞日胡斯)'이다. 노르웨이 남동부에 위치했던 폐지된 주이다. 2020년에 비켄주(Viken)로 통합되었다.

52　스몰레네네(Smalehnen): 원문은 '사마륵난(斯馬勒難)'이다.

(Hedmark),[53] 크리스티안산,[54] 부스케루(Buskerud),[55] 브래즈버그(Bradsberg),[56] 네데네스(Nedenäs),[57] 만달(Mandal),[58] 스타방에르(Stavanger),[59] 얄스베르그(Jarlsberg),[60] 손드레 베르겐후스(Sondre bergenhus),[61] 노르트 베르겐후스(Nordre bergenhus),[62] 롬스달(Romsdal),[63] 손드레 트론헤임(Sondre Trodhiem),[64] 노르트 트론헤임(Norde Trodhiem),[65] 노를란,[66] 핀마르크[67]가 그것이다. 원지도에는 17개 주의 경계가 구획되어 있지 않다. 이 땅에서는 금, 은, 구리, 철, 주석이 나는데, 그 중에서 은이 가장 많이 나며, 또한 화문석이 난다. 사람들은 소박하고 정이 많아 상인과 여행객을 반갑게 맞이해준다. 스웨덴의 라플란드, 노르웨이의 노를란·핀

---

53 헤드마르크(Hedmark): 원문은 '리덕마이근(里德馬爾根)'으로, 노르웨이 동부에 위치했던 폐지된 주이다. 2020년에 인란데주(Innlandet)로 통합되었다.

54 크리스티안산: 원문은 '기리사적안(基利斯的安)'으로, 지금의 노르웨이 베스트아그데르주(VestAgder fylke)의 주도이다.

55 부스케루(Buskerud): 원문은 '불사급로(不斯給盧)'이다. 노르웨이 남부에 위치했던 폐지된 주이다. 2020년에 비켄주로 통합되었다.

56 브래즈버그(Bradsberg): 원문은 '파랍덕사배이(巴拉德斯北爾)'이다.

57 네데네스(Nedenäs): 원문은 '내덕니사(內德尼斯)'이다.

58 만달(Mandal): 원문은 '만달이(滿達爾)'이다.

59 스타방에르(Stavanger): 원문은 '사달완백이(斯達完白爾)'로, 지금의 노르웨이 남부에 위치한다.

60 얄스베르그(Jarlsberg): 원문은 '잉이로사비이(仍爾盧斯卑爾)'이다.

61 손드레 베르겐후스(Sondre bergenhus): 원문은 '남비이인(南卑爾仁)'이다.

62 노르트 베르겐후스(Nordre bergenhus): 원문은 '북비이인(北卑爾仁)'이다.

63 롬스달(Romsdal): 원문은 '라모사달이(羅慕斯達爾)'로, 지금의 노르웨이 서부에 위치한다.

64 손드레 트론헤임(Sondre Trodhiem): 원문은 '남덕륜적음(南德倫的音)'으로, 노르웨이 서부에 위치했던 폐지된 주이다.

65 노르트 트론헤임(Norde Trodhiem): 원문은 '북덕륜적음(北德倫的音)'으로, 노르웨이 서부에 위치했던 폐지된 주이다.

66 노를란: 원문은 '낙이란(諾爾蘭)'이다.

67 핀마르크: 원문은 '분마이근(分馬爾根)'이다.

마르크는 북극해를 등지고 있어 사람이 살 곳이 못된다. 조금 남쪽은 여름에는 낮의 길이가 9시간이며 겨울에는 밤의 길이가 9시간이다. 북극은 겨울에는 밤만 있고 낮이 없어 해를 보지 못하는 날이 75일이나 되고, 여름에는 낮만 있고 밤이 없어 달을 보지 못하는 날이 75일이나 된다. 5월, 6월 2개월간은 매우 덥고 모기가 먼지와 모래처럼 많다. 이 시기를 지나 싸라기눈이 흩날리면 추운 겨울이 된다. 사람들은 신장이 4척을 넘지 않으며, 사슴처럼 생긴 짐승[순록]이 있는데 순록을 잡아 소나 말처럼 타고 물건을 싣는데 이용한다. 순록이 죽으면 살점은 먹고, 힘줄은 잘라 활로 만든다. 발트해 동쪽 연안에 있는 너른 땅 핀란드는 라플란드·핀마르크와 이어져 있으며, 본래는 스웨덴의 동쪽 땅이었으나, 강희 연간에 러시아에 귀속되었다. 스웨덴에 서비야(西費耶)라는 이름이 있다. 비야(費耶)는 음을 합하면 분(芬)이 되는데, 바로 핀란드를 가리킨다.

살펴보건대 스웨덴은 최북단의 북쪽에 있고, 유럽 각국 가운데 가장 척박한 지역에 위치해있지만 발분하여 스스로를 보호할 수 있어서 이웃 강대국에게 합병되지 않았다. 안락은 곧 화근의 싹이고, 우환은 축복의 토대이다. 비록 황폐하고 멀리 떨어져 있는 곳이라 하더라도 이와 같다. 상선이 때때로 광동에 오는 경우도 있다.

〚 歐羅巴瑞國 〛

瑞國, 瑞典·蘇以天·瑞丁·瑞西亞·綏林·綏亦古·西費耶斯科·里都亞尼亞·匪馬爾如·波的亞·藍旗. 歐羅巴極西北境. 舊分瑞典·挪耳瓦 一作訥爲, 又作諾魯威呀. 二國, 今幷爲一國. 東南距波羅的海, 西北距大西洋海, 北負北冰海, 南北約三千餘里, 東西約一千餘里. 地形如葵扇下垂, 中有連山脊起. 瑞立國在山之東, 西則挪耳瓦故地也. 地極廣莫而荒寒特甚, 土復磽瘠, 故民食鮮薄, 戶口稀疏. 古時爲野番部落, 兩漢時, 流入日耳曼界內, 散處各國. 趙宋初, 有大酋厄里哥招集部人, 建造城邑, 是爲瑞典立國之始. 是時挪耳瓦亦推大酋合羅爾德爲王, 數傳後, 挪耳瓦爲嗹國所兼幷. 明洪武年間, 嗹王后馬里加爾達有權略, 以術招誘瑞民, 隸大尼, 卽嗹國. 爲一國, 嗹國由是日強. 再傳至后孫, 殘忍好殺, 瑞民多怨畔. 瑞有王孫曰撒瓦, 一作古斯達卧. 英果不群, 隱圖恢復. 嗹人繫之獄, 易服逃回瑞地. 嗹使吏逐捕, 撒瓦走北地, 匿僧舍乃免. 因涕泣募土人, 誓以除虐復仇, 引兵伐嗹, 累戰皆捷, 故土全復. 嘉靖二年, 撒瓦卽王位, 威惠幷行, 瑞國大治. 王卒, 世子嗣位, 荒淫無政, 爲國人所因, 仰藥死. 萬曆三十八年, 王俄世答嗣位. 時日耳曼王 卽奧地利亞. 尙天主敎, 諸國遵耶穌者, 咸被攻伐. 瑞素崇耶穌敎, 王救諸國之同敎者, 帥師伐日耳曼, 中砲殞於陣. 其大將卒戰勝, 乃班師. 王女基利斯的那嗣位, 癖好文學, 厭苦兵事, 遂位於外戚加爾祿斯, 之羅馬游學不復反. 加爾祿斯以康熙三十八年嗣位, 加爾祿斯, 一作查理第十二. 加爾祿斯, 卽查理譯音之不同也. 年十八, 血氣方剛, 銳於戰伐, 以兵侵波蘭, 割其境土之半. 波蘭·大尼·峨羅斯連兵來伐, 王擊敗之, 威聲震一時. 後再攻波蘭之烏哥來納部, 全軍盡覆, 親赴土耳其求援. 五年不得請, 乃歸. 復引兵攻挪耳瓦之非德黎沙爾, 戰死城下. 峨羅斯因以大眾蹙之, 嗣王累戰皆北. 割東境之芬蘭以講, 峨兵乃罷. 當峨兵之方急也, 諸酋各懷去就, 或專擅自恣, 王銜之. 事定之後, 王與諸大邦聯盟, 將討諸酋之不軌者. 諸酋懼, 謀弒王, 禮拜日, 伏客以火槍擊殺之. 王子嗣位, 性卞急, 好用兵. 師屢撓敗, 括餉愈急, 國人噪變逐王. 嘉慶十四年, 國戚加爾祿斯攝王位. 其養子伯爾拿多的, 佛郎西人, 曾爲大將, 智略過人, 攝王委以政柄. 修武備, 結會盟, 用兵謀定而後戰, 所向剋捷. 攝王因傳以位, 亦更名加爾祿斯, 即今在位之王也. 西境之挪耳瓦, 本屬嗹國, 嘉慶二十年, 各國公使會議於維也納, 以瑞地之附近於嗹者歸嗹, 而以挪耳瓦歸瑞.

瑞典本國, 氣候極寒. 迤北沙磧低窪, 皆不毛之土. 南界土稍沃, 而濱海多淖泥, 農作甚艱, 恒苦乏食. 富者啗餅薯, 貧者屑樹皮, 雜腌魚噉之. 所產者, 木料·銅·鐵, 舉國以此爲生計. 亦產銀·鉛·礬礦·獸皮. 境內小河甚多, 皆自西而東, 入波羅的海. 其流湍急而短. 舊分四大部, 建都之部, 曰綏林波羅, 都城曰斯德哥爾摩, 一作士突訓. 建於美拉爾湖濱. 廟堂華炫, 樓閣重叠, 外通海口, 爲通國之大埔頭. 南曰曷蘭, 三面界海. 北曰那蘭, 再北曰臘巴蘭. 一作勒必蘭. 後又分爲二十四部, 曰斯德哥爾摩, 曰烏布薩拉, 曰威士德來斯, 曰尼哥兵, 曰疴勒波羅, 曰加爾羅斯達, 曰斯德拉哥巴爾卑, 曰日非勒波爾, 曰靈哥兵, 曰加爾馬耳, 曰仍哥兵, 曰哥羅諾卑爾, 曰波勒金日, 曰斯加拉波爾, 曰厄爾弗斯波耳, 曰疴德波耳, 曰亞爾慕斯達, 曰基利斯的安斯達, 曰馬爾摩呼斯, 曰疴德羅, 曰諾爾波敦, 曰威斯德爾波敦, 曰威斯德爾諾耳蘭, 曰仍德蘭. 二十四部, 原圖未分畫.

挪耳瓦, 在瑞國大山之背, 地形狹長如帶. 北抵冰海, 西面大西洋海, 山腳槎牙入海如蟹爪, 波濤蕩激, 礁石嶙峋, 海舟誤觸立麋. 南界有腴壤, 稼穡四旬卽熟. 迤北多沙磧, 且寒凍不毛, 民多以魚爲穀. 舊分六部, 極南曰幾力底斯安山, 迤北東曰沃牙哈斯, 西曰麻銀哈斯, 再北曰特倫林, 再北曰那蘭斯. 極東北負北冰海, 曰肥引墨. 後又分爲十七部, 曰亞日胡斯, 曰斯馬勒難, 曰里德馬爾根, 曰基利斯的安, 曰不斯給盧, 曰巴拉德斯北爾, 曰内德尼斯, 曰滿達爾, 曰斯達完白爾, 曰仍爾盧斯卑爾, 曰南卑爾仁, 曰北卑爾仁, 曰羅慕斯達爾, 曰南德倫的音, 曰北德倫的音, 曰諾爾蘭, 曰分馬爾根. 十七部, 原圖未分畫. 土產五金, 銀爲多, 又產花紋石. 民情樸厚, 善待商旅. 瑞典之臘巴蘭, 挪耳瓦之那蘭斯‧肥引墨, 背負冰海, 非人所居. 稍南, 夏日長九時, 冬夜長九時. 極北, 冬有夜無晝, 不見日者七十五日, 夏有晝無夜, 不見月者七十五日. 五六兩月暴暖, 蚊蚋密如塵沙. 過此雪霰飛集, 皆寒凍之日矣. 居民身不逾四尺, 有野獸形似鹿, 繫之以當牛馬, 乘騎馱載皆用之. 斃則食其肉, 剔其筋以爲弓. 波羅的海東岸, 有廣土曰芬蘭, 與臘巴蘭‧肥引墨相連, 本瑞典東境, 康熙年間, 割歸峨羅斯. 瑞典有西費耶之稱. 費耶合音爲芬, 卽指芬蘭也.

按: 瑞國處窮髮之北, 在歐羅巴諸國中最爲貧瘠, 而能發奮自保, 不爲強鄰所并兼. 安樂者, 禍之萌, 憂患者, 福之基. 雖荒裔亦如是也. 其商船時有來粤東者.

〚유럽 덴마크〛

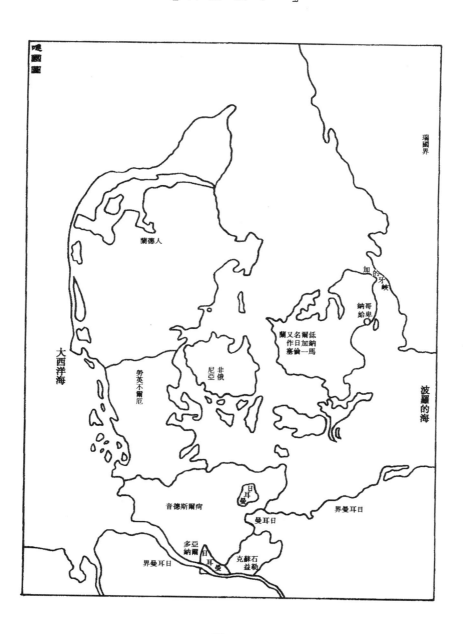

덴마크 지도

서국계(瑞國界): 스웨덴 강역이다.

파라적해(波羅的海): 지금의 발트해이다.

일이만계(日耳曼界): 독일 강역이다.

가적아협(加的牙峽): 지금의 카테가트(Kattegat) 해협이다.

가비납급(哥卑納給): 지금의 코펜하겐(Copenhagen)이다.

저납마이가(低納馬爾加): 서란도(西蘭島), 일륜(日倫), 새란(塞蘭)이라고도 하는데, 지금의 셀란섬(Sjælland Island)이다.

비아니아(非俄尼亞): 지금의 퓐(Fyn)이다.

인덕란(人德蘭): 지금의 유틀란트(Jütland)이다.

로영불이액(勞英不爾厄): 지금의 독일 라우엔부르크(Lauenburg)이다.

일이만(日耳曼): 지금의 독일이다.

가이사덕음(痾爾斯德音): 지금의 독일 홀슈타인(Holstein)이다.

아이다납(亞爾多納): 알토나(Altona)이다. 함부르크의 서부에 위치했던 역사적인 도시로, 지금의 함부르크 지역이다.

석륵소익극(石勒蘇益克): 지금의 독일 슐레스비히(Schleswig)이다.

대서양해(大西洋海): 지금의 대서양이다.

덴마크 련마(嗹馬)·령묵(領墨)·린인(吝因)·정말(丁抹)·대니(大尼)·단마이(丹麻爾)·대마이제(大馬爾齊)·설제아(雪際亞)·소액제(蘇厄祭)·영려마록가(盈黎馬祿加)·저납마이가(低納馬爾加)·황기(黃旗)라고도 한다. 는 유럽의 작은 나라이다. 상선이 항상 황기를 달고 있기 때문에 광동에서는 황기국이라 불렀다. 지형은 독일에

114

서 북쪽으로 돌출되어 있어 사람이 주먹을 쥐고 바다 속으로 팔을 뻗고 있는 것처럼 생겼고, 스웨덴의 남쪽과 마주보며 들쑥날쑥하게 생겼다. 북쪽, 서쪽, 동쪽 삼면이 모두 바다와 인접해 있고, 남쪽으로는 독일 연방국과 경계하고 있으며, 남북의 길이는 약 1천 리, 동서의 너비는 4백~5백 리이며, 좁은 곳은 2백~3백 리에 이른다. 옛날에는 야만족 부락으로, 킴브리족(Cimbri)[1], 데인인(Danes)[2] 각 종족이 이곳에서 살았다. 후에 고트족(Goths)[3]에게 점령당했으며, 스웨덴·노르웨이와 함께 스칸디나비아(Scandinavia)[4] 3국으로 불렸다. 땅이 척박하고 먹을 것이 부족해 연해의 사람들은 모두 물고기를 잡아먹고 살았다. 선박을 조종하고 배를 띄우는 기술을 배워 점점 노략질하면서 해적이 되자 이웃나라들이 이를 걱정했다. 북송 초에 고름 가믈리(Gormr gamli)[5]는 사람들의 추대를 받아 왕이 된 뒤에 갑자기 병선을 이끌고 영국을 공격했다. 영국인들이 허둥지둥 달아나자 그 수도를 점거했다. 영국이 뇌물을 주며 공격을 지연시키더니 얼마 뒤에 덴마크 사람들을 모두 섬멸했다. 덴마크는 군대를 일으켜 복수하면서 몇 년 동안 계속 소란을 피웠다. 영국이 매년 선물을 보내겠다고 해서 그들과 강화를 맺었다. 이 당

---

1   킴브리족(Cimbri): 원문은 '성파라(性波羅)'이다. 지금의 덴마크 유틀란트 반도에 거주하고 있던 게르만계통의 킴브리족으로 추정된다.

2   데인인(Danes): 원문은 '비내새(非內塞)'이다. 바이킹 시대에 덴마크 강역을 비롯해 스칸디나비아반도에 살았던 북게르만 계통의 데인인으로 추정된다.

3   고트족(Goths): 원문은 '아특족(峨特族)'이다.

4   스칸디나비아(Scandinavia): 원문은 '사간적나와국(斯干的挪瓦國)'이다.

5   고름 가믈리(Gormr gamli): 원문은 '가이마(哥爾摩)'이다. 고름 가믈리(재위 936~958)는 실체가 확인되는 덴마크의 첫 번째 국왕이다. 가믈리는 '늙었다'는 뜻으로 '노왕 고름' 혹은 '늙은 고름' 등으로 해석된다.

시 다른 나라들이 덴마크를 해적으로 보면서도 각국에서는 뭐라 말하지[6] 못했다. 그 뒤에 크누트 대왕(Knud den Store)[7] 가노도(加奴度)라고도 한다. 은 국정 을 능숙하게 처리하고 상벌을 엄숙하고 공정하게 처리했다. 북쪽으로 노 르웨이를 쳐서 멸망시켰다. 영국을 치고 런던을 파괴해 마침내 영국의 영 토도 함께 다스렸다. 크누트 대왕이 죽고 그 아들이 왕위를 계승했으나 영 국 노르망디(Normandy)[8]의 군주 윌리엄 1세(William I)[9]에게 죽임을 당해 덴마 크는 무너지기 일보 직전이었다. 후에 다시 현명한 군주가 나와 왕위를 계 승하면서 사방이 안정을 되찾았다. 명나라 홍무 10년(1377)에 현명하기로 이름난 여왕 마르가레테 1세가 즉위해, 안으로는 정사를 다스리고 밖으로 는 다른 나라와 연맹했다. 그래서 스웨덴도 토지를 바치며 북쪽 주로 편입 해 그 위엄과 권세가 크게 떨쳐졌다. 뒤를 이은 왕도 능히 법을 수호하고 강역을 확장하며 법령의 조문을 만들어내어 사방의 이웃국가가 모두 복종 해왔다. 아들이 왕위를 계승했으나 성정이 잔혹하고 비첩을 많이 두었으 며, 귀족 90인을 죽였다. 다시 다른 귀족 가문을 모두 없애려고 하자 귀족 들은 모여 왕을 폐위시킬 것을 논의하고 크리스티안 1세(Christian I)[10]를 왕으

---

6   말하지: 원문은 '치수(齒數)'로, 언급하다 혹은 제기하다의 뜻이다.

7   크누트 대왕(Knud den Store): 원문은 '가노특(駕奴特)'이다. 크누트대왕은 1016년에 잉글랜드 왕위에 올랐고 1018년에는 덴마크 왕을 겸했으며, 1028년에는 노르웨이 왕으로 추대되어 북해 제국(앵글로-스칸디나비아제국)을 구축했다.

8   노르망디(Normandy): 원문은 '영북족(英北族)'이다.

9   윌리엄 1세(William I): 원문은 '위렴(威廉)'이다. 윌리엄 1세(재위 1035~1087)는 노르망디 공국 의 공작에서 노르만 정복을 통해 잉글랜드 왕국의 왕(재위 1066~1087)이 되었으며, 노르만 왕조의 창시자이다.

10   크리스티안 1세(Christian I): 원문은 '기리사적아노(基里斯的亞奴)'이다. 기립사저엄왕(幾立斯 底奄王), 기리사저엄왕(幾利斯底奄王)이라고도 하는데 바로 크리스티안 1세(재위 1448~1481)를

로 세웠다. 당시 스웨덴이 옛 왕의 후예를 왕으로 세운 뒤였기에 두 나라는 수십 년 동안 전쟁하다 그만 두었다. 가경 2년(1797)에 영국의 병선이 발트해에 나타나자 덴마크는 위용을 떨칠 생각에 군함과 대포를 늘어놓고 해구를 지켰다. 영국인이 병선으로 덴마크를 공격했다. 영국 군사가 승리했지만 병선이 많이 파손되는 바람에 영국은 강화를 청하고 물러났다. 가경 9년(1804)에 프랑스의 나폴레옹이 대군을 이끌고 덴마크를 치러 와 덴마크는 프랑스와 강화를 맺었다. 나폴레옹은 해군을 이끌고 영국을 습격하기로 덴마크와 밀약했다. 영국이 이 사실을 정탐해 알아내고는 덴마크를 선제공격해 도성을 포위하고 외곽의 400가구를 불태웠다. 도성이 함락될 처지에 놓이고서야 강화를 청했다. 다시 6년 동안 전쟁을 하느라 국력을 소모해 나라를 지탱하기 어려웠다. 최근에 들어 무역이 크게 일어나 원기를 점차 회복하고 있다. 덴마크는 나라 전체가 예수교를 신봉한다. 북쪽 지역은 언어가 스웨덴과 비슷하고 남쪽 지역은 독일에 가깝다. 이 땅에서는 오직 오곡과 가축만이 생산되며, 매년 말 1만여 필과 소 7천 마리를 내다 판다. 곡식은 여유가 있어 영국에 내다판다.

덴마크는 5개 주로 구분되는데, 서쪽 4개 주는 독일과 이어져 있으며, 발트해의 문호로, 문설주처럼 가로로 길게 뻗어 있다. 서쪽 연해지역은 지대가 낮아 긴 둑을 쌓아서 조수를 막는다. 태풍이 불면 모래가 날려 밭을 뒤덮어 논밭이 모두 파묻히기 때문에 자작나무를 많이 심어 모래를 견고하게 막았다. 최북단은 유틀란트(Jütland)[11]로, 면적이 아주 광활하고 사막

가리킨다.

[11] 유틀란트(Jütland): 원문은 '인덕란(人德蘭)'으로, 월란(越蘭), 약란(若蘭)이라고도 한다.

이 많으며 큰 호수 7개가 있다. 남쪽으로 라우엔부르크(Lauenburg)[12]가, 더 남쪽으로 홀슈타인(Holstein)[13]이, 더 남쪽으로 슐레스비히(Schleswig)[14]가 있는데, 슐레스비히와 홀슈타인은 독일과 인접해 있고, 독일 연방에 가입했기 때문에 [유사시에] 병사 3600명을 출병시켜야 한다. 「독일」에서 상세하게 다루고 있다. 남쪽에는 알토나(Altona)[15]라는 큰 부두가 있는데, 독일의 함부르크(Hamburg)[16]와 인접해 있어 때때로 분쟁이 일어나기도 한다. 또한 킬(Kiel)[17]에는 대학이 있다. 동북쪽에 위치한 셸란섬(Sjælland Island)[18]은 질랜드(Zealand)[19]라고도 한다. 수도인 코펜하겐(Copenhagen)[20] 가품합음(可品哈音)이라고도 한다. 은 이 섬의 동북쪽에 건설되었는데, 바로 이 나라의 큰 항구이다. 성내의 도로가 먹줄처럼 똑바르고 건물이 높고 널찍하며, 인구는 10만 명이다. 각국의 화물선은 발트해에 드나들 때 반드시 이 항구를 경유해야 한다. 카테가트(Kattegat) 해협[21]은 폭은 겨우 몇 리에 불과하지만 덴마크에서 세관을 설치해

---

12 라우엔부르크(Lauenburg): 원문은 '로영불이액(勞英不爾厄)'으로, 지금의 독일 북부 슐레스비히홀슈타인에 위치한다.

13 홀슈타인(Holstein): 원문은 '가이사덕음(茄爾斯德音)'으로, 지금의 독일 북부 슐레스비히홀슈타인에 위치한다.

14 슐레스비히(Schleswig): 원문은 '석륵소익극(石勒蘇益克)'으로, 지금의 독일 북부 슐레스비히홀슈타인에 위치한다.

15 알토나(Altona): 원문은 '아이다납(亞爾多納)'이다. 함부르크의 서부에 위치했던 역사적인 도시로, 지금의 함부르크 지역이다.

16 함부르크(Hamburg): 원문은 '앙불이액(昂不爾厄)'이다.

17 킬(Kiel): 원문은 '기리(基里)'로, 독일 북부 슐레스비히홀슈타인주의 주도이자 항구도시이다.

18 셸란섬(Sjælland Island): 원문은 '저납마이가(低納馬爾加)'로, 새란(塞蘭), 서란도(西蘭島)라고도 한다.

19 질랜드(Zealand): 원문은 '일륜(日倫)'이다.

20 코펜하겐(Copenhagen): 원문은 '가비납급(哥卑納給)'이다.

21 카테가트(Kattegat) 해협: 원문은 '가적아(加的牙)'이다.

세금을 징수한다. 세금을 지불하지 않으면 길을 막아 지나갈 수 없게 해서, 각국은 하는 수 없이 이를 따르면서 무사히 지나갔는데, 덴마크는 이렇게 부강해졌다. 셸란섬의 남쪽에는 두 개의 섬이 인접해 있는데, 유틀란트의 동남쪽에 퓐(Fyn)²²이라는 큰 섬이 있다. 서쪽 해상에는 작은 섬들이 많이 있는데, 이곳 사람들은 생계가 부족해 물고기를 잡아먹고 살아간다. 북대서양에 아이슬란드(Iceland)²³ 서애이란(西哀爾蘭)이라고도 한다. 라는 큰 섬이 있는데, 바로 덴마크의 속지이다. 아이슬란드는 영국의 세 섬인 잉글랜드·스코틀랜드·아일랜드의 북쪽으로 수천 리 떨어진 곳에 위치하고 있으며, 스웨덴의 북쪽과 마찬가지로 기후가 한랭하다. 헤클라(Hekla)²⁴ 화산에서 때때로 용암이 분출되어 집들을 태운다. 지진이 아주 심할 때는 종종 산과 언덕이 함몰되어 웅덩이가 되기도 한다. 주민들은 고래를 잘 잡는데, 고래를 잡아 그 기름을 사용하고 물개를 잡아 가죽을 벗겨 옷을 해 입는다.

살펴보건대 덴마크는 유럽에 위치하고 강역이 아주 좁아 다른 대국들과 권력이나 역량 면에서 일찍이 비교가 되지 않았다. 그러나 카테가트 한 항구만은 발트해 몇천 리의 요충지를 장악하고 있었는데, 덴마크 사람들이 그곳을 주관해 마침내 우뚝 일어나 한 지역의 지배자가 되었다. 나라의 강약이 어찌 강역의 넓고 좁음에 모두 달려있다고 할 수 있겠는가!

---

22 퓐(Fyn): 원문은 '비아니아(非俄尼亞)'로, 덴마크에서 두 번째로 큰 섬이다.

23 아이슬란드(Iceland): 원문은 '의사란지아(義斯蘭地亞)'로, 빙란도(氷蘭島), 빙도(氷島)라고도 한다.

24 헤클라(Hekla): 원문은 '애가랄(挨哥辣)'이다.

〚 歐羅巴嗹國 〛

嗹國, 嗹馬 · 領墨 · 峇因 · 丁抹 · 大尼 · 丹麻爾 · 大馬爾齊 · 雪際亞 · 蘇厄祭 · 盈黎馬祿加 · 低納馬爾加 · 黃旗. 歐羅巴小國也. 其商船常挂黃旗, 故粵東稱爲黃旗國. 地形從日耳曼北出, 如人之握拳伸臂於海中者, 與瑞典南境相對, 作凹凸之形. 北西東三面皆海, 南界日耳曼列國, 南北約千里, 東西闊處四五百里, 狹處二三百里. 古時爲土番部落, 性波羅非內塞各種居之. 後爲峨特族所據, 與瑞典 · 挪耳瓦合稱斯干的挪瓦國. 地瘠, 食不足, 沿海之民皆捕魚爲糧. 因操舟學泛海, 漸劫掠爲海盜, 諸國患之. 趙宋初, 有大酋哥爾摩者, 衆推爲王, 突以兵船攻英吉利. 英人蒼黃避之, 遂據國都. 英以厚賂緩兵, 尋以計殲其衆. 嗹擧兵復仇, 連年侵擾不已. 英許歲賂, 與之和. 是時諸國以海寇目之, 不齒數於列國也. 後其王有駕奴特者, 一作加奴度. 能修國政, 賞罰嚴明. 北伐挪耳瓦, 滅之. 伐英吉利, 破倫敦, 遂兼王英土. 駕奴特死, 其子繼立, 爲英北族威廉所殺, 嗹國幾危. 後復有賢主嗣位, 四境乃安. 明洪武十年, 女主馬里加爾達嗣位, 號賢明, 內修政事, 外聯與國. 於是瑞典亦納土爲北藩, 威權大振. 嗣王能守其法, 擴疆土, 創科條, 四鄰咸服. 其子嗣立, 性酷虐, 多內寵, 戮酋長九十人. 復欲盡滅諸酋之家, 諸西乃集議廢王, 立大酋基利斯的亞奴爲王. 時瑞典已立故王之裔, 兩國構兵數十年乃罷. 嘉慶二年, 英吉利師船至波羅的海, 嗹欲耀威, 列巨艦, 陳大砲, 扼之於港口. 英人以師船攻之. 英師勝而船多損, 乃講和而退. 嘉慶九年, 佛郞西拿破崙以大兵伐嗹, 嗹與之和. 拿破崙密約嗹, 以舟師襲英. 英人偵知, 先以大衆攻嗹, 圍都城, 燔郭外四百椽. 城垂陷, 乃乞盟. 復構兵六年, 國虛耗不可支. 近年交易頗盛, 元氣漸復. 嗹擧國奉耶穌敎. 迤北語音近瑞典, 迤南近日耳曼. 所產惟五穀牲畜, 每歲賣馬萬餘匹, 牛七千. 穀有餘, 糶於英吉利.

　嗹國分五部, 西四部與日耳曼相連, 爲波羅的海之門戶, 橫亘如梩. 西面沿海窪下, 築長堤以捍海潮. 大風起則飛沙覆田, 壠畝全没, 故多種樺以堅其沙. 極北曰人德蘭, 地極廣莫, 多沙磧, 有大湖七. 迤南曰勞英不爾厄, 再南曰疴爾斯德音, 再南曰石勒蘇益克, 後兩部地連日耳曼, 公會應出防兵三千六百名. 說詳『日耳曼』. 南界有大埔頭, 曰亞爾多納, 與日耳曼之昂不爾厄相近, 時有釁爭. 又有大書院, 曰基里. 東北有大島, 曰低納馬爾加, 又名曰倫. 都城建於此島之東北隅, 曰哥卑納給, 一作可品哈音. 爲國之大埔頭. 城内街衢繩直, 屋宇軒敞, 居民十萬. 諸國貨船出入波羅的海, 必經由此港. 峽口名加的牙, 闊僅數里, 嗹設關権税. 不則扼之, 使不得過, 諸國無如之何, 亦遂安之, 其國之富強以此. 日倫之南, 有兩島相連, 人德蘭之東南有大島, 曰非俄尼亞. 西界海中多小島, 民乏生計, 以魚爲糧. 西北大海中, 有大島, 曰義斯蘭地亞, 一作西哀爾蘭. 嗹所屬也. 地在英吉利三島之北數千里, 氣候寒冽, 同於瑞典之北境. 有火山, 曰挨哥辣, 時迸流火漿焚廬舍. 地震最烈, 往往山陵陷爲坎窞. 其民善捕長鯨, 取其油, 獵海犬, 剥其皮以爲衣.

　　按: 嗹國之在歐羅巴, 壤地甚褊, 未堪與諸大國比權量力也. 而加的牙一港, 扼波羅的海數千里之喉, 嗹人實掌其管, 遂翹然爲一方之杰. 國之強弱, 豈盡在乎疆土之廣狹哉!

영환지략

권5

본권에서는 오스트리아, 프로이센, 독일 연방 공화국, 스위스 각국의 역사, 지리, 환경, 풍속, 산물, 교육, 정치, 경제 및 이들 국가 상호간의 관계를 기술하고 있다. 특히 유럽의 정중앙에 위치한 독일을 고귀한 민족으로 보고, 독일의 연방이 중국의 봉건제도와 유사하다고 평가하면서 공국의 자율성을 인정하는 훌륭한 성인들의 품격을 가지고 있다고 평가하고 있다. 반면 스위스는 서방의 이상향으로 뛰어난 산수경치와 손재주가 뛰어나지만 예의를 닦지 못했으며, 오스트리아는 넓은 강역에 비해 그 위세와 역량이 다소 부족하다고 기술하고 있다.

[유럽 오스트리아]

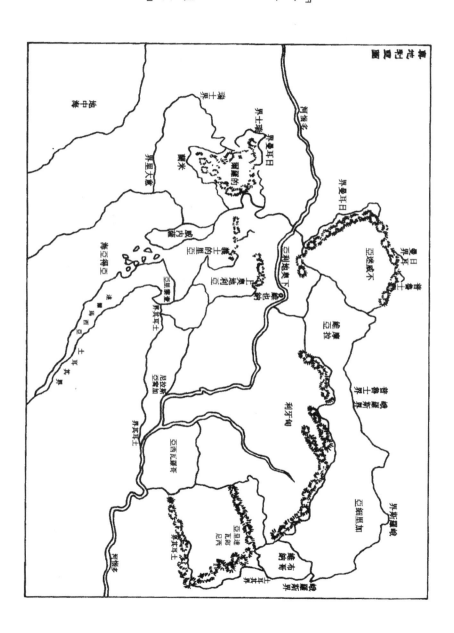

오스트리아 지도

아라사계(峨羅斯界) : 러시아(Russia) 강역이다.

보로사(普魯士) : 포로사(埔魯寫), 파로사(破路斯), 도리아(圖理雅)라고도 하며, 프로이센(Preussen)을 가리킨다.

보로사계(普魯士界) : 프로이센 강역이다.

일이만계(日耳曼界) : 독일(Germany) 강역이다.

다뇌하(多惱河) : 지금의 다뉴브강(Danube R.)으로, 도나우강(Donau R.)이라고도 부른다.

가리세아(加里細亞) : 갈리치아(Galicia)로, 동유럽의 역사적 지역이다. 지금의 우크라이나 서부와 폴란드 남동부에 걸쳐 위치한다.

마랍유아(摩拉維亞) : 모라비아(Moravia)로, 지금의 체코 동쪽에 위치해 있는 역사적 지역이다.

불위미아(不威迷亞) : 보헤미아(Bohemia)로, 체코슬로바키아 서부의 옛 지역명이다. 지금의 체코 서부와 중부 지역에 해당한다.

포가유납(布哥維納) : 부코비나(Bucovina)로, 지금의 루마니아 동북부와 우크라이나 서부 지역이다.

흉아리(匈牙利) : 지금의 헝가리(Hungary)이다.

달랑서리와니아(達郞西里瓦尼亞) : 지금의 루마니아 트란실바니아(Transilvania)이다.

토이기계(土耳其界) : 터키(Turkey) 강역이다.

가라와서아(哥羅瓦西亞) : 지금의 크로아티아(Croatia)이다.

사가랍와니아(斯加拉窩尼亞) : 지금의 슬로베니아(Slovenia)이다.

유야납(維也納) : 지금의 빈(Wien)이다.

하오지리아(下奧地利亞) : 로어 오스트리아(Lower Austria)이다.

126

상오지리아(上奧地利亞): 어퍼 오스트리아(Upper Austria)이다.

의사적리아(義士的里亞): 스티리아(Styria)로, 지금의 슈타이어마르크(Steiermark)이다.

적라이(的羅爾): 지금의 티롤(Tyrol)이다.

서사계(瑞士界): 스위스(Switzerland) 강역이다.

일려리아(壹黎里亞): 일리리아(Illyria)이다. 유고슬라비아의 역사적 지역으로, 지금의 발칸반도 서부에 해당한다.

위내살(威內薩): 지금의 이탈리아 베네치아(Venezia)이다.

미란(米蘭): 지금의 이탈리아 밀라노(Milano)이다.

의대리계(意大里界): 이탈리아(Italia) 강역이다.

지중해(地中海): 지금의 지중해(Mediterranean Sea)이다.

달이마서아(達爾馬西亞): 지금의 크로아티아 달마티아(Dalmatia)이다.

아득아해(亞得亞海): 지금의 아드리아해(Adriatic Sea)이다.

오스트리아 아사득리아(阿士得厘亞)·오사적리아(奧斯的里亞)·아사저랍(阿士氐拉)·구새특리아(歐塞特里阿)·막이대미아(莫爾大未亞)·동국(東國)·쌍응국(雙鷹國)이라고도 한다. 는 유럽의 대국이다. 상선이 처음 광동에 왔을 때 깃발에 매 두 마리가 그려져 있어서 결국 '쌍응국'이라 와전되었다. 북쪽으로는 프로이센(Preussen)[1]·러시아와 경계하고, 남쪽으로는 터기와 경계하면서 아드리아해

---

1   프로이센(Preussen): 원문은 '보로사(普魯士)'이다.

(Adriatic Sea)[2]·이탈리아 각 왕국에 이르며, 서쪽으로는 스위스(Switzerland)[3] 및 독일 각 공국과 경계한다. 동서의 너비는 3100여 리이고, 남북의 길이는 1800여 리이다. 그 땅은 과거 라이티아(Raetia)[4]·노리쿰(Noricum)[5]·판노니아(Pannonia)[6] 등의 땅이었으나, 로마가 정복했으며 후에 게르만족(Germanen)[7]의 차지가 되었다. 당(唐)나라 정원(貞元)[8] 연간에 프랑크왕국(Regnum Francorum)[9]이 그 땅을 차지하고 별도로 나라를 세웠다. 원나라 초에 총명하기로 이름난 독일의 루돌프 1세(Rudolf I)[10]가 오스트리아를 쳐서 차지하자 독일 각 부락은 그를 왕으로 추대하고 외스터라이히(Österreich)[東國][11]라 불렀다. 그러

---

2 아드리아해(Adriatic Sea): 원문은 '아득아해우(亞得亞海隅)'로, 아득리아해(亞得里亞海)라고도 한다.

3 스위스(Switzerland): 원문은 '서사(瑞士)'이다.

4 라이티아(Raetia): 원문은 '륵서아(勒西亞)'로, 고대 로마의 속주였다. 경제적 가치는 별로 없었으나 이탈리아, 다뉴브강, 갈리아, 발칸 반도를 연결하는 간선도로망의 교차지점이었기 때문에 로마 제국의 요충지가 되었다.

5 노리쿰(Noricum): 원문은 '낙력가(諾力加)'이다. 고대 로마제국의 속주로, 지금의 오스트리아 경내에 위치한다.

6 판노니아(Pannonia): 원문은 '파눌니아(巴訥尼亞)'이다. 고대 로마의 속주로, 지금의 헝가리 서부와 오스트리아 동부 일부 및 유고슬라비아 북부 일부에 해당한다.

7 게르만족(Germanen): 원문은 '북적(北狄)'이다. 로마 제국이 쇠퇴할 즈음 오스트리아는 게르만계의 바바리족(Bavarii), 슬라브족(Slavs), 아바르족(Avars)의 침략을 받았다.

8 정원(貞元): 당나라 제9대 황제 덕종(德宗) 이괄(李适)의 세 번째 연호(785~805)이다.

9 프랑크왕국(Regnum Francorum): 원문은 '불란서(佛蘭西)'이다. 게르만족의 일파인 프랑크족이 세운 나라이다. 중세 초에 서유럽과 중부유럽을 거의 통일했던 나라로, 오늘날 프랑스, 독일, 이탈리아의 기원이 되는 국가이다. 오스트리아는 788년 프랑크왕국의 샤를마뉴대제가 이 지역을 정복해 동프랑크왕국의 일부가 되었다.

10 루돌프 1세(Rudolf I): 원문은 '라이덕복(羅爾德福)'이다. 합스부르크 왕가 최초의 독일 왕(재위 1273~1291)으로, 오스트리아 공작(1278~1282)의 자리에 올랐다.

11 외스터라이히(Österreich): 원문은 '동국(東國)'이다. 외스터라이히는 독일어로 동쪽 강역이란

나 강역이 좁고 큰 권력은 없었다. 지기스문트(Sigismund)[12]에 와서 헝가리 (Hungary)[13]의 여왕[영주 마리아]과 결혼하면서 헝가리가 오스트리아에 합병되어 갑자기 강역이 몇천 리로 확장되면서 오스트리아는 대국이 되었다. 명나라 정덕(正德) 14년(1519)에 국내에서 내란이 일어났다. 당시 스페인의 왕 카를 5세(Karl V)[14]가 현명하고 능력이 뛰어나 민심을 얻고 있었기에 독일의 각 부락들은 그를 오스트리아로 모셔 와서 독일국왕으로 받들었다. 법으로 군대를 통솔하면서 그의 명성과 위엄이 더욱 알려졌다. 프랑스가 공격해오자 카를 5세는 프랑스와 전쟁을 벌여 격파하고 프랑스 왕을 사로잡아 스페인으로 데려갔으나, 프랑스가 돈으로 배상하자 그를 돌려보냈다. 가정(嘉靖) 4년(1525)에 다시 백민(伯閔) 보헤미아(Bohemia)[15]이다. 을 차지하면서 강역이 더욱 넓어졌다. 카를 5세 사후 그의 동생 페르디난트 1세(Ferdinand I)가 왕위를 계승했는데, 법률에 밝았던 그가 청렴하고 현능한 사람들을 선발하고 임용해 나라가 잘 다스려졌다. 당시 이탈리아가 쇠하고 어지러워졌기에 군대를 거느리고 가 이탈리아를 정벌하고 그 북쪽 강역을 차지했

의미이다.

12 지기스문트(Sigismund): 원문은 '아이맥(阿爾麥)'이다. 지기스문트(1368~1437)는 헝가리와 폴란드의 왕 러요시 1세의 딸 마리아와 약혼했으며, 1378년 아버지가 죽자 헝가리 궁정으로 가 그곳에서 마리아와 결혼했다. 1382년 러요시 1세가 죽자 마리아가 헝가리의 여왕이 되었으며 1387년에는 지기스문트도 헝가리의 공동 왕위에 올랐다.

13 헝가리(Hungary): 원문은 '흉아리(匈牙利)'이다.

14 카를 5세(Karl V): 원문은 '사리제오(査理第五)'이다. 합스부르크 가문의 수장이자 신성 로마 제국의 황제이며, 스페인의 국왕, 이탈리아의 군주 등 국경을 초월해 많은 직함을 가진 유럽에서 가장 많은 국가의 왕관을 쓴 인물이다.

15 보헤미아(Bohemia): 원문은 '불위미아(不威迷亞)'로, 포위미아(布威彌亞), 파민(破閔), 파희미아(波希米亞)라고도 한다. 체코슬로바키아 서부의 옛 지역 명이었으나, 1993년 체코와 슬로바키아가 분리됨에 따라 지금은 체코에 속한다.

다. 로마(Roma)[16]를 포위한지 1년 만에 성이 거의 다 함락되자 이탈리아의 각 왕국들이 모두 신하로 자처했으며, 이로부터 독일은 서방의 패자라 불리게 되었다.

만력(萬曆) 46년(1618)에 왕 페르디난트 2세(Ferdinand II)[17]가 왕위를 계승했다. 이에 앞서 카를 5세는 천주교를 받들면서 예수교를 금지했다. 이때에 와서 신하와 백성들 중에 다시 예수교를 신봉하는 자들이 생겨났다. 페르디난트 2세는 이를 극력 금지하면서 위반하는 자에게 형벌을 내렸다. 이에 신하와 백성들이 힘을 합쳐 왕을 공격하자 페르디난트 2세가 그들을 죽여, 나라 전체가 천주교를 신봉하면서 감히 다른 종교는 믿지 않았다. 강희(康熙) 39년(1700)에 독일 각 부락은 모두 자립해서 왕이 되었다. 이로부터 동국은 오스트리아로 불리면서 더 이상 독일이라 불리지 않게 되었다. 당시 스페인 왕이 죽은 뒤 왕위를 계승할 자식이 없자, 오스트리아왕은 스스로 동성 제후국이라 생각해서 자신의 아들을 왕으로 세우고자 했지만, 프랑스 왕 역시 자신의 손자를 왕위에 올리려고 했다. 그리하여 두 나라는 10여 년 동안 전쟁하다가 프랑스 왕이 마침내 자신의 손자를 스페인 왕으로 세웠다. 강희 49년(1710)에 카를 6세가 왕위를 계승해 권력을 잡자 신하들이 굴복했다. 카를 6세 사후 자식이 없자 딸[마리아 테레지아(Maria Theresia)]에게 왕위가 넘어갔다. 마리아 테레지아는 총명해서 왕권을 굳건히 할 수 있었고, 군대를 엄격하게 통솔해 이웃 국가에서도 감히 침범할 수 없었다.

---

16 로마(Roma): 원문은 '라마(羅馬)'이다.

17 페르디난트 2세(Ferdinand II): 원문은 '비이지난(匪耳地難)'으로, 비적남(裴迪南)이라고도 한다. 페르티난트 2세(재위 1619~1637)는 신성로마제국의 황제이자 오스트리아 대공, 보헤미아의 왕, 헝가리와 크로아티아의 왕으로, 재위기간 내내 30년 전쟁으로 보냈다.

여왕이 죽고 나서 요제프 2세(Joseph II)[18]가 왕위를 계승했다. 당시 폴란드가
쇠하여 어지러워지자 요제프 2세는 러시아·프로이센과 함께 그 땅을 나누
어 가졌다. 이로부터 강역이 넓어져 서방에서 나라의 위세가 거칠 것이 없
었다. 요제프 2세는 예수교를 좋아해서 천주교를 폐했다. 천주교도가 난을
일으키려 하자 요세프 2세는 두려움에 떨다가 죽었다. 가경(嘉慶)[19] 연간에
프랑스의 나폴레옹(Napoleon)[20]이 나라를 차지한 뒤 군사력을 믿고 사방으로
정벌을 나가자, 독일의 공국들은 모두 프랑스에 귀순했다. 오스트리아의
속국인 벨기에(Belgium)[21] 역시 침략을 받아 땅을 빼앗기긴 했지만,『벨기에도
설(比利時圖說)』에 자세히 나와 있다. 끝내 그 아래로 들어가지 않아 프랑스로서
도 어찌할 도리가 없었다. 나폴레옹이 싸움에서 패배하자 가경 20년(1815)
에 유럽각국은 각자 공사(公使)를 빈(Wien)[22] 오스트리아 수도이다. 에 보내 회의
했다. 무릇 프랑스가 무너뜨렸던 각국은 모두 강역을 재조정하고 맹약을
새로 정했다. 독일의 공국들은 비록 각자 옛 영토를 수복했지만 서로 떨어
져 있고 힘이 부족해 자립할 수 없었기에 의논하여 공회를 세우고 연맹체
인 독일 연방이 되었으며, 오스트리아를 맹주로 삼았다. 독일 공국의 왕들
은 때때로 공회에 와서 국사를 논의했다. 오스트리아는 일찍이 30년 동안

---

18   요제프 2세: 원문은 '약색불제이(約色弗第二)'이다. 신성 로마 제국의 황제이자 합스부르크
       제국의 군주이다.

19   가경(嘉慶): 청나라 제7대 황제 인종(仁宗) 애신각라옹염(愛新覺羅顒琰)의 연호(재위 1796~1820)
       이다.

20   나폴레옹(Napoleon): 원문은 '나파륜(拿破侖)'으로, 파나량(波那良)이라고도 하는데, 나폴레옹
       보나파르트(Napoleon Bonaparte)(재위 1804~1815)를 가리킨다.

21   벨기에(Belgium): 원문은 '비리시(比利時)'이다.

22   빈(Wien): 원문은 '유야납(維也納)'으로, 위음나(威音那), 미이나(未伊那)라고도 한다.

전쟁을 벌였던 오스만 제국과 강화를 맺고 전쟁을 종식했다. 오스트리아는 오스트리아의 고토(故土)였던 독일령, 후에 차지한 이탈리아령·헝가리령·폴란드령 4개 지역으로 구분된다.

오스트리아 고토 독일령은 독일 연방국의 동남쪽에 위치한다. 산이 첩첩이 쌓여 있고, 수은·주사(硃砂)·철이 난다. 목장이 많고 넓어 매년 생산되는 소, 말, 양만해도 1만억 마리나 된다. 다뉴브강(Danube R.)[23]에는 배가 지나다닐 수 있다. 이 땅은 5개 지역으로 나뉜다. 오스트리아는 남쪽의 어퍼 오스트리아(Upper Austria)[24]와 북쪽의 로어 오스트리아(Lower Austria)[25] 2개 지역으로 구분되며, 수도는 로어 오스트리아에 위치하는 빈[維也納] 위아납(危阿納), 미은(味隱)이라고도 한다. 이다. 인구는 30만 명이고, 왕궁은 크고 화려하다. 왕이 몸소 검약함을 실천하며 체통을 중시하지 않고 백성들과 가족처럼 왕래하자, 백성들도 왕을 따랐다. 민간에서는 방직을 중시하며 포목과 비단을 가장 많이 생산한다. 여자들은 용모가 빼어나지만 규방의 가르침을 받지 못해 음란하다. 인근에 위치한 그라츠(Graz)[26]는 인구 3만 6천 명의 도시이다. 이곳 소재의 대학은 7만 권의 책을 소장하고 있다.

---

23 다뉴브강(Danube R.): 원문은 '다뇌대하(多惱大河)'이다.

24 어퍼 오스트리아(Upper Austria): 원문은 '상오지리아(上奧地利亞)'이다. 바로 오버외스터라이히 대공국(Erzherzogtum Österreich)으로, 1804~1918년까지 지금의 오스트리아에 존재했던 대공국이다.

25 로어 오스트리아(Lower Austria): 원문은 '하오지리아(下奧地利亞)'이다. 바로 니더외스터라이히 대공국(Niederösterreich)으로, 어퍼오스트리아와 마찬가지로 1804~1918년까지 지금의 오스트리아에 존재했던 대공국이다.

26 그라츠(Graz): 원문은 '기이성(其耳城)'이다. 지금의 오스트리아 슈타이어마르크주의 주도이다.

티롤(Tyrol)[27] 지라리(地羅里)라고도 한다. 은 오스트리아[28]의 서쪽에 위치하고, 땅 전체가 산으로 이루어져 있으며, 주도는 인스브루크(Innsbruck)[29] 은불(隱不)이라고도 한다. 이다. 사람들은 사냥을 해서 먹고 살아가거나 혹은 짐을 지고 사방으로 날품팔이를 하러 다니며, 천성적으로 우직하고 힘이 세다. 프랑스가 침입해왔을 때 이 지역 사람들이 온힘을 다해 격퇴시킨 덕분에 의용(義勇)으로 이름났다.

스티리아(Styria)[30] 이리아(以利亞)라고도 한다. 는 어퍼 오스트리아의 서남쪽에 위치하며, 주도는 그라츠[31] 내팔(來八)이라고도 한다. 로, 인구는 1만 1천 명이다. 그곳은 산의 동굴이 아름답고, 산봉우리가 이어져 있으며, 사람들은 자기를 만들고 주단을 직조하며 살아간다.

일리리아(Illyria)[32]는 스티리아의 동남쪽에 위치하고, 주도는 트리에스테(Trieste)[33] 득리익(得利益)이라고도 한다. 로, 아드리아해에 위치해 있는 지중해의 큰 항구이다. 인구는 4만 명이고, 매년 8천 척의 선박이 드나든다.

---

27 티롤(Tyrol): 원문은 '적라이(的羅爾)'로, 대라이(代羅爾), 지록(地鹿), 체라이(蒂羅爾)라고도 한다.

28 오스트리아: 원문은 '양오지리(兩奧地利)'이다. 어퍼 오스트리아와 로어 오스트리아를 합친 개념이기 때문에 오스트리아로 번역한다.

29 인스브루크(Innsbruck): 원문은 '음사불라각(音斯不羅咯)'으로, 인포읍(印布邑)이라고도 한다.

30 스티리아(Styria): 원문은 '의사적리아(義士的里亞)'로, 시체리아(施蒂里亞), 사대경(士大境)이라고도 한다. 지금의 슈타이어마르크이다.

31 그라츠: 원문은 '가랍덕사(加拉德斯)'이다.

32 일리리아(Illyria): 원문은 '일려리아(壹黎里亞)'로, 이리림부(以利林部)라고도 한다. 유고슬라비아의 역사적 지역으로, 지금의 발칸반도 서부에 해당한다.

33 트리에스테(Trieste): 원문은 '적리야사덕(的里也斯德)'으로, 지익(地益), 적리아사특(的里雅斯特)이라고도 한다. 지금의 이탈리아 북동부에 위치한다.

보헤미아[不威迷亞] 백민(伯閔), 파희미(波希米)라고도 한다. 는 로어 오스트리아 북쪽에 위치하며, 과거에는 본래 독일 연방국이었으나 오스트리아에게 멸망당했다. 지형이 가마솥처럼 생겨 바깥쪽 산봉우리가 안쪽을 가로막고 있고 산골짜기가 깊으며, 토지가 아주 비옥해 오스트리아에서도 가장 좋은 땅에 해당된다. 주도는 프라하(Praha)[34]이다. 오곡·가축·구리·철·마가 난다. 사람들이 유리그릇을 잘 만들어 사방으로 팔러 다니는데, 계산할 수 없을 정도의 많은 수익을 올리고 있다. 이곳 소재의 대학에서 학문과 기술을 익히는 사람이 8백여 명이나 된다.

모라비아(Moravia)[35] 묵린(黙鄰)이라고도 한다. 는 보헤미아의 동쪽에 위치하고 영토가 협소하며, 이 땅에서는 모직물과 마가 난다. 주도는 올로모우츠(Olomouc)[36]로, 성이 아주 견고하다. 이상의 각 공국은 모두 독일연방에 참가해 군사 9만 4800명을 차출해야 한다. 『독일연방국도설(日耳曼列國圖說)』에 자세히 나와 있다.

오스트리아 이탈리아령은 통칭해서 롬바르디아 베네치아 공국(Regno Lombardo-Veneto)[37]이라 불리며, 2개 지역으로 나뉜다. 밀라노(Milano)[38]는 티롤의 남쪽에 위치하고, 동남쪽으로는 아드리아해에 이르며, 강역이 꽤 넓다.

---

34 프라하(Praha): 원문은 '파랍가(巴拉加)'로, 포랍격(布拉格), 랍파(拉巴)라고도 한다. 지금의 체코 수도이다.

35 모라비아(Moravia): 원문은 '마랍유아(摩拉維亞)'로, 지금의 체코 동부에 위치한다.

36 올로모우츠(Olomouc): 원문은 '아리목(阿里木)'으로, 아리목차(阿里木茨)라고도 한다. 지금의 체코 동부에 위치한다.

37 롬바르디아 베네치아 공국(Regno Lombardo-Veneto): 원문은 '륜파이다위니서아노(倫巴爾多威尼西亞奴)'이다.

38 밀라노(Milano): 원문은 '미란(米蘭)'으로, 미란(彌蘭)이라고도 한다.

산수가 아름답고 한 천주교성당에서 모시고 있는 천주성상은 너비가 27
길, 높이가 33길로 서방에서는 장관이라 여긴다. 주도의 인구는 15만 명이
고, 관할지인 베르가모(Bergamo)[39]는 인구가 3만 명이며, 크레모나(Cremona)[40]
는 인구가 2만 6천 명이다. 만토바(Mantova)[41]는 성이 아주 견고해서 일찍이
다른 나라의 공격을 받았지만, 오랫동안 포위되어 있어도 함락되지 않았
다. 파비아(Pavia)[42]는 인구가 2만 1천 명이고, 로디(Lodi)[43]는 인구가 1만 8천
명으로, 모두 이탈리아의 유명 도시이다.

베네치아(Venezia)[44] 비닉(非匿)이라고도 한다. 는 아드리아해에 임해 있으며,
영토는 아주 협소한 반면에 인구는 상당히 많다. 과거 지중해에서 가장 큰
해구로 많은 선박이 모여들었으며, 모든 해상의 이권을 차지한지 천년이
넘었다. 지금은 이미 쇠락해 무역이 많지는 않지만 그래도 인구는 여전히
10만 1천 명이나 된다. 도시가 수상에 건설되어 시가지가 모두 작은 강으
로 이루어져 있고, 그 위로 다리가 가로놓여 있어도 배의 운항에는 방해되
지 않는다. 관할지인 파도바(Padova)[45]는 인구가 5만 명이고, 이곳 소재 대학

---

39 베르가모(Bergamo): 원문은 '백의성(百儀城)'으로, 지금의 롬바르디아주에 위치한다.

40 크레모나(Cremona): 원문은 '액마나성(額摩拿城)'으로, 지금의 롬바르디아주에 위치한다.

41 만토바(Mantova): 원문은 '만사아(曼士亞)'로, 만토아(曼圖亞)라고도 한다. 지금의 롬바르디아
   주에 위치한다.

42 파비아(Pavia): 원문은 '파미아성(罷昧亞城)'으로, 파유아(帕維亞)라고도 한다. 지금의 롬바르
   디아주에 위치한다.

43 로디(Lodi): 원문은 '라지성(羅地城)'으로, 지금의 롬바르디아주에 위치한다.

44 베네치아(Venezia): 원문은 '위내살(威內薩)'로, 위니사(威尼斯), 위니득읍(威尼得邑)이라고도 한
   다.

45 파도바(Padova): 원문은 '파사아(巴士亞)'로, 파도아(把都亞), 파도아(帕都亞), 파다와(帕多瓦)라
   고도 한다.

에서 수학하는 사람은 3백 명이다. 베로나(Verona)[46]는 인구가 5만 5천 명이고, 비첸차(Vicenza)[47]는 인구가 3만 명이며, 우디네(Udine)[48]는 인구가 1만 8천 명이다.

오스트리아 헝가리제국 옹급리아(翁給里亞), 한아리(寒牙里), 박액미아(博厄美亞), 반나리아(班那里阿)라고도 한다. 은 오스트리아의 동쪽 경내에 위치한다. 고대에는 흉노의 한 부락이었으나, 이곳으로 옮겨와 다뉴브(Danube)[49]를 쳐서 차지하고 송나라 함평(咸平)[50] 연간에 나라를 세워 일시에 용맹을 떨치다가 한참 뒤에 쇠락했다. 명나라 건문(建文)[51] 연간에 여왕 엉주 마리아(Anjou Mária)[52]가 왕위를 계승하고, 오스트리아의 지기스문트와 결혼해 부부가 되었다. 당시 헝가리는 폴란드의 침략을 받고, 누차 오스만제국이 남쪽 강역을 침략하자 [그때마다] 매번 오스트리아의 병력에 힘입어 적들을 물리치고 강역을 보존했기에 결국 나라를 가지고 가서 오스트리아와 합쳤다. 면적은 오스트리아 본토보다 배로 넓고, 절반은 산지이고 절반은 평지이며, 다뉴브강이 그 사이를 가로질러 흐른다. 산에서 금·은·구리가 나는데, 매년 금 1천여 근과 은 4만여 근을 생산한다. 토지는 농경지가 5만 경(頃)이고, 초지가 7만 5천경이며, 삼림이 9만 경이고, 농원이 6만 경이다. 이 땅에

46 　베로나(Verona): 원문은 '미라나(味羅拿)'로, 유라납(維羅納), 위라나(威羅拿)라고도 한다.

47 　비첸차(Vicenza): 원문은 '미진살(味晉撒)'로, 유금찰(維琴察)이라고도 한다.

48 　우디네(Udine): 원문은 '무지나(蕪地拿)'로, 지금의 이탈리아 북부 프리울리베네치아줄리아 주에 위치한다.

49 　다뉴브(Danube): 원문은 '나로미(那盧彌)'로, 헝가리 남부 각 지역을 총칭해서 이르는 명칭이다.

50 　함평(咸平): 북송 제3대 황제 진종(眞宗)의 첫 번째 연호(998~1004)이다.

51 　건문(建文): 명나라 제2대 황제 건문제(建文帝) 주윤문(朱允炆)의 연호(1399~1402)이다.

52 　엉주 마리아(Anjou Mária): 원문은 '이리살마(伊利薩麻)'이다.

서는 오곡·가축·포도주·마·단삼(丹蔘)·꿀이 난다. 민간에서는 두발을 자르지 않고 땋으며, 작은 둥근 모자를 쓰고 그 위로 챙이 넓은 모자를 쓴다. 유럽 여러 나라와 다르게 남색 옷을 선호한다.

이 땅은 5개 지역으로 나뉘는데, 헝가리는 로어 다뉴브(Lower Danube)[53]와 어퍼 다뉴브(Upper Danube) 두 개로 구분되며, 주도인 부다페스트(Budapest)[54]는 로어 다뉴브에 위치하는데, 바로 헝가리의 옛 수도이다. 부다페스트는 다뉴브강변에 위치하며 인구는 4만 1천 명이다. 관할지인 페슈트(Pest)[55]는 인구가 6만 1천 명으로, 가축 무역을 하는 땅이다. 인근에 위치한 부더(Buda)[56]는 인구가 3만 4천 명이다. 셈니츠(Schemnitz)[57]는 인구가 1만 7천 명으로, 대부분 광산에서 일해 먹고 사는데, 구리가 특히 많이 난다. 외덴부르크(Ödenburg)[58]는 사람들이 포도주를 제조하고 돼지를 키워 생활하는데, 매년 8만 마리의 돼지를 판매한다. 세케슈페헤르바르(Székesfehérvár)[59]는 요충지에 위치해 오스만제국으로부터 여러 차례 침략을 받았다. 페치(Pécs)[60]는 예

53　로어 다뉴브(Lower Danube): 원문은 '하나로미(下那盧彌)'이다.

54　부다페스트(Budapest): 원문은 '백보(伯堡)'로, 포달패사(布達佩斯)라고도 한다.

55　페슈트(Pest): 원문은 '백식(伯息)'으로, 지금의 부다페스트 동부에 위치한다.

56　부더(Buda): 원문은 '보지성(補地城)'으로, 지금의 부다페스트 서부에 위치한다.

57　셈니츠(Schemnitz): 원문은 '신닉(伸匿)'이다. 슬로바키아의 오래된 광산도시로, 지금의 반스카슈티아프니차(Banská Štiavnica)이다.

58　외덴부르크(Ödenburg): 원문은 '아정보(阿丁堡)'로, 액등보(厄登堡), 초보랑(肖普朗)이라고도 한다. 헝가리어로 쇼프론(Sopron)이라고도 한다.

59　세케슈페헤르바르(Székesfehérvár): 원문은 '날고성(剌固城)'이다. 지금의 헝가리 중서부에 위치하며, 독일어로 슈툴바이센부르크(Stuhlweisenburg)라고도 한다. 중세 헝가리 왕국의 왕실 수도가 있던 곳이었으나, 16세기~17세기까지 오스만 제국의 지배를 받으면서 일시적으로 쇠락했다.

60　페치(Pécs): 원문은 '오묘읍(五廟邑)'이다. 독일어로 핀프키르헨(fünfkirchen)이라고 하는데, 바

전부터 학자들이 모여드는 곳이다. 데브레첸(Debrecen)[61]은 무역의 중심지이다. 세게드(Szeged)[62]는 인구가 3만 명으로, 부지런히 농사를 지으며 담배를 생산한다. 트란실바니아(Transilvania)[63]는 지벤뷔르겐(Siebenburgen)[64]이라고도 하는데, 헝가리의 동남쪽에 위치한다. 산봉우리가 하늘에 닿을 정도로 높고 금과 철이 난다. 주도는 헤르만슈타트(Hermanstadt)[65]로, 인구는 2만 명이다. 관할지인 브라쇼브(Brasov)[66]는 인구가 3만 명으로, 오스만 제국과 무역을 해 아주 번성하다. 이곳 대학에서 수학하는 사람은 1200명이다. 크로아티아(Croatia)[67] 가랄(可剌)이라고도 한다. 는 헝가리의 남쪽, 지벤뷔르겐의 서쪽에 위치하며 주도는 아그람(Agram)[68]이다. 이곳 사람들은 근면하게 농사를 짓지만, 다른 사람보다 사납고 날래 오스트리아인들은 이들을 모집해 유격대로 삼아 강적을 잘 격파했다. 이 땅에서는 오곡과 담배가 난다.

로 5개의 성당이라는 뜻이다.

61 데브레첸(Debrecen): 원문은 '득백신읍(得伯新邑)'으로, 덕포륵삼(德布勒森)이라고도 한다.

62 세게드(Szeged): 원문은 '사액정(士額丁)'으로, 새격덕(塞格德)이라고도 한다.

63 트란실바니아(Transilvania): 원문은 '달랑서리와니아(達郞西里瓦尼亞)'로, 지금의 루마니아 중서부에 위치한다.

64 지벤뷔르겐(Siebenburgen): 원문은 '칠산(七山)'이다. 독일인은 일찍이 7개의 도시라는 의미에서 이렇게 불렀다.

65 헤르만슈타트(Hermanstadt): 원문은 '흑만(黑曼)'으로, 흑만사달(黑曼士達)이라고도 한다. 지금의 루마니아 트란실바니아에 위치한 시비우(Sibiu)이다.

66 브라쇼브(Brasov): 원문은 '원성(寃城)'이다.

67 크로아티아(Croatia): 원문은 '가라와서아(哥羅瓦西亞)'로, 가아전(哥亞田), 가아전(加亞田), 극라지아(克羅地亞)라고도 한다. 1868년 크로아티아-헝가리 타협이 체결된 뒤부터 오스트리아-헝가리제국의 지배를 받았다. 지금의 발칸반도 중서부에 위치한다.

68 아그람(Agram): 원문은 '아가랑(亞哥郞)'으로, 지금의 크로아티아 수도 자그레브(Zagreb)이다.

슬로베니아(Slovenia)[69]는 크로아티아의 서쪽에 위치하고, 주도는 류블랴나(Ljubljana)[70]이며, 풍속은 크로아티아와 같다. 이상 세 지역은 남쪽 강역이 모두 오스만 제국과 이웃하고 있어서 각자 농민을 훈련시켜 향용(鄉勇)으로 삼았는데, 오스만 제국이 쳐들어오면 합심해서 막았다.

달마티아(Dalmatia)[71] 탑마(搭馬)라고도 한다. 는 아드리아해변에 위치하며 일리리아와 인접해 있다. 지형이 좁고 길며 토양이 척박해 농사짓기에는 부족해서 사람들은 주로 물고기를 잡아 생활하거나 해적이 된다. 주도는 자다르(Zadar)[72]로, 인구가 희박하고 산에서는 약재가 나며 바위 틈 사이로 야생벌꿀이 난다. 관할지인 코토르(Cattaro)[73]는 성채가 견고하고 해자가 깊어 험준하고 견고한 지역으로 알려져 있다.

오스트리아 폴란드령인 갈리치아(Galicia)[74] 아리서(牙里西)라고도 한다. 는 땅이 넓고 평평하며 사막이 있다. 많은 울창한 숲에 곰과 이리가 살고 있는데, 사냥꾼이 이를 잡아 가죽을 바치면 관에서 값을 쳐주었다. 이 땅에서 나는 소금으로 구운 소금을 만들 수 있다. 사람들은 오로지 농사만 지으면서 방직을 할 줄 몰랐으며, 먹고 입는 것이 모두 형편없었다. 주도인 르부

---

69 슬로베니아(Slovenia): 원문은 '사가랍와니아(斯加拉窩尼亞)'로, 사격랍(斯格臘), 사랍옥니아(斯拉沃尼亞)라고도 한다.

70 류블랴나(Ljubljana): 원문은 '애새각(挨塞各)'으로, 로포이아나(盧布爾雅那)라고도 한다.

71 달마티아(Dalmatia): 원문은 '달이마서아(達爾馬西亞)'로, 달이마제아(達爾馬提亞), 달마전부(達馬田部)라고도 한다.

72 자다르(Zadar): 원문은 '살랄(撒剌)'로, 지금의 크로아티아에 위치한다.

73 코토르(Cattaro): 원문은 '가타라성(加他羅城)'으로, 잡탑라(卡塔羅)라고도 한다. 지금의 아드리아해 연안 몬테네그로에 위치한다.

74 갈리치아(Galicia): 원문은 '가리세아(加里細亞)'로, 아이서아(雅爾西亞), 가리서아(加里西亞)라고도 한다. 폴란드 동남부에 위치했던 역사적 지명이다.

프(Lwów)[75] 린산(鄰山)이라고도 한다. 에는 대학이 있다. 부코비나(Bucovina)[76]는 본래 오스만 제국의 땅이었으나, 오스트리아가 할양받아 차지하는 바람에 갈리치아와 인접하게 되어 폴란드에 귀속되었다. 경내의 토지는 수백 리에 이르고 주도는 체르노비츠(Csernovic)[77]로, 인구는 9만 3천 명이다. 성내에는 성당이 많고 신부도 상당히 많다. 이곳 사람들은 무역에 뛰어나며, 비록 오스트리아에 예속되어 있지만 자체적으로 대표를 뽑아 국정을 주관했다.

살펴보건대 독일 공국들은 당시 오스트리아를 공주(共主)로 섬겼는데, 각 공국들은 중국 경기권의 제후국과 같다. 카를 5세가 일어나 프랑스 왕을 사로잡고 로마를 복속시켰으며 네덜란드를 겸병해 명성을 크게 떨치면서 거의 패자에 가까웠다. 유감스럽게도 천주교를 극력 숭배하면서 예수교를 원수처럼 대해 『네덜란드도설(荷蘭圖說)』에 자세히 나와 있다. 대대로 분쟁이 일어나면서 학살하는 대재앙의 기운을 연즉 후손들에게 좋지 않은 정책을 남겼다. 그 뒤에 독일의 공국들이 모두 스스로 왕국을 세우면서 더 이상 신하와 군주의 구분이 없어졌다. 오스트리아는 강역이 확장되어 이전보다 몇 배로 넓어졌지만 명성은 훨씬 줄어들었다. 그래서 오늘날 서방에서 국위를 논할 때에는 영국을 첫째, 프랑스를 둘째, 러시아를 셋째, 오스트리아를 넷째로 친다.

---

75 르부프(Lwów): 원문은 '릉비이각(稜卑爾各)'으로, 림백(林伯), 리옥부(利沃夫)라고도 한다. 독일어로 렘베르크(Lemberg)라고도 하는데, 지금의 우크라이나 서부에 위치한 리비우(Lviv)이다.

76 부코비나(Bucovina): 원문은 '포가유납(布哥維納)'이다. 중앙유럽에 위치한 역사적 지역으로, 지금의 루마니아 동북부와 우크라이나 서부에 걸쳐 있다.

77 체르노비츠(Csernovic): 원문은 '달이노파라(達爾奴波羅)'로, 지금의 우크라이나 서부에 위치한 체르니우치(Czerniowce)이다.

〖 歐羅巴奧地利亞國 〗

奧地利亞, 阿士得厘亞 · 奧斯的里亞 · 阿士氏拉 · 歐塞特里阿 · 莫爾大未亞 · 東國 · 雙鷹國. 歐羅巴大國也. 其商船初抵粵東時, 旗畫雙鷹, 遂訛稱爲雙鷹國. 北界普魯士 · 峨羅斯, 南界土耳其, 抵亞得亞海隅 · 意大里亞各國, 西界瑞士暨日耳曼各國, 東西千一百餘里, 南北一千八百餘里. 其地古時爲勒西亞 · 諾力加 · 巴納尼亞等國, 羅馬征服之, 後爲北狄所據. 唐貞元間, 佛郎西取其地, 立爲別部. 元初, 日耳曼有酋羅爾德福者, 號聰敏, 攻獲奧地, 日耳曼各部推立爲王, 稱爲東國. 然疆土褊狹, 無大權. 傳至阿爾麥, 配匈牙利女主, 匈牙利因合於奧, 驟益疆土數千里, 遂爲大國. 明正德十四年, 國內亂. 時西班牙王查理第五賢能得民譽, 日耳曼諸部招之來奧, 奉以爲日耳曼王. 王治軍行法, 聲威大著. 佛郎西來攻, 王與戰破之, 禽佛王, 徙之西班牙, 佛人以金贖之, 乃放還. 嘉靖四年, 復得伯閔地, 即不威迷亞. 疆土愈廣. 查理第五歿, 其弟嗣位, 明於法律, 簡任廉能, 國大治. 時意大里衰亂, 帥師伐之, 割其北境. 圍羅馬一年, 城幾陷, 意大里諸部皆臣服, 由是日耳曼稱霸西土.

萬曆四十六年, 王匪耳地難嗣位. 先是, 查理第五尙天主教, 禁耶穌教. 至是, 臣民復有從耶穌教者. 王禁之甚力, 違者加以刑. 臣民合黨攻王, 王誅滅之, 遂舉國奉天主教無敢異. 康熙三十九年, 日耳曼各部皆自立爲王. 從此東國稱奧地利亞, 不復稱日耳曼. 時西班牙王歿, 無子, 奧王以爲其宗國也, 欲立其子, 而佛郎西王欲立其孫. 兩國構兵十餘年, 佛王卒立其孫爲西班牙王. 康熙四十九年, 王查理第六嗣位, 委政臣下. 尋歿, 無子, 傳位於女. 女聰敏能持國柄, 治軍嚴整, 鄰不敢侵. 女主歿, 王約色弗第二嗣. 時波蘭衰亂, 王與峨羅斯 ·

141

普魯士瓜分其國. 由是幅員之大, 遂洸洋於西土. 王好耶穌教, 廢天主教. 天主教之黨欲爲亂, 王悸歿. 嘉慶年間, 佛郎西拿破侖得國, 恃兵力征伐四鄰, 日耳曼列國皆納款. 奧屬藩比利時, 亦被侵割, 詳『比利時圖說』. 而不爲之下, 佛無如之何也. 拿破侖既敗喪, 嘉慶二十年, 歐羅巴諸國, 各遣公使赴維也納 奧地利都城. 會議. 凡佛郎西摧破各國, 皆申畫疆圻, 重定盟約. 以日耳曼列國, 雖各復故土, 而散弱不能自立, 乃議立公會, 聯結爲與國, 以奧爲會盟之長. 日耳曼列國之主, 時來朝議國事. 奧嘗與土耳其構兵三十年, 講和而罷. 其國大勢分四部, 曰日耳曼地, 奧之故土也, 曰意大里地, 曰匈牙利地, 曰波蘭地, 後來之所割據也.

奧地利之日耳曼故土, 在日耳曼列國之東南. 山嶺重叠, 產水銀·硃砂·鐵. 草場豐廣, 每歲所產牛馬羊以萬億計. 有多惱大河, 可通舟楫. 地分五部. 奧地利亞內分兩部, 南曰上奧地利亞, 北曰下奧地利亞, 都城在下奧地利亞, 曰維也納. 一作危阿納, 又作昧隱. 居民三十萬, 王宮閎麗. 王自奉甚約, 不尙體統, 與百姓往來如家人, 其民以此親附. 俗重紡績, 產布帛最多. 女子美姿容, 淫泆無閨敎. 附近有其耳城, 居民三萬六千. 有書院, 藏書七萬冊.

的羅爾, 一作地羅里. 在兩奧地利之西, 遍地皆山, 會城曰音斯不羅各. 一作隱不. 其民以獵爲生, 或擔負傭趁四方, 性戇直而多力. 當佛郎西來侵, 此土之民, 奮力擊退, 稱爲義勇.

義士的里亞, 一作以利亞. 在上奧地利之西南, 會城曰加拉德斯, 一作來八. 居民一萬一千. 其山洞穴玲瓏, 岩岫重複, 民以造磁器·織綢緞爲業.

壹黎里亞, 在義士的里亞之東南, 會城曰的里也斯德, 一作得利益. 在亞得亞海隅, 爲地中海大埔頭. 居民四萬, 每歲出入之船八千隻.

不威迷亞, 一作伯閔, 又作波希米. 在下奧地利之北, 舊本日耳曼列國, 爲奧所滅. 地形如釜, 其外山嶺, 界隔其中, 川谷深邃, 土田之沃, 爲奧上壤. 會城曰巴

142

拉加. 產五穀·牲畜·銅· 鐵·麻. 居民善造玻璃器, 運行四方, 獲利無算. 地有書院, 習文藝者八百餘人.

摩拉維亞, 一作默鄰. 在不威迷亞之東, 壤地僻小, 所產麻呢布甚多. 會城曰阿里木, 極堅固. 以上各部, 皆入日耳曼同盟公會, 應出兵九萬四千八百. 詳『日耳曼列國圖說』.

奧地利之意大里地, 總名倫巴爾多威尼西亞奴, 分兩部. 米蘭, 在的羅爾之南, 東南際亞得亞海, 幅員較廣. 其地山水佳勝, 有天主廟, 肖像最巨, 闊二十七丈, 高三十三丈, 西土以爲異觀. 會城居民十五萬, 所轄百義城, 居民三萬, 額摩拿城, 居民二萬六千. 曼士亞, 堅城也, 嘗爲他國所攻, 久圍不能下. 罷味亞城, 居民二萬一千, 羅地城, 居民一萬八千, 皆意大里名邑也.

威內薩, 一作非匿. 臨亞得亞海, 幅員甚狹, 而戶口極繁. 古時爲地中海最大之海口, 萬艘鱗集, 握全海之利權者, 千有餘年. 今已衰廢, 貿易無多, 居民尙十萬一千. 城建水中, 街衢皆小河, 飛橋橫跨, 不礙舟行. 所屬巴士亞, 居民五萬, 內有書院, 肄業者三百人. 味羅拿, 居民五萬五千, 味晉撒, 居民三萬, 蕪地拿, 居民一萬八千.

奧地利之匈牙利地, 一作翁給里亞, 又作寒牙里, 又作博厄美亞, 又作班那里阿. 在國之東界. 古時匈奴有別部, 轉徙至此, 攻獲那盧彌地, 於趙宋咸平年間立國, 稱雄一時, 久而浸衰. 明建文年間, 女主伊利薩麻嗣位, 配奧王阿爾麥爲夫婦. 時匈牙利爲波蘭所攻, 土耳其屢侵南境, 皆賴奧地利兵力退敵保疆, 遂挈國合於奧. 其地幅員, 倍於奧本國, 半山半土, 多惱河橫流其間. 山出金·銀·銅礦, 每歲得金一千餘斤, 銀四萬餘斤. 土得穀田五萬頃, 草場七萬五千頃, 林九萬頃, 園六萬頃. 產五穀·牲畜·葡萄酒·麻·丹參·蜜. 俗不剪髮, 編辮, 戴小圓帽, 外加闊邊帽, 服色尙藍, 與歐羅巴諸國迴異.

地分五部. 匈牙利, 内分兩部, 曰下那盧彌, 曰上那盧彌, 會城在下那盧彌, 曰伯堡, 匈之舊都也. 建於多惱河濱, 居民四萬一千. 所轄曰伯息, 居民六萬一千, 牲畜互市之地也. 附近有補地城, 居民三萬四千. 伸匿, 居民一萬七千, 半以攻礦爲業, 產銅尤多. 阿丁堡, 居民以釀酒養豬爲業, 每歲售豬八萬. 刺固城, 地當衝要, 土耳其數來攻. 五廟邑, 爲自古文儒聚會之區. 得伯新邑, 互市之地也. 士額丁, 居民三萬, 勤於農作, 產烟草. 達郎西里瓦尼亞, 又名七山, 在匈牙利之東南. 山嶺高際霄漢, 出金鐵礦. 會城曰黑曼, 居民二萬. 所屬冤城, 居民三萬, 與土耳其互市, 極繁盛. 有書院, 肄業者一千二百人. 哥羅瓦西亞 一作可刺. 在匈牙利之南, 七山之西, 會城曰亞哥郎. 其民勤於農作, 悍勇過人, 奧人募爲游兵, 能破強敵. 產五穀·烟草. 斯加拉窩尼亞, 在哥羅瓦西亞之西, 會城曰挨塞各, 土俗與哥羅瓦西亞同. 以上三部, 南界皆鄰土耳其, 各練農民爲鄉勇, 土人來侵, 則合力禦之.

達爾馬西亞, 一作搭馬. 在亞得亞海濱, 與壹黎里亞相接. 地形狹長, 土磽瘠, 不足於耕, 民多捕魚或爲海盜. 會城曰撒刺, 戶口甚稀, 山產藥材, 岩間出野蜂蜜. 所屬加他羅城, 壁堅池深, 號爲險固.

奧地利之波蘭地, 曰加里細亞. 一作牙里西. 地平坦, 有沙磧. 多林薄, 熊狼所宅, 獵者殺之, 獻其皮, 官爲給價. 其土鹵, 可以煎鹽. 民惟務農, 不解紡績, 衣食皆粗糲. 會城曰稜卑爾各, 一作鄰山. 內有書院. 布哥維納, 本土耳其地, 奧割得之, 因與加里細亞毗連, 故附波蘭部. 境土數百里, 會城曰達爾奴波羅, 居民九萬三千. 城內多廟宇, 僧尼甚衆. 其民長於貿易, 雖隸於奧, 而自有酋長主國政.

按: 日耳曼全國, 時以奧地利爲共主, 諸部如畿內之侯. 當查理第五之代興也, 據佛王, 服羅馬, 兼荷蘭, 聲靈赫濯, 幾於霸矣. 惜乎力崇天主教, 而仇視耶穌教, 詳『荷蘭圖說』. 啓累代之兵端, 開殘殺之劫運, 則貽謀之不善也. 厥後日耳曼列侯, 皆自王其國, 無復臣主之分. 奧地利疆土之恢闊, 雖數倍昔時, 而聲威則遠遜矣. 今西土論國勢者, 英吉利第一, 佛郎西第二, 峨羅斯第三, 奧地利第四.

[유럽 프로이센]

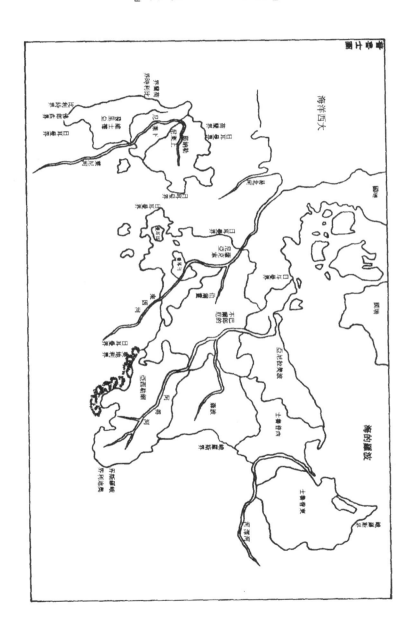

프로이센 지도

아라사계(峨羅斯界): 러시아 강역이다.

오지리계(奧地利界): 오스트리아 강역이다.

동보로사(東普魯士): 동프로이센(Ostpreussen)이다.

하택하(河澤河): 지금의 비스와강(Wisła R.)이다.

서보로사(西普魯士): 서프로이센(Westpreussen)이다.

파미랍니아(波美拉尼阿): 포메라니아(Pomerania)로, 폴란드 북부와 독일 북동부에 위치했던 역사적 지역이다. 지금의 폴란드 포모제(Pomorze)에 위치한다.

일이만계(日耳曼界): 독일 강역이다.

서국(瑞國): 지금의 스웨덴이다.

련국(嗹國): 지금의 덴마크이다.

역배하(易北河): 지금의 엘베강(Elbe R.)이다.

파삼(波森): 포즈난(Poznan)으로, 지금의 폴란드 서부에 위치하는 포즈나뉴이다.

파랑덕불이액(巴郞德不爾厄): 브란덴부르크 선제후국(Kurfürstentum Brandenburg)으로, 지금의 독일 동부에 위치하는 브란덴부르크이다.

백이령(伯爾靈): 지금의 독일 수도 베를린(Berlin)이다.

살극색니아(薩克索尼亞): 지금의 독일 작센(Saxony)이다.

일이만(日耳曼): 지금의 독일이다.

아득하(阿得河): 지금의 오데르강(Odra R.)이다.

세륵서아(細勒西亞): 지금의 폴란드 실레지아(Silesia)이다.

래인하(來因河): 지금의 라인강(Rhein R.)이다.

상래니(上萊尼): 어퍼라인(Upper Rhine)이다.

하래니(下萊尼): 로어라인(Lower Rhine)이다.

륵나납(勒那納): 지금의 독일 라인(Rhine)이다.

하란계(荷蘭界): 네덜란드 강역이다.

비리시계(比利時界): 벨기에 강역이다.

유사덕발리아(維士德發里亞): 웨스트팔리아(Westphalia)로, 지금의 독일 노르트라인베스트팔렌주(Nordrhein-Westfalen)이다.

불랑서계(佛郞西界): 프랑스 강역이다.

프로이센 보로사(普魯社)·포로사(蒲魯士)·부로서아(部魯西亞)·불로서아(不魯西亞)·포로사(埔魯寫)·파로사(破魯斯)·파로서(破魯西)·도리아(圖理雅)·비아이미아(比阿爾未亞)·단응국(單鷹國)이라고도 한다. 역시 유럽의 대국으로 오스트리아에 버금간다. 광동에서 단응국이라 부르는 것은 그 상선의 깃발에 매 한 마리가 그려진 데서 생겨난 이름이다. 북쪽으로는 발트해에 이르고, 동쪽으로는 러시아와, 남쪽으로는 오스트리아와 경계하며, 서쪽으로는 독일 연방 공화국과 인접하면서 네덜란드·벨기에와 경계한다. 동서의 너비는 약 2100여 리이고 남북의 길이는 약 1100여 리이다. 그 땅은 옛날에는 프랑크족이 차지했으나, 남송에 와서 게르만족이 정복하고 나서 따로 왕국을 세웠다. 후에 폴란드에게 합병되었다. 명나라 만력(萬曆)[1] 연간에 독일의 브란덴부르크 선제후국(Kurfürstentum Brandenburg)[2]이 그 땅을 다시 차지하고 나라를 세워 충직

---

1 만력(萬曆): 명나라 제13대 황제 신종(神宗) 주익균(朱翊鈞)의 연호(1573~1620)이다.

2 브란덴부르크 선제후국(Kurfürstentum Brandenburg): 원문은 '파랑덕불이액부(巴郞德不爾厄部)'로, 묵란령맥(墨蘭領麥), 늑란등보(勒蘭登堡)라고도 한다. 오늘날 독일 베를린을 중심으로 브

하고 부지런하게 임무를 수행하자, 독일 황제가 기뻐하며 봉지를 더해 주었다. 강희 39년(1700)에 자립해 프로이센 왕국을 세웠다. 왕[프리드리히 1세(Friedrich I)]이 병법에 뛰어나고, 입고 먹는 것을 아껴 국고가 많이 쌓였다. 아들 프리드리히 2세(Friedrich II)[3]가 왕위를 계승했는데, 용맹하고 큰 뜻을 지니고 있어 강국을 잇달아 이기면서 강역을 더욱 확장해 넓혔다. 프리드리히 2세 사후 조카가 왕위에 올랐는데 황음무도하고 술에 빠져 있어 국력이 갑자기 쇠퇴했다. 때마침 프랑스의 나폴레옹이 왕위에 올라 가경 11년(1806)에 군사를 일으켜 프로이센을 정벌했다. 프리드리히 빌헬름 3세(Friedrich Wilhelm III)[4]가 막 즉위해 이들을 막아내지 못하자, 프랑스가 그 땅의 절반을 차지하면서 프로이센은 마침내 국력이 약해졌다. 그로부터 6년 뒤에 프로이센 사람들은 프랑스의 정책에 불만을 품고 옛 군주를 그리워했다. 왕은 사람들의 프랑스에 대한 원망을 기반으로 유럽 각국과 연합해 프랑스를 공격했다. 프랑스의 군대가 무너져 땅을 버리고 달아나자 프로이센은 옛 영토를 수복했다. 왕이 국정을 바꾸고 농공에 힘쓰며, 학교를 세우고 통상을 확대하자 이로부터 백성들이 왕을 따르고, 이웃 국가의 백성들도 열렬히 사모해 마침내 서방의 이름난 국가가 되었다. 프로이센은 대체로 동서 프로이센 총 8개 공국으로 구분하는데, 독일 경내에 위치한 지역도 있고 다른 나라를 침략해 점령한 지역도 있다. 그 제도에 따르면 백

란덴부르크에 있었던 신성 로마 제국의 선제후국으로, 1701~1918년까지 존속했던 프로이센이 여기서부터 출발해 성립되었다.

3   프리드리히 2세(Friedrich II): 원문은 '비리특제이(菲哩特第二)'로, 부률달화왕(富律達和王), 비득왕(菲得王), 위득왕(威得王), 비특렬이세(腓特烈二世)라고도 한다.

4   프리드리히 빌헬름 3세(Friedrich Wilhelm III): 원문은 '배리특위렴제삼(啡哩特威廉第三)'이다. 빌헬름 3세는 프로이센 왕국의 제5대 국왕(1797~1840)이자 마지막 브란덴부르크 선제후이다.

성들은 일정한 나이가 되면 기술자는 상점에 가서 일을 배우고, 수재는 학교에 들어가서 공부하는데, 이렇게 하지 않으면 그 부모를 벌한다. 스무 살 이상의 장정들은 모두 군대에 들어가 무예를 배우고 3년 뒤에 돌아온다. 매년 가을에 사열하면서 상벌을 내렸다. 그래서 프로이센은 군사가 많고 강하며, 모두 합쳐 16만 5천 명이나 되는데, 이 가운데 근위병은 1만 8천 명, 기병은 1만 9천 명, 포병은 1만 5700명, 보병은 10만 4천 명이다. 그 이외에 별도로 민병 35만 9200명이 있다. 나라 전체가 예수교를 숭상한다.

프로이센 동부의 중심왕국인 브란덴부르크(Brandenburg)[5] 반정보(班丁堡)라고도 한다. 는 경내에 오데르강(Odra R.)[6]이 종횡으로 흘러 강을 따라 습지가 있고 목장이 많아 가축을 키우기에 좋다. 나머지 땅은 드넓고 평평하지만 사막이 많기 때문에 농사지을 땅이 부족하다. 소나무와 상수리나무가 도처에 숲을 이루어 목재는 부족함이 없다.

수도 베를린(Berlin)[7] 백령(伯靈), 목이림(木爾林)이라고도 한다. 은 사방 36리에 이르고, 15개의 문, 22개의 시장이 있으며, 인구는 22만 명으로 모두 예수교를 신봉한다. 성내에 고아원과 양로원을 두어 의지할 곳 없는 외로운 사람들을 모아 돌본다. 또한 병원이 있는데, 여행객과 병에 걸린 빈민들이 거주한다. 사관학교에서는 검술을 가르친다. 대학교가 있는데, 이곳에서 수학하는 사람은 1600여 명이나 된다. 군기국(軍器局)에는 대포가 있다. 왕궁은 길이가 46길이고, 너비는 27길이며, 높이는 10길로, 규모가 상당히 크

---

5   브란덴부르크(Brandenburg): 원문은 '파랑적불이액(巴郞的 不爾厄)'이다.

6   오데르강(Odra R.): 원문은 '아득하(阿得河)'로, 아달하(阿達河), 오득하(奧得河)라고도 한다.

7   베를린(Berlin): 원문은 '백이령(伯爾靈)'으로, 백림(柏林), 백린(伯鄰), 비이림(比爾林), 필림성(必林城)이라고도 한다.

고 장엄하며 관리들이 사는 주거지 역시 가지런하고 깨끗하다. 각종 장인들은 각각의 학교에서 공부한다. 철기가 가장 뛰어난데, 금은으로 주조한 것처럼 정교하다. 도자기는 더욱 우수한데 중국산 못지않게 견고하고 섬세하지만, 가격은 상당히 저렴하다. 나사(羅紗)[8]·우단(羽緞)[9]·포목과 비단이 산처럼 쌓여 있어 멀리서도 모두 무역하러 오기 때문에 서방의 대도시로 불렸다. 관할지인 퀴스트린(Kustrin)[10]은 도시가 아주 튼튼하고, 슈판다우(Spandau)[11]·포츠담(Potsdam)[12]은 관할 도시 가운데 풍요롭고 아름다운 곳이다.

포메라니아(Pomerania)[13] 파묵린(破墨鄰)이라고도 한다. 는 브란덴부르크의 북쪽에 위치하며 발트해에 인접해 있다. 남쪽은 토지가 비옥하고, 북쪽은 바다에 가까우며 지대가 낮고 모래가 많으며, 호박(琥珀)이 나기도 해 사람들이 이를 주워 진기한 기물을 꾸미는데 상감으로 사용한다. 목재·마·오곡이 난다. 주도인 슈테틴(Stettin)[14] 사득정(士得丁)이라고도 한다. 은 오데르강변에 위치하는데, 물줄기가 깊고 넓어 선박이 출입할 수 있으며, 이 덕분에 장

---

8 나사(羅紗): 원문은 '대니(大呢)'로, 양털에 무명이나 인조견 등을 섞어서 짠 두터운 혼성 모직물이다.

9 우단(羽緞): 우모단(羽毛緞)이라고도 하며 외투를 제작할 때 사용하는 모직물이다.

10 퀴스트린(Kustrin): 원문은 '곡정(谷丁)'으로, 굴사특림(屈斯特林)이라고도 한다. 지금의 폴란드 서부 루부시주(lubuskie)에 위치한 코스트신나트오드롱(Kostrzyn nad Odrą)이다.

11 슈판다우(Spandau): 원문은 '소읍(蘇邑)'으로, 지금의 베를린 서쪽에 위치한다.

12 포츠담(Potsdam): 원문은 '품토로(稟土老)'로, 지금의 독일 브란덴부르크주의 주도이다.

13 포메라니아(Pomerania): 원문은 '파미랍니아(波美拉尼阿)'로, 파민나니아(波敏那尼阿), 파미나니아(波彌那尼阿), 피목린부(陂墨隣部), 박문부(博閔部)라고도 한다. 독일어로는 포메른(Pommern)이라고 하는데, 폴란드 북부와 독일 북동부에 위치했던 역사적 지역이다. 지금의 폴란드 포모제(Pomorze)에 위치한다.

14 슈테틴(Stettin): 원문은 '사덕정(斯德丁)'으로, 사특정(斯特鼎), 십체청(什切靑)이라고도 한다. 지금의 폴란드 북서부에 위치한다.

삿배가 운집해 무역이 번성하다. 교외에 있는 길고 큰 해구는 슈비네뮌데 (Swinemünde)[15]라 불린다. 관할지인 슈트랄준트(Stralsund)[16]는 발트해변에 위치한다. 인구는 1만 5천 명이며, 보리와 면양모가 이곳을 통해 수출된다. 성이 아주 견고해 적군이 여러 차례 공격했지만 함락시키지 못했다. 이에 한 장군이 "이 성이 천당에 매달려 있어도 내 기어코 점령하겠다."라고 맹세했지만, 결국 성을 무너뜨리지 못했다. 그림멘(Grimmen)[17]에는 대학교가 있는데, 사방의 유학생들을 초빙해 불러들인다. 코샬린(Koszalin)[18]은 해변에 위치하며, 사통팔달로 뚫린 도로와 넓고 큰 집이 있는데, 문인들이 이곳에 거주한다. 스타르가르트(Stargard)[19]는 인구가 7천 명이고 집이 구름에 닿을 정도로 높고 커서, 큰 도시로 알려져 있다. 빌레펠트(Bielefeld)[20]는 인구는 4천 명이다. 성 밖에 못이 있는데, 처음 예수교로 입문하려는 사람이 이곳에 가서 세례를 받은 덕분에 이곳은 서방에 널리 알려져 있다. 이 땅은 토지가 아주 비옥해 곡식과 보리가 남아 넘쳐 먼 지역에 내다 판다. 트제비아투프 (Trzebiatów)[21]는 바다에 가깝고, 성안까지 흘러 들어가는 작은 강이 있으며,

---

15 슈비네뮌데(Swinemünde): 원문은 '서은구(瑞隱口)'로, 지금의 폴란드 북서부에 위치한다.

16 슈트랄준트(Stralsund): 원문은 '솔타항성(率他港城)'으로, 사특랍산(斯特臘山), 사달손(土達孫), 사특랍이송(斯特拉爾松)이라고도 한다. 지금의 독일 북동부에 위치한다.

17 그림멘(Grimmen): 원문은 '액림성(額林城)'으로, 지금의 독일에 위치한다.

18 코샬린(Koszalin): 원문은 '길림성(吉林城)'으로, 과사림(科沙林)이라고도 한다. 지금의 폴란드 북서부에 위치한다.

19 스타르가르트(Stargard): 원문은 '살아(薩牙)'로, 사달갑(土達甲), 시탑이가덕(施塔爾加德)이라고 도 한다. 지금의 폴란드 북서부에 위치한다.

20 빌레펠트(Bielefeld): 원문은 '북륵(北勒)'으로, 지금의 독일 북서부 노르트라인베스트팔렌주 (Land Nordrhein-Westfalen)에 위치한다.

21 트제비아투프(Trzebiatów): 원문은 '한비(罕比)'로, 돌비성(突比城)이라고도 한다. 지금의 폴란

주민들은 주로 호박으로 진기한 기물을 만들며 산다.

실레지아(Silesia)[22] 치륵(治勒)이라고도 한다. 는 브란덴부르크의 동남쪽에 위치하고, 산이 서남쪽으로 걸쳐 있으며, 오데르강이 이곳에서 발원한다. 토지 대부분이 비옥해 경작 가능한 밭이 6만 9천경(頃)이나 된다. 그런데도 사람이 많아 늘 곡식이 부족할까 걱정해서 돈을 내어 다른 지역에서 곡식을 사들인다. 이 땅에서 나는 면사는 아주 고와서 방직기 8천대 분량의 면사를 제공할 수 있다. 면양모가 상당히 많아 영국에 판매한다. 이 땅에서는 매년 15만 섬의 철과 은 2670근이 난다. 주도는 브로츠와프(Wroclaw)[23] 백로(伯老)라고도 한다. 로, 인구는 80만 6천 명이고 기술자란 기술자는 다 있으며, 유명한 학자들이 모여 있다. 강변에는 시비드니차(Swidnica),[24] 레그니차(Legnica),[25] 오플레(Opole),[26] 그워구프(Głogów),[27] 니사(Nysa)[28] 5개의 성이 있는데 하나같이 성이 견고하다.

작센(Saxony)[29] 살보(薩普)라고도 한다. 은 브란덴부르크의 서쪽에 위치하며

드 북서부에 위치한다.

22 실레지아(Silesia): 원문은 '세륵서아(細勒西亞)'로, 서리서아(西里西阿), 서리서아(西里栖阿), 치리서(治利西), 서리서아(西里西亞)라고도 한다. 폴란드 영토 대부분, 체코 및 독일 일부에 걸쳐 있는 역사적 지역이다.

23 브로츠와프(Wroclaw): 원문은 '북륵사로(北勒斯勞)'로, 필로(必老)라고도 한다. 지금의 폴란드 남서부에 위치한다.

24 시비드니차(Swidnica): 원문은 '서닉(瑞匿)'으로, 지금의 폴란드 남서부에 위치한다.

25 레그니차(Legnica): 원문은 '륵닉(勒匿)'으로, 지금의 폴란드 남서부에 위치한다.

26 오플레(Opole): 원문은 '액랄(額剌)'로, 지금의 폴란드 남서부에 위치한다.

27 그워구프(Głogów): 원문은 '아고(峨告)'로, 지금의 폴란드 남서부에 위치한다.

28 니사(Nysa): 원문은 '닉사(匿士)'로, 니사(尼斯), 내사(耐士)라고도 한다. 지금의 폴란드 남서부에 위치한다.

29 작센(Saxony): 원문은 '살극색니아(薩克索尼亞)'이다.

[강역이] 독일의 여러 공국과 얽혀 있다. 그래서 독일의 작은 공국이 경내에 들어와 있기도 하다. 이 땅에서는 오곡과 양모가 난다. 사람들은 온화하고 예의가 바르며, 모두 독실하게 예수교를 받든다. 주도인 마그데부르크(Magdeburg)[30] 인덕보(鄰德堡)라고도 한다. 는 성채가 높고 해자가 깊어 여러 차례 대군을 막았다. 인구는 3만 2천 명이다. 관할지인 할레(Halle)[31]에는 대학이 있는데, 이곳에서 수학하는 사람이 1천여 명이나 된다. 별도로 큰 건물을 두어 노인과 고아를 거두어 돌본다. 쿠에들링부르크(Quedlingburg)[32]는 옛날에는 천주교의 수녀가 관리했는데, 지금은 사람들이 예수교를 신봉해 그 성당을 헐어버렸다.

　동프로이센(Ostpreussen)[33]은 프로이센의 가장 동북쪽에 위치하고, 발트해에 접해 있으며, 러시아와 강역이 접해 있다. 프로이센은 동프로이센의 이름을 따서 나라이름을 만들었다. 강역은 동서 두 지역으로 나뉘며, 땅은 평탄하고 산이 없으며 내다팔 수 있을 정도로 오곡이 많이 난다. 소나무와 상수리나무가 높고 커서 선박건조에 적합하며, 절반은 영국에 판매한다. 주도인 쾨니히스베르크(Königsberg)[34] 왕산(王山)이라고도 한다. 는 인구 6만 3천 명

---

30 마그데부르크(Magdeburg): 원문은 '마득불이액(馬得不爾厄)'으로, 묵니맥(墨尼麥), 말득보고성(抹得堡固城), 마덕포(馬德布), 마격덕보(馬格德堡)라고도 한다. 지금의 독일 작센안할트주(Land Sachsen-Anhalt)에 위치한다.

31 할레(Halle): 원문은 '합륵(哈勒)'으로, 합뢰(哈雷)라고도 한다. 지금의 독일 작센안할트주에 위치한다.

32 쿠에들링부르크(Quedlingburg): 원문은 '길령보(吉令堡)'로, 규덕림보(奎德林堡), 길림포(吉林布)라고도 한다. 지금의 독일 작센안할트주에 위치한다.

33 동프로이센(Ostpreussen): 원문은 '보로사부(普魯士部)'로, 피사부(陂斯部)라고도 한다.

34 쾨니히스베르크(Königsberg): 원문은 '가니사배이(哥尼斯北爾)'로, 옥산도(玉山都)라고도 한다. 독일의 옛 도시로, 중세 시대부터 1945년까지 동프로이센의 수도였다. 지금의 러시아 칼

에, 성 둘레가 27리로, 성이 넓고 트여 있어 적을 막기 어렵다. 관할지인 그단스크(Gdansk)[35]는 비스와강(Wisła R.)[36]과 연결되어 있는 하구에 위치한다. 인구는 6만 명이며, 무역이 성해 매년 입항하는 배가 1천여 척이고 보리는 다른 나라에 수출한다. 예전에 성이 적에게 포위된 적이 있었는데, 그때 많이 빼앗겼다.

북쪽에 위치한 말보르크(Malbork)[37]는 서양과 통상한다. 또한 틸지트(Tilsit)[38]는 상당히 큰 곳으로, 가경 11년(1806)에 프랑스와 이곳에서 강화 조약을 맺었다. 엘빙(Elbing)[39]은 큰 항구도시로, 매년 1400척의 배가 들어온다. 포즈난(Poznan)[40] 파신(波新)이라고도 한다. 은 브란덴부르크의 동쪽에 위치한다. 본래는 폴란드에 속했지만 프로이센이 러시아, 오스트리아와 함께 할양해 차지했다. 이 땅에서는 오곡이외에 다른 산물은 나지 않는다. 주도인 포즈난은 시가지가 넓고 광대하며, 인구는 2만 5천 명이다. 프로이센 사람들이 처음 이 땅을 차지했을 때 사람들은 고국을 그리워하며 많이 원망했다. 프

리닌그라드(Kaliningrad)이다.

35 그단스크(Gdansk): 원문은 '단택성(但澤城)'으로, 택성(澤城), 단실성(但悉城), 남색(南塞)이라고도 한다. 지금의 폴란드 항구도시로, 독일어 이름인 단치히(Danzig)로도 잘 알려져 있다.

36 비스와강(Wisła R.): 원문은 '하택하(河澤河)'로, 위실와하(威悉瓦河)라고도 한다.

37 말보르크(Malbork): 원문은 '묵맥(墨麥)'으로, 마림보(馬林堡), 특실성(特悉城)이라고도 한다. 지금의 폴란드 북부 포모제주(Pomorze)에 위치한다.

38 틸지트(Tilsit): 원문은 '득실성(得實城)'으로, 특실읍(特悉邑), 제이서특(提爾西特)이라고도 한다. 1946년까지 틸지트로 불리다가 이후 소베츠크(Sovetsk)로 이름이 바뀌었다. 소베츠크는 지금의 러시아 칼리닌그라드주에 위치한다.

39 엘빙(Elbing): 원문은 '익평성(益平城)'으로, 애이평(埃爾平), 익빈성(益賓城)이라고도 한다. 지금의 폴란드 엘블롱크(Elbląg)이다.

40 포즈난(Poznan): 원문은 '파삼(波森)'으로, 지금의 폴란드 서부에 위치하는 포즈나뉴이다.

로이센이 두루 선정을 베풀자 백성들은 그제야 함께 기뻐했다. 민간에서는 천주교를 숭배한다.

　서프로이센은 동프로이센과 이어져 있지 않으며, 독일의 몇몇 공국을 사이에 두고 있고, 2개의 지역으로 나뉜다. 남쪽에 위치한 웨스트팔리아(Westphalia)[41] 서법리(西法里)라고도 한다. 는 큰 못이 많고 숲이 울창하며, 사람들은 마를 빨아 삼을 잣고 살아간다. 소시지를 잘 만들어 서방에 두루 내다 판다. 주도인 뮌스터(Munster)[42]에서는 천주교를 신봉한다. 북쪽에 위치한 라인(Rhine)[43] 여륵(如勒)이라고도 한다. 은 어퍼라인(Upper Rhine)[44]와 로어라인(Lower Rhine)[45]으로 구분된다. 어퍼라인은 강을 따라 산을 끼고 있으며, 주도인 쾰른(Köln)[46] 가륜(可倫)이라고도 한다. 은 라인(Rhein R.)[47] 강변에 위치하고, 인구는 5만 명으로, 철기제조에 뛰어나고 주단과 포목을 직조한다. 이곳에서 만든 향수는 최상이다. 라인강에서 물건을 구매하고 판매하는 배들은 마치

41　웨스트팔리아(Westphalia): 원문은 '유사덕발리아(維士德發里亞)'로, 위사특벌리아(威斯特伐利亞), 위새화리아부(威塞花里阿部), 보로사국서법부(普魯社國西法部)라고도 한다. 지금의 독일 노르트라인베스트팔렌주(Nordrhein-Westfalen)이다.

42　뮌스터(Munster): 원문은 '민사득(閔士得)'으로, 만사달사(曼斯達士), 몽사덕이(蒙斯德爾), 민득(閔得), 몽사특(蒙斯特)이라고도 한다. 지금의 독일 노르트라인베스트팔렌주에 위치한다.

43　라인(Rhine): 원문은 '륵나납(勒那納)'으로, 랍인(臘引), 래인(萊茵)이라고도 한다.

44　어퍼라인(Upper Rhine): 원문은 '상래니(上萊尼)'이다. 지금의 독일 남서부 라인란트팔츠주(Land Rheinland-Pfalz)에 위치한다.

45　로어라인(Lower Rhine): 원문은 '하래니(下萊尼)'로, 라와랍인(羅洼臘引)이라고도 한다. 라인주(Rheinprovinz), 라인강프로이센(Rheinpreußen), 라인란트(Rheinland)로도 알려져 있다. 지금의 독일 남서부 라인란트팔츠주에 위치한다.

46　쾰른(Köln): 원문은 '가라니아(哥羅尼亞)'로, 과륭(科隆), 과록니(戈祿尼), 가라니(哥羅尼)라고도 한다.

47　라인강(Rhein R.): 원문은 '래니하(萊尼河)'로, 래인하(來因河), 래인하(萊茵河)라고도 한다.

천을 짜는 것처럼 규칙적으로 왕래한다. 관할지인 본(Bonn)[48]에는 대학교가 있다.

엘버펠트(Elberfeld)[49]는 인구가 많고 조밀하며 온갖 기술자가 다 모여 있다. 뒤셀도르프(Düsseldorf)[50]는 라인강변에 위치하고 거리가 넓고 탁 트여 있으며, 큰 건물과 이름난 정원이 많다. 로어라인은 어퍼라인의 서남쪽에 위치하며 웨스트팔리아와 인접해 있다. 산수가 빼어나서 때때로 먼 곳의 사람들이 유람오기도 한다. 이 땅에서는 포도주가 나고, 오곡은 부족하다. 주도인 코블렌츠(Koblenz)[51] 역시 라인강변에 위치한다. 관할지인 트리어(Trier)[52]는 인구 1만 2천 명에, 아주 오랜 역사를 가진 도시이다. 아헨(Aachen)[53]은 인구 3만 2천 명의 도시로, 부지런히 방직해서 먹고 산다. 프로이센 동서 8개 공국 가운데 프로이센과 포즈난을 제외한 나머지 6개 공국이 모두 독일연방에 가입해 있어, 군사 7만 9200명을 차출해야 한다.

유럽인들은 모두 프로이센을 좋은 나라라고 칭찬한다. 오스트리아만큼 강대하지는 않지만 정사를 잘 돌보면서 이웃 나라와 화목하게 지내고, 다른 나라를 끌어들여 전쟁을

---

48 본(Bonn): 원문은 '목성(木城)'으로, 본성(本城), 파민읍(巴閔邑)이라고도 한다.

49 엘버펠트(Elberfeld): 원문은 '익백전(益百田)'으로, 익필전읍(益必田邑)이라고도 한다. 지금의 독일 부퍼탈(Wuppertal)이다.

50 뒤셀도르프(Düsseldorf): 원문은 '돌향(突鄉)'으로, 토실돌읍(土悉突邑)이라고도 한다.

51 코블렌츠(Coblenz): 원문은 '곡린(谷鄰)'으로, 곡련읍(谷連邑), 과포륜자(科布倫茨)라고도 한다.

52 트리어(Trier): 원문은 '득미(得味)'로, 지익읍(地益邑)이라고도 한다. 지금의 독일 라인란트팔츠주에 위치한다.

53 아헨(Aachen): 원문은 '아금(亞金)'으로, 아침(亞琛)이라고도 한다. 지금의 독일 노르트라인베스트팔렌주에 위치한다.

일삼지 않아서 그 명망이 오스트리아를 뛰어넘는다. 프리드리히 빌헬름 3세는 강대국을 만나 어려움에 직면했지만 패배를 성공으로 바꾸었는데, 거친 베옷을 입고 거친 비단으로 만든 관을 쓰고 정사를 돌본 위(衛)나라 문공(文公)의 풍모를 지니고 있었다.[54] 군사를 운용하는 것 역시 농사에 군사를 붙여 주는 즉 농민들에게 군사 훈련을 시키면서 평소에는 농사에 종사하게 하다가 유사시에는 전투에 참여하게 하는 고인의 뜻을 가지고 있었으니, 어찌 변방에 위치한 하찮은 나라로 홀시할 수 있겠는가?

---

54 거친 베옷을 입고…풍모를 지니고 있었다.: 『좌전(左傳)』「민공(閔公)」2년에 보면, "위문공(衛文公)이 거친 베옷으로 만든 옷을 입고 거친 비단으로 만든 관을 쓰고, 정성을 다해 목재를 모으면서 농사를 지도하고(衛文公大布之衣, 大帛之冠, 務材訓農, …)."라는 문장이 나온다.

［歐羅巴普魯士國］

普魯士, 普魯社·蒲魯士·部魯西亞·不魯西亞·埔魯寫·破魯斯·破魯西·圖理雅·比阿爾彌亞·單鷹國. 亦歐羅巴大國, 亞於奧地利亞. 粤東稱爲單鷹國, 亦因其商舶所畫之旗而得名也. 北距波羅的海, 東界峨羅斯, 南界奧地利亞, 西雜日耳曼列國, 界荷蘭·比利時. 東西約二千一百餘里, 南北約一千一百餘里. 其地古時爲北狄所據, 南宋時, 日耳曼人征服之, 立爲別部. 後爲波蘭所兼并. 明萬曆間, 日耳曼之巴郎德不爾厄部, 復取其地立國, 奉職忠謹, 日主悅之, 屢益以地. 康熙三十九年, 乃自王其國. 其王長於韜略, 節衣菑食, 帑藏豐盈. 子菲哩特第二嗣位, 雄武有大志, 屢勝強敵, 擴地愈廣. 王卒, 侄嗣位, 淫泆無度, 沈湎於酒, 國勢驟衰. 時佛郎西拿破侖得國, 嘉慶十一年, 以大兵伐普. 王啡哩特威廉第三初嗣位, 力不能禦, 佛人割其境土之半, 普遂削弱. 後六年, 普民不悅佛政, 思故主. 王因民之怨佛也, 與諸國合縱攻之. 佛師潰而棄地, 普遂復其故土. 王乃增修國政, 勸農工, 設學館, 惠商旅, 由是百姓親附, 鄰國之民皆喁喁慕義, 遂爲西土顯國. 其國大勢分東西兩土, 共八部, 有在日耳曼界内者, 有侵割他國得之者. 其制, 民及歲者, 工入肆, 秀入學, 否則罰其父母. 年二十以上男丁, 皆入伍學藝, 三年放歸. 每歲秋, 操閱賞罰之. 故其國兵多而強, 額兵計十六萬五千, 内宿衛一萬八千, 騎兵一萬九千, 砲手一萬五千七百, 步兵十萬四千. 別有民壯三十五萬九千二百. 舉國尚耶穌敎.

普魯士之東部, 首曰巴郎的不爾厄, 一作班丁堡. 境内阿得河縱横交流, 沿河沮洳, 草場豐茂, 便於牧畜. 餘地平坦, 多沙磧, 故田不足於耕. 松橡處處成林, 材木無缺.

都城曰百爾靈, 一作伯靈, 又作木爾林. 周三十六里, 有十五門, 二十二市, 居民二十二萬, 皆奉耶穌敎. 城內有孤子院, 收養煢獨. 有醫院, 居旅客·貧民之染疾者. 有武藝院, 敎擊刺. 有文學院, 肄業者一千六百餘人. 有軍器局, 貯大砲. 王殿長四十六丈, 闊二十七丈, 高十丈, 規模極宏壯, 百官之居亦整潔. 百工諸術, 各有學院. 鐵器最精, 工細若金銀所造. 磁器尤良, 堅緻不亞華産, 而價甚廉. 大呢·羽緞·布帛山積, 遠客咸來貿易, 故稱西土大都會. 所屬谷丁, 堅城也, 蘇邑·稟士老, 皆屬邑之豐美者.

波美拉尼亞, 一作破墨鄰. 在巴郎的不爾厄之北, 臨波羅的海, 其南土田肥沃, 其北近海窪下, 多沙阜, 出琥珀, 土人得之, 用以嵌飾實器. 産木料·麻·五穀. 會城曰斯德丁, 一作士得丁. 在阿得河濱, 河流深廣, 海舶可以出入, 以此帆雲集, 貿易繁盛. 郊外長大之海口, 稱爲瑞隱口. 所屬率他港城, 在波羅的海濱. 居民一萬五千, 麥與綿羊毛由此出運. 城最堅, 敵屢攻之不下. 其將誓曰: "懸此城於天堂, 我亦必取之." 已而竟不能破. 額林城, 有書院, 招進四方之游學者. 吉林城, 在海濱, 有通衢廣廈, 文士所居. 薩牙, 居民七千, 廈屋雲連, 稱爲大邑. 北勒, 居民四千. 城外有池, 初入耶穌敎者, 往受洗禮, 以此名著西土. 其地土脈腴甚, 穀麥有餘, 出糶遠方. 罕比近海, 有小河可通城內, 居民多以琥珀造奇器.

細勒西亞, 一作治勒. 在巴郎的不爾厄東南, 山嶺橫亘西南, 阿得河由此發源. 其土大半膏腴, 可耕之田, 六萬九千頃. 然常患人滿, 穀不足, 資接糴於他部. 産絲最細, 足供機杼八千. 綿羊毛甚豐, 售於英吉利. 山産鐵, 每年得一十五萬石, 銀二千六百七十斤. 會城曰北勒斯勞, 一作伯老. 居民八十萬六千, 百工畢集, 文儒萃焉. 河濱列城五, 曰瑞匿, 曰勒匿, 曰額剌, 曰峨告, 曰匿士, 皆有金湯之勢.

薩克索尼亞, 一作薩普. 在巴郎的不爾厄之西, 與日耳曼各部牙錯. 日耳曼小部, 有包括於境内者. 地產五穀羊毛. 其民溫和好禮, 奉耶穌教甚篤. 會城曰馬得不爾厄, 一作鄰得堡. 壘高池深, 屢捍大敵. 居民三萬二千. 所屬哈勒有大書院, 肄業者千餘人. 別有廣廈收養孤獨. 吉令堡, 昔爲天主教女尼所掌, 今居民奉耶穌教, 毁其祠宇.

普魯士部, 在國之極東北境, 臨波羅的海, 與峨羅斯連界. 其國以此部之名爲國名. 地分東西兩部, 夷坦無山, 產五穀, 堪出糶. 松橡高大, 材中舟楫, 半售英國. 會城曰哥尼斯北爾, 一作王山. 居民六萬三千, 城周二十七里, 空闊難守. 所屬但澤城, 在河澤河相連之海口. 居民六萬, 貿易甚繁, 每歲入口之船千餘, 運麥糶於他國. 其城嘗爲敵所圍, 亡失甚多.

北境有城曰墨麥, 與西國通商. 又得實城極廣大, 嘉慶十一年, 與佛郎西議和於此. 益平城, 係大海口, 每歲入口之船, 一千四百. 波森, 一作波新. 在巴郎的不爾厄之東. 本波蘭地, 普與峨奧兩國, 瓜分得之. 地出五穀, 無別產. 會城曰波森, 街市寬廣, 居民二萬五千. 當普人初據其地, 民懷故國, 多怨思. 普洽以惠政, 民乃胥悅. 其俗尚崇天主教.

普魯士之西部, 與東部不相連, 中隔日耳曼數小國, 地分二部, 南曰維士德發里亞, 一作西法里. 多大澤叢林, 居民以漂麻織布爲業. 善造火腿, 銷售遍於西土. 會城曰閔士得, 俗尚天主教. 北曰勒那納, 一作如勒. 又分兩部, 曰上萊尼, 曰下萊尼. 上萊尼沿河傍山, 會城曰哥羅尼亞, 一作可倫. 在萊尼河濱, 居民五萬, 善造鐵器, 織綢緞布匹. 所製香水最佳. 河内販運之舟, 往來如織. 所屬木城, 有大書院.

益百田, 戶口繁密, 百工萃處. 突鄉, 在萊尼河濱, 城内街衢闊朗, 多廣廈名園. 下萊尼, 在上萊尼之西南, 與維士德發里亞毗連. 山水清麗, 時有遠客來游.

出葡萄酒, 五穀缺乏. 會城曰谷鄰, 亦在萊尼河濱. 所屬得味, 居民一萬二千, 其城最古. 亞金, 居民三萬二千, 勤於紡績. 普魯士東西八部, 除普魯士·波森 兩部外, 餘六部皆入日耳曼同盟公會, 應出兵七萬九千二百.

歐羅巴人皆稱普魯士爲善國. 強大不如奧地利, 而修政睦鄰, 不事摟伐, 則遠過於奧. 啡 哩特威廉第三遭強鄰之難, 轉敗爲功, 有衛文大布大帛之風. 其治軍亦得古人寓兵於農之 意, 豈可以荒裔而忽之哉?

[유럽 독일]

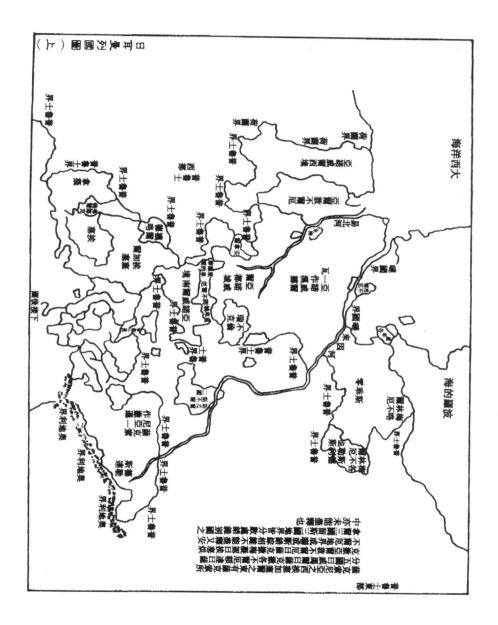

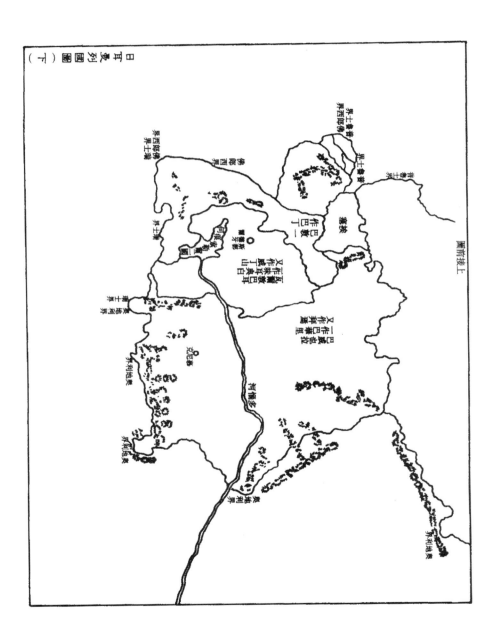

독일연방 지도(상)

작센(Saxony)의 서쪽, 헤센카셀(Hessen-Kassel)의 동쪽에 위치해 있는 작센 공국은 작센-바이마르-아이제나흐 대공국(Großherzogtum Sachsen-Weimar-Eisenach), 작센코부르크고타 공국(Sachsen-Koburg und Gotha), 작센알텐부르크 공국(Sachsen-Altenburg), 작센마이닝겐 공국(Herzogtum Sachsen-Meiningen), 슈바르츠부르크(Schwarzburg) 5개국으로 나뉘는데, 강역이 붙어 있기도 하고 끊어져 있기도 해 온통 뒤섞여 온전히 분리해낼 수 없다. 또한 안할트(Anhalt) 3개국과 로이스(Reuss) 3개국의 강역은 부분적으로 몇 곳이 다른 나라의 내지와 엉켜 있어 역시 온전히 분리해낼 수 없다.

대서양해(大西洋海) : 지금의 대서양(Atlantic Ocean)이다.

파라적해(波羅的海) : 발트해(Baltic Sea)이다.

련국계(嗹國界) : 덴마크 강역이다.

보로사동부(普魯士東部) : 동프로이센이다.

보로사계(普魯士界) : 프로이센 강역이다.

매각림불이액(梅略林不爾厄) : 지금의 메클렌부르크(Mecklenburg)이다.

사괴령(斯乖零) : 메클렌부르크슈베린(Mecklenburg-Schwerin)이다.

로비각(盧卑咯) : 뤼베크(Lübeck)이다.

사덕륵리야사(斯德勒利也斯) : 지금의 메클렌부르크슈트렐리츠(Mecklenburg-Strelitz)이다.

래인하(來因河) : 지금의 라인강(Rhein R.)이다.

앙불이액(昂不爾厄) : 지금의 함부르크(Hambrurg)이다.

아낙위이(亞諾威爾) : 한나와(漢那瓦)라고도 하며, 하노버(Hannover) 왕국이다.

역배하(易北河) : 지금의 엘베강(Elbe R.)이다.

165

아이돈불이액(亞爾敦不爾厄): 지금의 알텐부르크(Altenburg)이다.

아낙위이서경(亞諾威爾西境): 하노버 서쪽 강역이다.

하란계(荷蘭界): 네덜란드 강역이다.

불륜서극(不倫瑞克): 지금의 브라운슈바이크(Braunschweig)이다.

아낙위이도성(亞諾威爾都城): 지금의 하노버이다.

안나이(安拿爾): 지금의 작센안할트(Sachsen-Anhalt)이다.

리비덕적마이(里卑德的摩爾): 리페데트몰트(Lippe-Detmold)로, 지금의 리페이다.

리비소문불이액(里卑燒問不爾厄): 리페샤움부르크(Lippe-Schaumburg) 후국이다.

아낙위이남경(亞諾威爾南境): 하노버 남쪽 강역이다.

보로사서부(普魯士西部): 서프로이센이다.

사과이사불이이국(斯瓜爾斯不爾二國): 슈바르츠부르크(Schwarzburgo) 2개 공국이다.

덕륵사달(德勒斯達): 지금의 드레스덴(Dresden)이다.

살극색니아(薩克索尼亞): 작센(Saxony)으로, 살손(撒孫)이라고도 한다.

애새가새이(挨塞加塞爾): 헤센카셀(Hessen-Kassel)이다.

말이덕각(襪爾德咯): 발데크(Waldeck)이다.

애새(挨塞): 지금의 헤센(Hessen)이다.

불랑극불이(佛郎克佛爾): 지금의 프랑크푸르트(Frankfurt)이다.

나소(拿搔): 지금의 나사우(Nassau)이다.

오지리계(奧地利界): 오스트리아 강역이다.

이하는 다음 지도와 연결되어 있다.

독일연방 지도(하)

앞의 지도와 연결되어 있다.

오지리계(奧地利界): 오스트리아 강역이다.

보로사계(普魯士界): 프로이센 강역이다.

불랑서계(佛郞西界): 프랑스 강역이다.

애새(挨塞): 지금의 헤센이다.

파위야랍(巴威也拉): 지금의 바이에른(Bayern)이다.

파돈(巴敦): 파정(巴丁)이라고도 하며, 지금의 바덴(Baden)이다.

다뇌하(多惱河): 지금의 다뉴브강이다.

와이돈파이(瓦爾敦巴耳): 미이전백(未耳典白), 위정산(威丁山)이라고 도 하며, 지금의 브란덴부르크(Brandenburg)이다.

사도덕아이(斯都德牙爾): 지금의 슈투트가르트(Stuttgart)이다.

모니극(慕尼克): 지금의 뮌헨(München)이다.

하흔색륵이이국(何痕索勒爾二國): 호엔촐레른(Hohenzollern) 2개 후국이다.

서사계(瑞士界): 스위스 강역이다.

독일 아륵만(阿勒曼)·아리만(阿理曼)·아리만(亞里曼)·점만니(占曼尼)·야마니(耶馬尼)· 열이마니(熱爾麻尼)·아륵묵니아(亞勒墨尼亞)라고도 한다. 은 유럽의 고대 대국이다. 땅은 동서남북 모두 몇천 리에 이르고, 북쪽으로는 발트해를 끼고 있고, 남 쪽으로는 지중해를 따라 유럽의 중앙에 위치한다. 상고시대 때는 각처의 사람들이 섞여 살면서 수십 개의 군소국으로 분리되어 있었다. 로마가 한 창 강성했을 때 독일을 정복했지만 모든 지역을 판도로 귀속시키지는 못

했다. 프랑크 왕국이 흥성해지자 왕 샤를마뉴(Charlemagne)[1] 일명 카롤루스 1세 마그누스[2]라고 한다. 는 독일 여러 공국을 공격해 멸망시키고 1백여 년 동안 프랑크 왕국의 판도로 귀속시켰다. 후량(後梁) 태조 건화(乾化) 원년(911)에 공국 사람들이 프랑크 왕국에 반란을 일으키고 다시 프랑코니아(Franconia)[3] 의 공작 콘라트 1세(Konrad Ⅰ)[4]를 추대해 왕으로 옹립했다. 왕은 세습되지 않고 백성들의 추대를 받아 세워졌다. 작센·프랑코니아·스와비아(Swabia)[5] 세 왕국의 대공이 선후로 왕위를 차지했다. 원나라 초에 오스트리아의 공작 루돌프 1세가 왕이 되어 사람들을 복종시킴으로써 이로부터 왕위는 세습되었으며, 더 이상 사람들에 의해 추대되지 않았다. 명나라 초에 날로 강성해져 사방으로 명성과 위엄을 떨치면서 거의 로마를 대신해 패권을 잡았다. 강희 39년(1700)에 각 민족들은 모두 자체적으로 왕국을 세우고 서로 예속되지 않았다. 오스트리아는 각 지역을 겸병해 강성해졌고, 프로이센 역시 강역을 넓혀 영웅이라 불렸다. 두 나라는 모두 명성을 날리면서 더 이

---

1   샤를마뉴(Charlemagne): 원문은 '갑리태보(甲利泰甫)'로, 스페인의 아스투리아스 왕국과 이탈리아 남부 및 브리튼제도를 제외한 서유럽의 모든 그리스도교 지역을 사실상 하나의 초강대국으로 통일한 프랑크 왕국의 제2대 국왕이다.

2   카롤루스 1세 마그누스: 원문은 '가이록사마가노(加爾祿斯馬哥奴)'이다. '마그누스'는 '위대하다'의 뜻으로, 카를 대제라고도 한다.

3   프랑코니아(Franconia): 원문은 '불랑가니아(佛郎哥尼亞)'로, 불랑과니아(佛朗戈尼阿), 법란가지(法蘭哥地)라고도 한다. 오늘날의 프랑켄으로, 지금의 바이에른 북부와 그 인접 지역에 해당한다.

4   콘라트 1세(Konrad Ⅰ): 원문은 '관랍다(官拉多)'로, 강랍덕(康拉德)이라고도 한다. 콘라트 1세(재위 911~918)는 프랑크 왕국 이후 독일에서 선거로 선출된 최초의 군주로, 스스로는 동프랑크의 국왕이라는 직함을 사용했지만, 이후 왕국은 독일 왕국으로 발전했다.

5   스와비아(Swabia): 원문은 '소아유아(蘇亞維亞)'로, 독일 남서부에 위치한 역사적 지역이다. 지금의 독일 바이에른주 남서부에 위치하는 슈바벤(Schwaben)이다.

상 독일[6]이라 불리지 않았다. 나머지 서쪽 땅은 36개 지역으로 분할되었으며, 왕국으로 칭하는 경우는 4개국뿐이었다. 나머지는 점차적으로 강등되어 중국의 공작, 후작, 백작과 같은 처지가 되었다. 큰 지역은 강역이 1천여 리에 달하고, 작은 지역은 수십 리에 달했다. 동쪽으로는 오스트리아·프로이센과, 서쪽으로는 네덜란드·프로이센·프랑스와, 북쪽으로는 덴마크 및 발트해와, 남쪽으로는 스위스·이탈리아와 경계하며, 남북의 길이는 약 2400리이고, 동서의 너비는 2200리이다. 가경 11년(1806)에 프랑스의 나폴레옹이 군사력으로 독일 연방을 위협해 모두 항복시켜, 연방국들이 다소 바뀌었다. 다시 8년이 지나 나폴레옹이 패배하자 독일 각 제후들은 각자 영지를 되찾았다. 가경 20년(1815)에 각국의 공사(公使)가 빈 오스트리아 수도이다. 에 모여 오스트리아·프로이센을 중심으로, 독일의 분국과 독일과 얽혀 있는 덴마크·네덜란드의 강역을 기본으로 해서 4개국을 독일 연방에 합치고, 40개국이 동맹을 맺었다. 오스트리아를 맹주로 해서 각각 인구수에 따라 병사를 할당해 1백 명당 정규군 1명, 2백 명당 원군 1명을 차출해 보내, 모두 대략 30만 4천 명이 되었다. 각국의 공사들은 모두 불랑도(佛郞渡) 바로 프랑크푸르트(Frankfurt)[7]이다. 에서 머물면서 큰 일이 생기면 회의를 했다. 수비병은 모두 12부대로 나누었으며, 땅을 구획하고 진영을 구축했다. 군대를 통솔하는 장군 1인은 각국에서 공평하게 추천했다. 그렇지만 장군

6　독일: 원문은 '일이만(日耳曼)'이다. 여기서 독일은 신성로마제국이다. 신성로마제국이 성립된 뒤 독일 왕국의 왕이 신성로마제국의 황제를 겸했기 때문에 신성로마제국의 정식 명칭도 독일 민족의 신성 로마 제국(Heiliges Römisches Reich Deutscher Nation)이다. 그러나 일반적으로 신성로마제국이나 독일제국(Deutsches Reich)으로 불렸다. 이 이외에 로마독일제국(Römisch-deutsher Reich), 로마독일황제(Römisch-deutscher Kaiser)라고 불리기도 했다.

7　프랑크푸르트(Frankfurt): 원문은 '불랑극불이(佛郞克佛爾)'로, 법란극복(法蘭克福)이라고도 한다.

은 주로 오스트리아 사람이 맡았으며, 다른 나라 사람들은 감히 이 자리를 맡으려 하지도 않았다. 각국의 언어는 같고, 예수교를 신봉하는 국가도 있고 여전히 천주교를 신봉하는 국가도 있었다. 기후는 북쪽이 춥고 남쪽이 따뜻하며 대부분 토지가 비옥해 오곡과 과일이 잘 자라고, 화초 역시 무성하게 잘 자란다. 이 땅에서는 금·은·구리·철·주석·아연·보석·옥석·화석(花石)·자석(赭石)·활석(滑石)·자석(磁石)·양기석(陽起石)·흑반·백반·초석(硝石)·유황·염화암모늄[8]·자분(磁粉)이 난다.

바이에른(Bayern)[9] 파화리(巴華里), 배언(拜焉)이라고도 한다. 은 독일 동남쪽에 위치한다. 남북의 길이는 1100여 리이고 동서의 너비는 8백 리이며, 연방국 중에 가장 면적이 넓고, 작위는 왕국이다. 인구는 407만여 명으로, 군사는 3만 5600명을 차출해야 한다. 과거에 프랑스와 연맹을 맺어 독일을 공격한 적이 있다. 수도는 뮌헨(München)[10] 문고(門古)라고도 한다. 으로, 시가지가 아름답고 깨끗하다. 사람들은 가죽·유리·회중시계를 잘 만드는데, 뛰어나고 민첩한 재주와 솜씨로 사해에 명성을 떨치고 있어 각국에서 모두 와서 무역했다. 제도에 따르면, 7천 명의 사람 중에 천하의 이치에 밝고 정통한 사람 1인을 선발해 수도에 가서 정사를 처리하는데, 이 사람을 일러 의원[事主]이라고 한다. 나라에 큰 일이 있으면 국왕이 의원들을 모아 상의

---

8   염화암모늄: 원문은 '요사(硇砂)'이다.

9   바이에른(Bayern): 원문은 '파위야랍(巴威也拉)'으로, 파벌리아(巴伐利亞)라고도 한다. 바로 바바리아(Bavaria)이다.

10   뮌헨(München): 원문은 '모니극(慕尼克)'으로, 문점성(門占城), 모니흑(慕尼黑), 민금도(閔金都)라고도 한다.

해서 결정한다. 관할 도시로는 처음에 회중시계를 만들었던[11] 뉘른베르크
(Nürnberg),[12] 그리고 레겐스부르크(Regensburg),[13] 아우크스부르크(Augsburg)[14] 두
도시가 있다. 지금은 비록 도시가 쇠락했지만, 여전히 그릇을 만드는 장인
들이 많다.

뷔르템베르크(Württemberg)[15] 위정산(威丁山), 미이전백(味耳典白)이라고도 한다.
는 바이에른의 서쪽에 위치한다. 남북의 길이는 5백 리이고, 동서의 너비
는 360리이며 작위는 왕국이다. 인구는 152만 명으로, 군사는 1만 3950명
을 차출해야 한다. 사방으로 산봉우리가 많고, 포도주와 각종 과일이 난다.
수도는 슈투트가르트(Stuttgart)[16] 돌갑(突甲)이라고도 한다. 이다.

작센[薩克索尼亞] 살손(撒遜), 살손(撒孫)이라고도 한다. 은 바이에른의 북쪽에
위치하는데, 바로 독일의 정중앙에 해당한다. 동서의 너비는 5백 리이고
남북의 길이는 3백 리이며 작위는 왕국이다. 인구는 140만 명으로, 군사
는 1만 2천 명을 차출해야 한다. 나라의 남쪽 지역은 큰 산이 이어져 있으
며 오스트리아, 바이에른과 인접해 있다. 산에는 은광이 아주 많으며, 개발
한지 5백년이 지났는데도 아직 고갈되지 않았다. 과거 서양의 은은 대부분

---

11 회중시계를 만들었던: 원문은 '조시진표(造時辰表)'이다. 1510년 독일 뉘른베르크시의 시계
    장인 페터 헨라인(Peter Henlein)이 휴대용 시계를 제작해서 세상에 내놓았는데, 바로 회중시
    계이다.

12 뉘른베르크(Nürnberg): 원문은 '니림산(尼林山)'으로, 뉴륜보(紐倫堡)라고도 한다.

13 레겐스부르크(Regensburg): 원문은 '우산(雨山)'으로, 루근사보(累根斯堡)라고도 한다.

14 아우크스부르크(Augsburg): 원문은 '오보(澳堡)'로, 오격사보(奧格斯堡), 오포고읍(奧布古邑)이
    라고도 한다.

15 뷔르템베르크(Württemberg): 원문은 '와이돈파이(瓦爾敦巴耳)'로, 부등보(符騰堡)라고도 한다.

16 슈투트가르트(Stuttgart): 원문은 '사도덕아이(斯都德牙爾)'로, 사도가특(斯圖加特), 돌압도(突押
    都)라고도 한다.

이 땅에서 나왔다. 오곡은 부족하다. 사람들은 여름이면 광산에서 일해 먹고 살고, 겨울에는 여유자금을 들고 사방을 돌아다니며 먹고 즐기다가 돈이 떨어지면 돌아온다. 수도는 드레스덴(Dresden)[17] 덕정(德停)이라고도 한다. 으로, 왕궁과 예수당이 아주 크고 화려하다. 사람들은 주로 면양(綿羊)을 길러 생활하는데, 양모가 가늘고 부드러워 이를 이용해 나사(羅紗)[18]를 짠다. 또한 도자기 제조에 아주 뛰어나며, 중국산에 뒤지지 않는다. 명나라 때 작센에 마르틴 루터(Martin Luther)[19]라는 이가 있었는데, 예수의 교리를 잘 번역하고 이해해 따로 예수교를 세우고 천주교와의 차이를 구별해냈다. 이로부터 예수교가 성행하면서 천주교의 권한이 줄어들기 시작했다. 라히프치히(Leipzig)[20]라는 큰 도시가 있는데, 매년 두 차례 시장이 열리면 각국의 상인들이 구름처럼 몰려든다. 이 땅에서 출판되는 서적은 인쇄상태가 아주 훌륭하고, 각국의 문집이나 많은 저서가 모두 구비되어 있다. 매년 팔리는 책이 무려 수만 억 권이나 되며 그 가격이 수백만 원에 달한다.

하노버(Hannover)[21] 한나이(漢那耳), 한나화(漢那華), 한나와(漢挪瓦)라고도 한다. 는 독일의 서북쪽에 위치하고, 덴마크와 인접해 있으며, 남북의 길이는 870

---

17 드레스덴(Dresden): 원문은 '덕륵사달(德勒斯達)'로, 덕루사돈(德累斯頓), 득신도(得信都)라고도 한다.

18 나사(羅紗): 원문은 '대니(大呢)'로, 양털에 무명이나 인조견 등을 섞어서 짠 두터운 혼성 모직물이다.

19 마르틴 루터(Martin Luther): 원문은 '로득(路得)'이다. 마르틴 루터(1483~1546)는 독일의 신학자이자 종교 개혁가이다.

20 라이프치히(Leipzig): 원문은 '래책(來責)'으로, 립실읍(立悉邑)이라고도 한다.

21 하노버(Hannover): 원문은 '아낙위이(亞諾威爾)'로, 한나이(漢那爾), 한낙위(漢諾威)라고도 한다.

리이고, 동서의 너비는 540리이며, 작위는 왕국이다. 인구는 155만 명으로, 군사는 1만 3050명을 차출해야 한다. 경내가 드넓고 평탄하며, 사막도 절반이나 된다. 오직 해안을 따라 비옥한 밭과 목장이 있으며, 동시에 벌꿀도 난다. 강희 52년(1713)에 하노버에는 현명하고 덕으로 이름난 조지 1세(George I)[22]가 있었다. 영국 왕 윌리엄 3세가 죽자 후사가 없었던 영국의 신하와 백성들은 조지 1세를 추대해 왕으로 모셨으며, 그 자손이 지금까지 왕위를 계승하고 있어서 하노버에서는 따로 지차를 왕으로 세웠다. 그래서 하노버는 영국의 종주로 1백여 년 동안 서로 의지하며 살았다. 도광 17년(1837)에 하노버에서 내란이 일어나 다른 성씨가 대신 왕위에 올랐다. 수도 이름 역시 하노버로 나라 이름과 같다. 괴팅겐(Göttingen)[23]이라는 대학이 있는데 어린 학생들을 모아 교육 시키며, 명성과 이름이 자자하다. 서쪽에 위치한 알텐부르크(Altenburg)[24]는 면적이 상당히 넓다. 연방국 가운데 작센과 알텐부르크는 세 개의 도시를 합쳐서 작센알텐부르크 공국을 설립했는데, 합친 면적이 겨우 1백여 리로, 이 땅의 면적과도 다르다. 이 땅에 다른 속지가 있거나 아니면 작센의 땅인 것 같은데, 다시 검토할 필요가 있다.

바덴(Baden)[25] 파정(巴丁)이라고도 한다. 은 뷔르템베르크의 서쪽에 위치하며 남북의 길이는 7백 리이고, 동서의 너비는 340리이며, 제후국 가운데 가장

---

22 조지 1세(George I): 원문은 '약이치(若耳治)'로, 교치일세(喬治一世)라고도 한다.

23 괴팅겐(Göttingen): 원문은 '가녕연(可寧延)'으로, 격정근(格廷根), 액정음(額丁音)이라고도 한다. 지금의 니더작센주 남동쪽에 위치한 오랜 전통을 가진 대학도시이다.

24 알텐부르크(Altenburg): 원문은 '아이돈불이액(亞爾敦不爾厄)'으로, 오이등보공국(奧爾登堡公國)이라고도 한다.

25 바덴(Baden): 원문은 '파돈(巴敦)'으로, 지금의 독일 바덴뷔르템베르크주(Baden-Wuertemberg)이다.

크다. 산이 구불구불하고 봉우리가 우뚝 솟아 독일 연방국 가운데 풍광이 가장 뛰어나며 작위는 대공국이다. 인구는 113만 명으로, 군사 1만 명을 차출해야 한다. 수도는 카를스루에(Karlsruhe)[26] 갑리안(甲利安)이라고도 한다. 이며, 이 땅에서는 마·콩·포도주가 난다.

헤센(Hessen)[27] 흑서(黑西)라고도 한다. 은 하노버의 서남쪽에 위치한다. 남북의 길이는 320리이고, 동서의 너비는 2백 리이며, 작위는 대공국이다. 인구는 70만 명으로, 군사는 6190명을 차출해야 한다. 수도는 마인츠(Mainz)[28] 마인(馬因)이라고도 한다. 로, 높은 성벽이 우뚝 세워져 있으며, 포대가 둘러싸고 있고 해자가 깊어, 적이 공격할 수가 없다. 이 땅에서는 마·담배·포도주가 난다.

헤센카셀(Hessen-Kassel)[29] 흑서가새이(黑西加塞爾)라고도 한다. 은 헤센과 인접해 있으며, 남북의 길이는 4백 리이고, 동서의 너비는 250리이며, 작위는 대공국이다. 인구는 59만 2천 명으로, 군사는 5670명을 차출해야 한다. 수도는 카셀(Kassel)[30]이다. 제도에 따르면 어린 군주는 정치를 할 수 없으며, [이때는] 모후나 가까운 친척이 섭정하다가 18세가 되면 정권을 돌려준다. 이 땅은 산이 아주 많고, 은·구리·철이 난다.

메클렌부르크(Mecklenburg)[31] 묵림보(墨林堡)라고도 한다. 는 두 나라로 이루어

---

26 카를스루에(Karlsruhe): 원문은 '가이사로합(加爾斯盧合)'이다.

27 헤센(Hessen): 원문은 '애새(挨塞)'로, 흑삼(黑森), 흑신대족지지(黑信大族之地)라고도 한다. 헤센다름슈타트(Hessen-Darmstadt)로, 헤센 대공국(Grand Duchy of Hesse)이다.

28 마인츠(Mainz): 원문은 '달랍마사달(達拉摩斯達)'로, 매닉읍(買匿邑)이라고도 한다.

29 헤센카셀(Hessen-Kassel): 원문은 '애새가새이(挨塞加塞爾)'로, 희서가사(希西加司)라고도 한다.

30 카셀(Kassel): 원문은 '가새이(加塞爾)'로, 가실도(加悉都)라고도 한다.

31 메클렌부르크(Mecklenburg): 원문은 '매각릉불이액(梅咯棱不爾厄)'으로, 매각림불이액(梅咯林

져 있으며, 북부에 위치한다. 그 중 슈베린(Schwerin)[32]은 남북의 길이가 4백 리이고 동서의 너비가 280리이며 작위는 대공국이다. 인구는 43만 1천 명으로, 군사는 3580명을 차출해야 하며, 수도 역시 슈베린으로 나라이름과 같다. 슈트렐리츠(Strelitz)[33]는 남북의 길이가 180리이고 동서의 너비는 1백 리이며 작위는 대공국이다. 인구는 7만 7천 명으로, 군사는 717명을 차출해야 한다. 수도는 노이슈트렐리츠(Neustrelitz)[34]이다. 두 나라는 강역이 모두 넓고 평평하며 가축이 많다.

바이마르(Weimar)[35] 위밀(威密)이라고도 한다. 는 작센에서 분리되어 나온 나라이다. 과거 작센의 한 왕이 나라의 서쪽 땅을 다섯 아들에게 나누어 주었기 때문에 다섯 아들은 각자의 봉지를 지키면서 작센에 예속되지 않았다. 바이마르는 영토가 이웃 나라의 중앙에 섞여 위치해 있지만 서로 소통하지 않는다. 면적은 사방 3백~4백 리 정도 되며 작위는 대공국이다. 인구는 22만 2천 명으로, 군사는 2100명을 차출해야 한다. 사람들이 대부분 지혜롭고 영리하며, 대공이 문인학자들을 즐겨 초빙했기 때문에 학문이 성했다. 수도 역시 바이마르로 나라이름과 같다.

不爾厄), 매극륜보(梅克倫堡), 맥기령맥(脈幾領麥), 묵림포치림(黙林布治林)이라고도 한다.

32 슈베린(Schwerin): 원문은 '사괴령(斯乖零)'으로, 묵기령맥새추사(墨幾領麥塞追司)라고도 한다. 바로 메클렌부르크슈베린(Mecklenburg-Schwerin)이다.

33 슈트렐리츠(Strelitz): 원문은 '사덕륵리야사(斯德勒利也斯)'로, 바로 메클렌부르크슈트렐리츠(Mecklenburg-Strelitz)이다.

34 노이슈트렐리츠(Neustrelitz): 원문은 '가이돈불이(痾爾敦不爾)'로, 당시 메클렌부르크슈트렐리츠의 수도였던 노이슈트렐리츠로 추정된다.

35 바이마르(Weimar): 원문은 '위마이(威馬爾)'이다.

작센코부르크고타(Sachsen-Koburg und Gotha)[36] 살가보(撒可堡)라고도 한다. 역시 작센에서 분리되어 나왔다. 강역이 연방국에 섞여 들어가 있지만 서로 소통하지 않는다. 면적은 3백~4백 리이고, 작위는 공국이다. 인구는 14만 5천 명으로, 군사는 1390명을 차출해야 한다. 목장이 있고, 산에서는 금광이 난다. 지금의 영국 [빅토리아] 여왕의 남편인 앨버트(Albert)[37]가 바로 이 나라의 세자이다. 수도는 코부르크(Coburg)[38]이다.

작센알텐부르크(Sachsen-Altenburg)[39] 살흑보옥(撒黑堡屋)이라고도 한다. 역시 작센에서 분리되어 나왔다. 알텐부르크·뤼네부르크(Ronneburg)[40]·아이젠부르크(Aizenburg)[41] 세 도시를 합쳐 만든 나라로, 전체 면적은 1백여 리이고 작위는 공국이다. 인구는 1만 7천 명으로, 군사는 1020명을 차출해야 하며, 수도는 알텐부르크이다.

작센마이닝겐(Sachsen-Meiningen)[42] 살매응(撒買凝)이라고도 한다. 역시 작센에서 분리되어 나왔다. 남북의 길이는 5백 리이고, 동서의 너비는 120리이며,

---

36 작센코부르크고타(Sachsen-Koburg und Gotha): 원문은 '살극살각불이액액달(薩克撒各不爾厄額達)'이다.

37 앨버트(Albert): 원문은 '박아나(博雅那)'이다. 앨버트(1819~1861)는 영국 빅토리아 여왕의 남편이자 에드워드 7세(Edward VII)의 부친이다.

38 코부르크(Coburg): 원문은 '각불이액(各不爾厄)'으로, 각맥(各麥), 과보(科堡)라고도 한다.

39 작센알텐부르크(Sachsen-Altenburg): 원문은 '살극살아이돈포이액(薩克撒亞爾敦不爾厄)'으로, 살극삼아이등보(薩克森-亞爾騰堡), 살손아정포지(撒孫亞丁布地)라고도 한다.

40 뤼네부르크(Ronneburg): 원문은 '라내불이액(羅內不爾厄)'으로, 라내보(羅內堡), 려니포읍(呂尼布邑)이라고도 한다.

41 아이젠부르크(Aizenburg): 원문은 '애삼비이각(挨森比爾各)'으로, 애삼보(愛森堡)라고도 한다.

42 작센마이닝겐(Sachsen-Meiningen): 원문은 '살극살매응인(薩克撒梅凝認)'으로, 살손매녕지(撒孫買寗地)라고도 한다.

작위는 공국이다. 인구는 13만 명으로, 군사는 1260명을 차출해야 한다. 수도는 마이닝겐(Meiningen)[43]으로, 이 땅에서는 소금이 난다.

슈바르츠부르크(Schwarzburg)[44] 흑보(黑堡)라고도 한다. 역시 작센에서 분리되어 나왔다. 나라는 홈부르크(Homburg)[45]와 만하임(Meisseinheim)[46] 두 지역으로 나뉘어 있으며, 면적은 모두 합쳐 약 수십 리에 이르고, 작위는 백작국이다. 인구는 2만 1천 명으로, 군사는 2백 명을 차출해야 하며, 수도는 홈부르크이다.

나사우(Nassau)[47] 나소(拿埽)라고도 한다. 는 남북의 길이가 220리이고, 동서의 너비는 150리이며, 작위는 공국이다. 인구는 33만 명으로, 군사는 3020명을 차출해야 한다. 과거에 일찍이 네덜란드에게 합병되었으나, 나라 사람들이 네덜란드 수장을 쫓아내고 다시 옛 군주를 세웠다. 수도는 비스바덴(Wiesbaden)[48]으로, 이 땅에서는 포도주와 각종 과일이 나며, 예로부터 부유하기로 유명했다.

브라운슈바이크(Braunschweig)[49] 보림수(保林帥)라고도 한다. 는 영토가 이어져 있지 않은데, 일부는 프로이센 경내에 들어가 있는 곳도 있고, 하노버 경내

---

43 마이닝겐(Meiningen): 원문은 '매응인(梅凝認)'이다.

44 슈바르츠부르크(Schwarzburgo): 원문은 '애새홍불이액(挨塞烘不爾厄)'으로, 흑삼하보(黑森荷堡)라고도 한다.

45 홈부르크(Homburg): 원문은 '홍불이액(烘不爾厄)'으로, 곽모보(霍姆堡)라고도 한다.

46 만하임(Meisseinheim): 원문은 '미새내영(美塞內英)'으로, 매삼내해모(邁森內海姆), 만림읍(曼林邑)이라고도 한다.

47 나사우(Nassau): 원문은 '나소(拿搔)'로, 나소(拿騷)라고도 한다.

48 비스바덴(Wiesbaden): 원문은 '유사파돈(維斯巴敦)'으로, 위사파등(威斯巴登)이라고도 한다.

49 브라운슈바이크(Braunschweig): 원문은 '불륜서극(不倫瑞克)'으로, 보령쇠지(報審衰地), 묵란사온(墨蘭斯溫), 불륜서이(不倫瑞爾)라고도 한다.

에 들어가 있는 곳도 있다. 전체 면적은 2백~3백 리이며, 작위는 공작이다. 인구는 24만 2천 명으로, 군사는 2090명을 차출해야 한다. 수도는 브라운 슈바이크로 나라 이름과 같다.

안할트(Anhalt)[50] 안합(安合)이라고도 한다. 는 3개국으로 나뉘어져 있다. 데 사우(Dessau)[51]는 영토가 연방국 가운데에 섞여 들어가 있으며, 면적은 약 1 백여 리이고, 작위는 공국이다. 인구는 5만 6천 명으로, 군사는 520명을 차 출해야 한다. 수도는 데사우로 나라 이름과 같다. 베른부르크(Bernburg)[52]는 영토가 프로이센 경내에 섞여 들어가 있으며, 어퍼, 로어 두 지역으로 나뉘 어져 있다. 면적은 약 1백여 리이며, 작위는 공국이다. 인구는 3만 8천 명으 로, 군사는 370명을 차출해야 한다. 수도는 베른부르크로 나라 이름과 같 다. 쾨텐(Köthen)[53]은 네 지역으로 나뉘는데, 엘베강(Elbe R.)[54] 왼쪽에 두 지역 이, 엘베강 오른쪽에 두 지역이 위치한다. 면적은 약 1백여 리이고, 작위는 공국이다. 인구는 3만 4천 명으로, 군사는 320명을 차출해야 한다. 수도는 쾨텐으로, 나라 이름과 같다. 삼국은 땅이 협소한데 반해 인구는 조밀하며, 도시가 서로 마주보고 있다. 산수가 매우 아름다워 유람하고 감상할 수 있 다. 수도마다 제각기 정원이 있는데 상당히 그윽하고 운치가 있다.

---

50 안할트(Anhalt): 원문은 '안나이(安拿爾)'로, 안곽특(安霍特)이라고도 한다.

51 데사우(Dessau): 원문은 '덕소(德播)'로, 덕소(德紹), 사합지소(士哈地埽)라고도 하는데, 바로 안 할트데사우(Anhalt-Dessau)이다.

52 베른부르크(Bernburg): 원문은 '백이니불이(伯爾尼不爾)'로, 안합빈포(安哈賓布), 안합이특패은 보(安哈爾特貝恩堡)라고도 하는데, 바로 안할트베른부르크(Anhalt-Bernburg)이다.

53 쾨텐(Köthen): 원문은 '각돈(略敦)'으로, 안합가정(安哈哥丁)이라고도 하는데, 바로 안할트쾨 텐(Anhalt-Köthen)이다.

54 엘베강(Elbe R.): 원문은 '흑리파하(黑哩巴河)'로, 역배하(易北河), 익배하(益北河)라고도 한다.

로이스(Reuss)[55] 책사(策士)라고도 한다.는 3개국으로 나뉘어져 있다. 그라이
츠(Greiz)[56]는 남북의 길이가 70리이고, 동서의 너비는 50리이며, 작위는 후
국이다. 인구는 2만 5천 명으로, 군사는 2백 명을 차출해야 한다. 수도는 그
라이츠로 나라 이름과 같다. 슐라이츠(Schleiz)[57]는 면적이 약 수십 리에 이르
고 작위는 후국이다. 인구는 3만 명으로, 군사는 280명을 차출해야 한다.
수도는 슐라이츠로, 나라 이름과 같다. 로벤슈타인(Lobenstein)[58]은 본래 슐라
이츠와 함께 하나의 나라였으나, 후에 두 개의 나라로 분리되었다. 면적은
약 수십 리에 이르고 작위는 후국이다. 인구는 2만 7500명으로, 군사는 260
명을 차출해야 한다. 수도는 로벤슈타인으로, 나라 이름과 같다.

슈바르츠부르크(Schwarzburg)[59]는 2개국으로 나뉘어져 있으며, 모두 프로
이센 경내에 포함되어 있다. 루돌스타트(Rudolstadt)[60]는 남북의 길이가 90리
이고, 동서의 너비는 70리이며, 작위는 후국이다. 인구는 5만 7천 명으로,
군사는 530명을 차출해야 한다. 수도는 루돌스타트로 나라 이름과 같다.
존더스하우젠(Sondershausen)[61]은 남북의 길이가 120리이고, 동서의 너비는 60

55 　로이스(Reuss): 원문은 '류사(留斯)'이다.

56 　그라이츠(Greiz): 원문은 '각륵사(略勒斯)'로, 로이스그라이츠(Reuss-Greiz) 후국을 말한다.

57 　슐라이츠(Schleiz): 원문은 '의사급리사(意士給利斯)'로, 격뢰자(格賴茨), 래서지(來西地)라고도
　　한다. 로이스슐라이츠(Reuss-Schleiz) 후국을 말한다.

58 　로벤슈타인(Lobenstein): 원문은 '라분사적음(羅奔斯的音)'으로, 락본시태인(洛本施泰因)이라고
　　도 한다. 로이스로벤슈타인(Reuss-Lobenstein) 후국을 말한다.

59 　슈바르츠부르크(Schwarzburgo): 원문은 '사과이사불이(斯瓜爾斯不爾)'로, 시와자보(施瓦茨堡)라
　　고도 한다.

60 　루돌스타트(Rudolstadt): 원문은 '로덕이사달(盧德耳斯達)'로, 로도이시탑특후국(盧道爾施塔特
　　侯國)이라고도 한다. 슈바르츠부르크루돌스타트(Schwarzburgo-Rudolstadt) 후국을 말한다.

61 　존더스하우젠(Sondershausenn): 원문은 '손덕이사삼(孫德耳砂森)'으로, 송덕사탁삼(松德斯橐森)

리이며, 작위는 후국이다. 인구는 4만 8천 명으로, 군사는 690명을 차출해
야 한다. 수도는 존더스하우젠으로, 나라 이름과 같다.

리페(Lippe)[62] 립북(立北)이라고도 한다. 는 2개국으로 나뉘어져 있으며, 하노
버의 남쪽에 위치한다. 데트몰트(Detmold)[63]는 남북의 길이가 120리이고, 동
서의 너비는 100리이며, 작위는 후국이다. 인구는 7만 6천 명으로, 군사는
690명을 차출해야 한다. 수도는 데트몰트로, 나라 이름과 같다. 샤움부르크
(Schaumburg)[64]는 남북의 길이가 80리이고, 동서의 너비는 30리이며, 작위는
후국이다. 인구는 2만 6천 명으로, 군사는 240명을 차출해야 한다. 수도는
뷔케부르크(Bückeburg)[65]이다.

발데크(Waldeck)[66] 와득(瓦得)이라고도 한다. 는 남북의 길이가 120리이고, 동
서의 너비는 80리이며, 작위는 후국이다. 인구는 5만 4천 명으로, 군사는
580명을 차출해야 한다. 수도는 코르바흐(Korbach)[67]이다.

호엔촐레른(Hohenzollern)[68] 소림(素林)이라고도 한다. 은 2개국으로 나뉘
어져 있으며, 모두 프로이센왕의 지차와 서자가 다스린다. 지크마링겐

이라고도 한다. 슈바르츠부르크존더스하우젠(Schwarzburg-Sondershausenn) 후국을 말한다.

62 리페(Lippe): 원문은 '리비(里剕)'로, 리박(利珀)이라고도 한다.

63 데트몰트(Detmold): 원문은 '덕적마이(德的摩爾)'로, 리페데트몰트(Lippe-Detmold) 후국이다.

64 샤움부르크(Schaumburg): 원문은 '소문불이액(燒問不爾厄)'으로, 소모보후국(紹姆堡侯國)이라
고도 한다. 리페샤움부르크(Lippe-Schaumburg) 후국을 말한다.

65 뷔케부르크(Bückeburg): 원문은 '불급불이액(不給不爾厄)'으로, 비극보(比克堡)라고도 한다.

66 발데크(Waldeck): 원문은 '말이덕각(襪爾德略)'으로, 와이특(注爾特), 와이덕극(瓦爾德克)이라고
도 한다.

67 코르바흐(Korbach): 원문은 '가이파사(哥爾巴士)'로, 과이파혁(科爾巴赫)이라고도 한다.

68 호엔촐레른(Hohenzollern): 원문은 '하흔색륵이(何痕索勒爾)'로, 대소림(大素林), 곽형좌륜(霍亨
佐倫), 곽은좌륜(霍恩佐倫)이라고도 한다.

(Sigmaringen)[69]은 남북의 길이가 120리이고, 동서의 너비는 70리이며, 작위는 후국이다. 인구는 3만 8천 명으로, 군사는 350명을 차출해야 한다. 수도는 지크마링겐으로, 나라 이름과 같다. 혜힝겐(Hechingen)[70]은 남북의 길이가 80 리이고, 동서의 너비는 30리이며, 작위는 후국이다. 인구는 1만 5천 명으로, 군사는 140명을 차출해야 한다. 수도는 혜힝겐으로, 나라 이름과 같다.

리히텐슈타인(Liechtenstein)[71] 광석(光石)이라고도 한다. 은 남북의 길이는 60 리이고, 동서의 너비는 30리이며, 작센의 남산에 위치하고 작위는 후국이다. 인구는 6천 명으로, 군사는 55명을 차출해야 한다. 수도는 리히텐슈타인으로, 나라 이름과 같다.

이 이외에 북쪽에 5개의 작은 나라가 있는데, 모두 상인들이 모이는 곳으로, 자체적으로 부호를 선발해 관리로 삼아 일을 처리하며, 왕국과 후국에 예속되어 있지 않다. 함부르크(Hambrurg)[72] 한보(漢堡)라고도 한다. 는 영토가 간격을 두고 서로 연결되어 있지 않으며, 면적은 약 40~50리 정도 된다. 인구는 14만 8천 명으로, 군사는 290명을 차출해야 한다. 엘베강변에 위치한 주도는 각국의 교역장으로, 그 선박이 가끔 광동으로 오곤 한다. 브레멘(Bremen)[73] 북민(北閔)이라고도 한다. 은 하노버 경내에 들어가 있으며, 면적은 약

---

69 지크마링겐(Sigmaringen): 원문은 '석마인(昔麻認)'으로, 석격마림근(錫格馬林根)이라고도 한다. 호엔촐레른지크마링겐(Hohenzollern-Sigmaringen) 후국을 말한다.

70 혜힝겐(Hechingen): 원문은 '애심인(挨深認)'으로, 흑흥근(黑興根)이라고도 한다. 호엔촐레른혜힝겐(Hohenzollern-Hechingen) 후국을 말한다.

71 리히텐슈타인(Liechtenstein): 원문은 '렬지돈사돈(列支敦士敦)'으로, 리치정사정(利治丁斯鼎), 렬지돈사등(列支敦士登)이라고도 한다.

72 함부르크(Hambrurg): 원문은 '앙불이액(昻不爾厄)'으로, 함포(含布)라고도 한다.

73 브레멘(Bremen): 원문은 '불래매(不來梅)'이다.

30리이다. 인구는 5만 명으로, 군사는 480명을 차출해야 한다. 통상무역은 베저(Weser R.)[74] 강변에서 이루어지며 그 선박 역시 가끔씩 광동에 온다. 프랑크푸르트(Frankfurt)[75] 불랑도(佛郎渡)라고도 한다. 는 땅이 서로 연결되어 있지 않으며 총면적은 사방 30~40리 정도 된다. 인구는 5만 4천 명으로, 군사는 470명을 차출해야 한다. 도시는 강가에 위치하고 옛날에 설립되었는데, 각국의 공사가 함께 방어하면서 이 도시에 주둔하게 되었다. 매년 큰 시장이 한 차례 열리면 먼 지역의 상인들이 수천 척의 배를 타고 몰려든다. 뤼베크(Lübeck)[76] 리배(利北)라고도 한다. 는 땅이 서로 연결되어 있지 않으며 면적은 30~40리 정도 된다. 인구는 4만 6천 명으로, 군사는 400명을 차출해야 한다. 크니프하우젠(Kniphausen)[77]은 면적이 사방 몇 리에 그치고 인구는 2890명으로, 군사는 28명을 차출해야 한다.

　독일 경내에서 가장 긴 강은 라인강으로, 남쪽에서 북쪽으로 흐르다가 서쪽으로 돌아 네덜란드로 유입되어 바다로 흘러들어간다. 강가의 토지가 비옥해서 최상의 포도가 난다. 강을 따라 이름난 산과 고적이 많고, 풍광이 빼어나 가끔씩 멀리서 유람 오는 여행객도 있다. 다뉴브강[78] 역시 큰 하천으로, 독일 경내에서 띠처럼 가로로 흐른다. 북쪽에는 엘베강이 있는데 이름자체가 강을 의미한다.[79] 북쪽에 사는 사람들은 대부분 강건하고 성품이

74　베저강(Weser R.): 원문은 '위실하(威悉河)'로, 위살하(威薩河)라고도 한다. 독일 북서 지역을 흐르는 강이다.

75　프랑크푸르트(Frankfurt): 원문은 '불랑극불이(佛郎克佛爾)'로, 법란극복(法蘭克福)이라고도 한다.

76　뤼베크(Lübeck): 원문은 '로비각(盧卑咯)'으로, 발트해 연안에 위치한 항구 도시이다.

77　크니프하우젠(Kniphausen): 원문은 '니발심(尼發深)'으로, 니벌삼(尼伐森)이라고도 한다.

78　다뉴브강: 원문은 '다뇌하(多惱河)'로, 다노하(多瑙河)라고도 한다.

79　북쪽에는…의미한다: 엘베는 '강'이라는 뜻의 스칸디나비아 älv에서 나왔다.

온순하며 학문과 기술 배우는 것을 좋아한다. 반면 남쪽의 민풍은 사치스러워 날마다 술 마시고 배부른 것만 생각하며 원대한 계획이 없다. 서남쪽 일대 사람들은 고생스럽게 삶을 도모하며 열심히 일하면서 게으름을 피지 않는다. 독일 경내에 있는 공국과 후국은 강역은 협소하지만 여러 대국들과 혼인관계를 맺어 왕래하며, 적을 이용하는데도 나름 체례를 갖추고 있다. 동맹 조약이 상당히 엄격하고 명확하지만 나라를 너무 많이 쪼개는 바람에 사소한 분쟁[80]이 일어나는 것은 어쩔 수 없다. 강적을 만났을 때 마음과 힘이 일치하지 않으면 승리하기 어려웠다. 다행히 빈에서의 혈맹 이후 프랑스가 창을 내려놓고 국경만을 지키고 있어서 아직 어려운 상황은 발생하지 않았는데, 어쩌면 사람들이 분노하면 감당하기 어려울 것이라는 생각에서 그냥 있는 지도 모른다.

살펴보건대 독일은 유럽의 정중앙에 위치한 것이 중국의 숭산(嵩山), 낙양(雒陽)과 비슷하다. 사람들이 총명하고 활달해 서방에서는 고귀한 민족이라 생각한다. 땅을 나누어 귀족의 반열에 따라 토지를 나눠주었는데, 하(夏), 은(殷), 주(周) 시대의 봉건제도와 비슷하다. 각 공국이 토지를 소유하고 스스로 왕을 세운 이래로, 오스트리아가 날로 강역을 확장하면서 공주(共主)의 호칭은 더 이상 존재하지 않는다. 그런데 수십 개의 공국이 작위와 영토를 자손들에게 넘겨주어도 대국들은 그들을 집어삼킬 계획도 없으니, 여전히 고인의 뜻이 살아있다. 또한 프랑스와 영국의 조상 역시 모두 게르만족이다. 그래서 각국은 국상을 당할 때마다 독일의 대공 혹은 세자를 모셔 왕으로 삼았다. 영국과 같은 대국, 벨

80　사소한 분쟁: 원문은 '만촉(蠻觸)'으로, 『장자』「칙양편(則陽篇)」에 나오는 말이다. 즉 달팽이의 오른쪽 뿔에 있는 만씨(蠻氏)와 왼쪽 뿔에 있는 촉씨(觸氏)의 다툼이란 뜻으로, 사소한 일로 서로 싸우는 것을 말한다.

기에, 그리스와 같은 소국들도 모두 게르만인으로, 서방의 왕기는 독일 게르만에 다 모여

있는 것 같다.

[[歐羅巴日耳曼列國]]

日耳曼, 阿勒曼·阿理曼·亞里曼·占曼尼·耶馬尼·熱爾麻尼·亞勒墨尼亞. 歐羅巴古大國也. 其地縱橫皆數千里, 北扼波羅的海, 南踐地中海, 爲歐羅巴之中原. 上古時, 五方之民雜處, 分數十小部. 羅馬盛時, 征服之, 尚未盡入版圖. 佛郎西既興, 其王甲利泰甫 一作加爾祿斯馬哥奴. 攻滅日耳曼諸部, 地隸佛版百餘年. 梁乾化元年, 部人畔佛, 復推佛郎哥尼亞酋長官拉多爲王. 王不世及, 惟衆所推. 薩克索尼亞·佛郎哥尼亞·蘇亞維亞三部之酋, 先後據王位. 元初, 奧地利亞酋長羅爾德福爲王, 能服衆, 由此繼序不復推. 至明初, 日益強盛, 聲威四播, 幾與羅馬代興. 康熙三十九年, 各部皆自王其國, 不相臣屬. 奧地利既并兼坐大, 普魯士亦拓地稱雄. 兩國皆自有名, 不復稱日耳曼. 所餘迤西一片, 土分三十六部, 稱王者四. 餘以次遞降, 如中國之公侯伯. 大者千餘里, 小者乃數十里. 東界奧地利亞·普魯士, 西界荷蘭·普魯士·佛郎西, 北界嗹國暨波羅的海, 南界瑞士·意大里, 南北約二千四百里, 東西約二千二百里. 嘉慶十一年, 佛郎西拿破侖以兵脅日耳曼列國, 皆降之, 部落多所更易. 後八年, 拿破侖敗, 日耳曼列侯各復爵土. 嘉慶二十年, 各國公使會議於維也納 奧地利都城. 以奧地利·普魯士, 本日耳曼所分, 而嗹國·荷蘭與日耳曼牙錯, 合四國於日耳曼列國, 稱同盟四十國. 以奧地利爲盟長, 各按戶口多寡定兵數, 每百人應出額兵一名, 每二百人出援兵一名, 共三十萬四千餘. 各國公使, 皆駐佛郎渡, 即佛郎克佛爾. 有大事則會議. 防兵分十二隊, 畫地立營. 總帥一人, 各國公擧. 然爲帥者, 多奧地利人, 他國人不敢當此任也. 各國語音皆同, 有奉耶穌教者, 有仍奉天主教者. 地氣北寒南暖, 多腴壤, 五穀百果皆宜, 花卉亦繁. 產金·銀·銅·鐵·

錫·鉛·寶石·玉石·花石·赭石·滑石·磁石, 陽起石·黑礬·白礬·硝磺·硇砂·磁粉.

巴威也拉, 一作巴華里, 又作拜焉. 在日耳曼東南方. 南北一千一百餘里, 東西八百餘里, 在列國中, 幅員最大, 爵稱王. 戶口四百七萬餘, 公會應出兵三萬五千六百. 昔時嘗與佛郎西結盟, 以攻日主. 都城曰慕尼克, 一作門古. 街市華潔. 其民善造細皮·淸玻璃·時辰錶, 工力巧捷, 名播四方, 各國皆與通市. 其制, 於七千人中, 選明通有識者一人赴京辦事, 謂之事主. 有大事, 則國王會衆事主商決之. 初, 造時辰表之城, 曰尼林山, 又有兩城, 曰雨山, 曰澳堡. 今雖蕭索, 造器之工尙夥.

瓦爾敦巴爾, 一作威丁山, 又作味耳典白. 在巴威也拉之西. 南北五百里, 東西三百六十里, 爵稱王. 戶口一百五十二萬, 公會應出兵一萬三千九百五十. 四境多山嶺, 出葡萄酒與各果實. 都城曰斯都德牙爾. 一作突甲.

薩克索尼亞, 一作撒遜, 又作撒孫. 在巴威也拉之北, 爲日耳曼適中之地. 東西五百里, 南北三百里, 爵稱王. 戶口一百四十萬, 公會應出兵一萬二千. 國之南界, 有大山綿亘, 與奧地利巴威也拉毗連. 山産銀礦最王, 開掘已五百年, 尙未匱竭. 昔時西國之銀, 多出於此地. 乏五穀. 居民夏則攻礦, 冬則挾餘資, 游四方, 飲食宴樂, 資盡而反. 都城曰德勒斯達, 一作德停. 王宮與耶穌堂極宏麗. 民多養綿羊, 毛毳細軟, 用織大呢. 又造磁器甚精, 不亞中國之産. 前明時, 撒有名人曰路得, 能譯解耶穌意旨, 別立耶穌敎名, 以別異於天主敎. 由是, 耶穌敎盛行, 而天主敎之權衰. 國有大邑, 曰來賣, 每歲設市二次, 諸國商賈雲集. 其地所出者書籍, 鐫印最精, 各國之文字, 百家衆術之著作, 無不畢備. 每年所售, 無慮數萬億冊, 價值數百萬圓.

亞諾威爾 一作漢那耳, 又作漢那華, 又作漢挪瓦. 在日耳曼之西北境, 與嗹國接壤, 南北八百七十里, 東西五百四十里, 爵稱王. 戶口一百五十五萬, 公會應出兵一萬三千五十. 境內平坦, 沙磧居半. 惟沿河有沃田草場, 兼產蜂蜜. 康熙五十二年, 亞諾威爾有王若耳治稱賢德. 值英吉利王威廉第三卒, 無子, 英之臣民, 招若耳治奉以爲主, 子孫承繼至於今, 亞諾威爾別立支子. 故亞諾威爾爲英之宗國, 百餘年來依爲唇齒. 道光十七年, 亞諾威爾內亂, 他姓代立. 都城同國名. 有大書院曰可寧延, 收教幼學, 聲名最著. 西境有亞爾敦不爾厄, 幅員頗廣. 列國中有薩克撒・亞爾敦不爾厄, 乃合三邑爲國, 合計袤延僅百餘里, 與此土廣狹不侔. 此土或別有所屬, 抑卽薩克撒地, 存俟再考.

巴敦, 一作巴丁. 在瓦爾敦巴爾之西, 南北七百里, 東西三百四十里, 侯國之最大者. 山嶺盤迴, 峰巒秀出, 風景清華, 爲日國之最, 爵如上公. 戶口一百十三萬, 公會應出兵一萬. 都城曰加爾斯盧合, 一作甲利安. 地產麻・豆・葡萄酒.

挨塞, 一作黑西. 在亞諾威爾之西南. 長三百二十里, 廣二百里, 爵如上公. 戶口七十萬, 公會應出兵六千一百九十. 都城曰達拉摩斯達, 一作馬因. 崇墉屹立, 砲門環繞, 外浚深池, 敵不能攻. 產麻・烟・葡萄酒.

挨塞加塞爾, 一作黑西加塞爾. 與挨塞毗連, 長四百里, 廣二百五十里, 爵如上公. 戶口五十九萬二千, 公會應出兵五千六百七十. 都城曰加塞爾. 其制, 幼主不得治事, 母后或至戚居攝, 俟年十八乃反政. 地多山, 產銀・銅・鐵礦.

梅咯棱不爾厄, 一作墨林堡. 有二國, 在北方. 一曰斯乖零, 長四百里, 廣二百八十里, 爵如上公. 戶口四十三萬一千, 公會應出兵三千五百八十, 都城與國名同. 一曰斯德勒利也斯, 長一百八十里, 廣一百里, 爵如上公. 戶口七萬七千, 公會應出兵七百十七. 都城曰痾爾敦不爾. 兩國地平坦, 饒牲畜.

威馬爾, 一作威密. 薩克索尼亞所分國. 昔有薩克索王裂國之西界以封五子, 故五子各守封地, 不屬於薩克索. 威馬爾地錯雜於鄰國之中, 不相聯絡. 約計袤延三四百里, 爵如上公. 戶口二十二萬二千, 公會應出兵二千一百. 民多穎慧, 其君好招納文士, 故學業稱盛. 都城與國名同.

薩克撒各不爾厄額達, 一作撒可堡. 亦薩克索所分. 地錯雜於列國之中, 不相聯絡. 約計袤延三四百里, 爵如公. 戶口十四萬五千, 公會應出兵一千三百九十. 地有牧場, 山出金礦. 現英吉利女主之夫博雅那, 卽此國之世子也. 都城曰各不爾厄.

薩克撒亞爾敦不爾厄, 一作撒黑保屋. 亦薩克索所分. 合亞爾敦不爾厄·羅内不爾厄·挨森比爾各三邑爲國, 約計袤延百餘里, 爵如公. 戶口十萬七千, 公會應出兵一千二十, 都城曰亞爾敦不爾厄.

薩克撒梅凝認, 一作撒買凝. 亦薩克索所分. 長五百里, 廣一百二十里, 爵如公. 戶口十三萬, 公會應出兵一千二百六十. 都城曰梅凝認, 其地產鹽.

挨塞烘不爾厄, 一作黑堡. 亦薩克索所分. 國分兩地, 一曰烘不爾厄, 一曰美塞内英, 合計約數十里, 爵如伯. 戶口二萬一千, 公會應出兵二百, 都城曰烘不爾厄.

拿搔 一作拿埽. 長二百二十里, 廣一百五十里, 爵如公. 戶口三十三萬, 公會應出兵三千二十. 昔嘗爲荷蘭所兼幷, 國人逐荷蘭酋, 復立故主. 都城曰維斯巴敦, 地產葡萄酒與各果實, 夙稱富饒.

不倫瑞克, 一作保林帥. 地不相連, 有包於普魯士境内者, 有括於亞諾威爾境内者. 約計袤延二三百里, 爵如公. 戶口二十四萬二千, 公會應出兵二千九十, 都城與國同名.

安拿爾, 一作安合. 分三國. 一曰德搔, 地錯雜列國之中, 約計百餘里, 爵如公. 戶口五萬六千, 公會應出兵五百二十. 都城同國名. 一曰伯爾尼不爾, 地錯雜普魯士境内, 分上下二處. 約計百餘里, 爵如公. 戶口三萬八千, 公會應出兵三百七十. 都城同國名. 一曰咯敦, 地分四處, 在黑哩巴河之左者二, 在河右者

188

二. 約計百餘里, 爵如公. 戶口三萬四千, 公會應出兵三百二十, 都城同國名. 三國地雖偏小, 而民居密匝, 城邑相望. 山水最佳, 足供游賞. 都城各有園亭, 極幽雅.

留斯, 一作策士. 分三國. 一曰咯勒斯, 長七十里, 廣五十里, 爵如侯. 戶口二萬五千, 公會應出兵二百. 都城同國名. 一曰意士給利斯, 袤延約數十里, 爵如侯. 戶口三萬, 公會應出兵二百八十. 都城同國名. 一曰羅奔斯的音, 本與意士給利斯為一國, 後析為二. 袤延數十里, 爵如侯. 戶口二萬七千五百, 公會應出兵二百六十. 都城同國名.

斯瓜爾斯不爾, 分二國, 俱包普魯士境內. 一曰盧德耳斯達, 長九十里, 廣七十里, 爵如侯. 戶口五萬七千, 公會應出兵五百三十. 都城同國名. 一曰孫德耳砂森, 長一百二十里, 廣六十里, 爵如侯. 戶口四萬八千, 公會應出兵六百九十, 都城同國名.

里卑, 一作立北. 分二國, 在亞諾威爾之南. 一曰德的摩爾, 長一百二十里, 廣一百里, 爵如侯. 戶口七萬六千, 公會應出兵六百九十. 都城同國名. 一曰燒問不爾厄, 長八十里, 廣三十里, 爵如侯. 戶口二萬六千, 公會應出兵二百四十. 都城曰不給不爾厄.

襪爾德咯, 一作瓦得. 長一百二十里, 廣八十里, 爵如侯. 戶口五萬四千, 公會應出兵五百十八. 都城曰哥爾巴士.

何痕索勒爾, 一作素林. 分二國, 皆普魯士王之支庶. 一曰昔麻認, 長一百二十里, 廣七十里, 爵如侯. 戶口三萬八千, 公會應出兵三百五十. 都城同國名. 一曰挨深認, 長八十里, 廣三十里, 爵如侯. 戶口一萬五千, 公會應出兵一百四十. 都城同國名.

列支敦士敦, 一作光石. 長六十里, 廣三十里, 在薩克索南山中, 爵如侯. 戶口六千, 公會應出兵五十五, 都城同國名.

此外北境尚有小國五, 皆商賈萃集之地, 自推殷戶爲官司理事, 不隸王侯. 一曰昂不爾厄, 一作漢堡. 地間隔不相聯, 約計袤延四五十里. 戶口十四萬八千, 公會應出兵二百九十. 會城在易北河口, 爲各國互市之地, 其船時至粤東. 一曰不來梅, 一作北閔. 包亞諾威爾境內, 袤延約三十里. 戶口五萬, 公會應出兵四百八十. 通商在威悉河濱, 其船亦時至粤東. 一曰佛郎克佛爾, 一作佛郎渡. 地不相聯, 袤延約三四十里. 戶口五萬四千, 公會應出兵四百七十. 其城臨河, 古時所築, 各國公使防兵, 皆駐此城. 每年開大市一次, 遠方商賈, 輻輳者數千帆. 一曰盧卑咯. 一作利北. 地不相聯, 袤延約三四十里. 戶口四萬六千, 公會應出兵四百. 一曰尼發深, 周回僅數里, 戶口二千八百九十, 公會應出兵二十八人.

日耳曼界內, 江河最長者, 爲來因河, 由南而北, 轉西至嗹國界入海. 河濱土脈腴潤, 產葡萄最良. 沿河多名山古迹, 風景清美, 時有遠客來游. 多惱河亦大水, 在日界內橫流如帶. 北方則易北河, 其名水也. 其民居北方者, 多強健, 性淳良, 好學術. 南方民風奢侈, 日惟醉飽無遠圖. 西南一帶, 民多勤苦謀生, 力作不倦. 界內列侯, 壤地雖小, 而與諸大國婚媾往來, 用敵體禮. 其同盟公會條約雖甚堅明, 然分土既衆, 不免蠻觸之爭. 遇大敵則心力不齊, 難於制勝. 幸維也納歃盟之後, 佛郎西止戈保境, 未發難端, 或亦慮衆怒之難犯耳.

按: 日耳曼爲歐羅巴適中之地, 似中國之嵩雒. 其人聰明閎達, 西土以爲貴種. 其分土列爵, 似三代封建之制. 自各部擁土自王, 奧地利雖疆土日擴, 共主之名不復存. 然小侯數十, 傳爵土於子孫, 而諸大國無吞噬之謀, 則猶有古意存焉. 又佛郎西 · 英吉利立國之祖, 皆日耳曼人. 諸國每遭喪亂, 輒招致日耳曼列侯或世子爲王. 大國如英吉利, 小國如比利時 · 希臘皆是也, 殆西土王氣之所鍾歟.

[유럽 스위스]

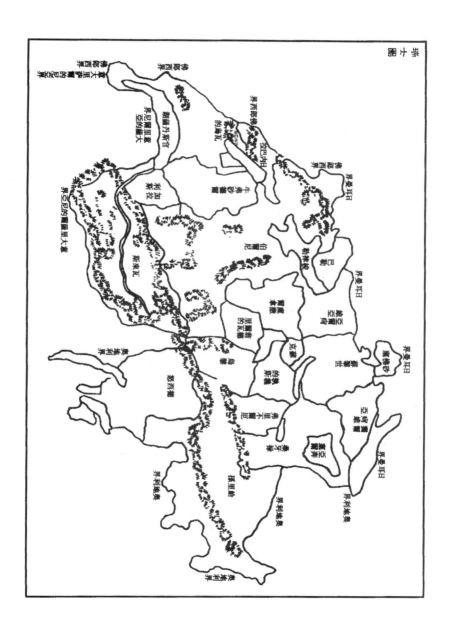

스위스 지도

일이만계(日耳曼界): 독일 강역이다.

오지리계(奧地利界): 오스트리아 강역이다.

독이가유아(獨爾痂維亞): 지금의 투르가우(Thurgau)이다.

사불새(砂佛塞): 지금의 샤프하우젠(Schaffhoosen)이다.

소려세(蘇黎世): 지금의 취리히(Zürich)이다.

아이가유아(亞爾痂維亞): 지금의 아르가우(Aargau)이다.

파륵(巴勒): 지금의 바젤(Basel)이다.

사률륵(梭律勒): 지금의 졸로투른(Solothurn)이다.

아분새이(亞奔塞爾): 지금의 아펜첼(Appenzell)이다.

상아록(桑牙祿): 지금의 장크트갈렌(Sankt Gallen)이다.

불리불이액(弗里不爾厄): 지금의 프라이부르크(Freiburg)이다.

소극(蘇克): 지금의 추크(Zug)이다.

숙의적사(孰義的斯): 지금의 슈비츠(Schwyz)이다.

로살이나(盧撒爾拿): 지금의 루체른(Luzern)이다.

옹덕이와리적(翁德爾瓦里的): 지금의 운터발덴(Unterwalden)이다.

백이니(伯爾尼): 지금의 베른(Bern)이다.

일내파랍(日內巴拉): 지금의 제네바(Geneva)이다.

와오적(瓦烏的): 지금의 보(Vaud)이다.

우불사덕이(牛弗砂德爾): 지금의 뇌샤텔(Neuchatel)이다.

급리손(給里孫): 지금의 그라우뷘덴(Graubünden)이다.

오려(烏黎): 지금의 우리(Uri)이다.

덕서노(德西怒): 지금의 티치노(Ticino)이다.

와래사(瓦來斯): 지금의 발레(Valais)이다.

가랍리사(加拉利斯): 지금의 글라루스(Glarus)이다.

관사단살대호(官斯丹薩大湖): 주네브호(Lac de Genève)이다.

의대리살이적니아계(意大里薩爾的尼亞界): 이탈리아 사르데냐(Italia Sardegna) 강역이다.

불랑서계(佛郞西界): 프랑스 강역이다.

스위스 서자(瑞子)·속색릉(束色楞)·수사란(綏沙蘭)·소익살(蘇益薩)이라고도 한다.
는 독일의 남쪽, 오스트리아의 서쪽, 프랑스의 동쪽, 이탈리아의 북쪽에 위치하며, 동서의 너비는 약 5백~6백 리이고, 남북의 길이는 약 3백~4백 리이다. 산들이 첩첩이 둘러 싸여 있고, 중앙의 산봉우리는 하늘 높이 치솟아 있으며, 늘 얼음과 눈이 쌓여 있다. 유럽의 큰 강은 대부분 이곳에서 발원한다. 기묘하고 수려한 산수는 유럽에서 최고이다. 서쪽에 있는 주네브호(Lac de Genève)[1]는 밀림으로 둘러싸여 있고 맑은 계곡이 휘휘 감고 있으며, 풀과 꽃이 무성하게 자라 있고 사슴이 떼 지어 다니는 모습이 특히 절경을 이룬다. 이 땅에서는 오곡과 약재가 나며, 여기서 만든 치즈는 아주 달고 맛있다. 사람들의 대부분은 목축으로 살아가는데, 여름에 소와 양을 몰고 산에 들어갔다가 가을이나 겨울에야 돌아온다. 나라에는 가혹한 정치

---

1 주네브호(Lac de Genève): 원문은 '관사단살대호(官斯丹薩大湖)'로 되어 있으나, 지도의 위치상 스위스와 프랑스 국경에 위치한 주네브호가 맞다. 주네브호는 레마누스호(Lacus Lemannus), 레만 호(Lac Léman)라고도 하는데, 바로 제네바호(Lake Geneva)이다. 관사단살대호는 스위스, 독일, 오스트리아와 접해 있는 콘스탄츠호(Lake Constance)로, 지금의 보덴호(Bodensee)를 말한다.

도 없고, 풍속은 질박하고 검소해 수백 년 동안 전쟁이 일어나지 않아 서방의 유토피아로 불린다. 옛날에는 로마의 지배를 받았으나, 로마가 쇠하고 어지러워지자 북쪽 오랑캐 부르군트 왕국(Königreich Burgund)[2]이 점령했고, 얼마 지나지 않아 프랑크왕국(FränkReich)[3]의 지배하에 들어갔다가 후에 독일에게 침탈당했다. 이 나라 사람들이 우직하면서도 용맹하기 때문에 독일은 그들을 친위대로 선발했는데, 이들은 전쟁에 나가면 사력을 다해 싸웠다. 원나라 대덕(大德)[4] 연간에 독일 왕 알브레히트 1세(Albrecht I)[5]가 세금을 가혹하게 거둬들이고 법도 없이 혹형으로 나라를 다스렸다. 스위스인들은 이를 감당할 수 없어 마침내 독일인 관리를 몰아내고 각 지역에서 수장을 추대해 험지를 차지하고 강역을 구획하면서 독일에게 절교를 선언했다. 이 땅은 지세가 험준하고 사람들이 건장하고 잘 싸웠기에, 독일로서는 이 땅을 수복할 수 없어 그대로 두는 수밖에 없었다. 처음에는 3개 주로 분할되었으나 후에는 13개 주로 분할되었으며, 모두 의원을 선발해 국사를 처리하면서 왕과 귀족을 두지 않았다. 이렇게 5백여 년이 흘러 이 땅에서는 전쟁 걱정이 없어져 서양에서 모두 부러워했다. 가경 3년(1798)에 프랑스를 섭정하던 나폴레옹 이때 나폴레옹은 아직 국왕에 즉위하지 않았다. 이 무력으로 강제로 스위스를 점령하고 19개 주로 개편했다. 나폴레옹이 전쟁에서 패하자 각 국의 공사들은 빈에서 회의를 열고 19개 주 이외에 개의 이

2　부르군트 왕국(Königreich Burgund): 원문은 '불이급농(不爾給農)'이다.

3　프랑크왕국(FränkReich): 원문은 '불랑서(佛郎西)'이다.

4　대덕(大德): 원나라 성종의 두 번째 연호(1297~1307)이다.

5　알브레히트 1세(Albrecht I): 원문은 '아리백이다(亞里伯爾多)'이다. 오스트리아의 공작이자 독일의 왕(재위 1298~1308)이었던 알브레히트 1세로 추정된다.

처럼 경계가 들쑥날쑥한 제네바(Geneva)[6]·뇌샤텔(Neuchatel)[7] 본래는 프로이센에 속했다.·발레(Valais)[8] 본래는 오스트리아에 속했다. 3개 주를 합쳐 모두 22개 주로 만들었으니, 지금의 스위스이다. 옛 풍속을 그대로 따라 모두 의원을 추천해 국사를 처리했다. 지세를 따지고 인구수에 따라 장정을 선발해 외부의 침략을 막았기에 여러 대국들이 스위스를 탄압할 수 없었다.

그라우뷘덴(Graubünden)[9]은 스위스의 동부에 위치하며 남북의 길이는 350리이고, 동서의 너비는 180리이다. 인구는 8만 8천 명으로, 장정 1600명을 차출해야 한다. 이곳은 그라우뷘덴, 고테스하우스분트(GotteshausBund),[10] 젠게리히텐분트(ZehnGerichten)[11] 세 곳으로 나뉘어져 있으며, 각자 의원을 두어 다스린다.

베른(Bern)[12] 배이니(北耳尼)라고도 한다. 은 스위스의 중부에 위치하며 북쪽 경내는 북방에 이르고, 남북의 길이는 3백 리이고, 동서의 너비는 2백 리이다. 인구는 35만 명으로, 장정 5620명을 차출해야 한다. 명문가와 부호의 절반이 이곳에 거주한다. 의원은 290명이다.

발레는 스위스의 서남부에 위치한다. 이 땅은 본래 오스트리아에 속했

---

6 제네바(Geneva): 원문은 '일내파랍(日內巴拉)'으로, 인니와(仁尼洼), 의이위(義爾威), 의니위읍(義尼威邑), 열니와성(熱尼瓦城), 일낙와(日諾瓦), 일내와(日內瓦), 내와(內瓦)라고도 한다.

7 뇌샤텔(Neuchatel): 원문은 '우불사덕이(牛弗砂德爾)'로, 뉴사저이(紐查底爾), 납사특이(納沙特爾)라고도 한다.

8 발레(Valais): 원문은 '와래사(瓦來斯)'로, 와리사(洼利斯), 와륵(瓦勒), 와래주(瓦萊州)라고도 한다.

9 그라우뷘덴(Graubünden): 원문은 '급리손(給里孫)'으로, 기손지(其孫地)라고도 한다.

10 고테스하우스분트(GotteshausBund): 원문은 '가덕(加德)'이다.

11 젠게리히텐분트(ZehnGerichten Bund): '삼급리지(森給里至)'이다.

12 베른(Bern): 원문은 '백이니(伯爾尼)'로, 마니(麻尼), 백니(百尼)라고도 한다.

으나 스위스에 할양되었다. 남북의 길이는 3백여 리이고, 동서의 너비는 1백여 리이다. 인구는 7만 명으로 장정 280명을 차출해야 한다. 의원은 76명이다.

보(Vaud)[13] 열니와(熱尼瓦)라고도 한다. 는 최서단에 위치하고, 남북의 길이는 180리이고, 동서의 너비는 150리이다. 남쪽은 주네브호에 접해 있고, 풍광이 수려하고 그윽하다. 보는 호숫가에 건설되었으며, 사람들은 시계를 제조해서 매년 은 수백만 원의 수익을 올린다. 상선들이 중국에 팔러오는 시계는 대부분 보 사람들이 만든 것이다. 인구는 17만 명으로, 장정 1280명을 차출해야 한다. 의원은 180명이다.

티치노(Ticino)[14]는 스위스의 남부에 위치하며, 남북의 길이는 130리이고, 동서의 너비는 120리이다. 인구는 10만 2천 명으로, 장정 7800명을 차출해야 한다. 의원 76명이다.

장크트갈렌(Sankt Gallen)[15]은 스위스의 동부에 위치하며, 남북의 길이는 150리이고, 동서의 너비는 110리이다. 인구는 14만 4천 명으로, 장정 2630명을 차출해야 한다. 의원은 150명이다.

취리히(Zürich)[16]는 스위스의 북부에 위치하며, 남북의 길이는 120리이고, 동서의 너비는 110리이다. 인구는 21만 명으로, 장정 3700명을 차출해야

---

13   보(Vaud): 원문은 '와오적(瓦烏的)'이다.

14   티치노(Ticino): 원문은 '덕서노(德西怒)'로, 저서나(底西那), 타서나(他西那)라고도 한다.

15   장크트갈렌(Sankt Gallen): 원문은 '상아록(桑牙祿)'으로, 성가륜(聖加倫), 아리(牙厘), 가률(加律), 삼적가라(森的加羅)라고도 한다.

16   취리히(Zürich): 원문은 '소려세(蘇黎世)'로, 소리적(蘇利赤), 소력적(蘇力赤), 사륵읍(士勒邑)이라고도 한다.

한다. 의원은 212명이다.

루체른(Luzern)[17]은 스위스의 중앙에 위치하며, 남북의 길이는 120리이고, 동서의 너비는 100리이다. 인구는 11만 6천 명으로, 1734명을 차출해야 한다. 의원은 100명이다.

아르가우(Aargau)[18]는 스위스의 북부에 위치하며, 남북의 길이는 120리이고, 동서의 너비는 80리이다. 인구는 15만 명으로, 장정 2400명을 차출해야 한다. 상의원은 150명, 하의원은 13명이다.

프라이부르크(Freiburg)[19]는 스위스의 중부에 위치하며, 남북의 길이는 120리이고, 동서의 너비는 70리이다. 인구는 8만 4천 명으로, 장정 1250명을 차출해야 한다. 의원은 144명이다.

우리(Uri)[20]는 스위스의 중부에 위치하며, 남북의 길이는 130리이고, 동서의 너비는 60리이다. 인구는 1만 3천 명으로, 장정 230명을 차출해야 한다. 의원은 13명이고, 따로 보좌관도 둔다.

슈비츠(Schwyz)[21]는 스위스의 중부에 위치하며, 남북의 길이는 90리이고, 동서의 너비는 60리이다. 인구는 1만 3천 명으로, 장정 6백 명을 차출해야

---

17 루체른(Luzern): 원문은 '로살이나(盧撒爾拿)'로, 로사니(魯沙尼), 로사(路斯), 로신지(路新地)라고도 한다.

18 아르가우(Aargau): 원문은 '아이가유아(亞爾痾維亞)'로, 아이고(阿爾高), 아아위아(阿俄威阿), 압오(押奧), 아이과유아(亞爾科維亞)라고도 한다.

19 프라이부르크(Freiburg): 원문은 '불리불이액(弗里不爾厄)'으로, 비리보(弗里堡), 비리맥(緋里麥), 비리맥(非里麥), 비포(非布)라고도 한다.

20 우리(Uri): 원문은 '오려(烏黎)'로, 오리(烏厘), 오리(烏里)라고도 한다.

21 슈비츠(Schwyz): 원문은 '숙의적사(孰義的斯)'로, 색추사(色錐斯), 새추사(塞追司), 시유자(施維茨)라고도 한다.

한다. 의원은 330명이다.

글라루스(Glarus)[22]는 스위스의 서부에 위치하며, 남북의 길이는 90리이고, 동서의 너비는 50리이다. 인구는 2만 8천 명으로, 장정 480명을 차출해야 한다. 의원은 80명이다.

뇌샤텔은 스위스의 서부에 위치하며, 본래는 프로이센에 속했으나 스위스에 할양되었다. 남북의 길이는 90리이고, 동서의 너비는 50리이다. 인구는 5만 1천 명으로, 장정 960명을 차출해야 한다. 프로이센에서 파견한 관리가 45명이고, 의원은 30명으로, 함께 사건을 논의한다.

투르가우(Thurgau)[23]는 스위스의 동북쪽에 위치하며, 남북의 길이는 1백리이고, 동서의 너비는 80리이다. 인구는 8만 1천 명으로, 장정 1520명을 차출해야 한다. 의원은 1백 명이다.

운터발덴(Unterwalden)[24]은 스위스의 중부에 위치하며, 남북의 길이는 80리이고, 동서의 너비는 60리이다. 인구는 2만 4천 명으로, 장정 380명을 차출해야 한다. 이 땅은 두 지역[25]으로 나뉘어져 있으며, 각각 의원을 추대해 일을 처리한다.

---

22 글라루스(Glarus): 원문은 '가랍리사(加拉利斯)'로, 격랍로사(格拉魯斯), 액랍력사(額臘力司)라고도 한다.

23 투르가우(Thurgau): 원문은 '독이가유아(獨爾牁維亞)'로, 도우(都耦), 돌오(突奧), 독이과유아(獨爾科維亞)라고도 한다.

24 운터발덴(Unterwalden): 원문은 '옹덕이와리적(翁德爾瓦里的)'으로, 암나와이령(唵那注爾領), 하옥이등(下沃爾登)이라고도 한다.

25 두 지역: 『해국도지(海國圖志)』에 따르면 이 두 지역은 옵발덴(Obwalden, 上沃爾登)과 니트발덴(Nidwalden, 下翁德爾瓦里的)'을 가리킨다.

졸로투른(Solothurn)[26]은 스위스의 북부에 위치한다. 지형이 들쭉날쭉하게 생겨 반 정도가 베른의 경내에 들어가 있으며, 남북의 길이는 120리이고, 동서의 너비는 80리이다. 인구는 5만 3천 명으로 장정 9백 명을 차출해야 한다. 자체적으로 의원을 추대해 일을 처리한다.

바젤(Basel)[27] 파실(巴悉)이라고도 한다. 은 스위스의 북부에 위치하며, 남북의 길이는 80리이고, 동서의 너비는 55리이다. 인구는 5만 4천 명으로, 장정 980명을 차출해야 한다. 의원은 150명이다. 대학교가 있는데 명성이 자자해 학자들이 많이 모여 들어 예수의 가르침을 전파할 수 있다.

아펜첼(Appenzell)[28]은 스위스의 동북쪽에 위치한다. 장크트갈렌의 경내에 들어가 있으며, 남북의 길이는 80리이고, 동서의 너비는 60리이다. 인구는 5만 5천 명으로, 장정 970명을 차출해야 한다. 내외 두 지역으로 나뉘어져 있으며, 각각 의원을 추대해 일을 처리한다.

샤프하우젠(Schaffhoosen)[29]은 최북단에 위치하며, 독일의 경내와 들쑥날쑥 경계가 얽혀 있다. 남북의 길이는 70리이고, 동서의 너비는 40리이다. 인구는 3만 명으로, 장정 460명을 차출해야 한다. 의원은 74명이다.

제네바(Genebra)[30]는 스위스의 서부에 위치한다. 본래는 프로이센에 속

---

26 졸로투른(Solothurn): 원문은 '사률륵(梭律勒)'으로, 소류적(梳留赤), 소라돈(所羅頓)이라고도 한다.

27 바젤(Basel): 원문은 '파륵(巴勒)'으로, 파새이(巴塞爾), 마새리(麻塞里), 마색리(麻色里)라고도 한다.

28 아펜첼(Appenzell): 원문은 '아분새이(亞奔塞爾)'로, 아팽책이(阿彭策爾), 아병서이(阿丙西爾), 아실실읍(亞實悉邑)이라고도 한다.

29 샤프하우젠(Schaffhoosen): 원문은 '사불새(砂佛塞)'로, 사부호삼(沙夫豪森), 사사부후신(斯渣付侯新)이라고도 한다.

30 제네바(Genebra): 원문은 '일내파랍(日內巴拉)'으로, 일내와주(日內瓦州)라고도 한다.

했으나 스위스에 할양되었다. 남북의 길이는 70리이고, 동서의 너비는 약 30~40리이다. 인구는 5만 2500명으로, 장정 880명을 차출해야 한다. 의원은 278명이다.

추크(Zug)[31]는 스위스의 중앙에 위치하며, 남북의 길이는 50리이고, 동서의 너비는 30리이다. 인구는 1만 4천 명으로, 장정 250명을 차출해야 한다. 자체적으로 의원을 추대해 일을 처리한다.

살펴보건대 스위스는 서방의 이상향이다. 탐관오리[32]를 징벌하고 배심제도[33]를 실시하면서 귀족[34]들을 멀리하자, 힘들이지 않아도 나라가 저절로 다스려졌다. 왕과 귀족들은 각각 용병들을 거느리고 있으면서 [상황을] 자세히 살피다가 어떻게 할 수 없으면 역시 그대로 놔두는데, 어찌 기이하지 아니한가? 미국[35] 사람 세네카 커밍스(Seneca Cummings)[36]가 일찍이 그 땅에 여행간 적이 있는데, 산수가 기이하고 수려하며, 풍속이

---

31 추크(Zug): 원문은 '소극(蘇克)'으로, 속(續)이라고도 한다.

32 탐관오리: 원문은 '석서(碩鼠)'이다. 『시경(詩經)』「위풍(魏風) · 석서」에 보면, "큰 쥐야 큰 쥐야 내 기장을 먹지 말아다오(碩鼠碩鼠, 無食我黍)!"라는 문장이 있다. 큰 쥐는 가렴주구(苛斂誅求)하는 위정자를 가리킨다.

33 배심제도: 원문은 '니봉(泥封)'이다. 니봉(泥封)은 봉니(封泥)라고도 하는데, 죽간(竹簡) · 목간(木簡) 등의 간책(簡冊)으로 된 공문서를 봉인하기 위하여 이를 묶은 노끈의 이음매에 점토 덩어리를 붙이고 인장을 눌러 찍은 것을 말한다. 스위스는 아주 오래전부터 배심원제도를 도입했다. 배심원들이 사건을 평결할 때 자신의 의견을 쓴 종이를 봉투에 넣어 봉했는데, 니봉은 바로 이를 의미하는 것으로 추정된다.

34 귀족: 원문은 '주백아려(主伯亞旅)'이다. 『시경』「주송(周頌) · 재삼(載芟)」에 보면, "가장과 맏아들과 작은 아버지와 자제들과, 품앗이꾼과 일꾼들이 맛있게 들밥을 먹네(侯主侯伯, 侯亞侯旅, 侯彊侯以, 有嗿其饁)."라는 문장이 나오는데, 후(侯)는 발어사로 의미가 없다. 여기서는 이들을 모두 각 지역의 귀족으로 보고 있다.

35 미국: 원문은 '화기(花旗)'로, 미합중국(United States of America)을 말한다.

36 세네카 커밍스(Seneca Cummings): 원문은 '감명(甘明)'으로, 간명(簡明)이라고도 한다. 커밍스

순박하고 예스럽다고 극찬했다. 아! 저 멀리 황폐한 변경지대에 위치해 있어 예악과 문물 제도로 교화할 방법이 없는 것이 안타까울 따름이다.

(1817~1856)는 1847년에 중국으로 온 미국 선교사로, 복주(福州)에서 7년 동안 생활하다가 1855년 미국으로 돌아가 이듬해 사망했다.

〚 歐羅巴瑞士國 〛

瑞士, <small>瑞子·束色楞·綏沙蘭·蘇盒薩.</small> 在日耳曼之南, 奧地利亞之西, 佛郎西之東, 意大里亞之北, 東西約五六百里, 南北約三四百里. 萬山疊嶂, 中峰高接霄漢, 常積冰雪. 歐羅巴大河, 多由此發源. 其地山水清奇, 甲於歐土. 西境有官斯丹薩大湖, 圍以密林, 縈以清澗, 豐草芳縟, 麋鹿群游, 尤爲幽勝. 地產五穀藥材, 所造奶餌極甘香. 居民大半以牧畜爲生, 夏月驅牛羊入山, 秋冬乃返. 國無苛政, 風俗儉樸淳良, 數百年不見兵革, 稱爲西土樂郊. 古時地屬羅馬, 羅馬衰亂, 北狄不爾給農人據之, 旋爲佛郎西所有, 後爲日耳曼所奪. 其民戇勇, 日耳曼選爲親軍, 臨陣皆效死力戰. 元大德年間, 日耳曼王亞里伯爾多苛斂無藝, 濟以酷刑. 瑞士人不能堪, 逐日耳曼守土吏, 各推頭人, 據險畫疆, 告絕於日耳曼. 其地斗絕, 人健鬥, 日耳曼不能收復, 亦遂聽之. 初分三部, 後分爲十三部, 皆推擇鄉官理事, 不立王侯. 如是者五百餘年, 地無鳴吠之擾, 西土人皆羨之. 嘉慶三年, 佛郎西攝王拿破崙, <small>時拿破崙尚未卽位.</small> 以兵力強取入版圖, 改爲十九小部. 拿破崙既敗, 各國公使會議於維也納, 十九部之外, 益以牙錯之日內巴拉·牛弗砂德爾 <small>本屬普魯士.</small>·瓦來斯 <small>本屬奧地利亞.</small> 三部, 共二十二部, 爲瑞士國. 仍其舊俗, 自推鄉官理事. 酌地勢, 按戶口拔壯丁禦侮, 諸大國不得鈐制.

給里孫, 在東方, 長三百五十里, 廣一百八十里. 戶口八萬八千, 應出壯丁一千六百. 地分三邑, 曰給里孫, 曰加德, 曰森給里至, 各領以鄉官頭人.

伯爾尼, <small>一作北耳尼.</small> 在腹地, 北境抵北方, 長三百里, 廣二百里. 戶口三十五萬, 應出壯丁五千六百二十. 巨室殷戶, 半居於此. 鄉官二百九十人.

瓦來斯, 在西南. 屬奧地利, 割附於瑞. 長三百餘里, 廣百餘里. 戶口七萬,

應出壯丁二百八十. 鄉官七十六人

瓦烏的 一作熱尼瓦. 在極西, 長一百八十里, 廣一百五十里. 南界臨官斯丹薩湖, 風景幽絶. 城建湖濱, 居民造時辰錶, 每歲得價銀數百萬. 洋舶販至中國者, 大半瓦烏的人所造也. 戶口十七萬, 應出壯丁一千二百八十. 鄉官一百八十人.

德西怒, 在南方, 長一百三十里, 廣一百二十里. 戶口十萬二千, 應出壯丁七千八百. 鄉官七十六人.

桑牙祿, 在東方, 長一百五十里, 廣一百十里. 戶口十四萬四千, 應出壯丁二千六百三十. 鄉官一百五十人.

蘇黎世, 在北方, 長一百二十里, 廣一百十里. 戶口二十一萬, 應出壯丁三千七百. 鄉官二百十二人.

盧撒爾拿, 在腹地, 長一百二十里, 廣一百里. 戶口十一萬六千, 應出壯丁一千七百三十. 鄉官一百人.

亞爾疴維亞, 在北方, 長一百二十里, 廣八十里. 戶口十五萬, 應出壯丁二千四百一十. 大鄉官一百五十人, 小鄉官十三人.

弗里不爾厄, 在腹地, 長一百二十里, 廣七十里. 戶口八萬四千, 應出壯丁一千二百五十. 鄉官一百四十四人.

烏黎, 在腹地, 長一百三十里, 廣六十里. 戶口一萬三千, 應出壯丁二百三十. 鄉官十三人, 別有副.

孰義的斯, 在腹地, 長九十里, 廣六十里. 戶口一萬三千, 應出壯丁六百. 鄉官三百三十人.

加拉利斯, 在西方, 長九十里, 廣五十里. 戶口二萬八千, 應出壯丁四百八十. 鄉官八十人.

牛弗砂德爾, 在西方, 本屬普魯士, 割附於瑞. 長九十里, 廣五十里. 戶口五萬一千, 應出壯丁九百六十. 普魯士官四十五員, 鄉官三十人, 會同議事.

獨爾疴維亞, 在東北, 長一百里, 廣八十里. 戶口八萬一千, 應出壯丁一千五百二十. 鄉官一百人.

翁德爾瓦里的, 在腹地, 長八十里, 廣六十里. 戶口二萬四千, 應出壯丁三百八十. 地分上下二邑, 各推鄉官理事.

梭律勒, 在北方. 地形槎枒, 半在伯爾尼界內, 長一百二十里, 廣八十里. 戶口五萬三千, 應出壯丁九百. 自推鄉官理事.

巴勒, 一作巴悉. 在北方, 長八十里, 廣五十五里. 戶口五萬四千, 應出壯丁九百八十. 鄉官一百五十人. 有大書院, 名最著, 文儒所萃, 能宣布耶穌敎旨.

亞奔塞爾, 在東北. 包桑牙祿界內, 長八十里, 廣六十里. 戶口五萬五千, 應出壯丁九百七十. 分內外兩邑, 各推鄉官理事.

砂佛塞, 在極北方, 牙錯日耳曼界內. 長七十里, 廣四十里. 戶口三萬, 應出壯丁四百六十. 鄉官七十四人.

日內巴拉, 在西方. 本屬普魯士, 割附於瑞. 長七十里, 廣約三四十里. 戶口五萬二千五百, 應出壯丁八百八十. 鄉官二百七十八人.

蘇克, 在腹地, 長五十里, 廣三十里. 戶口一萬四千, 應出壯丁二百五十. 自推鄉官理事.

按: 瑞士, 西土之桃花源也. 懲碩鼠之貪殘, 而泥封告, 絶主伯亞旅, 自成臥治. 王侯各擁強兵, 熟視而無如何, 亦竟置之度外, 豈不異哉? 花旗人甘明者, 嘗游其地, 極言其山水之奇秀, 風俗之淳古. 惜乎遠在荒裔, 無由漸以禮樂車書之雅化耳.

영환지략

권6

본권에서는 터키(오스만제국), 그리스, 이탈리아, 네덜란드, 벨기에의 역사, 지리, 환경, 풍속, 산물, 교육, 정치, 경제에 대해 서술하고 있다. 특히 그리스의 신화에서부터 로마의 형성과정을 중국의 역사시기에 비교해서 묘사하면서 그리스 페르시아 전쟁, 마라톤 전투, 델로스 동맹, 펠로폰네소스 전쟁에 이르기까지 아주 상세하게 다루고 있다. 나아가 종교적 견해의 차이로 한 나라였던 네덜란드와 벨기에가 분리되는 과정을 설명하면서 중국에 통상거래를 원하는 벨기에의 모습까지 함께 기술하고 있다.

[유럽 터키]

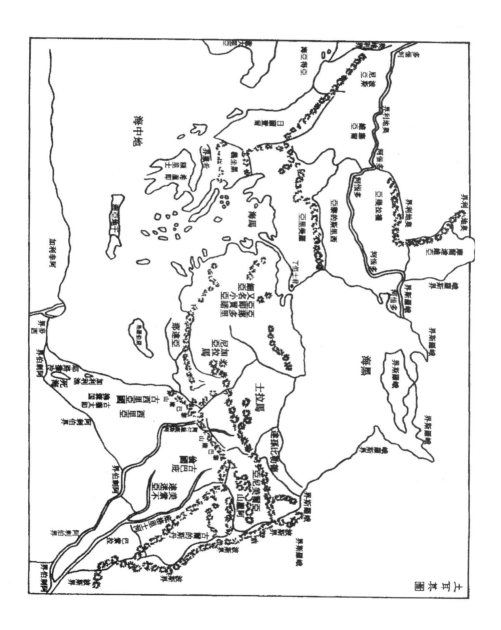

터키 지도

토이기(土耳其): 터키(Turkey)로, 지금의 튀르키예(Türkiye)이다.

아라사계(峨羅斯界): 러시아(Russia) 강역이다.

마이달유아(摩爾達維亞): 몰다비아(Moldavia)로, 지금의 몰도바(Moldova)이다.

오지리계(奧地利界): 오스트리아(Austria) 강역이다.

다뇌하(多惱河): 지금의 다뉴브강(Danube R.)이다.

말랍기아(襪拉幾亞): 왈라키아(Wallachia)로, 루마니아의 역사적 지명이다.

새이유아(塞爾維亞): 지금의 세르비아(Serbia)이다.

파사니아(波斯尼亞): 지금의 보스니아(Bosnia)이다.

흑해(黑海): 지금의 흑해(Black Sea)이다.

라미리아(羅美里亞): 오스만제국의 행정구역이었던 루멜리아(Rumelia)이다.

서리사적려아(西里斯的黎亞): 지금의 불가리아 북동부에 위치한 실리스트라(Silistra)이다.

일살일이(日薩壹爾): 지금의 알바니아(Albania)이다.

아득아해(亞得亞海): 지금의 아드리아해(Adriatic Sea)이다.

의대리아(意大里亞): 지금의 이탈리아(Italia)이다.

군사단정(君士但丁): 콘스탄티노플(Constantinople)로, 지금의 튀르키예 수도 이스탄불(Istanbul)이다.

파사(波斯): 지금의 이란(Iran)이다.

아이미니아(亞爾美尼亞): 지금의 아르메니아(Armenia)이다.

덕륵비손달(德勒比孫達): 트라비존드(Trebizond)로, 지금의 튀르키예

208

트라브존(Trabzon)이다.

마랍사(馬拉士) : 지금의 퀴타히아(Kütahya)이다.

가랍마니아(加拉馬尼亞) : 카라마니아(Karamania)로, 지금의 카라만 (Karaman)이다.

아나다리아(阿那多里亞) : 매락(買諾), 소아세아(小亞細亞)라고도 한 다. 아나톨리아(Anatolia)로, 지금의 아나돌루(Anadolu)이다.

마해(馬海) : 지금의 마르마라해(Sea of Marmara)이다.

희랍계(希臘界) : 그리스(Greece) 강역이다.

희랍(希臘) : 액리사(額里士)라고도 하며, 지금의 그리스이다.

흑좌의(黑坐義) : 헤리조지(Herizoge)로, 지금의 보스니아헤르체고비 나 남부 헤르체고비나(Hercegovina)이다.

아랍산(阿臘山) : 지금의 아라라트산(Mount Ararat)이다.

고이적사단(古爾的斯丹) : 지금의 쿠르디스탄(kurdistan)이다.

미색부달미아(美索不達迷亞) : 메소포타미아(Mesopotamia)로, 지금의 티그리스강과 유프라테스강 유역이다.

고파비륜국(古巴比倫國) : 고대 바빌론(Babylon) 왕국이 있었던 자리 로, 지금의 이라크에 위치한다.

려파눈산(黎巴嫩山) : 지금의 레바논산맥(Mount Lebanon)으로, 루브 난산맥(Jebel Lubnan)이라고도 한다.

아부랍저사하(阿付臘底斯河) : 지금의 유프라테스강(Euphrates R.)이다.

서리아(西里亞) : 지금의 시리아(Syria)이다.

고서리아국(古西里亞國) : 아시리아 제국(Assyria Empire)이 있었던 자 리로, 지금의 서아시아와 이집트에 걸쳐 위치한다.

고유태(古猶太)는 불림국(拂箖國)이다.

-불림국(拂箖國) : 고대 유대(Judea) 왕국이다.

가리리지(加利利池): 지금의 갈릴리호(Sea of Galilee)이다.

사해(死海): 지금의 사해(Dead Sea)이다.

아랄백계(阿剌伯界): 아라비아(Arabia) 강역이다.

야로살랭(耶路撒冷): 지금의 예루살렘(Jerusalem)이다.

맥서계(麥西界): 이집트(Egypt) 강역이다.

저격리사하(底格里士河): 티그리스강(Tigris R.)이다.

파색랍(巴索拉): 지금의 이라크 바스라(Basra)이다.

아달나(亞達那): 지금의 아다나(Adana)이다.

거백라도(居伯羅島): 지금의 키프로스섬(Kypros Island)이다.

간지아주(干地亞洲): 칸디아(Candia)로, 지금의 크레타섬(Creta Island)이다.

터키[1] 토이기(土耳幾)·토이기아(土耳基亞)·도이기(都耳基)·다이기(多爾其)·도로기(都魯機)·특이제(特爾濟)·두이격(杜爾格)·공갈이(控噶爾)·아다마락(痾多馬諾)·아다만(阿多曼)이라고도 한다.는 이슬람의 대국이다. 이 땅은 서부, 중부, 동부 세 지역으로 구분되며, 서부는 유럽의 경내에 위치하고, 중부와 동부는 아시아의 경내에 위치한다. 서부, 중부, 동부는 모두 합쳐 면적이 사방 4천~5천 리에 달한다. 옛날에는 모두 로마 대진국(大秦國)이다.의 동쪽 경내에 위치해 있었으나, 후에 로마가 동서로 분리되면서 서부, 중부, 동부는 동로마의 땅이 되었다. 당(唐)나라 초에 강성해진 아라비아(Arabia)[2]의 이슬람이 동부와 중부

---

1   터키: 원문은 '토이기(土耳其)'로, 지금의 튀르키예(Türkiye)이다.

2   아라비아(Arabia): 원문은 '아랄백(亞剌伯)'이다.

를 차지한 뒤 나라를 세웠다. 터키는 본래 타타르족으로, 과거에는 파미르고원(Pamir Plateau)[3]의 동쪽 지금의 이리(伊犁) 일대에 해당한다. 에서 유목생활을 했으며, 이슬람교를 신봉했다. 이리저리 떠돌다가 서쪽으로 이동해 소아시아(Asia Minor)[4] 터키 중부에 해당한다. 로 들어갔다. 카라마니아(Karamania)[5]에서 거주하다가 아라비아 이슬람에게 쫓겨나 산속으로 달아났다. 그 뒤에 종족이 점차 번성해지다가 원나라 성종(成宗) 5년(1301)에 오스만 1세(I. Osman)[6] 아다마락(痾多馬諾)이라고도 한다. 가 종족을 불러 모아 소아시아 이슬람국을 침탈해 나라를 세우고 오스만(Ottoman)[7]이라 불렀다. 손자 무라드 1세(I. Murad)[8]에 와서 날로 강성해져 동쪽의 유대(Judea)[9]·시리아(Syria)[10] 터키 동부에 해당한다. 등을 점차 잠식해 강역이 더욱 넓어졌다. 프랑스와 독일이 일찍이 군사 6만을 데리고 침공해왔다가 모두 패하고 달아났다. 원나라 순제(順帝) 지원(至元)[11]연간에 무라드 1세는 [다르다넬스]해협을 건너가 동로마를 정벌하고 적과 싸워 승리를 거두었다. 크게 다친 한 적장이 전장에 누워 무라드 1세

---

3   파미르고원(Pamir Plateau): 원문은 '총령(蔥嶺)'이다.

4   소아시아(Asia Minor): 원문은 '매락(買諾)'이다.

5   카라마니아(Karamania): 원문은 '가랍마니아(加拉馬尼亞)'로, 가나마니아(加那馬尼阿)라고도 하는데, 지금의 카라만(Karaman)이다.

6   오스만 1세(I. Osman): 원문은 '아다만(阿多曼)'이다. 오스만 1세(재위 1299~1326)는 아나톨리아 북서부 투르크멘 공국의 통치자이자 오스만 제국의 창건자이다.

7   오스만(Ottoman): 원문은 '아다만(阿多曼)'으로, 오스만제국을 가리킨다.

8   무라드 1세(I. Murad): 원문은 '묵랍적(黙拉德)'으로, 오스만제국의 술탄 무라드 1세(1360~1389)를 가리킨다.

9   유대(Judea): 원문은 '유태(猶太)'이다. 고대 유대왕국을 가리키며, 옛 땅은 지금의 팔레스타인(Palestine) 지역에 위치한다.

10   시리아(Syria): 원문은 '서리(叙里)'이다.

11   지원(至元): 원나라 세조 쿠빌라이 치세의 연호(1264~1294)이다.

가 친히 죽여준다면 죽어도 한이 없겠다며 [죽여 줄 것을] 청했다. 이에 무라드 1세가 다가가자 적장이 갑자기 벌떡 일어나 단도로 무라드 1세의 심장을 찔러 죽였다.[12] 그의 아들 바예지드 1세(I. Bayezid)[13] 파야서득(巴也西得)이라고도 한다. 는 해협을 건너가 복수하고 포로 1만 명을 모두 죽였다. 몽골 원나라에서 임명한 사마르칸트(Samarkand)[14]의 왕 티무르를 말한다. 의 침입을 맞아 바예지드 1세는 그들을 막다가 전쟁에 패해 포로가 되었다. 후에 무라드 2세(II. Murat)[15]가 다시 떨쳐 일어나 동로마를 침략해 그 땅의 절반을 차지했다. 그의 아들 메흐메드 2세(II. Mehmed)[16]는 더욱 용맹했다. 명나라 경태(景泰)[17] 3년(1452)에 동로마를 멸망시키고 콘스탄티노플(Constantinople)[18] 터키의 서부에 해

---

12   크게 다친 한 적장이…찔러 죽였다: 오스만 제국의 술탄 무라드 1세가 세르비아의 코소보 폴례에서 세르비아의 왕자 라자르의 군대와 이른바 코소보 전투를 벌여 승리했으나, 세르비아의 귀족인 밀로스 오블리크(혹은 밀로슈 오빌리치)의 독 묻은 단검에 찔려 암살당하는 일이 발생했는데, 여기서는 바로 이 사건을 말한다. 이 일로 밀로스 오블리크는 세르비아의 영웅서사시에 그 이름을 남겼으며, 무라드를 찔러 죽인 영웅으로 전해지고 있다.

13   바예지드 1세(I. Bayezid): 원문은 '파아설(巴牙屑)'로, 파아길덕(巴亞吉德)이라고도 한다. 바예지드 1세(재위 1389~1402)는 오스만 제국 제4대 술탄으로, 최초로 오스만 국가체제를 중앙집권화한 인물이다.

14   사마르칸트(Samarkand): 원문은 '살마아한(撒馬兒罕)'이다.

15   무라드 2세(II. Murad): 원문은 '마랍다(摩拉多)'로, 목랍덕(穆拉德)이라고도 한다.

16   메흐메드 2세(II. Mehmed): 원문은 '마하미덕(馬何美德)'으로, 마하미왕(麻荷彌王)이라고도 한다. 메흐메드 2세(1432~1481)는 오스만 제국의 제7대 술탄으로, 젊은 나이에 콘스탄티노폴리스를 함락하고 동로마 제국을 멸망시켰으며, 오스만 제국의 판도를 넓혀 '정복자(Fatih)'란 별명을 얻었다.

17   경태(景泰): 명나라 제7대 황제 대종(代宗) 주기옥(朱祁鈺)의 연호(1450~1457)이다.

18   콘스탄티노플(Constantinople): 원문은 '군사단정성(君士但丁城)'으로, 관사돈정라포이(觀斯頓丁羅布爾), 군사탄성보(君士坦城堡)라고도 한다. 지금의 튀르키예 수도 이스탄불(Istanbul)로, 로마의 콘스탄티누스 대제(Constantine the Great)가 명칭을 바꾸기 전에는 비잔티움(Byzantium)으로 불렸다.

당한다. 콘스탄티노플은 강사탄태낙격이(康思坦胎諾格爾)이라고도 하며,『서역문견록(西域聞見錄)』에서는 공갈이(控噶爾)로 칭하고 있다. 을 차지해 수도로 삼으면서 터키 세 지역은 모두 오스만 제국의 관할 하에 들어갔다. 과거 아라비아에 속해 있었던 홍해·지중해의 남쪽 연안국 중 어떤 나라는 오스만 제국에 귀속되었고, 어떤 나라는 제후국으로 남았다. 아라비아 역시 협상을 받아들여 속국이 되었다. 다시 동쪽으로 페르시아를 차지하고 나서 대제국을 건설했으며, 강역이 거의 로마에 버금갈 정도로 넓어졌다. 전쟁 때에는 사람을 아주 처참하게 도륙했는데, 전쟁 때마다 1만 급 이상 참수했다. 전적으로 형벌에 의존해 나라를 다스렸으며, 세금은 더욱 번거롭고 가혹하게 거두었다. 가정(嘉靖)[19] 연간 이후의 왕들은 대부분 어리석고 술에 취해 골육을 잔혹하게 죽였는데, 이 때문에 왕위찬탈을 위한 시해가 자주 일어나 이른바 난국(亂國)이 되었다. 후궁은 늘 5백~6백 명에 달했으며, 처음 아들을 출산하는 사람이 왕후가 되었다. 이슬람교가 정권을 잡고 권력을 마구 휘둘렀다. 봉토를 가지고 있는 수장들은 [백성들의] 고혈을 짜내 사욕을 채웠다. 탁만(橐滿)[20]은 왕이 내린 비단으로 스스로 목을 매고 죽었으며, 가산은 몰수당했다. 대개 서구의 나라 가운데 터키만큼 어리석고 잔인무도한 나라는 없었던 것 같다. 터키는 처음에 서부, 중부, 동부의 땅을 차지하고 나서 각각 지역을 나누고 이른바 파샤(Pacha)[21]라는 수장을 두어 다스렸다. [다스

---

19 가정(嘉靖): 명나라 제11대 황제 세종(世宗) 주후총(朱厚熜)의 연호(1522~1566)이다.

20 탁만(橐滿): 맘루크 왕조의 마지막 왕인 투만베이(Tumanbay)로 추정된다.

21 파샤(Pacha): 원문은 '파찰(巴札)'이다. 파하(帕夏)라고도 하는데, 수뇌(首腦)의 뜻이다. 오스만 제국과 북아프리카에서 신분이 높은 사람이나 고위직에 있는 사람을 가리키기도 하고 이슬람 국가의 고위관직명을 지칭하기도 한다.

리는] 땅이 넓고 권한이 막중하자 파샤는 중앙을 위협할 정도로 그 세력이 점차 커졌으며, 그중에서도 동부는 더욱 멀리 떨어져 있어 통제하기가 어려웠다. 강희(康熙)[22] 연간 무스타파 2세(II. Mustafa)[23]에 와서 국력이 더욱 쇠약해져 통제할 수 없게 되자 파샤들은 각자 한 지역씩을 맡아 다스리면서 명분상으로는 신하였지만 군사를 징발해도 대부분 불응했다. 동쪽 변방에 위치한 아르메니아(Armenia)[24]와 쿠르디스탄(kurdistan)[25]은 모두 백성들이 낸 세금으로 먹고 살면서도 왕실을 받들지 않았다. 바빌로니아(Babylonia)[26] 바로 메소포타미아(Mesopotamia)[27]지역이다. 의 파샤 아흐마드(Ahmad)[28]가 일찍이 땅을 점령하고 반란을 일으키자 오스만 제국의 왕 나디르 샤(Nadir Shah)[29]가 정벌

---

22 강희(康熙): 청나라 제4대 황제 성조 애신각라현엽(愛新覺羅玄燁)의 연호(1661~1722)이다.

23 무스타파 2세(II. Mustafa): 원문은 '달합하마(達哈荷麻)'이다. 무스타파 2세(재위 1695~1703)는 오스만 제국의 제22대 술탄이자 16대 파디샤이다.

24 아르메니아(Armenia): 원문은 '아이미니아(亞爾美尼亞)'로, 아이미니부(亞爾美尼部), 아면부(亞面部)라고도 한다.

25 쿠르디스탄(kurdistan): 원문은 '고이덕사단(古爾德斯丹)'으로, 지금의 터키 남동부와 이란북서부, 이라크 북동부와 시리아 북동부에 걸친 고원과 산악으로 이루어진 지역을 가리킨다.

26 바빌로니아(Babylonia): 원문은 '파필라니아부(巴必羅尼亞部)'로, 파비라니아(巴比羅尼阿)라고도 한다.

27 메소포타미아(Mesopotamia): 원문은 '미색부달미아부(美索不達迷亞部)'이다.

28 아흐마드(Ahmad): 원문은 '아묵(阿墨)'으로, 아흑(阿黑)이라고도 한다. 아흐마드 샤 두라니(재위 1747~1772)로, 그는 1747년 나디르 샤 사후 칸다하르에 진군해서 아프샤르 왕조에서 자립했다. 같은 해 10월 아프가니스탄 최초의 샤에 추대되어 아프가니스탄의 정치적 독립을 확립했다.

29 나디르 샤(Nadir Shah): 원문은 '나달사(那達沙)'로, 나적이사(那的爾沙)라고도 한다. 튀르크계 아프샤르족 출신인 나디르 샤(재위 1736~1747)는 페르시아 제국 아프샤르 왕조(Afsharid dynasty)의 창시자로 재위 기간에 아프가니스탄, 인도 서북부, 중앙아시아 등지를 정복했다. 여기서는 당시 오스만 제국이 아프샤르 왕조를 자신들의 속국으로 보고 있는 것으로 추정된다.

나갔지만, 여러 해 동안 정복하지 못했다. 셀림 3세(III. Selim)[30]가 왕위를 계승하고 가경(嘉慶)[31] 8년(1803) 때부터 전쟁에서 승리하여 땅을 수복했다. 2년 남짓 되어 새로 자리에 오른 파샤가 다시 반란을 일으키자 셀림 3세는 친히 정벌에 나섰다가 그만 유시(流矢)에 맞아 전사했다. 여덕아(如德亞) 바로 유대이다. 의 파샤 역시 발호하면서 명을 받들지 않았지만 오스만 제국으로서는 어떻게 할 수 없었다. 중부의 소아시아 등은 오스만 제국 발흥의 기반이 된 곳으로, 사람들은 대부분 타타르족으로 여전히 힘써 부역에 종사했다. 반면에 서부의 여러 지역은 수도에서 가까워, 군사를 일으키는 자들이 잇달아 나왔다. 남쪽 강역에 위치한 그리스(Greece)[32]는 적국에 의해 나라가 분열된 상태였는데, 별도의 『도설(圖說)』이 있다. 근년에 자립하여 왕국을 세웠으며 또한 세 지역으로 나뉜다. 이 외에 제후국으로 [페르시아와 천방이 있는데], 페르시아는 일찍 왕조가 바뀌었으며, 천방(天方) 아라비아이다. 역시 관계가 끊어졌다. 북아프리카에 위치한 나라 가운데 알제리(Algérie)[33]는 이미 프랑스에 의해 멸망했다. 오직 튀니지(Tunisia)[34]·트리폴리(Tripoli)[35]

---

30   셀림 3세(III. Selim): 원문은 '색려모(塞黎慕)'로, 소리마왕(疏厘麻王)이라고도 한다. 셀림 3세(재위 1789~1807)는 오스만 제국의 제28대 술탄이자 22대 파디샤로, 오스만제국의 서구화를 추진했다.

31   가경(嘉慶): 청나라 제7대 황제 인종 애신각라옹염(愛新覺羅顒琰)의 연호(1796~1820)이다.

32   그리스(Greece): 원문은 '희랍(希臘)'이다.

33   알제리(Algérie): 원문은 '아이급이(阿爾及耳)'로, 아이급이(阿爾及爾), 압액(押額)이라고도 한다.

34   튀니지(Tunisia): 원문은 '돌니사(突尼斯)'로, 도니사(都尼司)라고도 한다.

35   트리폴리(Tripoli): 원문은 '적려파리(的黎波里)'로, 특려파리(特黎波里), 득파리(得波里)라고도 한다. 지금의 리비아(Libya) 수도이다.

만이 여전히 조공하러 왔다. 이집트(Egypt)[36]는 지중해 남쪽의 옥토로 과거에는 파샤를 두어 다스렸다. 근년에 이집트의 파샤가 터키에 반란을 일으켜 터키의 동쪽 지역을 차지하고 장차 쳐들어올 기세였다. 영국과 프랑스가 이집트의 진군을 막으며 화친을 권유하자 이집트는 이에 땅을 나눠 주고 속국이 되었다. 4개국은 『아프리카도설(阿非利加圖說)』에 상세히 나와 있다. 셀림 3세 때부터 동쪽으로 정벌 나가 영토를 되찾지 못하자 나라 사람들이 무스타파 4세(IV. Mustafa)[37]를 왕으로 세웠다. 그러나 채 1년도 되지 않아 폐위되었다. 가경 13년(1808)에 마흐무드 2세(II. Mahmud)[38]를 추대했는데, 마흐무드 2세는 제위에는 오래 있었지만 나라의 명맥은 더욱 끊어지기 일보직전이었다. 대개 나라가 쇠퇴기에 접어든지 1백여 년이 넘었으며, 지금은 망조가 들 정도로 위태롭다. 다만 대대로 왕실을 섬기던 신하들이 좌우에서 보좌하고 또한 영국, 프랑스 등의 대국들과 합종했기 때문에 여전히 구차하게 시간을 연장할 수 있었다. 북쪽에 이웃하고 있는 러시아는 대국으로, 터키와는 흑해(Black Sea)[39]를 사이에 두고 있으며, 동쪽과 서쪽은 땅이 맞닿아 있다. 건륭(乾隆)[40] 연간에 터키는 러시아와 전쟁을 벌였는데, 『서역문견록』에서 말하고 있는 러시아와 전쟁을 벌인 공갈이(控噶爾)가 바로 터키이다. 『러시아도설(峩羅斯圖說)』에 상세히 나와 있다. 전후 수십 년 동안 처음에는 승부가 팽팽했지만,

---

36 이집트(Egypt): 원문은 '맥서(麥西)'이다.

37 무스타파 4세(IV. Mustafa): 원문은 '모사덕발(慕斯德發)'이다. 무스타파 4세(재위 1807~1808)는 오스만 제국의 제29대 술탄이자 23대 파디샤이다.

38 마흐무드 2세(II Mahmud): 원문은 '마아미덕(馬痾美德)'으로, 마무덕(馬茂德)이라고도 한다. 마흐무드 2세(재위 1808~1839)는 오스만 제국의 제30대 술탄이자 24대 파디샤이다.

39 흑해(Black Sea): 원문은 '흑해(黑海)'이다.

40 건륭(乾隆): 청나라 제6대 황제 고종 애신각라홍력(愛新覺羅弘曆)의 연호(1735~1795)이다.

전쟁이 계속되면서 싸울수록 누차 패전했다. 건륭 54년(1789)에 셀림 3세는 러시아에게 패전해 땅을 할양하고 동맹을 맺었다. 후에 러시아가 대대적으로 군사를 일으켜 공격해왔을 때 프랑스가 도와주어 패망을 면했다. 이로부터 다뉴브강(Danube R.)[41] 일대는 봉화가 자주 올라와 위급함을 알렸고 왕의 명을 받들어 움직이느라 경황이 없었다. 도광(道光) 6년(1826)에 터키인들은 러시아의 남부지방을 침략해 싸웠으나 패전했다. 러시아가 대군을 이끌고 터키의 수도를 포위하는 바람에 나라가 패망할 뻔했다. 영국과 프랑스가 터키를 위해 강화를 요청하자 러시아는 전쟁을 그만두었다.

터키 서부는 고대 그리스 12개 도시국가의 땅이었다. 『그리스도설(希臘圖說)』에 상세히 나와 있다. 북쪽으로는 러시아·오스트리아와 경계하고, 남쪽으로는 지중해에 이른다. 지형이 바다로 들어가는 곳에서 그리스와 경계한다. 동쪽으로는 흑해와 경계하며, 동남쪽으로는 소아시아와 해협 하나를 사이에 두고 있으며, 해협의 이름은 다르다넬스해협(Dardanelles Strait)[42]이다. 『후한서(後漢書)』『대진전(大秦傳)』에 따르면 수백 리에 걸쳐 놓여 있는 비교(飛橋)가 있어 바다 북쪽 각국으로 건너갈 수 있다고 하는데, 바로 이 해협을 가리킨다. 너비는 몇 리에 불과하지만 이를 거쳐 가면 흑해·지중해와 이어진다. 춘추(春秋)시대 때 페르시아의 왕 크세르크세스 1세(Xerxes I)[43]가 그리스를 정벌하면서 일찍이 부교를 건설해 군사들에게 건너

---

41 다뉴브강(Danube R.): 원문은 '다뇌하(多惱河)'이다.

42 다르다넬스해협(Dardanelles Strait): 원문은 '타대니리(他大尼里)'로, 달달니이(達達尼爾), 권지닉해협(捲地匿海峽)이라고도 한다. 터키어로는 차나칼레해협(Çanakkale Bogazi)이라고 한다.

43 크세르크세스 1세(Xerxes I): 원문은 '택이사(澤耳士)'로, 택이사세(澤爾士世), 설서사일세(薛西斯一世), 실실(悉實)이라고도 한다. 크세르크세스 1세(재위 B.C.486~B.C.465)는 다리우스 1세의 아들로 그리스와 전쟁을 벌였으나 살라미스 해전에서 패배하면서 결국 아케메네스 왕조의 몰락을 가져왔다.

게 했다. 전해오는 말에 따르면 고대에 석교가 있었는데, 무너진 지 오래 되었다고 한다.

서쪽으로는 아드리아해(Adriatic Sea)[44]에 이르는데, 동서남북 각각 2천여 리에 이른다. 남북으로는 높은 산맥이 가로 걸쳐 있으며 다뉴브강이 그 사이를 휘감아 돌고 있다. 이 땅에는 산이 많고 평지가 적다. 남쪽 경내는 바다와 만이 올록볼록하고 섬이 어지러이 펼쳐져 있다. 이 땅은 유럽이 처음 연곳이나, 터키가 무력으로 강탈했다. 이 나라 사람들은 본래 천주교를 신봉하고 이슬람교를 좋아하지 않았으며, 또한 터키의 폭정을 견디지 못해 근년에 들어 사분오열되었다. 이 땅에서는 면화·담배·포도·남과(南果)·양모등이 난다.

이 땅은 모두 8개 지역으로 나뉘는데, 수도가 있는 루멜리아(Rumelia)[45]로묵리(路黙利)라고도 한다. 는 사람들 대부분이 튀르크인으로, 성격이 사납고호전적이며, 생사를 가벼이 여기고 약속을 중시한다. 아편을 금지하지 않아 여위고 파리한 사람들이 많다. 수도는 콘스탄티노플로 흑해 협구의 서쪽 해안에 건설되었는데, 본래는 로마의 동도였으나 오스만 제국이 동로마를 멸망시키고 수도를 이곳으로 옮긴 뒤 이스탄불(İstanbul)[46]로 이름을 바꾸었다. 도시가 아주 크고 도시 안에는 왕궁이 있으며, 대전이 웅장하고 넓다. 도시 밖으로 깊고 넓은 항구가 있어 상선들이 많이 모여든다. 해안을돌아 많은 건물들이 구름처럼 이어져 있고, 각국 사신들의 공관이 이곳에

---

44 아드리아해(Adriatic Sea): 원문은 '아득아해(亞得亞海)'로, 아득리아해(亞得利亞海), 아득리아해(亞得里亞海)라고도 한다.

45 루멜리아(Rumelia): 원문은 '라미리아(羅美里亞)'이다. 동유럽의 역사적 지명으로 지금의 알바니아(Albania), 마케도니아(Macedonia), 트라키아(Thracia) 등지에 해당한다.

46 이스탄불(İstanbul): 원문은 '사단불(土但不)'이다.

있다. 온역과 화재가 자주 일어난다. 관할지인 에디르네(Edirne)[47]는 사방 둘레가 15리로, 안에는 옛 궁전이 있으며, 백성들은 생활이 힘들다. 겔리볼루(Gelibolu)[48]는 마르마라해(Sea of Marmara)[49]에 위치하며, 인구는 1만 7천 명으로 상업도시이다.

실리스트라(Silistra)[50] 불아(不牙)라고도 한다. 는 루멜리아 북쪽에 위치한다. 북쪽으로는 다뉴브강에 막혀 있어 풍속과 언어가 러시아에 가깝다. 이곳 사람들은 부지런히 힘써 일하고 그리스 정교를 믿으며, 주도는 소피아(Sofia)[51]로, 인구는 5만 명이며, 육로를 통해 교역한다. 관할지인 슈멘(Shumen)[52]은 지형이 산의 험지를 끼고 있어 남자 혼자서도 관문을 지킬 수 있으며, 터키 북쪽의 관문으로, 이에 기대어 러시아군을 막았다. 다뉴브강 일대는 보루가 상당히 많은데 모두 러시아를 대비해 설치한 것이다.

보스니아(Bosnia)[53] 부니(不尼)라고도 한다. 는 최서북단에 위치한다. 북쪽으

---

47 에디르네(Edirne): 원문은 '아득안성(亞得安城)'으로, 애적이내(埃迪爾內)라고도 한다. 영어로는 아드리아노플(Adrianople)이라고 하는데, 튀르키예의 가장 서쪽 지역으로, 지금의 그리스와 불가리아 국경 근처에 위치한다.

48 겔리볼루(Gelibolu): 원문은 '가리성(加利城)'으로, 아리읍(牙利邑)이라고도 한다. 갈리폴리(Gallipoli)라고도 하는데, 지금의 튀르키예 유럽 지역에 위치한다.

49 마르마라해(Sea of Marmara): 원문은 '마해만(馬海灣)'이다.

50 실리스트라(Silistra): 원문은 '서리사적려아(西里斯的黎亞)'로, 석리사특랍아(錫里斯特拉亞)라고도 한다. 지금의 불가리아 북동부에 위치한다.

51 소피아(Sofia): 원문은 '소비(所非)'로, 색비아(索非亞)라고도 한다. 지금의 불가리아 수도이자 최대도시이다.

52 슈멘(Shumen): 원문은 '순랄성(順刺城)'으로, 서문(舒門)이라고도 한다. 1950~1965년 동안은 불가리아의 공산주의자인 바실 콜라로프의 이름을 따서 콜라로브그라드(Kalarovgrad)라 불리기도 했다.

53 보스니아(Bosnia): 원문은 '파사니아(波斯尼亞)'로, 포니부(布尼部)라고도 한다. 지금의 보스니아헤르체고비나(Bosnia and Herzegovina)이다.

로는 다뉴브강에 이르고, 초지가 풍부하고 넓다. 도시 안에 산이 있고, 산에서는 품질이 상당히 좋은 철이 나 주민들은 모두 칼과 검을 주조한다. 터키의 폭정을 견디지 못해 여러 차례 장대를 높이 들고 봉기했다.

알바니아(Albania)[54] 아랄만(亞剌萬)이라고도 한다. 는 해변에 위치하며, 사람들은 사냥을 해서 먹고 산다. 날래고 강건해 싸움을 잘하며, 용감하게 적진으로 달려들어 서방의 정예병이라 불린다. 주도는 이오아니나(Ioannina)[55]로, 과거에 한 수장이 이 땅을 근거지로 삼아 반란을 일으켰는데, 터키왕이 여러 해 동안 공격했지만 결국 이기지 못했다.

헤리조지(Herizoge)[56]는 지형이 바다로 들어가 있으며 그리스와 이웃하고 있다. 땅 전체가 산으로 이루어져 있어 사람들은 산골짜기에 사는데, 사람들이 어리석고 볼품없지만 사납고 용맹해 누군가가 성난 눈으로 흘겨만 봐도 반드시 보복했으며, 멀리서 손님이 찾아오면 아주 후하게 대접했다.

세르비아(Serbia)[57] 식미(息味)라고도 한다. 는 실리스트라의 서쪽, 보스니아의 동쪽에 위치하며 북쪽으로는 다뉴브강에 이르고, 주도는 베오그라드(Beograd)[58] 별갑(別甲)이라고도 한다. 로 성이 아주 견고하다. 이곳 사람들은 무

---

54 알바니아(Albania): 원문은 '일살일이(日薩壹爾)'로, 아이마니아(阿爾麻尼阿), 아파니(亞巴尼), 아이파니아(阿爾巴尼亞)라고도 한다.

55 이오아니나(Ioannina): 원문은 '약한니나(藥翰尼拿)'로, 약한니나(藥翰尼那), 애오니납(艾奧尼納)이라고도 한다. 지금의 그리스 북서부 이피로수주에 위치한다.

56 헤리조지(Herizoge): 원문은 '흑좌의(黑坐義)'로, 흑새가유나(黑塞哥維那)라고도 한다. 지금의 보스니아헤르체고비나 남부 헤르체고비나(Hercegovina)이다.

57 세르비아(Serbia): 원문은 '새이유아(塞爾維亞)'로, 실비언부(悉比焉部)라고도 한다.

58 베오그라드(Beograd): 원문은 '점로덕사아(占盧德師亞)'로, 백아랍(百牙拉), 배이지고성(北耳地固城), 배아성(北牙城)이라고도 한다.

예에 뛰어나고 호전적이며, 그리스정교를 믿어 이슬람의 지배를 좋아하지 않는다. 따로 수장을 추대해서 군사를 일으켜 터키를 막았다. 터키는 이들을 정복할 수 없어 그들과 강화를 맺었는데, 근래에 자립해서 나라를 세우고는 터키에 공물을 바친다.

왈라키아(Wallachia)[59] 와랍기(瓦拉基)라고도 한다. 는 실리스트라의 북쪽에 위치하고, 북쪽으로는 큰 산에 막혀 있으며, 남쪽으로는 다뉴브강에 이르는데, 남북의 길이는 1800리고, 동서의 너비는 450리이다. 땅이 평탄하고, 하천이 교차되어 흘러 토양이 비옥해서 보리농사에 적당하며 초지가 풍부해 가축이 잘 번식한다. 사람들은 예수교를 신봉하고 부지런히 일하지만 터키가 폭정을 행하며 갖은 방법으로 세금을 수탈한다. 그 땅의 수장은 위치가 연방국의 낮은 제후 정도 된다. 수도는 부쿠레슈티(Bucureşti)[60] 포가력(布加力)이라고도 한다. 로, 인구는 8만 명이며, 러시아가 때때로 이 도시를 보호해준다. 근래에 나라를 세우고 터키에 공물을 바친다.

몰다비아(Moldavia)[61] 말대미(末大味)라고도 한다. 는 왈라키아의 북쪽에 위치하며, 서쪽은 산봉우리에 막혀 있고, 땅은 넓고 아득하다. 인구는 50만 명이고, 오곡·남과·포도·담배·밀랍·초염(硝鹽)[62]·말·소·돼지가 나며, 매년 말

---

59 왈라키아(Wallachia): 원문은 '말랍기아(襪拉幾亞)'로, 와랍기지(瓦拉其地)라고도 한다. 왈라키아는 루마니아의 역사적 지역이다. 16세기 초에 터키의 보호하에 들어갔다가 1714년부터는 터키의 지배를 받았으며, 1861년에 루마니아공국으로 이름을 바꾸었다.

60 부쿠레슈티(Bucureşti): 원문은 '불가륵사다(不加勒斯多)'로, 포가륵사특(布加勒斯特)이라고도 하는데, 지금의 루마니아 수도이다. 중세 이래 왈라키아 공국의 수도였으나, 1861년 왈라키아와 몰다비아의 합병으로 루마니아가 성립하면서 그 수도가 되었다.

61 몰다비아(Moldavia): 원문은 '마이달유아(摩爾達維亞)'로, 마도(摩道), 마이다와(摩爾多瓦)라고도 한다. 몰다비아는 1859년에 왈라키아 공국과의 연합을 통해 루마니아가 되었다.

62 초염(硝鹽): 암염(巖鹽)이라고도 한다.

1만 필을 이웃 나라에 팔았다. 이 땅의 수장은 위치가 제후 정도 된다. 수도는 이아시(Iaşi)[63] 아서(牙西)라고도 한다. 로, 러시아의 보호를 받으면서 터키의 폭정에서 벗어났다. 근래에 역시 나라를 세우고 터키에 공물을 바친다.

칸디아(Candia)[64]는 해상에 위치하며, 사방 둘레는 1500리이다. 섬의 중앙은 높고 바깥쪽은 드넓으며, 근해에는 양전(良田)이 많고, 또한 품질이 아주 좋은 올리브유가 난다. 사람들은 그리스 정교를 믿으며, 터키의 정치를 달갑게 여기지 않아 이 땅을 기반으로 반란을 일으켰다. 터키왕이 20년이 넘도록 공격했지만 정복할 수 없었다. 섬의 경치는 상당히 빼어나나, 해구가 근래에 모래섬으로 바뀌는 바람에 이에 가로막혀 배가 다니기 어렵다.

터키 중부는 소아시아로, 아시아의 최서단에 해당하며 흑해·지중해가 삼면을 둘러싸고 있고, 남북의 길이는 약 1천 리에 이르고, 동서의 너비는 약 2천여 리에 이른다. 남북은 종(縱)이라고 하고, 동서는 횡(橫)이라고 하는데, 대개 후세에 말하는 종횡은 모두 이를 모방한 것이다. 남쪽과 북쪽은 산세가 험하고 높으며, 중앙은 옥토가 많다. 터키는 이 땅에게 발흥했으며, 타타르족이 여기저기 흩어져서 잡거하고 있다. 그래서 터키가 쇠퇴하더라도 이곳은 도리어 분열이 없었다. 이 땅에서는 곡식·보리·금·은·구리·철·주석·잠사·건포도·남과·술·기름·꿀·향료·약재가 난다. 이 땅은 모두 6개 지역으로 나뉜다.

---

63 이아시(Iaşi): 원문은 '알서(臀西)'로, 아서(雅西)라고도 한다. 이아시는 루마니아 북동부와 몰다비아 중부에 위치한 도시로, 루마니아 동부에서 가장 큰 도시이다.

64 칸디아(Candia): 원문은 '간지아주(干地亞洲)'이다. 역사적 지명으로, 넓게는 지금의 크레타섬(Creta Island)을 지칭하고 좁게는 크레타섬 내에 위치한 이라클리오(Ηράκλειο)를 가리킨다. 이라클리오는 헤라클레이온(Ηράκλειον), 칸디아(Candia)로도 불렸는데, 칸디아는 예전 그리스어 명칭인 칸닥스(Χάνδαξ) 또는 칸다카스(Χάνδακας)에서 차용한 베네치아어 표기명이다.

아나톨리아(Anatolia)[65] 사맥나(士麥拿)라고도 한다. 는 소아시아라고도 불리며, 삼면이 바다와 경계하고 서쪽의 루멜리아[66]와는 해협 하나를 사이에 두고 있다. 주도의 인구는 10만 명으로, 무역으로 생활한다. 서방 상인들이 구름처럼 몰려들어 매년 수출입 화물의 가치가 수백만 금이 넘는다. 시가지가 더러워 온역이 성행할 때마다 도시 전체가 거의 전염된다. 관할지인 대도시 부르사(Bursa)[67]는 인구가 6만 명이다. 대도시 카스타모누(Kastamonu)[68]에는 이슬람 사원이 많다. 카라마니아는 아나톨리아의 동쪽에 위치한다. 터키인들이 처음 이 땅에 왔을 때 이곳에서 살았다. 주도 코니아(Konya)[69]는 터키의 옛날 수도이다. 아다나(Adana)[70] 아랄(峨剌)이라고도 한다. 는 카라마니아의 서남쪽에 위치하며 산을 넘어 바다에 이른다. 그 산에서 나는 양은 양털이 실처럼 가늘어 천으로 짜면 아주 부드럽고 따뜻하다. 시바스(Sivas)[71] 서와(西瓦)라고도 한다. 는 카라마니아의 동남쪽 바다와 인접해 있다. 이 산에서는

---

65 아나톨리아(Anatolia): 원문은 '아나다리아(阿那多里亞)'로, 아나다리아(阿那多里阿), 안납탁리아(安納托利亞)라고도 한다. 지금의 튀르키예 아나돌루(Anadolu)이다.

66 루멜리아: 원문은 '라미리(羅美里)'이다.

67 부르사(Bursa): 원문은 '보살(補撒)'로, 포이살(布爾薩)이라고도 한다. 지금의 아나돌루 북서부 마르마라 지역에 위치한 튀르키예의 대도시이다.

68 카스타모누(Kastamonu): 원문은 '가사타모니(加土他牟尼)'로, 가사타모니읍(加土他母尼邑)이라고도 한다. 원문에서는 카스타모누를 가사타(加土他)와 모니(牟尼) 두 도시로 구분하고 있는데, 지리적 위치에 따라 고쳐 번역한다. 가사타모니는 지금의 튀르키예 북부에 위치하며, 나스룰라 모스크(Nasrullah Mosque, 1506), 아타베이 모스크(Atabey Mosque), 이브 네자르(Ibni Neccar) 모스크(1353) 등이 있다.

69 코니아(Konya): 원문은 '가니(可尼)'로, 가니아(可尼亞), 과니아(科尼亞)라고도 한다.

70 아다나(Adana): 원문은 '아달나(亞達那)'로, 아달납(阿達納)이라고도 한다.

71 시바스(Sivas): 원문은 '서위사(西威斯)'로, 석와사(錫瓦斯)라고도 한다.

구리가 나, 사람들은 구리그릇 제작에 뛰어나다. 퀴타히아(Kütahya)[72] 고지아(古地亞), 로미아(路彌阿)라고도 한다. 는 동쪽으로는 터키 동부의 아르메니아와 인접하고, 서쪽으로는 카라마니아·아나톨리아 두 지역과 인접하며, 북쪽으로는 흑해에 이른다. 트라비존드(Trebizond)[73] 득비손(得比遜)이라고도 한다. 는 퀴타히아의 동북쪽 구석에 위치하며, 남쪽으로는 아르메니아와 경계하고, 북쪽으로는 흑해에 이르는데, 이곳 부두는 터키와 러시아의 통상항구이다.

소아시아 인근에 몇 개의 섬이 있는데, 키프로스섬(Kypros Island)[74]은 땅이 비옥해 이곳에서 생산되는 포도주와 남과는 품질이 아주 좋다. 이곳 주민들은 모두 부유하고, 여인들은 자색이 매우 고왔으며, 과거에는 낙원으로 알려졌다. 근래에 터키의 폭정에 시달려 아주 황폐해졌다. 로도스섬(Rhodes Island)[75]은 자연환경이 대체로 좋아 사람들이 부지런히 농사짓는다. 과거에는 본래 자립하여 작은 나라를 세웠으나 후에 터키에 복속되었다. 히오스섬(Chios Island)[76]은 땅이 풍요롭고 인구는 15만 명이며, 터키의 정치과 종교에 굴복하지 않았다. 도광 4년(1824)에 터키가 해군을 이끌고 공격해 와 사

---

72 퀴타히아(Kütahya): 원문은 '마랍사(馬拉士)'로, 마랍십(馬拉什)이라고도 한다.

73 트라비존드(Trebizond): 원문은 '덕륵비손달(德勒比孫達)'로, 특랍포종(特拉布宗)이라고도 한다. 지금의 튀르키예 트라브존(Trabzon)으로, 오스만제국 때 이란, 인도, 캅카스와 이어지는 무역 거점 도시였다.

74 키프로스섬(Kypros Island): 원문은 '거백라도(居伯羅島)'로, 서포륵도(西布勒島), 새포로사도(塞浦路斯島)라고도 한다.

75 로도스섬(Rhodes Island): 원문은 '라득도(羅得島)'로, 라덕도(羅德島)라고도 한다.

76 히오스섬(Chios Island): 원문은 '치아도(治阿島)'로, 지금의 에게해(Aegean Sea)에 위치한다.

람들을 도륙하고 황폐화시켰다.[77] 미틸레네섬(Mytilene Island)[78]에서는 술과 올리브유가 난다.

터키 동부는 소아시아의 동쪽에 위치하며 역시 아시아에 속한다. 북쪽으로는 흑해에 이르고 동북쪽으로는 러시아와 인접하며, 동쪽으로는 페르시아와 경계하고, 남쪽으로는 아라비아·그리스와 인접해 있으며, 서쪽으로는 지중해에 이른다. 남북의 길이는 약 2천여 리이고 동서의 너비는 약 1천여 리이다. 동북쪽 일대는 큰 산이 겹겹이 솟아 있는데, 가장 높은 산은 아라라트산(Mount Ararat)[79]과 레바논산맥(Mount Lebanon)[80]이다. 유프라테스강(Euphrates R.)[81] 아륜득(阿倫得), 팔하(八河)라고도 한다. 은 서북쪽에서 발원하고, 티그리스강(Tigris R.)[82] 지액하(地額河)라고도 한다. 은 정북쪽에서 발원해 서로 마주보며 동남쪽으로 흘러 바스라(Basra)[83]에 이르러 합류해 바다로 유입된다. 서남쪽 구석에 위치한 사해(Dead Sea)라는 큰 호수는 본래는 대도시였으나 재해를 만나 땅이 꺼져 호수가 되었다. 물이 짜고 더러우며, 주위는

---

77 도광 4년(1824)에…황폐화시켰다: 히오스 대학살(Chios massacre)로, 역사적 사실에 따르면 1822년 오스만 제국 군대가 히오스섬에서 수만 명의 그리스인을 학살한 사건을 말한다.

78 미틸레네섬(Mytilene Island): 원문은 '미지린도(米地鄰島)'로, 미틸리니(Μυτιλήνη)라고도 한다. 지금의 레스보스섬(Lesbos Island)으로, 그리스 시대 이전에는 미틸레네(Mytilene)라고 불렸으나, 이후 레스보스섬에 합병되었다.

79 아라라트산(Mount Ararat): 원문은 '아랍(阿臘)'이다.

80 레바논산맥(Mount Lebanon): 원문은 '려파눈(黎巴嫩)'으로, 루브난산맥(Jebel Lubnan)이라고도 한다.

81 유프라테스강(Euphrates R.): 원문은 '아부랍저사하(阿付臘底斯河)'이다.

82 티그리스강(Tigris R.): 원문은 '저격리사하(底格里士河)'이다.

83 바스라(Basra): 원문은 '파색랍(巴索拉)'으로, 파소랄읍(巴所剌)이라고도 한다. 지금의 이라크 동남부에 위치한다.

모두 낮고 볼품없는 산들 뿐이다. 사해의 북쪽에는 갈릴리호(Sea of Galilee)[84] 가 있는데, 이 땅은 서양 각국이 창건된 조상의 땅이다. 대국과 유명한 도 시가 이 땅에서 서로 패권을 잡은 것만 해도 모두 십수 차례나 된다. 이슬 람이 이 땅을 차지한 뒤로 그 인종이 각각 달랐는데, 해안과 섬에 사는 사 람은 모두 액력서(額力西) 그리스이다. 종족으로 이들을 최고의 종족으로 일 컫는다. 시리아·메소포타미아에 사는 각 부락은 반은 아단(阿丹) 아랍이다. 종족으로, 멋진 수염에 말을 잘 타며 장사에 뛰어나서 봉군(封君)에 버금가 는 큰 부자[85]가 많다. 반면에 동북쪽 산속에 사는 사람들은 쿠만족(Cuman)[86] 으로 유목생활을 하며 건장하고 용감해 호전적이고 노략질을 좋아하는데, 풍속이 타타르(Tartar)[87] 서역의 유목 부족을 말한다. 와 같다. 레바논산맥에 거주 하는 이들은 마론파(Maronites),[88] 드루즈족(Druze),[89] 헴신족(Hemshin)[90]으로, 이 들은 모두 이슬람 종족이다. 마론파는 천주교의 현자 마론(Maron)[91]에 의해

---

84 갈릴리호(Sea of Galilee): 원문은 '가리리(加利利)'로, 가리호(加利湖)라고도 하는데, 지금의 티 베리아호수(Lake of Tiberias)를 가리킨다.

85 봉군(封君)에 버금가는 큰 부자: 원문은 '소봉(素封)'이다. 『사기(史記)』「화식열전(貨殖列傳)」 에 보면, "천금의 부자는 한 도읍의 군주에 맞먹고, 거만금을 가진 부자는 왕자(王者)와 즐 거움을 같이 한다. 어찌 이른바 소봉(素封)이라고 일컬을 만한 자들이 아니겠는가(千金之家 比一都之君, 巨萬者乃與王者同樂. 豈所謂素封者邪)?"라는 문장이 나온다. 즉 소봉은 관작이나 봉 지는 없지만 봉군에 버금가는 재물을 가진 부자를 의미한다.

86 쿠만족(Cuman): 원문은 '과달만종(戈達曼種)'이다. 쿠만족은 킵차크 초원으로 불리는 지금 의 카자흐스탄으로부터 동유럽까지의 평원 지대에 퍼져 유목생활을 했다.

87 타타르(Tartar): 원문은 '달달리(韃韃里)'이다.

88 마론파(Maronites): 원문은 '마라내저사(馬羅奈底士)'로, 마로나이트라고도 한다.

89 드루즈족(Druze): 원문은 '특로서사(特魯西士)'이다.

90 헴신족(Hemshin): 원문은 '흑이서(黑爾西)'로, 흑량서(黑兩西)라고도 한다.

91 마론(Maron): 원문은 '마륜(馬倫)'이다. 마론(?~423?)은 시리아의 수도자로, 오늘날 레바논과 시리아에서 가장 유력한 기독교의 한 교파이다.

교화된 사람들이란 뜻에서 붙여진 이름이다. 아라비아가 무력으로 협박해 이슬람교로 개종하면서 인구가 늘어났고, 풍속은 검소하다. 드루즈족은 목숨을 가볍게 여길 정도로 과감하고, 전쟁을 할 때 평지에서는 뛰어나지 않지만 험한 산에서는 뛰어나며, 조총을 위에서 아래로 발사하면 모두 명중이었다. 헴신족은 아주 용감하게 싸워, 적은 인원수로 많은 적군을 대적하면서도 여태껏 패배한 적이 없다. 터키가 러시아와 싸울 때 이들 두 종족을 정예병으로 삼았다. 여러 지역의 강역은 광활하고 수도와도 상당히 떨어져 있다. 터키가 쇠퇴하면서부터 봉토를 지키는 수장들이 대부분 자신의 강역을 지키면서 권력을 마음대로 휘두르고 부역도 받들지 않자, 터키는 백여 년 동안 겨우 그들을 견제하면서 고삐만 끊어지지 않게 했을[92] 따름이었다. 물산은 터키 중부와 비슷하다. 이 땅은 5개 지역으로 구분된다.

시리아 일명 서리아(叙里亞)라고도 한다. 『신당서(新唐書)』에 나오는 서녀국(西女國)은 바로 시리아의 오기이다. "종족은 모두 여자로, 불림(拂秣)에서 남자를 보내 배필로 삼게 했다."라는 말은 중국인이 견강부회한 것으로 황당하고 어이없다. 는 지중해의 동쪽 해안에 위치하며, 동북쪽으로는 유프라테스강에 이르고, 남쪽으로는 아랍과 그리스의 접경지대에 걸쳐 있으며, 북쪽 경내에 있는 레바논산맥은 구불구불 이어져 터키 중부로 들어간다. 이 땅은 대체로 두 지역으로 나뉘는데, 이북은 시리아로, 고대의 이름난 나라이다. 트리폴리(Tripoli)[93] 항구는

---

92 견제하면서 고삐만 끊어지지 않게 했을: 원문은 '기미물절(羈縻勿絶)'이다. 이 말은 『사기』「사마상여전(司馬相如傳)」의 "대개 천자가 이적을 대하는 것을 들어보니, 그 뜻이 그들을 견제하면서도 고삐가 끊어지지 않게 하는데 있었다(蓋聞天子于夷狄也, 其義羈縻勿絶而已)."에서 나온 말이다. 즉 말이나 소의 고삐를 잡고 부리는 것처럼 이민족을 다루어야 한다는 의미이다.

93 트리폴리(Tripoli): 원문은 '지파리(地破里)'로, 지금의 레바논에 위치한다.

인구가 2만 5천 명이다. 해변에는 과거에 두 개의 큰 도시가 있었는데 하나는 타르투스(Tartus)[94]로, 과거에는 상인들이 모여들었으며, 부유한 상인은 왕이나 제후에 버금갈 정도였으나, 지금은 모두 황폐해졌다. 다른 하나는 다마스쿠스(Damascus)[95]로 산천이 수려하고 전원이 광활하며, 꽃들이 많이 피어있어 십리 밖에서도 꽃향기가 났다. 이남은 유대이다. 유대는 과거에는 유대, 사마리아(Samaria),[96] 갈릴리 세 지역으로 나뉘었는데, 진한이전의 이름난 왕국이다. 주도 예루살렘(Jerusalem)[97] 『신당서』에서 말하는 불림이다. 은 아주 광대하며 도시 내의 인구가 10만 명이 넘는다. 본래 로마의 속국이었으나 후에 쇠퇴하자 로마가 대군을 이끌고 포위해 도시를 파괴하고 사람들을 도륙해 사람들이 뭇별처럼 흩어졌다. 후에 다시 나라를 세웠으나, 결국 터키의 차지가 되었다. 이 땅은 천주 예수가 성장한 땅이기 때문에 지금에 이르기까지도 매우 칭송한다. 도광 16년(1836)에 이집트의 수장이 터키의 왕을 배신하고 대군으로 시리아와 메소포타미아 두 곳을 점령했다. 도광 20년(1840)에 영국의 원조를 받은 터키가 군대를 일으키려 하자 이집트가 터키에게 영토를 돌려주었다.

메소포타미아 마속린(磨俗鄰)이라고도 하는데, 바로 바빌로니아이다. 는 시리아

---

94 타르투스(Tartus): 원문은 '사라서돈(土羅西頓)'으로, 탑이도사(塔爾圖斯)라고도 한다. 지금의 시리아 서부에 위치한다.

95 다마스쿠스(Damascus): 원문은 '대마사혁(大馬士革)'이다. 일찍이 이슬람제국의 수도로 '동양의 진주'로 불리었는데, 지금의 시리아 수도이다.

96 사마리아(Samaria): 원문은 '살마리아(撒利亞)'로, 살마리아(薩麻利阿)라고도 한다. 사마리아는 전통적으로 지금의 팔레스타인 지방에서 북쪽으로는 갈릴리와 남쪽으로는 유대와 경계를 나누는, 산지가 많은 지방이다.

97 예루살렘(Jerusalem): 원문은 '야로살랭(耶路撒冷)'이다.

의 동쪽에 위치하며 북쪽으로 레바논산맥을 끼고 있고, 두 강 유프라테스강
과 티그리스강이다. 이 휘감아 돌고 있는 터키 중부의 중원이다. 요순(堯舜) 시
대에 헬렌(Hellen)[98]이라는 사람이 이곳에 살았는데, 헬렌은 바로 서양 각국
의 시조이다. 이 땅은 반은 하천이고 반은 못으로 이루어져, 농사짓는데 아
주 힘이 많이 든다. 경내에 있는 바그다드(Baghdad)[99]는 예전에는 이슬람국
의 도성이었으나, 아라비아가 터키 동부를 점령했을 때는 번국이었다. 지금은 폐허
가 되었다. 또한 바빌론(Babylon)[100] 파필란(巴必鸞), 파필라니아(巴必羅尼亞)라고도 한
다. 은 옛날 대국의 수도로, 무너져 폐망한지 2천여 년이 넘었으며, 깨진 기
와가 되레 쌓여 언덕이 되었다. 쿠르디스탄(Kurdistan)[101] 과이력사단(科爾力士丹)
이라고도 한다. 은 야합마(野哈馬)라고도 하는데, 메소포타미아의 동쪽에 위
치해 있다. 산이 많고 토양이 척박하고 좁아 경작이 어려운 탓에 사람들은
대부분 타타르에서 유목생활을 한다. 주도는 알레포(Aleppo)[102]로, 인구가 10
만 명이 넘는다. 도광 2년(1822)에 지진이 발생해서 서까래 한 개도 남기지
않고 무너지는 바람에 온 들판이 굶어죽은 사람들의 시신으로 가득했다.

아르메니아[亞爾美尼亞] 아맥니(亞麥尼)라고도 한다. 는 쿠르디스탄과 메소
포타미아 두 지역의 북쪽에 위치한다. 아라라트산이 경내에 있는데, 산봉

---

98 헬렌(Hellen): 원문은 '낙위(諾威)'이다. 그리스인들은 자신들을 헬렌의 자손이라 생각해 헬
레네스라고도 부른다.

99 바그다드(Baghdad): 원문은 '팔탑(八塔)'으로, 파격달(巴格達)이라고도 한다. 바그다드는 762
년경에 아바스 왕조에 의해 세워졌으며, 지금의 이라크 수도이다.

100 바빌론(Babylon): 원문은 '파비륜(巴庇倫)'이다.

101 쿠르디스탄(Kurdistan): 원문은 '고이적사단(古爾的斯丹)'으로, 공사단(孔士旦)이라고도 한다.

102 알레포(Aleppo): 원문은 '아륵파(亞勒破)'로, 아륵파(亞勒坡), 아륵파(阿勒頗), 합립성(哈立城)이
라고도 하는데, 바로 시리아의 할라브(Halab)이다.

우리와 골짜기가 험준하고 동굴과 골짜기가 깊어 물이 불어나면 산봉우리에 큰 선박이 정박한다. 천하가 어지러울 때 이 땅은 거의 전화를 입지 않았기 때문에 인구가 다른 지역에 비해 유독 늘어났다. 사람들은 대부분 예수교를 신봉하고 장사에 힘써 집안에 항상 재물이 있다. 주도는 에르주룸(Erzurum)[103] 엽서륜(葉西倫)이라고도 한다. 으로, 날씨가 아주 추워서 7월이면 눈이 내린다. 바야지드(Bayazid)[104]는 산기슭에 위치하며, 대학이 있다. 하천에 인접한 평지에 위치해 있는 디야르바키르(Diyarbakır)[105]는 이웃 나라와 통상하며, 산속에 사는 쿠르드족(Kurd)[106]은 산속 동굴에 보루를 건설했는데, 평소에는 도적소굴로 사용된다. 바스라 파소랄(巴所剌)이라고도 한다. 는 쿠르디스탄과 메소포타미아의 동남쪽에 위치한다. 유프라테스강과 티그리스강이 이곳의 동남쪽에 이르러 합류해 아라비아해(Arabian Sea)[107]로 들어가는, 동남쪽의 가장 큰 항구이다. 오인도의 상선들이 몰려드는데, 건물이 볼품없고 거리는 좁지만, 무역은 아주 번성하다.

살펴보건대 터키의 서부, 동부, 중부 세 지역은 옛날 대진(大秦) 이탈리아의 로마이다. 의 동쪽 강역에 위치하며, 서역에서 예로부터 유명한 지역이다. 터키 동부가 가장 먼

---

103 에르주룸(Erzurum): 원문은 '흑이사륜(黑爾斯倫)'으로, 익서륜읍(益西倫邑)이라고도 한다. 지금의 튀르키예 동부에 위치한다.

104 바야지드(Bayazid): 원문은 '파아식(巴牙息)'으로, 파아실읍(巴雅悉邑)이라고도 한다.

105 디야르바키르(Diyarbakır): 원문은 '지리배객성(地里北客城)'으로, 지아배객성(地亞北客城), 지아비객성(地亞比客城)이라고도 한다. 지금의 튀르키예 남동부에 위치한다.

106 쿠르드족(Kurd): 원문은 '고이득족(古耳得族)'으로, 튀르키예의 아나톨리아 반도 동남부와 이란, 이라크, 시리아 등이 접경을 이루는 산악지대인 쿠르디스탄에 주로 거주하는 이란계 민족이다.

107 아라비아해(Arabian Sea): 원문은 '아륵부해(阿勒富海)'이다.

저 나라를 세웠는데, 바빌론이 앞서 건국했고 시리아가 뒤이어 대신 패권을 잡았다. 유대 **여대(如大), 여저아(如氐亞), 여덕아(如德亞), 유덕아(儒德亞)라고도 한다.** 는 바로 『신당서』에서 말하는 불림국이다. 이스라엘(Israel)[108] 종족이 여기에서 발흥했다. 유대는 하(夏)·상(商)에서 한나라 말에 이르기까지 상당히 오랫동안 존속해 왔으며, 훌륭한 제왕과 현명한 왕이 앞뒤로 제위를 이으며 나라를 빛냈다. 터키 서부는 그리스가 토대를 마련한 곳으로, 서양이 무지몽매함을 잘라낸 것은 사실 이 땅에서 시작되었다. 콘스탄티노플은 로마의 동도로, 주나라의 낙읍(雒邑)에 비견된다.[109] 서양[110]은 중국[111]에서 멀리 떨어져 있어, 예(禮)·악(樂)·수레[車]·문장[書]의 교화를 받을 길이 없었다. 그 땅의 입장에서 이야기해보자면 여기서 말하는 수천 리는 진실로 상·주(周)의 경(耿)·박(亳)·빈(豳)·기(岐)와 같은 제왕의 발상지로, 명성과 문물이 모인 곳이다. 터키는 본래 이슬람의 미천한 종족으로, 소아시아로 숨어들어 종족을 퍼트려 번성했다. 그들은 시대가 혼란할 때 봉기해 군사력을 믿고 동쪽과 서쪽을 잠식해 마침내 이름난 도시를 훼손시켜서 전적이 유실되고 문헌이 없어졌으며 전해오던 풍습도 사라졌다. 터키 세 지역의 백성들은 포로로 잡혀 희생물로 바쳐지거나 죽임을 당하고[112] 또 비린내 나고 불결한 습속에 시달리며 수백 년을 살았다. 이슬람

---

108 이스라엘(Israel): 원문은 '이색렬(以色列)'이다.

109 콘스탄티노플은…비견된다: 395년에 로마 제국이 동서로 분열되고, 콘스탄티노플은 동로마 제국의 수도가 되었으며, 주나라 역시 기원전 771년 견융이 침입하여 유왕(幽王)을 살해한 후 제후들이 평왕(平王)을 옹립해서 호경(鎬京, 지금의 서안 부근)에서 동쪽에 위치한 낙읍(雒邑, 지금의 洛陽)으로 수도를 옮겼다. 낙읍(雒邑)은 당나라 때는 동쪽의 수도라는 의미로 동도(東都)로 불리기도 했다. 이 문장에서는 콘스탄티노플과 낙읍의 유사한 상황에 대해 언급한 것이다.

110 서양: 원문은 '태서(泰西)'이다.

111 중국: 원문은 '신주(神州)'이다.

112 포로로 잡혀 희생물로 바쳐지거나 죽임을 당하고: 원문은 '조해지지(俎醢之地)'이다. 조는 희생물을 올리는 제기이고, 혜는 육장으로 담겨지는 것을 의미한다.

종족은 대부분 천성이 아주 잔인하고 포악한데 그중에서도 터키가 가장 심하다. 민간에는 윤리가 없고 나라에 기강이 없이 날마다 칼과 도마[113]로 백성들을 박해했고, 그들의 피와 땀을 착취하여 취하도록 술을 마시고 배부르도록 음식을 먹었다. 터키 세 지역의 백성들의 불행함이 어찌 이리 심한지! 서양인의 저서를 살펴보면, 터키 서부가 폭정으로 인한 고통이 더욱 심해 진승(陳勝)·오광(吳廣)[114]과 같은 무리들이 수시로 팔을 걷어붙이고 분기했으나, 저들은 어리석어 알아채지 못한 채 도리어 편안하게 양이 끄는 수레를 타고 노닐었으니, 가히 발돋움하고 나라가 망하기를 기다리는 격이다.

서양 여러 국가 중에서 아시아·유럽 두 지역에 걸쳐 있는 나라는 러시아와 터키뿐이다. 터키의 강역은 러시아에 미치지 못하지만 비옥한 토양을 점유하고 유리한 지세를 차지한 탓에 백 년 동안 각축하면서 전쟁이 그칠 날이 없었으니, 진실로 넓은 영토와 강한 군사력을 믿고 러시아의 밑으로 들어가지 않으려 했다. 칠춘원(七椿園)[115]은 그 나라의 이름을 모르고 공갈이(控噶爾)라 잘못 부르고, 또한 동로마의 옛 땅을 차지하고 있었기 때문에 1천 년 전에 통일을 이룬 로마를 터키에다 갖다 붙여 놓았으니, 황당하기 그지없다. 또한 칠춘원은 "러시아는 본디 그 속국으로 조공을 하지 않으면서 또 그 변경을 어지럽혔다. 이에 공갈이가 동서로 누차 흔들어대자 러시아는 곤경에 빠져 결국 공물을 늘리고

---

113 칼과 도마: 원문은 '도조(刀俎)'이다. 『사기』「항우본기(項羽本紀)」에 보면, 홍문(鴻門)의 잔치에서 아무 말 없이 자리를 뜬 것을 걱정하는 유방에게 번쾌가 "지금 저들은 칼과 도마가 되고, 우리들은 그 위에 놓은 물고기와 고기신세인데, 무슨 작별의 예(禮)입니까(如今人方爲刀俎, 我爲魚肉, 何辭爲)?"에서 나온 말이다. 이는 생사가 다른 사람의 손에 달린 위급한 상황을 의미한다.

114 진승(陳勝)·오광(吳廣): 원문은 '승광(勝廣)'으로, 진나라 말기 농민 반란을 이끈 이들로, 진나라에 의해 멸망한 초나라를 계승한다는 의미에서 장초(張楚)를 세웠다.

115 칠춘원(七椿園): 『서역문견록』의 저자인 만주족 정남기인(正藍旗人) 칠십일(七十一)이다. 칠십일은 성이 니마사(尼瑪査)이고 호가 춘원이다. 『서역문견록』은 그가 쿠차에 있을 때 지은 책이다.

화해를 청하고서야 상황을 모면할 수 있었다."라고 했다. 이는 오파석(烏巴錫)[116]의 저주에서 나온 말인데도[117] 『서역문견록』에서는 공갈이에 대해 명확하게 언급하고 있는데, 수레로 시체를 운반하느라 지치고 누차 성 아래에서 굴욕적인 맹약[118]을 한 이가 바로 말하고 있는 공갈이[터키]였음을 어찌 알았겠는가! 러시아와 터키 양국은 흑해로 가로막혀 있어서 바람난 소나 말처럼 본래 서로 영향을 미칠 수 없는 관계였다.[119] 그런데 러시아가 캅카스(Caucasus)[120] 『러시아도설(峨羅斯圖說)』에 상세히 나와 있다. 를 개척하면서 터키의 동쪽 강역과 이어졌다. 또 러시아가 폴란드(Poland)[121]의 여러 지역을 개척하면서 터키의 서쪽 강역과 잇닿았다. 첫 교전은 건륭 중엽에 발생했는데, 당시 러시아는 한창 발흥하던 때라 공격이 상당히 첨예했고, 터키는 쇠락의 징조가 막 시작되던 시기였지만 병력은 여전히

---

116 오파석(烏巴錫): 중국의 몽골족 수장으로 일찍이 볼가강변(Volga R.)으로 이동한 토르구트(Torgut)의 칸이다.

117 이는…말인데도: 이 당시 러시아는 터키(오스만 제국)와 오랫동안 전쟁을 벌이면서 속국에까지 병력을 징집하고 세금을 올렸다. 러시아의 속국이었던 토르구트 역시 이에서 벗어날 수 없자 토르구트의 칸 오파석은 러시아를 배반하고 중국으로 귀순해 왔다. 러시아에 불만이 많았던 오파석이 터키에 대해 과장해서 말했던 것이다. 본서의 권4에 나와 있다.

118 성 아래에서 굴욕적인 맹약: 원문은 '성하지맹(城下之盟)'이다. 『좌전(左傳)』「환공(桓公) 12년」에 나오는 말이다. 교나라 사람들이 초나라의 계략에 넘어가 대패하고 성벽 아래에서 맹약을 맺은 데서 유래하여, '성하지맹'은 굴욕적인 조약을 맺는 것을 비유하는 말로 쓰이게 되었다.

119 바람난 소나 말처럼 본래 서로 영향을 미칠 수 없는 관계였다: 원문은 '풍마우불상급(風馬牛不相及)'이다. 『좌전』「희공(僖公) 4년」에 보면, 초성왕이 제환공에게 사자를 보내 "군주는 북해에 살고 나는 남해에 살아 바람난 소나 말도 서로 미칠 수 없는 먼 거리인데, 왕께서 우리 땅에 오실 줄은 생각지 못하였소. 무엇 때문에 오셨소(君處北海, 寡人處南海, 唯是風馬牛不相及也, 不虞君之涉吾地也. 何故)?"라는 문장이 있다. 풍마우불상급은 바로 여기서 나온 것으로, 서로 영향을 미치지 못하는 것을 비유하는 말로 쓰이게 되었다. 줄여서 '풍마우'라고도 한다.

120 캅카스(Caucasus): 원문은 '고가색부(高加索部)'로, 카프카스라고도 한다. 유럽 동쪽, 아시아 서북쪽의 지리학적 지역이다.

121 폴란드(Poland): 원문은 '파란(波蘭)'이다.

233

강했기 때문에 승패는 막상막하였다. 후에 터키는 날로 쇠락하고 군사력이 약해져[122] 군사와 국토를 잃어버리자 결국 영토를 할양하여 강화하는 일이 빈번히 발생했다. 근래에는 사방에서 내분이 일어나 쌓아 올린 계란처럼 상당히 위험한 상황에 처한 반면, 러시아는 강역이 더욱 넓어져 예전과는 비교가 안 될 정도로 부강해졌다. 용맹하게 남쪽으로 전진하면서 다른 나라를 정벌하는데, 말라비틀어진 나무를 꺾고 썩은 나무를 뽑아내는[123] 것과 뭐가 다른가! 그런데도 터키는 도리어 지금까지 연명하면서 여전히 러시아에 합병되지 않았는데, 이는 영국과 프랑스 두 강대국이 터키를 보호하면서 중재했기 때문이다. 유럽인은 이슬람교를 가장 싫어했고, 터키가 어리석고 포악해 또한 여러 나라에서 터키를 경멸했다. 영국과 프랑스는 터키에 애착이 없으면서도 굳이 이 땅을 패망의 위기에서 구해내고자 했다. 러시아는 유럽의 절반을 차지하고 있지만, 북쪽 땅이 황량하고 추워서 수전에 유리하지 않다. 그래서 러시아는 겨우 영국·프랑스와 어깨를 나란히 할 수 있을 뿐 아직 한 지역의 패자가 되기에는 부족하다. 그런데 만약 터키의 서부, 동부, 중부가 하루아침에 러시아에 합병된다면 러시아가 세 개의 바다 **발트해**(Baltic Sea)[124]·흑해·지중해를 차지하게 되는데, 이는 유럽의 목을 조르고 등을 치는 격이다. 저들이 또한 함선과 대포를 이용하고 형세를 읽어 하루아침에 십만 대군을 거느리고, 갑옷을 걷어붙이고 서둘러 서쪽으로 달려간다면 여러 나라가 어찌 편안할 수 있겠는가? 영국과 프랑스가 터키를 살려두는 것은 터키를 좋아해서가 아니라 러시아가 터키를 합병하고 일이 여기서 끝나

---

122 군사력이 약해져: 원문은 '남풍불경(南風不競)'으로, 『좌전』「양공(襄公)」18년 사광이 한 말에서 유래해 훗날 경쟁자의 역량이 강하지 않거나 힘이 강하지 않음을 비유하는 말로 쓰이게 되었다.

123 말라비틀어진 나무를 꺾고 썩은 나무를 뽑아내는: 원문은 '절고랍후(折枯拉朽)'이다. 『후한서』「경엄전(耿弇傳)」에 나오는 말로, 말라비틀어진 나무를 꺾고 썩은 나무를 뽑듯 아주 쉽게 일을 처리함을 말하거나 부패한 세력을 잘라내는 강대한 세력을 의미하기도 한다.

124 발트해(Baltic Sea): 원문은 '파라적해(波羅的海)'이다.

지 않을까 두려워해서이다. 양국의 강함은 러시아도 평소 두려워했던 터라 역시 감히 전쟁을 일으켜 강적을 끌어들이지 않고, 하는 수 없이 속으로 참으면서 군대를 철수해 터키가 잠시 연명하도록 그냥 놔두는 것이다. 유럽의 정세가 전국(戰國)시대와 아주 흡사하기 때문에 합종책과 연횡책이 뜻하지 않게 저절로 이루어졌다.

　　서양인이 쓴 바빌로니아·시리아의 신화에 의하면 상고시대에 서방이 개벽되기 전 혼돈의 세계일 때 맹수가 사람을 잡아먹었다. 니므롯(Nimrod)[125]이라는 사람이 있었는데, 무예와 힘이 출중해 맹수를 몰아내고 사람들을 지켜내었기에 사람들은 그를 주인으로 추대했다. 우(虞)나라 순(舜)임금 6년 때 아시아의 두 강 유프라테스강과 티그리스강으로, 바로 터키와 메소포타미아 지역이다. 사이에 나라를 세웠으니 바로 바빌로니아이다. 처음으로 사람들을 모으고 궁실을 지었는데, 바로 서방의 첫 번째 나라이다. 후에 헬렌의 후손 아슈르(Ashur)[126]가 아시아에 나라를 건국했는데, 바로 니네베(Nineveh)[127]로 바빌로니아와 이웃하고 있다. 아슈르의 아들 니누스(Ninus)[128]는 바빌로니아를 합병해 일국으로 만들고 아시리아로 이름 지었으나, 서방에서는 여전히 바빌로니아라고 불렀다. 니누스가 죽은 뒤 아내 세미라미스

125　니므롯(Nimrod): 원문은 '응절(凝呐)'이다. 창세기에 나오는 전설적 인물로, 바빌론과 아시리아를 세웠다고 알려져 있다.

126　아슈르(Ashur): 원문은 '아소이(亞蘇爾)'이다. 노아의 아들인 셈의 둘째 아들로, 니네베를 건설했다고 알려져 있으나, 의견이 분분하다.

127　니네베(Nineveh): 원문은 '니니미(尼你味)'로, 니니미(尼尼微), 나음위(奈音位)라고도 한다.

128　니누스(Ninus): 원문은 '니노(尼奴)'이다. 니네베의 수도를 건설했던 아시리아의 왕 니누스로 추정되는데, 아내 세미라미스에게 독살되었다고 한다.

(Semiramis)[129] 여제의 왕위 계승은 서방의 상고시대 때 있었던 일로, 지금까지 하나의 전설로 전해지고 있다. 는 강역을 더욱 확장해 아시아 터키의 중부와 동부로, 지금의 아시아와는 다르다. 의 대부분이 판도로 들어왔다. 이곳 사람들은 천문을 익히고 별자리를 잘 측량했는데, 서방의 천문학은 여기서 비롯되었다. 하나라 왕 불강(不降)[130] 13년 세미라미스 사후 아들 니니아스(Ninyas)[131]가 뒤를 이었으나 사치에 빠져 정사를 잘 돌보지 못해 국력이 점차 쇠락해졌다. 그 뒤로 30여 세대가 지나 상나라에서 주나라에 이르기까지 재위했던 다수의 군주들은 명성이 나지 않았기에 서방의 사서에서도 남아 있는 기록이 없다.

유대는 서방의 이름난 왕국으로, 바빌로니아의 서남쪽에 위치하며 강역이 협소해 본디 바빌로니아의 속국이었다. 바빌로니아가 제후국들에게 무례하게 대하자 유대는 명을 받들지 않았다. 주나라 간왕(簡王)[132] 원년(B.C.586)에 바빌로니아가 대군을 거느리고 [유대를] 공격해 예루살렘 유대의 수도로, 불림(拂箖)이라고도 한다. 을 격파하자 유대 왕[133]은 자살했으며 그 백성들은 바빌론으로 끌려갔다. 유대 사람 다니엘(Daniel)[134]은 총명하고 학식

---

129 세미라미스(Semiramis): 원문은 '서미랍미사(西迷拉迷斯)'이다. 니누스의 총애를 받은, 아시리아 제국의 전설상의 여왕이다. 본래 이름은 샤무라마트(Sammu-ramat)로, 세계 7대 불가사의 중의 하나인 바빌론의 공중정원을 만들었다고 한다.

130 불강(不降): 사불강(姒不降)이다. 하나라 제11대 군주로, 하나라 왕 설(泄)의 아들이다. 불강(B.C.1831~B.C.1753)은 부친이 돌아가신 후에 19세의 나이로 왕위에 올랐다. 하왕조에서 재위 기간이 가장 긴 군주이자 하나라의 영토를 가장 많이 넓힌 왕이기도 하다.

131 니니아스(Ninyas): 원문은 '니니아사(尼尼亞斯)'로, 니뉴아스라고도 한다.

132 간왕(簡王): 주나라 제22대 왕 희이(姬夷)(재위 B.C.586~B.C.572)이다.

133 유대 왕: 유대 왕국 제20대 국왕 치드키야(Tzidkiyahu)(재위 B.C.597~B.C.587)로, 유대의 마지막 왕이다.

134 다니엘(Daniel): 원문은 '단야리(但耶利)'이다. 구약성서에 나오는 인물로 다니엘의 예언에 관련된 이야기이다.

을 갖추고 있었다. 당시 바빌로니아 왕이 이상한 꿈을 꾸고는 못내 꺼림칙해 꿈의 내용을 비밀리에 부치고 신하들에게 맞추어보게 하면서, 맞추면 상을 내리고 그렇지 않으면 벌을 내리겠다고 했다. 신하들은 모두 두려워하며 어찌해야 할 바를 몰랐다. 다니엘이 말했다.

"신이 알고 있사옵니다. 왕께서는 꿈에서 신상이 왕의 앞에 서 있는 것을 보셨는데, 신상의 머리는 금, 팔은 은, 가슴과 다리는 구리, 종아리는 철로 되어 있고, 다리는 철과 진흙 반반으로 되어 있었지요. 갑자기 큰 돌이 날아와 떨어지면서 신상이 그대로 깨졌고, 바람이 불어와서 부서진 가루를 날려 보냈는데, 진실로 그런 일이 있으신지요?"

왕이 깜짝 놀라 말했다.

"진실로 그와 같다면 이것은 무엇을 말하는 징조인가?"

"나라의 흥망성쇠에 관한 징조입니다. 금으로 된 머리는 왕을 상징하고, 은으로 된 팔은 장차 방계혈족이 작고 좁은 곳을 거쳐 흥성할 것이며, 구리로 된 배는 뒤를 이어 통일한 나라가 장차 강역을 넓힐 것이며, 철로 된 종아리는 다시 뒤를 잇는 나라가 틀림없이 칼과 창으로 각 왕국을 무너뜨릴 것이며, 발이 흙으로 되었다는 것은 나라가 분열될 징조입니다. 신상이 돌에 의해 깨어지고 바람에 꺾여 넘어졌다는 것은 흥망성쇠에 정해진 바가 없다는 것입니다."

왕은 깜짝 놀라면서 그를 신인이라 생각해서 총애했다. 왕이 죽고 난 뒤에 느부갓네살(Nebuchadnezzar)[135]이 제위에 올라 다니엘을 재상으로 삼았

---

135 느부갓네살(Nebuchadnezzar): '니포갑니살(尼布甲尼撒)'로, 바로 네부카드네자르 2세(Nebuchadnezzar Ⅱ)이다. 성경에 따르면 네부카드네자르 2세(재위 B.C.634~ B.C.562)는 다니엘에게 꿈 해몽을 요청했던 인물이나, 본문에서는 그의 아버지가 한 것으로 적혀 있다.

으며, 다니엘은 삼대동안 재상을 지냈다. 다니엘이 죽자 바빌로니아는 점차 쇠락하고 어지러워졌다. 바빌로니아의 동쪽은 페르시아로, 페르시아에는 메디아(Media)[136]라는 큰 왕국이 있었다. 페르시아 왕 키루스(Cyrus)[137]는 영명하고 과단성이 있으며 전쟁에 뛰어나서 새로 페르시아의 여러 왕국을 합병하고, 바야흐로 어지러운 나라를 쳐서 빼앗고 망하는 나라를 업신여기는 것을 능사로 삼았지만, 바빌로니아는 편안하게 지내면서 이를 대비하지 않았다. 당시 바빌로니아왕이 황음무도해서 많은 신하들이 왕을 배반했다. 주나라 경왕(景王)[138] 8년(B.C.538)에 키루스 대왕이 군대를 대대적으로 일으켜 정벌하러 오자 바빌로니아는 소문만 듣고도 무너졌다. 도성을 포위하고 북을 쳐 단번에 공격하자, 바빌로니아는 멸망하고 땅은 페르시아로 귀속되었다. 주나라 경왕(敬王)[139] 연간에 바빌로니아가 반란을 일으키자 페르시아의 왕 다리우스 1세(Darius I)[140]는 대군을 이끌고 나라를 포위한 지 1년 8개월이 지나서 성을 무너뜨리고 1천 명의 사람을 십자가에 못 박

---

136 메디아(Media): 원문은 '마태(馬太)'로, 미지아국(美地亞國)이라고도 하는데, 메대(Medes)로도 불린다.

137 키루스(Cyrus): 원문은 '거로사(居魯士)'로, 고대 페르시아 아케메네스 왕조의 제1대 왕이다. 신바빌로니아 말기 키루스가 유프라테스강의 물줄기를 막고 우회해 바빌론 침공에 나섰다. 바빌론을 정복한 뒤, 키루스는 자신을 '나는 키루스, 세상의 왕, 위대한 왕, 강력한 왕, 바빌론의 왕, 수메르와 아카드의 왕, 세계 사면의 왕'으로 선포했다.

138 경왕(景王): 주나라 제24대 왕 희귀(姬貴)(재위 B.C.545~B.C.520)이다.

139 경왕(敬王): 주나라 제26대 왕이자 동주의 15대 왕인 희개(姬丐)(재위 B.C.520~B.C.476)이다.

140 다리우스 1세(Darius I): 원문은 '대류사(大流士)'이다. 다리우스 1세(재위 B.C.522~B.C.486)는 아케메네스 왕조의 제3대 황제로 왕조의 전성기를 이끌었다. 페르시아 역사에서 가장 인정 많은 왕이자 최고 입법자로 평가받고 있다.

았다. 주나라 현왕(顯王)[141] 연간에 그리스 마케도니아(Macedonia)[142]의 알렉산
드로스대왕(Alexander the Great)[143]이 대군을 거느리고 페르시아를 정벌하자,
페르시아가 무너지면서 아시아의 여러 왕국도 모두 마케도니아에게 침탈
당했다. 얼마 뒤에 알렉산드로스대왕이 군영에서 죽자 부하장군들이 새로
개척한 땅을 나누어 가지고 각자 스스로 왕이 되었다. 이렇게 여러나라로
분열된 아시아는 날마다 서로 싸우고 공격했다. 얼마 뒤에 합병해 일국을
이루고는 바빌로니아의 옛날 이름인 시리아 서리아(叙里亞)라고도 한다. 로 부
르고 1백여 년 동안 존속하면서 서방의 큰 왕국이 되었다. 서한(西漢) 혜제
(惠帝)[144] 5년(B.C.191)에 로마에게 멸망당하고 『이탈리아도설(意大利圖說)』에 상세
히 나와 있다. 땅은 로마에 귀속되었다.

또한 서양인의 기록에 의하면 바빌론성은 높이가 35길, 너비가 8길 7자
이며, 위에 설치된 탑은 250개이고 성문은 100개로 구리로 만들었으며, 사
방 둘레가 180리나 된다고 한다. 페르디난트 페르비스트(Ferdinand Verbiest)[145]

---

141 현왕(顯王): 현성왕(顯聖王), 현성왕(顯聲王)이라고도 하는데, 동주 제35대 왕 희편(姬扁)(재위 B.C.369~B.C.321)이다.

142 마케도니아(Macedonia): 원문은 '마기돈(馬其頓)'으로, 고대 그리스의 왕국이다.

143 알렉산드로스대왕(Alexander the Great): 원문은 '아륵산득(亞勒散得)'으로, 아력산달(阿力山達) 이라고도 한다. 알렉산드로스대왕(B.C.336~B.C.323)은 그리스, 페르시아, 이집트 등을 정벌 하고 서양에 전례가 없던 대제국을 건설했으나, 31세의 젊은 나이에 급사하여 제국은 분 열되었다.

144 서한(西漢) 혜제(惠帝): 서한의 제2대 황제 유영(劉盈)(재위 B.C.195~B.C.188)을 가리킨다.

145 페르디난트 페르비스트(Ferdinand Verbiest): 원문은 '남회인(南懷仁)'이다. 페르비스트 (1623~1688)는 벨기에 출신으로 1659년 중국에 와서 전도에 일생을 바쳤다. 서양의 천문학 과 수학에 통달해 예수회 수사 아담 샬(Adam Schall)을 도와 흠천감(欽天監)에서 근무했다. 강 희 원년(1662) 양광선(楊光先)을 중심으로 하는 보수파의 반대 운동에 부딪혀 아담 샬과 함 께 북경 감옥에 갇혔다가 보수파 실각이후 다시 흠천감의 일을 맡게 되었다. 궁정의 분수

의 기록에 의하면 세계 7대 불가사의 건축물 가운데 파필란성(巴必蘭城) 바빌론의 음역이다. 이 있는데, 바로 이 성이다. 당초 [바빌론성을] 세울 때에는 피와 땀을 들여 판자와 공이를 쌓아올리면서 스스로 자손만대의 업적이라 생각했다. 그런데 키루스대왕의 군대가 쳐들어와 칼날에 피한방울 묻히지도 않고 승리했다. 천 길이나 되는 튼튼한 성은 과연 믿을 만한 것인가? 바빌로니아에서 다시 반란이 일어나자 다리우스 1세는 바빌론성이 높은 것을 혐오해서 그 절반을 헐어버렸다. 지금도 여전히 그 유적이 터키의 동쪽 메소포타미아 경내에 남아 있다. 또한 영국 외교관 조지 트레이드스캔트 레이(George Tradescant Lay)[146]에 의하면 "시리아 문자 시리아 문자는 바빌로니아에서 만든 문자이다. 는 다른 나라와 달리 청나라 문자와 매우 유사하며, 단지 가로쓰기에 순서대로 읽으면 된다."라고 한다. 시리아 문자 책자가 나와서 내가 읽어보았더니 정말 그러했다.

서양인이 쓴 유대신화에 의하면 유대의 옛 이름은 가나안(Ganaan)[147]이다. 하나라 망(芒)[148] 임금 때 서방의 현자 아브라함(Abraham)[149]이 두 강 유프

등을 만들어 강희제의 신임을 받아 공부시랑(工部侍郎)의 직위를 하사받았다. 또한 서양풍의 천문기기를 주조하고 해설한 『영대의상지(靈臺儀像志)』(1674) 16권을 출판했으며, 같은 해에 『곤여도설(坤輿圖說)』이라는 세계 지도를 펴냈다.

146 조지 트레이드스캔트 레이(George Tradescant Lay): 원문은 '이태곽(李太郭)'이다. 레이(1800~1845)는 영국의 선교사이자 외교관이다. 1836~1839년까지 대영성서공회(British and Foreign Bible Society)의 선교사로 중국에 왔다가 중국어와 중국문화를 익혔다. 후에 영국영사계에 발을 들였으며, 영국의 주중공사 헨리 포팅거(Henry Pottinger)의 통역관을 맡았다. 1843년에 광주(廣州) 영사를, 1844년에 복주(福州) 영사를, 1845년 하문(廈門) 영사를 역임했다.

147 가나안(Ganaan): 원문은 '가남(迦南)'이다. 구약 성서에는 신이 아브라함과 그 후손들에게 주겠다고 언약한 약속의 땅으로 나온다.

148 망(芒): 하나라 왕조 제11대 왕(재위 B.C.1921~B.C.1864)으로 전해진다.

149 아브라함(Abraham): 원문은 '아백랍한(亞伯拉罕)'이다.

라테스강과 티그리스강이다. 사이에서 태어나 가나안으로 이주해서 그 후손들을 이스라엘인(Israelite)[150]이라고 칭했다. 몇 세대를 지나 야곱(Jacob)[151]에 와서 열두 명의 아들을 보았는데, 나이가 가장 어린 요셉(Joseph)[152]은 누구보다도 총명했다. 형들은 그를 시기해서 이집트에 노예로 팔았다. 이집트[麥西]는 일명 애급다(埃及多), 액일다(厄日多), 이지북다(以至北多), 이제불탁(伊齊不托)이라고도 한다. 아프리카의 동북쪽에 위치하며 『아프리카도설』에 상세히 나와 있다. 이집트 왕이 요셉을 세워 재상으로 삼자 이스라엘 사람들이 무리지어 그곳으로 이주했다. 처음에 왔을 때는 70명이었으나 시간이 오래 지남에 따라 많이 퍼져 6만 명에 이르렀다. 이집트 왕은 그들이 강한 종족이 되는 것을 시기해서 제거하고자 했다. 당시 가나안의 이스라엘 사람 중에 모세(Moses)[153]라는 현자가 있어 태어나면서부터 신묘하고 남들보다 학식이 뛰어났는데, 원수를 갚아 사람을 죽이고 황야로 달아난 지 40년이나 되었다.[154] 꿈에 하느님이 나타나 이집트에 가서 종족을 구하라고 했는데, 이집트에 도착해서 보니 이집트 왕[155]이 한창 법망을 마련해 이스라엘 사람들을 다 잡아들여 파

---

150 이스라엘인(Israelite): 원문은 '이색렬족(以色列族)'이다.

151 야곱(Jacob): 원문은 '야가백(耶哥伯)'으로, 엽이고백(葉爾孤白)이라고도 한다. 아브라함의 손자이자 이삭의 작은 아들로, 이스라엘 백성의 조상으로 불린다. 아랍어로는 야쿠브(Ya'qub)이다.

152 요셉(Joseph): 원문은 '약색불(約色弗)'로, 그는 야곱의 열두 아들 중 열한 번째이다.

153 모세(Moses): 원문은 '마서(摩西)'이다. 모세는 이집트어로 '물에서 건진 아이'라는 의미이다.

154 원수를 갚아…되었다: 모세가 동족인 이스라엘 백성을 부당하게 대우한 이집트인 감독을 살해하고서 이집트 왕 파라오의 수배를 받아 이집트와 가나안의 중간지대인 미디안(Midian)으로 피신한 일을 가리킨다. 그곳에서 모세는 미디안 사제의 딸과 결혼하고 양치는 목자로 살았다.

155 이집트 왕: 원문은 '맥서왕(麥西王)'이다. 모세가 이집트를 탈출할 당시의 왕은 제19왕조 제3대 파라오 람세스 2세(Ramesses II)(B.C.1279~B.C.1213)로 추정된다.

묻으려고 했다. 모세가 은밀히 이스라엘 백성에게 알려서 기일을 정해 같이 출발해 바다[156]에 이르자 바닷물이 갈라져 육지로 변했다. 이들이 바다를 다 건너자 바닷물이 크게 들이차서 추격하던 이집트 군사들은 모두 물에 빠져 죽었다. 모세는 무리들을 이끌고 가나안의 예루살렘에 이르러 마침내 그곳의 왕이 되었다. 십계명을 백성들에게 가르쳐 보였는데, 그 가르침은 하느님을 섬기고, 부모를 공경하며, 살인하지 말고, 간음하지 말며, 도둑질하지 말고, 거짓 증언을 하지 말며, 남의 재물을 탐하지 말고, 7일에 예배를 올리며, 허물을 살피는 것으로, 이것이 서방에서 종교가 세워지는 시작이 되었다. 서양인이 전하는 바에 의하면 하느님이 시나이산(Sinai)[157]에 내려와 돌 위에 글을 썼는데, 모세가 그것을 받아들여 십계명으로 삼고 백성들을 가르쳤다고 한다. 대체로 하느님의 도리[神道]에 의탁해서 사람들의 신앙심을 불러일으킨 것일 뿐이다. 훗날의 예수교는 이를 근본으로 한다. 시나이산은 지금의 아라비아 서북쪽 경내에 위치한다. 모세가 죽은 후 여호수아(Joshua)[158]가 계승해 이스라엘 종족을 10개 지파[159]로 나누고 강역을 구분해 작은 왕국에 봉하고, 예루살렘이 총괄

---

156 바다: 원문은 '해항(海港)'이다. 일반적으로 홍해로 알려져 있는데, 근래 고고학적 발견을 토대로 이 바다는 홍해가 아니라 수에즈만 북부에 있는 '얌 수프(Yam Suph)'라는 호수로 추정하고 있다.

157 시나이산(Sinai): 원문은 '서내산(西奈山)'으로, 서나산(西那山)이라고도 한다. 시나이반도 중남부에 위치하는 시나이산은 유대교·기독교·이슬람교의 성지로, 성경에서 모세가 십계명을 받은 곳으로 알려져 있다.

158 여호수아(Joshua): 원문은 '약서아(約書亞)'로, 모세 사후 이스라엘 종족을 거느리고 가나안 땅으로 들어갔다.

159 10개 지파: 지파는 고대 이스라엘을 구분하는 중요한 단위이다. 이 지파는 야곱의 열 두 아들의 이름에서 유래해서 보통 열두 지파로 불리지만, 일정하지는 않다. 가나안 땅은 이스라엘의 각 지파에게 분배되었다.

해 다스렸다. 주나라 무왕(武王)[160] 원년(B.C.1123)에 사무엘(Samuel)[161]이란 자가 뒤를 이었는데, 다른 사람보다 도량이 넓어서 백성들의 억울함을 잘 살폈기에 현명한 군주라 불리었다. 주나라 성왕(成王)[162] 25년(B.C.1091)에 사울(Saul)[163]이 제위를 이어 왕이 되었으나, 전쟁을 좋아해 백성들의 목숨을 긍휼히 여기지 않았기에 사람들이 그를 져버리고 다윗(David)[164]을 세워 [유대 지파의] 왕으로 모셨다. 다윗은 주나라 소왕(昭王)[165] 10년(B.C.991)에 [이스라엘 왕국의] 제위에 올라 하느님을 경외해 성인이라 불렸다. 16년 동안 재위하고 죽었다. 솔로몬(Solomon)[166] 쇄라문(瑣羅門)이라고도 한다. 이 뒤를 이어 왕이 되었는데, 역시 훌륭한 왕이라 불리었다. 주나라 목왕(穆王)[167] 연간에 르호보암(Rehoboam)[168]이 뒤를 이어 제위에 오르고, 비로소 유대왕국이라 불리었다. 르호보암 사후 아비얌(Abijam)[169]이 뒤를 이었다. 3년 뒤에 아비얌이 죽자 아사(Asa)[170]가 뒤를 이었는데, 현능함으로 이름났다. 아사 뒤로 예호샤팟

---

160   주나라 무왕(武王): 주나라의 개국 군주 희발(姬發)이다.

161   사무엘(Samuel): 원문은 '조모이(措母耳)'로, 살모이(撒母耳)라고도 한다.

162   주나라 성왕(成王): 주나라 제2대 왕 희송(姬誦)(재위 B.C.1042~B.C.1021)이다.

163   사울(Saul): 원문은 '소라(掃羅)'이다.

164   다윗(David): 원문은 '대벽(大辟)'으로, 달미덕(達味德)이라고도 한다.

165   주나라 소왕(昭王): 주나라 제4대 왕 희하(姬瑕)이다.

166   솔로몬(Solomon): 원문은 '살문(撒門)'으로, 살라만(撒喇滿)이라고도 한다.

167   목왕(穆王): 주나라 제5대 왕 희만(姬滿)(재위 B.C.985~B.C.940)이다.

168   르호보암([Rehoboam): 원문은 '라파암(羅破暗)'으로, 분열 유대 왕국의 1대 왕이다.

169   아비얌(Abijam): 원문은 '아비아(亞庇雅)'로, 분열 유대 왕국의 2대 왕이다.

170   아사(Asa): 원문은 '아살(亞撒)'로, 분열 유대 왕국의 3대 왕이다.

(Jehoshaphat)[171]이란 자가 있었는데 역시 현명한 군주였다. 주나라 효왕(孝王)[172] 21년에 여호람(Jehoram)[173]이 왕위를 계승하자 황후가 전권을 휘두르며 종친을 대대적으로 학살했다. 신하들이 황후를 죽이자 나라가 안정되었다. 우찌야(Uzziah)[174] 왕이 뒤를 이어 52년 동안 재위하면서 유대가 잘 다스려졌다. 아하즈(Ahaz)[175]가 제위에 올라 이민족[아시리아]을 국내로 불러들여 도움을 청했으나 도리어 나라의 우환이 되었다.[176] 히즈키야(Hezekiah)[177]가 뒤이어 제위에 오른 뒤 이민족을 몰아내자 나라가 안정을 되찾았다. 주나라 장왕(莊王)[178] 10년(B.C.689)에 므나쎄(Manasseh)[179]가 왕위에 오른 뒤 43년간 재위했다. 아몬(Amon)[180]이 뒤를 이어 왕이 되었으나, 황음무도해서 2년 만에 죽었다. 주나라 양왕(襄王)[181] 10년(B.C.642)에 요시야(Josiah)[182]가 왕위에 올라 안으로는 정사를 돌보고 밖으로 포악한 사람들을 물리쳐 서방에 위엄과 명성을 떨쳤다. 왕이 전장에서 적을 막다가 죽자, 여호야킴(Jehoiakim)[183]이 뒤

---

171 예호샤팟(Jehoshaphat): 원문은 '하사법(何沙法)'으로, 분열 유대 왕국의 4대 왕이다.

172 주나라 효왕(孝王): 주나라 제8대 왕 희벽방(姬辟方)(재위 B.C.910~B.C.896)이다.

173 여호람(Jehoram): 원문은 '야하란(耶何蘭)'으로, 분열 유대 왕국의 5대 왕이다.

174 우찌야(Uzziah): 원문은 '오서아(烏西亞)'로, 분열 유대 왕국의 10대 왕이다.

175 아하즈(Ahaz): 원문은 '아합사(亞哈斯)'로, 분열 유대 왕국의 12대 왕이다.

176 이민족[아시리아]을…우환이 되었다: 역사적 사실에 따르면 아시리아의 왕 티글라트-펠레세르 3세에게 도움을 청했다가 도리어 포위당했다고 한다.

177 히즈키야(Hezekiah): 원문은 '희세가(希洗家)'로, 남유대 왕국의 13대 왕이다.

178 주나라 장왕(莊王): 동주의 3대 왕 희타(姬佗)(재위 B.C.696~B.C.682)이다.

179 므나쎄(Manasseh): 원문은 '마나서(馬拿西)'로, 분열 유대 왕국의 14대 왕이다.

180 아몬(Amon): 원문은 '아문(亞們)'이다.

181 주나라 양왕(襄王): 주나라 제18대 왕 희정(姬鄭)(재위 B.C.652~B.C.619)이다.

182 요시야(Josiah): 원문은 '약서아(約西亞)'로, 분열 유대왕국의 16대 왕이다.

183 여호야킴(Jehoiakim): 원문은 '야하아김(耶何雅金)'이다. 여호야킴(재위 B.C.609~B.C.598)은 분열

를 이었다. 이에 앞서 바빌로니아가 아시아의 대국으로 있을 때 유대는 일찍이 서쪽 변경에 위치해 있었다. 바빌로니아가 교만 방자해서 제후국에게 무례하게 대하자 유대 왕은 분노해서 조공을 끊었다. 주나라 간왕 원년(B.C.586)에 바빌로니아가 대군을 이끌고 유대를 공격해 성이 무너지고 유대 왕이 자살하자, 백성들은 바빌론으로 끌려가 결국 유대는 멸망했다. 주나라 경왕(景王) 8년(B.C.538)에 페르시아가 바빌로니아를 멸망시키자 유대인들은 풀려나 귀국했다. 이스라엘 사람들이 다시 예전의 나라를 세워 존속한 지 3백여 년이 되었다. 서한시대에 로마에 항복해서 속국이 되었다. 훗날 다시 반란을 일으켰다가 로마에게 멸망당하고 예루살렘은 도륙 당했다. 로마가 쇠퇴한 후 아라비아의 이슬람 국가가 예루살렘을 차지했다. 유대는 예수가 태어나 자란 곳으로 유럽인들은 종종 가서 그의 묘를 참배했다. 예루살렘을 차지한 이슬람이 이를 금지하며 다니지 못하게 하자 각국은 모두 분노해서 연합해 이슬람을 공격했다. 종군한 자들은 모두 옷에 십자를 새겨 넣고 2백여 년간 피 흘리며 싸워 마침내 유대의 땅을 탈환하고 다시 나라를 세우고는 병사들을 두어 지켰다. 얼마 지나지 않아 이곳을 지키던 병사들이 고향 생각에 각각 흩어져 돌아가자 곧 이어 터키에게 점령되었다. 이 나라 사람들은 사방으로 흩어져 서방 각국에 다수 거주하는데 그 수가 수백만을 헤아리며, 이들을 총칭해 유대인이라고 하는데, 다른 민족과 서로 섞이지 않았다고 한다. 내가 일찍이 영국 영사 조지 트레이드스캔트 레이로부터 "유대인은 문자에 아주 밝아 서양의 각종 서적은 대부분 유대인에 의해 풀이되었기 때문에 그 나라에 대해서는 유독 기록이 상세

유대 왕국의 18대 왕이다.

합니다. 유럽의 학자들은 유학할 경우 그리스가 아닌 유대에서 공부하는데, 아마도 유대를 서양의 문물과 종교가 흥한 곳으로 생각해서 그런 것 같습니다."라고 말하는 것을 들었다. 또 "유대의 여인들은 외모가 아름다우며 성품이 맑고 지혜로운 것이 다른 종족과 확연히 다릅니다. 그래서 유대의 여인을 아내로 맞아들이면 남위(南威)와 서시(西施)[184]가 집안에 있는 것과 같다고 생각합니다."라고 말했다. 유대는 당나라 이후 중국에서는 불림(拂菻)이라고 불렀는데, 살렘(Salem)[185]의 음역이다. 처음에는 불름(拂懍)이라고 하다가 다시 불림으로 음역했다. 『당서』에서는 불림을 대진으로 여겼는데, 아마도 불림이 로마의 동부에서 가장 유명했기 때문에 마침내 잘못해서 대진의 다른 이름으로 여긴 것이다. 이는 서역에서 코칸트(Qo'qon)[186]를 안디잔(Andizhan)[187]으로 부르는 것과 같은 것이다. 『송사』・『명사』에서도 불림을 대진으로 보고 있는데, 이는 『당서』의 오류를 따랐기 때문이다.

---

184 남위(南威)와 서시(西施): 원문은 '위시(威施)'로, 춘추시대 진(晉)나라의 미녀 남위와 월나라의 미녀 서시를 아울러서 일컫는 말이다.

185 살렘(Salem): 원문은 '살랭(撒冷)'이다.

186 코칸트(Qo'qon): 원문은 '호한(浩罕)'으로, 우즈베키스탄 동부의 시이며 페르가나 분지(Fergana Valley) 남서쪽 끝에 위치한다.

187 안디잔(Andizhan): 원문은 '안집연(安集延)'으로, 지금의 우즈베키스탄에 위치한다.

［歐羅巴土耳其國］

土耳其, 土耳嘰·土耳基亞·都耳基·多爾其·都魯機·特爾濟·杜爾格·控噶爾·疴多馬諾·阿多曼. 回部大國也. 地分西中東三土, 西土在歐羅巴界內, 中土·東土在亞細亞界內. 三土合計, 縱橫約四五千里. 古時皆羅馬東境, 即大秦國. 後羅馬分東西, 三土爲東羅馬地. 唐初, 阿剌伯回部方強, 取東·中兩土建爲藩部. 土耳其者, 本韃靼種, 舊游牧葱嶺之東, 即今伊犁一帶. 奉回回敎. 展轉西徙入買諾. 即土耳其中土. 居於加拉馬尼亞, 爲亞剌伯回部所驅, 逃避山穴. 其後種族漸繁, 元成宗五年, 頭人阿多曼 一作疴多馬諾. 招集種人, 攻奪買諾回國, 即名其國曰阿多曼. 至孫默拉德, 日益強盛, 東土之猶太·叙里諸部, 即土耳其東土. 以次蠶食, 疆土愈廣. 佛郎西日耳曼嘗以兵六萬來攻, 皆失利去. 元順帝至元年間, 土王渡海峽, 伐東羅馬, 與敵戰而勝. 敵有將創甚, 臥戰場, 請王親加刃, 死無憾. 王就之, 敵將忽躍起, 以短刀劘王, 中心死. 其子巴牙屑 一作巴也西得. 渡海復仇, 虜一萬人, 盡殺之. 會蒙古來侵, 即元所封之撒馬兒罕. 巴牙屑禦之, 兵敗被虜. 後有摩拉多者, 復奮起, 侵割東羅馬境土過半. 子馬何美德嗣, 尤梟雄. 明景泰三年, 滅東羅馬, 取君士但丁城爲國都, 即土耳其西土. 君士但丁, 一作康思坦胎諾格爾, 『西域聞見錄』稱爲控噶爾. 三土遂全歸統轄. 紅海·地中海南岸諸國, 舊屬阿剌伯者, 或納土, 或稱藩. 阿剌伯亦納款爲屬國. 復東取波斯, 建爲大藩, 幅員之廣, 幾比盛於羅馬全國. 其用兵, 屠戮最慘, 每戰斬首以萬級計. 治法全尙刑威, 賦斂尤煩苛. 嘉靖以後, 嗣王多昏庸醉飽, 殘殺骨肉, 以此簒弑頻仍, 稱爲亂國. 後宮常五六百人, 初生子者爲后. 回回敎主持國柄, 作威福. 諸大酋守地者, 胶膏血以自肥. 橐滿, 則王賜帛自絞, 而簿錄其家. 蓋西國之昏虐無政,未有如土耳其之甚者也. 初, 土耳其既得三土之地, 各分部落, 領以大酋, 名曰巴札. 地廣權重, 漸成尾大, 東土尤寫遠難制. 康熙中, 其王達哈荷麻屢弱不綱, 諸巴札專制一方, 名雖爲臣, 徵調多不應命. 東偏之亞爾美尼亞·古爾德斯丹, 皆衣租食稅, 不供王室. 巴必羅尼亞部 即美索不達迷亞部. 巴札阿墨, 嘗據地以叛, 土王那達沙征之, 累年不能取. 至塞黎慕嗣位, 始於嘉慶八年, 戰勝收復. 甫二載, 新立之巴札又叛, 塞黎慕親征, 中流矢死. 如德亞 即猶太. 之巴札, 亦跋扈不共命, 土無如之何也. 中土買諾諸部, 爲土興基之地, 部民多韃靼種, 尙勉供賦役. 而西土諸部, 近接王都, 弄兵者, 接踵而起. 南境之希臘, 已裂土爲敵國, 另有圖說. 近年自立爲小國者, 又有三部. 此外藩國, 波斯早易姓, 天方 即阿剌伯. 亦隔絶. 在阿非利加北境者, 阿爾及耳已爲佛郎西所滅. 惟突尼斯·的黎波里尙通朝貢. 麥西爲海南上壤, 舊設巴札. 近年其巴札叛土, 攻取東土諸部, 勢將內犯. 英吉利·佛郎西勒兵勸和, 乃分土稱外藩. 四國詳『阿非利加圖說』. 其王自塞黎慕東征不復, 國人立慕斯德發. 未一載, 廢之. 嘉慶十三年, 立馬痾美德, 在位年久, 勢益奄奄. 蓋其國中衰已百餘年, 今則岌岌乎有亡徵焉. 徒以世臣來輔, 又與英佛諸大國合縱, 故尙得苟延歲月耳. 北鄰之峨羅斯, 大國也, 與土耳其中隔黑海, 東西壤地相接. 乾隆中, 土耳其與之構兵, 『西域聞見錄』所云與峨羅斯構兵之控噶爾, 即土耳其也. 已詳『峨羅斯圖說』. 前後數十年, 始猶勝負相當, 繼則累戰累北. 乾隆五十四年, 土王塞黎慕爲峨羅斯所敗, 割地以講. 後峨羅斯大擧來伐, 佛郎西救之乃免. 自是多惱河一帶, 烽燧頻警, 奔命不遑. 道光六年, 土人侵峨南境, 戰而敗績. 峨以大兵圍其都城, 國幾亡. 英佛爲之講和, 峨兵乃罷.

土耳其西土, 古希臘十二國之地. 詳『希臘圖說』. 北界峨羅斯·奧地利亞, 南抵地中海. 地形入海之處, 界希臘國. 東界黑海, 東南與買諾隔一海峽, 峽名他大尼里. 『後漢書』「大秦傳」所云, "有飛橋數百里, 可度海北諸國.", 卽指此峽也. 寬止數里, 黑海·地中海由此相通. 春秋時, 波斯王澤耳士伐希臘, 嘗造浮橋以渡軍. 相傳古時有石橋, 圯廢久矣. 西抵亞得亞海隅, 縱橫各二千餘里. 南北高嶺橫亘, 多惱河縈帶其間. 地多山, 少平土. 南界海灣凹凸, 島嶼紛羅. 地爲歐羅巴初創之土, 土耳其以兵力強取之. 其民本習天主敎, 不樂回敎, 又不堪土之苛斂, 近年已成四分五裂之勢. 所產者, 棉花·烟草·葡萄·南果·羊毛之類.

地分八部, 建都之部, 曰羅美里亞, 一作路默利. 其民多土耳其種族, 性強悍, 樂於戰鬥, 輕死生, 重然諾. 不禁鴉片, 人多羸瘠. 都城曰君士但丁, 建於黑海峽口之西岸, 本羅馬東都, 土耳其滅東王, 遷都於此, 更名曰士但不. 城極大, 內有王宮, 殿宇崇閎. 城外海港深廣, 商舶輻輳. 匝岸萬廈雲連, 各國使館在焉. 多瘟疫火患. 所轄亞得安城, 周十五里, 內有古殿, 閻閭凋敝. 加利城, 在馬海灣, 居民一萬七千, 商賈互市之地也.

西里斯的黎亞, 一作不牙. 在羅美里亞之北. 北阻多惱河, 風俗語音, 近峨羅斯. 其民勤苦力作, 奉希臘敎, 會城曰所非, 居民五萬, 陸路通商之地也. 所轄順剌城, 形扼山險, 一夫可以當關, 爲土國北門鎖鑰, 恃此以禦峨軍. 多惱河一帶, 城堡甚多, 皆爲備峨而設.

波斯尼亞, 一作不尼. 在極西北. 北距多惱河, 草場豐廣. 內有山, 產鐵甚良, 居民鑄爲刀劍. 不堪之苛政, 揭竿而起者屢矣.

日薩壹爾, 一作亞剌萬. 在海濱, 居民以獵爲生, 剛猛善戰, 勇於赴敵, 稱西土精兵. 會城曰藥翰尼拿, 昔有大酋據地以叛, 土王連年攻之, 不能剋.

黑坐義, 地形入海, 與希臘鄰. 遍地皆山, 民居岩谷, 顓愚而悍猛, 眦睚必報, 遠客來則待之甚厚.

塞爾維亞, 一作息味. 在西里斯的黎亞之西, 波斯尼亞之東, 北距多惱河, 會城曰占盧德師亞, 一作別甲. 極堅固. 其民強武好鬥, 奉希臘教, 不樂回教鈐轄. 別推酋長, 起兵拒土. 土不能征服, 與之議和, 近已自立爲國, 納貢於土.

襪拉幾亞, 一作瓦拉基. 在西里斯的黎亞之北, 北阻大山, 南距多惱河, 縱一千八百里, 橫四百五十里. 地形平坦, 河流交貫, 土沃宜麥, 草場豐茂, 牧畜蕃孳. 其民奉耶穌教, 勤苦力作, 而土政苛虐, 接剝百端. 其地有大酋, 如列國小侯. 都城曰不加勒斯多, 一作布加力. 居民八萬, 峨羅斯時擁護之. 近已立國, 納貢於土.

摩爾達維亞, 一作末大味. 在襪拉幾亞之北, 西有山嶺界隔, 地極廣莫. 居民五十萬, 產五穀・南果・葡萄・烟・蜜蠟・硝鹽・馬・牛・豬, 每歲售馬鄰封, 可萬匹. 其地亦有大酋, 如列侯. 都城曰鬐西, 一作牙西. 藉庇於峨羅斯, 逃土政之酷虐. 近亦立國, 納貢於土.

干地亞洲, 在海中, 周圍一千五百里. 中峻外坦, 近海多良田, 又產橄欖油極佳. 其民奉希臘教, 不樂土政, 據地以畔. 土王征之, 二十餘年, 不能服也. 其島山水極秀, 海口近爲沙淤, 舟行多阻.

土耳其中土曰買諾, 亞細亞極西之地, 黑海・地中海環其三面, 縱約千里, 橫約二千餘里. 南北曰縱, 東西曰橫, 凡後言縱橫, 皆仿此. 南北峻嶺嵯峨, 中多腴壤. 土耳其起於此土, 韃靼種人散布雜居. 故土雖中衰, 尙無分裂. 所產者, 穀・麥・五金之礦・蠶絲・乾葡萄・南果・酒・油・蜜・香料・藥材. 地分六部.

亞那多里亞, 一作士麥拿. 又名小亞細亞, 三面界海, 與西土之羅美里隔一海峽. 會城居民十萬, 勤於懋遷. 西國商賈雲集, 每年出入貨價, 不下數百萬金. 城內街衢污穢, 每瘟疫盛行, 傳染殆遍. 所屬大城曰補撒, 居民六萬. 大邑曰加士他牟尼, 多回回廟宇.

加拉馬尼亞, 在亞那多里亞之東. 土耳其人初來時, 寄居於此. 會城曰可尼,土之舊都也. 亞達那, 一作峨剌. 在加拉馬尼亞之西南, 跨山臨海. 其山之羊, 毛細如絲, 用以織布極溫軟. 西威斯, 一作西瓦. 在加拉馬尼亞之東南臨海. 山出銅礦, 居民善造銅器. 馬拉士, 一作古地亞, 又作路彌阿. 東接東土之亞爾美尼亞, 西連加拉馬尼亞 · 亞那多里亞兩部, 北距黑海. 德勒比孫達, 一作德比遜. 在馬拉士之東北隅, 南界亞爾美尼亞, 北距黑海, 其埠頭爲土耳其與峨羅斯通商之地.

買諾附近有數島, 曰居伯羅島, 其土膏腴, 所產葡萄酒 · 南果最良. 居民饒裕, 女人美姿色, 舊稱樂土. 近困於土耳其苛政, 凋敝甚矣. 曰羅得島, 水土平良, 勤於農作. 舊本自立爲小國, 後爲土耳其所兼. 曰治阿島, 地極富庶, 居民十五萬, 不服土耳其政教. 道光四年, 土耳其以水師攻之, 屠爲赤地. 曰米地鄰島, 產油酒.

土耳其東土, 在買諾之東, 亦亞細亞地. 北枕黑海, 東北隅接峨羅斯, 東界波斯, 南連亞剌伯 · 麥西, 西抵地中海. 縱約二千餘里, 橫約千餘里. 東北一帶, 大山叠聳, 最高者曰阿臘, 曰黎巴嫩. 阿付臘底斯河, 一作阿倫得, 又名八河. 發源西北. 底格里士河, 一作地額河. 發源正北, 相對而東南流, 至巴索拉, 合流入海. 西南隅有大澤曰死海, 本大城邑, 遭異災, 地陷爲湖. 其水鹹惡, 周圍皆瘦嶺枯山. 死海之北, 有湖曰加利利, 其地爲泰西諸國創建之祖. 大國名都, 代興者凡十數. 自爲回部所據, 其民種類各殊, 在海岸海島者, 皆額力西種, 即希臘. 謂之上等人. 居於西里亞 · 美索不達迷亞各部者, 半阿丹種 即阿剌伯. 美髯善騎, 長於經商, 多素封. 居於東北山中者, 爲戈達曼種, 游牧爲生, 健勇好鬥, 好虜掠, 土俗類韃靼里. 謂西域游牧各部. 居於黎巴嫩山中者, 曰馬羅奈底士, 曰特魯西士, 曰黑爾西, 諸種皆回民. 馬羅奈底士, 爲天主教名師馬倫所化, 因以得名. 阿丹以兵力脅入回教, 戶口繁多, 其俗儉嗇. 特魯西果敢輕生, 戰不長平陸, 而長山險, 鳥槍從高擊下, 發無不中. 黑爾西戰鬥最勇, 以少敵衆, 從未敗衂. 土人與

251

峨羅斯戰, 倚此兩種爲勁旅. 諸部地界遼闊, 距王都絶遠. 自土耳其中衰, 守土之酋, 多擁地自擅, 不供賦役, 百餘年來, 僅僅羈縻勿絶而已. 物產與中土同. 地分五部. 西里亞, 一作叙里亞, 『唐書』之西女國, 卽西里之訛. "種皆女子, 拂菻遣男子往配."之說, 乃華人所附會, 荒唐可笑. 在地中海東岸, 東北距阿付臘底斯河, 南跨阿剌伯與麥西接壤, 黎巴嫩山在其北境, 迤入於中土. 其地大勢分兩域, 迤北曰西里亞, 古之名國. 有海口曰地破里, 居民二萬五千. 海濱舊有兩大城, 一曰士羅西頓, 昔時商賈萃集, 富者埒王侯, 今成廢墟. 一曰大馬士革, 其地山川秀澈, 田園開爽, 花卉尤繁, 十里外芳馥襲人. 迤南曰猶太. 猶太舊分三部, 曰猶太, 曰撒馬利亞, 曰加利利, 在秦漢以前爲名國. 都城曰耶路撒冷, 『唐書』稱爲拂菻. 極廣大, 城內居民逾十萬戶. 本羅馬屬國, 後衰亂, 羅馬以大兵合圍, 城破屠之, 部民星散. 後再立國, 卒爲土耳其所取. 因其爲天主耶穌生長之地, 故至今猶艷稱之. 道光十六年, 麥西酋叛土王, 以兵取西里亞·美索不達迷亞二部. 二十年, 英人助土耳其, 將興兵, 麥西乃還其土.

美索不達迷亞, 一作磨俗鄰, 卽巴必羅尼亞. 在西里亞之東, 北倚黎巴嫩山, 兩河迴繞, 阿付臘底斯河·底格里士河. 爲東土中原. 唐虞時, 有諾威者居此, 爲泰西諸國之始祖. 其地半河半澤, 農力勤苦. 境內有八塔者, 昔回部都城, 亞剌伯據東土時藩國. 今成廢墟. 又巴庇倫者, 一作巴必鸞, 又作巴必羅尼亞. 古大國都城, 廢滅已二千餘年, 瓦礫猶積成岡阜. 古爾的斯丹, 一作科爾力士丹. 又名野哈馬, 在美索不達迷亞之東. 地多山, 瘠狹難耕, 部民多游牧於轄轄里. 會城曰亞勒破, 居民逾十萬. 道光二年, 毀於地震, 不遺一椽, 由此餓莩遍野.

亞爾美尼亞, 一作亞麥尼. 在古爾的斯丹·美索不達迷亞兩部之北. 阿臘山在其境內, 峰壑險峻, 洞峽幽深, 水漲則巨舟泊於峰. 當雲擾時, 其地被兵絶少, 故戶口較他部獨繁. 其民半奉耶穌敎, 勤於商賈, 家有恒產. 會城曰黑爾斯倫, 一作葉西倫. 地氣寒甚, 七月中卽見雪. 巴牙息在山腳, 居民之學館也. 在平地近河, 曰地里北客城, 與鄰國通商, 山內古耳得族, 建堡於洞壑之間, 素爲盜巢. 巴索拉, 一作巴所刺. 在古爾德斯丹·美索不達迷亞之東南. 阿付臘底斯·底格里士兩河, 至此部之東南隅, 合流入阿勒富海, 爲東南大埔頭. 五印度商船輻輳, 其城屋陋衢狹, 而貿易極盛.

按: 土耳其三土, 古大秦國之東境, 卽意大里亞之羅馬. 爲西域自古著名之地. 東土創闢最早, 巴庇倫建國於前, 西里亞代興於後. 猶太, 一作如大, 又作如氐亞, 又作如德亞, 又作儒德亞. 卽『唐書』所謂拂菻國. 以色列之族, 由此興焉. 其國自夏商至漢季, 歷世最久, 令辟賢王, 後先輝映. 西土爲希臘開基之地, 西國之剖啓昏濛, 實由此土. 君士但丁, 則羅馬之東都, 比於有周之雒邑. 泰西遠隔神州, 禮樂車書之化, 無由漸被. 而在彼土言之, 則此數千里者, 固商·周之耿·亳·豳·岐, 聲名文物之所萃也. 土耳其本回部賤族, 竄身買諾, 遺種繁滋. 遭時衰亂, 揭竿而起. 恃其兵力, 蠶食東西, 遂使名城墮毀, 典業散亡, 文獻無徵, 風流歇絶. 三土之民就俎醢之地而困膻污之俗者, 數百年於茲矣. 回回之性, 多殘暴不仁, 而土耳其爲尤甚. 俗無彝倫, 國無綱紀, 日以刀俎待其民, 腴脂膏而供醉飽. 三土之民, 何不幸之甚也! 觀泰西人所著書, 西土之困於苛政也尤甚. 勝廣之徒, 時時攘臂, 而彼昏不知, 猶晏然爲羊車之游, 亡可翹足而待矣.

泰西諸國, 跨亞細亞·歐羅巴兩土者, 惟峨羅斯與土耳其. 土耳其疆域之大, 不及峨羅斯, 而擅膏腴之壤, 據形便之地, 百年來, 逐鹿紛紛, 迄無止戈之日, 固恃其地大兵强, 不肯遽爲峨下也. 七椿園訛爲控噶爾, 又因其據東羅馬故地, 而以千餘年前一統之羅馬移之土耳其, 荒渺甚矣. 又稱峨羅斯本其屬國, 缺其朝貢, 又擾其邊, 控噶爾用東西迭駕之法, 峨羅斯大困, 增貢乞和乃免. 此出烏巴錫詛咒之言, 而『聞見錄』乃鑿鑿言之, 豈知輿尸纍纍, 而屢爲城下之盟者, 乃卽所云控噶爾耶! 兩國黑海互隔, 風馬牛本不相及. 自峨羅斯開高加索部, 詳

253

『峨羅斯圖說』. 而與土之東壤接. 又開波蘭諸部, 而與土之西境毗連. 其初構兵, 在乾隆中年.

維時峨羅斯勃焉方興, 戰攻甚銳, 土耳其衰機甫兆, 兵力猶強, 勝敗之數, 大略相當. 後則土

勢日屢, 南風不競, 喪師失地, 割講頻仍. 近年內訌四起, 危如累卵, 峨則闢地益廣, 富強又非

昔比. 悉銳南征, 何異折枯拉朽! 然土猶幸延至今, 未爲峨所兼並者, 由於英・佛兩大國護持

而排解之也. 歐羅巴人最惡回教, 土耳其之昏虐, 又諸國所鄙夷. 英・佛於土非有所愛惜, 而

必欲拯其危亡也. 峨羅斯境土, 得歐羅巴之大半, 然北地荒寒, 不長水戰, 故僅能比肩英・佛,

而未足以定霸一方. 若土耳其三土, 一旦爲所並兼, 則地兼三海, **波羅的海・黑海・地中海.**

於歐羅巴一土, 已扼吭而拊其背矣. 彼且治船砲, 閱形勢, 一旦擁十萬之衆, 捲甲西馳, 諸國

其能晏然已乎? 故英佛之存土, 非愛土也, 懼峨之兼土, 而事未有所止也. 兩國之強, 峨所素

懾, 亦未敢開釁端而 延大敵, 不得不隱忍戢兵, 聽土之姑延殘喘. 歐羅巴情勢頗類戰國, 故縱

橫之謀, 有不期然而然者.

泰西人紀巴庇倫・西里亞古事云: 上古之世, 西土洪荒未闢, 猛獸食人. 有

凝呦者, 武力絶倫, 能驅獸衛民, 衆推爲主. 虞舜六載, 立國於亞細亞兩河之間,

兩河謂阿付臘底斯河・底格里士河, 卽土耳其美索不達迷亞地. 曰巴庇倫. 始聚人民,

造宮室, 是爲西土第一國. 後有諸威氏之孫, 曰亞蘇爾, 亦建國於亞細亞, 曰尼

你味, 與巴庇倫爲鄰. 亞蘇爾之子曰尼奴, 并巴庇倫爲一國, 名其國曰亞西里

亞, 而四方仍稱巴庇倫. 尼奴死, 妻西迷拉迷斯嗣位, 女主代立, 西土上古時卽有之,

至今遂沿爲故事. 拓地益廣, 亞細亞一洲, 卽土耳其之中東兩土, 非今之亞細亞也. 半

隸版圖. 其人習天文, 善測星度, 西土推步之學, 由此起. 夏后不降十三歲, 西

迷拉迷斯死, 子尼尼亞斯立, 務於奢靡, 不勤政事, 國勢漸衰. 其後傳三十餘世,

歷商及周, 在位多中主, 乏令聞, 故西史無紀載.

猶太者, 西土名國, 在巴庇倫西南, 壤地偏小, 素爲巴庇倫屬國. 巴庇倫遇

藩國無禮, 猶太不恭命. 周簡王元年, 巴庇倫以大兵伐猶太, 攻破耶路撒冷, 猶太都城, 又名拂箖. 猶太王自殺, 脅遷其民於巴庇倫. 猶太人有但耶利者, 聰異有學識. 時巴庇倫王得異夢, 心惡之, 秘不言其狀, 使群臣測之, 中則賞, 否則刑. 群臣憂懼, 罔知所措. 但耶利曰：“臣知之矣. 王夢大像立於前, 其首金, 其臂銀, 其胸腹銅, 其股鐵, 其足鐵與泥半. 忽大石飛墜, 像立碎, 風來吹散其塵, 信有之乎?” 王大驚曰：“信如是, 其驗云何?” 曰：“驗在國之興廢. 金首者, 像王也, 銀臂者, 將有旁族由偏小而興, 銅身者, 繼統之國, 將有廣土, 鐵股者, 再繼之國, 當以劍矛摧各部, 足之泥, 分土之象. 石碎風摧, 則興亡之無定也.” 王驚異, 以爲神人, 寵待之. 王卒, 子尼布甲尼撒嗣位, 立但耶利爲相, 相三世. 但耶利死, 而巴庇倫益衰亂矣. 巴庇倫之東爲波斯, 有馬太者, 波斯大部. 其王居魯士英果善戰, 新兼波斯諸部, 方以取亂侮亡爲事, 巴庇倫恬不爲備. 時巴庇倫王荒虐無政, 群下離叛. 周景王八年, 居魯士大舉來伐, 巴庇倫望風奔潰. 圍都城, 一鼓而下, 巴庇倫亡, 地歸波斯. 周敬王年間, 巴庇倫叛, 波斯王大流士以大兵圍之, 歷一年八月, 城破, 釘其民千人於十字架. 周顯王年間, 希臘之馬基頓王亞勒散得大舉伐波斯, 波斯潰, 亞細亞諸部, 皆爲馬基頓奪. 已而亞勒散得卒於軍, 諸將裂新闢之土自王. 亞細亞分爲數國, 日相戰攻. 已而并爲一國, 仍巴庇倫舊國名, 曰西里亞, 一作叙里亞. 傳國百餘年, 爲西土大部. 西漢惠帝五年, 爲羅馬所滅, 詳『意大里圖說』. 地歸羅馬.

又泰西人記巴庇倫城, 高三十五丈, 厚八丈七尺, 上設塔二百五十, 城門一百, 以銅爲之, 周回一百八十里. 南懷仁所記宇內七大宏工, 有巴必鸞城, 卽巴庇倫之轉音. 卽此城也. 當其初建, 麋膏血而供版築, 自以爲子孫萬世之業. 然居魯士兵來, 曾不血刃而剋之. 金城千仞, 果足恃乎? 巴庇倫再叛, 大流士惡其城垣之高, 拆毀其半. 至今猶存遺址, 在土耳其東土美索不達迷亞境內. 又英官李太郭云：“西里亞文字，西里亞文字，卽巴庇倫所造文字. 與諸國不同, 與淸文極相似, 但橫寫順讀耳.”因出西里亞文字冊子, 余翻閱之, 信然.

泰西人紀猶太古事云: 猶太古名迦南. 有夏帝芒之世, 西土有至人曰亞伯拉罕, 生於兩河之間, 阿付臘底斯河·底格里士河. 遷於迦南, 其苗裔稱以色列族. 傳數世至耶哥伯, 有十二子, 最少者曰約色弗, 聰慧過人. 諸兄忌之, 賣於西爲人奴. 麥西一名挨及多, 一作厄日多, 或作以至北多, 又作伊齊不托. 在亞非利加之東北境, 詳『阿非利加圖說』. 麥西王立以爲相, 以色列之族, 群往歸之. 初至時七十人, 年久繁衍, 至六萬人. 麥西王忌其強宗, 欲除之. 時迦南以色列族, 有至人曰摩西, 生而神異, 學識過人, 報仇殺人, 逃於荒野四十年. 夢神人使赴麥西救本宗, 至則麥西王方張網羅, 欲收以色列族坑之. 摩西密告宗人, 約期同發至海港, 潮退變陸. 渡畢而潮大至, 麥西軍追者, 皆溺死. 摩西率衆至迦南之耶路撒冷, 遂王其地. 示十誡以訓民, 敎以事神天, 敬父母, 勿殺, 勿奸, 勿盜, 勿妄證, 勿貪他人之財, 七日禮拜, 省過愆, 是爲西土立敎之始. 泰西人相傳, 天神降於西奈山, 石上現文字, 摩西拜受, 垂爲十誡, 以敎民. 蓋托於神道, 以起人之崇信耳. 後來耶穌本於此. 西奈山在今亞剌伯西北境. 摩西卒, 約書亞繼之, 分以色列族爲十宗, 裂地封爲小部, 統於耶路撒冷. 周武王元年, 有措母耳者嗣位, 德量過人, 能察民枉, 稱爲賢主. 周成王二十五年, 王掃羅嗣位, 好用兵, 不恤民命, 國人棄之, 立大辟爲王. 大辟以周昭王十年嗣位, 敬畏天神, 稱爲聖人. 在位十六年卒. 王撒門 或作瑣羅門. 嗣位, 亦稱令辟. 周穆王年間, 王羅破暗嗣位, 始稱猶太國. 羅破暗卒, 亞庇雅繼之. 三年卒, 亞撒繼之, 號爲賢能. 亞撒之後, 有何沙法者, 亦賢主. 周孝王二十一年, 王耶何蘭嗣位, 王后擅權, 大戮宗黨. 群臣誅后, 國乃安. 王烏西亞嗣位, 在位五十二年, 猶國稱治. 亞哈斯嗣位, 招異族來國助戰, 遂爲國患. 王希洗家繼之, 驅除異族, 境內復安. 周莊王十年, 王馬拿西嗣立, 在位四十三年.

王亞們繼之, 荒淫無道, 二年而卒. 周襄王十年, 王約西亞嗣立, 內修政事, 外攘寇虐, 威聲振於西土. 王禦敵殞於陣, 王耶何雅金嗣立. 先是, 巴庇倫爲亞細亞大國, 猶太夙備西藩. 巴庇倫侈汰, 遇諸侯無禮, 猶太王怒, 絕朝貢. 周簡王元年, 巴庇倫以大兵攻之, 城破, 王自殺, 遷其民於巴庇倫, 猶太遂亡. 周景王八年, 波斯滅巴庇倫, 釋猶太民歸國. 以色列族復立故國, 傳三百餘年. 西漢時, 降羅馬爲屬國. 後復叛, 爲羅馬所滅, 屠耶路撒冷都城. 羅馬衰, 亞刺伯回部據之. 猶太爲耶穌生長之地, 歐羅巴人時往拜其墓. 既爲回部所據, 禁不得通, 諸國皆怒, 合兵攻回部. 從軍者縫十字於衣, 血戰二百餘年, 卒奪回猶太地, 重立爲國, 戍以兵. 未幾, 戍兵思故土, 各散歸, 尋爲土耳其所據. 其部民散之四方, 西土各國多有之, 以數百萬計, 而總稱爲猶太族, 與別族不相混云. 余嘗聞之英官李太郭"猶太人最講文字, 西國各種書籍, 多猶太人所譯解, 故其國紀載獨詳. 歐羅巴文士游學者, 不於希臘, 即於猶太, 蓋泰西弦誦之區也." 又云: "猶太女人, 姿姣好而性靈慧, 與別部迥異. 娶婦得猶太女, 則以爲戚施在室也." 猶太自唐以後, 中國稱拂菻, 即撒令之轉音. 初轉爲拂懍, 再轉爲拂菻. 『唐書』直以拂菻爲大秦, 蓋拂菻在羅馬東部中最著名. 遂誤爲大秦別名, 猶西域稱浩罕爲安集延也. 『宋』·『明史』因之, 則沿『唐書』之誤耳.

〖 유럽 그리스 〗

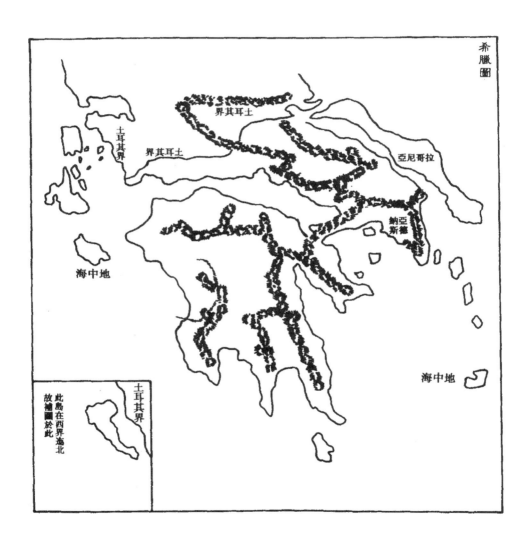

그리스 액리사(額里士)·액력서(額力西)·액륵제(厄勒祭)·액륵서아(厄勒西亞)라고도 한다. 는 고대의 이름난 나라로, 오늘날 새로 건설되었다. 터키 서부의 남쪽 강역(오스만령 그리스)은 지형이 팔을 지중해에 넣고 있는 것처럼 생겼으며, 끝부분은 손가락처럼 뻗어 있는데, 이곳이 바로 그리스이다. 남북의 길이는 약 5백 리이고, 동서의 너비는 약 750리이다. 영토는 협소하고 바다와 만은 구불구불하며, 하천의 지류가 사방으로 통하고 섬이 별처럼 늘어서 있다. 이 땅에서는 면화·남과(南果)·양털·건포도·올리브유·오곡·담배가 난다. 상고시대에 유럽인들은 풀로 된 옷을 입고 나무 열매를 먹으며 어리석고 미개했다. 하(夏)나라 중엽에 동방의 왕국들이 귀순해왔다. 카드모스(Kadmos)[1] 길목(桔木)이라고도 한다. 가 가남(迦南)[2] 가남은 바로 유대이다. 에서 그리

---

1   카드모스(Kadmos): 원문은 '의납고(義納孤)'로, 테베를 세운 카드모스로 추정된다.

2   가남(迦南): 가나안(Ganaan)이다. 구약 성서에는 신이 아브라함과 그 후손들에게 주겠다고 언약한 약속의 땅으로 나온다.

스로 와서 원주민에게 집을 짓고 밭을 갈고 파종하는 법을 가르치기 시작했다. 상(商)나라 중엽에 케크롭스(Cecrops)[3]가 액일다(厄日多) 이집트이다.에서 와서 아테네(Athens)[4]에 나라를 세우고, 처음으로 양털을 짜서 옷을 만들어 입고 포도를 빚어 술을 주조하고, 올리브로 기름을 짜기 시작했으며 금을 주조하고 철을 단련해 칼과 농기구를 만들고, 또한 원주민들에게 문자를 가르치기 시작했다. 유럽이 후덕해지고 문학에 두루 통하게 된 것은 사실 그리스에서부터 시작되었다. 그리스는 중국의 상주(商周)시대에 12개의 도시국가로 나뉘고 동맹을 맺었다. 주나라 경왕(敬王) 연간에 페르시아(Persia)[5]가 대군을 이끌고 그리스를 침략해오자, 그리스 국가들은 힘을 모아 페르시아를 막았으며, 페르시아는 대패하여 도망갔다. 후에 그리스는 마케도니아의 알렉산드로스대왕이 국가들의 병력을 모아 페르시아를 정벌하고 승리의 여세를 몰아 인도까지 정벌 나갔다. 알렉산드로스대왕이 군영에서 죽자 부장들이 점령지의 영토를 나누어 가지고 각자 스스로 왕이 되었다. 이로부터 그리스의 문자와 언어가 서방 각지에 널리 퍼졌다. 서한때 이탈리아의 로마가 바야흐로 강성해져 사방을 정복하면서 그리스 각국도 그 판도에 들어갔다. 후에 로마가 동로마와 서로마로 분리되면서 그리스의 고토는 동로마의 지배를 받았으며, 아라비아 이슬람의 침략을 받아 날로 쇠퇴해졌다. 오스만 제국이 일어나 동로마를 멸망시키고 무력으로 그리스 영토를 점령해 오스만 제국의 지배를 받은 지 4백 년이 되었다. 근년에 들

---

3 케크롭스(Cecrops): 원문은 '쇄가락(灑哥落)'이다. 이집트 사람으로 아테나이를 세우고 결혼 제도와 종교를 전했다고 한다.

4 아테네(Athens): 원문은 '아전(雅典)'으로, 아전(鴉典), 아전(亞典), 아지나(亞地拿)라고도 한다.

5 페르시아(Persia): 원문은 '파사(波斯)'로, 백서(白西), 법이서(法耳西), 파사(巴社)라고도 한다.

어 오스만 제국의 정치가 가혹해지자 아테네의 시민들은 이를 감당할 수 없었다. 이에 가경 25년(1820)에 오스만 제국의 수장을 몰아냈다. 터키인들이 군대를 이끌고 공격해오자 아테네는 도시를 지킬 수 없었다. 영국, 프랑스, 러시아 삼국은 그리스인들을 가상하게 여겨 각자 군대를 보내 그리스를 보호해주었다. 오스만 제국은 어쩔 수 없어 그리스가 자치국으로 살아갈 수 있게 놔두었으니, 바로 지금의 그리스이다. 산과 요새로 굽이굽이 막혀 있고 산봉우리가 그 빼어남을 자랑하고 있어 멀리서 바라보면 마치 병풍을 늘어놓은 듯 그 절경이 서양에서 최고이다. 여자들은 외모가 수려하고 아름다우며 남자들은 화려한 관복을 즐겨 입는다. 여자들은 아름다운 모발을 가지고 있으며, 머리 모양이 기묘하고 다양하다. 장서 보유로는 서방 최고이며, 사람들 대부분이 다독하면서 각자 종이와 붓[6]을 들고 일을 기록하고 좋은 말을 남긴다. 그리스의 궁전과 고적은 서양에서 축조한 건물의 초기 양식이 되었다. 국왕 오톤(Othon)[7]은 본래 게르만의 공작이었으나, 그리스 시민이 그를 왕으로 추대했다. 오톤은 현명하고 정사를 잘 돌봐 비록 나라는 작지만 바야흐로 힘차게 발전 중이라고 한다.

그리스는 10개의 도시국가로 재정비되었다. 중심국가인 아테네 일명

---

6 종이와 붓: 원문은 '연참(鉛槧)'이다. 참(槧)은 목판을 말하고 연(鉛)은 글씨를 쓰는 납가루로, 지금의 필기구에 해당한다. 『서경잡기(西京雜記)』에 따르면, 양자운(揚子雲: 揚雄)은 호사가로, 항상 연필을 품에 넣고 목판을 들고 다녔다(揚子雲好事, 常懷鉛提槧)고 한다.

7 오톤(Othon): 원문은 '아다(阿多)'로, 그리스 왕국의 초대 국왕 오톤(1815~1867)으로 추정된다. 그리스는 1832년 런던 회의에서 열강의 보호하에 새 독립 왕국인 그리스왕국이 건립되었다. 이때 오톤(오토라고도 함)이 초대 국왕에 취임했다.

아적가(亞的架)[8]라고도 한다. 는 수도가 바닷가 만에 위치하는데, 바로 아테네[9]이다. 예로부터 명성과 문물로 이름난 지역이었으나, 지금은 시가지가 적막하고 경치가 스산하다. 아르골리스(Argolis)[10] 일명 나폴리(Napoli)[11]라고도 한다. 는 주도가 해구에 위치하는 나플리오(Ναύπλιο)[12]로, 큰 통상 항구이다. 아카이아(Akhaia)[13]는 주도가 해구에 위치하는 파트라스(Patras)[14] 일명 파답(巴答)이라고도 한다. 로, 역시 통상항구이다. 시가지가 더러워 상인들이 싫어한다. 메시니아(Messinia)[15] 일명 묵소용의(墨所龍義)[16]라고도 한다. 는 주도가 아르카디아(Arcadia)[17]로, 그리스의 견고한 성이라 터키사람들이 여러 차례 공격해도 무

---

8 아적가(亞的架): 아티카(Attica)로, 아제잡(阿提卡)이라고도 한다. 에게해와 접한 반도지대로서 수도 아테네를 포함한 주변 지역을 가리킨다.

9 아테네: 원문은 '아덕납사(阿德納斯)'이다. 아테네 현은 그리스 아티카 주에 있는 현으로, 현 소재지는 수도 아테네이다. 아테네 현은 그리스에서 두 번째로 작은 현이지만, 가장 인구가 많고, 인구 밀도도 높다.

10 아르골리스(Argolis): 원문은 '아이가려대(亞爾哥黎大)'로, 아과리사(阿戈利斯), 아아리부(亞峩利部)라고도 한다. 포르투갈어로 아르골리다(Argolida), 영어로 아르골리스라고 하는데, 지금의 그리스 펠로폰네소스 반도 북동부에 위치한다.

11 나폴리(Napoli): 원문은 '나파리(拿破里)'로, 나파리(那波利), 뇌비리아(腦比里亞)라고도 하는데, 그리스의 나폴리라 불리는 지금의 나브플리온(Navplion, 納夫普利昂)을 가리킨다.

12 나플리오(Ναύπλιο): 원문은 '뇌비리아(腦比里亞)'이다. 나우플리온(Ναύπλιων)이라고도 하는데, 지금의 그리스 펠로폰네소스 반도에 위치한 항구도시이다. 나플리오는 1829년부터 1834년까지 근대 그리스의 첫 수도였다.

13 아카이아(Akhaia): 원문은 '아가아(亞加亞)'로, 아가압(亞加壓), 아흑아(阿黑亞)라고도 한다.

14 파트라스(Patras): 원문은 '파달랄사(巴達辣斯)'로, 파특뢰(帕特雷)라고도 한다.

15 메시니아(Messinia): 원문은 '미새니아(美塞尼亞)'로, 묵서니부(黑西尼部), 미서니아(美西尼亞)라고도 한다. 지금의 펠로폰네소스 반도 서남부에 위치한다.

16 묵소용의(墨所龍義): 미소롱기(Missolonghi)로, 지금의 메솔롱기온(Mesologion)이다. 파트라스만의 북쪽에 위치해 있어, 메시니아와는 다소 떨어져 있다.

17 아르카디아(Arcadia): 원문은 '아이가적아(亞爾加的亞)'로, 아가지부(亞加地部)라고도 한다. 지

262

너뜨릴 수 없었다. 아르카디아[18]는 주도가 트리폴리스(Tripolis)[19] 일명 덕파록살(德破勒撒)이라고도 한다. 이며, 역시 그리스의 견고한 성이다. 과거 오스만 제국에게 무너지고 3천 명의 사람이 도륙 당했다. 그리스인들은 이 땅을 수복하고 난 뒤 땅을 지키고 있던 터키사람들을 모조리 죽였다. 라코니아(Lakonia)[20]는 해상의 큰 섬이다. 주도는 미스트라(Mistra)[21] 일명 희달(希達)[22]이라고도 한다. 이며, 인구는 6만 명이다. 토양이 척박한 데 반해 부지런히 농사를 짓고, 공업과 상업에도 힘쓰기 때문에 늘 자급자족할 수 있었다. 아카르나니아(Akarnania)[23] 일명 이가지(爾加地)라고도 한다. 는 주도가 브라코리(Vrachori)[24]로, 서쪽 강역의 바닷가 만에 위치한다. 로크리스(Locris)[25]는 주도가 살로나(Salona)[26] 일명 좌살라니가(座撒羅尼加)[27]라고도 한다. 이며, 인구는 6만 명으로 부지

금의 키파리시아(Kyparissia, 基帕里西亞)를 가리킨다.

18 아르카디아: 행정구역상 지금의 그리스 아르카디아 현에 해당한다.

19 트리폴리스(Tripolis): 원문은 '적려파리살(的黎波里薩)'로, 특파리살읍(特破利撒邑)이라고도 한다.

20 라코니아(Lakonia): 원문은 '랍가니아(拉哥尼亞)'로, 랍가니부(拉哥尼部), 랍과니아(拉科尼亞)라고도 한다. 지금의 펠로폰네소스 반도 남쪽에 위치한다.

21 미스트라(Mistra): 원문은 '미사달랍(迷斯達拉)'으로, 미사특랍(米斯特拉)이라고도 한다. 과거에는 스파르타 인근에 위치해 있었는데, 지금은 스파르타 경내에 위치한다.

22 희달(希達): 히드라섬(Idhra, 希德拉島)의 주도인 히드라(Idhra)로, 미스트라와는 다른 곳이다.

23 아카르나니아(Akarnania): 원문은 '아가이나니아(亞加爾拿尼亞)'로, 아잡이납니아(阿卡爾納尼亞)라고도 한다.

24 브라코리(Vrachori): 원문은 '와랍설려(瓦拉說黎)'로, 지금의 아그리니움(Agrinium)이다.

25 로크리스(Locris): 원문은 '라가려대(羅哥黎大)'로, 락극리사(洛克里斯)라고도 한다. 포르투갈어로 로크리다(Locrida), 영어로 로크리스라고 한다.

26 살로나(Salona): 원문은 '살라대(薩羅大)'로, 지금의 암피사(Amfissa)이다.

27 좌살라니가(座撒羅尼加): 새살락니잡(塞薩洛尼卡), 살락니잡(薩洛尼卡)라고도 한다. 테살로니카(Thessalonica)로, 살로리카라고도 한다.

런히 일해 먹고 산다. 이 땅에서는 면화와 담배가 난다. 에보이아(Evvoia)[28]는 서쪽 강역에 있는 한 섬으로, 주도는 칼키스(Khalkis)[29] 일명 니악분다(尼鄂奔多)[30]라고도 한다. 이다. 키클라데스(Cyclades)[31]는 주도가 에르무폴리스(Ἑρμούπολις)[32] 일명 마력아(摩力亞)[33]라고도 한다. 이다. 섬에 있는 산봉우리에 목축민이 모여 사는데, 도적의 소굴로 알려져 있다. 원지도에는 이상 10개 국가의 경계가 구획되어 있지 않다. 부속 섬인 파트모스(Patmos)[34]는 옛날 그리스도의 사제 요한(San Giovanni Battista)[35]이 이 섬에 유배되어 온 것으로 유명하다. 바다와 만이 아주 많은데, 동쪽에는 콘테사만(Contessa Gulf)[36]과 사로니카만(Salonica Gulf)[37]이 있

---

28 에보이아(Evvoia): 원문은 '우비아(憂卑亞)'로, 애유액도(埃維厄島), 우비아도(優卑亞島)라고도 한다.

29 칼키스(Khalkis): 원문은 '가라분다(哥羅奔多)'로, 잡이기사(卡爾基斯)라고도 한다.

30 니악분다(尼鄂奔多): 니가라분다(尼哥羅奔多)라고도 한다. 에보이아의 이탈리아식 표현으로 바로 네그로폰토(Negroponto)이다.

31 키클라데스(Cyclades): 원문은 '석가랍대(昔加拉大)'로, 키클라데스제도(Kikladhes, Cyclades)를 가리킨다. 키클라데스제도는 원문이 '기극랍택사군도(基克拉澤斯群島)'이다.

32 에르무폴리스(Ἑρμούπολις): 원문은 '흑이마파리사(黑爾摩波利斯)'로, 애이목파리사(埃爾穆波利斯)라고도 한다. 헤르모폴리스(Hermopolis)라고도 하는데, 헤르메스의 도시란 뜻이다.

33 마력아(摩力亞): 펠로폰네소스반도의 모레아(Morea)로, 펠로폰네소스반도 동쪽으로 멀리 떨어져 있는 에르무폴리스와는 다르다.

34 파트모스(Patmos): 원문은 '팔마(八摩)'로, 파특막사도(帕特莫斯島)라고도 한다.

35 사제 요한(San Giovanni Battista): 원문은 '제자약한(弟子約翰)'이다.

36 콘테사만(Contessa Gulf): 원문은 '군득살(君得撒)'로, 지금의 스트리모니코스만(Strimonikos Kolpos)을 가리킨다.

37 사로니카만(Salonica Gulf): 원문은 '살라니가(撒羅尼加)'로, 살락니잡만(薩洛尼卡灣), 살라니만(薩羅尼灣), 새매과사만(塞邁科斯灣)이라고도 한다. 사로니코스만이라고도 하는데, 그리스 에게해에 있는 만으로 코린토스 지협의 동쪽에 위치한다.

다. 남쪽에는 에이나(Egina),[38] 아르골리스,[39] 코로니(Koroni)[40]가 있다. 서쪽에는 나플리오[41]·레판토(lepanto)[42]가 있다. 그리스의 서쪽에 있는 군도로는 코르푸(Corfu),[43] 자킨토스(Zakinthos),[44] 산타마우라(Santa Maura),[45] 이타키(Ithaki),[46] 케팔로니아(Cefalonia),[47] 키티라(Kithira),[48] 팍시(Paxoi)[49]가 있는데, 총칭해서 이오니아제도(Ionian Islands)[50]라고 한다. 인구는 모두 합쳐 19만 명이고, 이 땅에서는 올리브유·건포도·술·꿀·남과가 난다. 섬에서는 각각 족장을 두어 정사를 돌봤으며, 영국의 관할 하에 있다.

---

38 에이나(Egina): 원문은 '익의나(益義拿)'로, 익의나(益義那)라고도 한다. 지금의 사로니코만에 위치한 사로니코제도의 하나이다.

39 아르골리스: 원문은 '나파리(拿破里)'이다.

40 코로니(Koroni): 원문은 '가륜(可倫)'으로, 지금의 메시니아만(Messiniakos Kolpos)에 위치한다.

41 나플리오: 원문은 '이가지(爾加地)'이다.

42 레판토(lepanto): 원문은 '륵반다(勒頒多)'로, 륵반타(勒班陀)라고도 한다.

43 코르푸(Corfu): 원문은 '각부(各府)'로, 가이불(哥爾佛), 가부도(哥賦島)라고도 한다. 바로 케르키라섬(Kerkira, 克基拉島)의 케르키라(Kerkira, 克拉基市)를 가리킨다.

44 자킨토스(Zacinto): 원문은 '산타(散他)'로, 삼덕(三德), 금색사도(金索斯島)라고도 한다. 잔테(Zante)라고도 한다.

45 산타마우라(Santa Maura): 원문은 '막랄(藐剌)'로, 삼달묘랍(三達卯拉)이라고도 한다. 레브카스(Levkas), 레프카다라고도 한다.

46 이타키(Ithaki): 원문은 '지아기(地亞其)'로, 의달가(宜達架), 이살기도(伊薩基島)라고도 한다. 영어로는 이타카(Ithaca)라고 한다.

47 케팔로니아(Cefalonia): 원문은 '객화라니(客花羅尼)'로, 극법리니아도(克法利尼亞島)라고도 한다. 영어로는 케팔로니아(Kefalonia/Cephalonia), 케팔리니아(Kefallinia)라고도 한다.

48 키티라(Kithira): 원문은 '식리아(息利峨)'로, 새려각(塞黎各), 기서랍도(基西拉島)라고도 한다. 영어로는 케리고(Cerigo)라고 한다.

49 팍시(Paxoi): 원문은 '산지(散地)'로, 영어로는 팍소스(Paxos)라고 한다.

50 이오니아제도(Ionian Islands): 원문은 '이아니도(以阿尼島)'로, 의아니등도(倚阿尼等島), 야니아해도(惹尼亞海島), 이운군도(以雲群島), 이아니군도(以阿尼群島), 애오니아군도(愛奧尼亞群島)라고도 한다.

서양인이 쓴 그리스신화에 따르면 상고시대에 유럽이 미개해서 아직 개화되지 않았을 때 사람과 짐승이 섞여 살았다고 한다. 순 임금[51] 초에 소아시아의 두 강인 티그리스강과 유프라테스강 사이에 이미 앞에서 살펴본 바 있다. 바빌로니아 파필란(巴必鸞) 또는 파필라니아(巴必羅尼亞)라고도 하는데, 『터키도설』에 자세히 나와 있다. 가 처음 세워졌다. 우(禹)임금[52] 초에 아프리카(Africa)[53]의 북쪽에 액일다(厄日多) 바로 이집트로, 『아프리카도설』에 자세히 나와 있다. 가 처음 세워졌다. 후에 헬렌[54]의 한 후손 이온(Ion)[55]이 아시아의 소아시아(Asia Minor) 터키 중부이다. 에 나라[이오니아(Ionia)[56]]를 세웠다. 이 나라 사람 중에 점점 해협 다르다넬스 해협이다. 을 건너 서쪽으로 가는 이들이 생겨나면서 비로소 그리스라는 넓은 땅이 있음을 알게 되었다. 하(夏)나라 소강(少康)[57] 26년에 소아시아 사람 펠롭스(Pelops)[58]란 자가 그리스 북쪽 경내에 비로소 미케네(Mycenae)[59]를 건국했다. 90여 년 뒤에 한 이집트 사람이 그리스로 옮

---

51   순 임금: 원문은 '유우씨(有虞氏)'이다.

52   우(禹)임금: 원문은 '하후씨(夏后氏)'이다. 하나라의 시조인 우임금을 지칭하기도 하고 하나라를 지칭하기도 하는데, 여기서는 우임금을 지칭한다. 우 임금은 성은 사(姒)이고, 이름은 우(禹)이며, 자는 고밀(高密)이다.

53   아프리카(Africa): 원문은 '아비리가(阿非利加)'이다.

54   헬렌: 원문은 '낙위씨(諾威氏)'이다.

55   이온(Ion): 원문은 '일만(日彎)'으로, 이오니아인의 선조이다.

56   이오니아(Ionia): 기원전 1200년 이전에 히타이트 제국과 이웃했던 나라로, 초기 그리스인들에게 아시아라 불렸다.

57   소강(少康): 하나라의 제6대 왕 사소강(姒少康)(재위 B.C.1932~B.C.1912)으로, 두강(杜康)이라고도 한다.

58   펠롭스(Pelops): 원문은 '백랄사일(伯辣斯日)'로, 펠롭스 왕조를 세운 인물이다.

59   미케네(Mycenae): 원문은 '서서은(西西恩)'이다. 펠로폰네소스 반도에 있는 고대 그리스의 도시로, 호메로스에 의해 '길이 넓고', '금빛 찬란한' 도시로 찬양받은 곳이다.

겨와서 그 땅을 테베(Thebes)[60]라 이름 지었다. 채 건국도 하기 전에 사람들은 고향을 그리워하는 마음에 모두 흩어져서 고향으로 돌아갔다. 하나라 공갑(孔甲)[61] 21년에 가나안 사람 카드모스 길목(桔木)이라고도 한다. 가 그리스 남쪽 경내로 와서 비로소 사람들을 규합하고 궁실을 짓고 곡식을 심는 것을 가르쳐서 개화되기 시작했다. 상(商)나라 왕 외임(外壬)[62] 12년에 이집트 사이스(Sais)[63] 사람 케크롭스가 마을 사람들을 인솔해 아테네로 옮겨가서 아테나이(Athens)[64] 일명 아지나(亞地拿)[65]라고도 한다. 를 세우고 비로소 기술을 일으키고, 법률을 제정하고 윤리를 구분하고, 문자를 만들었다. 케크롭스 사후 크라나오스(Cranaus)[66]가 그 뒤를 이어 왕이 되면서 법치가 더욱 상세해졌다. 그리스의 왕국들이 소문을 듣고 이를 본받아 배우면서 천박하고 비루했던 풍속이 일변했다.

---

60   테베(Thebes): 원문은 '적단(的丹)'으로 테베로 추정된다. 앞뒤 문맥상 여기서는 그리스의 초기 대표 국가의 설립과정을 기록하고 있는데, 당시 비슷한 시기에 세워진 도시 국가로는 아테네, 미케네, 테베가 있다.

61   공갑(孔甲): 하나라의 제14대 왕(일설에는 16대 왕이라고도 함) 사공갑(姒孔甲)이다.

62   외임(外壬): 복임(卜壬)이라고도 한다. 상나라 제11대 왕 자발(子發)이다. 15년(10년이라고도 함) 동안 재위했다고 알려져 있으나, 연대가 불분명하다.

63   사이스(Sais): 원문은 '쇄적사(灑的斯)'로, 이집트 나일강 삼각주의 알가르비야주에 있는 고도이다.

64   아테나이(Athens): 원문은 '아덕납사(亞德納斯)'이다.

65   아지나(亞地拿): 아테네이다.

66   크라나오스(Cranaus): 원문은 '가랍뇌사(加拉腦斯)'이다. 고대 아테네의 네 번째 왕으로, 케크롭스 1세의 뒤를 이어 왕이 되었다.

상나라 왕 옥갑(沃甲)[67] 13년에 아테나이의 왕 암픽티온(Amphiktüón)[68]이 왕위를 계승했다. 이때에 와서 그리스는 12개의 도시국가로 분열되고 가끔씩 분쟁이 일었다. 또한 동방의 국가들은 이미 전쟁의 단초를 제공한 상태였다. 암픽티온은 이들 국가가 서로 싸울까 걱정되었고, 또한 마음과 국력이 서로 달라 적을 막을 방법이 없자, 11개 국가에 사신을 보내 동맹을 맺고 테르모필레(Thermopyles)[69]에서 공회(公會)를 세웠다. 각국에서 사신 2명을 보내 매년 2회에 걸쳐 공회를 열고 체결한 맹약을 명백하게 밝히고 선과 악을 분명히 하며 이해득실을 따져 알려주었다. 또한 각국에서 자금을 내어 델포이(Delphoe) 신전[70]에 모아두고 군비를 비축했으며, 각국에서 두 사람씩 보내 관리했다. 이로부터 사방은 화목하고 12개의 도시국가는 한 나라처럼 지냈으며, 외부의 침략 없이 안락하고 풍족하게 잘 지냈다. 배를 타고 지중해로 나가 무역했는데, 무역을 하면서 세력이 커지고 부강해졌다. 이때에 와서 12개의 국가 가운데 아테나이와 스파르타(Sparta)[71] 사파대(士帕大)라고도 한다. 만이 가장 세력이 컸다. 스파르타는 라케다이모니아

---

67 옥갑(沃甲): 개갑(開甲)이라고도 한다. 상나라 제15대 왕 자유(子逾)이다. 25년 재위했다고 알려져 있으나, 연대가 불분명하다. 상나라 왕 조신(祖辛)의 동생이다.

68 암픽티온(Amphiktüón): 원문은 '앙비적안(昂非的安)'으로, 앙비적안(昂飛的安)이라고도 한다.

69 테르모필레(Thermopyles): 원문은 '덕이마비륵(德爾摩比勒)'이다.

70 델포이(Delphoe) 신전: 원문은 '덕이불사당(德爾佛斯堂)'이다. 그리스는 테르모필레 주변에 거주하는 12개 도시국가를 중심으로 델포이 인보 동맹을 맺었다. 이 동맹은 처음에 데메테르 신전을 중심으로 삼았다가 이후에 델포이의 아폴로 신전에서 행해졌다. 회원국들은 1년에 2차례 열리는 회의(필라이아)에 두 명의 대표(필라고라이와 히에롬네모네스)를 파견하여 신전과 부속재산에 관한 일상사를 조정하고 보물창고를 감독했으며, 델포이 제전을 거행했다.

71 스파르타(Sparta): 원문은 '사파이달(斯巴爾達)'로, 사파달(斯巴達)이라고도 한다.

(Lacedaemonia)[72]라고도 하는데, 처음에는 몇 개의 작은 부락으로 나뉘어져 있었다. 상나라 조을(祖乙) 7년에 라케다이몬(lacedaemon)[73]이 이들 부락을 합쳐 하나로 만들면서 나라의 위상이 아테나이와 대등해졌다. 나머지 작은 도시국가들은 모두 아테나이와·스파르타 두 나라의 제도를 본받았다.

아테나이의 왕 테세우스(Theseus)[74]는 상나라 왕 늠신(凜辛)[75] 6년에 재위에 올랐다. 이 당시 백성들은 귀족, 장인[百工], 농민 세 등급으로 신분이 나누어져 있었다. 귀족들은 대부분 제멋대로 행동하면서 백성들을 수탈했고, 장인과 농민은 가난하기 그지없었으며 나라는 약해질 대로 약해져 있었다. 테세우스는 이를 걱정해 관리를 줄이고 필요에 따라 관청을 정리하고, 권문세가의 권력을 덜어내고 누르며, 몸소 대권을 장악해 시민들에게 은혜를 베풀고 상인을 불러들이자 먼 곳에서도 찾아오는 사람이 저자를 이루듯 많았다. 장인들은 기술이 날로 정교해지면서 그 이득을 가져가 봉군(封君)에 버금가는 큰 부자가 되었다. 농부들도 갈수록 풍년이 들어[76] 날로 부유해지면서 아테네는 마침내 서방의 대도시가 되었다. 아들 히폴리토스

---

72 라케다이모니아(Lacedaemonia): 원문은 '새랍덕마니아(塞拉德摩尼亞)'이다. 고대 그리스 사람들은 스파르타를 라케다이몬(Λακεδαίμων) 또는 라케다이모니아라고 불렀는데, 스파르타의 도성 주변 지역을 의미하기도 하고 스파르타가 직접적으로 다스리는 모든 지역을 지칭하기도 한다.

73 라케다이몬(lacedaemon): 원문은 '륵리사(勒利斯)'이다. 라케다이몬은 아들이 없는 장인 에우로타스왕의 뒤를 이어 왕위에 오른 뒤에 자신의 부인인 스파르타의 이름을 따서 나라 이름을 스파르타로 바꾸었다.

74 테세우스(Theseus): 원문은 '덕수(德修)'로, 제수사(提修斯)라고도 한다.

75 늠신(凜辛): 풍신(馮辛)이라고도 하며, 상나라 제26대 왕 자선(子先)이다. 전임 왕 조갑(祖甲)의 아들로, 수도를 은(殷)으로 옮겼으며, 6년 동안 재위했다.

76 풍년이 들어: 원문은 '창상(倉箱)'이다.

(Hippolytos)[77]가 뒤를 이어 법을 지키고 장인과 농부를 더욱 우대하자, 이때부터 귀족은 권력이 없어진 반면 시민들의 힘이 세졌다. 히폴리토스 사후 시민들은 사사로이 논의했다.

"더 이상 현명한 왕이 나오기 어렵고, 또한 탐욕스런 자에게 왕권이 넘어가면 시민들은 장차 더욱 힘들어질 것이다."

그래서 "유피테르(Jupiter)[78]를 왕으로 모실 수 있다면 그 명을 따르겠다."라고 소리쳤다. 유피테르는 서방에서 모시는 조상신이다. 이로부터 더 이상 국왕을 세우지 않고 장관 1인을 두어 국사를 돌보게 했다. 장관의 이름은 아르콘(archon)[79]으로, 히폴리토스의 자손들이 맡아 하면서 왕처럼 계승했지만, 아르콘의 권력과 위세는 왕에 비해 다소 약했다. 330여 년 뒤에 주나라 평왕(平王)[80] 36년(B.C.738)이다. 시민들 또한 이를 불편하게 여기고 3년에 한 번 아르콘을 바꾸기로 결정했다. 얼마 지나지 않아 아르콘을 폐지하고 9명의 관리를 두어 국사를 처리하게 했다. 9명의 관리는 시민들의 추천과 선발을 통해 뽑고 3년을 만기로 해서 현명하면 유임시키고 아니면 교체했다. 그러나 직권이 뒤섞이면서 간악한 이들이 날로 많아지자 시민들은 이를 걱정했다. 재주와 학문으로 이름난 드라콘(Drakon)[81]이란 자가 사람들의 추천을 받아 법전을 지었다. 드라콘은 천성이 모질고 각박해 중죄와 경범

---

77 히폴리토스(Hippolytos): 원문은 '가덕락사(哥德落斯)'로, 테세우스의 아들이다.

78 유피테르(Jupiter): 원문은 '입필덕이(入必德爾)'로, 주비특(朱庇特)이라고도 한다. 로마의 주신으로 그리스 신화에 등장하는 최고의 신 제우스(zeus)에 해당한다.

79 아르콘(archon): 원문은 '아이간(阿爾干)'으로, 고대 그리스 도시국가에서 행정을 맡았던 고위 행정관을 말한다.

80 평왕(平王): 동주(東周) 제1대 왕 희의구(姬宜臼)(재위 B.C.768~B.C.720)이다.

81 드라콘(Drakon): 원문은 '달랍고(達拉固)'로, 덕랍고(德拉古)라고도 한다.

죄를 막론하고 모두 사형에 처했는데, 당시 사람들은 드라콘의 법이 피로 씌어졌다고 했다. 이 법을 시행한 수십 년 동안 시민들은 꼼짝달싹하지 못했으며, 범법자가 더욱 늘었다. 주나라 영왕(靈王)[82] 연간에[83] 시민들에 의해 뽑힌 솔론(Solon)[84]이 법제를 다시 제정했다. 솔론은 명문가 출신으로 본디 덕으로써 사람들을 굴복시킬 수 있는 자였다. 드라콘의 가혹한 법을 없애고 죄상을 고려해 공평하고 타당하게 만들자, 사람들은 크게 기뻐했다. 또 에클레시아(Ekklesia)[85] 하나와 볼레(boule)[86] 하나를 세우고, 재산의 많고 적음을 바탕으로 모든 시민을 4등급으로 나누고, 각 등급마다 1백 명을 두었다. 새로 일으키고 개혁할 것이 있으면 에클레시아에 모여 논의했다. 볼레에서는 관리를 두고 인원수를 정해서 재주와 덕이 출중한 사람을 선발해 그 일을 맡겼다. 명령을 발표하고 상벌을 정하는 이 모든 일은 볼레에서 했으며, 볼레가 계획을 세워 주도면밀하게 처리하면 여론이 모두 흡족해했다. 바야흐로 아테나이가 왕정을 폐지하고 관리를 세우자, 테베[87]도 이를 본받았으며, 다른 작은 도시국가들도 분분이 이를 따랐다. 테베의 왕은 과거에

---

82 영왕(靈王): 동주 제11대 왕 희설심(姬泄心)(재위 B.C.571~B.C.545)이다.

83 주나라 영왕(靈王) 연간에: 역사적 사실에 따르면 주나라 정왕(定王) 연간으로 해야 한다. 정왕은 주나라의 제21대 왕 희유(姬瑜)(재위: B.C.606~B.C.586)이다.

84 솔론(Solon): 원문은 '사륜(梭倫)'이다. 솔론은 그리스의 7현인(七賢人) 중 한 사람으로, 그는 기원전 594년에 배타적인 귀족정치를 종식시키고 금권정치로 대체했으며 새롭게 좀 더 인도적인 법을 도입했다.

85 에클레시아(Ekklesia): 원문은 '의사청(議事廳)'이다. 고대 그리스 도시국가의 민회로, 솔론의 법 제정 과정에서 만든 것으로, 18세 이상 남자 시민들이 참여해 최종적인 정책결정권을 가졌다.

86 볼레(boule): 원문은 '법제사(法制司)'이다. 극빈층을 제외한 모든 사람들은 민회의 일을 미리 준비하는 신설된 400인회(볼레)에서 1년 동안 활동할 수 있었다.

87 테베: 원문은 '덕파사(德巴斯)'로, 비비사(庇比斯)라고도 한다.

는 본래 페니키아(Phoenicia)[88]인이었다.『아프리카도설』에 상세히 보인다. 그 왕 카드모스[89]는 상나라 무정(武丁)[90] 연간에 그리스에 나라를 세웠다. 솔론이 법제를 다시 정비하자 다른 나라에서도 이를 본받았다.

스파르타는 라케다이몬이 건국한 이래 4백여 년이 지나 주나라 성왕 11년(B.C.1032)에 에우리스테네스(Eurysthenes)[91]와 프로클레스(Prokles)[92] 형제가 동시에 왕좌에 올랐다. 이때부터 나라에는 두 명의 왕이 함께 조정에서 정사를 처리했으며, 이 제도는 8백여 년 동안 바뀌지 않았는데, 서방에서는 특이한 일로 전해지고 있으며 역시 이를 본받은 경우는 없었다. 마지막 왕인 클레오메네스(Cleomenes)[93]에 와서 비로소 1인체제로 바꾸었다. 주나라 이왕(夷王)[94] 연간에 스파르타의 지혜로운 왕 리코우르고스(Lykourgos)[95]는 법제를 다시 제정했는데, 솔론이 제정한 법과 대체적으로 비슷했지만 군제는 더욱 잘 만들었다. 풍속은 검소하며 사람들은 용감무쌍해 일찍이 메시니아[96]를 쳐서 멸망시키고 비옥한 영토를 차지함으로써 국력이 더욱 강해졌다. 이때 동방에서는 페르시아가 한창 맹위를 떨치고 있었는데, 그 왕 다리

88　페니키아(Phoenicia): 원문은 '비니서아(非尼西亞)'로, 비니기(腓尼基)라고도 한다.

89　카드모스: 원문은 '가달모사(加達慕斯)'이다.

90　상나라 무정(武丁): 상나라 제23대 왕 자소(子昭)(재위 B.C.1250~B.C.1192)이다.

91　에우리스테네스(Eurysthenes): 원문은 '유리사덕나사(幽里寺德那斯)'이다.

92　프로클레스(Prokles): 원문은 '백라각려사(伯羅刻黎斯)'이다.

93　클레오메네스(Cleomenes): 원문은 '갈려액미니사(噶黎厄美尼斯)'로, 클레오메네스 3세를 가리킨다.

94　주나라 이왕(夷王): 서주 제9대 왕 희섭(姬燮)(재위 B.C.886~B.C.878)이다.

95　리코우르고스(Lykourgos): 원문은 '리고이액(利古爾厄)'으로, 래고고(來庫古)라고도 한다. 전설에 따르면 스파르타의 한 어린 국왕의 숙부로서 섭정했다고 한다.

96　메시니아: 원문은 '미서내국(米西奈國)'이다.

우스 1세 달려약(達黎約)이라고도 한다. 가 재차 바빌로니아를 멸망시키면서 세력이 더욱 확장되었다. 다만 그리스의 도시국가들은 이들을 오랑캐로 보고 무시하면서 예로 대하지 않았다. 때마침 페르시아에 그리스 출신의 대장군이 있었는데, 다리우스 1세는 그를 후대하면서 그 조카를 높은 관직에 발탁했다. 그런데 그 조카가 반란을 일으키고 아테나이에 붙고, 아테나이에서 죄를 지은 히피아스(Hippias)[97]가 페르시아로 달아나는 바람에 다시 전쟁을 하게 되었다. 주나라 경왕(敬王) 29년(B.C.491)에 다리우스 1세는 해군으로 아테나이를 공격했다. 아테나이가 화친을 불허하자, 그리스의 도시국가들은 동맹을 맺고 페르시아를 방어했다. 페르시아는 아테네를 격파하고 성을 불태웠다. 아테나이의 장군 밀티아데스(Miltiades)[98]는 군사를 이끌고 방어하면서 마라톤(Marathon)[99]에서 싸웠는데, 페르시아가 패배하면서 밀티아데스는 배 7척을 빼앗았다. 다리우스 1세가 부끄러움에 분해서 죽자, 그의 아들 크세르크세스 1세 사이시사(舍爾時斯)라고도 한다. 가 왕위에 올라 설욕을 맹세하고 3만 대군을 이끌고 그리스 정벌에 나섰다. 다르다넬스 해협에 길이 2천 길의 긴 다리를 놓고 군사를 건너게 했다. 이에 그리스는 크게 흔들렸다. 페르시아는 스파르타의 투항을 바랐지만, 스파르타는 요충지를 차지하고 방어했다. 사람들이 모두 결사항쟁하면서 지르는 고함소리에 천지가 흔들리자 페르시아군은 패배해 달아났다. 당시 페르시아의 해

---

97 히피아스(Hippias): 원문은 '의비아사(義比亞斯)'로, 아테네의 정치가이다. 아버지 페이시스트라토스가 죽은 이후 동생 히파르코스와 함께 권력을 물려받았으나 동생은 암살되고 히피아스는 페르시아로 쫓겨났다.

98 밀티아데스(Miltiades): 원문은 '미력태저(米力泰底)'로, 고대 아테나이의 군인이다. 기원전 490년 마라톤 전투(War of Marathon)에서 페르시아에 대항하여 아테네군을 승리로 이끌었다.

99 마라톤(Marathon): 원문은 '마랍다나(馬拉多那)'로, 마랍송(馬拉松)이라고도 한다.

군은 길을 나누어 아테나이를 공격했고, 아테나이의 대장 테미스토클레스(Themistocles)[100]는 사람들을 이끌고 이를 방어했다. 페르시아의 군함이 외해에서 정박하고 있을 때 갑자기 바람이 불고 천둥이 치면서 파도가 일어나 페르시아의 군함 4백 척이 부서졌다. 테미스토클레스는 계책을 내어 그 나머지 군함을 내항으로 끌어들여 포위하고는 섬멸했다. 페르시아의 군대가 육지와 바다 모두에서 패배하자 크세르크세스 1세는 대노하여 총력을 기울여 30만 명의 군사로 아테나이를 공격했다. 아테나이가 성을 버리고 다른 섬으로 피신했기에 페르시아는 아테네를 짓밟았다. 그리스의 도시국가들이 모두 와서 전쟁을 도와주면서 앞 다투어 적진을 함락시켰다. 페르시아 군대가 크게 무너져 시신이 수십 리에 널리자 페르시아는 낭패하여 동쪽으로 달아났는데, 무기와 군대는 거의 다 잃어버렸다. 크세르크세스 1세가 고깃배를 타고 달아나는 바람에 군수물자는 모두 그리스의 차지가 되었다.

앞서 그리스의 도시국가들은 암픽티온의 동맹이후 천년이 넘도록 맹약을 지키면서 같은 마음으로 협력해서 여러 차례 페르시아를 격파했다. 그러나 이때에 와서 페르시아가 남기고 간 전리품을 다투느라 자못 약속을 어기게 되었다. 아테나이가 해구를 차지하고 요충지를 장악하며 또한 상선을 불러 모아 이권을 독차지하자 스파르타는 평소 이를 아주 싫어했다. 페르시아에게 파괴된 아테나이가 도시를 재건하려고 하자 스파르타가 이를 저지했다. 이로부터 두 나라는 서로 미워했고 맹약도 깨졌으며, 다른 작은 도시국가들은 각자 따르고 싶은 대로 따라, 날마다 전쟁의 단초가 열

---

100 테미스토클레스(Themistocles): 원문은 '지미다기리(地米多其利)'이다.

려있었다. 아테나이가 다시 도시를 재건하자 속국들이 모두 공물을 바치면서 아테나이는 날로 강성해졌다. 반면에 스파르타는 지진이 나 1만여 명의 사람이 압사 당했으며, 헤일로타이(Heilotai)[101]가 반란을 일으켜 왕을 시해하자, 메시니아도 반란을 일으키면서 나라가 쇠퇴하고 국란에 빠진지 수십 년이 되었다. 아테나이의 어진 지도자 페리클레스(Perikles)[102]가 인정(仁政)을 베풀어 도시가 부유해지고 인구가 늘어나자 그리스 4개국이 그를 칭송했다. 때마침 큰 역병이 돌아 시신이 쌓이고, 페리클레스 역시 역병에 걸려 죽었다. 그를 대신해서 자리에 오른 위정자들이 대부분 작당하고 정치를 어지럽히자 민심이 사나워지고 소란스러웠다.

아테나이의 서쪽에 위치한 서기리(西基利) 시칠리아(Sicilia)[103]이다. 라는 큰 섬은 카르타고(Carthago)[104]의 관할 하에 있었다. 이 섬에서 나고 자란 알키비아데스(Alcibiades)[105]란 자는 의협심이 있고 베풀기를 좋아해 평소 민심을 얻고 있었다. 국란으로 쇠약해진 아테나이를 보고 아테나이를 손에 넣고 다스리려고 했다. 이에 군사를 모집해 아테나이를 공격해 해군을 격파했다.

---

101 헤일로타이(Heilotai): 원문은 '반노(叛奴)'이다. 스파르타의 공유재산으로서 국가에 소속되어 있던 비자유 신분의 노예로, 헬로트(helot)라고도 한다.

102 페리클레스(Perikles): 원문은 '비리길(比哩吉)'이다. 고대 그리스 아테나이의 정치가이자 장군으로 그리스—페르시아 전쟁과 펠로폰네소스 전쟁 사이에 아테나이의 황금시대를 열었다. 예술과 문학을 장려하고, 아크로폴리스에 파르테논 신전을 비롯한 건축물을 지었다.

103 시칠리아(Sicilia): 원문은 '서치리(西治里)'이다. 서치리도(西治里島), 서서리아(西西里亞), 서서리도(西西利島)라고도 한다.

104 카르타고(Carthago): 원문은 '가이달액(加爾達額)'으로, 가태기(迦太基)라고도 한다. 카르타고는 기원전 814년경 페니키아인들이 아프리카 북쪽 해안에 세운 고대 도시 및 도시국가로, 기원전 3세기에 서지중해의 무역을 장악하여 번영을 누렸다.

105 알키비아데스(Alcibiades): 원문은 '아기비아저(亞基庇亞底)'로, 아서비득(亞西比得)이라고도 한다. 알키비아데스(B.C.450~B.C.404)는 그리스 아테나이의 정치가이자 장군이다.

아테나이에게 오랜 불만을 가지고 있던 스파르타는 시칠리아의 반란을 틈타 많은 군사로 아테나이를 포위하고 파괴했다. 결국 아테나이는 알키비아데스의 차지가 되었다. 이때부터 그리스의 도시국가들은 서로 공격하면서 날로 쇠락해져갔다. 얼마 뒤에 마케도니아 일명 마사다니아(馬斯多尼亞)라고도 한다. 가 일어났는데, 마케도니아 역시 열두 도시국가 중의 하나로, 그리스의 북쪽에 위치하며 처음에는 아주 미약했다. 주나라 현왕 연간에 펠리페 2세(Filipe II)[106] 비려비(非黎卑)라고도 한다. 라는 용감무쌍하고 지략도 갖춘 왕이 있었는데, 그는 그리스의 여러 도시 국가와 교전하면서 계속된 전쟁에서 모두 이겼다. 이에 사신을 보내 유세하자 도시국가들이 모두 세금을 바치고 속국이 되었다. 펠리페 2세는 페르시아를 정벌하려던 도중에 자객에게 죽임을 당했다. 아들 알렉산드로스대왕 아륵산덕려(阿勒山德黎)라고도 한다. 이 왕위를 계승했는데, 21세의 나이에 문무를 겸비하고 다른 사람보다 영민하고 지략이 뛰어났다. 주나라 현왕 35년(B.C.334)에 알렉산드로스대왕이 군사 3만 5천 명을 이끌고 페르시아를 치면서 소아시아 바로 아나톨리아·시리아·유대 등지이다. 를 정복하자 페르시아는 소문만 듣고도 달아나 뿔뿔이 흩어졌다. 페르시아 왕이 진영을 버리고 도주해서 그 왕비를 사로잡았다. 이어 군대를 옮겨 해상을 돌았다. 카르타고의 도시인 티레(Tyre)[107]를 쳐서 무너뜨리고 『아프리카도설』에 상세히 보인다. 8천 명을 도륙했다. 또한 당시 페르시아의 속국이었던 맥서(麥西) 이집트이다. 를 정복하고 연해의 유명 도시를 무너뜨렸다. 이로부터 가는 곳마다 적들이 도망쳐 흩어져서 그대로

---

106 펠리페 2세(Filipe II): 원문은 '비립(非立)'으로, 비력(腓力)이라고도 한다.
107 티레(Tyre): 원문은 '토라(土羅)'로, 추라(推羅)라고도 한다. 티레는 기원전 2천년경부터 로마 시대에 이르기까지 페니키아의 주요 항구도시였다.

오인도까지 이르렀는데, 오인도에서는 모두 돈을 바치고 동방 속국이 되었다. 페르시아의 왕이 경내의 군사를 모두 일으켜 결사항전하자, 알렉산드로스대왕은 그를 물리치고 도성 수사(Susa)[108]를 포위했다. 마침 병을 얻은 알렉산드로스대왕은 회군하다가 바빌로니아에 이르러서 군영에서 죽었다. 제장들은 각자 부락민을 이끌고 새로 개척한 땅을 차지하고 스스로 왕이 되었다. 이로부터 그리스 사람들은 서방 각국으로 흩어졌다. 한나라 초까지도 그리스에는 아직 아이톨리아(Aitolia)[109]·아카이아(Akhaia)[110]·보이오티아(Boeocia)[111]·마케도니아 4개국이 존속했으며, 마케도니아가 여전히 우두머리였다.

마케도니아 왕 펠리페 5세(Filipe V)[112]가 성격이 난폭해서 속국들을 모욕하자, 세 나라는 이를 걱정했다. 때마침 로마가 서방을 정복하고 한창 군사력이 강할 때 세 나라에서는 몰래 로마에 도움을 청했다. 로마가 장군을 시켜 대병을 거느리고 그리스에 입성하자 펠리페 5세는 처자를 데리고 달아났다. 로마는 그곳에 주둔하면서 삼국을 협박해 항복시켰다. 세 나라는 자신들의 실책을 후회하면서 시리아 일명 서리아(敍里亞)라고도 한다. 에게 도움을 청했다. 시리아는 알렉산드로스대왕의 부장이 세운 국가로 소아시아 여러 국가 터키 동부와 터키 중부 두 곳을 말한다. 를 겸병한 동방의 대국이었다.

---

108 수사(Susa): 원문은 '소살(蘇撒)'이다. 페르시아 제국의 수도로, 지금의 이란 남쪽에 위치한다.

109 아이톨리아(Aitolia): 원문은 '액다리아(厄多里亞)'로, 애탁리아(埃托利亞)라고도 한다.

110 아카이아(Akhaia): 원문은 '아가압(亞加壓)'으로, 아가아(亞加亞), 아흑아(阿黑亞)라고도 한다.

111 보이오티아(Boeocia): 원문은 '백아서아(白阿西亞)'로, 비오하(比奧夏)라고도 한다.

112 펠리페 5세(Filipe VI): 원문은 '비려비(非黎卑)'이다.

277

당시 카르타고의 패장 한니발(Hannibal)[113]도 시리아로 와서 도움을 청했다. 『이탈리아도설』과 『아프리카도설』에 상세히 보인다. 시리아의 왕 안티오코스 3세 (Antiochus III)[114]는 그리스가 멸망하면 그 상황이 자신들에게도 곧 닥칠 것이라 생각했다. 이에 경무장을 한 군사를 이끌고 그리스를 구하러 갔으나, 로마가 시리아를 맞아 공격했다. 안티오코스 3세는 대패하고 달아나 돌아왔으나, 로마 군사가 잇따라와 들어와 수도를 포위하자 바로 로마에 항복했다. 이 소식을 들은 그리스 4개국이 모두 땅을 바치고 항복함으로써 그 영토는 로마에 귀속되었다. 이때가 한나라 혜제 5년(B.C.191)에 해당한다.[115] 그리스 도시 국가들은 하나라·상나라 때 건설되어 한나라 초에 멸망했으니 모두 1천 몇 백 년을 존속했다. 나는 일찍이 영국 영사 조지 트레이드스캔트 레이로부터 "아테네는 문학을 가장 중시하고 열심히 학습해 서양의 추(鄒)나라와 노(魯)나라[116] 즉 서양의 문화대국이 되었습니다. 대개 서양의 문인들은 그리스에 가서 배우지 않으면 최고의 경지[大雅之堂]에 오를 수 없

---

113 한니발(Hannibal): 원문은 '한니파(漢尼巴)'이다. 한니발(B.C.247~B.C.183 또는 181)은 카르타고의 군사 지도자로, 하밀카르 바르카의 아들이다. 그는 역사상 위대한 장수로 평가되는데, 가장 큰 업적 중 하나는 제2차 포에니 전쟁에서 이베리아 반도에서 피레네 산맥과 알프스 산맥을 넘어 로마 본토인 이탈리아 반도까지 쳐들어가서 극적인 승리를 거둔 것이다. 한니발은 그 후 15년 동안 이탈리아 반도 대부분을 점령했으나 로마가 북아프리카를 역으로 침공하자 카르타고 본토 방어를 위해 귀환해서 자마 전투에서 스키피오 아프리카누스에게 결정적 패배를 당했다.

114 안티오코스 3세(Antiochus III): 원문은 '안적약가(安的約哥)'로, 안조극(安條克)이라고도 한다.

115 이때가…해당한다: 한나라 혜제 5년은 시리아의 안티오코스 3세가 소아시아의 마그네시아(Magnicia) 부근에서 로마군대에 패한 해이다. 역사 기록에 따르면 그리스가 모두 로마의 판도로 들어간 것은 한나라 경제(景帝) 중원(中元) 4년(B.C.146)이다.

116 추(鄒)나라와 노(魯)나라: 원문은 '추노(鄒魯)'이다. 맹자의 고향인 추나라와 공자의 고향인 노나라를 지칭하는 말로, 공자와 맹자 혹은 문화가 흥성하고 예의를 아는 나라를 의미한다.

다고 생각합니다."라고 말하는 것을 들은 적이 있다. 고대 그리스 12개국은 바로 지금의 터키 서부 전체에 해당하며, 새로 건립된 그리스는 아테네의 한 지역으로, 고대 아테나이의 남쪽에 해당한다.

〖 歐羅巴希臘國 〗

希臘, 額里士·額力西·厄勒祭·厄勒西亞. 古名國也, 今爲新造. 土耳其西土之南界, 地形如臂入地中海, 其盡處槎枒似人掌, 是爲希臘國. 縱約五百里, 橫約七百五十里. 疆土褊小, 海灣繚曲, 汊港四通, 洲嶼星列. 産棉花·南果·羊毛·葡萄乾·橄欖油·五穀·烟草. 當上古時, 歐羅巴人草衣木食, 昏濛未啓. 有夏中葉, 東方列國已嚮化. 義納孤, 一作桔木. 從迦南抵希臘, 迦南卽猶太. 始教土人以構屋營居, 耕田播穀. 有商中葉, 灑哥落從厄日多來, 卽麥西. 立國於雅典, 始織羊氄爲衣, 釀葡萄爲酒, 取橄欖爲油, 鑄金鍛鐵, 作刀刃耒耜, 又以文字傳其土人. 歐羅巴之開淳悶, 通文學, 實自希臘始. 希臘當商周時, 分十二國, 結爲同盟. 周敬王年間, 波斯以大兵攻希臘, 希臘各國合縱禦之, 波斯敗績遁去. 後希臘有馬基頓王亞勒散得者, 合列國之兵伐波斯, 乘勝直抵印度. 王卒於軍, 部將分其所得之土各自王. 由是希臘之語言文字, 布於西土. 西漢時, 意大里亞之羅馬方强, 征服四方, 希臘各國, 亦歸版圖. 後羅馬分東西, 希臘故地屬東王, 爲亞剌伯回部所侵, 日就衰弱. 土耳其既興, 滅羅馬東王, 以兵力取希臘全土, 地屬土耳其者四百年. 近年土政苛虐, 雅典之民不能堪. 嘉慶二十五年, 逐去土酋. 土人以兵攻之, 雅典堅守不下. 英吉利·佛郎西·峨羅斯三國, 壯希民, 各以兵擁護之. 土耳其無奈何, 乃聽其自立爲國, 卽今之希臘國也. 其地關山迴隔, 九曲盤繞, 群峰競秀, 望若列屛, 名勝甲於西土. 士女儀容多秀美, 男好華冠麗服. 女子美髮, 髻樣巧幻多式. 藏書之富, 甲於西土, 人多博覽, 各操鉛槧, 述事立言. 其宮殿古迹, 爲泰西創造棟宇之初式. 國王名阿多, 本日耳曼列侯世子, 希民推擇立之. 王賢明, 勤於政事, 國雖小, 蓋方興未艾云.

希臘新分十部, 首部曰雅典, 一作亞的架. 都城在海灣, 曰亞德納斯. 自昔為聲名文物之地, 今則市井寥落, 景象蕭條. 亞爾哥黎大, 一作拿破里. 城在海口, 曰腦比里亞, 通商之大埔頭也. 亞加亞, 城在海口, 曰巴達辣斯, 一作巴答. 亦通商埔頭. 街衢污穢, 商旅惡之. 美塞尼亞, 一作墨所龍義. 首邑曰亞爾加的亞, 希之堅城, 土人屢攻之, 不能下. 亞爾加的亞, 首邑曰的黎波里薩, 一作得破勒撒. 亦希堅城. 昔為土耳其攻破, 屠三千人. 希人收復之後, 盡戮土人之居守者. 拉哥尼亞, 海中大嶼也. 首邑曰迷斯達拉, 一作希達. 居民六萬. 土磽瘠而農作甚勤, 兼務工商, 故恒足以自給. 亞加爾拿尼亞 一作爾加地. 首邑曰瓦拉說黎, 在西界海灣. 羅哥黎大, 首邑曰薩羅大, 一作座撒羅尼加. 居民六萬, 勤苦力作. 產棉花・烟. 憂卑亞, 西界一洲, 首邑曰哥羅奔多. 一作尼鄂奔多. 昔加拉大, 首邑曰黑爾潳波利斯. 一作摩力亞. 中有山嶺, 牧人所聚, 素稱盜藪. 十部地界原圖未分畫. 屬島曰八摩, 昔耶穌弟子約翰流徙於此, 以此著名. 海灣甚多, 東方曰君得撒, 曰撒羅尼加, 南方曰益義拿, 曰拿破里, 曰可倫, 西方曰爾加地, 曰勒頒多. 希臘之西有群島, 曰各府, 曰散他, 曰藐剌, 曰地亞其, 曰客花羅尼, 曰息利峨, 曰散地, 總名曰以阿尼島. 居民共計十九萬, 產橄欖油・葡萄乾・酒・蜜・南果. 島各有渠掌政令, 屬於英吉利.

泰西人紀希臘古事云: 上古之時, 歐羅巴草昧未闢, 人獸雜處. 有虞氏之初, 亞細亞兩河之間, 已見前. 有初立國者曰巴庇倫 一作巴必鸞, 又作巴必羅尼亞, 詳『土耳其圖說』. 夏后氏之初, 阿非利加之北境, 有初立國者, 曰厄日多. 即麥西, 詳『阿非利加圖說』. 後有諾威氏之裔曰日彎, 建國於亞細亞之買諾. 即土耳其中土. 其國人漸有渡海峽而西者, 即他大尼里海峽. 始知有希臘廣土. 夏后少康二十六歲, 買諾人有伯辣斯日者, 始立國於希臘之北境, 曰西西恩. 逾九十餘歲, 有厄日多人遷於希臘, 名其地曰的丹. 立國未成, 眾思故土, 散歸. 夏后孔甲二十一歲, 迦

南人義納孤 一作桔木. 抵希臘之南境, 始鳩集人民, 敎以營宮室, 種穀麥, 昏蒙漸啓. 商王外壬十二祀, 厄日多之灑的斯人灑哥落, 率其邑人, 遷於雅典, 立國曰亞德納斯, 一作亞地拿. 始興技業, 立法制, 辨倫類, 造文字. 灑哥落卒, 加拉腦斯繼之, 治法益詳. 希臘諸國聞風效慕, 荒陋之俗一變.

商王沃甲十三祀, 亞德納斯王昂飛的安嗣位. 是時希臘分十二國, 時有訐爭. 而東方諸國, 已造兵端. 昂飛的安恐諸國之自相攻, 且心力不齊, 無以捍大敵, 乃馳使十一國, 結爲同盟, 立公會於德爾摩比勒. 每國遣使二人, 歲二會, 申約結, 齊好惡, 講求利弊, 各以聞. 又各出蓄積, 貯於德爾佛斯堂, 以備軍儲, 每國以二人司之. 由是四鄰輯睦, 十二國如一國, 外侮不生, 晏然康阜. 駕舟行地中海, 懋遷有無, 勢益富強. 當是時, 十二國中, 惟亞德納斯與斯巴爾達 一作士帕大.最大. 斯巴爾達又名塞拉德摩尼亞, 其國初分數小部. 商王祖乙七祀, 有勒利斯者, 并小部爲一, 國勢與亞德納斯相埒. 諸小國制度, 皆效兩國所爲. 亞德納斯王德修, 以商王廩辛六祀嗣位. 時國人分三等, 曰爵紳, 曰百工, 曰農民. 爵紳多專恣剝民, 工農貧乏, 國浸弱. 德修患之, 乃汰官司, 裁署舍, 抑損豪貴, 躬攬大權, 加惠黎民, 招徠商旅, 遠方之民, 歸之如市. 百工技業日精, 操奇贏, 多素封. 農夫積倉箱, 日益饒裕, 亞德納斯遂爲西國大都會. 子哥德落斯嗣位, 守其成法, 益加惠於工農, 由是爵紳無權, 而庶民之勢重. 哥德落斯卒, 庶民私議曰:"賢王不可再得, 傳之貪殘, 民且重困." 乃揚言曰:"能以入必德爾爲君者, 當聽命." 入必德爾, 西國所奉宗祖之神也. 從此不立國王, 以長官一人治事. 名長官曰阿爾干, 以哥德落斯子孫爲之, 繼序如王, 而權與體視王稍殺. 越三百三十餘年, 周平王三十六年.國人又以爲不便, 定議阿爾干三年而更. 尋廢阿爾干, 立九官以治事. 九官由衆推選, 以三年爲秩滿, 賢則留, 否則更. 自是事權紛錯, 奸究日多, 國人患之. 有達拉固者, 以才學稱, 衆公舉修刑書. 達拉固性嚴刻, 罪無大小, 皆予殊死, 時人號爲血書. 行之數十年, 國人側足, 犯法者益眾. 周靈王年間, 公舉梭倫重定法制. 梭倫者, 望族之英, 素能以德服人者也. 刪達拉固苛法, 酌情罪, 歸於平允, 國人大悅. 復建議事廳一, 法制司一, 以資財之多寡, 分齊民爲四等, 每等百人. 有興革, 則集議於議事廳. 法制司設品官, 定員數, 選才德出眾者領之. 達號令, 定刑賞, 皆由法制司, 區畫精詳, 輿論翕然. 方亞德納斯之廢王而立官也, 德巴斯首效之, 諸小國亦紛紛效之. 德巴斯者, 舊本非尼西亞人. 詳『阿非利加圖說』. 其王加達慕斯於商王武丁年間, 立國於希臘者也. 迨梭倫重定法制, 諸國又效之. 斯巴爾達自勒利斯開國, 傳四百餘年, 至周成王十一年, 有幽里寺德那斯·伯羅刻黎斯者, 兄弟也, 同卽王位. 自是國有二王, 同朝治事, 其制傳八百餘年不改, 西土傳爲異事, 亦未有效之者. 至末造之噶黎厄美尼斯, 始改爲一王. 周夷王年間, 其國有賢主曰利古爾厄, 重定法制, 與梭倫所定之法, 大略相同, 而兵制尤爲盡善. 其俗儉嗇, 其人壯武, 嘗伐米西奈國, 滅之, 得其膏腴之土, 國勢益強. 是時, 東方之波斯國方強, 其王大流士 一作達黎約. 再滅巴庇倫, 勢張甚. 顧希臘諸國, 以外夷賤之, 不加齒禮. 會波斯有大將, 本希臘人, 大流士厚遇之, 擢其倅高班. 其倅叛附亞德納斯, 亞德納斯有罪人義比亞斯奔波斯, 復挑構之. 周敬王二十九年, 大流士以舟師伐亞德納斯. 亞德納斯乞和不許, 於是希臘諸國, 合縱禦之. 波斯破亞德納斯大嶼, 燔其城. 亞德納斯大將米力泰底率眾禦之, 戰於馬拉多那, 波斯敗績, 米力泰底奪其七船. 大流士慚憤死, 子澤耳士立, 一作舍爾時斯. 誓雪仇耻, 以三萬人伐希臘. 造長橋於他大尼里海峽, 長二千丈, 以渡軍. 希臘大震. 波斯欲招斯巴爾達降, 斯巴爾達扼險拒之. 人人決死戰, 呼聲動天地, 波斯軍敗走. 時波斯水軍分道攻亞德納斯, 亞德納斯大將地米多其利率眾禦之. 波斯師船泊外海, 忽風雷大作, 波濤震蕩, 壞波斯船四百艘. 地米多其利以計誘其餘船入內港, 圍而殲之. 波斯軍水陸皆敗, 澤耳士大怒, 舉傾國之師三十萬, 攻亞德納斯. 亞德納斯棄城保於別嶼, 波斯毀其城. 希臘諸國咸來助戰, 争先陷陣. 波斯軍大潰, 橫尸數十里, 狼狽東走, 亡失殆盡. 澤耳士乘漁舟遁, 輜重盡爲希臘所得. 先是, 希臘諸國自昂飛的安聯盟之後, 歷千年無改, 故能同心協力, 屢破大敵. 至是争取波斯遺財, 頗有違言. 亞德納斯城扼海口, 操形勝, 且聚商舶, 擅利權, 斯巴爾達素忌之. 既爲波斯所毀, 亞德納斯人欲建復, 而斯巴爾達阻撓之. 由此兩國交惡, 盟約解散, 諸小國各有所附, 日啓争端. 亞德納斯城既新建, 藩屬皆納貢餉, 日益強盛. 而斯巴爾達遭地震, 壓死萬餘人, 叛奴作亂弑王, 米西奈城又反, 國衰亂者數十年. 亞德納斯有賢長曰比哩吉, 發政施仁, 閭閻富庶, 四國頌之. 會大疫, 死者相枕藉, 比哩吉亦染疾卒. 代位之長, 多挾私亂政, 民氣囂然.

亞德納斯之西, 有大洲曰西基利, 即西治里. 屬於加爾達額. 有亞基庇亞底者, 生長此洲, 任俠好施, 素得衆心. 見亞德納斯衰亂, 欲取而代之. 因募兵攻亞德納斯, 破其水軍. 斯巴爾達與亞德納斯有夙嫌, 乘西基利之亂, 以大兵圍其都城, 毀之. 亞德納斯遂爲亞基庇亞底所據. 由是, 希臘諸國互相攻, 日益衰亂. 已而馬基頓興. 一作馬斯多尼亞. 馬基頓亦十二國之一, 在希臘北方, 初甚微弱. 周顯王年間, 有王曰非立, 一作非黎卑. 雄武有權略, 與希臘諸國交兵, 累戰皆剋. 使客游說之, 皆納款爲屬國. 王欲伐波斯, 會中刺客死. 子亞勒散得 一作阿勒山德黎. 嗣位, 年二十一, 才兼文武, 英略過人. 周顯王三十五年, 以三萬五千人伐波斯, 取亞細亞, 即買諾·叙里·猶太諸地. 波斯望風奔潰. 波斯王棄營走, 虜其妃后. 因移兵巡行海上. 有土羅者, 加爾達額之都城, 詳『阿非利加圖說』. 王攻破之, 屠八千人. 時麥西 即厄日多. 爲波斯屬部, 王征服之, 墮其沿海名城. 由是所向披靡, 游兵及五印度, 皆納款, 列東藩. 波斯王悉起境內兵決死戰, 王擊破之, 圍其蘇撒都城. 會遘疾, 旋師至巴庇倫, 卒於軍. 諸將各引所部, 據新闢之土自王. 從此, 希臘族散布西土. 至漢初, 希臘尙餘四國, 曰厄多里亞, 曰亞加壓, 曰白阿西亞, 仍以馬基頓爲長.

馬基頓王非黎卑, 性强暴, 凌侮屬國, 三國患之. 時羅馬征伐四方, 兵力方强, 三國密求援. 羅馬命將以大兵入希臘, 非黎卑攜妻子逃. 羅馬因駐兵, 脅三國降. 三國悔失計, 求助於西里亞 一作叙里亞. 西里亞者, 亞勒散得部將所立國, 兼亞細亞諸部, 卽土耳其東中兩土. 爲東方大國. 時加爾達額敗將漢尼巴, 亦赴西里亞求援. 詳『意大里·阿非利加圖說』. 其王安的約哥計, 希臘亡, 勢且及已. 率輕兵救希臘, 羅馬迎擊之. 安的約哥大敗遁歸, 羅馬兵踵至, 圍其都城, 安的約哥降. 希臘四國聞之, 皆納土降, 地歸羅馬. 時漢惠帝五年也. 希臘諸國, 建於夏商, 至漢初乃亡, 凡歷一千數百年. 余嘗聞之英官李太郭云:"雅典最講文學, 肄習之精, 爲泰西之鄒魯. 凡西國文士, 未游學於額里士, 則以爲未登大雅之堂也." 古希臘十二國, 乃今西土耳其全土, 新希臘, 則雅典一部, 古亞德納斯之南境也.

〔 유럽 이탈리아 〕

이탈리아 지도

오지리계(奧地利界): 오스트리아 강역이다.

서사계(瑞士界): 스위스(Switzerland) 강역이다.

불랑서계(佛郎西界): 프랑스 강역이다.

토이기(土耳其): 터키로, 지금의 튀르키예이다.

오지리미란부(奧地利米蘭部): 오스트리아령 밀라노(Milano)이다.

오지리위내살부(奧地利威內薩部): 오스트리아령 베네치아(Venezia)이다.

아득아해(亞得亞海): 지금의 아드리아해(Adriatic Sea)이다.

살이적니아(薩爾的尼亞): 사력니아(沙力尼阿)라고도 하며, 사르데냐 왕국(Sardegna)이다.

도령(都靈): 지금의 토리노(Torino)이다.

마납가(摩納哥): 지금의 모나코(Monaco)이다.

마덕나(摩德拿): 지금의 모데나(Modena)이다.

파이마(巴爾馬): 지금의 파르마(Parma)이다.

로가(盧加): 지금의 루카(Lucca)이다.

승마리학(勝馬里虐): 지금의 산마리노(San Marino)로, 이탈리아에 둘러싸여 있는 내륙국가이다.

다사가납(多斯加納): 돌가나(突加拿)라고도 하며, 지금의 토스카나(Toscana)이다.

불라릉살(佛羅棱薩): 지금의 피렌체(Firenze)이다.

나불륵사(那不勒斯): 날불이사(捏不爾士), 나파리(拿破里)라고도 하는데, 지금의 나폴리(Napoli)이다.

지중해(地中海): 지금의 지중해이다.

서치리도(西治里島): 지금의 시칠리아이다.

가이새아(哥爾塞牙): 곽사객(郭士喀)이라고도 하는데, 지금의 프랑스 코르시카(Corsica)이다.

살이적니아도(薩爾的尼亞島): 사력니아(沙力尼阿)라고도 하며, 사르데냐섬(Sardegna Island)이다.

돌니사계(突尼斯界): 튀니지(Tunisia) 강역이다.

고가이달액국(古加爾達額國): 고대 카르타고(Carthage)이다.

아이급이계(阿爾及耳界): 알제리(Algérie) 강역이다.

아비리가(阿非利加): 지금의 아프리카(Africa)이다.

이탈리아 이타리(以他里)·이타리(以他利)·이달리(伊達利)·라문(羅問)·라문(羅汶)·나마(那嗎)라고도 한다. 는 유럽의 고대 통일 국가로, 『한서』에서 말하는 대진국(大秦國)이다. 동북쪽으로는 오스트리아와, 북쪽으로는 스위스(Switzerland)[1]와, 서북쪽으로는 프랑스와 경계한다. 나머지 지역은 지중해에 비스듬히 펼쳐져 있어 마치 사람이 장화를 신고 있는 모양이다. 나라 안에 높은 산이 척추처럼 길게 이어져 있다. 기후는 온화하고, 토양이 기름지고 비옥해 곡식이 잘 되고 꽃과 나무가 향기로우며, 깊은 골짜기와 이름난 정원이 연이어 있어, 서방에서는 유토피아라고 부르면서 부러워한다. 주나라 이전부터 원주민들이 부락을 이루고 살았다. 주나라 유왕(幽王)[2] 때 로마가 일어나 국력이 점차 강해졌다. 그 뒤로 군비가 날로 좋아지면서 사방으로 강역을 넓

---

1   스위스(Switzerland): 원문은 '서사(瑞士)'로, 서서(瑞西), 수사란(綏沙蘭)이라고도 한다.

2   유왕(幽王): 서주 제12대 왕 희궁생(姬宮涅)(재위 B.C.782~B.C.771)이다. 포사(褒姒)와 사랑에 빠져 정무를 돌보지 않다가 결국 견융(犬戎)의 공격을 받아 여산(驪山)의 산기슭에서 살해되었다.

혀나갔다. 서한에 와서 북쪽으로는 독일 여러 지역을 개척해 발트해까지 이르렀고, 남쪽으로는 아프리카 북쪽 강역의 각국을 굴복시켰다. 서쪽으로는 프랑스·스페인·포르투갈을 개척해 대서양에 이르렀고, 또 바다 건너 영국 세 섬을 건설했다. 동쪽으로는 그리스 도시국가를 합병하고, 소아시아·시리아를 포함해 사방 10만 리의 강역이 유럽·아시아·아프리카 세 대륙에 걸쳐 있었다. 변방의 약소국들은 모두 공물을 바치고 신하와 노예의 나라가 되어, 결국 대일통의 형세를 이루었다. 로마『서역문견록』에서 말하는 공갈이의 수도 무로목(務魯木)이 바로 로마의 음역이다. 에 수도를 건설하자 각국은 주나라의 수도를 받들듯 모두 로마를 우러러 받들었다. 동진(東晉) 때 흑해 해협에 동도(東都)를 건설하고 콘스탄티노플 공담정(公膽廷), 강사탄태낙격이(康思坦胎諾格爾)이라고도 하며,『서역문견록』에서는 공갈이로 칭하고 있다. 이라 불렀다. 그 뒤로 여러 대를 지나는 한참동안 왕들이 모두 음란하고 무도해 내란이 일어나고 자주 왕이 폐위되었다. 서북쪽 여러 왕국은 모두 땅을 차지하고 왕으로 자처하며 더 이상 신하국으로 있지 않았다. 동진 효무제(孝武帝) 22년(394)에 나라가 두 개로 분열되어 로마를 중심으로 서로마, 콘스탄티노플을 중심으로 동로마가 되었으며, 동로마는 명나라 경태 연간에 와서야 오스만 제국에게 멸망당했다. 서로마는 이탈리아의 옛 땅에서 살다가 유송(劉宋)(420~479) 때 북쪽 오랑캐 고트족(Goth)[3]에게 멸망당했다. 고트족은 고트왕국을 건설한 지 3백여 년 뒤에 프랑크왕국의 차지가 되었으며, 프랑크왕국은 로마를 교황령으로 받들었다. 후에 나라는 다시 분열되었다. 베렌

---

3   고트족(Goth): 원문은 '아특족(峨特族)'으로, 액도(厄都), 가도(哥度)라고도 한다.

가리우스 1세(Berengario I)[4]가 일찍이 여러 왕국을 하나로 통일했으나, 얼마 지나지 않아 폭정으로 사람들에 의해 폐위되었다. 오스트리아가 정복하고 북쪽의 밀라노(Milano)[5]·베네치아(Venezia)[6] 두 지역을 빼앗아 갔다. 그 뒤로 왕국들은 수시로 통일과 분열을 반복하며, 날마다 전쟁을 벌여 천하가 더욱 어지러워졌다.

가경 10년(1805)에 프랑스 국왕 나폴레옹(Napoleon)[7]은 이탈리아를 정복하고 프랑스의 관할지로 삼았다. 나폴레옹이 패한 뒤 각국의 공사가 빈(Wien)[8]에서 모여 회의를 열고 이탈리아를 9개의 군소국가로 나누었다. 4개의 대공국인 로마 교황령, 토스카나(Toscana),[9] 사르데냐(Sardegna),[10] 나폴리(Napoli)[11]와 5개의 작은 공국인 파르마(Parma),[12] 모데나(Modena),[13] 루카

---

4   베렌가리우스 1세(Berengario I): 원문은 '백릉일이(伯棱日爾)'로, 베렌가리우스 1세로 추정된다. 첫 작위가 프리울리 변경백이었기 때문에 베렌가리오 드 프리울리(Berengerio of Friuli) 또는 베렝가르 드 프리울리(Berenger of Friuli)로도 부른다.

5   밀라노(Milano): 원문은 '미란(米蘭)'으로, 미랑(米郞)이라고도 한다.

6   베네치아(Venezia): 원문은 '위내살(威內薩)'로, 위니사(威尼斯), 위니득읍(威尼得邑)이라고도 한다.

7   나폴레옹(Napoleon): 원문은 '나파륜(拿破侖)'으로, 나파리임(那波利稔)이라고도 한다.

8   빈(Wien): 원문은 '유야납(維也納)'이다.

9   토스카나(Toscana): 원문은 '다사가납(多斯加納)'으로, 달사가니(達士加呢), 탑사가니(塔斯加尼), 탁사잡납(托斯卡納), 다이가납(多爾加納)이라고도 한다.

10   사르데냐(Sardegna): 원문은 '살이적니아(薩爾的尼亞)'로, 사리니아(沙里尼阿), 살정왕국(撒丁王國)이라고도 한다.

11   나폴리(Napoli): 원문은 '나불륵사(那不勒斯)'로, 나발이사(那勃爾士), 나파리(那破里), 납파리(納波利)라고도 한다. 나폴리왕국은 시칠리아 왕국으로도 알려진 1282년에서 1816년 사이 이탈리아반도 남쪽의 교황령 일부를 통치한 국가이다.

12   파르마(Parma): 원문은 '파이마(巴爾馬)'로, 파마(巴麻), 파아마(把兒瑪), 파마(巴馬), 박마(拍馬), 파이마(帕爾馬)라고도 한다.

13   모데나(Modena): 원문은 '마덕나(摩德拿)'로, 마리나(磨里那), 마지나(摩地拿), 마덕납(摩德納)이

(Lucca),[14] 모나코(Monaco),[15] 산마리노(San Marino)[16]가 그것으로 여전히 총칭해서 이탈리아라 부른다. 이 땅은 물산이 풍부하고, 누에와 뽕나무가 잘 자라 매년 이 땅에서 생산하는 명주의 가치가 3천여만 원이나 된다. 포도주·올리브유·오렌지·귤·레몬·밤 등의 과일이 모두 넘쳐난다. 이 나라 사람들은 몸이 가냘프고 약하며, 겉으로는 너그럽지만 속으로는 음험해 종종 밤에 원수를 죽인다. 이야기하고 즐겁게 노는 것을 즐겨하고 노래 부르는 것을 좋아하는 것이 직하(稷下)[17]의 풍격을 가지고 있다. 각국은 모두 천주교를 받들며 로마가 가장 번성하다.

로마는 일명 교황령으로, 고대 로마의 옛 수도이다. 전성기 때는 문물과 명성이 서양 제일의 대도시였다. 유송 때에 와서 북쪽 오랑캐 고트족에게 점령당해 왕궁의 대부분이 훼손되었고, 서책과 옛 전적도 모조리 없어졌다. 이로부터 민간에서 오랑캐의 풍속을 따르기 시작하면서 이전과는 달라졌다. 천주교는 동한 때부터 서양에 전파되기 시작했는데, 로마인들이 유독 독실하게 천주교를 믿고 따랐다. 그래서 나라가 고트족에게 점령되자 천주교도들은 이틈을 타 사람들을 불러 모았고, 신도들이 날로 많아지면서 대권을 장악하게 되었다. 프랑크왕국이 고트족을 멸망시키고 난 뒤

라고도 한다.

14 루카(Lucca): 원문은 '로가(盧加)'로, 납가(納加), 로잡(盧卡), 록가(鹿加), 락잡(洛卡)이라고도 한다.

15 모나코(Monaco): 원문은 '마납가(摩納哥)'로, 마나과(摩那戈)라고도 한다.

16 산마리노(San Marino): 원문은 '승마리학(勝馬里虐)'으로, 마령나(馬領那), 성마력낙(聖馬力諾)이라고도 한다.

17 직하(稷下): 전국시대 제(齊)나라의 지명으로, 제나라의 선왕(宣王)이 천하의 학자들을 후대하자, 학자들이 모두 제나라에 모여들어 제나라에서는 직하관(稷下館)을 두고 그들을 받아들인 뒤 치세와 난세에 관련된 담론을 하면서 학풍을 이루었다.

마침내 그 땅을 천주신부에게 돌려주고 나서 그를 교황이라 불렀다. 교황
이 죽으면 대대적으로 각 주교들을 불러 모아 논의를 해서 나이가 많고 인
격을 갖춘 1인을 추천해 그 뒤를 잇게 했는데, 전장(前藏)·후장(後藏)에서 행
하는 라마(喇嘛)의 활불의식[18]의 풍속과 대체로 비슷하다. 천주교가 각국에
전파되면서 천주교를 믿지 않는 자가 있으면 번번이 도발하고 전쟁을 일
으켜 그 나라를 쳐서 없앴으며, 간혹 백성들에게 그 임금을 배신하게 만들
었다. 프랑크왕국이 패자가 되자 교황은 그를 위해 면류관을 씌워주었다.[19]
영국의 노르만족(Norman)[20]이 군대를 일으켜 교황에게 청하자 교황은 영국
땅을 그들에게 주어 봉했는데, 교황의 권위가 이와 같았다. 명나라 때에 와
서 독일인 마르틴 루터(Martin Luther)[21]가 별도로 예수교를 세우고 프로테스
탄트(Protestant)[22]라고 하면서 천주교를 이단이라고 배척했다. 그리하여 여러
나라 중 절반이 예수교로 귀의하면서 교황의 권력이 갑자기 약해졌다. 교

18　활불의식: 원문은 '좌상(坐床)'이다.

19　프랑크왕국이…씌워주었다: 이 사건은 바로 800년 교황 레오 3세가 성 베드로 성당에서
샤를마뉴를 서로마 제국의 황제로 봉한 것을 말한다. 신성로마 제국의 제1대 황제인 샤
를마뉴는 자신의 정복 전쟁을 성전으로 선포하고 전쟁터에는 늘 성직자를 동행시켰으며,
정복과 동시에 그 지역을 주교 관구로 재편했으며, 그 지역 사람들을 가톨릭으로 개종시
키는 데에도 헌신적인 노력을 했기 때문에 교황은 성 베드로 성당에서 그를 신성로마 제
국의 황제로 책봉했다.

20　노르만족(Norman): 원문은 '북족(北族)'이다.

21　마르틴 루터(Martin Luther): 원문은 '로득(路得)'이다. 마르틴 루터(1483~1546)는 독일의 종교
개혁가로, 1517년에 당시 교황을 중심으로 하는 서유럽 정치, 서방교회의 면죄부 판매, 연
옥에 대한 교황권 주장 등을 비판한 내용의 95개조 반박문을 발표하고 오직 '성경의 권위'
와 '오직 은혜(sola gratia)'와 '오직 믿음(sola fide)'을 강조함으로써 부패한 교황제도 중심의 교
회와 교회 제도를 새롭게 개혁시키고자 서방교회 개혁 운동을 펼쳤다.

22　프로테스탄트(Protestant): 원문은 '정교(正教)'이다.

황이 다스리던 로마는 고적이 가장 많다. 천주교 성당이 아주 높고 웅장하며 눈이 부실 정도로 광채가 난다. 천주교에 입교하는 신부가 개미처럼 많았으며, 각자 교황에게서 녹봉을 받아 생활한다. 다른 나라의 사제 예배 주재자이다. 나 먼 곳에서 오는 신자들이 향불을 피우고 예배를 올리는데, 그 행렬이 줄을 이었다. 천주교 이외에 예수의 어머니인 마리아(Maria)[23]를 숭배했는데, 마리아를 성모[天后]로 부르면서 더욱 경건하게 모시고 기도했다. 사람들이 농사일에 게을러 들판에는 황무지가 많다. 산에 숨어 있는 많은 도적들은 체포하면 급히 천주성당으로 달아나 들어가는데, 그러면 더 이상 죄를 물을 수 없었다.

토스카나[多爾加納] 공국 돌가나(突加拿)라고도 한다. 은 로마의 서쪽에 위치하고, 동쪽과 북쪽으로는 로마와 경계하며, 서쪽과 남쪽으로는 바다에 접해 있다. 토양이 비옥하고 물산이 풍부하다. 수도는 피렌체(Firenze)[24]로, 시가지가 깨끗하게 정돈되어 있고, 모든 건물이 높고 화려하다. 관할 도시인 피사(Pisa)[25]는 옛날에는 번화하기로 이름났으나, 지금은 쇠락했다. 항구도시인 리보르노(Livorno)[26]는 상선이 모이는 곳으로, 무역이 아주 활발하게 이루어진다.

사르데냐[薩爾的尼亞] 왕국 사력니아(沙力尼阿), 살지니(撒地尼), 살정(撒丁)이라고도 한다. 은 본래는 이탈리아의 큰 섬으로, 이 나라는 사르데냐섬에서 출발

---

23 마리아(Maria): 원문은 '마씨(馬氏)'로, 마리아(馬利亞)라고도 한다.

24 피렌체(Firenze): 원문은 '불라릉살(佛羅棱薩)'로, 불라륜살(佛羅倫薩), 불림사(佛林士)라고도 한다.

25 피사(Pisa): 원문은 '배살(北撒)'로, 비살(比薩)이라고도 한다.

26 리보르노(Livorno): 원문은 '리와나(里窩那)'로, 리와이나(里窩耳那)라고도 한다.

해 이탈리아의 서북쪽 땅을 할양받고 마침내 섬의 이름을 본떠서 국명으로 지었다. 이 나라는 토스카나 공국의 서북쪽에 위치하며, 스위스·프랑스와 경계를 접한다. 나라는 피에몬테(Piemonte),[27] 제노바(Genova),[28] 사부이아(Savoia),[29] 사르데냐섬 네 지역으로 구분된다. 수도는 사부이아에 위치하는 토리노(Torino)[30] 토림(土林)이라고도 한다. 이다. 궁궐이 크고 화려해 서방 사람들이 부러워한다. 피에몬테는 산지가 많고 농사지을 전답이 부족해, 이곳 사람들은 대부분 다른 나라로 가서 생계를 도모한다. 제노바는 해안에 위치하며, 과거에는 지중해의 상업도시로, 수많은 배가 모여들어 대도시라 불렸다. 이탈리아의 전함들이 모두 이곳에 주둔했으나, 지금은 쇠락한지 오래되었으며, 각각의 관서만이 남아 있을 뿐이다. 사르데냐섬은 땅이 넓고 광막하며 초목이 우거진 숲이 절반을 차지하고 있다. 사람들은 양가죽을 걸치고 예리한 칼을 차고 다니면서 숲속에서 유목하며, 성격이 거칠고 사나워 단속하기가 어렵다.

나폴리[邪不勒斯] 공국 나파리(拿破利), 나파리(拿破里), 날불이사(捏不爾士)라고도 한다. 은 로마의 남쪽에 위치하며, 동쪽 서쪽 남쪽 삼면은 모두 바다에 접해 있고, 지형이 장화처럼 생긴 바로 그 곳에 있는데, 이탈리아의 남부에 해당한다. 서남쪽에 위치한 큰 섬인 시칠리아[西治里] 십사력(什士力), 서기리(西基利),

---

27　피에몬테(Piemonte): 원문은 '벽문(辟門)'으로, 피애몽특(皮埃蒙特)이라고도 한다.

28　제노바(Genova): 원문은 '열나아(熱那亞)'로, 일눌와(日訥瓦)라고도 한다.

29　사부이아(Savoia): 원문은 '살왜(撒歪)'로, 살와(薩瓦)라고도 한다. 또 사보이(Savoy)라고도 한다. 역사적으로는 사보이아 공국의 영토이나, 프랑스에서 이탈리아로 향하는 최단 루트에 위치해 있어 프랑스의 점령이 잦았다.

30　토리노(Torino): 원문은 '도령(都靈)'이다.

서서리아(西西里亞)라고도 한다. 는 나폴리와 합쳐져 일국을 이루었다. 수도는 나라 이름과 같은 나폴리로, 가옥이 높고 크며 궁전과 묘당이 잘 정돈되어 있다. 도시 밖으로는 구름을 뚫고 밖으로 솟아 있는 수많은 산봉우리가 둘러싸고 있고, 안으로는 그윽한 골짜기와 오래된 동굴이 많다. 또한 화산이 있는데, 화산 봉우리에서는 항상 불꽃과 연기가 피어나고 있으며, 때로는 화석(火石)이 허공을 날아서 수십 리 밖에서 떨어지기도 하고, 때로는 화산재가 눈과 서리처럼 내려 몇 척이나 쌓여 전답과 가옥을 누르기도 한다. 또한 용암이 물처럼 흘러나와 용암이 이르는 곳마다 초목을 모두 태워 없앤다. 인근 산에 있는 고성 두 곳이 화산재에 파묻힌 지 이미 천여 년이 넘었다. 갑자기 한 원주민이 이곳을 발굴했는데, 성벽과 성가퀴가 예전 그대로 남아 있어 기이한 일로 전해오고 있다. 지진이 아주 심해서 주민들은 매년 피해를 입고 있다. 다만 논과 밭이 비옥하고 물산이 풍부하다. 그래서 사람이 많으며 화산을 피해 다른 곳으로 가려는 사람이 없다. 시칠리아섬은 사방 4백~5백 리에 이르고, 토양이 더욱 비옥해 오곡과 맛좋은 술이 많이 난다. 이 섬에도 화산이 있어 도시가 자주 피해를 입어 훼손된다. 관리 대부분이 폭정을 행하고 교회가 정권을 농단해, 예로부터 비옥한 지대로 이름나 있지만 백성들은 늘 가난하다. 주도는 팔레르모(Palermo)[31]이고, 메시나(Messina)[32]라는 항구 도시가 있다.

파르마[巴爾馬] 공국 파마(巴馬)라고도 한다. 은 사르데냐 공국의 동쪽, 모데

---

31   팔레르모(Palermo): 원문은 '파륵마(巴勒摩)'로, 력마부(力摩部)라고도 한다.

32   메시나(Messina): 원문은 '묵서나(墨西拿)'로, 묵서나(墨西邪)라고도 한다.

나 공국의 서쪽에 위치하며, 북쪽으로는 포강(Po R.)[33]에 이르고, 너비는 사방 2백 리이며, 인구는 40여만 명이다. 과거 오스트리아 황녀[마리 루이즈]의 봉지로, 그녀는 바로 프랑스 국왕 나폴레옹의 황후이다. 나폴레옹이 패전한 뒤 황후는 나폴레옹과 이혼하고 이 땅을 차지해 다스렸다.

모데나 공국은 동쪽으로는 로마와, 서쪽으로는 파르마 공국과 인접해 있으며, 남북의 길이는 3백 리이고, 동서의 너비는 140리이며, 인구는 38만 명이다.

루카 공국은 동쪽으로는 토스카나 공국과 인접하고 서쪽으로는 지중해에 이르며, 남북의 길이는 90리이고, 동서의 너비는 50리이며, 인구는 4만여 명이다.

모나코 공국은 사르데냐의 경내에 위치하며 남북의 길이는 35리이고, 동서의 너비는 20리이며, 인구는 6500명이다.

산마리노 공국은 로마의 경내에 위치하며 면적은 약 50리이고, 인구는 4천여 명으로, 자체적으로 수장을 추천해 나라를 다스리면서 교황의 지배를 받지 않는다.

이탈리아의 서남쪽에 위치한 몰타섬(Malta I.)[34]은 반석(磐石)이 많아 주민들이 반석 위에 흙을 쌓아 밭으로 만들어 경작하며, 풍속이 근검절약하고 부지런히 일한다. 옛날에 예수의 제자 바울(The Apostle Paul)[35]이 바다를 건너다가 배가 좌초되어 헤엄쳐서 이 섬에 올라와 사람들의 병을 치료해주고

---

33 포강(Po R.): 원문은 '파하(波河)'이다. 이탈리아 북부를 흐르는 이탈리아에서 가장 긴 강이다.

34 몰타섬(Malta): 원문은 '마리타도(馬里他島)'로, 마이타도(馬爾他島), 마이타도(馬耳他島)라고도 한다.

35 바울(The Apostle Paul): 원문은 '보라(保羅)'로, 보록(寶祿)이라고도 한다.

신기한 자취를 남긴 덕분에 이 섬의 이름이 서방에 알려졌다. 이슬람이 한창 강할 때 무력으로 이 섬을 위협했다. 수장이 날랜 군사를 데리고 그들을 막아서자 이슬람은 결국 이 섬을 차지하지 못했다. 가경 연간에 프랑스가 그 수장을 속여 이 섬을 차지했으나, 얼마 지나지 않아 영국이 이 섬을 탈취하고 군대를 파견해 지키면서 지중해의 군항지로 삼았다.

살펴보건대 천지가 생겨난 이래로 서방에서 오직 이탈리아만이 통일 왕조를 이루었다. 주나라 성왕[36] 중엽에 나라를 처음 세워 서한 중엽에 통일되었고, 동진 말엽에 분열되었으며, 명나라 경태 연간에 종묘사직이 무너졌다. 이렇게 유구한 역사를 서양에서는 비할 나라가 없다. 서양인의 기록에 따르면, 이탈리아의 건국자인 로물루스(Romulus)[37] 라모락(羅母洛)이라고도 한다. 는 주나라 유왕 연간에 비로소 로마에 도시를 건설했다. 흙을 쌓아 사단(社壇)을 만들고 제후들에게 적절하게 봉지를 나눠주며,[38] 백성들에게는 농사짓는 법을 가르치고, 창과 활을 만들어 전쟁을 익히게 했다. 아들 누마(Numa)[39] 우마(又馬)라고도 한다. 가 그 뒤를 이어 처음으로 율령을 만들고, 백성들을 사랑하여 가르치며, 예제를 나누고 귀천을 구분하자 나라가 크게 다스려졌다. 7대 왕인 루시우스 타르퀴니우스

---

36 주나라 성왕: 원문은 '성주(成周)'이다. 원래는 서주(西周)의 도성인 낙양(洛陽)을 가리키나, 주공이 성왕을 도와 다스리던 시기에 낙양이 건립되었기 때문에 내용상 성왕으로 번역한다.

37 로물루스(Romulus): 원문은 '라모로(羅慕路)'로, 로마의 건국자이자 초대 왕으로 알려져 있다.

38 흙을 쌓아⋯나눠주며: 원문은 '오토(五土)'이다. 원래는 사직의 제단을 쌓고 제후들에게 봉지를 나눠줄 때 사용했던 동쪽의 청색, 남쪽의 적색, 서쪽의 백색, 북쪽의 흑색을 의미하나, 여기서는 제단을 쌓고 제후들에게 봉지를 나눠주는 행위 자체로 보았음을 밝힌다.

39 누마(Numa): 원문은 '노마(努馬)'로, 로물루스의 뒤를 이어 로마의 왕이 된 누마 폼필리우스 마르키우스(Numa Pompilius Marcius, 재위 B.C.753~B.C.673 혹은 B.C.717~B.C.673)를 가리킨다.

수페르부스(Lucius Tarquinius Superbus)[40]는 잔인해 사람으로서 지켜야 할 도리가 없었다. 백성들은 왕을 폐위시키고 현인 두 명을 뽑아 높은 자리[집정관]에 앉히고 공회를 세워 정사를 다스렸다. 집정관은 매년 한 차례씩 바뀌었으며, 이로부터 나라에는 국왕이 없지만 국력이 날로 강성해져 이탈리아의 여러 왕국이 모두 그 판도로 들어왔다. 아프리카의 북부에 카르타고 가대기(迦大其)라고도 한다. 라는 대국이 있는데, 옛날 이름은 페니키아로 가장 먼저 나라를 세우고 그리스에서 지중해 남쪽 해안으로 옮겨왔다. 페니키아는 상업에 뛰어나 지중해의 이권을 독차지했으며, 또한 스페인을 합병해 대등할 나라가 없을 정도로 부강해졌다. 로마가 처음 일어났을 때 카르타고는 누차 로마를 침공했으며, 또한 그 속지인 시칠리아를 강탈했다. 후에 로마가 점차 강성해져 강대국이라 불리면서 수백 년에 걸쳐 전쟁을 하며 승패를 나누어 가졌다. 서한 초에 카르타고는 장군 한니발에게 명해 스페인 군대를 병합하고 대대적으로 로마를 정벌해 연전연승하면서 로마의 남쪽 경내의 도시들을 모두 함락시켰다. 로마의 대장군 파비우스 막시무스(Fabius Maximus)[41]는 성벽을 견고히 지키면서 카르타고의 군대를 지치게 하고, 별장 마르켈루스(Marcellus)[42]를 파견해 군대를 매복시켜 그 퇴로를 지키게 했으며, 또한 스키피오(scipo)[43]를 파견해 몰래

---

40 루시우스 타르퀴니우스 수페르부스(Lucius Tarquinius Superbus): 원문은 '달이계학소비이백(達爾癸虐蘇比爾伯)'이다. 수페르부스는 '거만한 사람' 즉 거만한 타르퀴니우스로 불리었는데, 공포정치를 행해 많은 원로원 의원들이 죽임을 당했다.

41 파비우스 막시무스(Fabius Maximus): 원문은 '발비약마서마(發比約馬西摩)'이다. 파비우스 (B.C.275~B.C.203)는 로마의 대장군으로 여러 차례 집정관을 역임했으며 당시 지구전술을 펼쳐 한니발을 상대했다.

42 마르켈루스(Marcellus): 원문은 '마이새라(馬爾塞羅)'이다. 마르켈루스(B.C.268~B.C.208)는 로마 공화정 시대의 군인이자 정치가로 제2차 포에니 전쟁에서 로마군을 이끌었던 장군이다.

43 스키피오(scipo): 원문은 '서비양(西比揚)'으로, 푸블리우스 코르넬리우스 스키피오 아프리카누스(Pubius cornelius scipo Africanus)이다. 스키피오(B.C.?~B.C.211)는 고대 로마의 장군으로, 제2차 포에니 전쟁에서 카르타고의 한니발 장군을 물리친 것으로 유명하다.

해군을 이끌고 바다를 건너 카르타고의 수도를 기습케 했다. 한니발은 급보를 듣고 수도를 구하려고 돌아오다 매복병을 만나 대패했다. 한니발이 지중해를 건너 카르타고에 도착할 무렵 스키피오가 회군해 지중해에서 한니발을 맞아 공격해 한니발의 전군을 모두 무너뜨렸다. 한니발은 고깃배를 타고 시리아로 달아나 도움을 청했다. 이때가 한나라 고조 6년(B.C.201)이었다.

이 당시 그리스는 여러 도시국가로 나뉘어져 있었는데, 마케도니아가 가장 강성했다. 이들 도시 국가들은 마케도니아에게 능욕을 당하다가 로마로 가서 도와줄 것을 요청했다. 로마는 군대를 이끌고 이들 국가를 보호한다는 명분하에 이들을 협박해 속국으로 만들었다. 도시국가들은 이를 후회하면서 몰래 시리아에게 도움을 요청할 것을 약속했다. 시리아[西里亞] 서리아(叙里亞)라고도 한다. 는 아시아의 대국으로, 유대의 북쪽에 위치하며, 예전에는 바빌로니아에 기반을 두었다. 페르시아가 바빌로니아를 격파한 뒤 강역이 페르시아에 귀속되었다. 후에 마케도니아의 알렉산드로스대왕이 페르시아를 정벌하고 그 땅을 모두 차지했다. 알렉산드로스대왕이 군영에서 죽자 수하장군들이 그 땅을 나누어 가지고 스스로 왕이 되면서 몇 개의 왕국으로 분열되었다. 후에 시리아에 합병되어 일국을 이루면서 국력이 상당히 강성해졌기 때문에 그리스의 도시국가들은 시리아에 의지해 로마를 막고자 했다. 또한 한니발은 로마의 군대를 지치게 만들어서 패배시키는 것으로 유명했다. 한나라 혜제 5년(B.C.191)에 시리아의 왕 안티오코스 3세가 군사를 이끌고 그리스로 가자 로마가 그를 맞아 공격했다. 시리아의 군사가 대패하고 달아나 돌아왔지만, 로마 군대가 승세를 틈타 추격해와 수도를 포위했다. 안티오코스 3세가 땅을 바치면서 항복하자 한니발은 자살했다. 이참에 로마가 군대를 옮겨 마케도니아를 정벌하자 마케도니아 역시 항복했으며, 그리스의 도시국가들도 따라서 모두 땅을 바쳤다. 한나라 경제(景帝)[44] 10년(B.C.148)[45]에 로마는 대군을 이끌고 카르타고 정벌에 나서 그 수도를 포위했다. 성이 함락되려 하자 카르타고는 성문을 걸어 잠그고 스스로 불을 질렀다. 로마는 성을 무너뜨리고 나서 연이어 그 속지를 정벌했다. 다시 스페인을 정벌하고 난 뒤 따로 속주를 설치했다. 당시 포르투갈은 스페인의 서쪽 경내에 위치하며, 아직 나라를 세우지 않은 상태이다. 이 당시 지중해의 남쪽해안에는 폰토스(Pontus)왕국[46]과 누미디아(Inumiden) 왕국[47]이라는 두 강대국이 존재했다. 폰토스 왕국은 캅카스산맥(Caucasus Mts.)[48]이 병풍처럼 둘러싸고 있으며, 그 왕 미트리다테스 6세(Mithradates VI Eupator)[49]는 무예에 뛰어나고 호전적이라 지세의 험함을 믿고 공물을 바치면서 복종하지 않으려 했다. 로마가 대장군 술라(Sulla)[50]를 보내 정벌하자, 미트리다테스 6세는 로마군대와 26년간 전쟁하면서 누차 로마군대를 격파하면서 지세의 험준함을 믿고 항복하려 하지 않았다. 한나라 경제 후원(後元) 연간에 로마 대장군 폼페이우스(Pompius)[51]가 기습부대를 이용해 폰토스 왕국을

---

44   경제(景帝): 한나라 제5대 황제 유계(劉啓)(재위 B.C.157~B.C.141)이다.

45   한나라 경제 10년: 원문은 한나라 혜제(惠帝) 5년(B.C.191)으로 되어 있으나, 역사적 사실에 따라 한나라 경제 10년으로 고쳐 번역한다.

46   폰토스(Pontus) 왕국: 원문은 '분다(奔多)'로, 빈다(賓多), 붕다(崩多)라고도 한다. 흑해 연안 아나톨리아 지방 북동부에 위치했던 옛 왕국이다.

47   누미디아(Inumiden) 왕국: 원문은 '입점이달(入占爾達)'로, 기원전 3세기부터 북아프리카에 존재했던 왕국으로, 후에 로마의 속주가 되었다. 지금의 알제리와 대체로 일치한다.

48   캅카스산맥(Caucasus Mts.): 원문은 '고가사대산(高加斯大山)'으로, 고가색산맥(高加索山脈), 고전사산지(高田士山地)라고도 한다.

49   미트리다테스 6세(Mithradates VI Eupator): 원문은 '멱적리달제(覓的里達堤)'이다. 미트리다테스 6세(B.C.120~B.C.63)는 아나톨리아 북부에 위치한 폰토스 왕국의 왕이다.

50   술라(Sulla): 원문은 '서랍노점록(西拉盧占祿)'으로, 루키우스 코르넬리우스 술라 펠릭스(Lucius Cornelius Sulla Felix)(B.C.138~B.C.78)이다.

51   폼페이우스(Pompius): 원문은 '분표(奔彪)'로, 붕표(崩彪)라고도 하는데, 그나이우스 폼페이우스 마그누스(Gnaeus Pompeius Magnus)이다. 폼페이우스(B.C.106~B.C.48)는 로마 공화정 말기 원로원파(귀족파)의 지도자로, 마르쿠스 리키니우스 크라수스와 가이우스 율리우스 카이사

격파하고 미트리다테스 6세를 죽였다.[52] 누미디아는 더욱 험준하고 먼데, 한나라 무제(武帝) 원봉(元封) 5년(B.C.105)에 로마 대장군 마리우스(Marius)[53]가 정복했다. 이로부터 지중해 남쪽 연안의 각 왕국은 모두 로마의 판도로 들어갔고, 유대와 이집트 역시 귀순했다. 북쪽으로 독일까지 강역을 개척하고 다시 서쪽 프랑크왕국도 확장했으며, 바다 건너 영국까지 정복해 큰 도시를 건설했다. 서양 수만 리에서 더는 도전하면서 앞서 나가는 자가 없었다.

처음에 로마는 국왕을 폐하고 공회를 세우고 집정관은 평민들에 의해 선출되었다. 원래는 1년에 한 번 교체하기로 했는데 후에 전쟁 때문에 바꾸지 못하면서 점차 그 임기가 늘어나는 경우도 있었다. 집정관의 후손을 파트리키(patrícii)[54]라고 불렀다. 집정관에 추천되는 사람의 절반이 파트리키에서 나왔기 때문에 평민 중에 준걸이 있다 하더라도 대부분 가로막혀 고위직으로 진입할 수 없었다. 반면에 집정관의 자손들이 부귀한 자리를 차지해 권세를 업고 사람들을 업신여겨 평민들은 불만이 쌓였다. 당시 장군들은 사방으로 출정 나가 공회에 들지 않은 채 각자 강한 군대를 거느리고 있었다. 군사들은 모두 수많은 전쟁을 치르느라 사납게 굴면서 순종하지 않았다. 사방이 평정되었을 때 장군들은 각자 승리를 하고 돌아와서는 도성 밖에 주둔하고 있었다. 때마침 한 이민족이 동북쪽

르와 함께 삼두정치체제를 이끌었다.

52 한나라 경제 후원(後元)연간에…죽였다: 본문에서는 폼페이우스가 폰투스 왕국의 미트리다테스 6세를 격파한 일을 한나라 경제(재위 B.C.157~B.C.141) 때의 일로 보고 있으나, 이 전쟁은 한나라 선제(宣帝) 원강(元康: B.C.65~B.C.61) 때에 일어난 일이다.

53 마리우스(Marius): 원문은 '마려약(馬黎約)'으로, 마략(馬略)이라고도 한다. 가이우스 마리우스(Gaius Marius)(B.C.157~B.C.86)는 로마 공화정의 장군이자 정치가이다.

54 파트리키(patrícii): 원문은 '파적려서가(巴的黎西痂)'이다. 고대 로마를 다스리던 귀족 계급으로, 고대 로마의 평민인 플레브스(plebs)와 함께 로마 시민을 구성했다. 파트리키는 아버지를 의미하는 파테르(Pater)에서 나왔는데, 상류층 재산의 상속자로 선정된 자 혹은 노블레스 오블리주의 책임을 진 사람이란 의미로 사용되었다. 그래서 고대 로마에서는 엘리트로 간주되었고 원로원을 구성하는 인재가 주로 여기서 나왔다.

에서 쳐들어오자 아시아의 여러 속주가 반역을 일으키며 호응했다. 대장군 폼페이우스[55] 반패(潘沛)라고도 한다. 가 정벌해 승리를 거두어 한창 강역을 수복하고 있을 때 내란이 일어났다. 이보다 앞서 마리우스의 군대와 술라[56]의 군대가 서로 헐뜯으며 사이가 벌어지는 일이 있었다. 한 약삭빠른 평민이 이 기회를 틈타 반란을 일으켜 집정관의 후손들을 죽였다. 평민들은 귀족들과 싸우고, 군대는 군대와 부딪쳤다. 얼마 뒤에 군대, 백성, 귀족이 당파를 나누고 서로 공격하더니 몇 십일 내에 반역자가 고슴도치의 털처럼 떼 지어 일어나 서로 죽인 사람이 수만 명이나 되었다. 폼페이우스는 변란이 일어났다는 소식을 듣고 급히 군대를 돌렸고, 한창 서쪽 정벌 중에 있었던 대장군 카이사르(Caesar)[57] 인략새살이(人略塞薩爾)라고도 한다. 도 군대를 돌려 함께 내란을 평정하면서 반역자를 모두 죽였는데, 전후로 죽은 사람만 해도 십여만 명이나 되었으며 그제야 나라가 안정되었다. 이 당시 권력은 두 장군에게 돌아갔는데, 폼페이우스는 로마의 노장으로 이집트와 유대를 정복하고, 아시아를 다시 평정해 가장 먼저 공을 세웠으며, 권력과 지위에 대한 탐욕으로 차츰 교만 방자해졌다. 반면에 카이사르는 총명하고 지략을 지니고 있으며, 다른 사람들보다 학문이 뛰어나며, 갈리아[58]와 브리튼[59]을 평정하고 큰 속주를 건설해 공적이 특히 두드러졌다. 두 사람은 원래부터 서로 사이가 좋지 않았다. 카이사르가 평소 민심을 얻고 있었기에 폼페이우스는 이길 수 없다고 생각해 이전의 동방 정벌을 핑계로 군대를 일으켜 카이사르를 공격했다. 카이사르는 사람들을 이끌고 그를 막으면서 그리스

55　폼페이우스: 원문은 '봉표(繃標)'이다.

56　술라: 원문은 '서랍(西拉)'이다.

57　카이사르(Caesar): 원문은 '개살(愷撒)'로, 새살이(塞薩爾)이라고도 하는데, 바로 가이우스 율리우스 카이사르(Gaius Julius Caesar, B.C.100~B.C.44)를 말한다.

58　갈리아: 원문은 '불랑서(佛郞西)'로, 로마제국이 프랑스 지역을 지칭하던 말이다.

59　브리튼: 원문은 '영길리(英吉利)'이다.

의 파르살루스(Pharsalus)[60]에서 전투를 벌였는데, 폼페이우스는 군대가 무너지면서 혼자 배를 타고 이집트로 달아났다. 이집트 왕[프톨레마이오스 13세]은 그의 목을 잘라 로마에 바쳤다. 이로부터 카이사르가 정치를 총괄하고 법률을 세우면서 로마가 잘 다스려졌다. 당시 집정관인 브루투스(Brutus)[61]와 카시우스(Cassius)[62]는 카이사르가 대권을 차지하고 장차 군주제로 가려는 것을 꺼려 자객을 보내 그를 죽였다. 집정관 마르쿠스 안토니우스(Marcus Antonius)[63]는 권력을 독점하게 되자 스스로 왕이 되고자 했다. 카이사르의 조카 옥타비아누스(Octavianus)[64] 새살이액달유약(塞薩爾額達維約)이라고도 한다. 가 군대를 일으켜 공격하며 이오니아해(Ionian Sea)[65]에서 싸웠다. 마르쿠스 안토니우스는 대패한 뒤 클레오파트라를 데리고 달아났다. 브루투스와 카시우스도 모두 자살했다.[66] 한

---

60 파르살루스(Pharsalus): 원문은 '법이살리아(法爾薩里亞)'로, 파르살라, 파르살로스라고도 한다. 지금의 그리스 라리사현에 위치한다. 율리우스 카이사르와 폼페이우스가 대결한 파르살루스 전투의 무대로 알려져 있다.

61 브루투스(Brutus): 원문은 '불로다(不盧多)'로, 마르쿠스 유니우스 브루투스(Marcus Junius Brutus, B.C.85~B.C.42)를 가리킨다.

62 카시우스(Cassius): 원문은 '가서약(加西約)'으로, 가이우스 카시우스 롱기누스(Gaius Cassius Longinus)이다. 카시우스(B.C.85~B.C.42)는 율리우스 카이사르의 암살 주동자이며, 브루투스의 매제이다.

63 마르쿠스 안토니우스(Marcus Antonius): 원문은 '마이각안다니약(馬爾各安多尼約)'이다.

64 옥타비아누스(Octavianus): 원문은 '유대옥(唯大屋)'으로, 가이우스 옥타비아누스이다.

65 이오니아해(Ionian Sea): 원문은 '흑세약하(黑細約河)'로, 악티움 곳 인근에 있던 이오니아해로 추정된다. 옥타비아누스와 마르쿠스 안토니우스가 이곳에서 악티움 전투(B.C.31)를 벌였다.

66 브루투스와 카시우스도 모두 자살했다: 역사적 사실에 따르면 브루투스와 카시우스는 기원전 42년 마케도니아의 필리피 근처에서 옥타비아누스, 안트니우스 군대와 두 번에 걸쳐 필리피전투(Battle of Philippi)를 치렀는데, 1차 전투 패전이후 카시우스가 자살했고, 2차 전투 패전이후 브루투스가 자살했다.

나라 성제(成帝) 건시(建始)⁶⁷ 2년(B.C.31)에 옥타비아누스가 왕위에 오르면서,⁶⁸ 로마는 다시 국왕의 시대가 되었다. 이때에 로마는 강역이 동쪽으로는 아시아 **터키 중부와 터키 동부를 말한다.** 에 이르고 서쪽으로는 스페인·영국에 이르며, 북쪽으로는 독일의 여러 지역과 남쪽으로는 아프리카의 북부지역까지 포괄해 이른바 세 대륙 **아시아·유럽·아프리카 을 합병해** 강역이 사방 수만 리에 이르기까지 모두 로마의 판도에 들어왔다. 페르시아에서 사신을 보내 강화를 요청했고, 인도 역시 사신을 보내 우호관계를 청하며, 나라 밖 이민족까지 모두 와서 공물을 바쳤다. 건시 3년(B.C.30)에 옥타비아누스는 아우구스투스 (Augustus)⁶⁹ **오오사다(奧烏士多)라고도 한다.** 로 이름을 바꾸고 군대를 줄이고 전쟁을 하지 않으면서 직접 아테나⁷⁰ 신전의 문을 닫았다. **아테나는 전쟁의 신이다. 전쟁이 일어나면 신전의 문을 열었고 전쟁이 끝나면 신전의 문을 닫는다.** 아우구스투스는 성격이 관대해 공신들을 후대했으며, 평민들을 가까이하고 아껴 로마의 최고 태평시대가 열렸다.

그 뒤로 칼리굴라(Caligula)⁷¹·네로(Nero)⁷²가 차례로 왕위를 계승했는데, 모두 주나라

---

67 건시(建始): 전한 12대 황제 성제 유오(劉驁)의 첫 번째 연호(B.C.32~B.C.28)이다.

68 한나라…오르면서: 옥타비아누스는 악티움 전투에서 승리한 뒤 대외적으로 로마 공화국을 부활시키고 정부에 관한 권한은 로마 원로원에게 주었으나, 사실상 권력을 독점하게 된다. 원로원에서 '아우구스투스' 칭호를 주어 로마 제국의 초대 황제가 된 것은 기원전 28년이다.

69 아우구스투스(Augustus): 원문은 '오고사도(奧古士都)'이다.

70 아테나: 원문은 '잉납(仍納)'이다.

71 칼리굴라(Caligula): 원문은 '가리망라(駕里亡喇)'로, 가이우스 율리우스 카이사르 아우구스투스 게르마니쿠스(Gaius Julius Caesar Augustus Germanicus)이다. 칼리굴라(재위 37~41)는 로마제국의 제3대 황제이다. 칼리굴라는 아버지 게르마니쿠스(Germanicus)의 휘하에 있던 게르마니아 군단 병사들이 그를 귀여워해 붙여준 별명으로, '꼬마 장화'라는 뜻이다.

72 네로(Nero): 원문은 '니라(尼囉)'로, 니록(尼祿)이라고도 한다. 로마제국의 제5대 황제 네로 클라우디우스 카이사르 아우구스투스 게르마니쿠스(Nero Claudius Caesar Augustus Germanicus, 재위 54~68)를 가리킨다. 3세기 위기에 빠진 로마 제국의 혼란을 수습하고 황제 중심의 통치체제를 회복시킨 인물이다.

의 유왕과 여왕(厲王)[73]에 비할 만큼 황음무도했다. 대장 베스파시아누스(Vespasianus)[74]는 평소 백성들의 칭송이 자자해 사람들은 그를 국왕에 추대했다. 당시에 유대국에서 반란이 일어나자 아들 티투스(Titus)[75]를 보내 정벌가게 해 유대의 도성을 격파하고 유대인을 모두 죽였다. 얼마 뒤에 제위를 이은 티투스는 백성들에게 은혜를 베풀어 현명한 군주로 이름났다. 제위에 오른 지 얼마 안 되어 그가 죽자 동생이 제위를 이었으나, 형벌을 가혹하게 집행하고 폭정을 일삼아 사람들이 그 잔혹함을 견디지 못해 시해했다. 동한 화제(和帝)[76] 9년(97)에 트라이아누스(Traianus)[77] 왕이 제위에 올랐다. 당시에 흉노가 북쪽 변방으로 쳐들어오자 장군을 보내 그들을 물리쳤다. 트라이아누스는 천성적으로 관대하고 자애로워 옥사와 송사를 조심히 다루어 어질다는 명성을 얻었다. 만년에 토목공사를 좋아하고 남색을 가까이 해 논자들은 그의 좋지 못한 죽음을 안타까워했다. 뒤이은 왕은 무력을 좋아해 누차 흉노를 정벌해 승리를 거두었다. 순제(順帝) 12년(134)에 안토니누스(Antoninus)[78]가 제위를 이었는데, 박식하고 옛것을 좋아하며, 정치에 밝아 법률을 고치고 기강을 떨쳐 나라를 중흥시켰다. 당시에 흉노가 물과 풀을 좇아 자주 변경을 침범하자 왕은 직접 대군을 이끌고 강을 건너 깊이 들어가 몇 년 동안 전쟁을 치렀다. 북해까지 추격해 들어가 그 진영을 소탕했는데, 시신이 1백만 구나 되었다. 이로부터 봉화가 사라지고

---

73   여왕(厲王): 서주 제10대 왕 희호(姬胡)(재위 ?~B.C.828)이다. 천성이 탐욕스럽고 잔인해 결국 백성들에 의해 쫓겨났다.

74   베스파시아누스(Vespasianus): 원문은 '비사파산(菲士巴山)'이다. 베스파시아누스(재위 69~79)는 로마 제국의 제9대 황제로, 콜로키움을 건설했다.

75   티투스(Titus): 원문은 '제도(第度)'이다. 티투스(재위 79~81)는 로마 제국의 제11대 황제이다.

76   화제(和帝): 후한의 제4대 황제로, 목종 효화황제(孝和皇帝) 유조(劉肇)이다.

77   트라이아누스(Traianus): 원문은 '대랄양(大剌壤)'으로, 마르쿠스 울피우스 트라야누스(Marcus Ulpius Nerva Traianus)이다. 트라이아누스(재위 98~117)는 로마 제국의 13대 황제이다.

78   안토니누스(Antoninus): 원문은 '안돈(安敦)'으로, 안토니누스 피우스(Antoninus Pius)이다. 안토니누스(재위 138~161)는 로마 제국의 제15대 황제이다.

수십 년 동안 반란이 일어나지 않았다. 동한 말년에 어리석은 군주가 재위에 올라 골육상잔이 일어나면서 나라가 크게 어지러워졌다. 촉한(蜀漢) 후제(後帝)[79] 연간에 왕으로 자처하는 자 30명이 날마다 서로 죽이고 공격했다. 아우렐리우스(Aurelius)[80]란 자가 참칭하고 반란을 일으킨 이들을 평정하고 옛 문물을 회복시켜 로마는 다시 안정을 되찾았다. 후에 동방에서 변란이 자주 일어나 늘 대군을 주둔시켜 대비했다. 진(晉)나라 회제(懷帝) 영가(永嘉) 원년(307)에 콘스탄티누스 대제 **공담정(公膽廷)이라고도 한다.** 가 제위에 올랐는데, 그는 성품이 겸손하고 온화하며, 원대한 지략을 가지고 있다. 그는 다르다넬스 해협의 북쪽 해안에 큰 도시를 건설해 동방을 다스렸는데, 바로 콘스탄티노플 **강사탄태낙격이(康思坦胎諾格爾), 관사단적낙백랍(官士丹的諾伯拉), 공갈이(控噶爾)라고도 한다.** 로 로마의 동도이다. 콘스탄티누스 대제 사후 세 아들이 왕위를 다투면서 나라가 다시 어지러워졌다. 제위를 이은 왕[율리아누스(Iulianus)]이 불교를 좋아하고 예수교를 싫어했는데, 페르시아 정벌에 나섰다가 날아오는 화살에 맞아 죽었다. 요비아누스(Jovianus)[81]가 왕위를 계승했는데, 온화하고 공손하며 예의를 좋아해 사방의 나라와 수교를 맺어 태평성대로 불렸다. 이에 앞서 동북쪽 있던 고트족[峨特族] **액도(厄都), 가도(哥度)라고도 한다.** 이 흉노에게 침략을 받자 로마에 항복해왔다. 로마는 그들을 나라의 북쪽 강역에 살게 하면서 방자하게 굴었다. 그들은 인구가 늘어나고 시간이 지나면서 날로 강성해졌다. 로마는 동도

---

79 촉한(蜀漢) 후제(後帝): 삼국 시대 때 유비(劉備)가 지금의 사천성 지역에 세운 나라로, 정식 국호는 한이나 역사상 구분을 위해 촉한(221~263)이라 부른다. 후제는 유선(劉禪)(재위 223~263)을 말한다.

80 아우렐리우스(Aurelius): 원문은 '오리도(奧哩都)'로, 가이우스 아우렐리우스 발레리우스 디오클레티아누스(Gaius Aurelius Valerius Diocletianus)이다. 아우렐리우스(재위 284~305)는 디오클레티아누스로 많이 알려져 있다.

81 요비아누스(Jovianus): 원문은 '약비안(約菲安)'으로, 플라비우스 클라우디우스 요비아누스(Flavius Claudius Jovianus)이다. 요비아누스(재위 363~364)는 율리아누스 황제가 사산조 페르시아와의 전쟁에서 전사하자 그의 부하들에 의해 로마 황제로 선출되었다.

를 세우고 난 뒤 정예병을 모두 동쪽 변경지대에 배치해 방비하느라, 서도의 수비가 아주 약했다. 고트족이 갑자기 군사를 이끌고 로마를 침범하자, 로마 왕이 이들을 막다가 진영에서 죽었는데, 그 바람에 나라가 크게 흔들려 그들과 화친을 맺었다. 뒤이어 제위에 오른 테오도시우스(Theodosius) 대제[82]는 사람됨이 아주 깨끗하고 스스로를 잘 관리해 현명한 군주로 알려졌다.

동진(東晉) 효무제(孝武帝) 22년(394)에 나라가 두 개로 분리되어 로마를 서도로 삼고, 콘스탄티노플을 동도로 삼아 두 명의 왕이 나누어 다스렸다. 그 뒤 서도는 누차 고트족의 침략을 받으면서 날로 쇠약해져갔다. 제위에 오른 호노리우스(Honorius)[83]는 탐욕스럽고 지나치게 형벌에 집중했다. 고트족이 누차 공격해와 살인과 약탈을 자행하는 바람에 도시가 어지럽고 불안했다. 유송 창오왕(蒼梧王)[84] 원휘(元徽)[85] 3년(475)에 고트족이 서도인 로마를 포위하자 왕이 나와 항복했다. 고트족이 왕을 군대 안에 가두자 왕은 걱정하고 두려움에 떨다가 죽었으며, 로마의 백성들은 몰래 장례를 치렀다. 이로부터 서도는 결국 고트족이 차지하게 되었으며, 동도는 그대로 로마제국으로 불리었다. 양(梁)나라 무제(武帝) 25년(527)에 유스티니아누스(Iustinianus)[86] 대제가 뒤를 이었는데, 정치에 정통해 군신

---

82   테오도시우스(Theodosius) 대제: 원문은 '제아다서(第阿多西)'이다. 테오도시우스(재위 347~395) 대제는 그라티아누스 황제로부터 동로마 제국을 다스릴 것을 임명받은 이후 서로마 제국의 황제 발렌티니아누스 2세 사망 이후 동로마와 서로마 모두를 통치한 마지막 황제이다. 그 뒤로 동로마와 서로마는 완전히 분리되었다.

83   호노리우스(Honorius): 원문은 '화나류(和挪流)'로, 서로마 제국의 초대 황제이다. 호노리우스(재위 395~423)는 테오도시우스 1세의 둘째 아들이자 동로마 제국의 황제인 아르카디우스의 동생이다.

84   창오왕(蒼梧王): 남조 유송(劉宋)의 제8대 황제 유욱(劉昱)이다. 유욱(재위 472~477)은 폐위당해 시호가 없는 대신 후폐제(後廢帝)로 불렸으며, 창오왕으로 강등당해 이렇게 불리었다.

85   원휘(元徽): 유송 제8대 황제 유욱의 연호(473~476)이다.

86   유스티니아누스(Iustinianus): 원문은 '여지니안(如地尼安)'으로, 바로 플라비우스 페트루스 사바티우스 유스티니아누스(Flavius Petrus Sabbatius Iustinianus)이다. 유스티니아누스(재위 527~565)

들에게 전대의 가혹한 관례를 정리하고 손보게 해서 관대하고 간소화시켜 군신과 백성들이 모두 편하다고 했다. 당시에 백성 중에 한 명이 배를 타고 중국에 갔다가 뽕나무 씨앗을 가지고 돌아와 시험 삼아 심어보았는데, 토양과 아주 잘 맞아 이로부터 비단으로 인한 이익을 보기 시작했다. **서양에서 잠상(蠶桑)을 통한 이익을 본 지 이미 천몇백 년이 넘었지만 중국인들은 그 사실을 알지 못한 채 모두 광동에서 구매해 간다고 생각했다.** 당나라 초에 이슬람의 무함마드(Muhammad)[87]가 아리비아에서 일어나 새로 페르시아를 합병하면서 세력이 더욱 신장되자 로마를 억지로 이슬람교로 끌어들이려 했다. 로마가 이를 따르지 않으면서 아라비아의 화를 불러 일으켜 로마는 여러 차례 침략을 당했다. 이때 러시아가 북쪽에서 일어나 군대를 이끌고 로마를 침략하자, 로마는 그들과 강화하고 딸을 시집보냈는데, 이로부터 러시아는 천주교를 숭상하게 되었다. 그 뒤로 아라비아가 로마의 동쪽 경내를 공격해서 시리아·유대·소아시아의 여러 지역을 모두 함락시키자 해협의 동쪽 땅은 모두 적지로 변했으며, **고대 그리스 일부 터키의 서쪽 땅을 말한다.** 만 남으면서 국력이 더욱 약해졌다. 원나라 말에 터키가 소아시아에서 일어나 해협의 동쪽 지역을 합병하고, 여러 차례 해협 **다르다넬스 해협으로, 『터키도설』에서 이미 상세히 밝혔다.** 을 건너 로마를 공격해 로마 인근의 도시들을 거의 모두 할양받았다. 명나라 경태 3년(1452)에 콘스탄티노플을 공격해 함락하니 로마는 결국 망했다.

　『후한서』에 따르면 대진국은 일명 이건(犂鞬)이라고도 한다. 바다 **여기서 바다는 지중해를 가리킨다.** 의 서쪽에 위치해 있어 해서국(海西國)이라고도 한다. 성읍은 사방 1백여 리에 달하며, 36명의 장군이 모두 모여 국사를 논의한다. 왕은 정해진 사람이 없어 모

는 로마 제국의 영토를 넓히고 여러 가지 제도를 개혁했으며, 특히 교회에 대한 열정과 헌신으로 동방정교회로부터 성인의 칭호와 더불어 '대제'라는 칭호를 부여받았다.

87　무함마드(Muhammad): 원문은 '마합묵(摩哈黙)'으로, 마합묵(馬哈墨), 마합밀(麻哈密), 마합맥(摩哈麥), 마합마(馬哈麻), 모한맥덕(謨罕驀德)이라고도 한다.

두 모여서 현인을 뽑아 세운다. 사람들이 모두 장대하고 반듯한 것이 중국인과 유사한 면이 있어 '대진(大秦)'이라 부르게 되었다. 안식국 페르시아이다.·천축국 인도이다. 과 함께 해상에서 무역한다. 그 왕은 늘 한나라에 통상 사절을 보내고 싶어 했지만, 안식국에게 막혀 직접 올 수 없었다. 환제(桓帝) 연희(延熹) 9년(166)에 대진국의 왕 안토니누스가 사신을 보내 녓남(Nhật Nam)[88]의 변경 밖에서 상아·무소뿔·대모(玳瑁)를 진상함으로써 비로소 처음 소통했다고 한다. 서양인들의 기록을 살펴보면, 수도 로마가 가장 크다고 하는데, 사방 1백여 리에 달한다는 『한서』의 기록과 부합한다. 또한 로마는 7대 군주인 타르퀴니우스 수페르부스[89]이후로 국왕을 세우지 않고 현자를 뽑아 높은 자리 즉 집정관에 앉히고 공회를 열어 일을 처리했는데, 왕은 정해진 사람이 없어 모두 모여 현인을 뽑아서 세운다는 『한서』의 기록과 부합한다. 한나라 성제 2년에 옥타비아누스가 왕위를 차지한 뒤 대대손손 전해지고 있다. 『한서』에서 언급하고 있는 내용은 모두 지난 일에 해당한다. 또한 한나라 순제 12년(134)에 안토니누스 왕이 왕위를 계승해 나라를 중흥시켰는데, 이는 환제 연희 9년(166)에 대진국의 왕 안토니누스가 사신을 보내 조공했다는 『한서』의 기록과 연대와 이름이 모두 부합하니, 이탈리아가 대진국임은 의심의 여지가 없다. 이탈리아는 양한(兩漢) 때의 유럽의 한 나라로, 이 나라에 예속된 나라만 해도 17~18개국이었다. 그래서 대진국 이외에 바다 서쪽에 위치한 다른 나라의 이름이 범엽(范曄)의 『후한서』에서는 따로 보이지 않는다. 다만 안토니누스가 조공할 때 녓남의 변경 밖을 거쳐서 배를 타고 동쪽으로 온 것은 생각해보면 알 수 있다. 그런즉 유럽 각국이 명나라 이전에 중국

---

88 녓남(Nhật Nam): 원문은 '일남(日南)'이다.

89 타르퀴니우스 수페르부스: 원문은 '노마(努馬)'이다. 누마는 로마 제정시대의 제2대왕인 누마 폼필리우스(Numa Pompilius)를 가리키나, 역사적 사실에 따르면 로마 공화정은 7대왕인 타르퀴니우스 수페르부스 이후에 성립되기 때문에 타르퀴니우스 수페르부스로 고쳐 번역한다.

과 소통하지 않았다고 말하고 있는데, 아마도 그렇지 않은 것 같다. 다만 상선이 광동으로 모여든 것은 전대 명나라 때부터 시작되었을 따름이다. 당송 이래로 모두 불림(拂菻)을 대진국으로 보았는데, 불림이 대진국의 동쪽 변경지역에 있는 속지인 것을 모르고 그런 것으로, 이는 코칸트를 안디잔으로 부르는 것과 같은 것이다. 그러나 송나라 이후 불림이 이슬람의 차지가 되면서 불림은 결코 대진국의 지배를 받지 않았지만 중국으로서는 그 자초지종을 알 수 없기 때문에 그대로 두고 고치지 않았을 따름이다.

서양인들이 판각한 예수에 관련된 서적은 상당히 많은데 대체로 다음과 같이 기술되어 있다. 상고시대에 성인 모세가 시나이산 **아라비아 서북쪽 경내에 위치해 있다.** 에서 하느님의 계시를 받아 십계로서 사람들을 가르쳤는데, 그 선조는 성인 아브라함으로, 14대 뒤에 다윗이 태어났다. 두 사람은 모두 서방의 이름난 성인으로, 사람들을 교화시킬 수 있었다. 다윗에서 14대 뒤에 바빌론으로 끌려갔고, 바빌론 시대에서 또 14대를 지나서 예수 그리스도가 태어났다. **그리스도는 중국에서 말하는 성령과 같다.** 예수의 아버지는 요셉이고, 어머니는 마리아이다. 마리아는 성령으로 인해 잉태를 해서 한나라 애제(哀帝) 5년에 유대국의 베들레헴(Bethlehem)[90]에서 예수를 낳았다. 동방에서 온 한 이인(異人)이 말하기를 유대국에 별이 떨어졌는데 왕이 나올 조짐이라고 했다. 헤롯 대왕(Herodes Magnus)[91]은 몰래 사람을 보내 그를 찾아내 죽이게 했다. 요셉은 신인이 천사를 보내 고난을 피하라고 알려주신 꿈을 꾸고 나서 아이를 안고 이집트로 달아났다가 헤롯 대왕이 죽고 난 뒤에 이스라엘로 돌아왔다. 다시 갈릴래아(Galilee)[92]의 나사렛(Nazareth)[93]으로 옮겨 갔다. 예수는 성인이 된 뒤에 아주 신비로웠다. 당시에 예수보다 먼저 득도한 요한이

---

90   베들레헴(Bethlehem): 원문은 '백리항읍(伯利恒邑)'이다.

91   헤롯 대왕(Herodes Magnus): 원문은 '희라득(希羅得)'으로, 로마제국이 유대에 분봉한 왕이다.

92   갈릴래아(Galilee): 원문은 '가리리(加利利)'이다.

93   나사렛(Nazareth): 원문은 '나살륵(拿撒勒)'이다.

란 사람이 있어 예수는 그에게 가서 세례를 받았다. 세는 몸을 씻는 것으로, 세례를 받았

다는 것은 하느님의 수업을 받는다는 의미이다. 요한은 예수가 성인임을 알아보고 자신

이 앞자리에 있을 수 없어 사람들에게 예수를 모실 것을 두루 알렸다. 이로부터 예수는

살인하지 말라, 간음하지 말라, 도둑질하지 말라, 거짓 증언을 하지 말라며 하느님의 가

르침을 전했다. 하늘을 아버지로 삼는다는 것은 하늘의 아들로서 인간 세상에 내려와 사

람들을 구제한다는 뜻이다. 사람의 아들로 태어난다는 것은 성령을 중히 여기고, 육신을

가벼이 여긴다는 뜻이다. 육신은 때가 되면 썩어 없어지지만, 성령은 겁을 지나도 없어지

지 않는다. 예수의 가르침을 닦는 사람은 영혼이 천국에 올라가 영원히 함께 한다. 예수

의 가르침을 받은 열두제자 가운데 가장 뛰어난 자는 시몬 베드로(Simeon Petrus),[94] 야고

보(James),[95] 마태(Matthew)[96]이다. 예수는 뛰어난 의술로 사람을 치료할 수 있어, 이질, 학

질, 문둥병, 악령 들린 사람을 손으로 어루만지자 바로 병이 나았다. 가는 곳마다 남녀 수

천 명이 그를 따라다니며 예수가 유대의 왕이 될 것이라 전했다. 대제사장 **예배를 주재하**

는 사람이다. 가야파(Caiaphas)[97]는 사람들과 함께 모의해서 예수를 잡아 죽이고자 했다.

예수는 여기서 벗어날 수 없다는 것을 미리 알아차리고 제자들에게 후사를 부탁했다. 제

자 유다(Judah)[98]는 뇌물을 받고 스승 예수를 팔아 넘겨 몰래 사람들을 데리고 가서 그를

잡아 총독 필라투스(Pilatus)[99]에게 보냈다. 필라투스는 그의 무고함을 살펴 석방하려고 했

94　시몬 베드로(Simeon Petrus): 원문은 '서문피득라(西門彼得羅)'이다. '서문(西門)'은 베드로의 본
　　명으로, 히브리어 '시므온', 그리스어 '시몬'을 가리킨다.

95　야고보(James): 원문은 '야가백(耶哥伯)'이다.

96　마태(Matthew): 원문은 '마태(馬太)'이다.

97　가야파(Caiaphas): 원문은 '해아법(該亞法)'이다. 유대인의 대제사장으로, 예수를 죽이기 위한
　　모의를 구성한 사람 중의 한 명으로 알려져 있다.

98　유다(Judah): 원문은 '유대사(猶大士)'이다.

99　필라투스(Pilatus): 원문은 '피랍다(彼拉多)'로, 예수에게 십자가형을 언도한 사람이다.

다. 사람들이 분노해 필라투스가 반란자를 놓아주려 한다고 떠들어대면서 한사코 예수를 십자가에 못 박아야 한다고 청했다. 필라투스는 부득이하게 그 의견에 따랐고, 예수는 못 박혀 죽었다. 장사지낸 다음날 예수의 시신이 없어졌다. 그 뒤로 제자들이 수시로 예수가 모습을 드러냈다고 했다. 예수가 죽은 뒤 베드로와 여러 제자들은 각국을 왕래하면서 예수의 가르침을 널리 전했다. 스테파노(Saint Stephen)[100]는 예수의 가르침을 듣고 독실하게 믿으면서 스스로 전도사로 자임하다가 유대 사람들에게 돌을 맞고 죽었다. 바울은 처음에는 예수의 제자들과 원수가 되어 그들을 극력 공격했으나, 후에 회개하고 예수를 믿으며 가장 용맹하게 전도하고 저서 역시 가장 많이 남겼다고 한다.

내가 일찍이 그 책을 들춰보았더니 문장의 뜻이 왜곡되고 속되었는데, 아마도 서방에서 중국어를 배운 사람이 번역한 것 같다. 그 가운데 불교에서 말하는 다른 사람을 깨우치는 법어 같은 것이 있는데, 이 경우 문장의 뜻이 더욱 거칠고 천박하다. 이른바 세례나 칠일안식예배 같은 것은 모세이래로 있었던 것으로, 예수에게서 비롯된 것이 아니다. 예수의 가르침을 받드는 사람은 다른 신에게는 제사지내지 않고 조상도 받들지 않으며, 예수를 구세주로 삼고 신명을 의지하면 복을 얻을 수 있다고 한다. 화를 입어도 영혼이 천국에 올라가니 인간 세상에서 사는 것보다 낫다고 한다. 그 대체적인 뜻을 헤아려보면 역시 불교의 한 지류이자 다른 유파이다. 유럽은 멀리 떨어져 있어 주공의 가르침이 미치지 못했다. 예수가 그 사이에 태어나 살인과 간음을 경계하고, 자신의 목숨을 돌보지 않고 세상을 구해 서방에서 그를 받들고 믿게 되었으니, 근본적으로 소위 잘못된 것은 없다. 기필코 예수의 가르침을 중국에 전파하고자 했는데, 이 역시 쓸데없는 일이다.

살펴보건대 예수는 유대국에서 태어났으나 그 가르침은 로마에서부터 성행했다. 교황이 권력을 휘두른 이후로 각국의 왕과 귀족들은 교황의 지시를 따랐다. 교황의 지시를

100　스테파노(Saint Stephen): 원문은 '사제반(士提反)'이다.

따르지 않을 경우 번번이 나라는 침략을 당했고, 군주는 시해되었기에 수백 년 동안 감히 어기지 않았다. 그 가르침은 천주교라 불리었는데, 천주는 예수를 하늘의 주재자로 삼았다. 명나라 초에 독일인 루터가 일어나서 그 가르침을 공격하며 천주교는 예수의 책을 풀이한 것으로 모두 잘못되었으며, 형벌로서 억지로 믿음을 가지게 하는 것은 모두 이단으로, 이것은 예수의 본뜻이 아니라고 말했다. 그래서 예수의 책을 가져다가 다시 번역하고 풀이해 따로 교칙을 세우고 예수를 구세주라 칭하며 그 가르침을 예수교라 명명했다. 천주교를 신봉하던 나라들 대부분이 불현듯이 예수교를 따랐다. 교황은 대노하며 왕들에게 예수교도를 체포해 죽이라고 명을 내렸다. 그러나 예수교가 이미 성행해 막을 수가 없었다. 이때부터 군주와 백성들은 종교가 나뉘어져서 서로 죽이고, 나라와 나라도 종교가 나뉘어져서 서로 공격하며, 수백 년 동안 서양 사람들은 저자거리에서 사람을 죽여 들판을 기름지게 한 것이 몇 백만 명인지 알 수 없는데, 이 모든 것이 종교분쟁으로 일어난 것이다. 오늘날 유럽에서 천주교를 믿는 나라는 이탈리아, 프랑스, 벨기에, 스페인, 포르투갈이고, 예수교를 믿는 나라는 영국, 네덜란드, 덴마크, 스웨덴, 프로이센, 미국이다. 이 이외에도 두 종교가 함께 섞여 있는 나라는 오스트리아, 독일연방이다. 천주의 교칙은 십자가를 세우고 예수가 못에 박혀 고난 당하는 형상을 본뜬 동상을 세운다. 옆에는 예수의 어머니 마리아를 본뜬 여인상을 둔다. 예수교는 십자가를 세우지 않고, 동상도 없으나, 그 나머지 7일째 예배를 보면서 쉬는 것은 모두 똑같이 따른다. 또한 그리스정교가 있는데 역시 천주교의 다른 유파로, 그리스와 러시아에서 받들며, 두 종교의 교칙과도 다르다. 근래에 들어 서양인들은 천주교를 공교(公敎)라고 부르고 루터 등의 가르침을 프로테스탄트[修敎]라고 부른다. 내가 생각건대 예수가 종교를 만든 것은 세상을 구하기 위해서이다. 각국이 종교가 나눠지면서 끝없이 서로 학살하고 있는데, 예수는 지각이 있으니, 이와 같은 상황을 두고 무어라 말할까?

⟦ 歐羅巴意大里亞列國 ⟧

意大里亞 以他里‧以他利‧伊達利‧羅問‧羅汶‧那嗎. 歐羅巴古一統之國, 『漢書』所謂大秦國也. 東北界奧地利亞, 北界瑞士, 西北界佛郎西. 其餘全土, 斜伸於地中海, 似人股之著屐者. 中有大山, 綿亘如脊. 其地天時和正, 土脈膏腴, 穀麥昌茂, 花木馨芳, 幽谷名園相屬, 西土羨爲福地. 自周以前, 爲土番散部. 周幽王時, 羅馬崛起, 國勢漸強. 其後武備日精, 疆土四闢. 至西漢時, 北拓日耳曼諸部, 至波羅的海, 南服阿非利加北境各國. 西闢佛郎西‧西班牙‧葡萄牙至大西洋海, 又跨海建英吉利三島. 東并希臘諸部, 括買諾‧西里亞, 縱橫十萬里, 跨歐羅巴‧亞細亞‧阿非利加三土. 邊外弱小諸部, 皆修貢職爲臣妾, 居然大一統之勢. 建都城於羅馬, 諸國仰之如周京. 『西域聞見錄』所稱控噶爾都城務魯木, 即羅馬之轉音. 東晉時, 又建東都於黑海之峽, 稱爲君士但丁. 一作公膽廷, 又作康思坦胎諾格爾, 『西域聞見錄』稱爲控噶爾. 其後傳世既久, 嗣王多淫辟敗度, 内亂迭生, 廢立屢見. 西北諸部, 皆擁土自王, 不復爲臣. 東晉孝武帝二十二年, 國分爲二, 以羅馬爲西王, 君士但丁爲東王, 東王至明景泰間, 始爲土耳其所滅. 西王居意大里故地, 劉宋時爲北狄峨特族所滅. 峨特族立國三百餘年, 佛郎西取之, 以羅馬都城奉敎王. 後復分裂. 有伯棱日爾者, 嘗并兼諸部爲旋以苛暴爲國人所廢. 奧地利亞征服之, 割北境之米蘭‧威内薩兩部. 自是之後, 諸部時合時分, 日尋干戈, 雲擾尤甚.

嘉慶十年, 佛郎西王拿破侖略定其地, 爲佛藩部. 拿破侖敗, 諸國公使會議於維也納, 分其地爲九. 大國四, 曰羅馬, 曰多斯加納, 曰薩爾的尼亞, 曰那不勒斯, 小國五, 曰巴爾馬, 曰摩德, 曰盧加, 曰摩納哥, 曰勝馬里虜, 猶總稱意大里亞. 其地物産豐饒, 兼有蠶桑之利, 每歲所産絲價値三千餘萬. 葡萄酒·橄欖油·橙·柑·檬·栗諸果, 亦皆繁碩. 其民身體纖弱, 外寬柔而內陰賊, 往往昏夜刺殺仇人. 好談論游戲, 喜謳歌, 有稷下之風. 各國皆崇天主教, 而羅馬爲最盛.

羅馬, 一稱敎宗國, 古羅馬舊都也. 當全盛時, 文物聲名, 爲西洋第一大都會. 至劉宋時, 爲北狄峩特族所據, 故王宮闕, 大半殘毀, 書冊舊典, 亦掃蕩無遺. 由是民變夷俗, 非其舊矣. 天主教自東漢時傳播西土, 羅馬人崇信尤篤. 故國旣爲狄所據, 天主教之徒, 乘機招誘, 黨羽日繁, 大權歸其掌握. 佛郎西旣滅峩特族, 遂以其地歸天主教師, 號曰教王. 教王歿, 則大會各教主會議, 推老成者一人嗣位, 略如前後藏喇嘛坐床之俗. 其教傳布各國, 有不遵者, 輒挑釁構兵夷滅之, 或教其民叛主. 佛郎西之創霸也, 教王爲之加冕. 英吉利北族之起兵也, 請於教王, 教王封以英土, 其權如此. 至前明時, 日耳曼人路得別立耶穌教, 稱爲正教, 斥天主教爲異端邪説. 於是諸國半歸耶穌教, 而教王之權頓衰. 所據之羅馬都城, 古迹最多. 天主教堂極崇宏, 光彩射目. 入教之徒如蟻, 各食教王俸糈. 別國之祭司, 禮拜主事者. 遠方之信士, 焚香禮拜者, 踵相接也. 天主之外所崇奉者, 耶穌之母馬氏, 稱爲天后, 籲禱尤虔. 其民惰於農事, 野多曠土. 山內多藏兇盜, 捕急則逃入天主堂, 無復過問者.

多爾加納, 一作突加拿. 在羅馬之西, 東北界羅馬, 西南臨海. 土地膏腴, 物産豐厚. 都城曰佛羅棱薩, 街衢整潔, 萬廈鱗飛. 所屬有古城, 曰北撒, 昔稱繁會, 今已凋敝. 海口有城曰里窩那, 市舶所萃, 貿易甚繁.

薩爾的尼亞, 一作沙力尼阿, 又作撒地尼, 又作撒丁. 本意大里大島, 其國由此島而割意大里西北境, 遂以島名爲國名. 地在多爾加納之西北, 與瑞士·佛郎西接壤. 國分四部, 曰辟門, 曰熱那亞, 曰撒歪, 撒丁島. 都城在撒歪, 曰都靈. 一作土林. 殿堂宏麗, 西人艶之. 辟門多山, 田不足耕, 其民多走別國謀生. 熱那亞在

315

海隅, 昔爲地中海公市, 萬艘鱗集, 稱大都會. 意大里戰船皆屯泊於此, 今衰廢已久, 僅存各官之衙署而已. 撒丁島, 地甚廣莫, 而林莽居半. 居民披羊皮, 挾利刃, 游牧林薄中, 性悍獷, 難於鈐束.

那不勒斯, 一作拿破利, 又作拿破里, 又作捏不爾士. 在羅馬之南, 東西南三面皆海, 正地形似鞾屐之處, 意大里之南境也. 西南有大島, 曰西治里, 或作什士力, 又作西基利, 又作西西里亞. 與那不勒斯合爲一國. 都城同國名, 屋宇高大, 殿廟整肅. 郭外萬峰環繞, 高插雲表, 內多幽壑古洞. 別有火峰, 峰嶺常出烟雲, 有時火石飛空, 墜數十里外, 或飛灰如霜霰, 積數尺, 壓田畝廬舍. 又火漿迸流如水, 所至草木皆燼. 近山有二古城, 灰埋已千餘年. 忽土人掘出, 垣堞依然, 傳爲異事. 地震甚烈, 居民頻年被災. 惟土田肥沃, 物產豐饒. 故戶口繁密, 無肯避而去者. 西治里島, 縱橫皆四五百里, 土尤肥沃, 多五穀良釀. 島中亦有火峰, 鄉邑屢遭焚毀. 吏多苛政, 教主擅權, 故夙稱沃土而民恒貧乏. 其會城曰巴勒摩, 埔頭曰墨西拿.

巴爾馬, 一作巴馬. 在薩爾的尼亞之東, 摩德拿之西, 北抵波河, 縱橫皆二百里, 戶口四十餘萬. 昔爲奧地利王女封地, 佛郎西王拿破侖之后也. 拿破侖既敗, 其后別醮, 仍據此地.

摩德拿, 東連羅馬, 西連巴爾馬, 長三百里, 廣一百四十里, 戶口三十八萬.

盧加, 東連多爾加納, 西至地中海, 長九十里, 廣五十里, 戶口十四萬餘.

摩納哥, 在薩爾的尼亞境內, 長三十五里, 廣二十里, 戶口六千五百.

勝馬里虜, 在羅馬境內, 袤延約五十里, 戶口四千餘, 自推酋長理事, 不屬教王.

意大里西南, 有馬里他島, 地多磐石, 居民積土爲田以耕, 其俗儉嗇勤苦. 戶口極繁. 昔耶穌之徒保羅浮海擱淺, 泅登此島, 爲人療病, 著神異之迹, 故此島名傳西土. 當回部方強, 以兵力脅此島. 島酋率驍卒拒之, 回部竟不能取. 嘉慶年間, 佛郎西誘降其酋, 旋爲英吉利所奪, 守以重兵, 爲地中海停泊戰艦之處.

按: 西國自剖判以來, 惟意大里爲一統之朝. 肇造邦土, 在成周中葉, 混壹在西漢之中, 分裂在東晉之末, 宗社之墟, 在明景泰間. 祚數之長, 泰西無其比也. 據泰西人所紀載, 其創業之主曰羅慕路, 一作羅母洛. 於周幽王年間, 始建城於羅馬. 別五土之宜, 敎民以耕稼, 造戟弩以智戰. 子努馬, 一作又馬. 嗣位, 初設律例, 愛育黎元, 分等威, 別貴賤, 境內大治. 傳七世至達爾癸虐蘇比爾伯, 淫虐無人理. 民廢王, 選賢者二人居高爵, 立公會以治事. 高爵每年一易, 由是國無王而勢日強盛, 意大里諸部, 皆歸版圖. 阿非利加北境, 有大國曰加爾達額, 一作迦大其. 舊名非尼西亞, 立國最早, 由希臘遷於地中海之南岸. 其國善於商賈, 擅地中海之利權, 又兼并西班牙, 富強無與埒. 羅馬初興時, 加爾達額屢侵軼之, 又奪其屬島西治里. 後羅馬漸強, 始稱勍敵, 構兵數百年, 迭爲勝負. 西漢初, 加爾達額命其大將漢尼巴, 合西班牙之兵, 大擧伐羅馬, 連戰皆剋, 陷南境諸城. 羅馬大將發比約馬西摩, 堅壁以老其師, 而遣別將馬爾塞羅伏奇兵, 邀其歸路, 又遣西比揚潛師渡海, 襲都其城. 漢尼巴聞警還救, 遇伏大潰. 比渡海將至, 西比揚回兵, 邀擊於海中, 全軍盡覆. 漢尼巴乘漁舟, 奔西里亞求援. 時漢高祖六年也.

是時希臘分數部, 馬基頓最強. 諸部爲所凌侮, 求庇於羅馬. 羅馬以兵護諸部, 因脅降爲屬國. 諸部悔之, 密約西里亞爲援. 西里亞者, 一作叙里亞. 亞細亞大部, 在猶太之北, 舊本巴庇倫地. 波斯滅巴庇倫, 地歸波斯. 後馬基頓王亞勒散得伐波斯, 盡取其地. 亞勒散得卒於軍, 諸將裂其土自王, 分爲數國. 後并入西里亞爲一國, 勢頗強大, 故希臘諸部, 欲倚之以拒羅馬. 而漢尼巴又盛稱羅馬師疲易敗. 漢惠帝五年, 西里亞王安的約帥兵赴希臘, 羅馬迎擊之. 西里亞兵大敗奔回, 羅馬軍乘勝逐北, 圍其都城. 安的約, 納土降, 漢尼巴自殺. 因移兵征馬基頓, 馬基頓亦降, 希臘諸部皆獻土. 漢景帝十年, 羅馬以大兵伐加爾達額, 圍其都城. 城將陷, 加爾達額闔城自焚. 羅馬毀其城, 因略定其屬部. 復征服西班牙, 置爲別部. **時葡萄牙爲西班牙西境, 尚未立國.** 是時地中海南岸, 尚有兩強國, 一曰奔多, 一 入占爾達. 奔多有高哥斯大山爲屏蔽, 其王覓的里達堤強武好戰, 恃天險不肯賓服. 羅馬命大將西拉盧占祿征之, 連兵二十六年, 屢破其軍, 覓的里達堤扼險不肯降. 漢景帝後元年, 羅馬大將奔彪, 以奇兵破奔多殺覓的里達堤. 入占爾達尤險遠, 漢武帝元封五年, 羅馬大將馬黎約征服之. 由是地中海南岸諸部, 盡入版圖, 猶太・麥西亦納款. 北境拓地至日耳曼, 復西闢佛郎西, 渡海征英吉利土番, 建爲大部. 西土數萬里, 無復抗顏行者.

初, 羅馬廢國王, 立公會, 高爵由衆推選. 原議一年一易, 後因兵事不得易, 漸有久於位者. 高爵子孫, 名曰巴的黎西疴. 推擧高爵, 半由巴的黎西疴, 黎庶雖有奇杰, 多阻遏不得進. 而高爵子孫席富貴, 以勢凌人, 黎庶積不能平. 時諸將四征不庭, 各擁強兵. 兵皆百戰, 悍不馴. 至是四方略定, 諸將各凱旋屯幾甸. 適有夷族自東北來侵, 亞細亞諸部多翻城應之. 大將細標 **一作潘沛**. 往剿, 方戰勝收復境土, 而內變作. 先是, 馬黎約之兵, 與西拉之兵, 訴粹交哄. 黎庶之黠者, 乘機倡亂, 殺高爵子孫. 民與紳鬥, 兵與兵訌. 既而兵民紳分黨相攻, 數旬之內, 反者如蝟毛而起, 屠戮凡數萬人. 細標聞變急回兵, 大將愷撒 **一作人略塞薩爾**. 方西征, 亦旋師, 共平內難, 盡戮反者, 前後死者十餘萬人, 國乃定. 是時大權歸兩帥, 細標爲羅馬宿將, 征服麥西・猶太, 重定亞細亞, 建功最早, 貪權位, 漸驕恣. 而愷撒負英略, 學術過人, 平佛郎西・英吉利, 建爲大部, 勳業尤著. 兩人積不相能. 愷撒素得民心, 細標度不能抗, 托故之東部, 起兵攻愷撒. 愷撒率衆禦之, 戰於希臘之法爾薩里亞, 細標兵潰, 單舸奔麥西. 麥西王斬其頭, 獻羅馬. 由是愷撒總大綱, 立法制, 羅馬大治. 時高爵有不盧多・加西約者, 忌愷撒之得大權, 將帝制, 遣客刺殺之. 高爵馬爾各安多尼約因擅權專制, 將自王. 愷撒猶子唯大屋 **一作塞薩爾額達維約**. 起兵攻之, 戰於黑細約河. 馬爾各安多尼約大敗, 攜其孥而逃. 不盧多・加西約皆自到死. 漢成帝建始二年, 唯大屋踐王位, 是爲羅馬復立國王之始. 當是時, 羅馬東境至亞細亞, 即土耳其中 · 東兩土. 西境至西班牙 · 英吉利, 北境括日耳曼諸部, 南境包阿非利加之北境, 地兼三土, 亞細亞 · 歐羅巴 · 阿非利加. 周回數萬里, 盡入版圖. 波斯遣使乞和, 天竺亦遣使通好, 徼外諸夷部皆入貢. 建始三年, 唯大屋更名曰奧古士都, 一作奧烏士多. 銷兵罷戰, 親閉仍納廟門. 仍納, 兵主之神. 兵興, 則啓門, 兵罷, 則閉門. 性寬大, 厚待功臣, 親愛士民, 爲羅馬極隆平之世.

其後駕里亡喇 · 尼囉相繼立, 皆苛暴荒淫, 比於幽厲. 大將菲士巴山, 素得民譽, 衆推戴爲國王. 時猶太叛亂, 命其子第度伐之, 攻破猶太都城, 屠之. 已而第度嗣立, 慈惠愛民, 稱爲賢主. 未幾卒, 其弟嗣立, 煩刑苛斂, 國人不堪其虐, 弒之. 東漢和帝九年, 王大剌壤嗣位. 時匈奴侵北鄙, 命將擊走之. 王性寬惠, 矜庶獄, 有仁聲. 晚歲好土木, 比頑童, 論者惜其不終. 繼立之王好武, 屢伐匈奴勝之. 順帝十二年, 王安敦嗣立, 博物好古, 明於治體, 修律度, 振綱紀, 號爲中興. 時匈奴逐水草屢犯邊, 王親率大兵渡河深入, 不解甲者數年. 窮追至北海, 犂其庭幕, 伏尸百萬. 由是烽燧銷息, 數十年無鳴吠之警. 東漢之末, 昏庸在位, 骨肉相殘, 國大亂. 蜀漢後帝年間, 稱王者三十人, 日相屠攻. 有奧哩都者, 削平僭逆, 光復舊物, 羅馬再康. 後因東方多邊患, 恒屯重兵以備之. 晉懷帝元年, 王君士但丁 或作公膽廷. 嗣位, 性謙柔, 有遠略, 建大城於他大尼里海峽之北岸, 以控制東方, 即名曰君士但丁城, 一作康思膽胎諾格爾, 又作官士丹的諾伯拉, 又稱控噶爾. 是爲羅馬東都. 君士但丁卒, 三子爭立, 國又幾亂. 嗣立之王好佛, 仇耶穌敎, 伐波斯, 中流矢卒. 王約菲安嗣位, 溫恭好禮, 修好四鄰, 稱爲太平. 先是東北有峨特族者, 一作厄都, 又作哥度. 爲匈奴所攻, 降於羅馬. 羅馬處之北境, 恣其游牧, 生聚年久, 日漸強盛. 羅馬既立東都, 悉以勁兵防東邊, 西都守備單弱. 峨特突以兵犯羅馬, 羅馬王禦之, 殞於陣, 國大震, 乃與之和. 王第阿多西嗣位, 潔白自修, 稱爲令辟.

東晉孝武帝二十二年, 分國爲兩, 以羅馬爲西都, 以君士但丁爲東都, 立二王分治之. 其後西都屢爲峨特所侵, 日就衰弱. 王和挪流嗣立, 貪饕喜淫刑. 峨特屢來攻, 肆行殺掠, 城邑蕭然. 宋蒼梧王元徽三年, 峨特圍羅馬都城, 王出降. 峨特囚之軍中, 憂懼死, 羅馬民私葬之.

由是西都逐爲峨特所據, 而東都仍稱羅馬國. 梁武帝二十五年, 東王如地尼安嗣位, 精於吏治, 因舊例煩苛, 令羣臣刪訂之, 歸於寬簡, 臣民稱便. 時國人有航海至中國者, 攜蠶桑之種以歸, 試植之, 與土性宜, 由是繭絲之利興焉. **泰西興蠶桑之利已一千數百年, 而中國之人不知, 以爲皆從粵東販往.** 唐初, 回敎之摩哈默, 興於阿剌伯, 新兼波斯, 勢張甚, 欲強羅馬入回敎. 羅馬不從, 由是爲阿剌伯所怒, 數數被兵. 是時峨羅斯興於北土, 以兵侵羅馬, 羅馬與之和, 以女嫁之, 從此峨羅斯崇天主敎. 已而阿剌伯攻羅馬之東境, 西里亞・猶太・買諾諸部皆陷, 峽東地全成敵境, 僅餘故希臘片土, **即土耳其西土.** 勢益孤弱. 元末, 土耳其起於買諾, 兼并峽東諸部, 數渡峽 **即他大尼里峽, 已詳『土耳其圖說』.** 攻羅馬, 侵割其旁邑殆盡. 明景泰三年, 攻陷君士但丁都城, 羅馬逐亡. 『後漢書』, 大秦國一名犁鞬. 以在海西, **此海指地中海.** 亦云海西國. 所居城邑, 周圍百餘里, 置三十六將, 皆會議國事. 其王無有常人, 皆簡立賢者. 其人民皆長大平正, 有類中國, 故謂之大秦. 與安息 **即波斯.** ・天竺 **即印度.** 交市於海中. 其王常欲通使於漢, 爲安息遮遏, 不得自達. 至桓帝延熹九年, 大秦王安敦遣使自日南徼外, 獻象牙・犀角・瑇瑁, 始乃一通焉云云. 考之泰西人所紀載, 羅馬都城最大, 與『漢書』周圍百餘里之說相合. 又羅馬自努馬七世後, 不立國王, 選賢者居高爵, 立公會以治事, 與『漢書』王無常人, 簡立賢者之說相合. 漢成帝二年, 唯大屋踐王位, 仍世及. 『漢書』所云, 乃其往事. 又漢順帝十二年, 王安敦嗣位, 號爲中興, 與『漢書』延熹九年, 大秦王安敦遣使入貢之說, 年代名氏均相合, 則意大里之爲大秦無可疑矣. 意大里在兩漢時, 歐羅巴一土, 隸幅員者十七八. 故大秦之外, 別無海西部落之名, 見於范書. 惟安敦之入貢, 由日南徼外, 其爲航海東來, 可想而知. 然則謂歐羅巴諸國, 明以前未通中國者, 殆不其然. 惟市舶之聚於粵東, 則自前明始耳. 唐宋以來, 皆以拂菻爲大秦, 不知拂菻乃大秦東鄙屬部, 猶之稱浩罕爲安集延也. 然自宋以後, 拂菻爲回部所據, 并不屬大秦, 中國不知其原委, 故因仍不改耳.

　　泰西人所刻耶穌之書甚多, 其叙述謂. 上古之世, 有至人摩西者, 受神天敎於西奈山, 在阿剌伯西北境. 垂十誡以敎世人, 其先有哲人曰亞伯拉罕, 十四世而生大辟. 兩人皆西土名

賢, 能敎化人. 大辟十四世爲巴別倫, 巴別倫又十四世而生耶穌基督. **基督, 如中國之云神**
靈. 耶穌之父曰約色弗, 母曰馬利亞. 馬利亞感神而孕, 漢哀帝五年, 生耶穌於猶太國之伯利
恒邑. 有異人從東方來, 云有星降於猶太爲國王. 其王希羅得, 潛使人物色殺之. 約色弗夢神
人告使避難, 抱兒逃於麥西, 希羅得死, 乃回以色列地. 又遷於加利利之拿撒勒. 耶穌旣長,
神異特甚. 時有先耶穌聞道者, 曰約翰, 耶穌就而領洗禮. **洗謂澡身, 領洗禮, 蓋受業之意.** 約
翰知耶穌爲至人, 不敢自居先輩, 遍告人使師耶穌. 由是耶穌宣傳敎法, 戒殺·戒淫·戒盜·
戒誣證. 爲父, 己爲上天之獨子, 降生以拯濟世人.

謂人之生也, 靈魂爲重, 軀殼爲輕. 軀殼至而毀, 靈魂歷劫不磨. 修道之人, 升靈魂於天
國, 與天無極. 受業者十二弟子, 最著者爲西門彼得羅, 爲耶哥伯, 爲馬太. 耶穌能以神術醫
人, 疾痢者, 癘者, 癱者, 瞽者, 以手撫摩之立愈. 所至, 男女數千人隨之, 喧傳耶穌爲猶太之
王. 有祭司元魁 **主持禮拜之人.** 該亞法與衆謀, 欲擒而殺之. 耶穌預知數不可逃, 語門人以後
事. 門人有猶大士者, 受賄賣其師, 密導人往執之, 送於大吏彼拉多. 彼拉多審其無罪, 欲釋
之. 衆怒噪, 謂彼拉多縱叛民, 堅請釘之十字架. 彼拉多不得已從之, 耶穌遂被釘死. 葬之明
日, 失其尸. 其後門人數數形見云. 耶穌死後, 彼得羅與諸弟子往來各國, 傳布其敎. 有士提
反者聞而篤信, 以傳道自任, 猶太人以石擊斃之. 有保羅者, 初與耶穌之徒爲仇, 攻之甚力,
後悔悟入敎, 進道最勇, 所著之書亦最多云云.

余嘗翻閱其書, 文義詰曲而俚, 蓋彼土學漢文者所譯. 其中有帶機鋒似禪語者, 而義則
粗淺. 其所謂洗禮·七日安息禮拜之類, 自摩西以來卽有之, 非始於耶穌也. 奉耶穌之敎者,
不祀別神, 不供祖先, 以耶穌爲救世主, 而以身命倚之, 謂可獲福佑. 有得禍者, 則謂靈魂已
升天國, 勝於生人世. 揆其大致, 亦佛氏之支流別派. 歐羅巴遠在荒裔, 周孔之敎所不及. 耶
穌生於其間, 戒淫戒殺, 忘身救世, 彼土崇而信之, 原無所謂非. 而必欲傳其敎於中土, 則亦
未免多事矣.

按耶穌生於猶太, 其敎之盛行, 則起於羅馬. 自敎王擅權之後, 諸國王侯, 聽其頤指. 有不

321

從者, 國輒被兵, 主輒被弑, 數百年無敢違異. 其教稱爲天主教, 天主者, 以耶穌爲上天之主宰也. 明初, 有日耳曼人路得者, 起而攻其説, 謂天主教解耶穌之書, 皆謬誤, 以刑戮強人入教, 乃異端邪說, 非耶穌本旨. 於是取耶穌之書, 重加譯解, 別立教規, 稱耶穌爲救世主, 名其教爲耶穌教. 諸國之奉天主教者, 多翻然從之. 教王大怒, 命諸王捕殺耶穌教人. 然其教已盛行, 不可遏止. 由是君與民因分教相殺, 國與國因分教相攻, 數百年來, 西土之民, 肆市朝膏原野者, 不知幾百萬, 皆因爭教而起也. 今歐羅巴從天主教者, 曰意大里亞, 曰佛郎西, 曰比利時, 曰西班牙, 曰葡萄牙, 從耶穌教者, 曰英吉利, 曰荷蘭, 曰嗹國, 曰瑞國, 曰普魯士, 曰米利堅. 此外兩教參雜者, 曰奧地利, 曰日耳曼列國. 天主教規, 立十字架, 作銅人, 肖耶穌被釘受難之形. 旁有女人像, 肖耶穌之母馬利亞. 耶穌教不設十字架, 不肖像, 其餘七日禮拜安息之類, 皆從同. 又別有希臘教者, 亦天主教別派, 額里士 · 峨羅斯尙之, 兩教教規又不同. 近泰西人稱天主教爲公教, 稱路得等教爲修教. 余謂耶穌之立教, 以救世也. 乃諸國因分教之故, 而殘殺不已, 耶穌而有知也, 其謂之何?

[유럽 네덜란드]

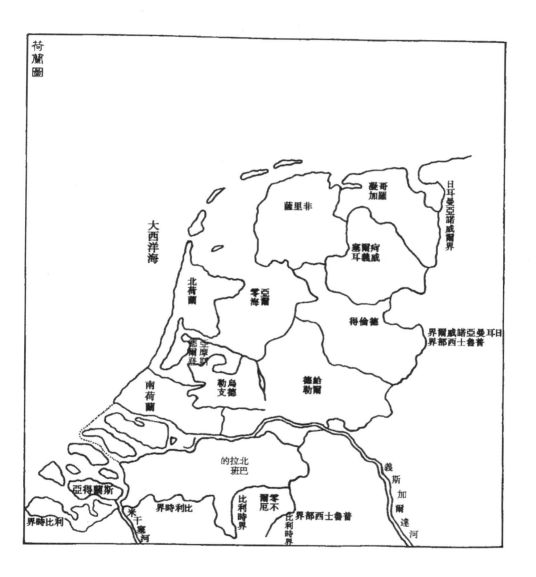

네덜란드 지도

일이만아낙위이계(日耳曼亞諾威爾界): 독일 하노버(Hannover) 강역이다.

가라응가(哥羅凝加): 지금의 흐로닝언(Groningen)이다.

아위이의새이(痾威爾義塞耳): 지금의 오버레이설주(Overijssel)이다.

비리살(非里薩): 지금의 프리슬란트주(Friesland)이다.

덕륜득(德倫得): 지금의 드렌터주(Drenthe)이다.

보로사서부계(普魯士西部界): 프로이센(Preussen) 서부 강역이다.

아이령해(亞爾零海): 지금의 에이설호(IJsselmeer)이다.

북하란(北荷蘭): 지금의 노르트홀란트주(Noord-Holland)이다.

급이덕륵(給爾德勒): 지금의 헬데를란트주(Gelderland)이다.

오덕륵지(烏德勒支): 지금의 위트레흐트주(Utrecht)이다.

아마사덕이등(亞摩斯德爾登): 지금의 암스테르담(Amsterdam)이다.

남하란(南荷蘭): 지금의 자위트홀란트주(Zuid-Holland)이다.

북파랍반적(北巴拉班的): 지금의 노르트브라반트주(Noord-Brabant)이다.

의사가이달하(義斯加爾達河): 에스코강(Escaut R.)으로, 네덜란드어 스헬더강(Schelde R.)이다.

비리시계(比利時界): 벨기에(Belgium) 강역이다.

령불이액(靈不爾厄): 지금의 네덜란드 림뷔르흐주(Limburg)이다.

사란득아(斯蘭得亞): 지금의 제일란트주(Zeeland)이다.

네덜란드 화란(和蘭)·하란(賀蘭)·법란득사(法蘭得斯)[1]라고도 한다. 는 유럽의 작은 나라이다. 동쪽으로는 독일과, 남쪽으로는 벨기에와 경계하고, 서북쪽으로는 대서양에 이르며, 남북의 길이는 약 650리이고, 동서의 너비는 약 350리이다. 땅이 협소하고 산이 없고 평탄하며, 유럽의 지형 가운데 이곳이 가장 낮고 움푹 들어가 있다. 조수가 솟구쳐 올라 모래톱이 생겨났으며, 물길은 종횡으로 교차해 흐른다. 이 땅은 지세가 낮고 습하지만, 토질은 아주 비옥하다. 사람들이 수리(水利)에 뛰어나서 제방을 잘 쌓고 수로를 잘 파는데다가 선박운행에도 뛰어나서 멀리까지 나갈 수 있었다. 그래서 유럽의 해상 무역은 네덜란드에서부터 시작되었다. 그 땅에는 옛날에 바타비족(Batavi)[2]이라는 한 원주민 부락이 거주하고 있었다. 한나라 때 이탈리아가 영토를 확장하면서 프랑크왕국에 이르렀는데, 네덜란드 원주민들은 용맹하여 그들의 명을 따르지 않았다. 이탈리아 군대는 물에 가로막혀 진격할 수 없게 되자 변방의 나라로 내버려 두고 더 이상 싸우지 않았다. 후에 게르만족의 일파인 프랑크족(Frank)[3]에게 점령되었다. 소제(蕭齊)[4] 때, 프랑크왕국이 이곳을 차지하고 수장을 두어 그 무리들을 나누어 다스렸다. 프랑크왕국에서 내란이 일어나자, 수장들이 근거지를 끼고 독단적으로 행동하여

---

1   법란득사(法蘭得斯): 지금의 벨기에(Belgium) 서북부 블랑데렌(Vlaanderen) 지역이다. 동블랑데렌과 서블랑데렌로 나뉘며 북쪽은 네덜란드와 인접해 있다. 『영환지략』을 쓸 당시에 벨기에가 이미 독립했음에도 불구하고 블랑데렌이 네덜란드에 있다고 잘못 보았다.

2   바타비족(Batavi): 원주민은 '파달와(巴達臥)'이다.

3   프랑크족(Frank): 원문은 '불랑가(弗郎哥)'로, 법랑고(法郎古), 법란극(法蘭克)이라고도 한다.

4   소제(蕭齊): 소제(479~502)는 중국 남북조 시대 강남 지방에 건국된 남조의 2번째 왕조인 제(齊)나라를 가리킨다. 북조의 북제와 춘추시대 제나라와 구별하기 위해 남제(南齊) 또는 초대 황제인 소도성(蕭道成)의 성씨를 따라 소제(蕭齊)라고도 한다.

17개의 군소국가로 분열되었다. 후에 부르고뉴(Bourgogne)[5] 공작이 다시 여러 영지를 합병해 하나로 만들고 자립해 후국을 세웠다. 북송 시대에 조수가 밀려와 수백 리에 달하는 제방이 무너져서 백성들이 모두 물에 빠지고 도성도 거의 수몰되었다. 조수가 빠진 후에 고인 물이 모여 거대한 호수를 만들었는데, 바로 에이설호(IJsselmeer)[6]이다. 수십 년 동안 나라를 경영하면서 인구가 늘어나고 상인들이 왕래해 이전보다 많이 부유해졌다. 명나라 초에 카를로스(Carlos)[7]가 프랑스에 침입하여 도성을 포위하고 군대의 위력을 과시하고 돌아왔다. 이때 네덜란드의 부호들이 대부분 재력만을 믿고 법을 어기자 왕이 엄준한 법으로 그들을 옭아매고 지나친 형벌을 가했는데, 백성들은 원망하고 분노하며 역심을 품었다. 프랑스가 이 틈을 타서 네덜란드를 침범하자, 왕이 질겁해 뇌물을 바치고 동맹을 청했다. 프랑스 군대는 그제야 물러났다.

　네덜란드는 과거 남부와 북부로 나뉘었으며, 왕이 폭정을 하자 남부에서는 부강함을 믿고 명을 따르지 않았다. 그 왕은 전투에서 대패하여 골짜기에 떨어져 사망했다. 명나라 정덕(正德)[8] 말년에 스페인의 카를 5세(Karl V)[9]는 새로 독일 황제로 추대되어 『오스트리아도설(奧地利亞圖說)』에 상세히 기록된 바 있다. 대권을 잡게 되자, 프랑스를 공격하여 왕을 사

바로 벨기에이다.

5　부르고뉴(Bourgogne): 원문은 '부이가니아(不爾痾尼亞)'로, 부이과니아(不爾科尼亞)라고도 한다.

6　에이설호(IJsselmeer): 원문은 '아이령해(亞爾零海)'로, 남해우(南海隅)라고도 한다.

7　카를로스(Carlos): 원문은 '사리(查理)'이다.

8　정덕(正德): 명나라 제10대 황제 무종 주후조(朱厚照)의 연호(1505~1521)이다.

9　카를 5세(Karl V): 원문은 '사리제오(查理第五)'이다. 카를 5세(1519~1531)는 스페인 국왕으로서 카를로스 1세라고 한다.

로잡았다. 서양 각국은 감히 앞장서서 항거하지 못했다. 마침내 명을 내려 네덜란드를 아울러 다스린다고 했으나 네덜란드는 감히 저항하지 못했다. 이때 네덜란드는 상당히 부유했기에 왕은 세금을 줄여 백성을 기쁘게 했으며 모두 천주교를 믿게 했다. 그러면서 예수교를 믿는 이들은 장작을 쌓아 태워 죽였다. 뒤이어 카를 5세는 아들 스페인왕 펠리페 2세(Felipe II de Habsburgo)[10]에게 네덜란드까지 함께 다스리게 했는데, 예수교에 대한 금지가 더욱 극심해졌다. 남부는 본래 천주교를 믿었지만, 굳건하게 믿는 사람은 없었다. 반면 북부에서는 일찍부터 예수교를 믿어 한사코 개종하려 하지 않았다. 펠리페 2세는 준엄한 법으로 그들을 옥죄면서 수천 명의 사람을 죽였다. 네덜란드 사람들은 분노가 극에 달했다. 오란녜공(Oranje)[11]은 지혜와 용기가 출중해 사람들의 추대를 받아 왕위에 오르고 군대를 일으켜 스페인에 항거했다. 스페인이 대군을 이끌고 공격해오자 네덜란드 사람들은 모두 죽음을 불사하며 싸우고, 누차 패전해도 기가 꺾이지 않았다. 프랑스와 영국이 일찍이 군대를 이끌고 그들을 도와주러 왔으나 얼마 뒤에 퇴각했다. 오란녜공이 "스페인사람들이 칼과 도마를 들이대며 우리를 참살할지라도 죽음을 불사하고 싸워야 합니다. 다행히 승리하면 나라의 복이지만, 성공하지 못한다면 제방을 터트려서 처자식을 데리고 물귀신이 되어야 합니다. 살아남은 자는 배를 타고 만 리 밖으로 도망가되 절대 유랑민

10　펠리페 2세(Felipe II de Habsburgo): 원문은 '비립제이(非立第二)'로, 비리왕(菲里王)이라고도 한다. 펠리페 2세(재위 1581~1598)는 1581년 4월 토마르 궁정에서 회의를 개최하여 펠리페 1세라는 이름으로 정식으로 포르투갈 국왕에 취임했다.

11　오란녜공(Oranje): 원문은 '아란치(阿蘭治)'로, 빌럼 1세 판 오라녜(Willem Ⅰ, William of Orange)이다. 오란녜공(1544~1584)은 오렌지공이라고 하는데, 네덜란드의 초대 세습 총독이자 스페인과 가톨릭에 저항한 네덜란드 독립 전쟁의 지도자이다.

이 되어서는 안 됩니다."라고 하면서 사람들을 격려하자 모두 "좋습니다."
라고 했다. 그리고는 마침내 군대를 이끌고 홀로 진격하여 스페인과 수십
년간 격전을 벌였고 누차 스페인 군대를 패배시켰다. 스페인에서 자객을
보내 그를 죽이자 그 아들이 왕위를 이어받았는데, 아버지보다 용맹하여
온 힘을 다해 스페인 군대를 공격해서 대패시켰다. 이에 스페인은 군대를
철수시키고 강화를 청했다. 이로부터 네덜란드는 다시 나라를 세우고 평
온하고 풍요롭게 2백여 년을 보냈다. 명나라 중엽에 네덜란드는 바다를 건
너 동쪽으로 와서 중국의 동남양에 이르러 자와 항구 바로 클라파(Kelapa)[12]이
다. 를 차지하고, 클라파의 동쪽, 북쪽에 있는 각 섬나라에 모두 부두를 건
설하여 동서로 7만 리에 이르는 해상도시를 만들었다. 그래서 나라는 비록
작아도 서양에서 가장 풍요롭다. 명나라 말에 일찍이 군함을 몰고 와서 복
건·절강에서 소란을 일으키고 대만에 공을 들이더니 결국 차지했다. 후에
정성공(鄭成功)[13]에게 쫓겨나고, 소서양에 있는 각 부두 역시 꽤 많이 영국·
프랑스 등 여러 나라에게 잠식당했으나, 남양의 여러 큰 섬들은 여전히 네
덜란드 소유이다. 강희 27년(1688)에 윌리엄 3세(William III)[14]는 웅대한 지략

---

12 클라파(Kelapa): 원문은 '갈라파(噶羅巴)'이다.

13 정성공(鄭成功): 원문은 '정씨(鄭氏)'이다. 정성공(1624~1662)은 정삼(鄭森)으로, 정복송(鄭福松)
   이라고도 불린다. 자는 명엄(明儼)으로, 복건 천주 남안(南安) 사람이다. 정성공은 1645년
   만주족에게 난징이 함락되자 아버지 정지룡(鄭芝龍)과 함께 복건성으로 피신했다. 그는 명
   나라를 다시 일으키기 위해 군대를 모아 복건성의 해안 지대에 강한 세력을 구축했다. 아
   버지 정지룡이 청나라에 회유되어 투항했지만, 정성공은 10개의 무역 회사를 차려 비단
   과 설탕 등을 무역하면서 반청 활동에 종사했다. 청조가 정성공 세력을 약화시키기 위해
   1656년 해금령을 강화하고 1661년에는 연해의 주민을 강제 이주시키는 천계령을 반포하
   자 대만에 있던 네덜란드 세력을 몰아내고 새로운 거점을 확보했다.

14 윌리엄 3세(William III): 원문은 '위렴제삼(威廉第三)'이다. 윌리엄 3세(재위 1689~1702)는 오라

을 가지고 있었기에 영국인들은 그를 불러들여 바다를 건너오게 해서 왕으로 받들었으며, 서방을 거의 제패했다. 가경 연간 초에 프랑스의 나폴레옹이 4개국을 침략할 때 그 군대가 네덜란드까지 왔다. 네덜란드 왕은 달아나다 황야에서 죽고, 그 땅은 프랑스에 귀속되었다. 영국은 네덜란드가 혼란한 틈을 타서 자와 항구를 빼앗았다. 나폴레옹이 전쟁에서 패하자 네덜란드는 다시 이전 왕의 후예를 옹립했고, 영국은 곧 자와 항구를 돌려주었다. 이에 앞서 네덜란드 남부는 북부와 원수지간이었다. 북부가 스페인과 교전할 때 남부는 스페인 편에 서서 북부를 도와주지 않았다. 가경 19년(1814)에 남부는 네덜란드(북부)와 연합했다. 도광 11년(1831)에 남부는 다시 네덜란드와 단절하고 다른 가문[독일의 작센코부르크고타가문(Sachsen-Koburg und Gotha)]의 사람[레오폴(Leopold)]을 왕으로 삼아 벨기에(Belgium)[15]로 칭했다. 네덜란드는 지형이 평탄하고, 물은 있지만 산은 없고 동쪽 구석진 곳에는 구릉만 있어서 역시나 상당히 적막하다. 북쪽 강역에서는 연맥(燕麥) 중국에서 말하는 메밀이다. 이 나고, 또한 호마(胡麻) 진드기처럼 생겼고 검은 자줏빛으로, 기름으로 짤 수 있다. 산서성 북쪽에서도 나는데, 참깨가 아니다. 가 난다. 서북쪽 강역에서는 보리가 나고, 중부에서는 마와 안료가 나며, 남쪽 강역에서는 밀이 난다. 민간에서는 담배 피는 것을 좋아하기 때문에 담배를 심는 사람이 많다. 목초지가 풍부하고 넓어 소를 방목하기에 좋다. 이 땅에서 만든 비스킷은 상당히 맛이 좋으며 또한 화주(火酒)를 잘 만드는데, 비스킷과 화주는 각국으로 유통된다. 또한 이 땅에서 짠 우단은 품질이 최고로 좋아

녜의 빌럼 3세라고도 하며, 오라녜 공작 겸 나사우 백작, 브레다 남작, 네덜란드 공화국 통령, 잉글랜드 왕국, 스코틀랜드 왕국, 아일랜드 왕국의 국왕이다.

15   벨기에(Belgium): 원문은 '비리시국(比利時國)'이다.

중국에서도 아주 귀하게 여긴다. 백성들은 소박하고 성실하며 고생을 감내하고 먹고 입는 것을 절약하며, 생계유지에 상당히 부지런하여 하는 일 없이 빈둥거리는 사람이나 도둑이 없고, 이익이 나는 곳이면 수천만 리를 마다하지 않고 간다. 천성적으로 깨끗한 것을 좋아해 집을 수시로 쓸고 닦는다. 거리가 더러우면 반드시 깨끗해질 때까지 청소한다. 세금이 과중하며, 모든 일은 의원들의 의결에 따라 처리하고 왕이 독단적으로 처리할 수는 없다.

　이 땅은 11개 주로 나뉜다. 노르트홀란트주(Noord-Holland)[16]는 서쪽으로는 대서양에 이르며, 동쪽으로는 에이설호[17]를 에워싸고 있다. 수도는 암스테르담(Amsterdam)[18] 엄막사특이탄(俺莫士特爾坦), 안특제(安特堤)라고도 한다. 으로, 암스텔(Amstel R.)[19] 강변에 건설되었다. 물속에 나무를 받쳐 놓고 위로 건물을 올려서 수로가 곧 거리가 되었으며, 인구는 20만 명이다. 교역이 번성해 유럽의 대도시가 되었다. 또 헤이그(Hague)[20]라는 도시가 있는데, 바닷가에 위치한다. 왕이 사는 궁전은 규모가 상당히 낮고 좁은 것에 반해 거주민들의 거처는 아주 청결하다. 레이던(Leiden)[21]·위트레흐트(Utrecht)[22] 두 도시에는

16　노르트홀란트주(Noord-Holland): 원문은 '북하란(北荷蘭)'으로, 홀란트백국이 위치했다.

17　에이설호: 원문은 '아이령내해(亞爾零內海)'이다.

18　암스테르담(Amsterdam): 원문은 '아마사덕이등(亞摩斯德爾登)'으로, 하란국안득제도(荷蘭國安得堤都)라고도 한다.

19　암스텔강(Amstel R.): 원문은 '의하(義河)'이다.

20　헤이그(Hague): 원문은 '합기(合其)'로, 후림읍(候林邑)이라고도 한다.

21　레이던(Leiden): 원문은 '래정(來丁)'이다. 지금의 네덜란드 자위트홀란트주의 도시로, 1575년에 설립된 레이던 대학교를 중심으로 성장한 대학도시이다.

22　위트레흐트(Utrecht): 원문은 '조특(鳥特)'이다. 네덜란드에서 4번째로 큰 도시로, 1636년에 설립된 위트레흐트 대학교를 중심으로 성장한 도시이다.

대학이 있으며, 지식인과 학자가 모여든다.

자위트홀란트주(Zuid-Holland)[23]는 노르트홀란트주 남쪽에 위치하며 서쪽이 대해이고, 남쪽으로는 내항을 경계로 두 개의 섬이 떨어져 있으며, 주도는 헤이그[24]이다. 관할 도시인 로테르담(Rotterdam)[25]은 성내로 배가 다니고 부유한 상인이 모이는 곳으로 거리가 화려하면서도 깨끗하다.

제일란트주(Zeeland)[26]는 자위트홀란트주 남쪽에 위치한다. 서쪽은 대해이며, 내항이 여기저기 흩어져 있고, 경내는 6개의 섬으로 나뉘어져 있으며, 주도는 미델뷔르흐(Middelburg)[27]이다.

노르트브라반트주(Noord-Brabant)[28]는 제일란트주 동쪽에 위치하며, 면적이 상당히 넓고 남쪽으로는 벨기에와 경계를 접하며, 주도는 부아르뒤크(Bois-le-Duc)[29]이다.

위트레흐트주(Utrecht)[30]는 노르트홀란트와 자르트홀란트의 동쪽에 위치하며, 주도 역시 위트레흐트이다.

---

23 자위트홀란트주(Zuid-Holland): 원문은 '남하란(南荷蘭)'으로, 남홀란트라고도 한다.

24 헤이그: 원문은 '해아(海牙)'이다.

25 로테르담(Rotterdam): 원문은 '록특제(鹿特堤)'로, 록특단(鹿特丹)이라고도 한다.

26 제일란트주(Zeeland): 원문은 '사란덕아(斯蘭德亞)'로, 사란득아(斯蘭得亞), 서란부(西蘭部)라고 도 한다.

27 미델뷔르흐(Middelburg): 원문은 '미덕이불이액(米德爾不爾厄)'으로, 보읍(堡邑)이라고도 한다.

28 노르트브라반트주(Noord-Brabant): 원문은 '북파랍반적(北巴拉班的)'으로, 늑치묵나만(勒治墨 那滿), 북포랍반특(北布拉班特)이라고도 한다.

29 부아르뒤크(Bois-le-Duc): 원문은 '불아륵독각(不亞勒獨各)'으로, 지금의 네덜란드 남부에 위 치한 스헤르토헨보스(s-Hertogenbosch)이다.

30 위트레흐트주(Utrecht): 원문은 '오덕륵지(烏德勒支)'이다.

헬데를란트주(Gelderland)[31]는 위트레흐트주 동북쪽에 위치하며, 서쪽으로는 에이설호를 경계로 하고 동쪽으로는 독일을 경계로 하며, 주도는 아른헴(Arnhem)[32]이다.

드렌터주(Drenthe)[33]는 헬데를란트주 북쪽에 위치하며, 서쪽으로는 내해를 경계로 하고 동쪽으로는 독일을 경계로 하며, 주도는 아선(Assen)[34]이다.

오버레이설주(Overijssel)[35]는 드렌터주 북쪽에 위치하며, 동쪽으로는 독일을 경계로 하고 주도는 즈볼러(Zwolle)[36]이다.

프리슬란트주(Friesland)[37]는 오버레이설주 서쪽에 위치하며, 삼면이 내해와 이어져 있고 주도는 레이우아르던(Leeuwarden)[38]이다.

흐로닝언(Groningen)[39]은 오버레이설주 북쪽에 위치하며, 네덜란드의 최북단 지역이다. 동쪽으로는 독일과 경계하며 주도 역시 흐로닝언이다.

림뷔르흐주(Limburg)[40]는 노르트브라반트주의 동남쪽 구석에 위치하고,

---

31 헬데를란트주(Gelderland): 원문은 '급이덕륵(給爾德勒)'으로, 해이덕란(海爾德蘭)이라고도 한다.

32 아른헴(Arnhem): 원문은 '아이응(亞爾凝)'이다.

33 드렌터주(Drenthe): 원문은 '덕륜득(德倫得)'으로, 덕륜이득(德倫爾得)이라고도 한다.

34 아선(Assen): 원문은 '아삼(亞森)'이다.

35 오버레이설주(Overijssel): 원문은 '아위이의새이(痾威爾義塞耳)'로, 과위이의새이(科威爾義塞耳)라고도 한다.

36 즈볼러(Zwolle): 원문은 '색이(索爾)'이다.

37 프리슬란트주(Friesland): 원문은 '비리살(非里薩)'로, 비리사란(非利斯蘭), 비력사란(非力斯蘭), 비리사란(弗里斯蘭)이라고도 한다.

38 레이우아르던(Leeuwarden): 원문은 '류와이돈(留瓦爾敦)'이다.

39 흐로닝언(Groningen): 원문은 '가라응가(哥羅凝加)'로, 아라인은(俄羅忍銀), 격라녕근(格羅寧根), 아녕음읍(峨甯音邑), 아녕읍(峨甯邑)이라고도 한다.

40 림뷔르흐주(Limburg): 원문은 '령불이액(靈不爾厄)'으로, 록보부(鹿堡部)라고도 한다.

독일과 경계를 접하며, 주도는 마스트리흐트(Maastricht)[41]이다.

11개 주 이외에 별도로 룩셈부르크(Luxemburg)[42]가 있는데, 독일 경내에 위치하며 남북의 길이가 250리이고, 동서의 너비는 200리이며, 주도 역시 룩셈부르크이다. 인구는 29만 명으로, 독일 연방에 가입되어 있어 병사 2500명을 출병시켜야 한다. 룩셈부르크가 지도에 수록되어 있지 않는데, 응당 『독일지도(日耳曼圖)』에 그려 넣어야 한다.

살펴보건대 네덜란드는 유럽의 물의 나라로, 물고기, 자라와 함께 살고 있으며, 수재로 인한 근심이 극심하지만, 물의 혜택도 가장 많이 누린다. 제방과 수로가 아주 쉽게 바뀐다. 나무를 깎아 배를 만들어서 수만 리 밖으로 다니는데, 물에 익숙하다는 명확한 증거이다. 전대인 명대 말년에 복건과 광동 앞바다에 때로 나타나 침략했다. 일찍이 주산(舟山) 정해도두(定海道頭)[43]가 있는 곳으로, 홍모의 부두[44]도 있다. 을 차지하고 보타(普陀)를 무너뜨리고, 보타암(普陀岩)에 만력연간 정부에서 주조한 불상이 있었는데, 네덜란드가 대포로 보타를 무너뜨리고 보물을 가져갔다. 월항(月港)을 휘젓고, 해징현(海澄縣)으로,

---

41   마스트리흐트(Maastricht): 원문은 '매사적리지(賣士的里至)'이다.

42   룩셈부르크(Luxemburg): 원문은 '로삼불이액(盧森不爾厄)'으로, 륵심맥(勒心麥), 륵신맥(勒新麥), 로삼보(盧森堡)라고도 한다.

43   정해도두(定海道頭): 여객운수를 하던 정해 지방 부두로, 과거에는 정해도두라 불렸다. 원래 이름은 주산도(舟山島)로 송나라 때 처음 생겨났다. 정해항은 절동(浙東)연안에서 가장 먼저 외국과 통상했던 항구로, 청나라 강희 23년(1684) 이후 외국 상선이 자주 출현해서 정해도두에 '홍모관(紅毛館)'을 두어 외국 상인을 응대했다.

44   홍모의 부두: 원문은 '홍모마두(紅毛馬頭)'이다. 강희 39년(1700)에 영국의 동인도회사가 정해에 사무소를 열어 절동에 오는 영국 상인들의 무역 업무를 처리했다. 강희연간에 나온 『정해현지(定海縣志)』에 따르면 "홍모는 영국으로, 중국으로 오는 길은 물길로 수만 리, 배로는 약 반년 남짓 걸린다(紅毛卽英奎黎國, 至中國水程數萬里, 舟行約反年餘)."라는 기록이 있다.

이전에는 항구가 깊고 넓어 큰 배가 곧장 성안으로 올 수 있었기에 네덜란드 선박이 자주 왕래했다. 훗날 항구에 점점 토사가 쌓여 수심이 얕아지자 무역선이 해문(海門)으로 옮겨 갔고, 해문에 다시 토사가 쌓이자 하문(廈門)으로 옮겨갔다. 팽호(澎湖)[45] 에서 잠시 살더니 숭정(崇禎) 3년(1630)에 네덜란드가 팽호를 차지하면서 복건 순무 남거익(南居益)이 누선(樓船)[46]을 몰고 가서 공격하자 네덜란드가 달아났다. 결국에는 대만을 차지했는데, 그 당시에 말하는 홍모는 대개 네덜란드이다. 정성공이 장강을 거슬러올라가 남경 탈환을 시도하나 실패하고 하문과 금문도를 지키지 못하고 있을 때,[47] 마침 네덜란드의 통역관 하빈(何斌)[48]이 탈세 위법으로 내지로 도망쳐 와서 대만을 수복할 계책을 아뢰었다. 정

---

45 팽호(澎湖): 복건성에 인접한 대만에서 서쪽으로 약 50km에 위치한 도서군(島嶼群)으로 팽호열도, 팽호군도라고 한다.

46 누선(樓船): 『삼국지사전』에 따르면, 누대(樓臺)가 설치되어 있는 대형 전투선을 누선이라 한다. 높이는 수십 장(丈)이고, 몇 개의 층으로 나뉘는데, 층마다 바깥에 3길 높이의 여장(女墙)을 설치하고 화살 발사 구멍을 두었다. 또한 누대 사방에는 견고한 목재를 대거나 날가죽을 덮어씌워 보호대를 만들었다.

47 정성공이…있을 때: 정성공은 명나라를 다시 일으키기 위해 군대를 모아 복건성의 해안지대인 하문과 금문도(金門島)를 근거지로 강한 세력을 구축했다. 1645과 1646년 두 차례 남경 탈환을 시도하나, 모두 실패하고 만다. 특히 1646년에는 장강을 따라 올라가면서 과주(瓜洲)와 진강(鎭江)을 함락시키는 등 소규모의 성과를 이루나, 결국 과주와 진강에서 청나라 군대의 기습을 받고 실패로 돌아가면서 정성공은 목표를 대만으로 바꾸게 되는데, 여기서는 바로 이를 말한다.

48 하빈(何斌): 하빈은 복건 남안 사람으로 하정빈(何廷斌)이라고도 한다. 명나라 천계 연간에 정성공의 부친 정지룡을 따라 대만에 왔다. 네덜란드인이 이미 적감(赤嵌)을 점거한 뒤라 그는 네덜란드의 정교를 믿고 네덜란드어를 학습해 통역사가 되었다. 순치 18년(1661) 정월에 정성공에게 투항했다. 같은 해 3월 23일에 정성공은 대군을 거느리고 대만을 공격했는데, 이때 하빈이 향도관이 되어 전쟁에 참여했다. 정성공은 대만을 수복한 뒤에 하빈의 도움 하에 대만의 질서를 안정시켰다.

성공은 재빠르게 바다를 건너 녹이문(鹿耳門)[49]을 탈취하고 안평(安平)[50]을 차지하면서 네덜란드와 1년 동안 대치했는데, 네덜란드가 곤경에 처하자 정성공은 곧바로 그들을 쫓아냈다. 이로부터 네덜란드는 중국에 관심을 두지 않으면서 감히 작은 땅도 탐내지 않았다. 이에 앞서 정지룡(鄭芝龍)[51]이 무위비장(撫爲裨將)이 된 뒤에 일찍이 작은 배로 네덜란드 선박 3척을 불태운 적이 있고, 그 뒤로 정성공이 대만에서 그들을 제압했기에 네덜란드의 배가 이곳으로 돌아오는 경우는 거의 드물었다. 저들이 해적처럼 날뛰다가 정씨 부자를 만나 약해졌으니, 역시 족히 해외 오랑캐들이 중국을 침략해 욕보일 때 경계 삼을 만하다.

유럽 각국은 모두 배를 타고 바다를 건너와 부두를 건설하는 것을 좋아해 멀게는 수만 리 밖에서도 오는데, 이는 원대한 계획이 있어서가 아니다. 저들은 장사를 근본으로 삼아 부두 한 곳을 손에 넘으면 그 이권을 차지해 자신에게 귀속시켰는데, 네덜란드가 특히 이 부분에 전적으로 힘썼다. 그들은 배를 타고 바다를 건너 동쪽으로 와서 아프리카,

---

49 녹이문(鹿耳門): 대만 서남쪽 해안에 위치한 주요 항구로, 수심이 얕고 항로가 좁다. 지금의 대남시(臺南市) 안평진(安平鎮) 서북쪽에 위치한다.

50 안평(安平): 안평요새(安平古堡)를 말한다. 안평은 당시 네덜란드 동인도 회사가 건립되어 있던 질란디아요새(Fartzealandia)가 위치한 곳으로, 네덜란드는 이곳에 동인도 회사를 세우고 34년 동안 대만을 점거했다.

51 정지룡(鄭芝龍): 정지룡(1604-1661)은 자가 비황(飛黃) 또는 비홍(飛虹)으로 복건성 남안시(南安市) 사람이다. 일본의 히젠국 히라도섬(현 나가사키현 히라도시 히라도섬)에 살면서 히라도번의 무사 다가와 시치자에몬(田川七左衛門)의 딸 마쓰(マツ)와 결혼해서 아들 정성공을 낳았다. 1624년 활동 거점을 일본에서 대만의 분항(笨港)으로 옮겼다. 네덜란드가 대만 남부에 거점을 확보하자 중국대륙으로 건너와 복건성 주변에서 강한 세력을 지닌 무장 상단으로 활약했으며, 네덜란드와의 국제무역으로 거대한 부를 축적했다. 1644년 명나라 유신들이 복주에서 황족 주율건(朱聿鍵)을 옹립해 융무제로 추대하는 데 큰 힘이 되었으며, 해상 세력을 기반으로 반청 활동에 참여했으나, 1644년 복주가 함락되자 이듬해 청조에 투항했다.

인도, 믈라카(Melaka),[52] 수마트라(Sumatra)[53]에 두루 부두를 건설했으며, 클라파 **자와이**다. 는 대서양과 소서양에서 중국으로 들어오는 입구로, 두 바다에서 가장 부유하고 번성해서 여러 섬나라의 중심이 되었다. 네덜란드는 간계를 써서 그 해구를 차지하여 도시를 건설하고 온갖 물품을 유통시켰다. 이곳에서부터 동쪽과 북쪽의 섬나라로는 보르네오섬(Borneo)[54] 반니아(蟠尼阿)라고도 한다. · 셀레베스섬(Celebes)[55] 실륵밀사(失勒密士)[56]라고도 한다. · 말루쿠제도(Maluku)[57] 실라낙(失羅洛)[58]이라고도 한다. · 파푸아섬(Papua)[59] 나길니(那吉尼)[60]라고도 한다. 등이 있는데, 크고 작은 섬들이 무릇 수십 곳에 달하며, 『남양도(南洋圖)』에 상세히 보인다. 모두 말레이족(Malay)[61] · 자와족(Jawa)[62] · 부기족(Bugis)[63]이 살고 있다. 네덜란드는 차례로 항구를 점거하고 부두를 세워서 그 땅에 세를 놓기도 하고 침입해서 위협해 강탈하기도 했다. 대체로 근년에 들어 소서양의 여러 섬나라는 영국이 관할하고 있으며, 동남양 여러 섬나라는 스페인에 속한 루손을 제외하고 나머지는 모두 네

---

52 믈라카(Melaka): 원문은 '마라갑(麻喇甲)'이다.

53 수마트라(Sumatra): 원문은 '소문답랄(蘇門答臘)'이다.

54 보르네오섬(Borneo): 원문은 '파라주(婆羅洲)'이다.

55 셀레베스섬(Celebes): 원문은 '서리백(西里百)'이다.

56 실륵밀사(失勒密士): 술라웨시(Sulawesi)로, 소랍위서(蘇拉威西)라고도 한다.

57 말루쿠제도(Maluku): 원문은 '마라갑(馬喇甲)'으로 되어 있으나, 할마헤라섬이 위치한 말루쿠제도이다.

58 실라낙(失羅洛): 자이롤로(Pulau Jailolo)로, 지금의 할마헤라(Halmahera) 섬을 가리킨다.

59 파푸아섬(Papua): 원문은 '파포아(巴布亞)'이다.

60 나길니(那吉尼): 뉴기니아섬(New Guinea)으로, 이리안섬(Irian) 혹은 파푸아섬라고도 한다. 지금 동부는 파푸아뉴기니(Papua New Guinea)라고 하고, 서부는 인도네시아의 이리안자야(Irian Jaya)라고도 한다.

61 말레이족(Malay): 원문은 '무래유(巫來由)'이다.

62 자와족(Jawa): 원문은 '요아(繞阿)'이다.

63 부기족(Bugis): 원문은 '무흘(武吃)'로, 무흘(武訖), 포길사인(布吉斯人)이라고도 한다.

덜란드가 관할하고 있다. 네덜란드는 본래 국토가 비좁아 7만 리 밖에서 국가 경제를 도모하고자 해서 수백 년이 지나도록 계속 이렇게 하고 있으니, 역시 계략을 짜는데 뛰어난 자들이라 할 수 있다.

정지룡이 네덜란드의 선박을 불태운 사건은 복건 사람이 쓴 『대만외기(臺灣外紀)』에 보인다. 내용은 자질구레하지만 언급하고 있는 일은 대부분 실록으로, 모두 다 황당한 거짓말은 아니다. 당시 네덜란드의 협판선이 복건, 절강 지역에서 소란을 피우자 무위비장이었던 정지룡은 황제의 명을 받들고 그들을 토벌하러 갔다. 네덜란드 선박이 견고하고 화포도 강하여 이길 수 없자, 수영을 잘 하는 이들을 모집해 작은 배에 땔감을 싣고 기름을 뿌린 뒤 그 안에 화약을 숨겨놓은 채 촉매제로 앞에 놓았다. 뱃머리에 짧은 쇠사슬을 연결한 뒤 날카로운 송곳을 꽂아 두었다. 용맹한 병사 한 명이 도끼를 들고 뱃머리에 앉아 있고 몇 사람은 옆에서 바람과 조수를 타고 급히 노를 저어 네덜란드의 배에 바짝 붙었다. 그들은 도끼, 못, 송곳을 네덜란드 배에 던지고 화약선에 불을 붙인 후 물로 뛰어들어 헤엄쳐 돌아왔다. 화약이 폭발해 불이 나고 바람이 더욱 거세지면서 네덜란드 협판선 3척이 불타자, 나머지 배들은 달아났다고 한다. 내가 생각해보건대 정지룡은 본래 바다의 대도로, 그의 수하들은 모두 죽음을 두려워하지 않았다. 그가 권모술수로 사력을 다하는 사람을 얻었기 때문에 기묘한 계책으로 승리를 거둘 수 있었던 것인데, 이는 이치상으로도 그럴 법하다. 다른 책에서도 화공에 대해 분분히 언급하고 있는데, 수천 수백 개의 뗏목에 땔감을 쌓아 바람과 조류를 따라 가도록 그대로 두면 된다고 하는 이도 있고, 땔감을 가득 실은 수천 수백 척의 작은 배를 쇠사슬로 묶어서 항구를 에워싸고 공격하면 된다고 하는 이도 있는데, 이는 모두 강에서 사용하는 옛날식 화공법이다. 그렇지 않은 즉 해적을 공격하는 옛날 방식을 협판선 공격에 사용한다면 정말이지 효과를 보기 어렵다. 바다는 광활하고 협판선은 여기저기 흩어져 정박하고 있는데, 가까운 경우는 1~2리, 먼 경우는 3~4리 떨어져 있으니, 뗏목과 작은 배가 아무리 많다고 해도 어찌 온 바다를 메우며 담장처럼 줄지어 진격할 수 있겠는가? 또 어찌 바늘을 끌어당기고 지푸라기를 줍듯[64] 끝없이 배를 연결할 수 있겠는가? 이로 볼 때 배는 직접 태워야 하는데, 어찌 그 일을 할 수 있겠는가? 이 일은 정지룡이 배에 못을 박은 일만 못한데, 배에 못을 박는 일은 어렵지만 또한 실제 그런 사실이 있다.

---

64   바늘을 끌어당기고 지푸라기를 줍듯: 원문은 '인침습개(引針拾芥)'이다. 한나라 왕충(王充)의 『논형(論衡)』「난룡(亂龍)」에 보면, "호박(琥珀)은 지푸라기를 달라붙게 하고, 자석은 바늘을 끌어당기는 법이다(頓牟掇芥, 磁石引針)."라는 구절이 나온다. 이 말은 바로 말없는 가운데 두 사람의 마음이 서로 감응하여 이루어진 결과를 의미한다.

［ 歐羅巴荷蘭國 ］

荷蘭, <small>和蘭·賀蘭·法蘭得斯.</small> 歐羅巴小國也. 東界日耳曼, 南界比利時, 西北距大西洋海, 縱約六百五十里, 橫約三百五十里. 壤地褊小, 夷坦無山, 歐羅巴地形, 此最低陷. 海潮冲齧, 劃爲洲渚, 港道縱橫交貫. 其地沮洳卑濕, 而土脈最腴. 民習水利, 善築堤防, 開溝恤, 又善於操舟, 能行遠. 故歐羅巴海市之通行, 自荷蘭始. 其地古時爲土番部落, 種人名曰巴達臥. 漢時, 意大里擴地至佛郎西, 荷蘭土番悍不聽命. 意大里兵阻水不能進, 因置爲荒服, 不復爭. 後爲日耳曼之弗郎哥人所據. 蕭齊時, 佛郎西取之, 置酋長分領其衆. 佛有內亂, 諸酋擁地自擅, 分爲十七小國. 後有不爾疴尼亞酋長, 復并諸部爲一, 自立爲侯國. 北宋時, 海潮決堤數百里, 居民皆没, 都城幾陷. 潮退之後, 積水匯爲巨浸, 曰亞爾零海. 經營數十年, 戶口繁滋, 商賈通行, 完富過於曩時. 明初, 侯查理侵佛郎西, 圍其都城, 耀兵而還. 時荷蘭富民, 多恃財犯科律, 侯以峻法繩之, 刑戮過當, 衆怨怒, 有叛志. 佛郎西乘勢伐之, 侯震恐, 納賂請盟. 佛兵乃退. 荷蘭舊分南北部, 侯政苛虐, 南部 <small>即比利時.</small> 恃強不聽命. 侯與戰敗績, 墮溝中死. 正德季年, 西班牙王查理第五新爲日耳曼所推立, <small>已詳『奧地利亞圖說』.</small> 有大權, 擊佛郎西, 擄其王. 西土諸國, 無敢逆顏行者. 遂下命兼王荷蘭, 荷蘭不敢抗. 時荷蘭富甚, 王減稅以悅其民, 而悉令入天主教. 有遵耶穌教者, 積薪燔之. 已而查理第五令其子西班牙王非立第二兼王荷蘭, 禁耶穌教尤急. 南部本習天主教, 無梗令者. 而北部夙崇耶穌教, 堅不肯改. 非立第二以峻法繩之, 凡戮數千人. 荷蘭人憤甚. 有阿蘭治者, 智勇過人, 衆推爲主, 起兵拒西班牙. 西班牙以大衆攻之, 荷蘭人人死戰, 屢敗而氣不衰. 佛郎西·英吉利嘗引兵救之, 已而退去. 阿蘭治激其衆曰:"西人以我供刀俎, 當塗肝腦決死戰. 幸而勝, 國之福也. 不濟, 則決海堤挈妻子爲波臣. 不死者, 乘舟逃萬里外, 誓不爲之氓." 衆皆曰: "諾." 遂引軍獨進, 與西班牙鏖戰數十年, 屢挫西軍. 西班牙遣客刺殺之, 其子繼統其衆, 雄武過父, 奮力擊西軍, 大破之. 西班牙乃斂兵議和. 由是荷蘭復立爲國, 晏然安富承平者二百餘年. 當前明中葉, 荷蘭航海東來, 至中國之東南洋, 據瓜哇海口, 卽噶羅巴. 迤東迤北各島國, 皆建設埔頭, 通東西七萬里之海市. 故國雖小, 而富饒甲於西土. 明季, 嘗以兵船擾閩浙, 懇臺灣而據之. 後爲鄭氏所逐, 小西洋各埔頭, 亦頗爲英佛諸國所侵削, 而南洋數大島, 則依然荷蘭有也. 康熙二十七年, 王威廉第三有雄略, 英吉利人招之渡海, 奉以爲王, 幾霸西土. 嘉慶初, 佛郎西拿破侖侵伐四國, 兵及荷蘭. 荷蘭王走死荒野, 地歸佛郎西. 英吉利乘荷蘭之亂也, 奪其瓜哇埔頭. 拿破侖既敗, 荷蘭復立故王之裔, 英人乃還其埔頭. 先是, 荷蘭南部與北部相仇. 當北部與西班牙構兵, 南部附西班牙不相助. 嘉慶十九年, 南部與荷蘭合. 道光十一年, 南部復絶荷蘭, 立他族爲王, 稱比利時國. 荷蘭地形平衍, 有水無山, 東偏僅有丘阜, 亦甚寥落. 北境出燕麥, 中國稱油麥. 又出胡麻, 形似壁蝨, 紫黑色, 可以爲油. 山西省北有之, 非脂麻也. 西北境出大麥, 中土出麻與顏料, 南境出小麥. 俗喜吸絲烟, 故種烟草者多. 草場豐廣, 便於牧牛. 所製奶餅極佳, 又善造火酒, 二者通行各國. 所織羽毛緞最良, 中國貴之. 其民俗樸實耐勞, 節衣嗇食, 治生最爲勤苦, 無游民, 無盜賊, 利之所在, 不遠數千萬里. 性喜潔, 房屋時時掃滌. 街衢有污穢, 必洗刷净盡. 稅餉頗重, 聽紳士籌辦, 王不得專.

地分十一部. 北荷蘭, 西距大西洋海, 東環亞爾零內海. 都城曰亞摩斯德爾登, 一作俺莫士特爾坦, 又作安特堤. 建於義河之濱. 架木水中, 上起樓閣, 以河道爲街衢, 居民二十萬, 貿易之盛, 爲歐土大都會. 又有別都曰合其, 在海濱. 國王所居殿廷制頗卑狹, 而民居極整潔. 來丁·烏特兩城, 有大書院, 文儒所萃. 南荷蘭, 在北荷蘭之南, 西面大海, 南界內港, 隔斷成兩洲, 會城曰海牙. 所屬鹿特堤, 城內通舟楫, 殷商所萃, 街市華潔. 斯蘭德亞, 在南荷蘭之南. 西面大海, 內港縱橫, 界隔成六洲, 會城曰米德爾不爾厄. 北巴拉班的, 在斯蘭德亞之東, 幅員頗廣, 南與比利時接壤, 會城曰不亞勒獨各. 烏德勒支, 在兩荷蘭之東, 會城同部名. 給爾德勒, 在烏德勒支之東北, 西界亞爾零內海, 東界日耳曼, 會城曰亞爾凝. 德倫得, 在給爾德勒之北, 西界內海, 東界日耳曼, 會城曰亞森. 痾威爾義塞耳, 在德倫得之北, 東界日耳曼, 會城曰索爾. 非里薩, 在痾威爾義塞耳之西, 三面距內海, 會城曰留瓦爾敦. 哥羅凝加, 在痾威爾義塞耳之北, 爲荷蘭極北境. 東界日耳曼, 會城同部名. 靈不爾厄, 在北巴拉班的之東南隅, 與日耳曼接壤, 會城曰賣士的里至. 十一部之外, 別一部曰盧森不爾厄, 在日耳曼界內, 長二百五十里, 廣二百里, 會城同部名. 戶口二十九萬, 入日耳曼公會, 應出兵二千五百五十. 此部圖中未畫, 應在『日耳曼圖』內.

　　按: 荷蘭爲歐羅巴澤國, 與魚鱉錯處, 受水患最甚, 享水利亦最優. 堤防溝恤, 猶易易耳. 刳木爲舟, 而通行於數萬里之外, 則習於水之明效也. 勝國季年, 閩浙兩洋, 時見侵軼. 嘗踞舟山, 定海道頭地方, 尚有紅毛馬頭之名. 毀普陀, 普陀岩有萬曆年間官塑佛像, 荷蘭以巨砲摧之, 收其寶藏而去. 鼓棹月港, 卽海澄縣, 從前海港深通, 大船可直抵城下, 荷蘭船時來游奕. 後港漸淤淺, 乃移市舶於海門, 海門又淤, 乃移於廈門. 寄迹澎湖, 崇禎三年, 荷蘭據澎湖, 閩撫南居益, 以樓船航海擊之, 荷蘭遁去. 卒乃據臺灣而有之, 彼時概稱爲紅毛, 卽荷蘭也. 鄭成功長江之敗, 金廈不能守, 適荷蘭通事何斌負連稅逃內地, 獻謀取臺灣. 成功悉銳渡海, 奪鹿耳, 據安平, 相持一年, 荷蘭大困, 成功乃縱之去. 由此絕意中國, 不敢復覦片土. 先是, 鄭芝龍受撫後, 嘗以小舟焚荷蘭三艘, 厥後成功扼之於臺灣, 幾致片帆不返. 以彼橫肆如鯨

341

鯢, 遇鄭氏父子而弱焉, 亦足爲遠夷侵凌中國之炯戒矣.

歐羅巴諸國, 皆好航海立埔頭, 遠者或數萬里, 非好勤遠略也. 彼以商賈爲本計, 得一埔頭, 則擅其利權而歸於我, 荷蘭尤專務此. 其航海而東來也, 亞非利加·印度·麻喇甲·蘇門答臘, 卽已遍設埔頭, 噶羅巴 卽瓜哇. 一島, 大小西洋入中國之門戶, 富盛甲於兩洋, 爲諸島國之綱領. 荷蘭以詭謀據其海口, 建設城邑, 流通百貨. 由是迤東迤北諸島國, 如婆羅洲 一名蟠尼阿. ·西里百 一名失勒密士. ·摩鹿加 一名失羅洛. ·巴布亞 一名那吉尼. 之類, 大小凡數十處, 說見『南洋圖』. 皆巫來由·繞阿·武吃番族. 荷蘭以次據口岸, 立埔頭, 有租賃其地者, 有侵脅得之者. 大約近年以來, 小西洋諸島國, 英吉利爲主, 東南洋諸島國, 除呂宋屬西班牙, 餘皆以荷蘭爲主. 地本彈丸, 而圖國計於七萬里之外, 歷數百年無改, 亦可謂善於運籌者歟.

鄭芝龍焚荷蘭船, 見閩人所著『臺灣外紀』. 其書雖小說, 而事多實錄, 非盡荒唐. 維時荷蘭夾板橋擾閩浙, 芝龍已受撫爲裨將, 奉軍門令往剿. 荷蘭船堅砲猛, 不能勝, 乃募死士善泅者, 以小船堆柴薪, 澆以油, 中藏火藥, 前置引綫. 船首施短鐵鏈, 綴利錐. 死士一人, 持斧坐船頭, 數人從旁, 乘風潮急棹, 傍夷船. 以斧釘錐於船舶, 燃藥綫, 投水梟回. 藥燃火發, 風又猛烈, 荷蘭夾板, 被焚三艘, 餘悉遁去云. 余按芝龍本海中劇盜, 所養皆亡命之徒. 其權譎能得人死力, 以此出奇制勝, 理或有之. 他書言火攻者紛紛, 有謂用千百木筏積薪, 順風潮而縱之者, 有謂鎖千百小舟積薪, 艤港面而圍之者, 大約皆江河火攻舊說. 否則, 攻海盜舊說, 施之夾板, 鑿柄甚矣. 海面寬闊, 夾板皆相地散泊, 近者相隔一二里, 遠者三四里, 木筏小舟雖多, 豈能塞滿汪洋, 如牆而進? 又豈能引針拾芥, 無斷而使之相著? 此自焚舟, 何與彼事? 不如芝龍之釘船, 事雖難, 而尚有實際耳.

[유럽 벨기에]

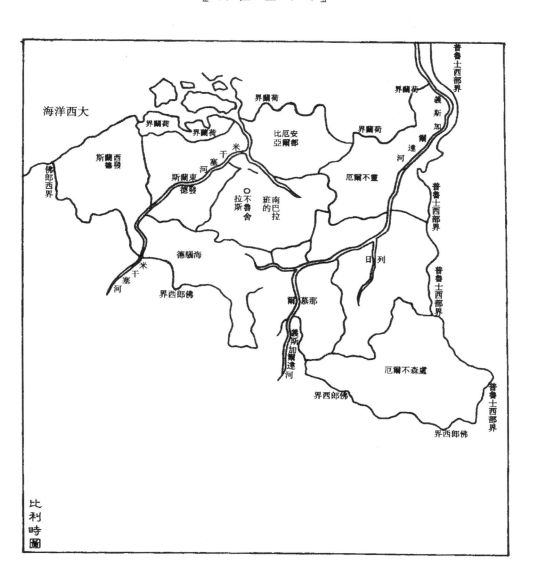

벨기에 지도

대서양해(大西洋海) : 지금의 대서양(Atlantic Ocean)이다.

보로사서부계(普魯士西部界) : 프로이센(Preussen) 서부 강역이다.

하란계(荷蘭界) : 네덜란드 강역이다.

의사가이달하(義斯加爾達河) : 에스코강(Escaut R.)으로, 네덜란드어 스헬더강(Schelde R.)이다.

령불이액(靈不爾厄) : 지금의 벨기에 림뷔르흐주(Limburg)이다.

안도액이비아(安都厄爾比亞) : 지금의 안트베르펜(Antwerpen)이다.

미간새하(米干塞河) : 지금의 뫼즈강(Maas R.)이다.

동발란덕사(東發蘭德斯) : 지금의 오스트플란데런주(Oost-Vlaanderen)이다.

서발란덕사(西發蘭德斯) : 지금의 베스트플란데런주(West-Vlaanderen)이다.

남파랍반적(南巴拉班的) : 지금의 브라반트주(South Brabant)이다.

부로사랍사(不魯舍拉斯) : 지금의 브뤼셀(Brussel)로, 벨기에의 수도이다.

렬일(列日) : 지금의 리에주주(Liège)이다.

해뇌덕(海腦德) : 지금의 에노주(Hainaut)이다.

나모이(那慕爾) : 지금의 나뮈르(Namur)이다.

로삼불이액(盧森不爾厄) : 지금의 뤽상부르주(Luxemburg)이다.

불랑서계(佛郎西界) : 프랑스 강역이다.

벨기에 비륵치(比勒治)·유리의(惟理儀)·비의(比義)·배이일가(北爾日加)·비이백객(比爾百喀)·밀이윤(密爾閏)·미이니임(彌爾尼壬)·비리윤(比利閏)이라고도 한다. 는 유럽의 작은 나라이다. 북쪽으로는 네덜란드를 경계로 하고, 서북쪽으로는 대서양에 이르며, 서남쪽과 정남쪽은 모두 프랑스를 경계로 하고, 동쪽으로는 프로이센 서부와 접하며, 남북의 길이는 약 5백 리이고, 동서의 너비는 약 3백 리이다. 옛날에는 본래 네덜란드의 남부였다. 네덜란드는 물이 많은 반면, 벨기에는 평지가 많다. 명나라 초에 네덜란드 군주 카를로스가 전쟁을 좋아해 군사의 모집과 이동이 잦자, 벨기에는 그 명을 따르지 않았다. 카를로스는 군대를 거느리고 벨기에 경내로 갑자기 쳐들어가 기습적으로 8백 명을 죽였다. 벨기에는 대대(大隊)를 결성해 원수를 갚았고 카를로스는 전쟁에 패한 후 죽었다. 이후에 스페인 왕 펠리페 2세는 네덜란드와 벨기에 두 강역[1]을 다스렸다. 네덜란드인 오란녜공은 군대를 일으켜 스페인에 항전하며 수십 년간 대치했지만, 벨기에는 스페인에 종속되어 감히 역심을 품지 않았다. 강희 53년(1714)에 스페인이 벨기에를 오스트리아에 귀속시켜, 오스트리아 속지로 70여 년을 보냈다. 가경 연간 초에 프랑스의 나폴레옹이 여러 나라를 합병함에 먼저 벨기에를 차지하고 다음에 네덜란드를 멸망시켰다. 나폴레옹이 패전하자 네덜란드는 다시 나라를 세웠다. 가경 19년(1814)에 벨기에는 다시 네덜란드와 합쳐졌다. 이에 앞서 네덜란드는 예수교를 믿었는데, 이 문제 때문에 스페인과 수십 년 동안 전쟁을 하다가 마침내 승리하여 나라를 되찾았다. 반면에 벨기에는 프랑스에 인접해

---

1   네덜란드와 벨기에 두 강역: 원문은 '하란양부(荷蘭兩部)'로, 북홀란트와 남홀란트를 가리키는데, 남홀란트가 바로 벨기에이다.

있어서 유독 프랑스의 풍속을 따르고 천주교를 숭상했으며, 또한 이전에 스페인과 오스트리아에 종속된 적이 있는데 이들 모두 천주교 국가이다. 그래서 벨기에는 네덜란드와 합쳐진 이후로도 네덜란드의 습속을 따르려 하지 않았다. 두 지역의 사람들은 사이가 좋을 수 없었기에 수시로 불화가 생겨났다. 또한 네덜란드는 벨기에가 이전에 원수의 나라에 붙었고, 나라를 되찾을 때도 참여하지 않았다고 생각해 평소 이들을 박대하면서 높은 관직에도 앉지 못하게 했다. 또한 벨기에 학생들을 받아들여 가르치려고도 하지 않아 벨기에는 인구가 늘어나도 평등해질 수가 없었다. 도광 11년(1831)에 네덜란드를 쫓아내고 벨기에에 관리를 두어 다스렸다. 네덜란드가 정벌하러 오자 벨기에의 여러 지역은 힘을 합쳐 항거하면서 몇 개월 동안 대치했으나, 시체가 들판에 가득했다. 프랑스가 군대를 일으켜 벨기에를 도와주자, 네덜란드는 그제야 군대를 거두어 물러났다. 벨기에 사람들은 독일의 작센코부르크고타공국(Sachsen-Koburg und Gotha)[2]의 공작 레오폴 1세(Leopold I)[3]를 모셔와 왕으로 받들고 자립해 벨기에를 세웠다.

벨기에의 경내에는 에스코강(Escaut R.)[4]과 뫼즈강(Maas R.)[5]이라는 큰 하천이 있는데, 강의 하류가 네덜란드 경내에 있어 화물선들은 모두 이곳을 경유해 물건을 실어 나간다. 벨기에가 네덜란드와 절교하자 네덜란드는 그 항구를 막아 통행하지 못하게 만들었다. 그리하여 벨기에는 철로 돌을 길에

---

2   작센코부르크고타공국(Sachsen-Koburg und Gotha): 원문은 '살극살각불이액(薩克撒各不爾厄)'이다.

3   레오폴 1세(Leopold I): 원문은 '류파이다(留波爾多)'이다. 레오폴(재위 1831~1865)은 벨기에의 초대국왕이다.

4   에스코강(Escaut R.): 원문은 '의사가이달(義斯加爾達)'이다. 애사고하(埃斯考河), 의사가이달(義士加爾達), 실득하(悉得河)라고도 하는데, 네덜란드어 스헬더강(Schelde R.)이다.

5   뫼즈강(Maas R.): 원문은 '미간새(米干塞)'로, 묵자하(默茲河), 마사하(馬士河)라고도 한다.

깔고 철을 녹여 부어서 숫돌처럼 평평하게 만들어 증기기관차의 운행을 용이하게 했다. 유럽 각국에는 모두 철로가 놓여 있다. 를 놓아 증기기관차를 이용해 육지를 경유해 바다로 갔다.

벨기에는 평원이 드넓게 펼쳐져 있고, 남쪽 강역에는 구릉지만 보인다. 기후가 온난하고 땅이 비옥해 곡식과 과일, 담배 농사가 잘 된다. 초지가 많아 목축이 용이하며, 석탄과 철이 난다. 이 땅은 9개의 지역으로 나뉜다. 브라반트(South Brabant)[6]공국은 8개 주의 정중앙에 위치한다. 수도는 브뤼셀(Brussel)[7]로, 목란락사이사(木蘭洛士爾士), 비률실(比律悉)이라고도 한다. 센강(Seine R.)[8] 강변에 건설되었다. 궁전은 크고 웅장하며 깨끗하지만 화려하지는 않다. 사람들은 방직에 뛰어나며, 이들이 짠 나사와 천은 모두 품질이 아주 뛰어나다. 도시 안팎으로 좋은 나무를 심어 귀족과 백성들이 감상할 수 있게 원림을 조성해두었다. 안트베르펜주(Antwerpen)[9]는 브라반트공국의 북쪽에 위치하며 네덜란드와 경계가 접해 있다. 주도 역시 안트베르펜으로, 예로부터 해운이 발달한 큰 항구도시였다. 근년에 들어 항구가 네덜란드에 의해 봉쇄되는 바람에 배가 다닐 수 없게 되었다. 오스트플란데런주(Oost-

---

6 　브라반트(South Brabant): 원문은 '남파랍반적(南巴拉班的)'으로, 남포랍방특(南布拉邦特)이라고도 한다. 지금의 벨기에 브라반트주이다.

7 　브뤼셀(Brussel): 원문은 '부로사랍사(不魯舍拉斯)'로, 포로사랍사(布魯舍拉斯), 포실부(埔悉部)라고도 한다.

8 　센강(Seine R.): 원문은 '새내하(塞內河)'로, 새납하(塞納河), 삼내하(森內河), 서니하(西尼河)라고도 한다.

9 　안트베르펜주(Antwerpen): 원문은 '안도액이비아(安都厄爾比亞)'로, 안특위보(安特衛普), 라문(羅文)이라고도 한다.

Vlaanderen)[10]는 브라반트공국의 서쪽에 위치하고 주도는 겐트(Gent)[11]이며, 직공들이 모이는 곳으로, 나사는 이곳을 통해 수출된다. 베스트플란데런주(West-Vlaanderen)[12]는 오스트플란데런주의 서쪽에 위치하며 서쪽으로 대해에 이르고, 남쪽으로는 프랑스와 경계한다. 주도는 브뤼헤(Brugge)[13]로 해운항구이다. 에노주(Hainaut)[14]는 브라반트공국의 서남쪽에 위치하며 프랑스와 경계를 접한다. 주도는 몽스(Mons)[15]로, 내지의 부두이다. 나뮈르주(Namur)[16]는 에노주의 동쪽에 위치하며, 남쪽으로는 프랑스와 경계하고 주도 역시 나뮈르이다. 리에주주(Liège)[17]는 나뮈르주의 동쪽에 위치하고, 독일과 경계를 접하고 있으며, 주도 역시 리에주이다. 림뷔르흐주(Limburg)[18]는 리에주주의 북쪽에 위치하며, 동쪽으로는 프로이센과 경계하고 북쪽으로는 네덜란드와 경계하며, 주도는 마스트리흐트이다. 림뷔르흐주는 네덜란드의 림뷔르흐주와 인접해 있으며 주도 역시 마스트리흐트로 이름이 같은데,[19] 아마도 한 지역이 두 개의 땅

---

10 오스트플란데런주(Oost-Vlaanderen): 원문은 '동발란덕사(東發蘭德斯)'로, 동불란덕(東佛蘭德)이라고도 한다.

11 겐트(Gent): 원문은 '간적(干的)'이다.

12 베스트플란데런주(West-Vlaanderen): 원문은 '서발란덕사(西發蘭德斯)'로, 서불란덕(西佛蘭德)이라고도 한다.

13 브뤼헤(Brugge): 원문은 '부로일(不魯日)'이다.

14 에노주(Hainaut): 원문은 '해뇌덕(海腦德)'으로, 이의부(利儀部), 애낙(埃諾)이라고도 한다.

15 몽스(Mons): 원문은 '몽사(蒙肆)'로, 문성(門城)이라고도 한다.

16 나뮈르주(Namur): 원문은 '나모이(那慕爾)'이다.

17 리에주주(Liège): 원문은 '렬일(列日)'이다.

18 림뷔르흐주(Limburg): 원문은 '령불이액(靈不爾厄)'이다.

19 주도…같은데: 여기서는 벨기에 림뷔르흐주의 주도 역시 마스트리흐트로 보고 있는데, 지금의 주도는 하셀트(Hasselt)이다.

으로 나뉜 것 같다. 뤽상부르주(Luxemburg)[20]는 리에주주의 남쪽에 위치하며, 동쪽으로는 프로이센과 경계하고 남쪽으로는 프랑스와 경계하며, 주도는 아를롱(Arlon)[21]이다. 뤽상부르주는 네덜란드 관할의 룩셈부르크와 음은 같지만 주도는 다른데, 아마도 강역이 서로 가까운 것 같다.

살펴보건대 벨기에는 원래 네덜란드의 남부지역으로 두 영토를 합쳐도 되레 여러 대국의 절반에도 미치지 못한다. 처음 두 나라로 분리된 것은 카를로스가 함부로 사람을 죽인데서 기인했다. 스페인이 네덜란드를 침략했을 때 네덜란드 북부는 날마다 전쟁을 했지만, 남부는 결국 강국의 지배하에 들어갔다. 나라가 다시 두 개의 나라로 분리된 것은 천주교와 예수교 두 종교의 각축에서 비롯되었다. 아! 종교를 정립해 살인을 멈추게 하면 될 것을 지금도 종교 때문에 서로 죽이고 있으니 어찌 어리석지 아니한가!

벨기에는 청나라 초에 일찍이 광동에 와서 무역을 한 적이 있었는데, 발길을 끊은 지 오래 되었다. 프랑스는 벨기에의 인척으로, 근래에 다시 벨기에를 위해 대신 통상을 청해 왔기에 조정회의를 거쳐 통상을 허락했다.

---

20   뤽상부르주(Luxemburg): 원문은 '로삼불이액(盧森不爾厄)'으로, 1893년에 룩셈부르크에서 분리되어 나와 벨기에에 합병되었다. 그래서 음역이 룩셈부르크와 동일하다.

21   아를롱(Arlon): 원문은 '아이륜(亞爾倫)'이다.

〚 歐羅巴比利時國 〛

比利時, 比勒治·惟理儀·比義·北爾日加·比爾百喀·密爾閏·彌爾尼壬·比利閏.
歐羅巴小國也. 北界荷蘭, 西北距大西洋海, 西南曁正南, 俱界佛郞西, 東接普
魯士西部, 縱約五百里, 橫約三百里. 古時本荷蘭南部. 荷蘭多水, 而比利時多
平陸. 明初, 荷蘭侯查理好用兵, 徵調煩苦, 比利時不聽命. 查理引兵突入其境,
掩殺八百人. 比利時結大隊復仇, 查理敗死. 後西班牙王非立第二, 兼王荷蘭兩
部. 荷蘭人阿蘭治起兵拒戰, 相持數十年, 比利時隸西班牙未敢貳. 康熙五十三
年, 西班牙以比利時歸奧地利亞, 爲奧藩屬者七十餘年. 嘉慶初, 佛郞西拿破侖
兼幷諸國, 先取比利時, 次滅荷蘭. 拿破侖敗, 荷蘭再立國. 嘉慶十九年, 比利
時復與荷蘭合. 先是荷蘭崇耶穌敎, 因此與西班牙構兵數十年, 卒獲勝復國. 而
比利時毗近佛郞西, 顧獨從佛俗尙天主敎, 又夙隸西班牙·奧地利, 皆天主敎
國. 旣與荷蘭合, 不肯從荷俗. 兩部之民不相能, 時時構釁. 而荷蘭以比利時夙
附仇國, 不與恢復之師, 素薄其人, 不令居顯秩. 又不肯收敎其幼學, 比利時人
積不能平. 道光十一年, 逐荷蘭守土吏. 荷蘭伐之, 比利時諸部合兵拒戰, 相持
數月, 伏尸遍野. 佛郞西擧兵助比利時, 荷蘭乃斂兵退. 比利時人遂招日耳曼之
薩克撒各不爾厄小侯留波爾多來國, 奉以爲王, 自立爲國.

比利時境內大河有二, 曰義斯加爾達, 曰米干塞, 下游皆在荷蘭境, 貨船由
此出運. 旣絶荷蘭, 荷蘭遏其港口, 使不得通. 乃造鐵轆轤路, 以石鋪路, 熔鐵汁灌
之, 使平如砥, 以利火輪車之行. 歐羅巴各國皆有之. 以火輪車由陸轉運, 以達於海.

比利時平原坦闊, 南界僅見崗陵. 氣候溫平, 土膏腴潤, 宜穀果烟葉. 多草
場, 便牧畜, 兼產煤鐵. 地分九部. 南巴拉班的, 在八部適中之地. 都城曰不魯

舍拉斯, 一作木蘭洛士爾士, 又作比律悉. 建於塞內河濱. 宮廷高大, 潔而不華. 其民工於紡績, 所織呢布皆精良. 城內外多植嘉樹爲園囿, 供士民游賞. 安都厄爾比亞, 在南巴拉班的之北, 壤接荷蘭. 會城同部名, 向爲水運大埔頭. 近年港口爲荷蘭所封, 舟楫不行. 東發蘭德斯, 在南巴拉班的之西, 會城曰干的, 織工所聚, 呢布由此出運. 西發蘭德斯, 在東發蘭德斯之西, 西距大海, 南界佛郎西. 會城曰不魯日, 係水運海口. 海腦德, 在南巴拉班的之西南, 與佛郎西接壤. 會城曰蒙肆, 係內地埔頭. 那慕爾, 在海腦德之東, 南界佛郎西, 會城同部名. 列日, 在那慕爾之東, 與日耳曼接壤, 會城同部名. 靈不爾厄, 在列日之北, 東界普魯士, 北界荷蘭, 會城曰賣士的里至. 此與荷蘭之靈不爾厄相連, 會城名亦同, 蓋一域分爲兩地也. 盧森不爾厄, 在列日之南, 東界普魯士, 南界佛郎西, 會城曰亞爾倫. 此與荷蘭所轄之盧森不爾厄同名, 而會城名不同, 蓋地界亦相近也.

按: 比利時本荷蘭南部, 兩土合并, 猶不敵諸大國之半. 其初分也, 因查理之妄殺. 西班牙之侵荷, 北部日尋干戈, 南部遂羈縻強敵. 其再分也, 則由於天主‧耶穌兩教之角勝. 於嘑! 立教以止殺也, 今乃因教而相屠, 豈不愚哉!

比利時於國初時, 曾來粵貿易, 絶迹多年. 佛郎西其姻鄰也, 近復爲之代請通市, 朝議許之.

영환지략

권7

본권에서는 대항해시대를 주도했던 프랑스, 스페인, 포르투갈, 영국 4개국의 역사, 지리, 환경, 풍속, 산물, 교육, 정치, 경제, 대포, 화륜선에 대해 서술하고 있다. 프랑스는 전통의 유럽 강국으로, 각 대륙에 속지를 두고 있지만 상업적 이익에 치중해 속지에서 억압적 정책으로 일관했던 나라들과 달리 국위선양에 목적이 있다고 보면서, 해양 진출 과정과 프랑스에 대한 오해와 진실에 대해 기술하고 있다. 나아가 대항해시대의 성공을 구가했던 스페인의 몰락과 포르투갈을 대서양국이라 불렀던 원인, 나아가 중국을 위기에 빠뜨린 영국에 대한 적대감과 동시에 오스트레일리아를 부강한 나라로 만든 영국의 원대한 기상을 함께 설명하고 있다.

[유럽 프랑스]

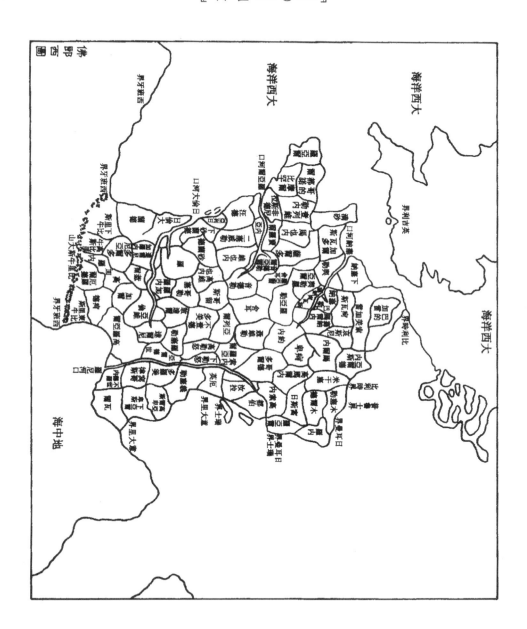

프랑스 지도

대서양해(大西洋海): 지금의 대서양(Atlantic Ocean)이다.

영길리계(英吉利界): 영국 강역이다.

비리시계(比利時界): 벨기에(Belgium) 강역이다.

보로사계(普魯士界): 프로이센(Preussen) 강역이다.

파적가뢰(巴的加雷): 지금의 파드칼레주(Pas-de-Calais)이다.

아이덕내사(亞爾德內斯): 지금의 아르덴주(Ardennes)이다.

애사니(哀斯尼): 지금의 엔주(Aisne)이다.

아와사(疴瓦斯): 지금의 우아즈주(Oise)이다.

하새납(下塞納): 지금의 센마리팀주(Seine-Maritime)이다.

새납하구(塞納河口): 지금의 센강(Seine R.)하구이다.

만사(滿砂): 지금의 망슈주(Manche)이다.

일이만계(日耳曼界): 독일(Germany) 강역이다.

목새륵(木塞勒): 지금의 모젤주(Moselle)이다.

라내(羅內): 지금의 론주(Rhône)이다.

목이덕(木爾德): 지금의 뫼르트에모젤주(Meurthe-et-Moselle)이다.

미간새(米干塞): 지금의 뫼즈주(Meuse)이다.

마이내(馬爾內): 지금의 마른주(Marne)이다.

새납마이내(塞納馬爾內): 지금의 센에마른주(Seine-et-Marne)이다.

새납(塞納): 지금의 센주(Seine)이다.

파륵(巴勒): 지금의 파리(Paris)이다.

여륵(與勒): 지금의 외르주(Eure)이다.

가이와다사(加爾瓦多斯): 지금의 칼바도스주(Calvados)이다.

356

와사일(窩斯日): 지금의 보주주(Vosges)이다.

고색내(高索內): 지금의 오트손주(Haute-Saône)이다.

라아이(羅亞爾): 지금의 루아르주(Loire)이다.

도백(都伯): 지금의 두주(Doubs)이다.

서사계(瑞士界): 스위스(Switzerland) 강역이다.

고마이내(高馬爾內): 지금의 오트마른주(Haute-Marne)이다.

아비(痾卑): 지금의 오브주(Aube)이다.

새납아와사(塞納痾瓦斯): 지금의 센에우아즈주(Seine-et-Oise)이다.

라아륵(羅亞勒): 지금의 루아레주(Loiret)이다.

여륵라아이(與勒羅亞爾): 지금의 외레루아르주(Eure-et-Loir)이다.

약내(約內): 지금의 욘주(Yonne)이다.

가덕다이(哥德多爾): 지금의 코트도르주(Côte-d'Or)이다.

섭유륵(聶維勒): 지금의 니에브르주(Nievre)이다.

사이(舍耳): 지금의 셰르주(Cher)이다.

라아이사이(羅亞爾舍耳): 지금의 루아르에셰르주(Loir-et-Cher)이다.

음덕륵라아이(音德勒羅亞爾): 지금의 앵드르에루아르주(Indre-et-Loire)이다.

살이다(薩爾多): 지금의 사르트주(Sarthe)이다.

마야내(馬也內): 지금의 마옌주(Mayenne)이다.

일렬유륵내(壹列維勒內): 지금의 일에빌렌주(Ille-et-Vilaine)이다.

가적도락이(哥的都諾爾): 지금의 코트다르모르주(Côtes-d'Armor)이다.

라아이(羅亞爾): 로와이(盧瓦爾), 대서양로와이(大西洋盧瓦爾)라고도 하는데, 지금의 루아르아틀랑티크(Loire-Atlantique)이다.

마이비한(摩爾比罕): 지금의 모르비앙주(Morbihan)이다.

비니사덕랍(非尼斯德拉): 지금의 피니스테르주(Finistère)이다.

여랍(汝拉): 지금의 쥐라주(Jura)이다.

색내라아이(索內羅亞爾): 지금의 손에루아르주(Saône-et-Loire)이다.

아렬이(亞列爾): 지금의 알리에주(Allier)이다.

유야내(維也內): 지금의 비엔주(Vienne)이다.

음덕륵(音德勒): 지금의 앵드르주(Indre)이다.

이새위륵부(二塞威勒府): 지금의 되세브르주(Deux-Sèvres)이다.

왕덕(汪德): 지금의 방데주(Vendée)이다.

액영(厄英): 지금의 앵주(Ain)이다.

의대리계(意大里界): 이탈리아(Italia) 강역이다.

하륵노(下勒怒): 바랭주(Bas-Rhin)이다.

고륵노(高勒怒): 오랭주(Haut-Rhin)이다.

불이덕다미(不壹德多美): 지금의 퓌드돔주(Puy-de-Dôme)이다.

가류사(哥留斯): 지금의 크뢰즈주(Creuse)이다.

고유야내(高維也內): 지금의 오트비엔주(Haute-Vienne)이다.

사란덕(沙蘭德): 지금의 샤랑트주(Charente)이다.

하사란덕부(下砂蘭德府): 지금의 샤랑트마리팀주(Charente-Maritime)
이다.

아렬일(亞列日): 지금의 아리에주주(Ariège)이다.

의새륵(義塞勒): 지금의 이제르주(Isère)이다.

고아이비사(高亞爾卑斯): 지금의 오트잘프주(Hautes-Alpes)이다.

다라미(多羅美): 지금의 드롬주(Drôme)이다.

아이덕세(亞爾德世): 지금의 아르데슈주(Ardèche)이다.

라새륵(羅塞勒): 지금의 로제르주(Lozère)이다.

감달이(敢達爾) : 지금의 캉탈주(Cantal)이다.

가륵새(哥勒塞) : 지금의 코레즈주(Corrèze)이다.

라가라내(羅加羅內) : 지금의 로트에가론주(Lot-et-Garonne)이다.

일륜대(日倫大) : 지금의 지롱드주(Gironde)이다.

라(羅) : 지금의 로트주(Lot)이다.

하아이비사(下亞爾卑斯) : 바스 알프스(Basses-Alpes)로, 하아이비사(下阿爾卑斯)라고도 하는데, 지금의 프랑스 남부에 위치한 알프드오트프로방스주(Alpes-de-Haute-Provence)이다.

와가률사(窩哥律斯) : 지금의 보클뤼즈주(Vaucluse)이다.

고라아이(高羅亞爾) : 지금의 오트루아르주(Haute-Loire)이다.

가이(加爾) : 지금의 가르주(Gard)이다.

야이(惹爾) : 지금의 제르주(Gers)이다.

달이니가라내(達爾尼加羅內) : 지금의 타른에가론주(Tarn-et-Garonne)이다.

다이다니아(多爾多尼亞) : 지금의 도르도뉴주(Dordogne)이다.

란덕(蘭德) : 지금의 랑드주(Landes)이다.

고가라내(高加羅內) : 지금의 오트가론주(Haute-et-Garonne)이다.

아덕(疴德) : 지금의 오드주(Aude)이다.

와이(瓦爾) : 지금의 바르주(Var)이다.

불세덕라내(不世德羅內) : 지금의 부슈뒤론주(Bouches-du-Rhône)이다.

라니하구(羅尼河口) : 지금의 론강(Rhône R.)하구이다.

액라이덕(厄羅爾德) : 지금의 에로주(Hérault)이다.

고비리우사(高比里牛斯) : 지금의 오트피레네주(Hautes-Pyrénées)이다.

하비리우사(下比里牛斯) : 지금의 피레네자틀랑티크주(Pyrénées-

Atlantiques)이다.

비리우사산(比利牛斯山): 지금의 피레네산맥(Pyrenees Mountains)이다.

서반아계(西班牙界): 스페인(Spain) 강역이다.

지중해(地中海): 지금의 지중해(Mediterranean Sea)이다.

프랑스 불란서(佛蘭西)·법란서(法蘭西)·불랑기(佛郎機)·불랑제(佛郎祭)·하란서(荷蘭西)라고도 한다. 는 유럽의 강대국이다. 동북쪽으로는 벨기에(Belgium)[1]와 경계하고, 서북쪽으로는 영국과 항구를 사이에 두고 마주보고 있으며, 동쪽으로는 독일(Germany)[2]·스위스(Switzerland)[3]와, 동남쪽으로는 이탈리아 및 지중해와 경계하고, 서쪽으로는 대서양에 이르며 서남쪽으로는 스페인과 경계한다. 남북의 길이는 약 2250리이고, 동서의 너비는 약 2060리이다. 이 땅의 옛날 명칭은 골(Gaul)[4]로, 갈리아(Gallia)[5]라고도 하는데, 켈트족(Kelt)[6]이 거주하던 곳이다. 한(漢)나라 원제(元帝)[7] 원년[8](B.C.48)에 로마의 대장군 가이우

---

1 벨기에(Belgium): 원문은 '비리시(比利時)'이다.

2 독일(Germany): 원문은 '일이만(日耳曼)'이다.

3 스위스(Switzerland): 원문은 '서사(瑞士)'이다.

4 골(Gaul): 원문은 '오로(奧盧)'로, 아이(俄爾), 고로(高廬)라고도 한다.

5 갈리아(Gallia): 원문은 '아리아(牙里亞)'로, 골의 라틴어 이름이다. 로마제국이 프랑스지역을 부르던 명칭이다.

6 켈트족(Kelt): 원문은 '새이달야번(塞爾達野番)'으로, 거이특인(居爾特人)이라고도 한다. 프랑스, 독일, 스위스, 알프스 산맥 주변에 거주한 아리아족의 일파이다.

7 원제(元帝): 한나라 제11대 황제 유석(劉奭)(재위 B.C.48~B.C.33)이다.

8 원년: 원문은 '초원(初元)'으로, 황제가 등극해 연호를 바꾼 첫해를 말한다.

스 율리우스 카이사르(Gaius Julius Caesar)[9] 카이사르는 일명 인략새살이(人略塞薩爾)라고도 한다. 가 그곳을 정복하고, 대신을 두어 진수하게 하면서 전답을 개간하고 씨앗을 뿌려 점점 풍속을 변화시켜 나가 이로부터 이탈리아의 서쪽 강역이 되었다. 후에 로마가 쇠퇴하자 남쪽 강역은 북방 이민족인 비시코트족(Visigoths)[10] 고트족(Goths)[11]이다. 이 차지했고, 서쪽 강역은 북방 이민족인 부르군트족(Burgondes)[12]이 차지했으며, 동북쪽 강역은 게르만족의 일파인 프랑크족(Frank)[13]이 차지했다. 남제(南齊) 고제(高帝) 건원(建元)[14] 3년(481)에 뛰어난 지략을 가진 프랑크족의 부족장 클로비스(Clovis)[15]가 비로소 북방의 이민족을 몰아내고 전역을 차지하고는 국호를 프랑크왕국(Regnum Francorum Francia)[16]이라고 했는데, 이것이 프랑스 건국의 시작이다. 3백여 년 뒤에 킬데리쿠스 3세(Childeric III)[17]대에 와서 백성들에 의해 폐위되었다. 천보(天寶)[18]

---

9   가이우스 율리우스 카이사르(Gaius Julius Caesar): 원문은 '개살(愷撒)'이다.

10 비시코트족(Visigoths): 원문은 '유서가다인(維西哥多人)'이다.

11 고트족(Goths): 원문은 '아특족(峨特族)'이다.

12 부르군트족(Burgondes): 원문은 '불이급농인(不爾給農人)'으로, 게르만족의 한 분파이다.

13 프랑크족(Frank): 원문은 '불랑가인(佛郞哥人)'으로, 발랑가인(發郞哥人), 법란극인(法蘭克人)이라고도 한다.

14 건원(建元): 남제의 초대 황제 소도성(蕭道成)의 연호(479~482)이다.

15 클로비스(Clovis): 원문은 '가라미(哥羅味)'로, 5세기 말에 프랑크 왕국을 건설한 클로비스 1세를 가리킨다.

16 프랑크왕국(Regnum Francorum Francia): 원문은 '불랑서(佛郞西)'로, 발랑살(發郞薩)이라고도 한다.

17 킬데리쿠스 3세(Childeric III): 원문은 '급이북리가(給爾北里哥)'로, 프랑크 왕국 메로빙거 왕조의 마지막 군주인 일명 힐데리히 3세(재위 743~751)로 추정된다.

18 천보(天寶): 당나라 제6대 황제 현종(玄宗) 이융기(李隆基)의 세 번째 연호(742~756)이다.

361

11년(752)에 궁재(宮宰)[19]였던 피피누스 3세(Pippinus III)[20] 추배비락(鎚北比諾)이라고도 한다. 를 왕으로 세웠다. 총명하고 학문을 좋아하는 피피누스 3세가 떨쳐 일어나 정치를 돌봐 프랑크왕국에 안정을 가져다주었다. 그의 아들[21] 카롤루스(Carolus)[22] 가이록사마가노(加爾祿斯馬哥奴)라고도 한다. 는 문무를 겸비한 인재로 당나라 덕종(德宗) 6년(790)에 왕위를 계승했다.[23] 당시 동쪽 게르만의 작센(Sachsen)[24]이 누차 변경을 침범해오자 카롤루스는 이들을 정벌해 그 왕을 사로잡고 4500명의 사람을 참수했으며, 나아가 게르만의 여러 왕국을 평정하는 동시에 로마도 함께 차지했다. 로마 교황은 그에게 왕관을 씌워주고, 당시 교황은 큰 권력을 쥐고 있었기 때문에 교황이 왕관을 씌워준다는 것은 그를 패자로 인정한다는 뜻이다. 동로마왕도 그와 교류할 것을 약속했다. 카롤루스는 관저를 열고 학자들을 불러들였으며, 도시와 궁실을 장엄하게 짓고 도로를 정비했는데, 일시의 성세를 드러낼 정도로 그 규모가 대단했다. 카

---

19 궁재(宮宰): 원문은 '총재(冢宰)'이다. 7~8세기에는 프랑크 왕국의 재상을 지칭했으나, 이후 중세 초기에는 왕실이나 제후의 집안을 관리하는 사람을 의미했다.

20 피피누스 3세(Pippinus III): 원문은 '배비낙(北比諾)'으로, '피피누스 단신왕'이라고 불린다. 피피누스 3세(재위 714~768)는 메로빙거 왕조의 힐데리히 3세를 폐위시키고 즉위해서 카롤링거 왕조를 열었다.

21 아들: 원문은 '손(孫)'으로 되어 있으나, 역사적 사실에 따르면 그의 아들인 카롤루스대제를 가리킨다.

22 카롤루스(Carolus): 원문은 '갑리태보(甲利泰甫)'이다. 카롤루스 1세 마그누스(Carolus Magnus)로, 카롤링거 왕조 제2대 국왕이다. 독일은 카롤루스 대제로, 프랑스는 샤를마뉴 대제로 부른다. 엄격하게 따지면 샤를마뉴로 해야하나 음역에 따라 카롤루스라 번역한다.

23 그의 아들…계승했다: 역사적 사실에 따르면 카롤루스 대제는 당나라 덕종 대력(大曆) 3년(768)에 동생 카를로만과 함께 왕위를 물려받았으며, 771년 동생 카를로만이 죽은 뒤에 프랑크왕국의 유일한 군주가 되었다.

24 작센(Sachsen): 원문은 '살손(撒遜)'이다.

롤루스가 황위를 넘겨준 몇 세대 뒤에 후손들은 정권다툼을 하고, 각 왕국 역시 병권을 잡고 서로 공격하면서 나라 또한 쇠퇴해졌다. 송나라 태종 옹희(雍熙)[25] 4년(987)에 나라 사람들은 다시 공작 위그 카페(Hugh Capet)[26]를 왕으로 세웠다. 몇 세대 뒤에 후사가 끊어지자 다시 발루아(Valois)[27] 왕가를 옹립했다. 송나라 이종(理宗)[28] 2년(1225)에 루이 9세(Louis IX)[29] 로의사(盧義斯)라고도 불린다. 가 왕위에 올랐는데, 정치에 뛰어나고 특히 명분과 법률에 정통했으며, 일찍이 장졸을 이끌고 이집트(Egypt)[30]를 정벌했다. 전쟁에서는 승리했지만 삼군이 모두 전염병에 걸려 일어날 수 없게 되자 전군에게 뇌물을 주고 귀국해서는 국정을 손보고 현명하고 능력 있는 인물을 선발 임용해서 중흥의 시대를 일구었다. 프랑스는 영국과 항구 하나를 사이에 두고 있으며, 대대로 인척 관계를 맺었다. 프랑스에서 후사가 끊기자 영국의 왕 에드워드 3세(Edward III)[31] 화의도제삼(華義都第三)이라고도 한다. 는 자칭 프랑스

---

25 옹희(雍熙): 송나라 태종 조경(趙炅)의 두 번째 연호(984~988)이다.

26 위그 카페(Hugh Capet): 원문은 '무액가반다(武額加頒多)'로, 무액가비다(武額加卑多)라고도 한다. 위그 카페(재위 987~996)는 프랑스 카페 왕가의 첫 번째 왕이다.

27 발루아(Valois): 원문은 '와라의사(瓦羅義斯)'이다. 1884년 4월 6일자 『한성순보(漢城旬報)』에 프랑스의 역사와 국력에 대해 상세하게 소개하고 있는데, 이에 따르면 '와라의사'는 발루아 왕조의 첫 번째 왕인 필리프 6세(Philippe VI de Valois)이다. 필리프 6세(1328~1350)는 카페 직계의 마지막 왕인 샤를 4세(Charles IV)(1294~1328)가 후사가 없이 사망함으로써 왕위 계승 다툼에서 최종적으로 승리해 왕위에 오른 인물이다.

28 이종(理宗): 남송의 제5대 황제 조윤(趙昀)(재위 1224~1264)을 가리킨다.

29 루이 9세(Louis IX): 원문은 '로이(路易)'로, 용맹왕인 생 루이(재위 1226~1270)로 더 많이 알려져 있다.

30 이집트(Egypt): 원문은 '맥서(麥西)'이다.

31 에드워드 3세(Edward III): 원문은 '의도아이다(義都亞爾多)'이다. 에드워드 3세(재위 1327~1377)는 중세시대의 가장 성공적인 왕으로 평가받고 있는 잉글랜드 국왕이다.

의 옛 왕[샤를 4세(Charles Ⅳ)]의 조카이기 때문에 마땅히 프랑스의 땅을 분할해야 한다고 주장했으나[32] 프랑스 사람들이 호응하지 않았다. 이에 영국은 마침내 군사를 일으켜 프랑스를 공격했고, 이로부터 두 나라는 원수지간이 되어 수년 혹은 수십 년에 한 번 씩 다투며 적수라고 칭했다. 원(元)나라 순제(順帝)[33] 연간에 영국에게 멸망당했다. [잔다르크(Jeanne d'Arc)라는] 16세의 한 소녀가 패잔병들에게 호소해 영국군을 격퇴시키고서야 강역을 되찾았다. 명나라 만력(萬曆)[34] 25년(1597)에 헨리 3세(Henry Ⅲ)[35] 영려급(英黎給)이라고도 한다. 가 시해 당했다. 헨리 4세(Henry Ⅳ)[36] 영려급제사(英黎給第四)라고도 한다. 는 방계의 신분으로 왕위를 계승했기에 분투하여 자신을 다스리고 널리 인정을 베풀어 민심을 얻었다. 당시의 천주교 교황이 이단을 모두 죽여 없애고자 했으나, 헨리 4세가 말을 듣지 않았다. 교황은 그를 원망하

---

32 에드워드 3세는…주장했으나: 잉글랜드 국왕 에드워드 3세의 어머니는 프랑스 국왕 필리프 4세의 딸 이사벨라로, 에드워드 3세는 프랑스 카페 본가의 마지막 왕인 샤를 4세와 숙질지간이었다. 1316년 프랑스에 살리카법이 제정되면서 여성의 왕위 계승이 금지되었다. 1328년 샤를 4세가 죽자 여성으로서 프랑스 왕위를 요구할 수 없게 된 이사벨라는 아들 에드워드의 왕위 계승을 주장했으나, 프랑스에서는 이 요구를 무시했다. 이 문장은 바로 이것을 두고 이야기한 것이다.

33 순제(順帝): 원나라 제11대 칸 보르지긴 토곤테무르(Toghon Temür)이다. 순제(재위 1333~1368)는 명나라의 호칭으로 정식 묘호는 혜종(惠宗)이다.

34 만력(萬曆): 명나라 제13대 황제 신종(神宗) 주익균(朱翊鈞)의 연호(1573~1620)이다.

35 헨리 3세(Henry Ⅲ): 원문은 '현리(顯理)'이다. 헨리 3세(재위 1216~1272)는 영국 플랜태저넷 왕가(House of Plantagenet)의 왕이자 존 왕의 아들로, 교양이 풍부하고 인정은 많았지만 통치자로서는 부족한 인물이었다.

36 헨리 4세(Henry Ⅳ): 원문은 '현리제사(顯理第四)'이다. 헨리 4세(재위 1399~1413)는 랭커스터 가문(House of Lancaster)의 창시자이자 플랜태저넷 왕가의 왕으로 에드워드 3세의 손자이다. 헨리 4세는 의회의 선출을 통해 즉위했지만, 그의 왕위계승의 정당성에 의문을 품은 자들이 많아 그의 치세에는 어려움이 많았다.

며 헨리 4세를 시해하려고 했다. 만력 37년(1609)에 헨리4세가 자객에게 죽임을 당하자 백성들은 부모를 여읜 것처럼 통곡했다. 뒤이은 왕이 어리석고 무능해 소인을 등용하는 바람에 국정이 어지러워졌다. 루이 14세(Louis XIV)³⁷ 로의사제십사(盧義斯第十四)라고도 한다. 는 무예를 좋아해서 전쟁을 일삼고, 각국에서 조공을 오면 거만하게 횡포를 부리면서 그들을 능멸해, 이로부터 모두 그를 원망하며 배신했다. 건륭(乾隆) 38년(1773)에 루이 16세(Louis XVI)³⁸ 로의사제십육(盧義斯第十六)이라고도 한다. 가 즉위했다. 당시 조지 워싱턴(George Washington)³⁹ 올흥등(兀興騰) 이라고도 한다. 이 아메리카를 차지하고 전쟁을 일으키자 영국은 이에 대항하여 싸웠지만 이기지 못했다. 프랑스인들이 전군을 동원해 워싱턴을 도와주자 영국은 버티지 못하고 결국 워싱턴과 화의를 체결했으며, 프랑스 역시 이로 인해 국력을 소모했다. 루이 16세는 여색을 탐하고 총신(寵臣)이 권력을 농단해 민의를 어지럽게 하자, 백성들이 이를 견디지 못했다. 건륭 54년(1789)에 나라에 혁명이 일어나고 곧 이어 국왕을 폐위시켜 죽인 뒤 통령 3인을 세워 왕정을 대신했는데, 나폴레옹(Napoleon)⁴⁰ 나파리옹(拿破利翁), 나파량(那波良)이라고도 한다. 을 제1통령으로 삼았다. 나폴레옹은 일찍이 장군으로 신과 같은 용병술로 이집트 원정에서 큰 공을 세우지만, 왕이 그를 시기해서 한직에 배치했다. 국민들이 왕을 시

---

37 루이 14세(Louis XIV): 원문은 '로이제십사(路易第十四)'이다. 루이 14세(재위 1643~1715)는 프랑스 최전성기를 구가한 왕으로, '태양왕'이라고도 불렸다.

38 루이 16세(Louis XVI): 원문은 '로이제십육(路易第十六)'이다.

39 조지 워싱턴(George Washington): 원문은 '화성돈(華盛頓)'이다. 워싱턴은 미국 독립전쟁(1775~1783) 당시 혁명군 총사령관이었으며, 후에 미국의 초대 대통령(1789~1797)이 되었다.

40 나폴레옹(Napoleon): 원문은 '나파륜(拿破侖)'으로, 나폴레옹 보나파르트(Napoleon Bonaparte)(재위 1804~1815)를 가리킨다.

해하자 나폴레옹은 그 기세를 타고 군중을 고무시켜서 권력을 잡았다. 가경(嘉慶) 9년[41](1804)에 사람들의 추대를 받아 왕으로 즉위한 나폴레옹은 군사력과 전략을 믿고 하나의 제국을 건설해 로마의 뒤를 계승하고자 했다. 네덜란드를 멸망시키고 스페인을 무너트렸으며 포르투갈을 취하고 이탈리아·스위스·독일 내의 군소왕국을 합병했다. 프로이센(preussen)[42]의 절반을 분할하고 오스트리아(Austria)[43]의 속지를 탈취했으며, 덴마크(Denmark)[44]를 침략해서 수도를 포위했다. 백전백승으로 가는 곳마다 대적할 자가 없어 각국은 그를 사나운 호랑이처럼 두려워했다. 가경 17년[45](1812)에 대군을 거느리고 러시아 정벌에 나서 옛 수도 모스크바(Moskva)[46]를 포위했으나, 러시아인들이 모스크바에 불을 지르고 달아났다. 프랑스가 회군하려 할 때 날씨가 갑자기 추워지면서 병사 중에 동사한 자가 10명 가운데 7~8명이나 되었다. 다른 나라들이 그 피폐함을 틈타서 힘을 합해 공격하자, 프랑스 군대는 대패해 강탈했던 토지를 모두 빼앗겼다. 가경 19년[47](1814)에 각국은 공사를 파견해 빈(Wien)[48] 오스트리아의 수도이다. 회의에서 나폴레옹이 빼앗은 땅을 각각 본래 주인에게 돌려주었다. 또한 그 사이의 땅은 분할하기도 하

---

41 가경(嘉慶) 9년: 원문은 '가경 8년'으로 되어 있으나, 역사적 사실에 따라 고쳐 번역한다.

42 프로이센(preussen): 원문은 '보로사(普魯士)'이다.

43 오스트리아(Austria): 원문은 '오지리아(奧地利亞)'이다.

44 덴마크(Denmark): 원문은 '련국(嗹國)'으로, 대니(大尼)라고도 한다.

45 가경 17년: 원문에는 '가경 16년'으로 되어 있으나, 역사적 사실에 따라 고쳐 번역한다.

46 모스크바(Moscow): 원문은 '묵사과(墨斯科)'로, 묵사구(墨斯溝), 막사구(莫斯口), 목길성(木吉城)이라고도 한다.

47 가경 19년: 원문은 '가경 20년'으로 되어 있으나, 역사적 사실에 따라 고쳐 번역한다.

48 빈(Wien): 원문은 '유야납(維也納)'으로, 유야납(維耶納)이라고도 한다.

고 합병하기도 하면서 맹약을 체결해 서로 침략하지 않기로 했다. 나폴레

옹은 패배해서 수치스럽게 왕좌에서 쫓겨나고, 옛 왕의 후예인 루이 18세

로의사(盧義斯)라고도 한다. 가 다시 즉위해서 병권을 장악했다. 가경 20년(1815)

에 [나폴레옹은] 영국과 북부에서 전투를 벌여 패배하고 체포되었다.[49] 영

국인이 나폴레옹을 황폐한 섬에 유폐시키자, 나폴레옹은 도광 1년(1821)에

죽었다.[50] 루이가 즉위한지 몇 년 뒤에 사망해 동생 샤를 10세(Charles X)[51] 가

이록사(加爾祿斯)라고도 한다. 가 즉위했으나, 그는 어리석어 국사를 돌보지 못

했다. 재위한지 9년[52] 만에 국민들은 그를 폐위시키고 종친 중에 현명한 자

인 루이필리프 1세(Louis-Philippe Ier)[53] 로의사비리비(盧義斯非里卑)라고도 한다. 를

선택해서 왕으로 세우니, 바로 지금의 왕이다. 도광 10년[54](1830)에 즉위했

는데, 천성이 관대하고 어질며 간언을 잘 받아들여 현명하다는 명성을 얻

고 있다.

　　프랑스는 지형이 평탄하고, 동쪽 강역은 여러 나라와 인접해 있으며,

산이 끊어졌다 이어졌다하면서 줄줄이 이어져 있다. 남쪽 강역은 스페인

과 피레네산맥(Pyrenees Mountains)[55]을 사이에 두고 있으며, 나머지 땅은 모두

49　가경 20년(1815)에⋯체포되었다: 원문에는 '가경 21년'으로 되어 있으나, 역사적 사실에 따라 고쳐 번역한다. 바로 워털루전쟁으로, 1815년 워털루에서 영국과 프로이센 군대가 백일천하를 수립한 나폴레옹 1세의 프랑스 군대를 격파한 큰 싸움이다.

50　나폴레옹은 도광 1년(1821)에 죽었다: 원문에는 '도광 2년'으로 되어 있으나, 역사적 사실에 따라 고쳐 번역한다.

51　샤를 10세(Charles X): 원문은 '사리(查理)'로, 샤를 10세(재위 1824~1830)이다.

52　9년: 역사적 사실에 따르면 샤를 10세의 재위기간은 1824~1830년으로 7년이다.

53　루이필리프 1세(Louis-Philippe Ier): 원문은 '로이비립(路易非立)'이다.

54　도광 10년: 원문은 '도광 9년'으로 되어 있으나, 역사적 사실에 따라 고쳐 번역한다.

55　피레네산맥(Pyrenees Mountains): 원문은 '비리우사대산(比里牛斯大山)'이다.

평지이다. 경내에 하천이 종횡으로 흐르고 있으며, 유명한 강 22개가 있다. 가장 큰 강인 론강(Rhône R.)[56]은 북쪽에서 남쪽으로 흘러 지중해로 들어간다. 센강(Seine R.)[57]·루아르강(Loire R.)[58]·가론강(Garonne R.)[59]은 모두 동쪽에서 서쪽으로 흘러 대서양으로 들어간다. 프랑스인들은 주로 도랑을 파서 수로로 만들어서 프랑스인들이 수리에 아주 정통해 나라에서는 수리를 전문 학문분야로 두었다. 도처에서 배가 다닐 수 있다. 또한 주로 농지 사이에 있는 도랑을 파서 이를 통해 물을 모으기고 하고 내보내기도 했기 때문에 토양이 비옥하기로는 서방에서 최고이다. 그 가운데 농지가 6할, 원림이 2할, 목장이 1할을 차지하고 있다. 사람들이 나라에서 받는 전답은 몇 마지기에 불과하지만 농사에 공을 많이 들이기 때문에 인구가 많아도 식량이 늘 충분했다. 서북쪽은 기후가 한랭하고 지대가 낮고 습해 곡식과 과일농사에 좋다. 동남쪽은 날씨가 따뜻하면서도 건조하고 초목이 많이 자라 포도농사에 좋다. 가장 많이 나는 물산은 포도주이다. 남쪽 사람들은 대부분 술을 빚어 생활한다. 술맛이 아주 진하고 깨끗해 술의 빛깔이 담황색에 붉은 빛이 약간 도는데 술이 아주 깨끗하다. 술맛은 중국 북방에서 기장으로 빚은 술과 아주 비슷한데, 술을 따르면 기포가 생긴다. 한 병에 은 수십 원(圓)하는 것도 있다. 서방의 맛좋은 술은 모두 프랑스에서 나며, 해마다 은 6천여만 원을 벌어들인다. 또한

---

56 론강(Rhône R.): 원문은 '라니(羅尼)'로, 스위스 알프스 산맥에서 발원해서 프랑스를 거쳐 지중해로 유입된다.

57 센강(Seine R.): 원문은 '새납(塞納)'으로, 서니하(西尼河)라고도 한다.

58 루아르강(Loire R.): 원문은 '라아이(羅亞爾)'로, 라아리강(羅亞利江)이라고도 한다. 프랑스에서 가장 긴 강으로 프랑스 평원을 가로질러 비스케만으로 흘러든다.

59 가론강(Garonne R.): 원문은 '일륜대(日倫大)'로, 가륜강(伽倫江), 아륜강(牙倫江)이라고도 한다. 스페인에서 발원해서 프랑스 남서부를 흐른다.

코냑(cognac)[60]을 제조해 매년 3백만 원을 벌어들인다. 올리브유가 가장 많이 나며, 무[61]를 심어 설탕을 만드는데 맛이 사탕수수와 비슷하다. 이 땅에서 직조한 나사(羅紗)[62]와 우단(羽緞)[63]은 모두 정교하고 촘촘하며, 또한 꽃무늬 비단을 직조할 수 있다. 본국에서 생산되는 잠사 10만여 섬으로 베를 짜기에 부족해 이탈리아에서 사들여와 보태서한다. 이 나라 사람들은 머리가 총명하고 민첩해 기기제작에 뛰어나다. 자동화총과 화륜선의 태반은 모두 이 나라에서 만든 것이다. 수도에는 시계공이 2천 명이나 있어 매년 회중시계 4만 개와 자명종 1만 8천 개를 만든다. 시계제조방법이 시시각각 변해 기상천외하다. 다른 나라에서도 모방해서 시계를 만들기도 하지만 결국 프랑스의 시계만 못하다. 산에서 나는 석탄·철·납·백반(白礬)은 오로지 내수용으로만 사용한다. 프랑스 국민은 호방하고 의협심을 즐길 줄 알며, 기세가 높고 종일토록 노래하고 춤추며 근심하는 기색이 없다. 신분고하를 막론하고 모두 화려하게 차려입으면서 돈을 아끼지 않는다. 사람 사귀기를 좋아해 멀리서 온 손님들을 잘 대접한다. 매년 거둬들이는 각종 세수는 약 은 1억 2900만 냥에 이른다.

프랑스는 과거에는 33개 주로 구분했으나, 강역의 크기가 고르지 않아 근년에 들어 86개 주로 개편했다. 일드프랑스(Ile de France)[64]는 프랑스 북쪽

---

60 코냑(cognac): 원문은 '열주(熱酒)'이다. 와인을 증류하여 만드는 술인 브랜디의 한 종류로, 17세기 무렵 프랑스에서 제조되기 시작했다.

61 무: 원문은 '내복(萊菔)'이다.

62 나사(羅紗): 원문은 '대니(大呢)'로, 양털에 무명이나 인조견 등을 섞어서 짠 두터운 혼성 모직물이다.

63 우단(羽緞): 우모단(羽毛緞)이라고도 하며 외투를 제작할 때 사용하는 모직물이다.

64 일드프랑스(Ile de France): 원문은 '일리아덕불란살부(壹里亞德佛蘭薩部)'이다. '프랑스섬'이라

경내의 동서 정중앙에 위치하며 5개 주로 나뉜다. 주도 센주(Seine)[65]에는 수도인 파리(Paris)[66] 파이륵사(帕爾勒士), 파려사(巴黎斯)라고도 한다. 가 위치하는데, 센강 양측 강안에 건설되었다. 성벽이 반듯하고 넓으며, 인구는 약 90여만 명이다. 왕이 사는 궁궐은 웅장하고 누각과 층집이 마주 보고 있는데, 서방에서 비교할 만한 것이 없을 정도로 빛나고 화려하다. 성 밖의 별궁과 정원은 역대로 여러차례 증축했는데, 수십 곳이나 된다. 시가지는 둘러싸여 있고 상점은 벌집처럼 빽빽하며, 주야로 끊이지 않고 수레바퀴가 서로 부딪치고 사람들의 어깨가 스칠 정도로 왕래하는 사람이 많다. 매년 도성에서 거둬들이는 세수는 은 9백만 냥 정도 된다. 유럽의 도시 가운데 가장 번화하다. 도시 안에 대학교가 있는데, 인쇄본 36만 권과 필사본 7만 권이 소장되어 있다. 유학생들은 이곳에 묵으면서 책을 빌려 읽는다. 또한 병원 14곳을 짓고 명의를 선발해 거주하게 하면서 매년 환자 1만 4천 명을 수용해 치료해준다. 각국에서 의술을 배우고자 하는 사람은 모두 양식을 싸들고 파리로 와서 3년 혹은 5년 동안 의술을 다 배우고 난 뒤에 돌아갔다. 또한 번술원(繁術院)이 있는데, 각종 예술가가 이곳에 거주한다. 예컨대 병법이나, 물길을 내거나 기물 제조술 등을 배우고 싶으면 학생들은 각자 원하는 곳으로 가서 모여 생활하면서 강론하고 배운다. 다음으로 우아즈주(Oise)[67]

는 의미로 지금의 파리를 둘러싼 대부분의 지역이 이에 해당한다.

65 센주(Seine): 원문은 '새납(塞納)'이다.

66 파리(Paris): 원문은 '파륵(巴勒)'으로, 파립사(巴立斯)라고도 한다.

67 우아즈주(Oise): 원문은 '아와사(婀瓦斯)'이다.

는 센주의 북쪽에 위치하며 주도는 보베(Beauvais)[68]이다. 엔주(Aisne)[69]는 우아즈주의 동쪽에 위치하며 주도는 랑(Laon)[70]이다. 센에우아즈주(Seine-et-Oise)[71]는 센주의 남쪽에 위치하며 주도는 베르사유(Versailles)[72]이다. 센에마른주(Seine-et-Marne)[73]는 센주의 동쪽에 위치하며 주도는 믈룅(Melun)[74]이다.

플랑드르(Flandre)[75]는 최북단에 위치하며 벨기에와 인접해 있다. 하나의 주로 개편되었는데, 노르주(Nord)[76]로 주도는 릴(Lille)[77]이다. 아르투아(Artois)[78]는 노르주의 서남쪽에 위치해 있다. 하나의 주로 개편되었는데, 파드칼레주(Pas de Calais)[79]로 주도는 아라스(Arras)[80]이다. 피카르디주(Picardy)[81]는 파드칼레주의 서남쪽에 위치하고 서쪽 강역은 바다에 임해 있으며, 영국의 남부

---

68   보베(Beauvais): 원문은 '파위(波威)'이다.

69   엔주(Aisne): 원문은 '애사니(哀斯尼)'이다.

70   랑(Laon): 원문은 '랍안(拉安)'으로, 랍옹(拉翁)이라고도 한다.

71   센에우아즈주(Seine-et-Oise): 원문은 '새납아와사(塞納阿瓦斯)'로, 새납아극사(塞納阿克斯)라고도 하는데, 과거 프랑스에 존재했던 주이다.

72   베르사유(Versailles): 원문은 '위이새렬사(威爾塞列斯)'로, 위살륵(威撒勒)이라고도 한다.

73   센에마른주(Seine-et-Marne): 원문은 '새납마이내(塞納馬爾內)'이다.

74   믈룅(Melun): 원문은 '미륜(美倫)'으로, 묵륜(黙倫)이라고도 한다.

75   플랑드르(Flandre): 원문은 '법란덕륵부(法蘭德勒部)'로, 법랑덕륵(法郞德勒)이라고도 한다.

76   노르주(Nord): 원문은 '낙이(諾爾)'로, 약이(若爾)라고도 한다.

77   릴(Lille): 원문은 '렬려(列黎)'로, 리이(里爾)라고도 한다.

78   아르투아(Artois): 원문은 '아이다아부(亞爾多亞部)'로, 아도와(阿圖瓦), 아이탁납(阿爾托納)이라고도 한다.

79   파드칼레주(Pas-de-Calais): 원문은 '파적가뢰(巴的加雷)'이다.

80   아라스(Arras): 원문은 '아랍사(亞拉斯)'이다.

81   피카르디주(Picardie): 원문은 '비가이적아부(比加爾的亞部)'이다.

와 마주보고 있다. 하나의 주로 개편되었는데, 솜주(Somme)[82]로, 주도는 아미앵(Amiens)[83]이다.

노르망디(Normandie)[84]는 북쪽 강역의 임해(臨海)지역에 위치하며 영국의 남부와 마주보고 있다. 다음 5개 주로 개편되었는데, 센마리팀주(Seine-Maritime)[85]는 북쪽으로 바다와 접해 있으며, 주도는 루앙(Rouen)[86]이다. 칼바도스주(Calvados)[87]는 북쪽으로 바다와 접해 있으며, 주도는 캉(Caen)[88]이다. 망슈주(Manche)[89]는 서쪽과 남쪽 양쪽으로 바다에 접해 있으며, 주도는 생로(Saint-Lô)[90]이다. 오른주(Orne)[91]는 칼바도스주의 남쪽에 위치하며, 주도는 알랑송(Alençon)[92]이다. 외르주(Eure)[93]는 센마리팀주의 남쪽에 위치하며, 주도는 에브뢰(Évreux)[94]이다. 이상의 6개 주는 영국과 내해 내해는 라망슈(La Manche)[95]

---

82 솜주(Somme): 원문은 '색미(索美)'이다.

83 아미앵(Amiens): 원문은 '아면(亞眠)'이다.

84 노르망디(Normandie): 원문은 '낙이만적아부(諾爾滿的亞部)'로, 나이만(那耳曼)이라고도 한다.

85 센마리팀주(Seine-Maritime): 원문은 '하새납(下塞納)'이다.

86 루앙(Rouen): 원문은 '로앙(盧昻)'으로, 로안읍(路安邑)이라고도 한다.

87 칼바도스주(Calvados): 원문은 '가이와다사(加爾瓦多斯)'로, 잡이와다사(卡爾瓦多斯)라고도 한다.

88 캉(Caen): 원문은 '가영(加英)'이다.

89 망슈주(Manche): 원문은 '만사(滿砂)'이다.

90 생로(Saint-Lô): 원문은 '삼적라(森的羅)'로, 성락(聖洛)이라고도 한다.

91 오른주(Orne): 원문은 '아이내(痾爾內)'로, 아적내(痾的內)라고도 한다.

92 알랑송(Alençon): 원문은 '아령손(亞靈孫)'이다.

93 외르주(Eure): 원문은 '여륵(與勒)'이다.

94 에브뢰(Évreux): 원문은 '액위률(厄危律)'이다.

95 라망슈(La Manche): 원문은 '만사(滿砂)'로, 만사해(滿沙海)라고도 한다. 라망슈해협으로, 영어로는 'English Channel', 즉 영국해협이다.

이다. 를 사이에 두고 있는데, 먼 곳은 1백여 리 정도 되고, 가까운 곳은 50~60리 정도 된다. 날씨가 쾌청할 때는 양쪽 해안에서 서로 볼 수 있다. 해구로는 불로뉴(Boulogne)[96]와 칼레(Calais)[97]가 있다. 됭케르크(Dunkerque)[98]라는 큰 해구가 있는데, 프랑스인이 과거 여러 해 동안 영국을 정벌할 때 모두 이 항구에서 출발했다. 세 항구는 뛰어난 지세를 기반으로 포대가 촘촘하게 구축되어 있고, 경계태세가 아주 잘 되어 있어 적의 군함이 접근할 수 없다.

샹파뉴(Champagne)[99]는 일드프랑스의 동쪽에 위치한다. 다음 4개 주로 개편되었는데, 아르덴주(Ardennes)[100]는 북쪽으로 벨기에와 경계하며 주도는 메지에르(Mézières)[101]이다. 마른주(Marne)[102]는 주도가 샬롱(Châlons)[103]이다. 오브주(Aube)[104]는 주도가 트루아(Troyes)[105]이다. 오트마른주(Haute-Marne)[106]는 주도가

---

96 불로뉴(Boulogne): 원문은 '보라의(補羅義)'로, 포락날(布洛涅)이라고도 한다. 지금의 프랑스 북부 도버해협에 접한 불로뉴쉬르메르(Boulogne-Sur-Mer)이다.

97 칼레(Calais): 원문은 '가래(加來)'이다. 지금의 파드칼레주에 위치한 항만도시이다.

98 됭케르크(Dunkerque): 원문은 '동말(東末)'로, 돈각이각(敦刻爾刻)이라고도 한다.

99 샹파뉴(Champagne): 원문은 '상파니아부(賞巴尼亞部)'이다.

100 아르덴주(Ardennes): 원문은 '아이덕내사(亞爾德內斯)'로, 아이덕니사(亞爾德尼斯), 아정군(亞丁郡)이라고도 한다.

101 메지에르(Mézières): 원문은 '미서야이(美西也爾)'로, 매제야이(梅濟耶爾)라고도 하는데, 지금의 샤를빌메지에르(Charleville-Mézières)를 가리킨다.

102 마른주(Marne): 원문은 '마이내(馬爾內)'로, 마은(馬恩)이라고도 한다.

103 샬롱(Châlons): 원문은 '사룡(砂龍)'으로, 사륭(沙隆)이라고도 한다.

104 오브주(Aube): 원문은 '아비(痾卑)'이다

105 트루아(Troyes): 원문은 '덕라업(德羅業)'으로, 특로와(特魯瓦)라고도 한다.

106 오트마른주(Haute-Marne): 원문은 '고마이내(高馬爾內)'이다.

쇼몽(Chaumont)[107]이다.

로렌(Loraine)[108]은 샹파뉴의 동쪽에 위치한다. 다음 4개 주로 개편되었는데, 뫼즈주(Meuse)[109]는 주도가 바르르뒤크(Bar-le-Duc)[110]이다. 모젤주(Moselle)[111]는 북쪽으로 독일과 경계하며, 주도는 메스(Metz)[112]이다. 뫼르트(Meurthe)[113]는 주도가 낭시(Nancy)[114]이다. 보주주(Vosges)[115]는 주도가 에피날(Épinal)[116]이다.

멘주(Maine)[117]는 노르망디의 남쪽에 위치한다. 다음 2개 주로 개편되었는데, 마옌주(Mayenne)[118]는 주도가 라발(Laval)[119]이고, 사르트주(Sarthe)[120]는 주도가 르망(Le Mans)[121]이다.

앵주(Ain)[122]는 멘주의 남쪽에 위치한다. 하나의 주로 개편되었는데, 멘

---

107 쇼몽(Chaumont): 원문은 '설몽(設蒙)'으로, 소몽(蕭蒙)이라고도 한다.

108 로렌(Loraine): 원문은 '라륵내부(羅勒內部)'로, 라륵납(羅勒納), 락림(洛林)이라고도 한다.

109 뫼즈주(Meuse): 원문은 '미간새(米干塞)'로, 묵자(黙玆)라고도 한다.

110 바르르뒤크(Bar-le-Duc): 원문은 '파이륵도(巴爾勒都)'로, 파이두륵(巴爾杜勒)이라고도 한다.

111 모젤주(Moselle): 원문은 '목새륵(木塞勒)'으로, 마택이(摩澤爾)라고도 한다.

112 메스(Metz): 원문은 '미적(美的)'으로, 매사(梅斯)라고도 한다.

113 뫼르트(Meurthe): 원문은 '목이덕(木爾德)'으로, 묵이덕(黙爾德), 미지군(米地郡)이라고도 한다. 지금의 뫼르트에모젤주(Meurthe-et-Moselle)이다.

114 낭시(Nancy): 원문은 '낭서(囊西)'로, 남석(南錫)이라고도 한다.

115 보주주(Vosges): 원문은 '와사일(窩斯日)'로, 부일(孚日)이라고도 한다.

116 에피날(Épinal): 원문은 '액비납이(厄比納爾)'로, 애피납륵(埃皮納勒)이라고도 한다.

117 멘주(Maine): 원문은 '매내부(賣內部)'로, 매은감(曼恩堪)이라고도 한다.

118 마옌주(Mayenne): 원문은 '마야내(馬也內)'이다.

119 라발(Laval): 원문은 '랍와이(拉瓦爾)'로, 랍긍륵(拉亙勒)이라고도 한다.

120 사르트주(Sarthe): 원문은 '살이다(薩爾多)'로, 살이특(薩爾特), 살지군(薩地郡)이라고도 한다.

121 르망(Le Mans): 원문은 '륵망(勒忙)'로, 륵망(勒芒)이라고도 한다.

122 앵주(Ain): 원문은 '안여부(安如部)'로, 액영(厄英)이라고도 한다.

에루아르주(Maine-et-Loire)[123]로, 주도는 앙제(Angers)[124]이다.

브르타뉴(Bretagne)[125]는 멘주의 서쪽에 위치하는데, 지형이 팔처럼 뻗어 대서양으로 들어간다. 다음 5개 주로 개편되었는데, 일에빌렌주(Ille-et-Vilaine)[126]는 북쪽의 절반이 바다에 이르며, 주도는 렌(Rennes)[127]이다. 코트다르모르주(Côtes-d'Armor)[128]는 북쪽으로 바다에 이르고, 주도는 생브리외(Saint-Brieuc)[129]이다. 피니스테르주(Finistère)[130]는 서남쪽으로 바다에 이르고 바다로 통하는 해구가 있으며, 주도는 캥페르(Quimper)[131]이다. 모르비앙주(Morbihan)[132]는 남쪽으로 바다에 이르고, 주도는 반(Vannes)[133]이다. 루아르아틀랑티크(Loire-Atlantique)[134]는 남쪽, 북쪽, 서쪽 삼면이 바다에 이르며, 주도는

---

123 멘에루아르주(Maine-et-Loire): 원문은 '매내라아이(賣內羅亞爾)'이다.

124 앙제(Angers): 원문은 '안야이(安惹爾)'로, 앙열(昂熱)이라고도 한다.

125 브르타뉴(Bretagne): 원문은 '북륵달니아부(北勒達尼亞部)'로, 포렬탑니(布列塔尼)라고도 한다.

126 일에빌렌주(Ille-et-Vilaine): 원문은 '일렬유륵내(壹列維勒內)'이다.

127 렌(Rennes): 원문은 '륵내(勒內)'이다.

128 코트다르모르주(Côtes-d'Armor): 원문은 '가적도락이(哥的都諾爾)'로, 북아지군(北犾地郡)이라고도 한다.

129 생브리외(Saint-Brieuc): 원문은 '삼덕비륵여각(森德比勒與各)'으로, 성포리액(聖布里厄)이라고도 한다.

130 피니스테르주(Finistère): 원문은 '비니사덕랍(非尼斯德拉)'으로, 비니사태이(非尼斯泰爾)라고도 한다.

131 캥페르(Quimper): 원문은 '고영비이(固英卑爾)'로, 감패이(坎佩爾)라고도 한다.

132 모르비앙주(Morbihan): 원문은 '마이비한(摩爾比罕)'으로, 마이비한(摩爾比旱), 말비한군(末比漢郡), 막이비앙(莫爾比昻)이라고도 한다.

133 반(Vannes): 원문은 '와내(瓦內)'로, 긍눌(亘訥)이라고도 한다.

134 루아르아틀랑티크(Loire-Atlantique): 원문은 '라아이(羅亞爾)'로, 로와이(盧瓦爾), 대서양로와이(大西洋盧瓦爾)라고도 한다.

낭트(Nantes)[135]이다.

푸아투(Poitou)[136]는 브르타뉴의 동남쪽에 위치한다. 다음 3개 주로 개편 되었는데, 방데주(Vendée)[137]는 서쪽으로 대서양에 이르며 주도는 부르봉방 데(Bourbon-Vendée)[138]이다. 되세브르주(Deux-Sèvres)[139]는 주도가 니오르(Niort)[140] 이다. 비엔주(Vienne)[141]는 주도가 푸아티에(Poitiers)[142]이다.

오니스(Aunis)[143]는 되세브르주의 남쪽에 위치한다. 하나의 주로 개편되 었는데, 샤랑트마리팀주Charente-Maritime)[144]로, 남쪽 강역에 바다로 통하 는 해구가 있으며, 주도는 라로셸(La Rochelle)[145]이다.

생통 앙구무아주(Saintonge-Angoumois)[146]는 샤랑트마리팀주의 동쪽에 위치 한다. 샤랑트주(Charente)[147]로 개명되었으며, 주도는 앙굴렘(Angoulême)[148]이다.

---

135 낭트(Nantes): 원문은 '난득사(難得斯)'로, 남특(南特)이라고도 한다.

136 푸아투(Poitou): 원문은 '파아도부(波亞都部)'로, 보와도(普瓦圖)라고도 한다.

137 방데주(Vendée): 원문은 '왕덕(枉德)'으로, 왕덕(汪德), 왕대(旺代)라고도 한다.

138 부르봉방데(Bourbon-Vendée): 원문은 '불이분왕덕(不爾奔枉德)'으로, 지금의 방데의 주도인 라 로슈쉬르용(La Roche-sur-Yon)이다.

139 되세브르주(Deux-Sèvres): 원문은 '이새위륵부(二塞威勒府)'로, 덕새부륵(德塞夫勒)이라고도 한다.

140 니오르(Niort): 원문은 '학이(虐爾)'이다.

141 비엔주(Vienne): 원문은 '유야내(維也內)'로, 유야납(維也納), 유애납(維埃納)이라고도 한다.

142 푸아티에(Poitiers): 원문은 '파아첩(波亞疊)'으로, 보와첩(普瓦捷)이라고도 한다.

143 오니스(Aunis): 원문은 '아니부(痾尼部)'로, 오니(奧尼)라고도 한다.

144 샤랑트마리팀주Charente-Maritime): 원문은 '하사란덕부(下砂蘭德府)'로, 하사란덕(下沙蘭德) 이라고도 한다.

145 라로셸(La Rochelle): 원문은 '라사륵(羅舍勒)'으로, 랍라사이(拉羅謝爾)라고도 한다.

146 생통 앙구무아주(Saintonge-Angoumois): 원문은 '삼당일앙고목아부(森當日昂姑木亞部)'로, 성동 일앙고목와(聖東日昂古木瓦)라고도 한다.

147 샤랑트주(Charente): 원문은 '사란덕(砂蘭德)'으로, 하명덕(夏明德)이라고도 한다.

148 앙굴렘(Angoulême): 원문은 '앙고륵미(昂姑勒美)'로, 앙고래모(昂古萊姆)라고도 한다.

오를레아네(Orleanais)[149]는 일드프랑스의 서남쪽에 위치한다. 다음 3개 주로 개편되었는데, 외레루아르주(Eure-et-Loir)[150]는 주도가 샤르트르(Chartres)[151]이다. 루아레주(Loiret)[152]는 주도가 오를레앙(Orléans)[153]이다. 루아르에셰르주(Loir-et-Cher)[154]는 주도가 블루아(Blois)[155]이다.

투렌(Touraine)[156]은 루아르에셰르주의 서남쪽에 위치한다. 하나의 주로 개편되었는데, 앵드르에루아르주(Indre-et-Loire)[157]로, 주도는 투르(Tours)[158]이다.

베리(Berri)[159]는 오를레아네의 남쪽에 위치한다. 다음 2개 주로 개편되었는데, 셰르주(Cher)[160]는 주도가 부르주(Bourges)[161]이고, 앵드르주(Indre)[162]는 주도가 샤토루(Châteauroux)[163]이다. 이상의 세 지역 6개 주는 프랑스의 중부에

---

149   오를레아네(Orleanais): 원문은 '이리아내사부(耳里亞內斯部)'로, 오이량성(奧爾良省)이라고도 한다.

150   외레루아르주(Eure-et-Loir): 원문은 '여륵라아이(與勒羅亞爾)'이다.

151   샤르트르(Chartres): 원문은 '사이덕륵(砂爾德勒)'으로, 사특이(砂特爾)라고도 한다.

152   루아레주(Loiret): 원문은 '라아륵(羅亞勒)'이다.

153   오를레앙(Orléans): 원문은 '아이량(阿爾良)'으로, 오이량(奧爾良)이라고도 한다.

154   루아르에셰르주(Loir-et-Cher): 원문은 '라아이사이(羅亞爾舍耳)'로, 라아이사이부(羅亞爾捨耳府), 라아리급차리군(羅亞里及車厘郡)이라고도 한다.

155   블루아(Blois): 원문은 '파라와(波羅瓦)'로, 포로와(布盧瓦)라고도 한다.

156   투렌(Touraine): 원문은 '도륵내부(都勒內部)'로, 도뢰납(圖賴納)이라고도 한다.

157   앵드르에루아르주(Indre-et-Loire): 원문은 '음덕륵라아이(音德勒羅亞爾)'이다.

158   투르(Tours): 원문은 '도이(都爾)'로, 도이(圖爾)라고도 한다.

159   베리(Berri): 원문은 '배리부(北利部)'로, 패리(貝利)라고도 한다.

160   셰르주(Cher): 원문은 '사이(舍耳)'로, 사이(捨耳), 사이(謝爾)라고도 한다.

161   부르주(Bourges): 원문은 '불이일(不爾日)'이다.

162   앵드르주(Indre): 원문은 '음덕륵(音德勒)'으로, 안덕이(安德爾)라고도 한다.

163   샤토루(Châteauroux): 원문은 '사다로(砂多盧)'이다.

377

위치하며 인구가 많고 집들이 부유하다. 모두 프랑스의 중심 도시이다.

니베르네(Nivernais)[164]는 세르주의 동쪽에 위치한다. 하나의 주로 개편되었는데, 니에브르주(Nievre)[165]로, 주도는 느베르(Nevers)[166]이다.

부르보네(Bourbonnais)[167]는 니에브르주의 남쪽에 위치한다. 하나의 주로 개편되었는데, 알리에주(Allier)[168]로, 주도는 물랭(Moulins)[169]이다.

마르쉐(Marche)[170]는 베리의 남쪽에 위치한다. 하나의 주로 개편되었는데, 크뢰즈주(Creuse)[171]로, 주도는 게레(Guéret)[172]이다.

리무쟁(Limousin)[173]은 크뢰즈주의 서남쪽에 위치한다. 다음 2개 주로 개편되었는데, 오트비엔주(Haute-Vienne)[174]는 주도가 리모주(Limoges)[175]이고, 코레즈주(Corrèze)[176]는 주도가 튈(Tulle)[177]이다.

---

164 니베르네(Nivernais): 원문은 '위니이내부(威尼爾內部)'로, 니유이내(尼維爾內), 니위내(尼韋奈)라고도 한다.

165 니에브르주(Nievre): 원문은 '섭유륵부(聶維勒府)'로, 날부륵(涅夫勒)이라고도 한다.

166 느베르(Nevers): 원문은 '내유이(內維爾)'로, 납위이(納危爾)라고도 한다.

167 부르보네(Bourbonnais): 원문은 '불이파내부(不爾波內部)'로, 포이파내(布爾波內), 파방(波旁)이라고도 한다.

168 알리에주(Allier): 원문은 '아렬이부(亞列爾府)'로, 아리애(阿利埃)라고도 한다.

169 물랭(Moulins): 원문은 '목령(木靈)'이다.

170 마르쉐(Marche): 원문은 '마이세부(馬爾世部)'로, 마이십(馬爾什)이라고도 한다.

171 크뢰즈주(Creuse): 원문은 '가류사(哥留斯)'로, 극륵자(克勒玆)라고도 한다.

172 게레(Guéret): 원문은 '가륵(痂勒)'이다.

173 리무쟁(Limousin): 원문은 '려목성부(黎木性部)'로, 리목찬(利穆贊)이라고도 한다.

174 오트비엔주(Haute-Vienne): 원문은 '고유야내(高維也內)'로, 상유애납(上維埃納)이라고도 한다.

175 리모주(Limoges): 원문은 '리마일(里摩日)'이다.

176 코레즈주(Corrèze): 원문은 '가륵새(哥勒塞)'이다.

177 튈(Tulle): 원문은 '적여륵(的與勒)'으로, 체륵(蒂勒)이라고도 한다.

오베르뉴(Auvergne)[178]는 알리에주의 남쪽에 위치한다. 다음 2개 주로 개편되었는데, 퓌드돔주(Puy-de-Dôme)[179]는 주도가 클레르몽페랑(Clermont-Ferrand)[180]이고, 캉탈주(Cantal)[181]는 주도가 오리야크(Aurillac)[182]이다.

알자스(Alsace)[183]는 퓌드돔주의 동쪽에 위치한다. 다음 2개 주로 개편되었는데, 바랭주(Bas-Rhin)[184]는 주도가 스트라스부르(Strasbourg)[185]이고, 오랭주(Haut-Rhin)[186]는 주도가 콜마르(Colmar)[187]이다.

프랑슈콩테(Franche-Comté)[188]는 동쪽에 위치하며 보주주의 남쪽과 경계한다. 다음 3개 주로 개편되었는데, 오트손주(Haute-Saône)[189]는 주도가 브줄(Vesoul)[190]이다. 두주(Doubs)[191]는 동쪽으로 스위스와 경계하며 주도는 브장송

---

178 오베르뉴(Auvergne): 원문은 '아위이내부(痾威爾內部)'로, 과위이내(科威爾內)라고도 한다.

179 퓌드돔주(Puy-de-Dôme): 원문은 '불이덕다미(不壹德多美)'로, 다모산(多姆山)이라고도 한다.

180 클레르몽페랑(Clermont-Ferrand): 원문은 '가륵이몽(哥勒爾蒙)'으로, 극래몽특(克萊蒙特)이라고도 한다.

181 캉탈주(Cantal): 원문은 '감달이(敢達爾)'로, 강탑이(康塔爾)라고도 한다.

182 오리야크(Aurillac): 원문은 '아리랍(痾里拉)'으로, 구리아극(歐里亞克)이라고도 한다.

183 알자스(Alsace): 원문은 '아이살사아부(亞爾撒斯亞部)'로, 아이살사(阿爾薩斯)라고도 한다.

184 바랭주(Bas-Rhin): 원문은 '하륵노(下勒怒)'로, 하래인(下萊茵)이라고도 한다.

185 스트라스부르(Strasbourg): 원문은 '의사달랍사불이액(義斯達拉斯不爾厄)'이다.

186 오랭주(Haut-Rhin): 원문은 '고륵노(高勒怒)'이다.

187 콜마르(Colmar): 원문은 '가이마이(哥爾馬耳)'로, 과이마(科爾馬)라고도 한다.

188 프랑슈콩테(Franche-Comté): 원문은 '법랑사관덕부(法郎師官德部)'로, 불랑십공태(弗朗什孔泰), 불란십강탑(弗蘭什康塔)이라고도 한다.

189 오트손주(Haute-Saône): 원문은 '고색내(高索內)'이다.

190 브줄(Vesoul): 원문은 '위소이(威蘇爾)'로, 옥소륵(沃蘇勒)이라고도 한다.

191 두주(Doubs): 원문은 '도백(都伯)'이다.

379

(Besançon)[192]이다. 쥐라주(Jura)[193]는 동남쪽 구석으로 스위스와 경계하며 주도는 롱스르소니에(Lons-le-Saunier)[194]이다.

부르고뉴(Bourgogne)[195]는 프랑슈콩테의 서쪽에 위치한다. 다음 4개 주로 개편되었는데, 욘주(Yonne)[196]는 주도가 오세르(Auxerre)[197]이고, 코트도르주(Côte-d'Or)[198]는 주도가 디종(Dijon)[199]이다. 손에루아르주(Saône-et-Loire)[200]는 주도가 마콩(Mâcon)[201]이고, 앵주(Ain)[202]는 주도가 부르캉브레스(Bourg-en-Bresse)[203]이다.

리오네(Lyonnais)[204]는 최동북쪽 구석에 위치하며 독일과 인접하고 있다. 다음 2개 주로 개편되었는데, 론주(Rhône)[205]는 주도가 리옹(Lyon)[206]이고, 루

---

192 브장송(Besançon): 원문은 '배삼손(北三孫)'으로, 패장송(貝藏松)이라고도 한다.

193 쥐라주(Jura): 원문은 '여랍(汝拉)'이다.

194 롱스르소니에(Lons-le-Saunier): 원문은 '룡륵색이섭이(龍勒索爾聶耳)'이다.

195 부르고뉴(Bourgogne): 원문은 '불이가니아부(不爾苛尼亞部)'로, 불이과니아(不爾科尼亞)라고도 한다. 프랑스의 옛 행정구역으로, 바로 부르고뉴 공국이다.

196 욘주(Yonne): 원문은 '약내(約內)'로, 약납(約納)이라고도 한다.

197 오세르(Auxerre): 원문은 '아사륵(痾舍勒)'으로, 구새이(歐塞爾)라고도 한다.

198 코트도르주(Côte-d'Or): 원문은 '가덕다이(哥德多爾)'이다.

199 디종(Dijon): 원문은 '적잉(的仍)'이다.

200 손에루아르주(Saône-et-Loire): 원문은 '색내라아이(索內羅亞爾)'이다.

201 마콩(Mâcon): 원문은 '아돈(痾敦)'으로, 구탄(歐坦)이라고도 한다.

202 앵주(Ain): 원문은 '액영(厄英)'이다.

203 부르캉브레스(Bourg-en-Bresse): 원문은 '불이액(不爾厄)'이다.

204 리오네(Lyonnais): 원문은 '리아내부(里痾內部)'로, 리과내(里科內)라고도 한다.

205 론주(Rhône): 원문은 '라내(羅內)'로, 라납(羅納)이라고도 한다.

206 리옹(Lyon): 원문은 '리앙(里昻)'이다.

아르주(Loire)[207]는 주도가 몽브리종(Montbréson)[208]이다.

도피네(Dauphine)[209]는 앵주의 동남쪽에 위치하고 이탈리아의 사르데냐(Sardegna)[210]와 인접해 있다. 다음 3개 주로 개편되었는데, 이제르주(Isère)[211]는 주도가 그르노블(Grenoble)[212]이다. 드롬주(Drôme)[213]는 주도가 발랑스(Valence)[214]이고, 오트잘프주(Hautes-Alpes)[215]는 주도가 가프(Gap)[216]이다.

프로방스(Provence)[217]는 동쪽으로 사르데냐와 인접하고 남쪽 강역은 지중해에 이른다. 다음 4개 주로 개편되었는데, 보클뤼즈주(Vaucluse)[218]는 주도가 아비뇽(Avignon)[219]이고, 바스알프스주(Basses-Alpes)[220]는 주도가 니스(Nice)[221]이다. 부슈뒤론주(Bouches-du-Rhône)[222]는 남쪽 강역은 바다에 이르고, 주도는 마

---

207 루아르주(Loire): 원문은 '라아이(羅亞爾)'로, 로와이(盧瓦爾)라고도 한다.

208 몽브리종(Montbréson): 원문은 '몽비리손(蒙比里孫)'이다. 지금의 루아르주의 주도는 생테티엔(Saint-Étienne)이다.

209 도피네(Dauphine): 원문은 '덕이비내부(德爾非內部)'로, 도비내(道菲內), 다비(多菲)라고도 한다.

210 사르데냐(Sardegna): 원문은 '살이적니아(薩爾的尼亞)'이다.

211 이제르주(Isère): 원문은 '의새륵(義塞勒)'으로, 이택이(伊澤爾)라고도 한다.

212 그르노블(Grenoble): 원문은 '가륵낙백륵(哥肋諾伯勒)'이다.

213 드롬주(Drôme): 원문은 '다라미(多羅美)'로, 덕룡(德龍)이라고도 한다.

214 발랑스(Valence): 원문은 '와릉살(瓦棱薩)'로, 와랑사(瓦朗斯)라고도 한다.

215 오트잘프주(Hautes-Alpes): 원문은 '고아이비사(高亞爾卑斯)'로, 상아이비사(上阿爾卑斯)라고도 한다.

216 가프(Gap): 원문은 '갑(甲)'으로, 가보(加普)이다.

217 프로방스(Provence): 원문은 '불라온살부(不羅溫薩部)'로, 포라온살(布羅溫薩)이라고도 한다.

218 보클뤼즈주(Vaucluse): 원문은 '와가륳사(窩哥律斯)'로, 옥극려자(沃克呂滋)라고도 한다.

219 아비뇽(Avignon): 원문은 '아위농(亞威農)'으로, 아이니옹(阿爾尼翁)이라고도 한다.

220 바스알프스주(Basses-Alpes): 원문은 '하아이비사(下亞爾卑斯)'로, 하아이비사(下阿爾卑斯)라고도 한다. 지금의 프랑스 남부에 위치한 알프드오트프로방스주(Alpes-de-Haute-Provence)이다.

221 니스(Nice): 원문은 '적섭(的聶)'으로, 적열(迪涅)이라고도 한다.

222 부슈뒤론주(Bouches-du-Rhône): 원문은 '불세덕라내(不世德羅內)'이다.

르세유(Marseille)[223]이다. 바르주(Var)[224]는 동남쪽 강역은 바다에 접하고, 주도는 드라기냥(Draguignan)[225]이다.

랑그도크(Languedoc)[226]는 프로방스의 서쪽에 위치하며 강역이 상당히 넓다. 다음 8개 주로 개편되었는데, 오트루아르주(Haute-Loire)[227]는 남쪽 강역은 지중해에 이르고 주도는 르퓌앙블레(Le Puy-en-Velay)[228]이다. 로제르주(Lozère)[229]는 주도가 망드(Mende)[230]이고, 아르데슈주(Ardèche)[231]는 주도가 프리바(Privas)[232]이다. 가르주(Gard)[233]는 주도가 님(Nîmes)[234]이고, 에로주(Hérault)[235]는 주도가 몽펠리에(Montpellier)[236]이다. 오드주(Aude)[237]는 동쪽 강역은 지중해에 이르고, 주도는 카르카손(Carcassonne)[238]이다. 타른주(Tarn)[239]는 주도가 알비

---

223 마르세유(Marseille): 원문은 '마이새리아(馬耳塞里亞)'이다.

224 바르주(Var): 원문은 '와이(瓦爾)'이다.

225 드라기냥(Draguignan): 원문은 '달랍급낭(達拉給娘)'이다. 지금의 바르주의 주도는 툴롱이다.

226 랑그도크(Languedoc): 원문은 '랑급덕부(郎給德部)'로, 랑격덕(郎格德)이라고도 한다.

227 오트루아르주(Haute-Loire): 원문은 '고라아이(高羅亞爾)'이다.

228 르퓌앙블레(Le Puy-en-Velay): 원문은 '불일(不壹)'이다.

229 로제르주(Lozère): 원문은 '라새륵(羅塞勒)'이다.

230 망드(Mende): 원문은 '만덕(漫德)'으로, 망덕(芒德)이라고도 한다.

231 아르데슈주(Ardèche): 원문은 '아이덕세(亞爾德世)'이다.

232 프리바(Privas): 원문은 '비리와(比里瓦)'로, 보리와(普里瓦)라고도 한다.

233 가르주(Gard): 원문은 '가이(加爾)'이다.

234 님(Nîmes): 원문은 '니미사(尼美斯)'로, 니모(尼姆)라고도 한다.

235 에로주(Hérault): 원문은 '액라이덕(厄羅爾德)'으로, 애라(埃羅)라고도 한다.

236 몽펠리에(Montpellier): 원문은 '몽덕불렬이(蒙德不列爾)'로, 몽피리애(蒙彼利埃)라고도 한다.

237 오드주(Aude): 원문은 '아덕(痾德)'이다.

238 카르카손(Carcassonne): 원문은 '가이가색내(加爾加索內)'로, 잡이잡송(卡爾卡松)이라고도 한다.

239 타른주(Tarn): 원문은 '달이니(達爾尼)'이다.

(Albi)[240]이고, 오트가론주(Haute-et-Garonne)[241]는 주도가 툴루즈(Toulouse)[242]이다. 이상의 두 지역은 지중해 북쪽 해안을 누르고 있으며, 마르세유는 남쪽에서 가장 큰 부두이다. 또한 툴롱(Toulon)[243]이라는 해구가 있는데, 전함을 건조하는 곳이다.

푸아(Foix)[244]는 서쪽에 위치하고 샤랑트마리팀주의 서쪽과 경계하며, 바다에 인접해 있다. 하나의 주로 개편되었는데, 아리에주주(Ariège)[245]로, 주도 역시 푸아이다.

루시용(Roussillon)[246]은 남쪽 경내에 위치하며, 동쪽으로는 지중해에 이르고, 남쪽은 피레네산맥을 등지고 있으며, 스페인과 인접해 있다. 하나의 주로 개편되었는데, 피레네조리앙탈주(Pyrénées-Orientales)[247]로, 주도는 페르피냥(Perpignan)[248]이다.

기엔(Guyenne)[249]은 남쪽에 위치하고, 랑그도크의 서쪽과 경계하며, 강역이 더욱 더 넓다. 다음 9개 주로 개편되었는데, 지롱드주(Gironde)[250]는 서쪽

---

240 알비(Albi): 원문은 '아이비(亞爾比)'로, 아이비(阿弛比)라고도 한다.

241 오트가론주(Haute-et-Garonne): 원문은 '고가라내(高加羅內)'이다.

242 툴루즈(Toulouse): 원문은 '도라새(都羅塞)'이다.

243 툴롱(Toulon): 원문은 '토륜(土崙)'으로, 토륜(土倫)이라고도 한다.

244 푸아(Foix): 원문은 '불아부(佛亞部)'로, 부와(富瓦)라고도 한다.

245 아리에주주(Ariège): 원문은 '아렬일(亞列日)'이다.

246 루시용(Roussillon): 원문은 '로서용부(盧西隆部)'로, 로서융(魯西隆)이라고도 한다.

247 피레네조리앙탈주(Pyrénées-Orientales): 원문은 '동비리우사(東比里牛斯)'이다.

248 페르피냥(Perpignan): 원문은 '배이비낭(北爾比娘)'이다.

249 기엔(Guyenne): 원문은 '마야납부(馬也納部)'로, 고야내(古耶內), 가야납(哥也納)이라고도 하는데, 프랑스 남서부에 위치했던 옛 지명이다.

250 지롱드주(Gironde): 원문은 '일륜대(日倫大)'이다.

383

으로 대서양에 이르며, 주도는 보르도(Bordeaux)[251]이다. 항구가 깊어 두루 통해 있고 위로는 내하와 인접해 있어 포도주가 이곳을 통해 수출되는데, 서부 최고의 항구이다. 도르도뉴주(Dordogne)[252]는 주도가 페리괴(Périgueux)[253]이고, 로트에가론주(Lot-et-Garonne)[254]는 주도가 아쟁(Agen)[255]이다. 로트주(Lot)[256]는 주도가 카오르(Cahors)[257]이다. 아베롱주(Aveyron)[258]는 주도가 로데스(Rodez)[259]이고, 타른에가론주(Tarn-et-Garonne)[260]는 주도가 몽토방(Montauban)[261]이다. 제르주(Gers)[262]는 주도가 오슈(Auch)[263]이고, 랑드(Landes)[264]는 서쪽으로 대서양에 이르고 주도는 몽드마르상(Mont-de-Marsan)[265]이다. 오트피레네주(Hautes-Pyrénées)[266]는 남쪽으로 스페인과 경계하고 주도는 타르브(Tarbes)[267]이다.

---

251 보르도(Bordeaux): 원문은 '파이다(波耳多)'이다.

252 도르도뉴주(Dordogne): 원문은 '다이다니아(多爾多尼亞)'이다.

253 페리괴(Périgueux): 원문은 '비리구(睥里句)'이다.

254 로트에가론주(Lot-et-Garonne): 원문은 '라가라내(羅加羅內)'이다.

255 아쟁(Agen): 원문은 '아인(亞仁)'이다.

256 로트주(Lot): 원문은 '라(羅)'이다.

257 카오르(Cahors): 원문은 '가이(加爾)'이다.

258 아베롱주(Aveyron): 원문은 '아유륜(亞維倫)'이다.

259 로데스(Rodez): 원문은 '라덕사(羅德斯)'이다.

260 타른에가론주(Tarn-et-Garonne): 원문은 '달이니가라내(達爾尼加羅內)'이다.

261 몽토방(Montauban): 원문은 '몽덕방(蒙德邦)'이다.

262 제르주(Gers): 원문은 '야이(惹爾)'이다.

263 오슈(Auch): 원문은 '아세(疴世)'이다.

264 랑드(Landes): 원문은 '란덕(蘭德)'이다.

265 몽드마르상(Mont-de-Marsan): 원문은 '몽덕마이삼(蒙德馬爾三)'이다.

266 오트피레네주(Hautes-Pyrénées): 원문은 '고비리우사(高比里牛斯)'이다.

267 타르브(Tarbes): 원문은 '달이비(達爾畀)'이다.

베아른(Béarn)[268]은 서남쪽 모퉁이에 위치하고, 서쪽으로 대해에 이르며, 남쪽으로는 스페인과 경계한다. 피레네자틀랑티크주(Pyrénées-Atlantiques)[269]로 개명되었으며, 주도는 포(Pau)[270]이다.

코르시카(Corsica)[271] 가이서가(可耳西加), 갈이서아(噶爾西阿), 곽사객(郭士喀)이라고도 한다. 는 프랑스의 동남쪽에 위치하는 지중해의 큰 섬이다. 사르데냐의 북쪽에 위치하는데, 과거에는 이탈리아 소유였으나, 프랑스인이 차지했다. 지금은 코르시카주로 바뀌었으며, 폐주 나폴레옹이 바로 코르시카 출신이다. 지도는 이탈리아에 붙어 있다.

프랑스는 독서를 매우 중요시해서 학문이 뛰어난 자를 발탁해서 높고 중요한 자리에 임명한다. 정치는 총리 한 명을 두고 별도로 귀족원을 세웠다. 또한 신사중에서 459명을 뽑아 하원을 설립했다. 나라에 중요한 정사, 예를 들어 형벌과 포상, 정벌과 같은 일이 있으면 귀족원에 명해 상의하게 했다. 조세와 관련된 사안은 하원에서 처리하게 했다. 총리는 권한이 없고 오로지 왕명을 전달할 뿐이다. 나라의 정규군은 30만 명이고 대소 전함은 290척, 해군은 5만 명이다. 선박 중 큰 것은 대포 72문에서 120문을 탑재할 수 있다. 또한 화륜선 수십 척이 지중해를 주름잡고 있다. 풍속을 살펴보면 사람들은 무공을 좋아해 전쟁이 일어나면 의기양양해서 얼굴에 화색이 돌고, 전장에 임해서 싸울 때에는 정의감에 불타 뒤도 돌아보지 않고 용맹하게 직진한다. 전방 부대의 시신이 널브러져 있어도 후방 부대는 거침없이

---

268 베아른(Béarn): 원문은 '백이내부(伯爾內部)'로, 패아은(貝阿恩)이라고도 한다.

269 피레네자틀랑티크주(Pyrénées-Atlantiques): 원문은 '하비리우사(下比里牛斯)'이다.

270 포(Pau): 원문은 '파(波)'이다.

271 코르시카(Corsica): 원문은 '가이새아부(哥爾塞牙部)'로, 과서가(科西嘉)라고도 한다.

그대로 돌진할 뿐이다. 승리하면 온 나라가 환호하면서 비록 사상자가 천만 명이라 하더라도 관계치 않고, 그저 국위를 중시하고 국체(國體)를 온전히 하는 것을 기쁨으로 여긴다. 군주가 침착하고 용맹스러우며 전략에 뛰어나고 병법을 아는 경우가 많아 수상전과 지상전 모두에서 전술을 강구한다. 또한 합종연횡술을 즐겨 사용하기 때문에 여러 나라와 전쟁을 하면 항상 열 번 중에 아홉 번은 승리를 거두었다.

살펴보건대 프랑스는 유럽 여러 나라 중에서 역사가 가장 길다. 클로비스가 나라의 기틀을 마련한 이래 지금에 이르기까지 천여 년이 넘었다. 비록 중간에 여러 가지 변고가 있었지만 대대로 즉위한 자는 모두 종친으로 다른 종족이 섞이지 않았으며 여왕이 즉위한 적도 없다. 다른 나라에서 바둑을 두듯이 이것저것 따져 왕을 모신 것과 비교하면 실제 차이가 있다. 준엄하게 법을 제정하고 현명한 군주가 연이어 예닐곱 명이나 나와,[272] 위태로워도 망하지 않은 것은 대체로 이런 연유에서이다.

유럽에서 무용을 자랑하는 나라 중에는 프랑스가 최고이다. 앞 다투어 강자로 군림하면서 남의 밑에 있지 않고, 혹여 모욕이라도 당하게 되면 반드시 보복을 맹세한다. 민간의 풍속은 기개가 있어 전쟁을 즐기는데 「소융(小戎)」[273]·「사철(駟鐵)」[274]의 기풍을 지니

---

272 현명한 군주가 연이어 예닐곱 명이나 나와: 원문은 '현군부육칠작(賢君復六七作)'이다. 『맹자(孟子)』「공손추(公孫丑)」상편에 나오는 말로 현명한 군주가 연이어서 등장하는 것을 의미한다.

273 「소융(小戎)」: 『시경』「국풍(國風)」과 「진풍(秦風)」제3편에 수록된 시이다. 소융은 전쟁에 쓰는 병거(兵車)로, 주나라 평왕의 명에 따라 진나라 양공이 서융(西戎)을 정벌하러 가는 모습을 그리고 있다.

274 「사철(駟鐵)」: 『시경』「국풍」과 「진풍(秦風)」제2편에 수록된 시이다. 사철은 네 마리의 말이 끄는 병거로, 진나라 양공이 말을 잘 달려 서융을 몰아낸 것을 그리고 있다.

고 있다. 전쟁을 하면서 여러 나라가 오로지 이익만을 추구하는 것과 달리 정의에 기대어 의견을 낸다. 그래서 1천여 년 동안 모욕과 난리를 번갈아 겪으면서도 서방을 호시탐탐 노리며 일찍이 국세가 꺾인 적이 없었다. 나폴레옹이 백전백승하다가 결국 포로로 잡히는 신세가 되었어도 병사들은 무기를 거두지 않고 자결했는데, 이는 또한 무용을 더럽히는 자의 본보기가 될 만하다.

프랑스는 다른 곳에 여러 속지를 가지고 있다. 예를 들면 남인도의 퐁디셰리(Pondicherry),[275] 남아메리카의 기아나(Guiana),[276] 아프리카의 알제리(Algérie),[277] 인도양의 부르봉섬(Isle de Bourbon)[278] 등이다. 그 땅을 차지하고도 그다지 힘써 경영하지 않았고, 그 땅을 내버려도 역시 그다지 아까워하지 않았는데, 아마도 이들 속지를 중요하게 여기지 않았던 것 같다.

유럽 각국은 모두 해외 무역을 생업으로 한다. 예컨대 영국·미국·스페인 등은 매년 상선이 중국에 오는데 많게는 1백여 척, 적게는 30~40척 정도 된다. 면화나 사라사(sarasa)[279] 등 투박한 물건을 많이 판매한다. 양미(洋米)·후추·소목(蘇木)·해삼 등은 모두 동남아시아에서 가져다 판매하는 것으로 결코 서방에서 생산된 것이 아니다. 유독 프랑스 상선이 가장 적어 많게는 3~4척, 적게는 1~2척 정도 온다. 가지고 들어오는 화물은 모두 우모(羽毛)·나사(羅紗)·시계 등의 진귀한 물품이다. 대체로 프랑스는 물산이 풍부하고 물건을 제작하는 솜씨도 아주 뛰어난데, 포도주·나사·견직물 등은 유럽 각국에서 판매

---

275 퐁디셰리(Pondicherry): 원문은 '본지치리(本地治利)'로, 본지치리(本地治里)라고도 한다.

276 기아나(Guiana): 원문은 '왜아나(歪阿那)'로, 규아나(圭亞那)라고도 한다.

277 알제리(Algérie): 원문은 '아이급이(阿爾及耳)'로, 아이급이(阿爾及爾)라고도 한다.

278 부르봉섬(Isle de Bourbon): 원문은 '불이분(不爾奔)'으로, 포이분(布爾奔)이라고도 한다.

279 사라사(sarasa): 원문은 '양포(洋布)'로, 다섯 가지 빛깔을 이용하여 인물, 조수(鳥獸), 화목(花木) 또는 기하학적 무늬를 물들인 피륙을 말한다.

하면 시가의 열배나 되는 이익이 남았기 때문에 굳이 멀리 수만 리를 건너와서 장사를 할 필요가 없다. 배를 타고 바다를 건너 동쪽으로 오는 것은 명성을 드러내기 위해서이지 전적으로 이윤추구를 위해서 그런 것은 아니다. 국가의 위상도 남다르고 의도하는 바도 전혀 다르니, 그 정세는 미루어 짐작할 수 있다.

고정림(顧亭林)[280]의 『천하군국이병서(天下郡國利病書)』에 다음 기록이 있다.

불랑기(佛朗機) 프랑스이다. 는 고대는 살펴볼 만한 것이 없고 본래 중국과도 왕래하지 않았다. 정덕(正德)[281] 12년(1517)에 큰 선박을 몰고 갑자기 광주의 마카오로 밀고 들어와 공물을 바치고 책봉을 청한다는 명분하에 천둥 같은 총성을 쐈다. 순무와 안찰사가 살펴보니 『회전(會典)』[282]에 전례가 없어 불허했다. 이에 마침내 물러나 동완현(東莞縣) 남쪽 끝에 정박하고 직접 집을 짓고 울타리를 치며 화총(火銃)을 믿고 스스로를 굳게 지켰다. 한 사람이 관부에 와서 궤례(跪禮)를 행하지 않고 황제를 알현하면서 여러 오랑캐의 앞에 자리하고자 했다. 어사(御史) 구도륭(邱道隆)[283]과 하오(何鼇)[284]는 모두 그들의 잔혹성을 이

---

280 고정림(顧亭林): 고염무(顧炎武)이다. 고염무(1613~1682)는 명말 청초의 사상가이자 학자이다. 본명은 강(絳)이고 자는 충청(忠淸)이다. 명나라 멸망 이후 이름을 염무(炎武)로 바꾸고 정림(亭林)이라는 호를 사용하기 시작하면서 정림 선생이라 불렸다. 청대 고증학의 개조(開祖)로, 왕부지(王夫之), 황종희(黃宗羲)와 함께 삼대 유로(遺老)로 알려져 있다. 저서로는 『일지록(日知錄)』과 『천하군국이병서』 등이 있다.

281 정덕(正德): 명나라 제10대 황제 무종 주후조(朱厚照)의 연호(1505~1521)이다.

282 『회전(會典)』: 『명회전(明會典)』으로, 명나라의 전장(典章) 제도를 기록한 법령집이다. 『명회전』은 세 차례에 걸쳐 개정했는데, 일반적으로 『명회전』은 만력본을 가리킨다. 『명회전』은 6부의 관제를 중심으로 각 행정 기구의 직무와 사례를 주로 기술하고 있다.

283 구도륭(邱道隆): 자는 무지(懋之)이며, 상항(上杭) 사람이다. 정덕연간에 진사가 되어 순덕지현(順德知縣)을 임명받았다.

284 하오(何鼇): 하오(1497~1559)는 자가 거경(巨卿), 호는 원계(沅溪)이며, 절강성(浙江省) 산음(山陰) 사람이다. 정덕연간에 진사가 되어 형부주사(刑部主事)에 임명되었으며, 가정연간에는

388

야기하면서 호걸이라고 했다. 왕년에 몰래 화자(火者)[285] 아삼(亞三)[286]을 파견했는데, 화자

아삼은 믈라카(Melaka)[287]의 사신으로 사칭하면서 바람에 휩쓸려 마카오에 왔다가 왕래

하면서 어디가 어디인지 살펴 우리 중국의 길을 익히고 어린 아이를 빼앗고 사들여 삶아

먹었다. 최근에 믈라카 국왕이 이 나라가 자국을 탈취하고 살해한 정황 등에 대해 이야기

하면서 곧장 이들을 몰아내고 사적인 왕래는 엄금할 것을 상주했다. 또한 그들이 세운 가

옥과 성채를 모두 헐려고 해서, 조서를 내려 모두 그렇게 하라고 하면서 원흉 화자 아삼

을 죽였다. 해도부사(海道副使) 왕굉(汪鋐)[288]이 군사를 이끌고 그 잔당을 몰아내자 도리어

총을 사용해 중국 군사들을 물리쳤다. 어떤 이가 올린 계책에 따라 수영을 잘 하는 사람

을 물속으로 보내 그 배에 구멍을 뚫어 침몰시키고 그들을 사로잡자 나머지 사람들은 모

두 달아났다. 왕굉은 이를 통해 불랑기포를 손에 넣었으며, 변방에 하사하길 청해 지금까

지 변방에서는 실제 불랑기포에 의지하고 있다. 가정(嘉靖)[289] 연간에 같은 무리의 서양인

들이 번갈아가면서 왕래했는데, 개인선박도 그 속에 섞여 있었다. 총독은 모두 코가 높고

사천포정사참의(四川布政司參議), 하남우포정사(河南右布政使), 형부상서(刑部尙書)를 지냈다.

285 화자(火者): 엄노(閹奴)를 말한다. 명나라 때 복건과 광동 등지의 부잣집에서 거세한 하인을
들였는데 이들을 화자라고 한다.

286 아삼(亞三): 아삼(1473~1521)은 믈라카의 화교로, 포르투갈어에 능통해서 포르투갈의 사신
과 통역관 노릇을 했다. 아삼은 1518년 불랑기(佛朗機) 즉 포르투갈 사신 토메 피르스(Tome
Pires)가 국왕 마누엘 1세(Manuel I)의 명을 받아 명에 왔을 때 함께 중국에 왔다. 아삼은 정덕
제에게 포르투갈어를 가르치면서 점차 교만해지더니 1521년 정덕제 사후 옥중에서 병으
로 사망했다.

287 믈라카(Melaka): 원문은 '만랄가(滿剌加)'로, 마라갑(麻喇甲), 만랄(滿剌), 마랄갑(麻剌甲), 문로
고(文魯古), 돈손(頓遜), 가라부사(哥羅富沙), 마륙가(馬六加), 맹랄갑(孟剌甲)이라고도 한다.

288 왕굉(汪鋐): 왕굉(1466~1536)은 자가 선지(宣之), 호는 성재(誠齋)로, 남직례(南直隷) 무원현(婺
源縣) 사람이다. 홍치 15년에 진사가 되었고 가정연간에는 이부상서(吏部尙書), 병부상서(兵
部尙書)를 지냈다.

289 가정(嘉靖): 명나라 제11대 황제 세종(世宗) 주후총(朱厚熜)의 연호(1522~1566)이다.

389

피부가 흰데 광동사람들은 그들을 판별해낼 수 있다고 한다.[290]

또한 다음 기록이 있다.

불랑기 사람들은 어린 아이를 잡아먹기를 좋아한다. 그 나라에서는 오직 국왕만이 아이를 잡아먹을 수 있고 신료 이하는 모두 그렇게 할 수 없다. 이때에 와서 10살 남짓한 아이를 몰래 사들여 잡아먹었는데 아이 한 명당 금화 100문(文)에 판다. 광주의 무뢰배들은 다투어 아이를 잡아서 팔았다. 2~3년 사이에 잡혀간 아이가 더욱 많아져 원근에서는 이를 걱정했다고 한다.

살펴보건대 프랑스가 마카오에 왔을 때는 정덕연간으로, 이때는 포르투갈[291]이 처음 광동에 온 시점이다. 명나라 사람들은 포르투갈의 존재를 모른 채 그저 그 나라가 자와(Jawa)의 남쪽에 위치한다고 생각했는데, 이는 잘못된 생각이다. 당시의 총독이나 순무[292]는 『회전』에 없다는 이유로 조공과 책봉을 거절했다. 언관들은 아직 뿔이 다 자라지 않은 어린 소의 두 뿔에 횡목을 매어주듯이[293] 사전에 그들을 쫓아내야 한다고 거듭 청했는데, 이

---

290 고정림(顧亭林)의 『천하군국이병서(天下郡國利病書)』에 …있다고 한다: 일반적으로 불랑기는 프랑스를 지칭하지만, 명대의 서적과 『명사(明史)』에서 언급하고 있는 불랑기는 대체로 믈라카와 중국의 마카오를 점거한 포르투갈을 말한다. 문맥의 흐름상 여기서도 포르투갈이 맞다.

291 포르투갈: 원문은 '대서양(大西洋)'으로, 대서양국(大西洋國)이라고도 한다.

292 총독이나 순무: 원문은 '강신(疆臣)'이다. 청대에는 총독이나 순무를 봉강대리(封疆大吏)라고 부르면서, 강리(疆吏) 혹은 강신이라 줄여 말했다.

293 아직 뿔이 다 자라지 않은 어린 소의 두 뿔에 횡목을 매어주듯이: 원문은 '동우지곡(童牛之牿)'이다. 『주역』「대축괘(大畜卦)」육사(六四)의 효사(爻辭·괘를 구성하는 각 효를 풀이한 말)에 "송아지에게 곡(牿)을 하면 크게 길하다(童牛之牿, 元吉)."라는 말이 나온다. 동우는 아직 뿔이 제대로 자라지 않은 어린 소를 말하고, 곡(牿)은 뿔과 뿔 사이에 잡아맨 횡목(橫木)을 말한다. 뿔이 막 돋기 시작한 어린 소는 근질근질해서 무엇이든 자꾸 들이받으려는 습성이 있다. 그래서 미연에 사고를 방지하기 위해 두 뿔 사이에 횡목을 묶어서 매준다. '크게 길

생각은 원대했다. 그러나 배에 구멍을 뚫는 일은 더욱 막연하다. 가정이후로 번갈아가면서 상선들이 광동에 왔는데, 또한 어떻게 근절하고 금지할 수 있었겠는가. 또한 어린 아이를 삶아 먹는다고 하는데 이는 사람으로서 할 짓이 못된다. 설령 아첨을 잘하는 역아(易牙)[294]라 하더라도 반드시 이런 이야기가 생겨나지는 않는다. 프랑스가 서방에 위치하면서 영웅으로 불린지 1천여 년이 넘었는데 정말로 이런 일이 있다면 다른 나라들이 프랑스를 의당 승냥이나 호랑이로 볼 테니 누가 기꺼이 맹주(盟主)[295] 자리를 양보하겠는가? 청조가 무역하는 2백년 동안 프랑스인들은 매년 광동에 왔는데, 어째서 이런 일에 대해서 들어보지 못했는가? 당시의 소문 역시 반드시 모두 다 정확한 것은 아닌 것 같다. 누군가 프랑스인들은 어린 아이를 매매해 직조를 가르쳐 꽃무늬비단을 직조하기를 좋아했다고 하는데, 이것이 그럴싸하다. 서양의 여러 나라 중에 오직 프랑스인만이 꽃무늬 비단을 직조할 수 있었다. 조총의 제작은 프랑스를 통해 중국에 전래되었는데, 실제 수상전과 지상전에서 훌륭한 무기로 사용되었다. 황실[296]의 반란을 다스리고 군인[297]들의 반란을 정

하다'라는 것은 문제를 미리 방지하면 좋은 결과가 온다는 뜻이다.

294 역아(易牙): 춘추시대 제나라 환공 때의 간신으로, 환공이 "인육(人肉)만은 먹어 보지 못했다."라고 농담을 하자 자신의 세 살 난 어린 아들을 요리해서 만들어 바친 인물이다. 환공은 그의 정성에 감동했지만, 관중은 역아의 성품을 꿰뚫어보고 경계했다.

295 맹주(盟主): 원문은 '우이(牛耳)'이다. 고대 제후들이 맹약을 체결할 때 소의 귀를 잘라 피를 담고 쟁반에 소의 귀를 놓았다. 맹주가 쟁반을 들고 맹약을 체결한 사람들에게 소의 피를 머금거나 피를 입가에 발라 배신하지 않을 것을 맹세하게 했다. 즉 소의 귀를 들고 이를 주관한다는 의미에서 맹주란 뜻이 나왔다.

296 황실: 원문은 '황지(潢池)'이다. 『한서(漢書)』「순리전(循吏傳)·공수(龔遂)」에 따르면, 한나라 선제(宣帝) 때 발해군(渤海郡)의 백성들이 관리들의 착취로 인한 생활고를 견디다 못해 난을 일으켰다고 한다. 선제는 신하들이 추천한 공수를 발해태수로 임명해 민란을 평정하게 했으나, 공수는 일흔을 넘긴 나이에 체구도 왜소했다. 선제가 민란을 평정할 방법을 묻자 공수가 대답했다. "바닷가가 멀어 황제의 은덕을 입지 못해 백성들이 굶주리고 추위에 떠는데도 관리들이 구휼을 하지 않아 폐하의 어린 아이들이 폐하의 병기를 휘두르며 물이 고여 있는 못에서 장난을 하게 만든 것입니다(海瀕遐遠遑, 不沾聖化, 其民困於飢寒而吏不恤, 故使陛下赤子盜弄陛下之兵於潢池中耳)." 황지는 여기서 나온 말로, 천황(天潢) 즉 천자의 못이란 뜻으로 후에 황실이란 의미로 연역되었다.

297 군인: 원문은 '막정(幕庭)'으로, 군영 앞에 있는 뜰을 말한다.

리함에 별똥별처럼 빠르고 번개처럼 휩쓸어버리니 조총에 의존한다면 그 이로움에 어찌 끝이 있겠는가! 또한 조총 제작의 유래는 알 수 없지만 이는 다름 아닌 중국의 화포를 변형해 만들어 낸 것이다. 논자들은 화기가 서양에서 비롯되었다고 하는데, 이는 아마도 자세히 살펴보지 않아서 그런 것 같다. 『구라파도설(歐羅巴圖說)』에서 상세히 언급한 바 있다. 서양인들이 아주 명확하게 기록하고 있어 그 말이 잘못되지 않았음을 족히 알 수 있다.

배에 구멍을 뚫어 침몰시킨 이야기는 이전부터 기이한 계책으로 인식되었다. 수영을 잘 하는 사람을 모집해서 배 밑에 잠복시켜 날카로운 도끼로 구멍을 뚫으면 배가 바로 침몰한다고 한다. 또 듣건대 수영을 잘 하는 사람은 물밑에서 7일 밤낮동안 잠수하면서 물속에서 과자를 먹고 일을 할 수 있다고 한다. 일찍이 제군(提軍) 두승당(竇陞堂)[298] 두진표(竇振彪)이다. 에게 물어보았더니 제군이 말했다.

"젊은 시절 저도 이 기술을 배운 적이 있는데, 다 배우지는 못했고 그 대강만 알뿐입니다. 무릇 사람은 물에 들어가면 반드시 눈을 감아야 하는데, 그렇지 않으면 소금물이 눈에 들어가 장차 앞이 안 보이게 됩니다. 또 반드시 숨을 참아야 하는데, 그렇지 않으면 물이 폐로 들어와 순식간에 배가 빵빵해집니다. 젊고 건강한 사람들의 경우 약간 오래 숨을 참을 수 있지만 그래도 결코 일각(一刻)을 넘기는 사람은 절대 없습니다. 뜨지도 가라앉지도 않으려면 팔다리의 움직임에 의지해야 하는데, 잠시라도 팔다리를 움직이지 않으면 파도를 따라 몸이 수면에 떠오르기 때문에 물속에서 힘을 써서 도끼를 휘두를 수 있는 방법은 결코 없습니다. 또한 대양은 파도가 아주 세차며, 깊이 들어갈수록 파도가 더욱 세져 강이나 하천에서 뜰 수 있는 사람도 대양에 들어가면 뜨지 않고, 항만 안쪽의 물

---

298 두승당(竇陞堂): 두진표(1785~1850)이다. 두진표는 자가 승당(陞堂)으로, 건륭 50년(1785)에 광동성 오천현(吳川縣) 요주도에서 출생했다. 금문(金門) 수사총병과 복건 수사제독을 전후 20년간 역임했다.

에서 뜰 수 있는 사람도 대양에 들어가면 뜨지 못합니다. 수영을 잘 하는 사람은 대양이나 물에 떨어져도 널빤지 하나만 있으면 죽지 않을 수 있습니다. 만약 빈손으로 풍랑 속에서 떠올랐다가 가라앉았다 하면 기력이 다 빠져 죽지 않는 이가 없습니다. 이 기술에 정통한 하더라도 결단코 몸이 물고기나 자라로 변할 수는 없습니다. 대부분의 사람들은 세상에 전해오는 소문을 들으면 그대로 믿습니다. 이야깃거리로 삼아 기이한 이야기를 만들어내면서 흡족해하고 결국에는 실제 있었던 사실로 만들고자 하니, 어리석기 짝이 없습니다.”

또 수비(守備)[299] 오금괴(吳金魁) 수군 용사로, 해적을 무수히 죽이고 해적에게 부상을 당한 뒤 성지를 받고 성은을 입었다. 역시 일찍이 이 기술을 익힌 적이 있었다. 내가 물어보니 역시 그렇게 말했다. 『천하군국이병서』에 기록된 프랑스 관련 사적을 살펴보다가 배에 구멍을 뚫어 침몰시킨 이야기가 있어 이곳에 덧붙여 기록한다.

---

299 수비(守備): 명청 시대 무관의 명칭이다.

〚 歐羅巴佛郎西國 〛

佛郎西, 佛蘭西·法蘭西·佛郎機·佛朗機·佛朗祭·荷蘭西. 歐羅巴強大之國也. 東北界比利時, 西北與英吉利隔海港相對, 東界日耳曼·瑞士, 東南界意大里亞暨地中海, 西抵大西洋海, 西南界西班牙. 縱約二千二百五十里, 橫約二千六十里. 其地古名奧盧, 又名牙里亞, 爲塞爾達野番部落. 漢元帝初元年間, 羅馬大將愷撒征服之, 愷撒一作人略塞薩爾. 命大臣鎭守, 墾田播穀, 漸化其俗, 由是爲意大里亞西境. 後羅馬衰亂, 南境爲北狄維西哥多人 卽峩特族. 所據, 西境爲北狄不爾給農人所據, 東北境爲日耳曼之佛郎哥人所據. 齊高帝建元三年, 佛郎哥酋長哥羅味, 有雄略, 始驅除北狄, 據其全土, 改國號曰佛郎西, 是爲佛人立國之始. 傳三百餘年, 至給爾北里哥, 爲國人所廢. 唐天寶十一年, 立國相北比諾爲王. 一作鎚北比諾. 聰敏好學, 奮起修政, 佛國以康. 其孫甲利泰甫 一作加爾祿斯馬哥奴. 有文武才, 於唐德宗六年嗣位. 时東方日耳曼之撒遜部屢犯邊, 泰甫征之, 禽其王, 斬四千五百人, 因略定日耳曼諸部, 并兼羅馬. 羅馬教王爲加冠, 時天主教王有大權, 加冠者, 立爲霸主之意. 羅馬東王約爲上交. 泰甫乃開館第, 招致文學之士, 城邑宮室道路, 創造閎整, 規模極一時之盛. 泰甫傳數世後, 宗支爭權, 各部亦擅兵相攻, 國又衰亂. 宋太宗雍熙四年, 國人立大酋武額加頒多爲王. 傳數世嗣絶, 更立瓦羅義斯爲王. 宋理宗二年, 王路易 一作盧義斯. 嗣位, 長於吏術, 尤精名法, 嘗帥師伐麥西. 戰已勝矣, 而三軍染疫不能起, 乃納略全軍, 歸而增修國政, 簡任賢能, 號爲中興. 國與英吉利隔一海港, 世爲姻婭. 當佛王嗣絶, 英吉利王義都亞爾多, 一作華義都第三. 自以佛故王之甥, 當得分地, 佛人不與. 英吉利遂起兵相攻, 兩國從此構釁, 隔數年或數十年輒交哄, 稱爲勍敵. 元順帝年間, 國爲英吉利所滅. 有幼女年十六, 號召餘燼, 擊退英軍, 恢復境土. 明萬曆二十五年, 王顯理被弒. 一作英黎給. 顯理第四 一作英黎給第四. 由旁支嗣位, 發奮自修, 廣布仁惠, 百姓歸之. 時有天主教之魁, 欲誅鋤異己, 王不聽. 魁恨之, 謀弒王. 萬曆三十七年, 王中刺客死, 百姓哀哭如喪父. 嗣子愚戾, 用小人, 國政亂. 傳至路易第十四, 一作盧義斯第十四. 好武佳兵, 諸國來朝者, 偃蹇凌侮之, 由是皆怨畔. 乾隆三十八年, 王路易第十六 一作盧義斯第十六. 嗣立. 時華盛頓 一作兀興騰. 據亞墨利加起兵, 英吉利攻之不剋. 佛人以全軍助華盛頓, 英不能支, 遂與華盛頓和, 而佛亦由是虛耗. 王好漁色, 内寵擅權擾民, 民不能堪. 乾隆五十四年, 國大亂, 尋廢王弒之, 立領事官三人攝王政, 以拿破侖爲首. 一作拿破利翁, 又作那波良. 拿破侖者, 佛夙將, 用兵如神, 征麥西有大功, 王忌之, 置散地. 國人既弒王, 拿破侖乘勢鼓衆得大權. 嘉慶九年, 國人推戴卽王位, 恃其武略, 欲混一土宇, 繼羅馬之迹. 滅荷蘭, 廢西班牙, 取葡萄牙, 兼并意大里 · 瑞士 · 日耳曼諸小部. 割普魯士之半, 奪奧地利亞屬藩, 侵嗹國, 圍其都城. 戰勝攻取, 所向無敵, 諸國畏之如虎. 嘉慶十七年, 以大兵伐峨羅斯, 圍其舊都墨斯科, 峨人燒之而走. 佛方旋師, 而天驟寒, 軍士凍死者十七八. 諸國乘其敝也, 合力攻之, 佛師大潰, 故所得土全失. 嘉慶十九年, 各國遣公使會議於維也納, 奧地利亞都城. 凡拿破侖所侵地, 各歸故主. 其間有分析, 有合并, 立盟約不相吞噬. 拿破侖既敗喪, 慚而避位, 復立故王之裔路易, 一作盧義斯. 仍握兵柄. 嘉慶二十年, 與英吉利戰於北境, 兵敗被禽. 英人流之荒島, 道光一年死. 路易卽位數年卒, 弟查理立, 一作加爾祿斯. 愚戇不任事. 在位九年, 國人廢之, 擇立支屬賢者, 路易非立, 一作盧義斯非里卑. 卽今在位之王也. 以道光十年嗣立, 性寬仁, 好納諫, 有賢聲.

佛郎西地形平衍, 東境與諸國接壤之處, 有連山斷續. 南界與西班牙隔比里牛斯大山, 餘皆平土. 境内河道縱橫, 著名者二十有二. 最大者曰羅尼, 自北而南, 入地中海. 曰塞納, 曰羅亞爾, 曰日倫大, 皆自東而西, 入大西洋海. 佛人多開支河爲運道, 佛人水利最精. 其國以此爲專門之學. 處處可通舟楫. 又多開溝洫資蓄泄, 以故壤地之腴, 甲於西土. 田畝得六, 園林得二, 牧場得一. 人授田不過數畝, 而農功最力, 故戶口多而食常足. 西北氣候頗寒, 土卑濕, 宜稼穡果實. 東南溫燥, 多草木, 宜葡萄. 物產之最豐者, 爲葡萄酒. 南方之民, 多以醸爲業. 味極醇, 色淡黃微赤極淸. 味似中國北方黍米所醸, 斟之起沫. 一瓶有值洋銀數十圓者. 西土良醪, 皆取給於佛, 歲得價銀六千餘萬圓. 又造熱酒, 歲得價三百萬圓. 產橄欖油極多, 種萊菔造糖, 味同於蔗. 所織大呢羽緞皆精緻, 又能織花紋絲緞. 本國歲產蠶絲十萬餘擔, 不足供機杼, 仍由意大里販運益之. 其人心思精敏, 工於製器. 自來火之鎗, 火輪之車船, 大半皆其所創. 都城有鐘錶匠二千人, 每歲造時辰錶四萬件‧自鳴鐘一萬八千架. 其法時時變易, 奇幻出人意表. 他國亦有仿造者, 而終遜於佛. 山產石炭‧鐵‧鉛‧白礬, 僅供國用. 其民俗豪俠自喜, 氣高亢, 終日歌舞無戚容. 貴賤皆衣裳都麗, 不惜費. 喜交游, 善遇遠人. 每年收各項稅銀, 約一萬二千九百萬兩.

國舊分三十三部, 因其廣狹不均, 近年改爲八十六府. 壹里亞德佛蘭薩部, 在北境東西適中之地, 今分五府. 首邑曰塞納, 都城在其中, 曰巴勒, 一作帕爾勒士, 又作巴黎斯. 建於塞納河兩岸. 城垣方廣, 居民九十餘萬. 王居殿闕巍峨, 層樓複閣相望, 文彩精麗, 西土殆無其比. 城外離宮別苑, 歷代陸續修建, 凡數十處. 其街衢盤繞環匝, 列肆密如蜂房, 往來者轂擊肩摩, 晝夜不絶. 每歲京都所收稅銀, 計九百萬兩. 歐羅巴都會之盛, 推爲第一. 城內有大書院, 藏印本書三十六萬冊, 鈔本書七萬冊. 游學之士, 許住院借讀. 又設醫院十四所, 選名醫居之, 每歲收療病者一萬四千人. 各國學醫者, 皆裹糧赴巴勒, 三年或五年, 學成然後歸. 又有繁術院, 居各項藝術之師. 如學兵法・開河道・造器物之類, 學者各就所願, 羣居講肄焉. 次曰疴瓦斯, 在塞納之北, 首邑名波威. 曰哀斯尼, 在疴瓦斯之東, 首邑名拉安. 曰塞納疴瓦斯, 在塞納之南, 首邑名威爾塞列斯. 曰塞納馬爾內, 在塞納之東, 首邑名美倫.

　法蘭德勒部, 在極北境, 與比利時接壤. 改一府, 曰諾爾, 首邑名列黎. 亞爾多亞部, 在諾爾之西南. 改一府, 曰巴的加雷, 首邑名亞拉斯. 比加爾的亞部, 在巴的加雷府之西南, 西界臨海, 與英吉利南境相望. 改一府, 曰索美, 首邑名亞眠.

　諾爾滿的亞部, 在北境臨海, 與英吉利南境相對. 改五府, 曰下塞納, 北面臨海, 首邑名盧昂. 曰加爾瓦多斯, 北面臨海, 首邑名加英. 曰滿砂, 西北兩面臨海, 首邑名森的羅. 曰疴爾內, 在加爾瓦多斯之南, 首邑名亞靈孫. 曰與勒, 在下塞納之南, 首邑名厄危律. 以上六府, 與英吉利僅隔內海, _{内海名滿砂.} 遠者百餘里, 近者乃五六十里. 值晴明, 兩岸可以相望. 有海口曰補羅義, 曰加來. 又有大口曰東末, 佛人歷年伐英, 皆出此港. 三口據形勝之地, 砲臺周密, 防守極嚴, 敵船不能近也.

　賞巴尼亞部, 在壹黎亞德佛郎薩之東. 改四府, 曰亞爾德內斯, 北界比利時, 首邑名美西也爾. 曰馬爾內, 首邑名砂龍. 曰疴卑, 首邑名德羅業. 曰高馬爾內, 首邑名說蒙.

　羅勒內部, 在賞巴尼亞之東. 改四府, 曰米干塞, 首邑名巴爾勒都. 曰木塞勒, 北界日耳曼, 首邑名美的. 曰木爾德, 首邑名囊西. 曰窩斯日, 首邑名厄比納爾.

　賣內部, 在諾爾滿的亞部之南. 改二府, 曰馬也內, 首邑名拉瓦爾. 曰薩爾多, 首邑名勒忙.

安如部, 在賣內部之南. 改一府, 曰賣內羅亞爾, 首邑名安惹爾.

北勒達尼亞部, 在賣內部之西, 地形如臂, 伸入大西洋海. 改五府, 曰壹列維勒內, 北半距海, 首邑名勒內. 曰哥的都諾爾, 北面距海, 首邑名森德比勒與各. 曰非尼斯德拉, 西南距海, 有海口通大河, 首邑名固英卑爾. 曰摩爾比罕, 南面距海, 首邑名瓦內. 曰羅亞爾, 南北西三面距海, 首邑名難得斯.

波亞都部, 在北勒達尼亞之東南. 改三府, 曰枉德, 西面距大西洋海, 首邑名不爾奔枉德. 曰二塞威勒, 首邑名虐爾. 曰維也內, 首邑名波亞疊.

痾尼部, 在二塞威勒府之南. 改一府, 曰下砂蘭德, 南境有海口內通大河, 首邑名羅舍勒. 森當日昂姑木亞部, 在下砂蘭德府之東. 改一府, 曰砂蘭德, 首邑名昂姑勒美.

耳里亞內斯部, 在壹里亞德佛郎薩之西南. 改三府, 曰與勒羅亞爾, 首邑名砂爾德勒. 曰羅亞勒, 首邑名痾爾良. 曰羅亞爾舍耳, 首邑名波羅瓦. 都勒內部, 在羅亞爾舍耳府之西南. 改一府, 曰音德勒羅亞爾, 首邑名都爾. 北利部, 在耳里亞內斯部之南. 改二府, 曰舍耳, 首邑名不爾日, 曰音德勒, 首邑名砂多盧. 以上三部六府, 在佛腹地, 戶口殷繁, 閭閻富實. 皆佛國股肱郡.

威尼爾內部, 在舍耳府之東. 改一府, 曰聶維勒, 首邑名內維爾. 不爾波內部, 在聶維勒府之南. 改一府, 曰亞列爾, 首邑名木靈. 馬爾世部, 在北利部之南. 改一府, 曰哥留斯, 首邑名病勒. 黎木性部, 在哥留斯府之西南. 改二府, 曰高維也內, 首邑名里摩日, 哥勒塞, 首邑名的與勒.

痾威爾內部, 在亞列爾府之南. 改二府, 曰不壹德多美, 首邑名哥勒爾蒙, 曰敢達爾, 首邑名痾里拉.

亞爾撒斯亞部, 在不壹德多美府之東. 改二府, 曰下勒怒, 首邑名義斯達拉斯不爾厄, 曰高勒怒, 首邑名哥爾馬耳.

法郎師官德部, 在東, 界窩斯日府之南. 改三府, 曰高索内, 首邑名威蘇爾.
曰都伯, 東界瑞士, 首邑名北三孫. 曰汝拉, 東南隅界瑞士, 首邑名龍勒索爾
聶耳.

不爾疴尼亞部, 在法郎師官德部之西. 改四府, 曰約内, 首邑名疴舍勒, 曰
哥德多爾, 首邑名的仍. 曰索内羅亞爾, 首邑名疴敦, 曰厄英, 首邑名不爾厄.
里疴内部, 在極東北隅, 與日耳曼接壤. 改二府, 曰羅内, 首邑名里昂, 曰羅亞
爾, 首邑名蒙比里孫.

德爾非内部, 在厄英府之東南, 與意大里之薩爾的尼亞接壤. 改三府, 曰義
塞勒, 首邑名哥肋諾伯勒. 曰多羅美, 首邑名瓦棱薩, 曰高亞爾卑斯, 首邑名甲.

不羅溫薩部, 東接薩爾的尼亞, 南界距地中海. 改四府, 曰窩哥律斯, 首邑
名亞威農, 曰下亞爾卑斯, 首邑名的聶. 曰不世德羅内, 南境距海, 首邑名馬耳
塞里亞. 曰瓦爾, 東南境距海, 首邑名達拉給娘.

郎給德部, 在不羅溫薩部之西, 幅員甚廣. 改八府, 曰高羅亞爾, 南境距地
中海, 首邑名不壹. 曰羅塞勒, 首邑名漫德, 曰亞爾德世, 首邑名比里瓦. 曰加
爾, 首邑名尼美斯, 曰厄羅爾德, 首邑名蒙德不列爾. 曰疴德, 東境距地中海,
首邑名加爾加索内. 曰達爾尼, 首邑名亞爾比, 曰高加羅内, 首邑名都羅塞. 以
上二部, 扼地中海北岸, 馬爾塞里亞爲南境第一大埠頭. 又有海口曰土侖, 修造
戰艦之地也.

佛亞部, 在西, 界下砂蘭德府之西, 臨海. 改一府, 曰亞列日, 首邑名佛亞.
盧西隆部, 在南界, 東距地中海, 南負比里牛斯山, 與西班牙接壤. 改一府, 曰
東比里牛斯, 首邑名北爾比娘. 馬也納部, 在南, 界郎給德部之西, 幅員尤廣.
改九府, 曰日倫大, 西距大西洋海, 首邑名波耳多. 海港深通, 上接内河, 葡萄
酒由此出運, 爲西境第一大埠頭. 曰多爾多尼亞, 首邑名卑里旬, 曰羅加羅内,

首邑名亞仁. 曰羅, 首邑名加爾. 曰亞維倫, 首邑名羅德斯, 曰達爾尼加羅内,
首邑名蒙德邦. 曰惹爾, 首邑名疴世, 曰蘭德, 西距大西洋海, 首邑名蒙德馬爾
三. 曰高比里牛斯, 南界西班牙, 首邑名達爾卑.

伯爾内部, 在西南隅, 西距大海, 南界西班牙. 改一府, 曰下比里牛斯, 首邑
名波.

哥爾塞牙部, 一作可耳西加, 又作噶爾西阿, 又作郭士喀. 在國東南, 乃地中海大
島. 在薩爾的尼亞島之北, 舊本屬意大里, 佛人取之. 今改一府, 廢王拿破侖,
卽此島人. 圖附意大里亞.

佛郎西頗重讀書, 學優者超擢爲美官. 其制, 宰相一人, 別立五爵公所. 又
於紳士中擇四百五十九人, 立公局. 國有大政, 如刑賞征伐之類, 則令公所籌
議. 事關稅餉, 則令公局籌辦. 相無權, 宣傳王命而已. 國有額兵三十萬, 戰船
大小二百九十隻, 水兵五萬. 船之大者, 載砲七十二門, 至一百二十門. 亦有火
輪船數十隻, 巡駛地中海. 其俗, 人人喜武功, 軍興, 則意氣激揚, 面有矜色, 臨
陣跳蕩直前, 義不返顧. 前隊橫尸雜沓, 後隊仍繼進不已. 獲勝則舉國歡呼, 雖
傷亡千萬不恤, 但以崇國威, 全國體爲幸. 其酋長沈鷙好謀, 知兵者多, 水戰陸
戰之法, 無不講求. 又好用縱橫之術, 故與諸國交兵, 常十出而九勝.

按: 佛郎西在歐羅巴諸國中, 傳世最久. 自哥羅味開基, 至今已千餘年. 中間雖迭遭變故,
而代立者皆其宗黨, 未滋他族, 未立女主. 較他國之弈棋置君者, 固有間矣. 立法峻厲, 賢君
復六七作, 危而不亡, 殆有由也.

歐羅巴用武之國, 以佛郎西爲最. 爭先處強, 不居人下, 遇有凌侮, 必思報復. 其民俗慷
慨喜戰, 有「小戎」·「鐵駟」之風. 其用兵也, 仗義執言, 不似諸國之專於牟利. 故千餘年中,
侮亂迭生, 而虎視泰西, 國勢未嘗替削. 至拿破侖之百戰百勝, 終爲降虜, 則所謂兵不戢而自

焚, 又可爲黷武者之殷鑒矣.

佛郎西屬地在別土者, 亦有數處. 如南印度之本地治利, 南亞墨利加之歪阿那, 亞非利加之阿爾及耳, 印度海之不爾奔. 得之不甚經營, 棄之亦不甚惜, 蓋不以此爲重也.

歐羅巴各國, 皆以販海爲業. 如英吉利・米利堅・呂宋之屬, 每歲商船至中國, 多者百餘艘, 少亦三四十艘. 所販鬻者, 多棉花・洋布粗重之物. 至如洋米・胡椒・蘇木・海參之類, 皆從東南洋轉販, 并非西產. 獨佛郎西商船最少, 多則三四艘, 少則一二艘. 入口之貨, 皆羽毛・大呢・鐘錶諸珍貴之物. 蓋其國物產豐盈, 製作精巧, 葡萄酒・大呢・綢緞之類, 售之歐羅巴各國, 卽已利市十倍, 不必遠涉數萬里而謀生. 其航海而東來也, 意在於耀聲名, 不專於權子母. 國勢既殊, 用意迥別, 其情勢可揣而知也.

顧亭林『天下郡國利病書』云: 佛朗機, 卽佛郎西. 古無可考, 素不通中國. 正德十二年, 駕大舶突至廣州澳口, 銃聲如雷, 以進貢請封爲名. 撫按查無『會典』舊例, 不允. 遂退泊東莞南頭, 逕自蓋房樹柵, 恃火銃以自固. 有至部者, 不行跪禮, 朝見欲位先諸夷. 御史邱道隆・何鼇, 皆言其殘逆稱雄. 先年潛遣火者亞三, 假充滿剌加國使臣, 風飄到澳, 往來窺何, 熟我道途, 略買小兒, 烹而食之. 近日滿剌加國王, 奏國仇殺等情, 宜卽驅逐, 嚴禁私通. 將所造房屋城寨, 盡行拆毀, 詔皆從之, 誅其首惡火者亞三. 海道汪鋐, 以兵逐其餘黨, 反用銃擊敵我兵. 或獻計, 使善泅者入水, 鑿沈其舟, 盡擒之, 餘乃遁去. 汪鋐由此得佛朗機銃式, 請頒於邊鎮, 至今三邊實賴其用. 嘉靖中, 黨類更番由往來, 私舶雜諸夷中. 首領人皆高鼻白晳, 廣人能辨識之.

又云: 佛朗機人好食小兒. 其國惟國王得食之, 臣僚以下, 皆不能得. 至是潛市十餘歲小兒食之, 每一兒市金錢百文. 廣之惡少, 競掠小兒往賣. 居二三年, 兒被掠益衆, 遠近患之云云.

401

按佛郎西之至粵, 在正德年間, 是爲大西洋抵粵東之始. 明人不知有大西洋, 以爲其國在瓜哇之南, 誤矣. 當時疆臣, 以『會典』所無, 絕其封貢. 言官復請驅逐, 童牛之牿, 所慮未嘗不遠. 而鑿舟之役, 事殊杳茫. 嘉靖以後, 更番來粵, 又何嘗能禁絕之也. 至烹食小兒, 非人類所爲. 卽有獻媚之易牙, 未必遂沿爲故事. 佛國之在西土, 稱雄已千餘年, 果有此事, 諸國當視爲豺虎, 誰甘以牛耳相讓? 我朝通市二百年, 佛人每歲來粵, 何以不聞有此? 似當時之傳聞, 亦未必盡確也. 或云, 佛郎西人好買小兒, 敎織起花綢緞, 此則近似. 泰西諸國, 惟佛人能織花緞也. 鳥槍之制, 由此傳入中土, 實爲水陸利器. 靖潢池之反側, 肅幕庭之鳴吠, 星馳電掃, 利賴何窮! 而不知此技之由來, 乃卽從中國之火砲變化而出. 論者乃謂火器創於泰西, 蓋亦不考之甚矣. 已詳言之『歐羅巴圖說』. 泰西人畫鑿鑿, 足知其不誣也.

鑿舟之說, 自來以爲奇策. 謂募善水之人, 伏於船底, 用利斧鑿孔, 其船立沈. 又聞善水之人, 能伏水底七晝夜, 能於水中食餅餌, 兼操作. 嘗以詢之寶陞堂提軍, 振彪. 提軍云: "此技余少時嘗學之, 未成也, 而知其梗概. 凡人入海水必閉目, 否則爲鹹水所侵, 目且盲. 必閉氣, 否則流隨吸入, 轉瞬而腹彭亨. 年少力壯者, 閉氣稍久, 亦斷無逾刻許者. 其能不浮不沈, 恃手足之運動, 運動少停, 則隨波涌出水面, 斷無在水中尙能施力運斧之理. 且海水波浪最勁, 愈深愈勁, 能浮江河之水者, 入海水則敗, 能浮內港之水者, 入大洋則敗. 善水之人, 在大洋落水, 得片板可不死. 若徒手浮沈大浪中, 力盡氣微, 亦未有不死者. 此技卽使至精, 斷不能化其身爲魚鱉. 世俗所傳, 大半得之耳食. 資談柄則奇創可喜, 竟欲施之實事, 則愚矣."

又守備吳金魁, **水師勇士, 殺海賊無算, 爲賊傷斃, 得旨優恤**. 亦嘗習此技. 問之, 亦云然. 閱『天下郡國利病書』所記佛朗機事, 有鑿舟之說, 因附記於此.

[유럽 스페인]

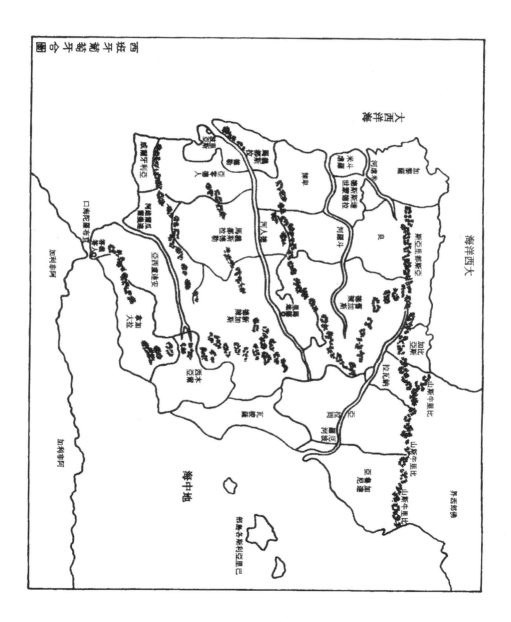

스페인 포르투갈 지도

대서양해(大西洋海): 지금의 대서양이다.

불랑서계(佛郞西界): 프랑스 강역이다.

비리우사산(比利牛斯山): 지금의 피레네산맥이다.

비사가아(比斯加亞): 지금의 스페인 바스크(Basque)이다.

아사도리아사(亞斯都里亞斯): 아스투리아스(Asturias) 왕국으로, 지금의 스페인 아스투리아스이다.

납와랍(納瓦拉): 나바라(Navarra) 왕국으로, 지금의 스페인 나바라이다.

가달로니아(加達魯尼亞): 지금의 스페인 카탈루냐주(Cataluña)이다.

량(良): 지금의 스페인 카스티야이레온주(Castilla y León)이다.

구가사덕랄(舊加斯德辣): 구카스티야로 알려진 카스티야라비에하(Castilla la Vieja)로, 스페인의 역사적 지명이다.

가려살(加黎薩): 지금의 스페인 갈리시아(Galicia)이다.

미학하(米虐河): 지금의 미뉴강(Minho R.)이다.

액파라하(厄波羅河): 지금의 에브로강(Ebro R.)이다.

아랍강(亞拉岡): 아라곤(Aragon)왕국으로, 지금의 스페인 아라곤이다.

두라하(斗羅河): 지금의 두에로강(Duero R.)이다.

달랍사덕사몽덕세(達拉德斯蒙德世): 트라수스몬테스주(Tras-os-Montes)로, 포르투갈의 역사적 지명이다.

두라미학(斗羅米虐): 엔트르 두에로 미뉴(Entre DouroMinho)로, 포르투갈의 역사적 지명이다.

마덕리지(馬德里地): 지금의 스페인 수도 마드리드(Madrid)이다.

덕인하(德人河): 지금의 타호강(Tajo R.)으로, 타구스강(Tagus R.), 테주강(Tejo R.)이라고도 한다.

의사덕륵마도랍(義斯德勒馬都拉) : 이스트레마두라주(Extremadura)로, 포르투갈의 역사적 지명이다.

리사파아(里斯玻亞) : 지금의 포르투갈 수도 리스본(Lisbon)이다.

와릉살(瓦稜薩) : 지금의 스페인 발렌시아주(Valencia)이다.

신가사덕랄(新加斯德辣) : 신카스티야로 알려진 카스티야라누에바(Castilla la Nueva)로, 스페인의 역사적 지명이다.

의사덕륵마도랍(義斯德勒馬都拉) : 지금의 스페인 에스트레마두라주(Estremadura)이다.

아령덕인(亞零德人) : 지금의 포르투갈 알렌테주(Alentejo)이다.

목이서아(木爾西亞) : 지금의 스페인 무르시아주(Murcia)이다.

안달로서아(安達盧西亞) : 지금의 스페인 안달루시아주(Andalucía)이다.

과달이기유이하(瓜達爾幾維爾河) : 지금의 과달키비르강(Guadalquivir R.)이다.

아리아이위(亞利牙爾威) : 지금의 포르투갈 알가르브주(Algarve)이다.

가랍나대(加拉拿大) : 지금의 스페인 그라나다주(Granada)이다.

직포라타해구(直布羅陀海口) : 지금의 지브롤터해협(Strait of Gibraltar)이다.

파리아리사각도부(巴里亞利斯各島部) : 지금의 스페인 발레아레스제도(Islas Baleares)이다.

지중해(地中海) : 지금의 지중해이다.

아비리가(阿非利加) : 지금의 아프리카이다.

스페인 시반아(是班牙)·실반아(實班牙)·사편아(斯扁亞)·사편(士便)·간사랍(干絲臘)·의사파니아(義斯巴尼亞)·이서파니아(以西把尼亞)·대여송(大呂宋)이라고도 한다. 역시 유럽의 대국이다. 동북쪽으로는 프랑스와 인접하고, 동남쪽으로는 지중해에 이르며, 서쪽으로는 포르투갈과 경계하고, 북쪽으로는 대서양에 이른다. 서남쪽에서 동북쪽까지는 약 2450리에 달하며, 동남쪽에서 서북쪽까지는 약 2800리에 달한다. 스페인은 높은 산이 겹겹이 둘러싸고 있는데, 모두 동쪽에서 서쪽에 이르기까지 담처럼 가로 걸쳐 있으며, 강역은 세 지역으로 구분된다. 북부 지방은 높은 산이 복잡하게 얽혀 있고 계곡과 시냇물이 흐르는데, 그 사이에 옥토가 많아 농사짓기에 아주 좋다. 중부 지방은 너른 들판에 기후가 덥고 건조하며 비가 적게 내려 사람들은 주로 양을 치면서 생활한다. 남부 지방은 산천이 수려하고 풍광이 아주 아름다우며, 각종 과실이 나고, 양·말·당나귀·노새의 품종이 모두 좋아 다른 나라의 양·말·당나귀·노새보다 뛰어나다. 이 땅은 옛날에는 이베리아(Eberia)[1]라 불렸으며, 각처의 사람들이 섞여 살았는데, 그중 페니키아(Phoenicia)[2] 고대 상업 국가이다. 사람이 가장 많았다. 후에 카르타고(Carthago)[3] 역시 페니키아인이 세운 나라로, 지중해의 남쪽 해안에 위치한다. 의 지배를 받았다. 한나라 초에 이탈리아 장군 폼페이우스(Pompeius)[4] 반패(潘沛)라고도 한다. 가 군사를 거느리고 이곳을 정복

---

1   이베리아(Eberia): 원문은 '의비리아(意卑里亞)'이다.

2   페니키아(Phoenicia): 원문은 '비니서아(非尼西亞)'이다.

3   카르타고(Carthago): 원문은 '가이달액(加爾達額)'으로, 가이달액(加爾達厄), 가대기(加大其)라고도 한다.

4   폼페이우스(Pompeius): 원문은 '분표(奔彪)'로, 방배(龐培), 붕표(崩彪)라고도 하는데, 그나이우스 폼페이우스 마그누스(Gnaeus Pompeius Magnus)이다. 폼페이우스(B.C.106~B.C.48)는 로마 공화정 말기 원로원파(귀족파)의 지도자로, 마르쿠스 리키니우스 크라수스, 가이우스 율리우

해 마침내 로마의 서쪽 강역이 되었다. 6백여 년 뒤에 로마가 쇠퇴하자 서쪽 강역은 반달(Vandals),[5] 수에비(Suevi),[6] 알라니(Alani)[7] 모두 북쪽 게르만족의 일파이다. 세 종족의 차지가 되었다. 동진(東晉) 안제(安帝)[8] 13년(417)에 서고트족 가도(哥度), 유서가다(維西哥多), 액도(厄都)라고도 하는데, 역시 게르만족의 일파이다. 의 수장 레오비힐도(Leovigildo)[9]가 대군을 이끌고 동방에서 공격해왔다. 그들을 막아낼 수 없었던 로마총독이 로마를 버리고 달아나자 동쪽 땅은 고트족의 차지가 되었다. 얼마 지나지 않아 서쪽 강역의 여러 종족을 멸망시키고 수(隋)나라 문제(文帝) 개황(開皇)[10] 말에 나라를 세웠다. 1백여 년 뒤에 로드리고(Rodrigo)[11] 가 제위에 올랐는데, 로드리고는 성정이 난폭하고 가혹했다. 타리크(Tariq)[12]라는 신하가 로드리고에게 치욕을 당했다. 당시 아라비아

스 카이사르와 함께 삼두정치체제를 이끌었다.

5　반달(Vandals): 원문은 '왕덕라(汪德羅)'로, 완나이사(完那爾士), 왕달이(汪達爾)라고도 한다.

6　수에비(Suevi): 원문은 '수와(隋窩)'이다. 게르만인의 연맹국가로서 409년 이베리아반도에 진입해서 오늘날 포르투갈지역에 대거 이주해 수에비왕국을 건설했다.

7　알라니(Alani): 원문은 '아랍노(亞拉奴)'이다. 알란족, 알라노족이라고도 하는데, 중앙아시아 북부에서 남러시아의 초원 지대에 걸쳐 살던 이란계의 유목 기마 민족이다. 4세기에 훈족(Hun)이 서방으로 이동할 때 일부는 유럽으로 이동했는데, 406년경에 피레네 산맥을 넘어 이베리아 반도로 향하는 반달족과 수에비족에 동참했다.

8　안제(安帝): 동진 제10대 황제인 사마덕종(司馬德宗)(재위 396~419)이다.

9　레오비힐도(Leovigildo): 원문은 '류유즉적약(留維卽的約)'이다.

10　개황(開皇): 수(隋)나라 문제(文帝) 양견(楊堅)의 연호(581~600)이다.

11　로드리고(Rodrigo): 원문은 '라덕려가(羅德黎哥)'로, 스페인을 정복한 서고트족의 마지막 왕이다.

12　타리크(Tariq): 원문은 '인량(人良)'이다. 역사적 사실에 따르면 이슬람교도의 스페인 정복을 지휘한 장군 타리크 이븐 지야드(Tariq ibn Ziyad)로 추정된다.

이슬람은 북아프리카 모로코(Morocco),[13] 알제리(Algérie)[14] 등의 이슬람 국가를 말한다. 를 차지하고 있었는데 병력이 한창 강성했다. 당(唐)나라 예종(睿宗) 태극(太極)[15] 원년(712)에 타리크가 이슬람을 이끌고 침입해오자 스페인은 소문만 듣고도 달아나 뿔뿔이 흩어졌다. 왕이 북쪽 변방으로 달아나는 통에 나라는 이슬람의 수중에 들어갔으며, 나머지 아스투리아스(Asturias) 왕국,[16] 바스크(Basque),[17] 나바라(Navarra) 왕국[18]만이 항복하고 후국이 되었다. 7백여 년 뒤에 아라비아가 쇠락하자 이 땅을 지키던 이슬람 수장들은 각자 영토를 나누고 다스리면서 날마다 전쟁을 했다. 아스투리아스왕국의 귀족 펠라요(Don Pelayo)[19]는 사람들에게 맹세하며 군대를 일으켜 이슬람을 몰아내고 대승하여 왕에 추대되었다. 얼마 지나지 않아 카스티야(Castilla)[20]를 공격해 차지하고는 카스티야왕이라 불리었다. 고트족에게 직접 그 땅을 치게 해서 차지하면 그 땅을 주고 제후국에 봉했다. 이슬람 중에 일부는 항복하고 일

13　모로코(Morocco): 원문은 '마락가(摩樂哥)'로, 마락가(馬落可), 마라각(馬羅各), 마락가(摩洛哥)라고도 한다.

14　알제리(Algérie): 원문은 '아리액(阿利額)'으로, 아이니아(阿爾尼阿)라고도 한다.

15　태극(太極): 당나라 제5대 황제 예종(睿宗) 이단(李旦)의 연호(712)이다.

16　아스투리아스(Asturias) 왕국: 원문은 '아사도리아사(亞斯都里亞斯)'이다. 스페인 북서부지방에 존속했었던 기독교 국가로, 이베리아 이슬람왕조에 굴복하지 않고 2백년간 존속했는데, 지금의 스페인과 포르투갈의 기원이 되는 나라이다.

17　바스크(Basque): 원문은 '비사가아(比斯加亞)'이다. 바스크족은 스페인 북부와 프랑스 남서부에 사는 소수민족이다.

18　나바라(Navarra) 왕국: 원문은 '납와랍(納瓦拉)'이다. 나바라 왕국은 9세기 중엽에 에스파냐와 프랑스에 걸친 나바라 지방에 건국한 바스크인의 왕국이다.

19　펠라요(Don Pelayo): 원문은 '백랍납(伯拉納)'으로, 패랍약(佩拉約)이라고도 한다. 아스투리아스 왕국을 세운 인물이다.

20　카스티야(Castilla): 원문은 '가사덕랄(加斯德辣)'로, 잡사제(卡斯提)라고도 한다.

부는 달아나 숨어, 옛 강역을 전부 되찾았다. 또한 나라가 몇 개의 왕국으로 분리되었으나 서로 인척관계에 놓여 있어 분쟁이 일어나지는 않았다. 카스티야는 여왕 이사벨 1세(Isabel I)[21]에 와서 아라곤(Aragon)[22]의 왕 페르난도 2세(Fernando II)[23]와 결혼했다. 명나라 성화(成化) 15년(1479)에 여러 왕국은 마침내 하나의 나라로 통일되었는데, 이것이 스페인 재건의 시작이다. 이사벨 1세는 다른 사람보다 총명하고 민첩해 국정을 잘 다스릴 수 있었다. 또한 대해의 서쪽에 대지가 있으리라 생각해 홍치(弘治)[24] 초년에 신하 크리스토퍼 콜럼버스(Cristoforo Colombo)[25] 각룡(閣龍), 가륭파(哥隆波)라고도 한다. 에게 큰 배를 타고 양식을 가지고 신천지를 찾아 나서게 하더니, 결국 아메리카(America)[26]의 콜롬비아(Colombia)[27]를 발견했다. 원주민들을 몰아내고 스페인 사람들을 이주시켜 그 땅을 차지했다. 점차 남북으로 영토를 확장해 나가 멕시코(Mexico)[28]·페루(Peru)[29]·칠레(Chile)[30]·라플라타(La Plata)[31] 등지『아메리카도

---

21 이사벨 1세(Isabel I): 원문은 '의살백이(依撒伯爾)'이다.

22 아라곤(Aragon): 원문은 '아랍강(亞拉岡)'으로, 아랍완(阿拉頑), 아랍공(阿拉貢)이라고도 한다.

23 페르난도 2세(Fernando II): 원문은 '비이난다(非爾難多)'이다.

24 홍치(弘治): 명나라 제9대 황제 효종(孝宗) 주우탱(朱祐樘)의 연호(1487~1505)이다.

25 크리스토퍼 콜럼버스(Cristoforo Colombo): 원문은 '가륜(可倫)'으로, 가륜포(哥倫布)라고도 한다.

26 아메리카(America): 원문은 '아묵리가(亞墨利加)'이다.

27 콜롬비아(Colombia): 원문은 '가륜비아(可侖比亞)'이다.

28 멕시코(Mexico): 원문은 '묵서가(墨西哥)'로, 밀사과(密斯果)라고도 한다.

29 페루(Peru): 원문은 '비로(秘魯)'로, 필로(畢盧)라고도 한다.

30 칠레(Chile): 원문은 '지리(智利)'이다.

31 라플라타(La Plata): 원문은 '랍파랍타(拉巴拉他)'로, 랍팔타(拉八他), 랍보랍탑(拉普拉塔)이라고도 한다.

설(亞墨利加圖說)』에 상세히 보인다. 가 모두 스페인의 지배를 받았다. 이들 지역에서 은광이 극성해 매년 수백만 근의 은이 채굴되었기에, 스페인은 이것으로 부를 축적할 수 있었으며, 서방에서는 '금광'이라고 불렀다. 가정 연간에 다시 신하 마젤란(Magellan)³²을 보내 동쪽으로 항해해가서 동남아시아의 필리핀에 이르러 해구를 차지하고 부두를 건설해, 선박이 모여들고 온갖 물건이 유통된 덕분에 더욱 더 부유해졌다. 이에 앞서 정덕 14년(1519)에 독일에서 내란이 일어났다. 당시 스페인의 왕은 카를 5세(Karl V)³³로 현명하다고 명성이 나 있어 독일의 각 공국은 그를 영입해 왕으로 모셨다. 스페인은 왕자 펠리페 2세(Felipe II)³⁴ 서양인들이 편찬한 『강감(綱鑑)』에는 이와 같이 서술되어 있다. 최근에 포르투갈 사람이 쓴 『지리비고(地理備考)』에 따르면, 오스트리아³⁵의 공작 펠리페 **펠리페 2세이다.** 는 선왕의 딸인 마누엘라(Manuela)³⁶를 아내로 맞아들였으며, 결국 왕위에 올랐다고 되어 있다. 이 두 가지 설이 서로 다른데 어느 것이 맞는지 모르겠다. 그런데 『강감』이 전문적으로 각국의 흥망성쇠와 계보를 적고 있으며, 아주 상세하게 검토하고 확실한 근거를 가지고 있기 때문에 이 설을 따른다. 를 왕으로 세워 두

---

32 마젤란(Magellan): 원문은 '미아란(米牙蘭)'으로, 묵와란(墨瓦蘭)이라고도 한다. 마젤란 (1480~1521)은 포르투갈 출신의 탐험가이자 모험가이다.

33 카를 5세(Karl V): 원문은 '사리제오(査理第五)'이다. 카를 5세(재위 1519~1556)는 합스부르크 가문의 수장이자 신성 로마 제국의 황제이며, 스페인의 국왕, 이탈리아의 군주 등 유럽에서 가장 많은 국가의 왕관을 쓴 인물이다.

34 펠리페 2세(Felipe II): 원문은 '비립제이(非立第二)'이다. 펠리페 2세(재위 1581~1598)는 1581년 4월 토마르 궁정에서 회의를 개최하여, 펠리페 1세라는 이름으로 포르투갈 국왕에 취임한다.

35 오스트리아: 원문은 '오지리(奧地利)'로, 여기서는 합스부르크가를 의미한다.

36 마누엘라(Manuela): 원문은 '약아납(若亞納)'으로, 펠리페 2세의 첫 번째 왕비였던 마리아 마누엘라로 추정된다.

나라는 입술과 이처럼 돈독한 관계를 맺었다. 아들 카를로스(Carlos)[37]에 와서 나라가 더욱 부강해졌다. 스페인의 서쪽 이웃인 포르투갈은 원래는 스페인의 서쪽 강역이었으나, 송나라 때 이슬람을 몰아내고 별도로 나라를 세웠다. 만력 연간에 포르투갈 왕이 적을 막다가 죽었는데 후사가 없자, 스페인이 다시 그 땅을 수복했다. 60년 뒤에 다시 분열되었다. 『포르투갈도설』에 상세히 보인다. 바야흐로 스페인이 옛 땅을 수복했을 때 미처 달아나지 못하고 있었던 이슬람이 다시 항복하고 유민으로 편입되었는데, 세월이 오래 지나면서 다시 번성해져 수십만 호가 넘었다. 스페인은 그 종족이 아주 뛰어나고 남달라 종국에는 후환이 될 것이라 생각해서 군사를 움직여 그들을 쫓아냈다. 이들 이슬람들은 모두 집을 부수고 가족을 이끌고 허겁지겁 바다를 건너 북아프리카로 옮겨갔다. 알제리 등의 이슬람을 말한다. 생업을 잃은 이들 이슬람이 노략질을 해 겨우 먹고 살아 지중해는 이때부터 도둑이 많아졌다. 반면 스페인은 인구가 격감하고 교역이 점차 줄면서 날로 가난하고 쇠약해졌으니, 논자들은 스페인의 잘못된 정책을 맹비난했다. 강희(康熙)[38] 39년(1700)년에 스페인의 왕 카를로스 2세가 죽은 뒤 후사가 없자 오스트리아 왕 독일제국의 왕이다. 당시 독일제국의 왕국들이 모두 왕으로 자처하고 있었기 때문에 합스부르크 왕가는 더 이상 독일제국의 왕으로 불리지 않았다.[39] 은 자

---

37   카를로스(Carlos): 원문은 '가이라사(加爾羅斯)'로, 카를로스 2세로 추정된다.

38   강희(康熙): 청나라 제4대 황제 성조 애신각라현엽(愛新覺羅玄燁)의 연호(1661~1722)이다.

39   독일 제국의…불리지 않았다: 여기서 말하는 독일 제국은 바로 신성로마제국이다. 당시 중부유럽(오늘날의 독일과 오스트리아, 저지대 국가, 체코, 크로아티아 등)에 존재했던 국가들은 오늘날의 연방국가체제인 다민족 국가 연합체를 형성하고 있었는데, 이른바 신성로마제국이다. 신성로마제국의 정식 명칭은 독일 민족의 신성 로마 제국(Heiliges Römisches Reich Deutscher Nation)이었지만, 일반적으로는 신성로마제국이나 독일제국(Deutsches Reich)으로 불

신의 아들을 왕으로 세우려 했고, 프랑스왕은 자신의 손자를 왕으로 세우려 해 몇 년 동안 [스페인 왕위 계승]전쟁을 벌였으나, 결국 프랑스 왕[루이 14세]의 손자인 펠리페 5세(Felipe V)[40]가 스페인의 왕이 되었다. 영명하고 과단성 있는 왕은 나라를 잘 다스려 백성들의 생활을 안정시켰으며, 그 결과 스페인은 다시 살기 좋아졌다. 건륭 말년에 프랑스에서 내란이 일어나자 스페인은 프랑스를 공격하기 시작했다. 후에 프랑스와 맹약을 맺고 영국을 공략했으나, 전함이 태풍을 맞아 대부분 침몰했다. 그 뒤 프랑스에서 나폴레옹이 즉위했는데, 당시 스페인 왕 카를로스 4세(Carlos IV)는 세자 페르난도와 사이가 좋지 않았다.[41] 가경 12년(1807)에 나폴레옹은 그들 부자와 바욘(Bayonne)[42]에서 만나 사태해결을 위한 조정을 약속했으나 그들이 도착하자 그 죄상을 늘어놓고 꾸짖으며 두 사람을 가두고 자신의 동생[43]을 스페인 왕으로 세웠다. 스페인 군중들은 이에 불복하면서 영국군을 불러들여 함께 프랑스를 공격했는데, 교전한지 5년 만에 나폴레옹의 동생을 몰아

렸다. 이 이외에 로마독일제국(Römisch-deutsher Reich), 로마독일황제(Römisch-deutscher Kaiser)라고 불리기도 했다.

40 펠리페 5세(Felipe V): 원문은 '비립제오(非立第五)'이다.

41 당시…좋지 않았다: 이 당시 스페인은 정치에 무능한 카를로스 4세 대신 귀족 고도이(Godoy)가 국정을 농단했다. 고도이 내각의 부패와 왕실의 무능함에 지친 스페인 국민들은 1808년에 왕세자 페르난도를 지지하며 반란을 일으켜 성공한 뒤 왕세자가 페르난도 7세로 왕위에 오른다. 그러나 며칠 뒤에 카를로스 4세가 퇴위를 번복하며 나폴레옹에게 지지를 요청했고, 이를 통해 나폴레옹이 스페인 정치에 개입을 하게 된다. 여기서는 이 상황을 이야기하고 있다.

42 바욘(Bayonne): 원문은 '마야납(馬也納)'이다.

43 자신의 동생: 원문은 '기제(其弟)'이다. 역사적 사실에 따르면 이 당시 스페인을 다스린 사람은 나폴레옹의 형인 조제프 나폴레옹 보나파르트(Joseph-Napoléon Bonaparte)이다.

내고 이전 왕의 왕세자 페르난도 7세(Fernando VII)[44]를 복위시켰다. 그 뒤로 사방에서 내란이 일어나면서 스페인은 날로 쇠퇴해져갔다. 페르난도 7세가 아들 없이 죽자 어린 딸 이사벨 2세(Isabel II)[45]가 등극했으며, 모후가 섭정했다. 페르난도 7세의 동생이 이슬람의 유민들을 선동해 난을 일으켰는데, 곧 망할 것처럼 위태위태했다. 아메리카의 속국들도 모두 반란을 일으켜, 쿠바(Cuba)[46]『서인도제도[47]도설』에 상세히 보인다. 와 필리핀의 부두만이 남아 있을 따름이다.

스페인의 북부는 피레네산맥을 등지고 있으며 기후가 상당히 춥다. 남부는 지중해에 인접해 있어 여름에는 찌는 듯이 덥지만 바닷바람이 더위를 식혀준다. 중부는 해수면에서 144길 떨어진, 유럽에서 가장 높은 지대에 위치해 있다. 사시사철 바람이 많이 불어 한겨울에는 날이 따뜻하지 않다. 12개의 큰 하천이 있는데, 그중에 특히 유명한 강은 미뉴강(Minho R.),[48] 두에로강(Duero R.),[49] 타호강(Tajo R.),[50] 과달키비르강(Guadalquivir R.)[51]으로 모

---

44 페르난도 7세(Fernando VII): 원문은 '비이난다(非爾難多)'이다.

45 이사벨 2세(Isabel II): 원문은 '의살백이(依撒伯爾)'이다.

46 쿠바(Cuba): 원문은 '고파(古巴)'이다.

47 서인도제도: 원문은 '아묵리가해만군도(亞墨利加海灣群島)'로, 바로 카리브제도이다.

48 미뉴강(Minho R.): 원문은 '미학(米虐)'으로, 미니오하(米尼奧河), 미뉴하(米紐河), 민하(閩河)라고도 한다.

49 두에로강(Duero R.): 원문은 '두라(斗羅)'로, 로라하(魯羅河)라고도 한다. 두에르강은 이베리아 반도에서 세 번째로 긴 강이다.

50 타호강(Tajo R.): 원문은 '덕인(德人)'으로, 탑곽하(塔霍河), 달아하(達俄河), 타아하(他犽河)라고도 한다. 타호강은 타구스강(Tagus R.), 테주강(Tejo R.)이라고도 하는데, 이베리아반도에서 가장 긴 강이다.

51 과달키비르강(Guadalquivir R.): 원문은 '과달이기유이(瓜達爾幾維爾)'로, 아나이휴위하(俄那爾虧威河), 과달이기유이하(瓜達爾基維爾河), 위타기위하(危他其威河)라고도 한다.

두 대서양으로 유입된다. 에브로강(Ebro R.)[52]은 지중해로 유입된다. 땅은 대부분 비옥하고, 오곡 농사가 모두 잘 된다. 나무는 상수리나무가 많고 과일로는 포도가 많이 난다. 산에서는 각종 광물이 나는데, 최근에 금은은 모두동이 난 반면 구리·주석·아연은 여전히 나며, 구리와 석탄은 캐도 캐도 끝없이 나온다. 또한 다이아몬드·보석·오색옥·마노(瑪瑙)·수정도 난다. 이곳사람들은 겁이 없고 용맹하고 호방해 복수에만 매진하며, 놀기를 좋아하고 노동을 싫어하며 농사일을 대수롭지 않게 여긴다. 아침 식사 후에는 반드시 정오까지 잠을 자는데 이 때문에 사람들은 대부분 가난하고, 절반 정도는 오두막집에서 산다. 풍속이 검소해서 술 한 잔에 과일 하나면 그 밖에다른 것은 바라지 않는다. 남녀는 모두 즐겨 현악기를 연주하고 춤추는 것을 낙으로 삼았으며, 또한 투우 경기를 좋아해 담처럼 둘러서서 구경한다. 간혹 날뛰는 소를 경기장 안에 풀어놓으면 용맹한 사람이 칼을 차고 들어가 소와 치고 받다가 칼로 찌르는데, 승리하면 천만 명의 사람들이 환호하며 축하한다. 나라 전체가 천주교를 신봉하며, 주교가 큰 권력을 쥐고 있어그 뜻을 거스르는 자는 화형에 처했다. 무역이 번성해 해변의 각 부두에서해마다 1800만 냥의 세금을 거둬들인다. 군사를 지나치게 많이 양성해 군수물품이 부족하면 늘 부자들에게 빌려 쓰고 이자로 갚았다. 최근에 들어담당자가 대부분 신용을 잃고 상환하지 않자 부자들은 골치아파하면서 빌려주려 하지 않았다. 적군이 국경을 밀어닥칠 때마다 번번이 식량이 부족해 패하고 만다.

---

52 에브로강(Ebro R.): 원문은 '액파라(厄波羅)'로, 이몰하(伊沒河), 애포라하(埃布羅河), 이백라하(以伯羅河)라고도 한다.

스페인은 과거에는 13개 주로 구분했으나, 최근에 49개 주로 개편했으며, 제도 두 개가 포함되어 있다. 대도시, 중도시, 소도시로 구분한다.

신카스티야주(Castilla la Nueva)[53]는 중부에 위치하는데, 동서남북 네 강역의 정중앙에 해당하며 남북의 길이는 약 6백 리이고, 동서의 너비는 750리 정도 된다. 지대가 높고 건조하며 사막이 많아 초목이 잘 자라지 않는다. 지금은 5개 주로 개편되었는데, 마드리드주(Madrid)[54] 막주이륵득(莫珠爾勒得), 마특(馬特)이라고도 한다. 는 대도시에 속하며 수도 역시 마드리드로, 만사나레스(Manzanares R.)[55] 강변에 건설되었다. 왕궁이 아주 크고 화려한데 토목공사비용으로 1천만금이 들었다. 도시 내에 학교·병원·천문대·군수공장·골동품 가게·약초포(藥草圃)·동물병원이 있다. 인구는 약 20만 명이며, 나사(羅紗)와 우단(羽緞)[56]·양탄자·비단·캘리코(calico)[57]·자기가 난다. 과달라하라주(Guadalajara)[58]는 소도시에 속한다. 과거에는 이름난 사람이 많았고, 이곳에서 나는 나사와 우단·비단이 상당히 유명했다. 톨레도주(Toledo)[59]는 중도시에 속한다. 과거에 이슬람이 스페인을 점령했을 때 이곳을 수도로 삼아 지

---

53 신카스티야주(Castilla la Nueva): 원문은 '신가사덕랄(新加斯德辣)'로, 뉴가새대이(紐加塞代爾)라고도 한다. 스페인 중앙 고지대에 위치한 카스티야라누에바왕국(Castilla la Nueva)을 가리킨다.

54 마드리드주(Madrid): 원문은 '마덕리지(馬德里地)'로, 마특의(麻特義), 마특도(馬特都)라고도 한다.

55 만사나레스강(Manzanares R.): 원문은 '만살나륵사하(滿薩那勒斯河)'로, 이베리아 반도 중앙을 흐르는 강이다.

56 나사(羅紗)와 우단(羽緞): 원문은 '니우(呢羽)'이다.

57 캘리코(calico): 원문은 '인화양포(印花洋布)'이다. 인도의 콜카타에서 생산된 데서 유래한 명칭으로, 평직으로 직조한 순면직물이다.

58 과달라하라주(Guadalajara): 원문은 '과달랍사랄(瓜達拉砂辣)'로, 과달랍합랍(瓜達拉哈拉)이라고도 한다.

59 톨레도주(Toledo): 원문은 '다륵다(多勒多)'로, 탁래다(托萊多), 다리다읍(多里多邑)이라고도 한다.

금도 궁전이 남아 있다. 여름에는 아주 덥고 샘이 부족해 원주민들은 주로 웅덩이에 받아둔 빗물을 마신다. 쿠엥카주(Cuenca)[60]는 소도시에 속하며, 밀랍과 가축이 난다. 시우다드레알주(Ciudad Real)[61]는 소도시에 속하며 수은이 난다.

구카스티야주(Castilla la Vieja)[62]는 신카스티야주의 북쪽에 위치하며 남북의 길이는 약 460리이고, 동서의 너비는 약 770리로, 산과 평원이 사이사이에 있다. 지금은 6개 주로 개편되었는데, 부르고스주(Burgos)[63]는 소도시에 속한다. 전답이 비옥하고 기후가 온난하며 오곡백과가 난다. 로그로뇨주(Logroño)[64]는 소도시에 속하며 지세가 아주 뛰어나고 곡식과 과일이 나며 상인들이 몰려든다. 산탄데르주(Santander)[65]는 소도시에 속한다. 주도는 비스케이만(Bay of Biscay)[66] 해구에 건설되었는데, 상선이 구름처럼 모여들어 북쪽의 큰 항구도시가 되었다. 이 땅에서는 곡식과 과일·황마(黃麻)·가축·석

---

60 쿠엥카주(Cuenca): 원문은 '고영가(固盈加)'로, 곤잡(昆卡)이라고도 한다.

61 시우다드레알주(Ciudad Real): 원문은 '허달리아이(虛達里亞耳)'로, 뇌랍이성(雷拉爾城), 뇌아이성(雷阿爾城)이라고도 한다. 시우다드레알 남서부에는 수은이 가장 많이 생산되는 알마덴(Almaden)이 위치해 있다.

62 구카스티야주(Castilla la Vieja): 원문은 '구가사덕랄(舊加斯德辣)'로, 아이가색대이(阿爾加色代爾)이라고도 한다. 역사적인 지명으로 카스티야 왕국 북쪽에 위치한 카스티야라비에하(Castilla la Vieja)를 가리킨다.

63 부르고스주(Burgos): 원문은 '불이액사(不爾厄斯)'로, 포이과사(布爾戈斯)라고도 한다.

64 로그로뇨주(Logroño): 원문은 '라가라학(羅哥羅虐)'으로, 지금의 스페인 라리오하(La Rioja)의 주도이다.

65 산탄데르주(Santander): 원문은 '삼부덕이(三富德爾)'로, 상탄덕(桑坦德)이라고도 한다. 지금의 스페인 칸타브리아주(Cantabria)의 주도이자 항구도시이다.

66 비스케이만(Bay of Biscay): 원문은 '비사가아(比斯加亞)'로, 미사계(彌斯計), 비사개(比斯開)라고도 한다.

탄이 아주 많이 난다. 소리아주(Soria)[67]는 소도시에 속한다. 도시가 산골짜기에 건설되었으며 양모가 난다. 세고비아주(Segovia)[68]는 소도시에 속한다. 이곳은 날씨가 춥고, 나사와 우단·유리·종이가 난다. 아빌라주(Avila)[69]는 소도시에 속한다. 이 땅에는 대학교가 있고, 사라사(sarasa)[70]가 난다.

카스티야이레온주(Castilla y León)[71]는 구카스티야주의 서쪽에 위치하며 남북의 길이는 약 7백 리이고, 동서의 너비는 450리이다. 날씨가 사람이 살기에 좋고, 물산이 풍부하다. 지금은 5개 주로 개편되었는데, 레온주(León)[72]는 소도시에 속한다. 주도는 건물이 높고 크며 교외는 풍광이 유려하고 백옥(白玉)이 난다. 팔렌시아주(Palencia)[73]는 소도시에 속하며 곡식과 과일이 아주 풍부하게 난다. 바야돌리드주(Valladolid)[74]는 중도시에 속한다. 전답이 최고로 비옥해 곡식이나 과일이 다른 주에 비해 몇 배나 많이 생산된다. 또한 이곳에서 나는 목재가 아주 견고해 선박자재는 이곳에서 공급받는다. 이곳에서는 나사와 우단·무명실·자기도 난다. 살라망카주(Salamanca)[75]는 소도

---

67 소리아주(Soria): 원문은 '색리아(索里亞)'로, 지금의 카스티야레온 지방에 위치한다.

68 세고비아주(Segovia): 원문은 '새액유아(塞額維亞)'로, 새가유아(塞哥維亞)라고도 한다. 지금의 카스티야레온 지방에 위치한다.

69 아빌라주(Avila): 원문은 '아유랍(亞維拉)'으로, 아유랍(阿維拉)이라고도 한다. 지금의 카스티야레온 지방에 위치한다.

70 사라사(sarasa): 원문은 '양포(洋布)'로, 다섯 가지 빛깔을 이용하여 인물, 조수(鳥獸), 화목(花木) 또는 기하학적 무늬를 물들인 피륙을 말한다.

71 카스티야이레온주(Castilla y León): 원문은 '량(良)'이다.

72 레온주(León): 원문은 '량(良)'이다.

73 팔렌시아주(Palencia): 원문은 '파릉서아(巴棱西亞)'로, 파륜서아(帕倫西亞)라고도 한다.

74 바야돌리드주(Valladolid): 원문은 '와리아다려(瓦里亞多黎)'로, 파리아다리덕(巴利亞多利德)이라고도 한다.

75 살라망카주(Salamanca): 원문은 '살랍몽가(薩拉蒙加)'로, 살랍만잡(薩拉曼卡)이라고도 한다.

시에 속한다. 과거에는 스페인의 대도시로, 대대로 명망 있는 사람이 나왔다. 병란이후 도시가 급격히 쇠락해졌다. 사모라주(Zamora)[76]는 소도시에 속하며, 포도·황마·양모가 난다.

갈리시아주(Galicia)[77]는 레온주의 서북쪽에 위치하며, 남쪽으로는 포르투갈과 경계하고 서북쪽으로는 대서양에 이르며 미뉴강 하류에 위치하는데, 남북의 길이는 약 5백 리이고, 동서의 너비는 약 450리에 이른다. 근해는 지대가 낮고 습하며 목초지가 많아 목축에 좋다. 지금은 4개 주로 구분되는데, 라코루냐주(La Coruña)[78]는 대도시에 속한다. 도시가 연안에 건설되어 배가 정박하기에는 최고로 안정적이며, 상인들이 몰려들면서 서북쪽 지역의 큰 항구가 되었다. 항구에는 큰 포대가 있는데 아주 견고하다. 루고주(Lugo)[79]는 소도시에 속한다. 이곳에 로마의 옛 도시가 있으며, 삼베가 난다. 오렌세주(Ourense)[80]는 소도시에 속하며, 이곳에서는 햄·포도주가 난다. 폰테베드라주(Pontevedra)[81]는 소도시에 속하며, 벨벳·구리그릇이 난다.

그라나다주(Granada)[82]는 최남단에 위치하며 지중해에 이르는데, 남북의 길이는 약 2백여 리이고, 동서의 너비는 약 8백여 리이다. 이 땅은 적도에 가까워 날씨는 찌는 듯이 덥지만, 자연환경은 대체로 좋다. 지금은 3개 주

---

76 사모라주(Zamora): 원문은 '살마랍(薩摩拉)'으로, 살모랍(薩莫拉)이라고도 한다.

77 갈리시아주(Galicia): 원문은 '가려살(加黎薩)'로, 가리서아(加利西亞)라고도 한다.

78 라코루냐주(La Coruña): 원문은 '가로니아(哥魯尼亞)'로, 아코루냐(A Coruña)라고도 한다. 전통적으로 커루나(Corunna)로 불렸다.

79 루고주(Lugo): 원문은 '로액(顱額)'이다.

80 오렌세주(Ourense): 원문은 '아릉새(痾稜塞)'로, 오륜새(奧倫塞)라고도 한다.

81 폰테베드라주(Pontevedra): 원문은 '분덕위달랍(奔德威達拉)'이다.

82 그라나다주(Granada): 원문은 '가랍나대(加拉拿大)'이다.

로 구분되는데, 그라나다주는 대도시에 속한다. 주도는 과거에는 이슬람 왕국의 수도였으며, 인구는 8만 명이고 물산이 아주 풍부하게 나서 남방의 대도시라 불렸다. 알메리아주(Almeria)[83]는 소도시에 속한다. 해구가 아주 깊고 넓어 배가 정박할 수 있다. 이곳 산에서는 옥석과 마노가 난다. 말라가주(Málaga)[84]는 대도시에 속한다. 도시가 해변에 건설되어 배가 정박하기에 가장 안정적이며, 무역이 성해 남쪽의 큰 항구도시가 되었다.

발렌시아주(Valencia)[85]는 동남쪽 구석에 위치하고 지중해에 이르며, 남북의 길이는 약 7백 리이고, 동서의 너비는 약 2백 리에 이른다. 날씨가 아주 따뜻해 얼음을 보기가 극히 드물다. 지금은 모두 3개 주로 구분되는데, 발렌시아주는 대도시에 속한다. 주도는 평원에 건설되었으며, 인구는 6만 명이다. 모든 건물이 정갈하고 무역이 아주 성하다. 이 땅에서는 곡식·과일·오일·술·주단이 난다. 알리칸테주(Alicante)[86]는 중도시에 속한다. 도시가 해변에 건설되어 시가지가 널찍하고 곧으며 바닷길이 넓고 안정되어 있어 동남쪽의 큰 항구도시가 되었다. 수출품으로는 와택(窩宅) 주석의 일종이다.·흑연·백반·은·주사(朱砂)·인디고(indigo)[87]·과일·포도주·건포도가 있다. 카스테욘데라플라나주(Castellón de la Plana)[88]는 소도시에 속한다. 도시가 해변에

83　알메리아주(Almeria): 원문은 '아이미리아(亞爾美里亞)'로, 아이매리아(阿爾梅里亞)라고도 한다.

84　말라가주(Málaga): 원문은 '마랍아(馬拉牙)'로, 마랍가(馬拉加)라고도 한다.

85　발렌시아주(Valencia): 원문은 '와릉살(瓦稜薩)'로, 와령사(哇領社), 파륜서아(巴倫西亞)라고도 한다.

86　알리칸테주(Alicante): 원문은 '아리간적(亞利干的)'으로, 아리감특(阿利坎特)이라고도 한다.

87　인디고(indigo): 원문은 '남전(藍靛)'으로, 쪽빛 염료이다.

88　카스테욘데라플라나주(Castellón de la Plana): 원문은 '가사덕륜득랍불랄납(加斯德倫得拉不辣納)'으로, 지금의 카스테욘(Castellón)을 가리킨다.

건설되었으며 산물과 무역품은 알리칸테주와 비슷하지만 알리칸테주가 훨씬 부유하고 번성하다.

무르시아주(Murcia)[89]는 발렌시아주의 서남쪽에 위치하고 동남쪽으로는 지중해에 이르며, 남북의 길이는 약 2백여 리이고, 동서의 너비는 약 3백여 리이다. 지금은 2개 주로 구분되는데, 무르시아주는 중도시에 속한다. 도시가 산골짜기에 건설되었으며, 인구는 36만 명이다. 기후는 온난하고 물산이 차고 넘치며, 곡식·과일·마·술이 풍부하고, 구리·주석·유황·백반도 나며, 소금이 아주 많이 나는 염지가 있다. 알바세테주(Albacete)[90]는 소도시에 속한다. 포목·가축·철기가 난다.

아라곤주(Aragón)[91]는 구카스티야주의 동쪽에 위치하며 남북의 길이는 약 720리이고, 동서의 너비는 약 480리이다. 산이 겹겹이 쌓여 있고 추위와 더위가 현격하게 다르다. 보리·마·과일·술·오일·밀랍·가축이 나고, 구리·철·주석·명반·석면(石棉)도 난다. 지금은 3개 주로 구분되는데, 사라고사주(Zaragoza)[92]는 소도시에 속한다. 과거에는 아주 번화했으나 병란을 겪은 이후로 황폐해졌다. 우에스카주(Huesca)[93]는 소도시에 속한다. 토지가 비옥해 흉년이 드물다. 테루엘주(Teruel)[94]는 소도시에 속한다. 날씨가 너무 추워 사람들이 질병으로 고생하며, 석탄이 난다.

---

89 무르시아주(Murcia): 원문은 '목이서아(木爾西亞)'로, 모서아부(莫西亞部)라고도 한다.

90 알바세테주(Albacete): 원문은 '아이파새이(亞爾巴塞爾)'로, 아이와새특(阿爾瓦塞特)이라고도 한다.

91 아라곤주(Aragón): 원문은 '아랍강(亞拉岡)'으로, 아랍공(阿拉貢)이라고도 한다.

92 사라고사주(Zaragoza): 원문은 '살랍액살(薩拉厄撒)'로, 살랍격살(薩拉格薩)이라고도 한다.

93 우에스카주(Huesca): 원문은 '오액사가(烏厄斯加)'이다.

94 테루엘주(Teruel): 원문은 '덕로액이(德魯厄爾)'로, 특로애이(特魯埃爾)라고도 한다.

나바라주(Navarra)[95]는 아라곤주의 서북쪽에 위치하고 프랑스와 인접하고 있으며, 남북의 길이는 약 3백 리이고, 동서의 너비는 약 2백여 리이다. 이곳에서는 기장·피·보리·메밀·콩과 밤이 나고, 산에서는 목재와 금·은·구리·철·주석 등이 난다. 지금도 여전히 하나의 주를 이루고 있고, 소도시에 속한다.

아스투리아스주(Asturias)[96]는 구카스티야주와 레온주의 북쪽에 위치해 있으며, 북쪽 강역은 대서양에 이르고, 남북의 길이는 약 150리이고, 동서의 너비는 460리이다. 남쪽 강역은 큰 산을 등지고 있으며, 사람들은 산골짜기에 거주하면서 아주 부지런히 농사짓는다. 이 땅에서는 밤·불수감나무 열매가 나고, 산에서는 구리·철·주석·아연·백반·수정이 나며, 준마도 난다. 지금도 여전히 하나의 주를 이루고 있는 오비에도주(Oviedo)[97]는 중도시에 속한다.

카탈루냐주(Cataluña)[98]는 아라곤주의 동쪽에 위치한다. 동남쪽으로는 지중해에 이르고 북쪽으로는 피레네 산맥을 등진 채 프랑스와 인접하고 있으며, 남북의 길이는 약 5백 리이고, 동서의 너비는 약 7백 리이다. 산과 바다를 끼고 있어 물산이 차고 넘치며, 날씨가 아주 따뜻하고 좋아 인구가 가장 많다. 이들이 직조한 나사와 우단은 정교하고 우수해서 나라전체에서 무역이 가장 활발하게 이루어지고 있다. 산에서는 목재·금·은·구리·철·주

---

95 나바라주(Navarra): 원문은 '납와랍(納瓦拉)'이다.

96 아스투리아스주(Asturias): 원문은 '아사도리아사(亞斯都里亞斯)'이다.

97 오비에도주(Oviedo): 원문은 '아유야다(荷維夜多)'로, 오유야다(奧維耶多)라고도 한다.

98 카탈루냐주(Cataluña): 원문은 '가달로니아(加達魯尼亞)'이다.

석·수정·백옥·사파이어·백반과 흑반·염화암모늄[99]이 난다. 지금은 4개 주로 구분되는데, 바르셀로나주(Barcelona)[100]는 대도시에 속한다. 도시가 해변에 건설되었으며, 인구는 12만 명이다. 포도주·소주·올리브유·남과(南果)가 모두 이곳을 거쳐 수출되어 동쪽 최대의 항구도시가 되었다. 타라고나주(Tarragona)[101]는 소도시에 속한다. 바람이 많이 불고 곡식과 과일이 풍성하게 난다. 레리다주(Lérida)[102]는 소도시에 속하며, 물산이 풍부하다. 헤로나주(Gerona)[103]는 소도시에 속한다. 도시가 산기슭에 건설되어 금성철벽의 형세를 띠고 있으나 변란 때 누차 전화를 입어 날로 쇠락하고 있다.

바스크주(Basque)[104]는 나바라주와 아스투리아스주 사이에 끼어 있으며, 북쪽으로는 대서양에 이르고 강역은 사방 2백여 리에 이른다. 목재가 아주 풍부하게 나 조선소에서는 모두 이곳에서 목재를 공급받는다. 지금은 3개 주로 구분되는데, 비스카야주(Vizcaya)[105]는 소도시에 속한다. 주도가 상당히 번성해 양모의 총집산지가 되었다. 기푸스코아주(Guipúzcoa)[106]는 소도시에 속한다. 도시가 산기슭에 건설되어 북쪽 강역의 요충지가 되었다. 가경 18년(1813)에 프랑스가 침범해와 건물, 포대가 모두 잿더미가 되었다. 사태가

---

99 염화암모늄: 원문은 '요사(硇砂)'이다.

100 바르셀로나주(Barcelona): 원문은 '파이새라내(巴爾塞羅內)'로, 파실라나성(巴悉羅那城), 파새라나(巴塞羅那)라고도 한다.

101 타라고나주(Tarragona): 원문은 '달랍와납(達拉瓦納)'으로, 탑랍과납(塔拉戈納)이라고도 한다.

102 레리다주(Lérida): 원문은 '륵려달(勒黎達)'로, 래리달(萊里達)이라고도 한다.

103 헤로나주(Gerona): 원문은 '일라납(日羅納)'으로, 혁라납(赫羅納)이라고도 한다.

104 바스크주(Basque): 원문은 '비사가아(比斯加亞)'이다.

105 비스카야주(Vizcaya): 원문은 '비사가아(比斯加亞)'로, 지금의 스페인 바스크 광역자지주 서북부에 위치한다.

106 기푸스코아주(Guipúzcoa): 원문은 '급불사고(給不斯孤)'이다.

안정된 뒤에 원래의 모습을 되찾았다. 알라바주(Álava)[107]는 소도시에 속한다.

에스트레마두라주(Extremadura)[108]는 신카스티야주의 서쪽에 위치한다. 서쪽 강역은 포르투갈과 인접해 있으며, 남북의 길이는 660리이고, 동서의 너비는 약 460리로, 토양이 비옥하고 날씨가 아주 뜨겁다. 지금은 2개 주로 구분되는데, 바다호스주(Badajoz)[109]는 소도시에 속한다. 과디아나강(Guadiana R.)[110] 우측에 건설되었는데, 도시가 상당히 견고하다. 한 석교가 있는데, 길이가 1800보에, 너비는 2백 보이며, 28개의 교공(橋孔)이 있다. 이곳에서는 곡식·과일·콩·술·가축이 난다. 카세레스주(Cáceres)[111]는 소도시에 속하며 소와 양이 난다.

안달루시아주(Andalucía)[112]는 신카스티야주의 서남쪽에 위치하며, 서쪽으로는 포르투갈과 경계하고, 서남쪽으로는 바다에 이르며, 남북의 길이는 약 5백 리이고, 동서의 너비는 약 1150리이다. 산과 평원이 사이사이에 있으며, 산에는 양치는 목동이 있다. 이 땅에서는 곡식·과일·명주실·면·밀주(蜜酒)·오일·소금·사탕수수·가축이 나고, 또한 구리·철·주석·수은·염화암모늄이 난다. 음력 6월[113]에는 날씨가 아주 더워 원주민들은 대부분 밤

---

107 알라바주(Álava): 원문은 '아랍말(亞拉襪)'로, 아랍와(阿拉瓦)라고도 한다.

108 에스트레마두라주(Extremadura): 원문은 '의사덕륵마도랍(義斯德勒馬都拉)'이다. 지금의 스페인 서쪽에 위치한 광역자치주로, 주도는 메리다이다.

109 바다호스주(Badajoz): 원문은 '파달열사(巴達熱斯)'로, 파달곽사(巴達霍斯)라고도 한다.

110 과디아나강(Guadiana R.): 원문은 '과적아납하(瓜的牙納河)'로, 과적아나하(瓜的亞那河), 과적아납하(瓜迪亞納河)라고도 한다.

111 카세레스주(Cáceres): 원문은 '달새륵사(達塞勒斯)'로, 잡새뢰사(卡塞雷斯)라고도 한다.

112 안달루시아주(Andalucía): 원문은 '안달로서아(安達盧西亞)'이다.

113 음력 6월: 원문은 '장하(長夏)'이다.

에 일하고 낮에는 쉰다. 지금은 5개 주로 구분되는데, 세비야주(Sevilla)[114]는 대도시에 속한다. 도시는 평원에 건설되었으며 인구는 9만 명으로, 남방에서 가장 풍요롭다. 우엘바주(Huelva)[115]는 소도시에 속하며, 사람들은 주로 그물로 물고기를 잡아 생활한다. 카디스주(Cádiz)[116]는 대도시에 속한다. 도시가 곳에 위치해 있으며 서방에서도 크고 견고하기로 유명하다. 인구는 5만 3천 명이며, 과거에는 활발한 무역으로 이름났으나 지금은 점차 생기를 잃어가고 있다. 코르도바주(Cordoba)[117]는 중도시에 속한다. 도시가 과달키비르강의 서쪽에 건설되어 뛰어난 경관이 구름처럼 이어져 있고 누각이 첩첩이 있으나 시가지는 좁고 더러우며, 인구는 5만 7천 명이다. 하엔주(Jaén)[118]는 소도시에 속하며, 토지는 상당히 비옥하지만 농사를 부지런히 짓지 않는다.

발레아레스제도(Islas Baleares)[119]는 스페인의 동남쪽 지중해 내에 위치하며, 5개의 섬이 모여 하나의 주를 이루었는데 소도시에 속한다. 마요르카(Mallorca),[120] 메노르카(Menorca)[121] 두 섬은 섬이 제법 크고, 인구는 약 20만 명

---

114 세비야주(Sevilla): 원문은 '새유리아(塞維里亞)'로, 새유리아(塞維利亞), 실위랄읍(悉威剌邑)이라고도 한다.

115 우엘바주(Huelva): 원문은 '오액이말(烏厄爾襪)'이다.

116 카디스주(Cádiz): 원문은 '가적사(加的斯)'로, 가득(加得)이라고도 한다.

117 코르도바주(Cordoba): 원문은 '가이다와(哥爾多瓦)'로, 가다와읍(可多瓦邑), 과이다와(科爾多瓦)라고도 한다.

118 하엔주(Jaén): 원문은 '열음(熱音)'이다.

119 발레아레스제도(Islas Baleares): 원문은 '파리아리사(巴里亞利斯)'로, 파리아리군도(巴利阿里群島)라고도 한다.

120 마요르카(Mallorca): 원문은 '마야이가(馬惹爾架)'로, 마략잡(馬略卡)이라고도 한다.

121 메노르카(Menorca): 원문은 '미낙이가(米諾爾架)'로, 매낙잡도(梅諾卡島)라고도 한다.

정도 되며, 남과가 가장 많이 난다. 그 이외에 이비사섬(Ibiza),[122] 포르멘테라섬(Formentera),[123] 카브레라섬(Cabrera)[124]이 있다.

카나리아제도(Islas Canarias)[125]는 아프리카 서쪽에 위치하며, 대서양 내의 크고 작은 20개의 섬이 모여 하나의 주를 이루는데, 테네리페섬(Tenerife)[126]이 중심도시로 소도시에 속한다.

안달루시아의 남쪽 강역은 아프리카의 북쪽강역과 마주보며 해협을 이루는데, 바로 지브롤터해협(Strait of Gibraltar)[127] 직포라타(直布羅陀)라고도 한다. 이다. 길이는 약 80리이고, 너비는 약 50리이며, 좁은 곳은 10여 리에 그치는데, 지중해의 문호이다. 영국은 지브롤터 북쪽해안의 바위산에 지브롤터(Gibraltar)[128]라는 튼튼한 성을 짓고, 포대를 둘러쌓고 정예병을 두어 지키게 했는데, 이미 1백여 년이 넘었다. 프랑스·스페인이 누차 이곳을 공격했지만, 손에 넣을 수 없었다.

살펴보건대 스페인은 강역이 프랑스만하다. 그곳 사람들은 항해에 뛰어나서 멀리 여행가는 것을 좋아한다. 아메리카·멕시코의 여러 지역을 차지한 뒤로 나라에 금은이 넘쳐

---

122 이비사섬(Ibiza): 원문은 '일유살(壹維薩)'로, 이유살(伊維薩)이라고도 한다.

123 포르멘테라섬(Formentera): 원문은 '불이문덕랄(佛爾門德辣)'로, 복이문특랍(福爾門特拉)이라고도 한다.

124 카브레라섬(Cabrera): 원문은 '가비륵랍(加卑勒拉)'이다.

125 카나리아제도(Islas Canarias): 원문은 '가나렬사(加拿列斯)'로, 복도(福島), 행복도(幸福島)라고도 한다.

126 테네리페섬(Tenerife): 원문은 '덕내려비도(德內黎非島)'로, 특내리비도(特內里費島)라고도 한다. 주도는 지금의 산타크루스데테네리페(Santa Cruz de Tenerife)이다.

127 지브롤터해협(Strait of Gibraltar): 원문은 '일파랍이대(日巴拉爾大)'이다.

128 지브롤터(Gibraltar): 원문은 '의인답답(義人答答)'이다.

나서 서방에서는 스페인을 대부호[129]로 보았다. 지금에 이르기까지 유럽 각국에서 유통되는 양은은 대부분 스페인의 번은(番銀)으로, 의당 그 강대함을 견줄 만한 나라가 없었다. 그런데 근래에 들어 상당히 쇠약해지고 또한 가난으로 고생하는데 어째서인가? 부강하면서도 치적이 없으면 모름지기 진나라나 수나라라 하더라도 패망을 면치 못했으니, 하물며 보잘 것 없는 오랑캐 나라야!

루손[여송]은 중국의 동남쪽 해양에 위치해 있어 유럽과는 상당히 멀리 떨어져 있었다. 명나라 중엽에 스페인은 루손을 탐험해 차지하고는 항구를 세웠다. 이로부터 스페인의 상선이 광동에 왔으며, 대체로 대여송, 소여송 혹은 송자(宋仔)라고도 불렸는데, 스페인의 이름이 은유적으로 음역된 것이다.

---

129 대부호: 원문은 '도의(陶猗)'이다. 원래는 춘추전국시대의 큰 부자였던 도주공(陶朱公)과 의돈(猗頓)을 지칭했으나, 후에는 대부호를 지칭하는 말로 사용되었다.

〚 歐羅巴西班牙國 〛

西班牙, 是班牙·實班牙·斯扁亞·士便·干絲臘·義斯巴尼亞·以西把尼亞·大呂宋. 亦歐羅巴大國. 東北興佛郎西接壤, 東南距地中海, 西界葡萄牙, 北距大西洋海. 西南至東北, 約二千四百五十里, 東南至西北, 約二千八十里. 國有大山數疊, 皆自東而西, 橫亘如垣, 劃分三土. 北土山嶺錯雜, 溪澗交流, 中多腴壤, 便於農作. 中土高廣, 天時炎燥, 雨水難得, 民多以牧羊爲業. 南土山川秀發, 風景清美, 産各項果實, 羊·馬·驢·騾皆良, 勝於他國之産. 其地古名意卑里亞, 五方之人雜處, 非尼西亞人居多. 古商賈之國. 後爲加爾達額人所據. 亦非尼西亞人所立國, 在地中海南岸. 漢初, 意大里大將奔彪 一作潘沛. 帥師征服之, 遂爲羅馬西境. 越六百餘年, 羅馬衰, 西境爲汪德羅·隋窩·亞拉奴 皆北狄種類. 三部之人所據. 東晉安帝十三年, 峨特 一作哥度, 又作維西哥多, 又作厄都, 亦北狄別種. 酋長留維卽的約, 率大隊自東方來攻. 羅馬守臣不能禦, 棄地而逃, 東地遂爲峨特族所據. 尋翦滅西境諸部, 以隋文帝開皇季年立國. 傳一百餘年, 至羅德黎哥, 性苛暴. 其臣有人良者, 爲羅德黎哥所摧辱. 時亞剌伯回部, 據亞非利加北境, 卽摩樂哥·阿利額諸回部. 兵力方強. 唐睿宗太極元年, 人良引回部入寇, 西班牙望風奔潰. 王奔北鄙, 國爲回部所奪, 僅餘亞斯都里亞斯·比斯加亞·納瓦拉三部, 降爲侯國. 歷七百餘年, 亞剌伯衰弱, 守土回酋, 各裂土自擅, 日尋干戈. 亞斯都里亞斯侯伯拉納誓衆興師, 攻回部大捷, 衆推立爲王. 尋攻獲加斯德辣地, 稱加斯德辣王. 令峨特人自戰其地, 得卽封之. 回部或降或竄, 故土全復. 而國已數分, 然姻婭相聯, 無釁爭. 加斯德辣傳至女主依撒伯爾, 贅亞拉岡侯非爾難多. 明成化十五年, 諸部仍合爲一, 是爲西班牙復建之始. 依撒伯爾聰敏過人,

能修國政. 疑大海之西有廣土, 弘治初年, 遣其臣可崙, 一作閣龍, 又作哥隆波. 駕
巨艦裹糧探之, 果得亞墨利加之可崙比亞. 驅逐土番, 徙國人實其地. 漸拓而南
北, 墨西哥·秘魯·智利·拉巴拉他等部, 詳『亞墨利加圖說』. 皆聽役屬. 諸部産銀
礦極王, 每歲得數百萬斤, 西班牙以此致富, 西土稱爲金穴. 嘉靖年間, 復遣其
臣米牙蘭航海東來, 至亞細亞東南洋之呂宋, 據其海口, 建設埔頭, 帆檣湊集,
百貨流通, 由此愈益富饒. 先是正德十四年, 日耳曼内亂. 時西班牙王查理第五
有賢聲, 日耳曼各部迎以爲王. 西班牙立其世子非立第二, 泰西人所編『綱鑒』, 叙
述如此. 近閱大西洋人所著『地理備考』, 則云: 奧地利公爵非里卑, 卽非立第二. 娶先王之女
若亞納, 遂卽君位. 二説不同, 未知孰是. 然『綱鑒』專紀各國興亡·世系, 頗爲詳核, 必有依
據, 故仍從彼説. 兩國聯爲唇齒. 傳子加爾羅斯, 國益富強. 西鄰葡萄牙, 本西班牙
西部, 趙宋時, 驅逐回部, 別立爲國. 萬曆中, 葡萄牙王禦敵殞, 無子, 西班牙遂
收復其地. 越六十載, 復分裂. 詳『葡萄牙圖說』. 方西班牙之恢復舊土也, 回民之
未逃者, 皆降附爲編氓, 歲久復繁衍, 逾數十萬戶. 西班牙以其族類殊異, 終爲
後患, 勒兵驅逐之. 回民皆破家攜孥, 狼狽渡海, 轉徙入亞非利加北境. 卽阿利
額等回部. 失業者因剽掠糊口, 地中海從此多盜. 而西班牙戶口驟減, 貿易漸微,
日益貧寡, 論者頗譏其失計. 康熙三十九年, 西班牙王查理歿, 無子, 奧地利王
卽日耳曼王. 時日耳曼列國俱已稱王, 故奧地利不復稱日耳曼王. 欲立其子, 佛郎西王
欲立其孫, 構兵累年, 卒立佛王之孫非立第五爲西班牙王. 王英果, 能立政, 休
養生息, 西國再康. 乾隆末年, 佛郎西内亂, 西班牙始攻佛. 後與佛約結攻英吉
利, 戰船遭風, 大半沉失. 已而佛郎西拿破崙卽位, 時西班牙王加爾羅斯與其世
子不睦. 嘉慶十二年, 拿破崙約其父子, 爲好會於馬也納, 云爲調協, 至則數其
罪而兩囚之, 自立其弟爲西班牙王. 西民不服, 招英吉利兵合攻之, 交戰五年,
逐拿破崙之弟, 復立故王世子非爾難多. 自是以後, 内訌四起, 日就衰亂. 王歿

428

無子, 立幼女依撒伯爾, 母后擅權. 王弟煽回部遺民爲亂, 蓋岌岌乎危亡之勢焉. 亞墨利加諸藩國皆畔, 僅存古巴片土, 詳『亞墨利加海灣群島圖說』. 與呂宋埔頭而已.

西班牙北境, 負比里牛斯大山, 地氣頗寒. 南境臨地中海, 夏令酷熱, 賴海風滌暑氣. 中土距海面一百四十四丈, 爲歐羅巴極高之地. 四時多風, 隆冬不煬火. 河道之大者十二, 尤著者曰米虐, 斗羅, 曰德人, 曰瓜達爾幾維爾, 皆入大西洋海. 曰厄波羅, 入地中海. 土多膏腴, 五穀之種皆備. 木多橡, 果多葡萄. 山產各礦, 金銀近已空竭, 銅·錫·鉛尙有之, 惟鐵與煤采之不竭. 又產鑽石·寶石·五色玉·瑪瑙·水晶. 其民俗膽氣粗豪, 專務報復, 好逸憚勞, 惰於農作. 早餐後必午寢, 以此鄉戶多貧瘠, 半居棚寮. 俗儉嗇, 杯酒一果之外無他求. 男女并好彈琴跳舞爲樂, 又好爲鬥牛之戲, 聚觀者如堵墙. 或縱狂牛於場, 勇者挾刃, 搏而刺之, 獲勝則千萬人歡呼迎賀. 舉國奉天主教, 教師有大權, 違異者以火焚之. 貿易之繁盛, 在海濱各埔頭, 稅餉歲入一千八百萬兩. 養兵太多, 軍興用不足, 恒貸於富民, 償其息. 近年主計者多失信不償, 富民悶不肯借. 每敵兵壓境, 輒因缺餉撓敗.

國舊分十三部, 近年改爲四十九部, 合二島在內. 分上中下三等. 新加斯德辣, 在中土, 爲四境適中之地, 縱約六百里, 橫約七百五十里. 地高燥, 多沙磧, 草木不繁. 現改五部, 曰馬德里地, 一作莫珠爾勒得, 又作馬特. 列上等, 都城同部名, 建於滿薩那勒斯河左. 王廷極宏麗, 土木之費, 計千萬金. 內有學署·醫院·觀星臺·軍功廠·古玩庫·藥草圃·療畜館. 居民約二十萬人, 產呢羽·綢緞·地毯·印花洋布·磁器. 曰瓜達拉砂辣, 列下等. 古時多名人, 所產呢羽·綢緞頗著名. 多勒多, 列中等. 昔回部據西班牙, 以此爲都城, 宮殿猶有存者. 夏日苦熱, 乏水泉, 土人多飲坎中積雨. 曰固盈加, 列下等, 產蜜蠟·牲畜. 曰虛達里亞耳, 列下等, 產水銀.

舊加斯德辣, 在新加斯德辣之北, 縱約四百六十里, 橫約七百七十里, 山岡與平原相間. 現分六部, 曰不爾厄斯, 列下等. 田土肥沃, 氣候和平, 產五穀百果. 曰羅哥羅虐, 列下等, 地頗淸勝, 產穀果, 商賈輻輳. 三當德爾, 列下等. 會城建於比斯加亞海口, 估帆雲集, 爲北境大埔頭. 地產穀果·黃麻·牲畜, 煤極多. 曰索里亞, 列下等. 城建山谷中, 產羊毛. 曰塞額維亞, 列下等. 地氣寒, 產呢·羽·玻璃·紙札. 曰亞維拉, 列下等. 地有書院, 產洋布.

良, 在舊加斯德辣之西, 縱約七百里, 橫約四百五十里. 地氣平善, 物產豐饒. 現改五部, 曰良, 列下等. 會城屋宇高大, 郊外風景淸幽, 產白玉. 曰巴棱西亞, 列下等, 產穀果甚豐. 曰瓦里亞多黎, 列中等. 土田最腴, 產穀果數倍他部. 又產材木極堅, 船料仰給於此. 兼產呢羽·棉紗·磁器. 曰薩拉蒙加, 列下等. 昔爲西國大都會, 代有聞人. 兵火之後, 凋敝已甚. 曰薩摩拉, 列下等, 產葡萄·黃麻·羊毛.

加黎薩, 在良西北, 南界葡萄牙, 西北距大西洋海, 居米虐河下游, 縱約五百里, 橫約四百五十里. 近海卑濕, 草場豐茂, 宜牧畜. 現分四部, 曰哥魯尼亞, 列上等. 城建海隅, 泊船最穩, 商賈輻輳, 爲西北境大埔頭. 港口有大砲臺, 極堅固. 曰顧額, 列下等. 地有羅馬舊城, 產麻布. 曰疴稜塞, 列下等. 產火腿·葡萄酒. 曰奔德威達拉, 列下等, 產氍絨·銅器.

加拉拿大, 在極南境, 臨地中海, 縱約二百餘里, 橫約八百餘里. 地近赤道, 天時炎熱, 而水土平良. 現分三部, 曰加拉拿大, 列上等. 會城舊爲回部王都, 戶口八萬, 物產甚豐, 稱南方大都會. 曰亞爾美里亞, 列下等. 有海口極深闊, 可泊舟. 山產玉石·瑪瑙. 曰馬拉牙, 列上等. 城建海濱, 泊船最穩, 貿易極盛, 爲南境大埔頭.

瓦稜薩在東南隅, 臨地中海, 縱約七百里, 橫約二百里. 地氣極暖, 罕見冰凌. 現分三部, 曰瓦稜薩, 列上等. 會城建於平原, 居民六萬. 萬廈整潔, 貿易極盛. 產穀·果·油·酒·綢緞·大呢. 曰亞利干的, 列中等. 城建海濱, 街衢闊直, 港道寬穩, 為東南境大埔頭. 出口之貨, 窩宅·亦鉛類. 黑鉛·白礬·銀·硃·藍靛·百果·葡萄酒·葡萄乾. 曰加斯德倫得拉不辣納, 列下等. 城建海濱, 物產貿易, 與亞利干的略同, 而富盛遠遜之.

木爾西亞, 在瓦稜薩之西南, 東南境臨地中海, 縱約二百餘里, 橫約三百餘里. 現分二部, 曰木爾西亞, 列中等. 城建山谷中, 戶口三十六萬. 地氣溫厚, 物產慎盈, 穀·果·麻·酒皆豐, 又產銅·錫·硫磺·白礬, 有鹽池, 產鹽極王. 曰亞爾巴塞爾, 列下等. 產布匹·牲畜·鐵器.

亞拉岡, 在舊加斯辣之東, 縱約七百二十里, 橫約四百八十里. 山嶺重疊, 寒燠懸殊. 產麥·麻·百果·酒·油·蜜蠟·牲畜, 兼產銅·鐵·錫·礬·不灰木. 現分三部, 曰薩拉厄撒, 列下等. 舊本繁盛, 遭兵燹而殘毀. 曰烏厄斯加, 列下等. 土膏腴, 少歉歲. 曰德魯厄爾, 列下等. 地氣甚寒, 人乏疾病, 產烏煤. 納瓦拉, 在亞拉岡之西北, 與佛郎西接壤, 縱約三百里, 橫約二百餘里. 產黍·稷·大麥·油麥·豆栗, 山產木料及五金之礦. 現仍為一部, 列下等. 亞斯都里亞斯, 在舊加斯德辣·良兩部之北, 北境距大西洋海, 縱約一百五十里, 橫約四百六十里. 南境負大山, 民居岩谷, 農作甚勤. 產栗子·佛手, 山產銅·鐵·錫·鉛·白礬·水晶, 又產駿馬. 現仍為一部, 曰疴維夜多, 列中等.

加達魯尼亞, 在亞拉岡之東. 東南臨地中海, 北負比里牛斯大山, 與佛郎西接壤, 縱約五百里, 橫約七百里. 依山傍海, 物產慎盈, 地氣平善, 戶口最繁. 織造呢羽皆精良, 貿易之盛, 甲於通國. 山產材木·五金·水晶·白玉·藍寶石·白黑礬·硇砂. 現分四部, 曰巴爾塞羅內, 列上等. 城建海濱, 居民十二萬. 葡萄酒·燒酒·橄欖油·南果由此出運, 爲東境第一大埠頭. 曰達拉瓦納, 列下等. 地多烈風, 穀果豐碩. 曰勒黎達, 列下等, 物產亦豐. 曰日羅納, 列下等. 城建山麓, 有金湯之勢, 國變時屢被兵, 曰形凋敝.

比斯加亞, 介納瓦拉·亞斯都里亞斯之間, 北距大西洋海, 縱橫皆二百餘里. 產木材甚富, 船廠皆取給焉. 現分三部, 曰比斯加亞, 列下等. 會城頗繁盛, 爲羊毛總聚之地. 曰給不斯孤, 列下等. 城建山麓, 爲北境鎖鑰. 嘉慶十八年, 佛郎西來侵, 屋宇砲臺俱成灰燼. 事定之後, 修復如初. 曰亞拉襪, 列下等.

義斯德勒馬都拉, 在新加斯德辣之西. 西境與葡萄牙接壤, 縱約六百六十里, 橫約四百六十里, 土肥沃而氣候極炎. 現分二部, 曰巴達熱斯, 列下等. 城建瓜的牙納河右, 極堅固. 有石橋, 長一千八百步, 闊二百步, 橋孔二十有八. 產穀·果·菽·酒·牲畜. 曰達塞勒斯, 列下等, 產牛羊.

安達盧西亞, 在新加斯德辣之西南, 西界葡萄牙, 西南臨海, 縱約五百里, 橫約一千一百五十里. 山阜與平原相間, 其山有毛有童. 產穀·果·絲·綿·蜜酒·油·鹽·甘蔗·牲畜, 又產銅·鐵·窩宅·水銀·硇砂. 長夏酷熱, 土人多夜作晝輟. 現分五部, 塞維里亞, 列上等. 城建平原, 居民九萬, 豐饒爲南土之最. 曰烏厄爾襪, 列下等, 民多以網魚爲業. 加的斯, 列上等. 城建海角, 大而堅, 著名西土. 居民五萬三千, 貿易昔稱極盛, 今漸蕭索. 曰哥爾多瓦, 列中等. 城建瓜達爾幾維爾河之右, 傑構雲連, 樓臺重疊, 街衢狹而穢, 居民五萬七千. 曰熱音, 列下等, 土甚沃而農作不勤.

巴里亞利斯, 在西班牙東南地中海內, 合五島爲一部, 列下等. 曰馬惹爾架, 曰米諾爾架, 兩島較大, 戶口約二十萬, 產南果極多. 曰壹維薩, 曰佛爾門德辣, 曰加卑勒拉.

加拿列斯, 在阿非利加之西, 大西洋海中, 合大小二十島爲一部, 以德內黎

432

非島爲首, 列下等.

安達盧西亞之南境, 與阿非利加之北境相對成海峽, 日日巴拉爾大. 一作直布羅陀. 長約八十里, 闊約五十里, 狹處止十餘里, 爲地中海之門戶. 英吉利於北岸磐石之上築堅城, 日義人答答, 環以砲臺, 守以重兵, 已歷百餘年. 佛郎西‧西班牙屢攻之, 不能取也.

按: 西班牙境土恢闊, 埒於佛郎西. 其俗長於泛海, 善於行遠. 自得亞墨利加‧墨西哥諸部之後, 其國有金銀氣, 西土視爲陶猗. 至今歐羅巴各國行用之洋銀, 大半稱呂宋番, 宜其富強, 莫與京矣. 然近年衰弱已甚, 且貧苦者, 何也? 富而無政, 雖秦隋不免覆亡, 況區區之夷國乎!

呂宋在中國東南洋, 與歐羅巴相去絕遠. 西班牙於前明中葉探得之, 立爲埔頭. 由是其商船來粵東者, 率稱大小呂宋, 或稱宋仔, 而西班牙之名轉隱.

433

〔 유럽 포르투갈 〕

포르투갈(Portugal) 포도가(葡萄駕)·포도고이(葡萄庫耳)·포로아(布路亞)·파이도기(波耳都欺)·박이도갈아(博爾都噶亞)·대서양(大西洋)이라고도 한다. 은 유럽의 작은 나라이다. 땅은 좁고 길게 생겼으며, 남북의 길이는 약 1300리이고, 동서의 너비는 약 5백 리이다. 동쪽과 북쪽으로는 스페인과 경계하고, 서쪽과 남쪽으로는 대서양에 이른다. 이 나라의 예전 국명은 루지타니아(Lusitania)[1]로, 본래는 스페인의 서쪽 강역이었다. 당나라 이전 시대부터 연혁이 스페인과 동일하다. 스페인이 옛 땅을 수복할 때 엔히크 드 보르고냐(Henrique de Borgonha)[2]라는 신하가 있었는데, 바로 프랑스의 왕손[3]이다. 엔히크는 장병들을 잘 다루었으며, 전공을 상당히 많이 세웠다. 카스티야왕 스페인의 왕이다. 당시 옛 땅을 아직 다 수복하지 못했고, 역시 통일된 상태가 아니었기 때문에 스페인 왕이라 부르지 않았다. 알폰소 6세(Alfonso VI)[4]는 딸[테레사]을 그에게 시집보내

---

[1] 루지타니아(Lusitania): 원문은 '로서달니아(盧西達尼亞)'로, 로서달니아(魯西達尼阿), 로서탑니아(盧西塔尼亞)라고도 한다. 루지타니아는 이베리아 반도 중서부에 존재했던 고대 로마의 속주로, 지금의 포르투갈 남부와 스페인 서부에 해당한다.

[2] 엔히크 드 보르고냐(Henrique de Borgonha): 원문은 '영려급(英黎給)'이다. 1096년 알폰소 6세의 둘째딸 테레사와 결혼한 후 포르투갈 백작이 되었다. 앙리 드 부르고뉴(Henri de Bourgogne)라고도 한다.

[3] 프랑스의 왕손: 부르고뉴 공작 로베르 1세의 손자이다.

[4] 알폰소 6세(Alfonso VI): 원문은 '아풍소(亞豊蘇)'이다. 그는 카스티야 왕국과 레온 왕국의 왕인 페르난도 1세(Fernando I)의 차남으로 레온 왕국의 왕(재위 1065~1109)이자 갈리시아 왕국(재위 1071~1109)과 카스티야 왕국의 왕(재위 1072~1109)에 즉위했다. 이슬람 세력과의 전투에서 연패하면서 전투력 보강을 위해 두 딸을 프랑스의 귀족에게 출가시켜 그들의 협력을 받아 이슬람 세력을 몰아내고 이베리아반도의 가르시아와 포르투갈을 하사했다.

고, 그가 차지한 루지타니아의 몇몇 도시를 주면서 포르투갈의 백작에 봉했다. 그의 아들 아폰수 1세 엔히크스(Afonso I Henriques)[5]가 뒤를 이어 백작에 오른 뒤 이슬람을 정벌해 크게 이기고는 점차 강역을 확장해나갔다. 북송 철종(哲宗) 소성(紹聖)[6] 원년(1094)에 나라 사람들이 그를 받들어 왕으로 모셨으니, 그가 바로 포르투갈을 세운 초대 군주이다. 그 뒤를 이은 왕이 이슬람을 정복하고 루지타니아 땅을 모두 차지한 뒤로 마침내 스페인과 동등한 위치에 서게 되었다. 명나라 가정연간에 현명한 왕 마누엘 1세(Manuel I)[7]가 나라를 잘 방비해 태평성세를 구가했다. 아들 주앙 3세(João III)[8]가 제위에 올라 스페인과의 혼인관계를 맺어 사방이 모두 잘 다스려지고 국고가 차고 넘쳐났다. 뒤를 이어 제위에 오른 손자 세바스티앙 1세(Sebastião I)[9]는 아프리카 이슬람이 내침했을 때 출전해, 참패하고 전사했다. 후사가 없자 스페인이 이 틈을 타 포르투갈을 합병하는 바람에 포르투갈은 이로부터 60년 동안 스페인에 종속되어 있었다. 스페인의 정치가 너무 가혹해 포르투갈 사람들은 손발이 묶여 거꾸로 매달리는 신세가 될까 걱정했다. 숭정(崇禎)[10] 13년(1640)에 군대를 일으켜 스페인의 총독을 몰아내고 다시 이전

5　아폰수 1세 엔히크스(Afonso I Henriques): 원문은 '아풍소영려급(亞豊蘇英黎給)'이다.

6　소성(紹聖): 북송 제7대 황제 철종(哲宗) 조후(趙煦)의 연호(1094~1098)이다.

7　마누엘 1세(Manuel I): 원문은 '이마노이리(以馬努以利)'이다. 마누엘 1세(재위 1495~1521)는 포르투갈 아비스 왕조의 제5대 국왕으로, 인도 항로를 개척하고 브라질을 영토로 편입시켰다.

8　주앙 3세(João III): 원문은 '약한제삼(約翰第三)'으로, 포르투갈 제15대 국왕이다. 주앙 3세(재위 1521~1557)는 아버지 마누엘 1세의 뒤를 이어 해외 영토 개척에 힘썼다.

9　세바스티앙 1세(Sebastião I): 원문은 '영려길(英黎吉)'이다. 세바스티앙 1세(재위 1557~ 1578)는 역사적 사실에 따르면 주앙 3세의 손자이다.

10　숭정(崇禎): 명나라 제16대 황제 의종(毅宗) 주유검(朱由檢)의 연호(1628~1644)이다.

왕조의 종친인 주앙 4세(Joao IV)[11]를 왕으로 세웠다. 스페인이 누차 침입해와 20여 년 동안 전쟁을 벌였다. 포르투갈왕이 영국과 우호관계를 맺으면서 영국이 병력을 지원해 수시로 보호해준 덕에 포르투갈은 패망을 면했다. 이에 앞서 유럽 각국은 개벽한 이래 원나라 때까지 서로 왕래했지만 다른 대륙과의 왕래는 거의 없었다. 포르투갈 사람들은 산술에 정통해 천문을 익히고, 의기(儀器)[12]를 이용해 태양의 출입과 별자리의 위치를 측량해 수륙의 방향과 원근을 알아냈다. 명나라 초에 그 나라 국왕은 선박을 잘 조종하는 이를 파견해 큰 함선을 타고 남쪽으로 항해해가서 아프리카의 서쪽 강역을 경유해 돌아서 동쪽으로 가고, 아프리카의 동쪽 강역을 지나 오인도의 서쪽 지방에 도착했다. 다시 돌아서 동쪽으로 가서 믈라카에 도착하고, 다시 수마트라(Pulau Sumatera)[13]·자와(Jawa)[14]의 해협을 따라 동남아시아의 각 섬나라를 두루 다녔다. 가는 곳마다 포르투갈 사람들을 남겨 부두를 건설했다. 융경(隆慶)[15] 연간 초에 광동 향산현(香山縣)의 호경(濠鏡)[16] 바로 마카오이다. 에 와서, 빈 땅에 건물을 짓고 매년 세금으로 백은 5백 냥을 납부하기를

---

11   주앙 4세(Joao IV): 원문은 '약한제사(約翰第四)'이다. 주앙 4세(재위 1640~1656)는 1640년 포르
      투갈 귀족과 협력해서 스페인 총독을 몰아내고 같은 해 포르투갈 국왕에 즉위했다.

12   의기(儀器): 과학기술의 실험·계량·관측·검사 등에 사용하는 기구 및 장치를 가리킨다.

13   수마트라(Pulau Sumatera): 원문은 '소문답랄(蘇門答剌)'이다.

14   자와(Jawa): 원문은 '갈라파(噶羅巴)'이다.

15   융경(隆慶): 명나라 제12대 황제 목종(穆宗) 주재후(朱載垕)의 연호(1567~1572)이다.

16   호경(濠鏡): 마카오는 만이 거울처럼 생기고 굴이 많이 난데서 처음에 '호경'이라 불렸다.
      후에 배가 정박하는 곳이어서 '오(澳)'라고 불렸으며, 호경과 합쳐져서 '호경오(蠔鏡澳)'로
      도 불렸다. 또한 마카오가 광동성 향산현(香山縣)에 위치해 있어서 '향산오'라고 부르기도
      한다.

청했다. 순무 임부(林富)[17]가 대신 청을 올려 허락을 받으면서 포르투갈 사람들은 마침내 마카오에 부두를 세웠는데, 이것이 유럽 각국이 광동과 통상하게 된 시작이다. 그 뒤로 스페인·네덜란드가 계속 잇달아 동쪽으로 왔으며, 프랑스·영국도 그 뒤를 이어 왔다. 결국 포르투갈은 인도양·동남아시아에서 세운 부두를 모두 빼앗기고, 오직 마카오 하나만을 차지한 채 유럽 각국이 아시아로 진출하는데 있어 교두보[18] 역할을 하고 있다. 가경 연간 초에 프랑스의 나폴레옹이 사방의 이웃국가를 침략할 때 포르투갈에도 왔다. 포르투갈이 이들을 막아내지 못하자 왕은 나라를 버리고 배를 타고 바다를 건너 브라질(Brazil)[19] 파랍서리(巴拉西利)라고도 한다. 로 달아났다. 브라질은 남아메리카의 넓은 지역으로, 포르투갈 사람이 명나라 중엽에 탐험해 차지하고 속국을 건설했던 곳이다. 『아메리카도설』에 상세히 보인다. 얼마 뒤 나폴레옹이 영국에게 사로잡히자 왕은 그제야 본국으로 귀국했다. 귀국 후 얼마 지나지 않아 죽는 바람에 세자[돈 페드로]가 브라질에 남아서 왕 노릇하면서 포르투갈 왕도 함께 겸했다. 브라질 사람들은 왕이 탐욕스럽게 두 곳에서 왕 노릇한다고 생각해서 따르지 않으려 했다. 왕은 부득이 자신은 브라질을 다스리고 어린 딸을 포르투갈로 보내 다스리게 했다. 그런데 당시 왕의 동생[미겔(Miguel)]이 이미 제위에 오른 뒤라 왕위를 내놓으려 하지 않았다. 왕이 브라질에 있으면서도 그 나라의 풍속을 익히지 못하

---

17 임부(林富): 임부(?~1540)는 자는 수인(守仁)이며 복건성(福建省) 흥화부(興化府) 보전현(莆田縣) 사람이다. 이 일은 그가 양광순무(兩廣巡撫)로 있을 때의 일이다.

18 교두보: 원문은 '동도주(東道主)'로, 『춘추좌전(春秋左傳)』「희공(僖公) 30년」에 나오는 말이다. 지나가는 길손을 집에서 묵게 하고 대접하는 주인을 의미하는 말로, 훗날 교두보의 뜻으로 사용되었다.

19 브라질(Brazil): 원문은 '파서(巴西)'이다.

자, 브라질 사람들은 왕을 압박하며 자리에서 물러날 것을 요구했다. 왕은 급히 포르투갈로 돌아와 딸과 힘을 합해 동생을 쳤다. 영국 군대의 지원을 받아 동생을 물리치고, 왕녀[마리아 2세(Maria II)]가 다시 제위에 올랐다. 얼마 지나지 않아 여왕은 독일의 왕세자와 결혼했다. 남편이 죽자 다시 재혼했다. 여왕이 자애롭고 백성을 사랑해 사람들은 안심하고 편안하게 살았다.

포르투갈은 강역이 아주 좁고 밖으로는 대서양에 이르며, 경내는 산에 둘러싸여 있고 평원이 아주 적다. 세 개의 큰 하천 미뉴강·두에로강·타호강이 있는데, 모두 스페인에서 발원해 포르투갈의 서쪽 강역을 거쳐 바다로 들어간다. 서쪽과 북쪽은 기후가 아주 춥고, 동쪽과 남쪽은 여름에 찜통더위로 고생한다. 곡식은 밀·교맥·기장을 위주로 보리·유맥·수수·조·메벼·잠두(蠶豆)·완두까지 모두 난다. 전답이 아주 비옥한데 반해 농사일에는 소홀하고 게으르다. 나무로는 소나무·잣나무·밤나무·상수리나무·홰나무·버드나무·단풍나무·자작나무가 많고, 과일로는 배·귤·복숭아·매실·앵두·호두·살구·파인애플·불수귤나무 열매·레몬·무화과·아리말(阿利襪) 올리브로, 올리브 열매로 기름을 짤 수 있다. 이 있다. 가장 많이 나는 것은 포도로, 포도로 술을 빚으면 아주 단데, 색깔은 붉고 맛은 달며 안에 앵두가 섞여 있는 것도 있다. 서방을 돌아다니며 판매한다. 또한 뽕나무를 심어 누에치는 일은 잘 알지만 명주실의 수확량이 많지는 않다. 산에서는 홍보석(紅寶石)·남보석(藍寶石)·수정·금·은·구리·철·주석·흑반·유황·자석이 나고, 염전이 연해를 따라 도처에 있어 끝없이 소금을 채취해도 된다. 나라 전체가 천주교를 숭상해 재화의 절반이 주교에게 귀속되며 백성들은 늘 가난하다.

나라는 과거에는 모두 6개의 주로 나뉘어 있었으나, 후에 와서는 8

개의 주로 개편되었으며, 각 주마다 관할 현이 있다. 이스트레마두라주(Extremadura)[20]는 남북의 한 가운데에 위치하며, 서쪽으로는 태평양에 이르고 남북의 길이는 약 6백 리이고, 동서의 너비는 약 250리이다. 11개의 현을 관할하는데, 리스본(Lisbon)[21] 력사문(力士門), 륵문(勒門)이라고도 한다. 은 포르투갈의 수도이다. 타호강 서쪽에 건설되었으며, 산을 넘어 바다에 이르며 누대가 첩첩이 세워져 있다. 도시 내에 학교·도서관·천문대·군수공장이 있는데, 규모가 아주 크고 화려하다. 교외의 내항은 넓고 깊으며 하류가 해구와 인접해 있어 배를 대기에 안정적이라 무역이 아주 활발하다. 강안에는 포대가 둘러싸고 있으며, 방비도 치밀하다. 건륭 20년(1755)에 지진이 발생해 왕궁과 민간 가옥이 서까래 한 장 남기지 않고 무너졌으며, 사상자가 산처럼 쌓였다. 여러 해에 걸쳐 보수하고 건설해 옛 모습을 복원했다. 토레스베드라스(Torres Vedras)[22]는 포도가 나며 행궁이 아주 아름답다. 카스텔루(Castelo)[23]는 해구에 배를 정박할 수 있다. 알렝케르(Alenquer)[24]는 병을 치료할 수 있는 온천이 있다. 레이리아(Leiria)[25]는 물산이 아주 풍부하다. 유리공장이 있는데 나라전체에서 사용할 수 있을 만큼 유리 공급량이 충분하다. 알

---

20 이스트레마두라주(Extremadura): 원문은 '의사덕륵마도랍(義斯德勒馬都拉)'으로, 애사특뢰마두랍(埃斯特雷馬杜拉)이라고도 한다. 중세부터 1976까지 존재했던 역사적 지명이다.

21 리스본(Lisbon): 원문은 '리사파아(里斯玻亞)'로, 의사문(義斯門)이라고도 한다. 포르투갈 최대 항구도시이자 수도이다.

22 토레스베드라스(Torres Vedras): 원문은 '덕려위덕랄(德黎威德辣)'이다. 지금의 포르투갈 중서부 리스보아주에 위치한다.

23 카스텔루(Castelo): 원문은 '가사덕내랄(加斯德內辣)'로, 카스텔루로 추정된다.

24 알렝케르(Alenquer): 원문은 '아령급이(亞零給爾)'이다. 지금의 포르투갈 리스보아현에 위치한다.

25 레이리아(Leiria): 원문은 '륵려아(勒黎亞)'이다.

코바사(Alcobaca)[26]는 면직물이 난다. 토마르(Tomar)[27]는 올리브유·술·곡식·과일이 상당히 많이 나 무역이 아주 활발하다. 아우렘(Ourém),[28] 샹지꼬시(Chão de Couce)[29] 두 지역은 지대가 높은 언덕에 위치해 있어 전답이 상당히 척박하다. 산타렘(Santarém)[30]은 타호강의 서쪽에 위치해 있어 토양이 비옥하고 산물이 풍부하며, 나라 전체에서 가장 번화하다. 행궁이 있어 겨울사냥도 가능하다. 새독파이(塞獨巴爾) 바로 세투발(Setúbal)[31]이다. 는 사두강(Sado R.)[32]의 서쪽에 위치해 있어 큰 배도 정박할 수 있으며, 소금이 아주 많이 난다.

베이라주(Beira)[33]는 이스트레마두라의 북쪽에 위치하며 동쪽으로는 스페인과 경계하고, 서쪽으로는 대서양에 이르며, 남북의 길이는 약 6백 리이고, 동서의 너비는 약 3백 리이다. 근래에 들어 베이라알타(Beira Alta)[34]와 베이라바이샤(Beira Baixa)[35] 2개 주로 분리되었으며, 모두 11개의 현을 관할

---

26 알코바사(Alcobaca): 원문은 '아이가파살(亞爾哥巴薩)'로, 아이과파살(阿爾科巴薩)이라고도 한다.

27 토마르(Tomar): 원문은 '다마이(多麻爾)'이다.

28 아우렘(Ourém): 원문은 '구령(歐靈)'이다.

29 샹지꼬시(Chão de Couce): 원문은 '상적구서(商的勾西)'로, 지금의 포르투갈 레이리아에 위치한다.

30 산타렘(Santarém): 원문은 '삼달령(三達零)'으로, 성탑륜(聖塔倫)이라고도 한다.

31 세투발(Setúbal): 원문은 '새도파이구(塞圖巴爾區)'로, 과거에는 세토브리가(Cetobriga)로 알려졌다.

32 사두강(Sado R.): 원문은 '살도하(薩都河)'로, 살두하(薩杜河)라고도 한다. 포르투갈 남부를 흐르는 강이다.

33 베이라주(Beira): 원문은 '비랄(卑辣)'로, 비랍(卑拉), 패랍(貝拉)이라고도 한다.

34 베이라알타(Beira Alta): 원문은 '비랍아이달(卑拉亞爾達)'로, 비랄아이달(卑辣亞爾達), 상패랍(上貝拉)이라고도 한다.

35 베이라바이샤(Beira Baixa): 원문은 '비랍배사(卑拉拜砂)'로, 비랄배사(卑辣拜砂), 하패랍(下貝拉)이라고도 한다.

한다. 코임브라(Coimbra)[36]는 과거 베이라의 주도로, 대학교가 있고 포르투갈의 유명한 사람들은 모두 이 땅에서 나왔다. 이 땅에서는 자기·삼베가 난다. 알가르브(Algarve)[37]는 어두컴컴하고 깊숙한 곳에 위치해 인구가 아주 희박하다. 아베이루(Aveiro)[38]는 보가강(Vouga R.)[39] 하구에 위치하며, 부두는 상당히 큰데 반해 자연환경은 아주 열악하다. 이 땅에서는 물고기·소금·자기·홍귤이 난다. 피게이라(Figueira)[40]는 전답이 비옥하고 강에는 물고기가 많다. 비제우(Viseu)[41]는 베이라알타의 주도이다. 대도시가 있고, 면직물이 나며 금은식기를 잘 만든다. 라메구(Lamego)[42]는 담배가 나며 돼지를 많이 기른다. 피냘(Pinhal)[43]은 스페인과 인접하고 있으며 도시가 아주 견고하다. 트랑코소(Trancoso)[44]는 도시 안에 7개의 문과 15개의 탑이 있으며, 포대가 사방에 빽빽하게 있다. 과르다(Guarda)[45]는 날씨가 아주 추우며, 면직물·융단·신선한 과일이 난다. 린하레스(Linhares)[46]는 땅이 황량하고 외져 인구

---

36 코임브라(Coimbra): 원문은 '고영파랍(固英巴拉)'으로, 과인포랍(科因布拉), 가음읍(哥音邑)이라고도 한다.

37 알가르브(Algarve): 원문은 '아이가니이(亞爾加尼耳)'로, 아이가유(阿爾加維)라고도 한다.

38 아베이루(Aveiro): 원문은 '아위라(亞威羅)'로, 아위라(阿威羅)라고도 한다.

39 보가강(Vouga R.): 원문은 '와오아하(窩烏牙河)'로, 옥가하(沃加河)라고도 한다.

40 피게이라(Figueira): 원문은 '비랄(非辣)'로, 비개랍(菲蓋拉)이라고도 한다.

41 비제우(Viseu): 원문은 '유수(維修)'로, 유새(維塞)라고도 한다.

42 라메구(Lamego): 원문은 '랍미액(拉美厄)'으로, 랍매고(拉梅古)라고도 한다.

43 피냘(Pinhal): 원문은 '비섭이(比聶爾)'로, 피니아이(皮尼亞爾)라고도 한다.

44 트랑코소(Trancoso): 원문은 '달랑가색(達郎哥索)'으로, 특란과소(特蘭科蘇)라고도 한다.

45 과르다(Guarda): 원문은 '과이달(瓜爾達)'이다.

46 린하레스(Linhares): 원문은 '려니아리사(黎尼亞利斯)'로, 리니아리십(利尼亞里什)이라고도 한다.

441

가 적다. 카스텔루브랑쿠(Castelo Branco)[47]는 베이라바이샤의 주도이다. 성벽이 곧고 바르며, 시가지가 드넓고 깨끗하며, 물산 역시 풍부하다.

알렌테주(Alentejo)[48]는 이스트레마두라의 동쪽, 베이라의 남쪽에 위치하며, 동쪽으로는 스페인과 경계하고, 서남쪽 구석은 대서양에 임하며, 남북의 길이는 약 5백 리이고, 동서의 너비는 290리이며, 여러 주 가운데 가장 인구가 많고 물자가 풍부하다. 이 땅에서는 곡식·과일·양모·비스킷·올리브유·술·밀랍이 난다. 8개의 현을 관할하며, 주도는 에보라(Évora)[49]로, 도시가 화려하고 정돈되어 있으며, 자기와 도자기가 난다. 베자(Beja)[50]는 토양이 비옥하고 날씨가 맑아, 사람들이 근심없이 안락하게 살고 물산이 풍부하다. 도시 밖으로 40개의 탑이 있으며, 또한 사방에 포대가 높이 설치되어 있어 수백 리 밖까지 멀리 내다볼 수 있다. 오리크(Ourique)[51]는 옛날에 아폰수 1세 엔히크스가 이곳에서 이슬람을 대파했는데,[52] 그 뒤에 사람들이 묘당을 건설해 그 무공을 기렸다. 빌라비소자(Vila Viçosa)[53]에는 아주 거대하고 화려한 큰 저택이 있는데 고관대작이 이곳에서 살았다. 또한 사방 둘레가 40리인 큰 동산이 있는데, 안에 아름다운 나무와 맑은 샘이 많고, 사슴과

---

47 카스텔루브랑쿠(Castelo Branco): 원문은 '가사덕라파랑고(加斯德羅巴郞古)'로, 잡십특락포란과(卡什特洛布蘭科), 잡사특락포란과(卡斯特洛布蘭科)라고도 한다.

48 알렌테주(Alentejo): 원문은 '아령덕인(亞零德人)'으로, 아련특여(阿連特茹)라고도 한다.

49 에보라(Évora): 원문은 '액와랍(厄窩拉)'으로, 애무랍(埃武臘)이라고도 한다.

50 베자(Beja): 원문은 '비야(卑惹)'로, 패아(貝雅)라고도 한다.

51 오리크(Ourique): 원문은 '와려급(窩黎給)'으로, 구리기(歐里基)라고도 한다.

52 옛날에…대파했는데: 아폰수 1세가 1139년 이슬람을 대파한 오리크전투(Battle of Ourique)이다.

53 빌라비소자(Vila Viçosa): 원문은 '유랍위색살(維拉威索薩)'로, 비리아유서오살(比利亞維西奧薩)이라고도 한다.

442

토끼가 차고 넘쳤다. 엘바스(Elvas)[54]는 포르투갈 제일의 요새이다. 인구가 조밀하고 상인이 많이 몰려든다. 포르탈레그르(Portalegre)[55]는 물산이 풍부하고 사람들은 봉군(封君)에 버금가는 큰 부자가 많다. 크라토(Crato)[56]는 인구가 드물다. 아비스(Avis)[57]에는 행궁이 있다.

알가르브주[58]는 서남쪽으로 바다에 이르고, 북쪽으로는 알렌테주와 경계하며, 동쪽으로는 스페인과 경계하고, 남북의 거리는 약 1백 리이고, 동서의 너비는 약 340리이다. 이곳 사람들은 용감하고 건장해서 무예를 좋아하며 대부분 물고기를 잡아 생활하고 특히 항해에 뛰어나다. 과거에는 본래 소국이었으나, 포르투갈이 이슬람을 멸망시킴과 동시에 이 땅도 차지했다. 3개의 현을 관할하고 있으며, 주도는 파루(Faro)[59]이다. 파루는 비옥한 들판에 인구가 조밀하며, 사람들은 대부분 고기잡이에 익숙하다. 타비라(Tavira)[60]는 온 들판에 포도가 자라고 있고, 온 하천이 그물로 덮여 있으며, 산에서는 은과 구리가 난다. 라구스(Lagos)[61]는 도시가 만(灣)에 건설되었으며, 항구가 깊고 넓어 대형 선박이 정박할 수 있다. 관할 도시인 사그레스(Sagres)[62]에는 대학이 있는데, 아폰수 1세 엔히크스가 건설한 곳이다.

---

54 엘바스(Elvas): 원문은 '니리말사(呢里襪斯)'로, 애이와십(埃爾瓦什)이라고도 한다.

55 포르탈레그르(Portalegre): 원문은 '파이달륵급렬(玻爾達勒給劣)'로, 파탑래격뢰(波塔萊格雷)라고도 한다.

56 크라토(Crato): 원문은 '가랍다(加拉多)'로, 극랍다(克拉多), 극랍도(克拉圖)라고도 한다.

57 아비스(Avis): 원문은 '아유사(亞維斯)'로, 아유십(阿維什)이라고도 한다.

58 알가르브주: 원문은 '아리아이위(亞利牙爾威)'이다.

59 파루(Faro): 원문은 '발라(發羅)'로, 법로(法魯)라고도 한다.

60 타비라(Tavira): 원문은 '달유랍(達維拉)'으로, 탑유랍(塔維拉)이라고도 한다.

61 라구스(Lagos): 원문은 '랍각사(拉各斯)'이다.

62 사그레스(Sagres): 원문은 '살급륵사(薩給勒斯)'로, 살급륵십(薩給勒什)이라고도 한다.

두에로미뉴주(DouroMinho)[63]는 동북쪽으로는 스페인과, 남쪽으로는 베이라와 경계하고, 서쪽으로는 대서양에 이르며, 남북의 길이는 약 250리이고, 동서의 너비는 약 150리이다. 이 땅에서는 수목이 숲을 이루어 가축이 잘 번식한다. 근자에 들어 두에로와 미뉴로 분리되었다. 모두 7개의 현을 관할하고 있는데, 브라가(Braga)[64]는 미뉴주의 주도이다. 인구가 조밀하고 높고 큰 건물이 많으며, 무기·철기·삼베·금은식기가 생산되는데, 가격이 상당히 저렴하다. 포르투(Porto)[65]는 두에로의 주도이다. 풍부한 물산과 활발한 무역은 리스본 포르투갈의 수도이다. 에 버금갈 정도이다. 페나피엘(Penafiel)[66]은 인구가 희박하다. 기마랑이스(Guimarães)[67]는 옛날 포르투갈을 개국한 아폰수 1세 엔히크스가 출생한 곳으로, 궁전의 터가 여전히 남아 있다. 이곳에서는 철기와 소가죽이 난다. 비아나(Viana)[68]는 리마강(Lima R.)[69] 어귀에 건설되어, 선박이 정박하기에 아주 안정적이다. 산물이 상당히 풍부하다. 바르셀루스(Barcelos)[70]는 땅이 많고 비옥하며 햄이 난다. 발렌사(Valença)[71]는 성이 아주 견고하다.

---

63 두에로미뉴주(DouroMinho): 원문은 '두라미학(斗羅米虐)'으로, 포르투갈의 역사적 지명이다.

64 브라가(Braga): 원문은 '파랍가(巴拉加)'로, 포랍가(布拉加)라고도 한다.

65 포르투(Porto): 원문은 '백이다(伯爾多)'로, 파이도(波爾圖)라고도 한다.

66 페나피엘(Penafiel): 원문은 '배나비야이(北那非野爾)'이다.

67 기마랑이스(Guimarães): 원문은 '기마랍영사(幾馬拉英斯)'로, 길마랑이십(吉馬朗伊什)이라고도 한다.

68 비아나(Viana): 원문은 '유아납(維亞納)'으로, 지금의 비아나두카스텔루(Viana do Castelo)이다.

69 리마강(Lima R.): 원문은 '려마하(黎馬河)'로, 리마하(利馬河)라고도 한다. 스페인 갈리시아 지방에서 발원해서 포르투갈로 흐르는 강이다.

70 바르셀루스(Barcelos): 원문은 '파이새라사(巴爾塞羅斯)'로, 파새로십(巴塞盧什)이라고도 한다.

71 발렌사(Valença): 원문은 '와련살(瓦連薩)'로, 와륜살(瓦倫薩)이라고도 한다.

트라수스몬테스주(Tras-os-Montes)[72]는 동북쪽으로는 스페인과, 서쪽으로는 두에로미뉴주와 경계하며, 남북의 길이는 약 220리이고, 동서의 너비는 약 330리이다. 산골짜기가 둘러싸고 있으며, 가축이 잘 번식하고 포도나무가 들판을 두르고 있고 뽕나무가 산을 덮고 있다. 4개의 현을 관할하고 있으며, 주도는 브라간사(Bragança)[73]로, 산등성이에 건설되어 인구는 많지 않으며, 토양은 비옥하지만 샘이 짜고 적으며, 비단과 명주실이 난다. 미란다(Miranda)[74]는 과거에는 이름난 도시였으나, 세월이 흐르면서 점점 쇠퇴해져 인구가 특히 희박하다. 몽코르부(Moncorvo)[75]는 면제품을 직조하는 공장이 있어 무역이 아주 활발하다. 이 땅에서는 좋은 와인이 난다. 빌라레알(Vila Real)[76]은 토양이 비옥하고 인구가 가장 많다. 관할 도시인 페주다헤구아(Peso da Régua)[77]에서 담그는 포도주는 품질이 아주 좋아 상인들이 줄지어 판매하고 있으며, 매년 술값으로 약 5백~6백만금을 벌어들인다.

포르투갈의 서쪽 대서양에 군도가 있는데, 포르투갈에서 약 2천여 리정도 떨어져 있다. 포르투갈이 이 섬을 발견하고 개척해서 해외주로 삼고는 아소르스제도(Açores Islands)[78]라고 총칭했는데, 중국어로 번역하면 매의

---

72 트라수스몬테스주(Tras-os-Montes): 원문은 '달랍사덕사몽덕세(達拉斯德斯蒙德世)'이다.

73 브라간사(Bragança): 원문은 '파랍안살(巴拉安薩)'로, 포랍간살(布拉干薩)이라고도 한다.

74 미란다(Miranda): 원문은 '미란달(迷蘭達)'로, 지금의 포르투갈 브라간사에 위치한 미란다두도로(Miranda do Douro)이다.

75 몽코르부(Moncorvo): 원문은 '몽가이와(蒙哥爾窩)'이다.

76 빌라레알(Vila Real): 원문은 '위랍리아이(威拉里亞爾)'이다.

77 페주다헤구아(Peso da Régua): 원문은 '배소적륵과(北蘇的勒瓜)'이다.

78 아소르스제도(Açores Islands): 원문은 '아색리아(亞索利亞)'로, 아색군도(亞素群島)라고도 한다.

섬이다. 이 가운데 큰 섬은 9개로, 남부에 산타마리아섬(ilha de Santa Maria)[79]과 상미겔섬(Ilha de São Miguel)[80] 2개의 섬이 있고, 중부에 테르세이라섬(Terceira Island),[81] 상조르즈섬(Ilha de São Jorge),[82] 그라시오자섬(Graciosa),[83] 파이알섬(Ilha do Faial),[84] 피쿠섬(Ilha do Pico)[85] 5개의 섬이 있다. 북부에 플로르스섬(Ilha das Flores)[86]과 코르부섬(Ilha do Corvo)[87] 2개의 섬이 있다. 각 섬들은 날씨가 화창하고, 자연환경이 아주 좋아 오곡과 남과가 가장 많이 나는데, 평년에도 배 50척에 실어 나가 팔 수 있을 정도이다. 최근에 출판된『지리비고』라는 책은 포르투갈 사람 호세 마르티노 마르케스(José Martinho Marques)[88]가 번역한 것으로, 스페인과 프랑스 양국에 대해 특히 상세하게 기록하고 있다. 포르투갈 본국은 스페인이 그 시조이다. 이 단락은『지리비고』에서 채록한 것으로 그 나머지도 비슷하다.

살펴보건대, 광동에 이민족이 거주하게 된 것은 포르투갈이 마카오에 거주하면서부

---

79 산타마리아섬(ilha de Santa Maria): 원문은 '삼달마리아(三達馬利亞)'이다.

80 상미겔섬(Ilha de São Miguel): 원문은 '삼미급이(三迷給爾)'이다.

81 테르세이라섬(Terceira Island): 원문은 '덕이새랄(德爾塞辣)'이다.

82 상조르즈섬(Ilha de São Jorge): 원문은 '삼야이일(三惹爾日)'로, 성교치(聖喬治)라고도 한다.

83 그라시오자섬(Graciosa): 원문은 '가랍서약살(加拉西約薩)'이다.

84 파이알섬(Ilha do Faial): 원문은 '발아이(發牙爾)'로, 법아이(法阿爾)라고도 한다.

85 피쿠섬(Ilha do Pico): 원문은 '배가(北哥)'로, 피고(皮庫)라고도 한다.

86 플로르스섬(Ilha das Flores): 원문은 '불라리사(佛羅利斯)'로, 불락뢰사(弗洛雷斯)라고도 한다.

87 코르부섬(Ilha do Corvo): 원문은 '가이와(哥爾窩)'로, 과이무(科爾武)라고도 한다.

88 호세 마르티노 마르케스(José Martinho Marques): 원문은 '마길사(瑪吉士)'로, 마규사(馬圭斯), 마귀사(馬貴斯)라고도 한다. 마르케스(1810~1867)는 어려서부터 마카오의 성요셉 수도원에서 한학을 배웠다. 1833년 23세 때 통역사 자격을 취득한 후 마카오 의사회에서 통번역 일을 했으며, 1848년부터는 프랑스 외교사절의 통역에 종사했다.

터이다. 당시 상방(尚方)[89]의 진귀한 골동품은 모두 광동에서 마련했는데, 간혹 때맞춰 물건을 대지 않으면 번번이 중연(中涓)[90]에게 들볶였다. 마침 포르투갈인이 마카오에서 [빈 땅에 건물을 짓는 대신 매년 세금 5백냥을 납부할 수 있게 해달라는] 청을 올린 일이 있었는데, 이 일을 맡은 담당자가 물품조달의 편의를 위해 저들의 쌓여 있는 물품과 보물을 탐냈다. 또한 이른바 유럽이 당시에는 어느 곳에 있는지 모른 채 그저 남양의 여러 오랑캐에 지나지 않는다고 생각했다. 마카오를 잠시 빌려주는 것을 대수롭지 않게 여겼으며, 굳이 5백냥의 이익을 탐해서도 아니었다. 포르투갈은 본래 서양의 작은 나라로, 천상에 오르듯이 이곳 마카오에 거처를 확보했다. 남은 자금으로 널리 층집과 객사를 지으면서 수많은 건물들이 줄줄이 들어섰다. 유럽 각국에서 광동에 오는 자들은 그들을 교두보로 삼아 의지했다. 광동에 머물며 체납된 빚을 회수하는 자들은 모두 포르투갈인의 건물을 임대해서 오래도록 거주하며 돌아가지 않았다. 여러 이민족이 광동에서 서서히 퍼져나가며 익숙해지는데 있어서, 마카오가 그 기점이 되었다. 임부는 한 시대의 명신이지만, 그가 나라를 위해 올린 상소가 이와 같은 상황을 만들었다. "물이 졸졸 끊임없이 흘러 바야흐로 강하를 이룬다."[91]라는 말이 있으니, 어찌 신중하지 않을 수 있겠는가!

포르투갈은 처음 마카오에 오고 본국의 상선이 많이 오면서 나라가 아주 부유해졌다. 나중에 인도·남양의 각 부두 대부분이 여러 대국의 손에 넘어가면서 본국의 상선이 더 이상 오지 않았다. 생계가 날로 궁핍해져, 그저 집세를 밑천으로 삼아 연명했다. 마카오에 거주하는 이들이 자손을 낳아 기른 지 수백 년이 되었는데, 광동사람들은 이들을

---

89 상방(尚方): 제왕이 사용하는 기물을 제조하고, 제왕의 의복과 궁 안의 재물 및 보물을 관리하던 관청이다

90 중연(中涓): 연인(涓人)이라고도 하는데, 환관이다.

91 물이…이룬다: 『공자가어(孔子家語)』에 보면 "연연불옹, 종위강하(涓涓不壅, 終爲江河)."라는 구절이 있는데, 바로 여기서 나왔다.

'혼혈인'[92]이라고 부른다. 인구가 불어난 뒤 더욱 더 가난해졌다.

마카오의 이민족을 민간에서는 대서양 또는 이탈리아라고 부른다. 그들이 처음 이 땅에 왔을 때 중국에서는 그 나라의 이름을 몰랐다. 그들이 대서양에서 왔다고 해서 대서양이라 부르게 되었으며, 포르투갈이 대서양에 있는지도 모른 채 그들을 상석이나 다투는 등후(滕侯)와 설후(薛侯)[93]에 불과하다고 생각했다. 이탈리아라고 부르게 된 것은 이탈리아가 그쪽 땅을 통일한 왕조라고 생각해서인데, 이것은 중국을 한인(漢人), 당인(唐人)이라 부르는 것과 같다. 또한 마테오리치(Mateo Ricci)[94]·페르디난트 페르비스트(Ferdinand Verbiest)[95] 등은 역학(歷學)으로 중국에 이름을 알렸는데, 모두 이탈리아의 로

---

92 혼혈인: 원문은 '토생자(土生仔)'로, 지금의 매캐니즈(Macanese)이다. 매캐니즈는 처음에는 중국과 포르투갈의 혼혈인을 의미했으나, 지금은 포르투갈의 영향을 받은 마카오의 문화를 의미한다.

93 등후(滕侯)와 설후(薛侯): 원문은 '등설(滕薛)'로, 산동성 등현 서남쪽에 위치한 등나라의 제후 등후와 산동성 등현 동남쪽에 위치한 설나라의 제후 설후를 지칭한다. 『좌전』「은공(隱公) 11년」에 따르면 두 사람은 노나라 은공을 알현하러 왔다가 서로 상석을 두고 다투었다고 한다.

94 마테오리치(Mateo Ricci): 원문은 '이마두(利瑪竇)'이다. 마테오리치(1552~1610)는 이탈리아 라체라타(Racerata) 출신으로, 1583년에는 광동에 중국 최초의 천주교 성당을 건립해 그리스도교를 전파했다. 그는 유학에도 상당한 조예가 있었으며, 철저한 중국화를 위해 스스로 유학자의 옷을 입었다. 또한 조상 숭배도 인정하는 융통성을 보여 유학자들로부터 '서양의 유학자(泰西之儒士)'라 불리었다. 대표 저서로는 자신과의 대화 형식을 빌려 천주교 교리를 설명한 『천주실의(天主實義)』가 있다.

95 페르디난트 페르비스트(Ferdinand Verbiest): 원문은 '남회인(南懷仁)'이다. 페르비스트(1623~1688)는 벨기에 출신으로, 1659년 중국에 와서 전도에 일생을 바쳤다. 서양의 천문학과 수학에 통달해 당초 예수회 수사 아담 샬(Adam Schall, 湯若望)을 도와 흠천감(欽天監: 국립천문대)에서 근무했다. 강희 원년(1662) 양광선(楊光先)을 중심으로 하는 보수파의 반대운동에 부딪혀 아담 샬과 함께 북경 감옥에 갇혔다가 보수파의 실각 후에 다시 흠천감의 일을 맡게 되었으며, 궁정의 분수 등을 만들어 강희제의 신임을 받아 공부시랑(工部侍郞)의 직위를 하사받았다. 또한 서양풍의 천문기기를 주조하고 그것을 해설한 『영대의상지(靈臺儀像志)』16권을 출판했으며, 같은 해에 『곤여도설(坤輿圖說)』을 펴냈다.

마에서 왔고, 그들이 와서 모두 마카오에 거주하면서 오해가 쌓여 그렇게 부르게 된 것
이다.

［歐羅巴葡萄亞國］

葡萄牙, 葡萄駕·葡萄庫耳·布路亞·波耳都欺·博爾都噶亞·大西洋. 歐羅巴小國也. 地形狹長, 縱約一千三百里, 橫約五百里. 東北兩面界西班牙, 西南兩面距大西洋海. 其地古名盧西達尼亞, 本西班牙西境. 自唐以前, 沿革與西班牙同. 當西班牙恢復舊土, 有臣曰英黎給, 佛郎西之王孫也. 善將兵, 戰功最多. 加斯德辣王 即西班牙王. 時故土尙未全復, 亦未歸一, 故不稱西班牙王. 亞豐蘇妻以女, 以所克盧西達尼亞數城封之, 爵如伯. 其子亞豐蘇英黎給襲位, 伐回部, 大破之, 擴地漸廣. 宋哲宗紹聖元年, 國人奉以爲王, 是爲葡萄牙立國之祖. 其後嗣征服回部, 盡有盧西達尼亞之地, 遂與西班牙幷立. 明嘉靖間, 有賢王曰以馬努以利, 能立制防, 國稱極治. 子約翰第三嗣位, 聯昏於西班牙, 四境乂安, 倉庫充實. 子英黎吉嗣位, 亞非利加回部來侵, 出戰敗没. 無子, 西班牙乘勢幷其國, 由是隷西班牙者六十年. 西政貪殘, 葡人患倒懸. 崇禎十三年, 起兵逐西班牙守者, 復立故王支屬約翰第四. 西班牙來侵, 構兵二十餘年. 葡王修好於英吉利, 英吉利助以兵力, 時擁護之, 乃免於亡. 先是歐羅巴諸國, 自開闢至元時, 自相往來, 鮮通別土. 葡萄牙人精於算數, 習天文, 用儀器測量日出入幷星躔度數, 知水陸之方向遠近. 明初, 其國王遣善操舟者, 駕巨艦南行, 由亞非利加之西境, 轉而東, 歷亞非利加之東境, 抵五印度之西境. 復轉而東, 至麻剌甲, 又從蘇門答臘·噶羅巴之海峽, 遍歷東南洋諸島國. 所至輒留葡人, 營立埠頭. 隆慶初, 抵粤東香山縣之濠鏡. 即澳門. 請隙地建屋, 歲納租銀五百兩. 疆臣林富代請許之, 葡萄牙人遂立埠頭於澳門, 是爲歐羅巴諸國通市粤東之始. 其後西班牙·荷蘭接踵東來, 佛郎西·英吉利繼之. 葡萄牙所立小西洋·東南洋埠頭, 咸被侵奪,僅餘澳門一廛, 爲諸國東道之逆旅. 嘉慶初, 佛郎西拿破侖侵伐四鄰, 兵及於葡. 葡不能禦, 王棄國航海, 逃於巴西. 一作巴拉西利. 巴西者, 南亞墨利加廣土, 葡人於明中葉探得之, 建爲藩部者也. 詳『亞墨利加圖說』. 已而拿破侖爲英吉利所禽, 王乃歸國. 尋卒, 其世子留王巴西, 兼王葡. 巴西民謂王貪王兩地, 不肯服. 王不得已, 自王巴西, 而遣幼女歸王葡. 時王弟已自立, 不肯避位. 王在巴西, 不習其俗, 國人迫王致位. 王狼狽歸國, 與女合兵攻弟. 英吉利助以兵, 滅王弟, 王女乃定位. 尋贅日耳曼世子爲婿. 夫卒, 再贅. 女慈惠愛民, 國人安之.

葡萄牙壤地褊小, 外臨大西洋海, 境內萬山盤匝, 平原甚少. 大河三, 曰米虐, 曰斗羅, 曰德人, 皆發源西班牙, 由葡西境入海. 西北氣候頗寒, 東南則夏苦炎熱. 穀以小麥·蕎·黍爲主, 大麥·油麥·高粱·粟米·粳稻·蠶豆·豌豆, 亦皆有之. 土田最沃, 而農功疏惰. 木多松·柏·栗·橡·槐·楊·楓·椴, 果有黎·橘·桃·梅·櫻桃·核桃·杏仁·波羅·佛手·檸檬·無花果·阿利襪, 即橄欖, 其仁可以爲油. 最多者爲葡萄, 用以釀酒極甘, 色赤, 味甘, 內有雜櫻桃者. 販行遍於西土. 亦解種桑養蠶, 產絲無多. 山產紅藍寶石·水晶·五金各礦·黑礬·硫磺·磁石, 鹽田則沿海皆是, 取之不竭. 舉國崇天主敎, 財貨半歸敎師, 民恒貧乏.

國舊分六部, 後分爲八部, 各有所領小部. 義斯德勒馬都拉, 在南北適中之地, 西距大西洋海, 縱約六百里, 橫約二百五十里. 領十一小部, 曰里斯玻亞, 一作力士門, 又作勒門. 葡萄牙之都城也. 建於德人河右, 跨山臨水, 樓臺疊起. 內有學署·書庫·觀星臺·軍功廠, 規模極爲巨麗. 郊外內港寬深, 下接海口, 泊舟平穩, 貿易極繁. 河岸砲臺周匝, 守衛嚴密. 乾隆二十年遭地震, 王廷民舍, 不遺一椽, 死傷山積. 歷年修建, 乃復其故. 曰德黎威德辣. 產葡萄, 有行宮甚麗. 曰加斯德內辣, 其海口可泊舟. 曰亞零給爾, 有溫泉能療病. 曰勒黎亞, 物産甚豊. 有玻璃廠, 足供通國之用. 曰亞爾哥巴薩, 產棉布. 曰多麻爾, 產油·酒·穀·果甚多, 貿易頗盛. 曰歐靈, 曰商的勾西, 兩部地處高陵, 土田甚瘠. 曰三達零, 在德人河右, 土腴產豐, 繁華爲通國之最. 有行宮備冬獵. 曰塞獨巴爾 即塞圖巴爾區. 在薩都河右, 巨舟可泊, 產鹽極王.

卑辣, 在義斯德勒馬都辣之北, 東界西班牙, 西臨大西洋海, 縱約六百里, 橫約三百里. 近分二部, 曰卑拉亞爾達, 曰卑拉拜砂, 共領十一小部, 曰固英巴拉, 舊爲卑拉會城, 有大書院, 葡國名人, 皆由此出. 土產磁器·麻布. 亞爾加尼耳, 地幽暗, 烟戶甚稀. 曰亞威羅, 在窩烏牙河口, 埠頭甚大, 而水土頗劣. 產魚·鹽·磁器·紅橘. 曰非辣, 田甚沃, 其河多魚. 曰維修, 卑拉亞爾達之會城也. 有大市, 產棉布, 善造金銀器皿. 曰拉美厄, 產烟葉, 多畜豚. 曰比聶爾, 與西班牙接壤, 城極堅. 曰達郞哥索, 城有七門十五塔, 砲臺周密. 曰瓜爾達, 地氣嚴寒, 產棉布·洋絨·鮮果. 曰黎尼亞利斯, 地荒僻, 少戶口. 曰加斯德羅巴郞古, 卑拉拜砂之會城也. 城垣整峻, 街衢敞潔, 物產亦裕.

亞零德人, 在義斯德勒馬都拉之東, 卑辣之南, 東界西班牙, 西南隅臨大西洋海, 縱約五百里, 橫約二百九十里, 富庶甲於諸部. 產穀·果·羊毛·奶餠·油·酒·蜜蠟. 領小部八, 會城曰厄窩拉, 城市華整, 產磁器·陶器. 曰卑惹, 土腴氣淸, 民物康阜. 城外有塔四十, 又有方砲臺甚高, 可遠眺數百里. 曰窩黎給, 昔亞豐蘇英黎給大破回部於此, 其後人建坊廟以志武功. 曰維拉威索薩, 城有大宅, 極巨麗, 高爵居之. 又有大圍, 周回四十里, 内多嘉樹淸泉, 麀兔充牣. 曰呢里襪斯爲葡第一堅城. 戶口繁密, 商賈輻輳. 曰玻爾達勒給劣, 物產豐富, 人多素封. 曰加拉多, 戶口寥落. 曰亞維斯, 有行宮.

亞利牙爾威, 西南臨海, 北界亞零德人, 東界西班牙, 約一百里, 橫約三百四十里. 其民雄健好武, 多以捕魚爲業, 尤善駛船. 舊本小國, 葡滅回部,

452

并兼其地. 領小部三, 會城曰發羅. 平原饒沃, 烟戶湊密, 人多習漁. 曰達維拉, 葡萄遍野, 綱罟蔽河, 山產銀銅. 曰拉各斯, 城建海隅, 港口深闊, 可泊大船. 屬邑薩給勒斯, 有書院, 故王亞豐蘇英黎給所建也. 斗羅米虐, 東北界西班牙, 南界卑拉, 西臨大西洋海, 縱約二百五十里, 橫約一百五十里. 其地樹木成林, 牲畜蕃衍. 近分二部, 曰斗羅, 曰米虐. 共領小部七, 曰巴拉加, 米虐之會城也. 人烟湊密, 多峻宇, 產軍器·鐵器·麻布·金銀器皿, 價甚廉. 曰伯爾多, 斗羅之會城也. 物產之豐, 貿易之盛, 亞於里斯玻亞. 葡之京都. 曰北那非野爾, 人戶甚稀. 曰幾馬拉英斯, 昔開國之王亞豐蘇英黎給誕生於此, 宮殿遺址猶存. 產鐵器·牛皮. 曰維牙納, 城建黎馬河口, 泊舟甚穩. 土產極豐. 曰巴爾塞羅斯, 地亦豐富, 產火腿. 曰瓦連薩, 城極堅固.

達拉斯德斯蒙德世, 東北界西班牙, 西界斗羅米虐, 縱約二百二十里, 橫約三百三十里. 岩谷迴環, 牲畜繁富, 葡萄桑樹, 匝野彌山. 領小部四, 會城曰巴拉安薩, 於山陵之上, 戶口不繁, 土雖沃而水泉鹹劣, 產綢緞絲貨. 曰迷蘭達, 昔之名城, 久已隳毀, 人戶尤稀. 曰蒙哥爾窩, 有織造絲貨機房, 貿易極盛. 產葡萄美酒. 曰威拉里亞爾, 地極豐富, 戶口最繁. 屬邑北蘇的勒瓜, 釀葡萄酒最良, 商販絡繹, 每歲得酒價, 約五六百萬金. 葡萄牙之西, 大西洋海中, 有群島, 距葡境約二千餘里. 葡探得之, 墾爲外部, 總名曰亞索利亞, 譯言鷹島也. 島之大者有九, 南方二, 三達馬利亞, 曰三迷給爾. 中央五, 曰德爾塞辣, 曰三惹爾日, 曰加拉西約薩, 曰發牙爾. 曰北哥方二, 曰佛羅利斯, 曰哥爾窩. 各島天氣晴和, 水土平善, 產五穀南果極多, 中稔之年, 猶堪出售五十舟. 近刻有『地理備考』, 大西洋人馬吉士所譯, 於西班牙·葡萄牙兩國, 紀載獨詳. 葡萄牙其本國, 西班牙其祖國也. 玆節采之, 以例其餘.

按: 粤東之居夷, 自葡萄牙之居澳門始. 維時尙方珍玩, 皆取辦於粤, 或不時給, 輒爲中涓所嬲. 適葡人有濠鏡之請, 當事利其居積貨寶, 便於供辦. 又所謂歐羅巴者, 爾時不知爲何地, 以爲不過南洋諸夷之類. 一枝暫借, 無足重輕, 非必貪其五百金之利也. 葡萄牙本西洋小國, 得此奧宅, 如登天上. 以其餘資, 廣築樓館, 綿亘萬廈. 歐羅巴諸國來粤者, 倚爲東道主人. 其留粤收逋欠者, 皆租其房屋, 久居不去. 諸夷之浸淫狎熟於粤東, 則由澳門爲之權輿也. 林富一代名臣, 而謀國之疏若此. 語云'涓涓不絶, 將成江河', 可不愼哉!

葡萄牙初至澳門, 其本國商船, 來者甚多, 極爲饒裕. 迨後印度‧南洋各埠頭, 多爲諸大國所侵奪, 本國估帆, 遂致絶迹. 生計日益貧窘, 僅以屋租爲養命之源. 其居澳門者, 長子孫已數百年, 粤人謂之'土生仔'. 生齒既繁, 尤貧特甚.

澳門之夷, 俗呼爲大西洋, 又稱爲意大里亞. 當其初來, 中土不詳其部落之名. 彼謂從大西洋來, 則稱爲大西洋, 而不知葡萄牙之在大西洋, 不過滕薛之類也. 至稱意大里亞, 則以意大里爲彼土一統之朝, 猶之稱中國爲漢人唐人耳. 又利瑪竇‧南懷仁之屬, 以歷學名中土, 皆意大里之羅馬入, 而其來也, 皆居澳門, 訛誤相仍, 有自來矣.

[유럽 영국]

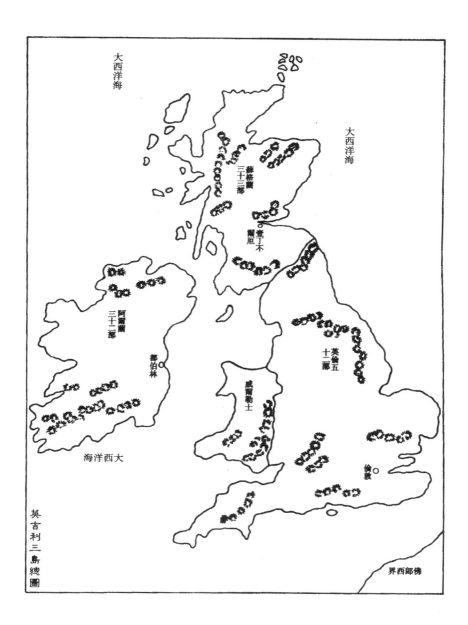

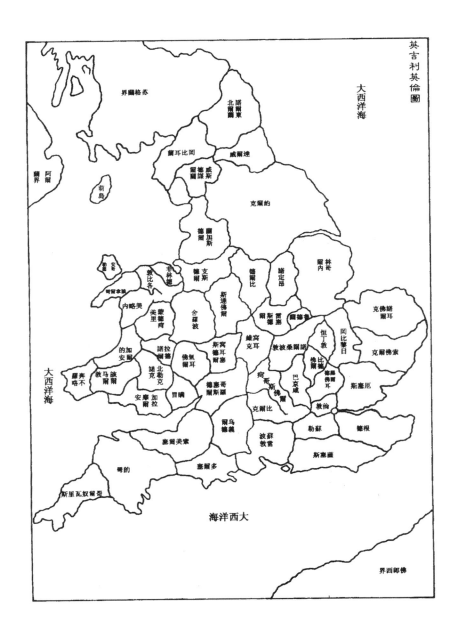

英吉利英倫圖

大西洋海

界蘭格苏

阿蘭界

蕵島

諸爾東北爾蘭

蘭耳比岡

威爾達

德謨爾

威斯爾

克爾約

蘭加斯德爾

林爾内

諸定昂

支斯德爾

德爾比

非林各

敦比各

哥留本斯

内略美

斯達佛爾

德爾

斯德

克佛諸爾耳

諸爾薩

爾斯薄

爾德魯

克爾佛家

窩德憲克耳

維窩克耳

敦波桑爾諸

恒丁教

岡比蜜日

蒙德齊

合羅波

斯塞厄

英里

的加安爾

諸爾北勒克

佛氣爾

徳塞爾斯顧

哥爾

比爾

佛蘭

巴京威

德爾佛耳

教馬爾

波爾

諸克

胃啹

加拉

德新佛

長爾

被倫

勒蘇

德根

安摩爾

爾烏德義

克爾比

塞爾美家

克爾比

波蘇教當

斯塞薩

塞爾多

弄不羅略

大西洋海

磅的

斯里瓦奴爾哥

海洋西大

界西郞佛

456

영환지략 2-유럽

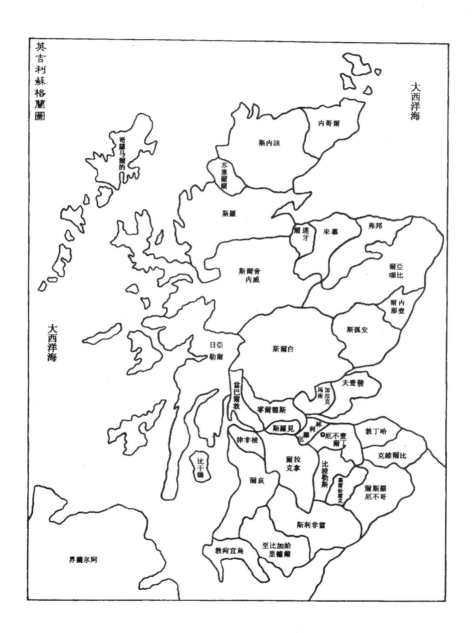

英吉利蘇格蘭圖

大西洋海

喬羅馬爾的

内哥爾

斯内該

苏塞爾爾

斯羅

爾迷牙

來慕

弗邦

斯爾音内威

爾亞比

爾内那

斯弧安

日亞勒爾

斯爾白

夫壹發

加拉克

馬南

當巴爾敦

零爾德斯

斯羅見

沐利尼巴

厄不壹爾丁

教丁哈

律聿梭

比干德

爾哀

爾拉克

比波勒斯

盧靄爾紿靄克

克雄爾比

爾斯羅厄不哥

斯利非當

界蘭尔阿

教珂宜烏

至比加給里德爾

大西洋海

457

권7

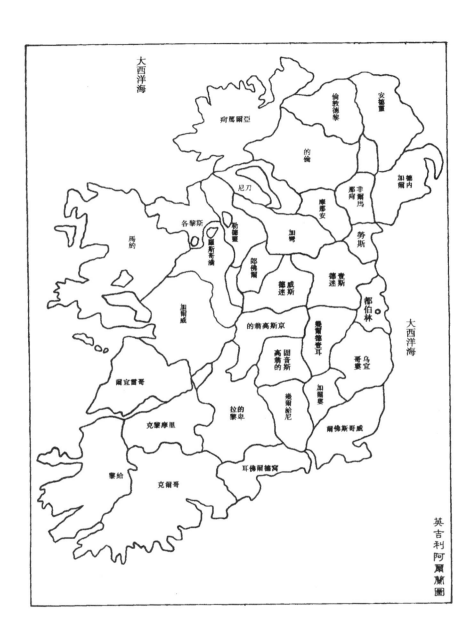

大西洋海

大西洋海

痀罵爾亞

倫敦德黎

安德靈

的倫

尼刀

非爾馬那荷

德内加爾

勞斯

各黎斯

勒德靈

摩郡安

加咢

馬約

羅斯哥滿

郎佛爾

威爾德迷

喜斯德迷

加爾威

的翁高斯京

固音斯高翁的

幾爾德意耳

都伯林

烏宜哥婁

爾宜雷哥

拉的婁

幾爾給尼

加爾婁

克黎摩里

耳佛爾德窩

爾佛斯哥威

婁給

克爾哥

英吉利阿爾蘭圖

458

영국 3개 섬 전체 지도

대서양해(大西洋海): 지금의 대서양이다.

소격란삼십삼부(蘇格蘭三十三部): 스코틀랜드(Scotland) 33개 주이다.

일정불이액(壹丁不爾厄): 지금의 에든버러(Edinburgh)이다.

영륜오십이륜(英倫五十二部): 잉글랜드(England) 52개 주이다.

륜돈(倫敦): 지금의 런던(London)이다.

위이륵사(威爾勒士): 지금의 웨일스(Wales)이다.

아이란삼십이부(阿爾蘭三十二部): 아일랜드(Ireland) 32개 주이다.

도백림(都伯林): 지금의 아일랜드 수도 더블린(Dublin)이다.

불랑서계(佛郞西界): 프랑스 강역이다.

영국 잉글랜드 지도

대서양해(大西洋海): 지금의 대서양이다.

소격란계(蘇格蘭界): 스코틀랜드 강역이다.

낙이동북이란(諾爾東北爾蘭): 지금의 노섬벌랜드(Northumberland)이다.

강비이란(岡比爾蘭): 지금의 컴벌랜드(Cumberland)이다.

달이위(達爾威): 지금의 더럼(Durham)이다.

위사덕모이란(威斯德謀爾蘭): 지금의 웨스트모얼랜드(Westmorland)이다.

맹도(萌島): 지금의 맨섬(Isle of Man)이다.

아이란계(阿爾蘭界): 아일랜드 강역이다.

약이극(約爾克): 지금의 요크셔(Yorkshire)이다.

난가사덕이(蘭加斯德爾): 지금의 랭커셔(Lancashire)이다.

림가이내(林哥爾內): 지금의 링컨셔(Lincolnshire)이다.

낙정앙(諾定昂): 지금의 노팅엄셔(Nottinghamshire)이다.

덕이비(德爾比): 지금의 더비셔(Derbyshire)이다.

지사덕이(支斯德爾): 지금의 체셔(Cheshire)이다.

비림덕(比林德): 지금의 플린트셔(Flintshire)이다.

돈비각(敦比各): 지금의 덴비셔(Denbighshire)이다.

해나이만(該拿爾彎): 지금의 카나번셔(Caernarvonshire)이다.

안가륵새(安哥勒塞): 지금의 앵글시섬(Isle of Anglesey)이다.

로덕란(魯德蘭): 지금의 러틀랜드(Rutland)이다.

뢰새사덕이(雷塞斯德爾): 지금의 레스터셔(Leicestershire)이다.

사달불이(斯達佛爾): 지금의 스태퍼드셔(Staffordshire)이다.

사라파(舍羅波): 지금의 슈롭셔(Shropshire)이다.

몽덕아미리(蒙德痟美里): 지금의 몽고메리셔(Montgomeryshire)이다.

미략내(美略內): 메리오네스셔(Merionethshire)로, 웨일스의 역사적
지명이다.

낙이불이극(諾耳佛爾克): 지금의 노퍽(Norfolk)이다.

소불이극(素佛爾克): 지금의 서퍽(Suffolk)이다.

강비려일(岡比黎日): 지금의 케임브리지셔(Cambridgeshire)이다.

항정돈(恒丁敦): 지금의 헌팅던(Huntingdon)이다.

낙이상파돈(諾爾桑波敦): 지금의 노샘프턴셔(Northamptonshire)이다.

와이유극(窩爾維克): 지금의 워릭셔(Warwickshire)이다.

와이새사덕이(窩耳塞斯德爾): 지금의 우스터셔(Worcestershire)이다.

기이불이(氣耳佛爾): 지금의 헤리퍼드셔(Herefordshire)이다.

랍덕낙이(拉德諾爾): 지금의 래드너셔(Radnorshire)이다.

가이적안(加爾的安): 지금의 카디건셔(Ceredigionshire)이다.

비덕불이(比德佛爾): 지금의 베드퍼드셔(Bedfordshire)이다.

액새사(厄塞斯): 지금의 에식스(Essex)이다.

흑이덕불이(黑爾德佛爾): 지금의 하트퍼드셔(Hertfordshire)이다.

륜돈(倫敦): 지금의 런던이다.

파경함(巴京咸): 지금의 버킹엄셔(Buckinghamshire)이다.

아가사불이(砢哥斯佛爾): 지금의 옥스퍼드셔(Oxfordshire)이다.

가라새사덕이(哥羅塞斯德爾): 지금의 글로스터셔(Gloucestershire)이다.

만모(瞞冒): 지금의 몬머스셔(Monmouthshire)이다.

가랍마이안(加拉摩爾安): 지금의 글러모건(Glamorgan)이다.

해이마이돈(該爾馬爾敦): 지금의 카마던셔(Carmarthenshire)이다.

분불라각(奔不羅略): 지금의 펨브로크셔(Pembrokeshire)이다.

북륵극낙극(北勒克諾克): 지금의 브레크녹셔(Brecknockshire)이다.

비이극(比爾克): 지금의 버크셔(Berkshire)이다.

근덕(根德): 지금의 켄트(Kent)이다.

소륵(蘇勒): 지금의 서리(Surrey)이다.

살새사(薩塞斯): 지금의 서식스(Sussex)이다.

소당파돈(蘇當波敦): 지금의 사우샘프턴(Southampton)이다.

오의이덕(烏義爾德): 지금의 윌트셔(Wiltshire)이다.

색미이새(索美爾塞): 지금의 서머싯(Somerset)이다.

다이새(多爾塞): 지금의 도싯(Dorset)이다.

적만(的彎): 지금의 데번(Devon)이다.

461

가이노와리사(哥爾奴瓦里斯): 지금의 콘월(Cornwall)이다.

불랑서계(佛郎西界): 프랑스 강역이다.

영국 스코틀랜드 지도

대서양해(大西洋海): 지금의 대서양이다.

이가내(爾哥內): 지금의 영국 오크니제도(Orkney Islands)이다.

해내사(該內斯): 지금의 영국 케이스네스Caithness)이다.

가라마이적(哥羅馬爾的): 지금의 영국 크로머티(Cromarty)이다.

소새이란(蘇塞爾蘭): 지금의 영국 서덜랜드(Sutherland)이다.

라사(羅斯): 지금의 영국 로스(Ross)이다.

방불(邦弗): 지금의 영국 밴프(Banff)이다.

모래(慕來): 지금의 영국 머리(Moray)이다.

미아이(迷牙爾): 지금의 영국 네언(Nairn)이다.

음위이내사(音威爾內斯): 지금의 영국 인버네스(Inverness)이다.

아배이전(亞北爾嶼): 지금의 영국 애버딘(Aberdeen)이다.

내일이나(內壹爾那): 지금의 영국 킨카딘(Kincardine)이다.

안고사(安孤斯): 지금의 영국 앵거스(Angus)이다.

백이사(白爾斯): 지금의 영국 배스(Bath)이다.

아이일륵(亞爾日勒): 지금의 영국 아가일(Argyll)이다.

발일부(發壹夫): 지금의 영국 파이프(Fife)이다.

가랍극마남(加拉克馬南): 지금의 영국 클라크매넌(Clackmannan)이다.

사덕이령(斯德爾令): 지금의 영국 스털링(Stirling)이다.

당파이돈(當巴爾敦) : 지금의 영국 덤버턴(Dumbarton)이다.

림리덕액(林利德厄) : 지금의 영국 린리스고(Linlithgow)이다.

견라사(見羅斯) : 지금의 영국 킨로스(Kinross)이다.

릉비률(棱非律) : 지금의 영국 렌프루(Renfrew)이다.

합정돈(合丁敦) : 지금의 영국 해딩턴(Haddington)이다.

일정불이액(壹丁不爾厄) : 에든버러(Edinburgh)로, 지금의 영국 미들로디언(Midlothian)이다.

비이유극(比爾維克) : 지금의 영국 베릭(Berwick)이다.

비파륵사(比波勒斯) : 지금의 영국 피블스(Peebles)이다.

랍나이극(拉拿爾克) : 지금의 영국 래너크(Lanark)이다.

애이(哀爾) : 지금의 영국 에어(Ayr)이다.

라가사불이액(羅哥斯不爾厄) : 지금의 영국 록스버러(Roxburgh)이다.

새이급이극(塞爾給爾克) : 지금의 영국 셀커크(Selkirk)이다.

당비리사(當非利斯) : 지금의 영국 덤프리스(Dumfries)이다.

급이가덕비리지(給爾加德比里至) : 지금의 영국 커쿠브리(Kirkcudbright)이다.

오의가돈(烏宜痾敦) : 지금의 영국 위그타운(Wigtown)이다.

비간덕(比干德) : 지금의 영국 뷰트(Bute)이다.

아이란계(阿爾蘭界) : 아일랜드 강역이다.

영국 아일랜드 지도

대서양해(大西洋海) : 지금의 대서양이다.

안덕령(安德靈): 지금의 영국 북아일랜드 앤트림(Antrim)이다.

륜돈덕려(倫敦德黎): 지금의 영국 북아일랜드 런던데리(Londonderry)이다.

아이매아(亞爾罵痾): 지금의 영국 북아일랜드 아마(Armagh)이다.

덕내가이(德內加爾): 지금의 영국 북아일랜드 더니골(Donegal)이다.

적륜(的倫): 지금의 영국 북아일랜드 티론(Tyrone)이다.

비이마나아(非爾馬那痾): 지금의 영국 북아일랜드 퍼매너(Fermanagh)이다.

마나안(摩那安): 지금의 아일랜드 모너핸(Monaghan)이다.

도니(刀尼): 지금의 영국 북아일랜드 다운(Down)이다.

로사(勞斯): 지금의 아일랜드 라우스(Louth)이다.

가만(加彎): 지금의 아일랜드 캐번(Cavan)이다.

륵덕령(勒德靈): 지금의 아일랜드 리트림(Leitrim)이다.

사려각(斯黎各): 지금의 아일랜드 슬라이고(Sligo)이다.

마약(馬約): 지금의 아일랜드 메이요(Mayo)이다.

랑불이(朗佛爾): 지금의 아일랜드 롱퍼드(Longford)이다.

라사가만(羅斯哥滿): 지금의 아일랜드 로스커먼(Roscommon)이다.

일사덕미(壹斯德迷): 지금의 아일랜드 이스트미스(Eastmeath)로, 미스(meath)라고도 한다.

위사덕미(威斯德米): 지금의 아일랜드 웨스트미스(Westmeath)이다.

가이위(加爾威): 지금의 아일랜드 골웨이(Galway)이다.

도백림(都伯林): 지금의 아일랜드 수도 더블린(Dublin)이다.

기이덕일이(幾爾德壹耳): 지금의 아일랜드 킬데어(Kildare)이다.

경사고옹적(京斯高翁的): 킹스카운티(Kings County)로, 지금의 아일랜드 오펄리(Offaly)이다.

오의가루(烏宜哥婁): 지금의 아일랜드 위클로(Wicklow)이다.

고음사고옹적(固音斯高翁的): 퀸스카운티(Queens County)로, 지금의 아일랜드 레이시(Laois)이다.

가이루(加爾婁): 지금의 아일랜드 칼로(Carlow)이다.

기이급니(幾爾給尼): 지금의 아일랜드 킬케니(Kilkenny)이다.

적비랍려(的卑拉黎): 지금의 아일랜드 티퍼레리(Tipperary)이다.

리마려극(里摩黎克): 지금의 아일랜드 리머릭(Limerick)이다.

가뢰의이(哥雷宜爾): 지금의 아일랜드 클레어(Clare)이다.

위가사불이(威哥斯佛爾): 지금의 아일랜드 웩스퍼드(Wexford)이다.

와덕이불이(窩德爾佛耳): 지금의 아일랜드 워터퍼드(Waterford)이다.

가이극(哥爾克): 지금의 아일랜드 코크(Cork)이다.

급려(給黎): 지금의 아일랜드 케리(Kerry)이다.

영국 영기려(英機黎)·영규려(英圭黎)·응흘려(膺吃黎)·암액리(諳厄利)·영륜적(英倫的)·급렬적불렬전(及列的不列嗔)이라고도 한다. 은 유럽의 강대국이다. 이 나라는 본래 3개의 섬으로 이루어져 있으며, 대서양에 홀로 떨어져 있다. 동쪽 2개의 섬은 연결되어 있는데, 남쪽은 잉글랜드(England)[1] 영란(英蘭)이라고도 한다. 이고, 북쪽은 스코틀랜드(Scotland)[2] 사가서아(斯哥西亞)·사고태(師古泰)라고도 한다. 이다. 두 섬의 남북의 길이는 약 2천여 리이고, 동서의 너비는 넓은 곳은 5

---

1   잉글랜드(England): 원문은 '영륜(英倫)'이다.

2   스코틀랜드(Scotland): 원문은 '소격란(蘇格蘭)'이다.

백~6백 리이고, 좁은 곳은 3백~4백 리에 달한다. 서쪽으로 아일랜드(Ireland)[3] 이란(耳蘭), 일이란대(壹耳蘭大)라고도 한다. 라는 한 섬이 따로 떨어져 있는데, 남북의 거리는 약 7백~8백 리이고 동서의 너비는 약 5백~6백 리이다.

잉글랜드의 남쪽 강역은 네덜란드·프랑스와 모두 가까워서 배로 반나절이면 갈 수 있다. 프랑스와는 특히 가까워 항구가 좁은 곳은 60~70리 밖에 안 되어 양쪽 해안에서 서로 바라볼 수 있다. 이 땅은 옛날에는 켈트족의 부락이었으나 후에 북쪽 고트족[4]의 차지가 되었다. 한나라 선제(宣帝)[5] 오봉(五鳳)[6] 3년(B.C.55)에 로마 장군 카이사르 인략새살이(人略塞薩爾)라고도 한다. 는 서북쪽의 여러 이민족을 정벌하고, 바다 건너 잉글랜드까지 평정하고는 속주를 건설했다. 이로부터 수백 년 동안 이탈리아의 지배를 받아 지금까지도 로마의 궁궐터가 남아있다. 남조(南朝)와 수(隋) 나라[7] 시기에 로마가 쇠하여 어지러워지자 고트족과 브리튼인(Briton)[8]이 잉글랜드를 차지했으나, 후에 스코틀랜드의 스코티인(Scoti)[9]과 픽트인(Picts)[10] 두 부족의 공격을 받아 외롭고 힘이 약해 자립할 수 없게 되자 앵글인(Angles)[11]에게 도움을 요

---

3   아일랜드(Ireland): 원문은 '아이란(阿爾蘭)'으로, 이림(伊琳), 애이란(愛爾蘭)이라고도 한다.

4   고트족: 원문은 '아특족(峨特族)'이다.

5   선제(宣帝): 전한 제10대 황제 유순(劉詢)(재위 B.C.74~B.C.49)이다.

6   오봉(五鳳): 전한 선제의 다섯 번째 연호(B.C.57~B.C.54)이다.

7   남조(南朝)와 수(隋)나라: 원문은 '전오대(前五代)'로, 당나라 이후의 오대인 후오대(혹은 오대)와 구분하기 위해 전오대라 부른다.

8   브리튼인(Briton): 원문은 '비륵돈인(卑勒敦人)'이다.

9   스코티인(Scoti): 원문은 '사각다(斯各多)'로, 스코틀랜드인의 선조로 알려져 있다.

10 픽트인(Picts): 원문은 '비덕사(比德斯)'이다. 고대 브리튼섬의 민족으로, 로마 제국 시기부터 10세기까지 스코틀랜드 동부와 북부에 거주했던 부족이다.

11 앵글인(Angles): 원문은 '안각라(安各羅)'이다. 앵글인은 게르만족 일파로, 지금의 독일 슐레

청했다. 앵글인 역시 고트족의 한 일파로, 삭소니아(Saxon)[12]와 벨기에 경내에서 살았는데, 본래 군사력이 강했지만 강역이 협소해 나라를 세울 땅이 없었다. 브리튼인의 구원 요청을 받자 크게 기뻐하며 사람들을 이끌고 바다를 건너가 스코틀랜드의 두 부족인 스코티인과 픽트인을 격파하고, 이를 핑계로 브리튼인을 협박해 굴복시켰다. 진(陳)나라 후주(後主)[13] 원년(582)에 잉글랜드를 차지하고 나라를 세웠다. 후에 7개의 왕국으로 나뉘었는데, 열국의 제후들처럼 늘 서로 공격했다. 에그버트(Egbert)[14]는 프랑크왕의 딸과 결혼했다. 왕비가 천주교를 믿어서 주교를 그 나라로 불러들여 예의(禮儀)를 제정한 뒤로 나라가 점점 강성해졌다. 당나라 덕종(德宗) 정원(貞元)[15] 16년(800)에 6개 왕국을 멸망시켜 하나로 통일했다. 이때 대니국(大尼國) 덴마크(Denmark)[16]이다. 이 한창 해상을 약탈하다가 돌연 병선을 이끌고 잉글랜드로 들어와서 도성을 차지했다. 잉글랜드 사람들은 후한 뇌물을 주면서 그들의 공격을 지연시키더니, 곧 이어 계책을 써서 그들의 병선을 불태웠다. 이로부터 덴마크가 끊임없이 노략질을 하는 바람에 사람들은 도망쳐 숨었

스비히홀슈타인주(Schleswig-Holstein) 북부에 있는 앙겔른(Angeln) 지역에 거주했던 민족이다. 이들은 5~6세기경 로마 제국 쇠퇴기에 자신들과 비슷한 문화와 관습을 갖고 있는 색슨인, 유트인(Jutes)을 연합해 앵글로색슨인(Anglo-Saxons)을 형성하고, 브리타니아(Britannia)에 집단 이주했다.

12 삭소니아(Saxonia): 원문은 '살손(撒遜)'이다. 일반적으로는 색슨족을 지칭하나, 여기서는 색슨족이 거주했던 삭소니아로 추정된다.

13 진(陳)나라 후주(後主): 남북조 시대 진나라의 제5대 황제 진숙보(陳叔寶)(재위 582~589)를 가리킨다.

14 에그버트(Egbert): 원문은 '액백덕(厄伯德)'으로, 애격백(愛格伯)이라고도 한다. 에그버트(재위 802~839)는 앵글로색슨 칠왕국 중 하나인 웨식스(Wessex) 왕국의 왕이다.

15 정원(貞元): 당나라 제9대 황제 덕종 이괄(李适)의 세 번째 연호(785~805)이다.

16 덴마크(Denmark): 원문은 '련국(嗹國)'이다.

고, 들판은 황폐해졌다. 앨프레드(Alfred)[17] 왕자는 지략이 남들보다 뛰어났다. 어려서 일찍이 로마에 두 번이나 가서 문사들과 교유하기도 했다. 바야흐로 앨프레드가 왕위에 오르자, 덴마크가 무리를 이끌고 공격해왔다. 앨프레드 대왕은 악공인 척 꾸미고 악기를 끌어안은 채 적진으로 나아가 악기를 연주하고 술대접하기를 청했다. 그 덕분에 적의 허실을 알아내고는 진군해서 결전을 벌여 덴마크의 진영을 격파시켰다. 이때 프랑스는 북쪽 땅을 함락했고, 덴마크는 누차 침입해 소요를 일으켰다. 앨프레드 대왕은 갑옷을 입은 채 창을 베고 잤으며, 50여 차례의 전쟁을 치른 후에야 외환이 평정되었다. 또한 밭을 개간하여 농사를 장려하고, 상인과 여행객을 불러들였으며, 학교를 열어 진귀한 서적을 번역하고 평화조약을 맺어 도적을 제거하자, 나라가 평안해졌다. 앨프레드 대왕이 당나라 소종(昭宗)[18] 연간에 세상을 떠난 뒤, 왕위를 계승한 다음 왕이 연약하고 무능해 나라가 마침내 쇠락했다. 이에 앞서 잉글랜드는 천주교를 숭상했는데, 오랜 시일이 지나자 주교가 대권을 농단했다. 왕이 황후를 맞아들이자 주교가 동침을 금했지만 왕이 이를 따르지 않았다. 주교가 황후를 겁탈하고 쇠를 불에 달궈 얼굴에 낙인을 찍고 얼마 후 황후를 죽이기까지 했으나, 왕은 입을 다문 채 원망조차 할 수 없었다. 이로부터 왕은 단지 궁전만 지킬 뿐이어서 국력이 쇠퇴했다. 덴마크가 다시 침입해 소요를 일으키자 매년 공물을 바치기로 했는데, 처음에는 은 1만 7천근을 주다가 후에 2만 4천근까지 더 주었지만,

---

17 앨프레드(Alfred): 원문은 '아비렬(亞腓烈)'로, 아이불렬덕(阿爾弗烈德)이라고도 한다. 앨프레드(재위 871~899)는 에그버트 왕의 손자로, 영국의 앵글로색슨족을 하나로 뭉치게 한, 사실상의 잉글랜드 통일을 이룬 주역이다.

18 소종(昭宗): 당나라 제19대 황제 이엽(李曄)(재위 888~900/901~904)의 묘호이다.

전쟁은 그치지 않았다.

송나라 진종(眞宗)[19] 19년(1015)에 덴마크가 크게 군사를 일으켜 도성인 런던을 격파하고 마침내 잉글랜드를 차지했다. 덴마크 왕 크누트(Canute)[20]는 나라를 다스리는데 상당히 체계적이어서 영국인들은 이를 편안하게 여겼다. 그의 아들이 왕위를 계승했는데, 가혹하게 세금을 징수하고 걸핏하면 전쟁을 벌였다. 이에 앞서 노르망디(Normandy)[21] 잉글랜드 북부에 해당한다. 의 군주 윌리엄 1세(William I)[22] 급렬이미(給列爾美)라고도 한다. 는 늘 프랑스를 섬기며 서북쪽 지역을 지켰다. 덴마크가 잉글랜드를 멸망시키자 윌리엄 1세는 부흥을 꾀하고자 거듭 로마 교황에게 청하여 [마침내] 교황은 잉글랜드 영토를 봉지로 하사했다. 송나라 영종(英宗) 치평(治平)[23] 연간에 윌리엄 1세가 해군을 거느리고 잉글랜드를 공격하자 덴마크 왕은 이를 방어하다가 싸움에서 지고 피살되었다. 윌리엄 1세는 진격하여 런던을 차지하고 마침내 잉글랜드의 왕이 되었다. 노르망디가 잉글랜드 사람을 업신여기자, 잉글랜드 사람 대부분이 역심을 품게 되었다. 윌리엄 1세는 대노하여 잉글랜드인 10만 군중을 숲속으로 쫓아내서 모두 추위와 굶주림에 쓰러져 죽게

---

19 진종(眞宗): 북송 제3대 황제 조항(趙恒)(재위 997~1022)의 묘호이다.

20 크누트(Canute): 원문은 '가노특(駕奴特)'으로, 잡뉴특(卡紐特), 극노특(克努特)이라고도 한다. 크누트(재위 1016~1035)는 잉글랜드와 덴마크, 노르웨이의 왕이며 슐레스비히와 포메른의 통치자였다. 잉글랜드 왕으로서는 크누트 1세(Canute I)이고, 덴마크 왕으로서는 크누트 2세(Knud II)이다. 재위 기간 동안 잉글랜드와 덴마크 사이의 갈등 해소와 문화 융화에 많은 노력을 기울였다.

21 노르망디(Normandy): 원문은 '영북족(英北族)'으로, 낙만저(諾曼底)라고도 한다.

22 윌리엄 1세(William I): 원문은 '위렴(威廉)'이다.

23 치평(治平): 북송 제5대 황제 영종(英宗) 조서(趙曙)의 연호(1064~1067)이다.

만들고, 그들의 전답과 집은 노르망디 사람들에게 하사했다. 얼마 뒤 윌리엄 1세가 이 일을 뉘우치며 세상을 떠나자, 헨리 1세(Henry I)[24]가 왕위를 계승했다. 송나라 고종(高宗) 27년(1153)에 헨리 2세(Henry II)[25]가 왕위를 계승했는데, 지모가 뛰어났다. 당시 캔터베리 대주교(Archbishop of Canterbury)[26]가 국정에 참여했는데, 그는 헨리 2세가 발탁한 인물이었지만 늘 국정을 간섭하고 제지했다. 이에 노한 신하들이 대주교를 살해했다. 헨리 2세는 교황에게 죄를 받을 까 두려워서 스스로 대재(大齋)와 소재(小齋)를 지키고[27] 그의 무덤에 참배하고 나서야 그만두었다. 헨리 2세는 부근에 있는 이림대주(伊琳大洲) 아일랜드[28]이다. 를 정복했다. 왕세자[29]는 용맹하고 호전적이어서 [즉위한 뒤에] 유대에 거주하는 이슬람족을 정벌하고자 했다. 이에 먼저 가서 친선을 도모했으나, 돌아오는 길에 다른 나라의 포로가 되어 몸값을 지불하고 귀환했는데, 후에 전장에서 죽었다. 그의 동생 존(John)[30]이 왕위를 계

24　헨리 1세(Henry I): 원문은 '현리제일(顯理第一)'이다. 헨리 1세(재위 1100~1135)는 잉글랜드가 관료국가로 나아가는데 초석을 다졌다.

25　헨리 2세(Henry II): 원문은 '현리제이(顯理第二)'이다. 헨리 2세(재위 1154~1189)는 헨리 1세의 외손자로, 플랜태저넷 왕가(House of Plantagenet)의 첫 번째 잉글랜드 국왕이다.

26　캔터베리 대주교(Archbishop of Canterbury): 원문은 '천주교괴(天主敎魁)'로, 영국 성공회의 최고위 성직자이자 세계 성공회 공동체(Anglican Communion)의 상징이다. 당시 캔터베리 대주교는 토머스 베켓(Thomas Becket, 1118~1170)이었다.

27　대재(大齋)와 소재(小齋)를 지키고: 원문은 '수재(守齋)'이다. 대재는 단식재(斷食齋), 소재는 금육재(禁肉齋)를 말하는데, 이 두 가지를 지키는 것을 '수재'라고 한다.

28　아일랜드: 원문은 '아이란(阿爾蘭)'이다.

29　왕세자: 원문은 '세자(世子)'로, 리처드 1세(Richard I)를 가리킨다. 리처드 1세(재위 1189~1199)는 플랜태저넷 왕가 출신으로는 두 번째 잉글랜드 국왕으로, 생애의 대부분을 전쟁터에서 보냈으며, 용맹함으로 사자심왕(獅子心王, Cœur de Lion, the Lionheart)이라는 호칭을 얻었다.

30　존(John): 원문은 '약한(約翰)'이다. 존(재위 1166~1216)은 잉글랜드 왕국의 왕으로, 친형 리처드 1세의 뒤를 이어 왕위에 올랐으며, 선대로부터 물려받은 프랑스 지역의 잉글랜드 땅을

승했는데, 고집이 세고 교활하며 수렵을 좋아해서 백성들이 그를 싫어했다. 또 천주교 주교를 무시해 로마교황이 분노했다. 로마교황이 잉글랜드 백성을 내쫓고 예배를 쉬면서 성당을 폐쇄하고 혼인과 장례의식을 폐지하고, 음주·육식·면도를 금지시켜 백성들이 모두 왕을 원망하고 책망하자, 존 왕은 부득이 교황에게 공물을 바쳤다. 이로부터 권력이 점차 아래로 이양되어 백성들이 직접 귀족을 뽑아 국정을 논의하면서 더 이상 왕에게 보고하지 않았다. 왕이 크게 분노해 귀족들을 죽이려 하자, 귀족들은 프랑스의 세자[루이 8세(Louis VIII)]를 왕으로 추대하려 했다. 때마침 왕이 죽는 바람에 에드워드 3세(Edward III)[31] 의도아이다(義都亞爾多)라고도 한다. 가 왕위를 계승했는데, 에드워드 3세는 임기응변식의 책략으로 내란을 평정했으며, 프랑스와 여러 해 동안 전쟁을 벌여 서로 승패를 주고받았다. 손자[리처드 2세(Richard II)]가 왕위를 계승했으나 권력이 다시 귀족과 백성들에게로 넘어갔다. 잉글랜드의 다른 왕가[랭커스터 왕가]의 수장[헨리 볼링브룩]이 갑자기 출병해 리처드 2세를 공격해서 왕위를 빼앗았다. 명나라 건문제(建文帝)[32] 원년(1399)에 백성들이 헨리 4세(Henry IV)[33]를 왕으로 추대했다. 헨리 4

지키지 못해서 실지왕(失地王, Lackland)으로도 불린다. 역사적으로 존은 귀족들의 강요에 의해 「대헌장」에 서명한 것으로 유명한데, 이는 근대 민주주의 발전의 첫 단계로 알려져 있다.

31   에드워드 3세(Edward III): 원문은 '화의도제삼(華義都第三)'으로, 애덕화삼세(愛德華三世)라고도 한다. 에드워드 3세(재위 1327~1377)는 중세 시대의 가장 성공적인 왕으로 평가받고 있는 잉글랜드 국왕으로, 에드워드 2세의 장자이다.

32   건문제(建文帝): 명나라의 제2대 황제 주윤문(朱允炆)을 말한다. 건문제(재위 1399~1402)는 숙부인 영락제에게 황위를 빼앗겼다.

33   헨리 4세(Henry IV): 원문은 '현리제사(顯理第四)'이다. 헨리 4세(재위 1399~1413)는 랭커스터 가문의 창시자로 헨리 볼링브룩이다. 헨리 4세는 의회의 선출을 통해 즉위했지만, 정통성

세가 병사를 모집해 왕권을 회복하고 왕위 찬탈자들을 제거하면서 나라가 비로소 안정되었다. 헨리 5세(Henry V)[34]가 왕위를 계승하고 프랑스를 정벌해서 승리했다. [이후] 헨리 6세(Henry VI)[35]가 왕위를 계승했으나, 나이가 아직 어려서 대신들이 섭정했다.

당시 왕가는 두 파로 나뉘었는데, 하나는 랭커스터 왕가(House of Lancaster)[36]이고, 다른 하나는 요크 왕가(House of York)[37]이다. 처음에 두 왕가로 나뉘면서 각 저택에 붉은 장미와 흰 장미를 각각 심은 데서 붙여진 이름이다. 두 왕가가 왕위 쟁탈전을 벌이며 서로 공격하여 대량 학살을 행해서 나라가 수십 년 동안 큰 혼란에 휩싸이자, 속지에서도 모두 반란을 일으켰다. 명나라 헌종(憲宗) 성화(成化)[38]연간에 헨리 7세(Henry VII)[39]가 즉위하여 내란을 평정하고

을 의심받아 치세하는 동안 많은 어려움이 있었다.

34 헨리 5세(Henry V): 원문은 '현리제오(顯理第五)'이다. 헨리 5세(재위 1413~1422)는 헨리 4세의 장자로, 아버지의 뒤를 이어 잉글랜드의 왕이 되었다. 1415년 프랑스와 싸운 백년전쟁(Hundred Years' War)의 아쟁쿠르 전투(Battle of Agincourt)에서 승리하여 잉글랜드를 유럽 최강국으로 만들었다.

35 헨리 6세(Henry VI): 원문은 '현리제육(顯理第六)'이다. 헨리 6세(재위 1422~1461)는 백년전쟁 말기의 잉글랜드 왕이다.

36 랭커스터 왕가(House of Lancaster): 원문은 '홍매괴파(紅玫瑰派)'로, 장미전쟁(Wars of the Roses) 당시 랭커스터 왕가의 문장(紋章)이다. 랭커스터 왕가는 잉글랜드 왕가 중 하나로, 플랜태저넷 왕가의 방계이며 3명의 잉글랜드 국왕을 배출했다.

37 요크 왕가(House of York): 원문은 '백매괴파(白玫瑰派)'로, 요크 왕가의 문장이다. 요크 왕가는 요크셔(Yorkshire)를 기반으로 한 플랜태저넷 왕가의 방계인 잉글랜드 왕가이다. 15세기에 3명의 잉글랜드 군주를 배출했다.

38 성화(成化): 명나라 제8대 황제 헌종(憲宗) 주견심(朱見深)의 연호(1447~1487)이다.

39 헨리 7세(Henry VII): 원문은 '현리제칠(顯理第七)'이다. 헨리 7세(재위 1485~1509)는 튜더 왕가(House of Tudor) 출신으로는 첫 번째 잉글랜드 국왕이다. 헨리 7세는 장미전쟁을 종결시키고 사회질서의 회복과 왕권 강화에 힘썼으며, 영국 절대주의의 기초를 확립했다.

사방을 안정시켰다. 헨리 7세는 성격이 기민하고 정치적 능력이 뛰어나서 현명한 군주로 이름났다. 제위에 오른 헨리 8세(Henry VIII)[40]는 성격이 고집 스럽고 오만하며 상당히 사치스럽고 감정의 기복이 심했다. 스페인 왕녀 [캐서린(Catherine of Aragon)]를 왕비로 맞이하고 스페인을 도와 프랑스를 공격했다. 왕비가 아들을 낳지 못하자 그녀를 쫓아내고, 다시 젊고 아름다운 여인[앤 불린(Anne Boleyn)]을 왕비로 삼았다. 얼마 뒤에 그녀 역시 총애를 잃고 처형되었다. 다시 왕비[캐서린 하워드(Catherine Howard)]를 맞아들였으나, 또 그녀를 처형했다. 헨리 8세는 간신에게 대권을 맡겼지만 자신의 뜻을 거스르는 의도가 보이면 즉시 처형했다. 또한 충언과 훌륭한 계책들은 못들은 척했기에 사방의 나라들은 모두 헨리 8세를 무도한 군주라 칭했다. 이에 앞서 독일인 마르틴 루터(Martin Luther)[41]가 책을 써서 예수교의 종지를 번역하고 해석했는데, 많은 사람들이 그를 믿고 따랐다. 에드워드 6세 (Edward VI)[42]는 그렇지 않다고 생각해 손수 책 한 권을 써서 반박하며 따져 물었다. 에드워드 6세가 죽자 그 뒤를 이은 왕[제인 그레이(Lady Jane Grey)[43]]

---

40 헨리 8세(Henry VIII): 원문은 '현리제팔(顯理第八)'이다. 헨리 8세(재위 1509~1547)는 부친 헨리 7세의 뒤를 이어 튜더 왕가 출신으로는 두 번째로 잉글랜드 국왕이 되었다.

41 마르틴 루터(Martin Luther): 원문은 '로득(路得)'이다. 마르틴 루터(1483~1546)는 독일의 종교 개혁가로, 1517년에 당시 교황을 중심으로 하는 서유럽 정치, 서방교회의 면죄부 판매, 연옥에 대한 교황권 주장 등을 비판한 내용의 95개조 반박문을 발표하고 오직 '성경의 권위'와 '오직 은혜(sola gratia)'와 '오직 믿음(sola fide)'을 강조함으로써 부패한 교황제도 중심의 교회와 교회 제도를 새롭게 개혁시키고자 서방교회 개혁 운동을 펼쳤다.

42 에드워드 6세(Edward VI): 원문은 '왕(王)'이나, 역사적 사실에 따라 에드워드 6세(재위 1547~1553)로 번역한다. 그의 치세에는 예전 통일법 제정과 영문 성공회 기도서(book of common prayer) 발표(1549년) 등에 의해, 성공회의 탈로마 가톨릭화가 진행되었다.

43 제인 그레이(Jane Grey): 잉글랜드 튜더 왕가의 네 번째 여왕으로, 1553년에 불과 9일 동안 재위했다. 독실한 영국 성공회 신자인 제인은 로마 가톨릭을 고집하는 메리 1세와는 대립

473

은 예수교를 신봉하고 널리 은혜를 베풀고 백성을 사랑했으며, 주교에게도 예법을 갖춰 온 나라가 우러러 따르며 나라가 안정되기를 바랐다. 제인 그레이가 왕위에 오른 지 얼마 되지 않아 죽자, 언니인 메리 1세(Mary I)[44] 마리(馬理)라고도 한다. 가 왕위를 계승했다. 메리 1세가 스페인 왕자[펠리페 2세(Felipe II de Habsburgo)]를 남편으로 맞이하고 예수교를 금지하자, 백성들은 불만스러워했다.

명나라 가정 37년[45](1558)에 여왕 엘리자베스 1세(Elizabeth I)[46]가 즉위했는데, 현명하여 정치의 요체를 잘 알았으며, 정치에 부지런히 힘써서 잉글랜드 백성들이 칭송했다. 당시에 네덜란드가 천주교를 믿으려 하지 않아 스페인의 공격을 받았다. 엘리자베스 1세가 군대를 보내 네덜란드를 도와주자, 스페인은 군대를 이동시켜 잉글랜드를 공격했다. 스페인의 해군 함대가 잉글랜드 항구에 정박하는데 갑자기 큰바람이 불고 성난 파도가 일어 함대가 암초에 부딪쳐 절반 정도가 가라앉고 파손되었다. 잉글랜드 사람들은 작은 배로 스페인 함대를 포위하고 섬멸시켜 배 한 척도 돌아가지 못하게 했는데, 이로부터 국력이 날로 진작되었다.

관계에 놓여 있었으며, 즉위한 지 9일 만에 메리 1세가 런던에 입성하자 제인은 반역죄로 런던탑에 갇혔다가, 이듬해 1554년 초에 만16세의 나이로 참수되었다.

44 메리 1세(Mary I): 원문은 '마리(馬利)'로, 마려일세(瑪麗一世)라고도 한다. 메리 1세(재위 1553~1558)는 본명이 메리 튜더(Mary Tudor)이다. 재위기간 동안 로마 가톨릭 복고정책으로 개신교와 성공회를 탄압해 '피의 여왕'이라 불렸다.

45 37년: 원문은 '36년'으로 되어 있으나, 역사적 사실에 따라 고쳐 번역한다.

46 엘리자베스 1세(Elizabeth I): 원문은 '이리살필(以利撒畢)'로, 이려사백일세(伊麗莎白一世)라고도 한다. 엘리자베스 1세(재위 1558~1603)는 44년간 잉글랜드와 아일랜드를 다스렸으며, 16세기 초반 유럽의 후진국이었던 잉글랜드를 세계 최대 제국으로 만드는 데 크게 기여했다.

이 일이 있기 전에 사가서아(斯哥西亞) 사고태(師古泰)라고도 하는데, 바로 스코틀랜드이다. 가 따로 일국을 건립했는데, 원나라 초에 잉글랜드가 차지했다. 명나라 중엽에 스코틀랜드 사람 제임스 5세(James V)[47]가 다시 자립하여 나라를 다스렸다. 그의 딸 메리(Mary)[48]는 절세의 미인으로, 처음에는 프랑스 왕[프랑수아 2세(Francis II)]에게 시집가서 왕비가 되었지만, 왕이 일찍 죽자 모국으로 돌아왔다. 부친 제임스 5세 사후 왕위를 계승했으며, 여러 신하들 중에 미남자[헨리 스튜어트(Henry Stewart)]를 남편으로 선택했다. 남편이 다른 여자를 사랑하자, 이를 질투해 깊은 밤에 사람을 보내 남편을 죽이고 궁전을 불태워 흔적을 없앤 뒤 남편을 죽인 자를 다시 남편으로 맞아들였다. 당시 스코틀랜드 사람들은 이미 앞 다투어 예수교를 숭상했는데, 메리는 여전히 천주교를 믿었고 또 그녀의 남편이 악행을 저지르자, 백성들은 메리를 포위하고 가두려고 했다. 메리는 성을 넘어 달아나서 군대를 모아 결전을 치렀지만, 결국 패전해 잉글랜드로 투항했다. 엘리자베스 1세는 메리가 부도덕하고 혼란을 야기한다고 여겨 그녀를 하옥시켰다. 메리는 18년 동안 수감되어 있다가 다시 옥리와 간통을 저지르고 도망치는 신세가 되었다. 잉글랜드 사람들이 그녀를 체포해 저자거리에서 참수시켰다.

만력 31년(1603)에 엘리자베스 1세가 죽었는데, 자식이 없었다. 스코틀

---

47 제임스 5세(James V): 원문은 '포로사(布魯斯)'로, 첨모사오세(詹姆士五世)라고도 한다. 제임스 5세(재위 1513~1542)는 스코틀랜드 국왕으로, 한 살 때 부친 제임스 4세가 사망하자 스코틀랜드 왕위에 올랐다.

48 메리(Mary): 원문은 '마리(馬理)'로, 메리 스튜어트를 가리킨다. 메리(재위 1543~1567)는 스튜어트 왕가(House of Stuart) 출신의 스코틀랜드 여왕이자 프랑스 왕비로, 훗날 잉글랜드와 스코틀랜드의 공동 왕이 되는 제임스 1세(James I)의 모친이다.

랜드 국왕 제임스 6세(James VI)[49] 야미사(惹米士)라고도 한다. 는 엘리자베스 여왕의 인척으로, 잉글랜드 사람들은 그를 받들어 왕위를 계승하게 해 스코틀랜드는 다시 잉글랜드와 한 나라가 되었다. 제임스 6세는 언변이 좋고 재주가 있었으며, 예제(禮制) 강론을 좋아했다. 당시 천주교도가 도당을 결성해서 모반을 꾀하며 의회 건물 아래에 지하실을 파서 화약을 감춰두고 왕이 오기를 기다려 화약을 폭발시켜 그를 죽이려했다. 때마침 사건이 발각되어 천주교도들은 모두 주살되었다. 만력 42년[50](1614)에 찰스 1세(Charles I)[51]가 즉위했는데, 성격이 고집스럽고 장난치고 희롱하는 것을 좋아하면서 백성들의 고통을 가엾게 여기기 않았다. 이로부터 백성들이 원망하며 모반을 꾀했고, 의회도 해산되어 조세가 걷히지 않았다. 찰스 1세가 바야흐로 프랑스와 전쟁을 할 때 갑옷과 투구를 주었는데도 싸우는 자가 없었고 해군 함대는 싸우기도 전에 퇴각했다. 순치(順治) 4년(1647)에 찰스 1세가 군대를 모집해서 항명하는 자들을 주살했다. 백성들은 왕과 전쟁을 벌여 왕을 사로잡아 죽여 버렸다.[52] 당시 재능과 명망을 겸비한 고관[올리버 크롬웰(Oliver Cromwell)[53]]이 섭정해 나라를 안정시키고, 자칭 호국경(Lord

---

49 제임스 6세(James VI): 원문은 '열급사(熱給斯)'로, 첨모사(詹姆士)라고도 한다. 제임스 6세(재위 1567~1625)는 잉글랜드와 스코틀랜드 왕국의 왕이다. 모친인 메리 1세의 뒤를 이어 제임스 6세로 즉위했고, 후에 잉글랜드 여왕 엘리자베스 1세의 종손 자격으로 그녀의 뒤를 이어 제임스 1세로 즉위했다.

50 만력 42년: 원문은 만력 42년(1614)년이라 되어 있으나, 역사적 사실에 따르면 찰스 1세는 1625년에 잉글랜드 국왕으로 등극했기 때문에 천계(天啓) 5년(1625)이 되어야 맞다.

51 찰스 1세(Charles I): 원문은 '사리제일(查理第一)'로, 잉글랜드 국왕 찰스 1세(재위 1625~1649)이다.

52 백성들은…죽여 버렸다: 역사적 사실에 따르면 찰스 1세는 1649년 의회에 의해 처형되었다.

53 올리버 크롬웰(Oliver Cromwell): 영국의 정치가이자 군인이다. 올리버 크롬웰(1599~1658)은 청

Protector)[54]이라 칭하며, 법제를 공표하고 정세에 따라 융통성 있게 정치를 해 잉글랜드 사람들은 살기 편해졌다고 칭송했다. 그는 스페인·네덜란드와 전쟁을 벌여 모두 승리했다. 수년 동안 섭정하면서 국고가 넘쳐나자, 이내 왕위를 선왕의 왕세자 찰스 2세(Charles II)[55]에게 넘겨주었다.[56] 그러나 찰스 2세는 음란하고 사치스러워 정부를 많이 두었으며, 정무처리에 태만했다. 일찍이 네덜란드와 전쟁을 할 때 군대를 통솔했던 이는 잉글랜드의 명장으로, 그가 네덜란드의 내항에 들어가 그들의 군함을 파괴하자, 찰스 2세는 이로부터 더욱 교만해졌다. [그런데] 갑자기 런던에서 대화재가 발생해[57] 궁실과 백성들의 주택이 거의 다 타버렸다. 또 얼마 뒤에 전염병까지 극성을 부려 사망자가 줄줄이 쌓이면서 국력이 갑자기 쇠미해졌다. 찰스 2세의 동생[제임스 2세(James II)]이 왕위를 계승했는데, 본래 천주교를 신봉해서 백성들에게 개종을 강요했다. 백성들은 예수교를 믿은 지 오래되어 개종하려 하지 않았으며, 왕의 비난을 염려해 바다 건너 네덜란드 왕[오란녜공 윌리엄(Willem III van Oranje)]을 국왕으로 추대했다. 네덜란드 왕이 군대

교도 혁명으로 영국의 군주제를 폐한 1653년에서 죽을 때까지 호국경으로서 잉글랜드와 스코틀랜드, 아일랜드를 다스렸다

54 호국경(Lord Protector): 원문은 '보호주(保護主)'로, 호국공(護國公), 호국주(護國主)라고도 한다. 호국경은 잉글랜드의 왕권이 미약했을 때, 왕을 섭정하던 귀족에게 붙이던 호칭이다.

55 찰스 2세(Charles II): 원문은 '사리제이(査理第二)'이다. 찰스 2세(재위 1660~1685)는 찰스 1세의 아들로, 부친이 청교도 혁명으로 처형된 후 스코틀랜드에서 즉위했으나, 던바·워스터 싸움에서 올리버 크롬웰에게 패한 후 프랑스로 망명했다. 1660년 왕정복고에 따라 귀국해서 즉위했다.

56 왕위를…넘겨주었다: 올리버 크롬웰 사후 2년이 지나서야 찰스 2세가 복벽했다.

57 런던에서 대화재가 발생하여: 런던 대화재(Great Fire of London)를 가리킨다. 1666년 9월 2일 새벽 2시경, 빵 공장에서 시작된 불이 런던 시내로 번져 수많은 사람들이 사망했으며, 당시 찰스 2세는 이재민들에게 식량지급을 약속했다.

를 이끌고 오자 제임스 2세는 프랑스로 도망쳤다.

강희(康熙) 27년(1688)에 네덜란드 왕은 런던으로 가서 즉위하고 윌리엄 3세(William III)[58]라 불렀다. 윌리엄 3세는 용감하며 원대한 책략을 지녔고, 엄격하고 공정하게 법률을 시행했으며, 백관에게 직무를 맡겼고, 곡물을 산처럼 모아놓았으며, 군비와 양식을 비축했고, 정예부대를 육성해, 이로부터 위엄과 명성을 크게 떨쳤다. 바야흐로 서방을 다 차지하려할 때 뜻밖에 병에 걸려 죽었으며, 후사를 남기지 않았다. 당시 독일 하노버(Hannover)[59] 왕국의 왕 조지 1세(George I)[60]가 현명함으로 명성을 얻고 있었기에, 강희 53년[61](1714)에 영국 사람들이 그를 국내로 모셔와 국왕으로 추대했다. 조지 1세가 막 영국[62]에서 즉위했을 때는 이곳 풍속에 어두웠다. 영국 옛 왕의 딸이었던 왕후가 영국의 상황에 대해 잘 알고 있은 덕에 서로 도와 정치를 해서 백성들은 아주 평화로웠다. 예전 두 왕가의 후예가 아직 남아 있어서 군대를 일으켜 옛 왕가의 회복을 도모하고자 했으나, 조지 1세

---

58 윌리엄 3세(William III): 원문은 '위렴제삼(威廉第三)'으로, 위렴삼세(威廉三世)라고도 한다. 윌리엄 3세(재위 1689~1702)는 잉글랜드·스코틀랜드·아일랜드의 국왕으로, 의회가 주도한 명예혁명으로 아내인 메리 2세(Mary II)와 함께 잉글랜드의 공동 통치자가 되었다.

59 하노버(Hannover): 원문은 '한나와(漢挪瓦)'로, 한낙위(漢諾威)라고도 한다.

60 조지 1세(George I): 원문은 '약이치제일(若耳治第一)'로, 교치일세(喬治一世)라고도 한다. 조지 1세(재위 1714~1727)는 하노버 왕국 군주(게오르크 1세)이자 영국 국왕으로, 영국 하노버 왕조의 시조이다.

61 강희 53년: 원문은 강희 52년으로 되어 있으나, 역사적 사실에 따라 강희 53년으로 고쳐 번역한다.

62 영국: 원문은 '영(英)'으로, 정확하게는 그레이트브리튼 왕국(Kingdom of Great Britain)을 가리킨다. 그레이트브리튼 왕국은 1707년에 잉글랜드 왕국과 스코틀랜드 왕국이 합병하여 성립된 왕국으로, 그레이트브리튼 섬 전체를 지배한 첫 왕국이다. 1801년 아일랜드 왕국과의 합병 후에는 '그레이트브리튼 아일랜드 연합 왕국'으로 개칭했다.

는 그들을 멸족시켰다. 이 당시 영국은 상선이 온 천하를 두루 다니며 나날이 부강해졌다. 또한 영국은 프랑스와 교전해 누차 승리했다. 왕이 죽자, 아들 조지 2세(George I)[63]가 왕위를 계승하여 법률과 제도를 정비하고 신분과 지위에 상응하는 위의(威儀)를 구별하고 친소를 정하고 송사를 공정하게 처리해 나라가 잘 다스려졌다. 스페인을 공격해 전승을 거두고 또한 프랑스를 공격해서 아메리카(America)[64]에 있는 프랑스 속지를 할양받았다. 건륭 23년(1758)에 조지 3세(George III)[65]가 즉위했는데,[66] 예법에 따라 행동했기에 역시 현명한 군주로 칭송받았다.

이에 앞서 명대 중엽에 영국인은 바다를 건너 신대륙을 찾다가 북아메리카의 옥토를 발견하고 영국인을 그 땅으로 이주시켰다. 날로 황무지를 개간해 마침내 비옥한 땅으로 만들고 그곳을 해외거점지로 삼았다. 후에 영국이 여러 해에 걸쳐 출병하면서 아메리카에서 정해진 액수의 배나 되는 세금을 징수하자, 아메리카 사람들은 이를 감당할 수 없었다. 조지 워싱턴(George Washington)[67] 올흥등(兀興騰), 와승돈(瓦乘敦)이라고도 한다. 이 이 땅을 차

---

63 조지 2세(George II): 원문은 '약이치제이(若耳治第二)'이다. 조지 2세(재위 1727~1760)는 건장한 체격에 위엄 있는 외모를 지녔으며, 전 생애에 걸쳐 규칙적인 일과를 보냈고 군사 방면에도 관심을 보여 1743년에 있었던 데팅겐 전투(Battle of Dettingen)에서 직접 전투를 지휘하기도 했다.

64 아메리카(America): 원문은 '아묵리가(亞墨利加)'이다.

65 조지 3세(George III): 원문은 '약이치제삼(若耳治第三)'이다. 조지 3세(1760~1820)는 하노버 왕가 출신 3번째 영국 군주로, 영국에서 태어났으며 이전 국왕과는 달리 제1언어로 영어를 사용했다. 재위 초기에 7년 전쟁에서 프랑스를 격파해 영국을 북아메리카와 인도에서 우위를 점하는 유럽 국가로 만들었다.

66 건륭 23년에…즉위했는데: 역사적 사실에 따르면 조지3세는 1760년에 국왕으로 등극했다.

67 조지 워싱턴(George Washington): 원문은 '화성돈(華盛頓)'이다. 조지 워싱턴(1732~1799)은 미국

지하고 군대를 일으키자 영국은 병사들을 이끌고 그들을 공격했지만 8년 동안 진압하지 못했다. 영국과 대대로 원수지간이었던 프랑스가 거병해 워싱턴을 돕는 바람에 영국은 더 이상 버틸 수가 없었다. 결국 영국은 건륭 47년(1782)에 워싱턴과 강화를 맺고 미리견국(米利堅國) 아메리카의 음역으로, 바로 미국[花旗國]이다. 의 독립을 승인했다. 옥토는 모두 미국의 차지가 되고, 아메리카 북부의 황량하고 추운 지역만 남아, 이때부터 영국은 손실을 보게 되었다. 얼마 뒤 오인도에서의 무역이 나날이 흥성해 영국은 예전보다 더 부유해졌다.

오인도는 일명 힌두스탄(Hindustan)[68]이다. 건륭 중엽에 동인도의 벵골(Bengal)[69]이 영국 상인을 감금해서 학대하자 영국은 크게 군대를 일으켜 공격해서 벵골을 멸망시키고 승세를 틈 타 동인도·중인도·남인도의 여러 왕국을 위협해 굴복시킨 후 4개의 큰 도시 벵골·마드라스(Madras)[70]·뭄바이(Mumbai)[71]·아그라(Agra)[72]이다. 를 두었다. 플라카·싱가포르(Singapore)[73]의 여러

초대 대통령으로, 미국 독립전쟁 당시 총사령관으로 활동했다. 미국의 건국과 혁명 과정에서 주요역할을 수행하여 '미국 건국의 아버지'라고 불린다.

68 힌두스탄(Hindustan): 원문은 '온도사탄(溫都斯坦)'이다.

69 벵골(Bengal): 원문은 '맹가랍(孟加拉)'으로, 영국령 인도제국의 벵골주였다가 지금은 방글라데시(동벵골)와 인도의 서벵골주로 분리되었다.

70 마드라스(Madras): 원문은 '마타랍살(麻打拉薩)'이다. 인도 타밀나두주, 벵골만 연안에 위치한 도시로, 1996년에 첸나이(Chennai)로 이름을 바꾸었다.

71 뭄바이(Mumbai): 원문은 '맹매(孟買)'이다.

72 아그라(Agra): 원문은 '아가랍(亞加拉)'이다.

73 싱가포르(Singapore): 원문은 '식력(息力)'으로, 사리정(沙里亭), 석리(昔里), 식랄(息辣), 실력(實叻), 살로도(薩盧都), 설로도(薛盧都), 신가파(新嘉坡), 신주부(新州府), 성기리파(星忌利坡), 신부두(新埠頭)라고도 한다.

왕국도 모두 그 지배하에 들어갔다. 영국인이 두루 부두를 설치하자 선박이 몰려들어 온갖 물품이 유통되면서, 영국은 마침내 서방에서 가장 부유한 나라가 되었다. 가경 연간에 프랑스의 나폴레옹이 나라를 차지하고 사방의 이웃나라를 침략했다. 나폴레옹은 스페인 왕을 폐위시키고 자신의 동생[74]을 스페인 왕으로 세웠다. [폐위된] 스페인 왕이 영국에 구원 요청을 하자 영국은 출병하여 프랑스를 공격해서 여러 해 동안 혈전을 벌였다. 가경 21년(1816)에 해협에서 프랑스 해군을 격파하고 9만 명이 육지에 올라 진격했다. 나폴레옹은 워털루(Waterloo)[75]에서 10만 대군을 통솔하여 동이 틀 무렵부터 해질 녘까지 약 하루 동안 대전을 벌였는데, 총과 대포소리가 천지를 진동시켰고 수 십리에 걸쳐 연기가 자욱했다. 프랑스 군대가 대패하자 영국인은 이 기세를 틈타 북쪽으로 추격하여 2만 개의 수급을 자르고 나폴레옹을 사로잡아 돌아와서 황량한 섬[세인트헬레나(Saint Helena)]에 그를 유배시켰다. 스페인왕은 다시 나라를 수복했으며, 영국은 이로부터 서방에서 그 위세를 떨쳤다. 조지 3세가 만년에 정신질환을 앓자, 왕세자가 섭정했다. 조지 3세가 죽고 왕세자가 왕위를 계승해 현명함으로 명성을 떨쳤으나 일찍 세상을 떠났다. 도광 9년(1829)[76]에 그 동생이 왕위를 계승했는데, 바로 윌리엄 4세(William IV)[77]이다. 처음에 해군장관이 되었을 때는 후덕

---

74 자신의 동생: 역사적 사실에 따르면 스페인을 다스린 사람은 나폴레옹의 형인 조제프 나폴레옹 보나파르트이다.

75 워털루(Waterloo): 원문은 '와덕이록(窩德爾祿)'이다. 워털루는 지금의 벨기에 브라방왈롱주(Walloon Brabant) 왈롱(Walloon)에 위치한 행정 구역으로, 1815년 6월 18일에 워털루 전투가 벌어졌던 역사적 장소이다.

76 도광 9년(1829): 역사적 사실에 따르면 도광 10년 1830년에 왕위에 올랐다.

77 윌리엄 4세(William IV): 원문은 '위렴제사(威廉第四)'이다. 윌리엄 4세(재위 1830~1837)는 하노

함으로써 아래 사람을 다스리면서 명예를 탐하지 않았다. 윌리엄 4세는 즉위하여 민생을 안정시키고 백성들이 화합하게 했으며 전쟁을 좋아하지 않았다. 논자들은 그가 재능이 뛰어나지는 않지만 도량이 꽤 넓고 큰 편이라고 평가했다. 도광 18년(1837) 4월에 죽었는데, 아들이 없고 딸은 지혜롭지 못해 형의 딸[78] 빅토리아(Victoria)[79]를 왕으로 삼도록 유언했으니, 바로 지금 재위 중인 여왕이다. 빅토리아 여왕은 즉위 당시 18세였으며, 독일 작센코부르크고타공국(Sachsen-Koburg und Gotha)[80]의 후세자 앨버트(Albert)[81]를 남편으로 맞이했다.

영국은 3개의 섬으로 이루어져 있으며, 잉글랜드를 중심으로 나라를 건국했다. 잉글랜드는 남북의 길이는 약 1천 리이고, 동서의 너비는 넓고 좁고 일정하지 않으며, 서쪽 강역은 산봉우리가 더러 보이기는 하지만, 평지가 많다. 강은 10여 개로 모두 아주 길지는 않다. 전답은 비옥해 유럽의 옥토에 해당한다. 잉글랜드는 52개의 주로 나뉜다. 동부에는 6개 주가

버 왕가 출신의 다섯 번째 영국 군주이다.

78　형의 딸: 원문은 '형녀(兄女)'로 되어있는데, 실제로는 동생의 딸이다.

79　빅토리아(Victoria): 원문은 '유다리아(維多里亞)'이다. 빅토리아 여왕(재위 1837~1901)은 그레이트브리튼 아일랜드 연합 왕국의 왕으로, 그녀의 재위 기간은 '빅토리아 시대(Victorian era)'로 통칭된다. 큰아버지 윌리엄 4세가 죽자 그의 뒤를 이어 1837년에 즉위했으며, 1877년 1월 1일부터 1901년 1월 22일까지는 영국 군주로서 최초로 인도 제국의 황제로도 군림했다.

80　작센코부르크고타공국(Sachsen-Koburg und Gotha): 원문은 '살가보(撒可堡)'로, 살극과보(薩克科堡)라고도 한다. 작센코부르크고타공국은 작센 공작령 중 하나이며 독일 중부 튀링겐 지방에 있던 베틴가의 공국이다.

81　앨버트(Albert): 원문은 '박아나(博雅那)'이다. 앨버트(1819~1861)는 영국 빅토리아 여왕의 남편이자 에드워드 7세(Edward VII)의 부친이다.

있는데, 우선 미들섹스(Middlesex)[82]는 템스(Thames R.)[83] 강변에 수도를 세우고 런던(London)[84] 란돈(蘭墪)이라고도 한다. 이라 불렀다. 동서남북 사방의 길이는 모두 70리로, 성곽이 없으며 인구는 140여만 명이다. 왕궁은 우뚝 솟아 규모가 아주 크며, 별궁과 정원이 서로 연이어 있다. 문무백관의 관서가 동서남북 곳곳에 있다. 시가지가 종횡으로 통하고, 온갖 물건이 산처럼 쌓여 있으며 도시가 번화하고 인구가 밀집되어 있는 서방 제일의 대도시이다. 런던에는 세인트폴 대성당(Saint Paul's Cathedral)[85] 바울은 예수의 제자이다. 이 있고, 또한 웨스트민스터 대수도원(Westminster Abbey)[86]이 있는데, 예수교의 사도에게 제사지낸다. 두 성당은 가장 기발하고 특출나게 건축되었다. 옥스퍼드(Oxford)[87] 대학은 문인과 학자들이 모이는 곳이다. 상업 도시인 버밍엄(Birmingham)[88]에는 대장장이들이 모여 있다. 미들섹스 밖의 내항은 해구와 통하고 부두가 가장 커서, 매년 다른 나라의 상선 1천여 척이 드나들고 본국에서 드나드는 상선만 해도 3천여 척이다. 다음으로는 노퍽

---

82 미들섹스(Middlesex): 원문은 '미덕륵색사(迷德勒塞斯)'로, 중실(中悉), 미덕이새극사(米德爾塞克斯), 미특색사부(彌特色斯部)라고도 한다.

83 템스(Thames R.): 원문은 '달미새하(達彌塞河)'로, 단사강(但士江), 단서하(但西河), 탄서하(坦西河), 탄미사강(坦米斯江), 태오사하(泰晤士河), 첨하(甜河)라고도 한다.

84 런던(London): 원문은 '륜돈(倫敦)'으로, 란돈(蘭頓)이라고도 한다.

85 세인트폴 대성당(Saint Paul's Cathedral): 원문은 '보라전당(保羅殿堂)'으로, 성보라대교당(聖保羅大教堂)이라고도 한다.

86 웨스트민스터 대수도원(Westminster Abbey): 원문은 '서전(西殿)'으로, 서민사(西敏寺), 성피득연합교당(聖彼得聯合教堂)이라고도 한다.

87 옥스퍼드(Oxford): 원문은 '옥도(屋度)'로, 우진(牛津)이라고도 한다.

88 버밍엄(Birmingham): 원문은 '배명한(北明翰)'으로, 백명한(伯明翰), 백명함(百命含)이라고도 한다.

(Norfolk),[89] 서퍽(Suffolk),[90] 하트퍼드셔(Hertfordshire),[91] 에식스(Essex),[92] 케임브리지셔(Cambridgeshire)[93]가 있다. 노퍽은 모직물을 직조하는 곳이고, 케임브리지에는 대학이 있다.

잉글랜드의 남부는 기후가 꽤 따뜻하고, 언덕과 등성이가 둘러싸고 있으며, 맑은 물이 띠처럼 흐르고 있다. 나무가 무성하게 우거져 그늘을 드리우며, 매년 봄여름이면 수풀이 우거지고 꽃이 아름답게 피어 풍광이 아주 좋다. 10개 주로 나뉘는데, 켄트(Kent),[94] 서식스(Sussex),[95] 서리(Surrey),[96] 버크셔(Berkshire),[97] 사우샘프턴(Southampton),[98] 윌트셔(Wiltshire),[99] 서머싯(Somerset),[100]

89 　노퍽(Norfolk): 원문은 '낙이불이극(諾耳佛爾克)'으로, 나이화부(糯爾和部)라고도 한다.

90 　서퍽(Suffolk): 원문은 '소불이극(素佛爾克)'으로, 소불(蘇弗), 살복극(薩福克), 살호부(薩護部)라고도 한다.

91 　하트퍼드셔(Hertfordshire): 원문은 '흑이덕불이(黑爾德佛爾)'로, 흑도(黑度), 흑불(黑弗), 합복덕(哈福德), 할하부(轄賀部)라고도 한다.

92 　에식스(Essex): 원문은 '액새사(厄塞斯)'로, 이읍(以邑), 애새극사(埃塞克斯), 의십부(衣什部)라고도 한다.

93 　케임브리지셔(Cambridgeshire): 원문은 '강비려일(岡比黎日)'로, 간교(干橋), 검교(劍橋), 한교(旱橋), 감밀사력부(感密士力部)라고도 한다.

94 　켄트(Kent): 원문은 '근덕(根德)'으로, 간지(干地), 긍특(肯特), 경부(境部)라고도 한다.

95 　서식스(Sussex): 원문은 '살새사(薩塞斯)'로, 소실(蘇悉), 소새극사(蘇塞克斯), 소색사부(梳色斯部)라고도 한다.

96 　서리(Surrey): 원문은 '소륵(蘇勒)'으로, 소리(蘇利), 살리(薩里), 사리부(舍利部)라고도 한다.

97 　버크셔(Berkshire): 원문은 '배이극(北爾克)'으로, 비이극(比爾克), 백극(伯克), 맥사부(脈社部)라고도 한다.

98 　사우샘프턴(Southampton): 원문은 '소당파돈(蘇當波敦)'으로, 남안보돈(南安普敦)이라고도 한다.

99 　윌트셔(Wiltshire): 원문은 '오의이덕(烏義爾德)'이다.

100 　서머싯(Somerset): 원문은 '색미이새(索美爾塞)'로, 손실(孫悉), 색묵새특(索默塞特)이라고도 한다.

도싯(Dorset),[101] 데번(Devon),[102] 콘월(Cornwall)[103]이 있다. 켄트는 대주교가 머무는 곳으로, 성당이 아주 크다. 그 밖에 그리니치(Greenwich)[104]가 있는데, 다치거나 연로한 군사나 선원을 돌본다. 또한 윈저(Windsor)[105]에는 그윽하고 운치 있는 별관이 있어, 피정하는 왕족이 머물렀다. 남쪽 강역에 아주 큰 항구가 있는데, 병선이나 상선들은 모두 이곳에서 수리하거나 건조하는데 돛대가 즐비하다. 북부는 지형이 점점 좁아져 따로 한 지역을 이루며 6개 주로 나뉜다. 가장 큰 주는 요크셔(Yorkshire)[106]이고, 관할 도시인 맨체스터(Manchester)[107]는 각종 사라사가 모이는 곳이다. 외부와 통하는 항구 리버풀(Liverpool)[108]은 인구가 20만 명으로, 면화를 판매하는 미국의 배들은 모두 이 항구에 모여드는데, 영국에서 두 번째 가는 항구이다. 서북부에는 랭커셔(Lancashire),[109] 웨스트모얼랜드(Westmorland),[110] 컴벌랜드(Cumberland),[111]

---

101 도싯(Dorset): 원문은 '다이새(多爾塞)'로, 돌실(突悉), 다새특(多塞特)이라고도 한다.

102 데번(Devon): 원문은 '적만(的彎)'으로, 리완(里完), 덕문(德文)이라고도 한다.

103 콘월(Cornwall): 원문은 '가이노와리사(哥爾奴瓦里斯)'로, 한위리(漢威利), 강옥이(康沃爾)라고도 한다.

104 그리니치(Greenwich): 원문은 '녹위(綠威)'로, 격림위치(格林威治)라고도 한다.

105 윈저(Windsor): 원문은 '풍소이(風素耳)'로, 온사(溫莎)라고도 한다.

106 요크셔(Yorkshire): 원문은 '약이극(約爾克)'으로, 약고성(約古城), 육사부(育社部)라고도 한다.

107 맨체스터(Manchester): 원문은 '만식특(曼識特)'으로, 만식실(曼食悉), 만철사특(曼徹斯特)이라고도 한다.

108 리버풀(Liverpool): 원문은 '리미지(里味池)'로, 리미포리(利味埔里), 리위포(利威浦), 리물포(利物浦)라고도 한다.

109 랭커셔(Lancashire): 원문은 '란가사덕이(蘭加斯德爾)'로, 란갑(蘭甲), 란개하(蘭開夏), 란가사부(蘭加社部)라고도 한다.

110 웨스트모얼랜드(Westmorland): 원문은 '위사덕모이란(威斯德謀爾蘭)'으로, 서야(西野), 위사특마란(威斯特摩蘭), 위사마함부(委士摩含部)라고도 한다.

111 컴벌랜드(Cumberland): 원문은 '강비이란(岡比爾蘭)'으로, 군배지(君北地), 감백란(坎伯蘭), 강비

더럼(Durham),[112] 노섬벌랜드(Northumberland)[113] 5개 주가 있으며, 북쪽 강역에 있는 뉴캐슬(Newcastle)[114]은 석탄(石炭) 중국의 석탄[煤]에 해당한다. 이 집적하는 도시이다. 중부에는 18개의 주가 있는데, 대부분 평지에 옥토로 이루어져 있다. 체셔(Cheshire),[115] 더비셔(Derbyshire),[116] 노팅엄셔(Nottinghamshire),[117] 링컨셔(Lincolnshire),[118] 슈롭셔(Shropshire),[119] 스태퍼드셔(Staffordshire),[120] 레스터셔(Leicestershire),[121] 러틀랜드(Rutland),[122] 헤리퍼드셔(Herefordshire),[123] 우스터셔

이란(岡比耳蘭), 간마륜부(艮馬倫部)라고도 한다.

[112] 더럼(Durham): 원문은 '달이위(達爾威)'로, 돌한(突翰), 돌함(突含), 달륵모(達勒姆), 특이함부(特爾含部)라고도 한다.

[113] 노섬벌랜드(Northumberland): 원문은 '낙이동북이란(諾爾東北爾蘭)'으로, 나등사란부(糯藤司蘭部), 배흉(北匈), 낙삼백란(諾森伯蘭)이라고도 한다.

[114] 뉴캐슬(Newcastle): 원문은 '신보(新堡)'로, 뉴잡사이(紐卡斯爾)라고도 한다.

[115] 체셔(Cheshire): 원문은 '지사덕이(支斯德爾)'로, 체사특(切斯特)이라고도 한다.

[116] 더비셔(Derbyshire): 원문은 '덕이비(德爾比)'로, 덕비(德比), 득비읍(得比邑), 나미(那彌), 나미부(那迷部)라고도 한다.

[117] 노팅엄셔(Nottinghamshire): 원문은 '낙정앙(諾定昂)'으로, 약정한(若丁翰), 낙정한(諾丁漢), 낙정함(諾丁含), 눌정함부(訥鼎含部)라고도 한다.

[118] 링컨셔(Lincolnshire): 원문은 '림가이내(林哥爾內)'로, 림군(林君), 림긍(林肯), 림가림읍(林哥林邑)이라고도 한다.

[119] 슈롭셔(Shropshire): 원문은 '사라파(舍羅波)'로, 직집부(織執部), 희라보(希羅普), 소포리(蘇浦里), 여륵사부(余勒社部)라고도 한다.

[120] 스태퍼드셔(Staffordshire): 원문은 '사달불이(斯達佛爾)'로, 사달하(士達賀), 사달하부(射達賀部), 사탑복덕(斯塔福德)이라고도 한다.

[121] 레스터셔(Leicestershire): 원문은 '뢰새사덕이(雷塞斯德爾)'로, 래실특(來悉特), 래사특(萊斯特), 리승달(利洗達)이라고도 한다.

[122] 러틀랜드(Rutland): 원문은 '로덕란(魯德蘭)'으로, 랍란특(拉蘭特), 륵륜부(勒倫部)라고도 한다.

[123] 헤리퍼드셔(Herefordshire): 원문은 '기이불이(氣耳佛爾)'로, 혁륵복덕(赫勒福德), 희리하부(希里賀部)라고도 한다.

(Worcestershire),[124] 워릭셔(Warwickshire),[125] 노샘프턴셔(Northamptonshire),[126] 헌팅던
(Huntingdon),[127] 몬머스셔(Monmouthshire),[128] 글로스터셔(Gloucestershire),[129] 옥스퍼
드셔(Oxfordshire),[130] 버킹엄셔(Buckinghamshire),[131] 베드퍼드셔(Bedfordshire)[132]가 그
것이다.

서부는 지형이 바다로 향해 있으며, 따로 한 지역을 이루는데 총칭해
서 웨일스(Wales)[133] 와륵(瓦勒)이라고도 한다. 라고 부른다. 이 땅은 산봉우리
가 첩첩이 쌓여 있으며, 잉글랜드의 후문에 해당한다. 사람들은 모두 고
대 원주민들의 후손으로 잉글랜드와는 다른 언어를 사용하며 대부분 양
을 쳐서 생활한다. 사람들이 모두 흩어져서 살아 도시가 아주 적고, 석

---

124 우스터셔(Worcestershire): 원문은 '와이새사덕이(窩耳塞斯德爾)'로, 와실(窩悉), 오사특(伍斯特),
     와식득읍(窩食得邑), 와슷사달(窩冼師達)이라고도 한다.

125 워릭셔(Warwickshire): 원문은 '와이유극(窩爾維克)'으로, 와애부(窩隘部), 왜익부(哇嗌部)라고도
     한다.

126 노샘프턴셔(Northamptonshire): 원문은 '낙이상파돈(諾爾桑波敦)'으로, 북한돈(北翰敦), 북안보
     돈(北安普敦), 나사돈부(糯士頓部)라고도 한다.

127 헌팅던(Huntingdon): 원문은 '항정돈(恒丁敦)'으로, 흉정돈(匈丁敦), 형정돈(亨廷敦), 한정륜부
     (韓鼎倫部)라고도 한다.

128 몬머스셔(Monmouthshire): 원문은 '만모(瞞冒)'로, 만모치(滿茅治), 몽모사(蒙茅斯), 몽묵사(蒙黙
     思), 만모치부(滿毛治部)라고도 한다.

129 글로스터셔(Gloucestershire): 원문은 '가라새사덕이(哥羅塞斯德爾)'로, 아라승사달(俄羅冼士達),
     격라사특(格羅斯特), 아라세사달부(俄羅冼土達部)라고도 한다.

130 옥스퍼드셔(Oxfordshire): 원문은 '아가사불이(痾哥斯佛爾)'로, 옥도(屋度), 우진(牛津), 오사하부
     (惡士賀部)라고도 한다.

131 버킹엄셔(Buckinghamshire): 원문은 '파경함(巴京咸)'으로, 경성(京盛), 묵경함(墨經含), 불경한(不
     敬翰), 백금한(白金漢), 맥함부(脈含部)라고도 한다.

132 베드퍼드셔(Bedfordshire): 원문은 '비덕불이(比德佛爾)'로, 배도(北度), 비불(比弗), 패덕복덕(貝
     德福德), 맥하부(脈賀部)라고도 한다.

133 웨일스(Wales): 원문은 '위이륵사(威爾勒士)'로, 와리사(瓦利士), 위이사(威爾士)라고도 한다.

487

탄이 난다. 웨일스는 플린트셔(Flintshire),[134] 덴비셔(Denbighshire),[135] 카나번셔 (Caernarvonshire),[136] 앵글시섬(Isle of Anglesey),[137] 메리오네스셔(Merionethshire),[138] 몽고메리셔(Montgomeryshire),[139] 래드너셔(Radnorshire),[140] 카디건셔(Ceredigionshire),[141] 펨브로크셔(Pembrokeshire),[142] 카마던셔(Carmarthenshire),[143] 브레크녹셔 (Brecknockshire),[144] 글러모건(Glamorgan)[145] 12개 주로 나뉜다.

---

134 플린트셔(Flintshire): 원문은 '비림덕(比林德)'으로, 불릉(佛淩), 불림특(弗林特), 능불부(凌佛部)라고 도 한다.

135 덴비셔(Denbighshire): 원문은 '돈비각(敦比各)'으로, 령미(領麋), 령미(領彌), 등비(登比)라고도 한다.

136 카나번셔(Caernarvonshire): 원문은 '해나이만(該拿爾彎)'으로, 잡나봉(卡那封), 격나완부(格那完 部)라고도 한다.

137 앵글시섬(Isle of Anglesey): 원문은 '안가륵새(安哥勒塞)'로, 오액리서도(敖額里西島), 안격리서도 (安格里西島), 안리서도(安利西島), 앙액리서도(盎厄里西島)라고도 한다.

138 메리오네스셔(Merionethshire): 원문은 '미략내(美略內)'로, 마리탄닉사부(麻里坦匿社部)라고도 한다. 웨일스의 역사적 지명이다.

139 몽고메리셔(Montgomeryshire): 원문은 '몽덕아미리(蒙德痾美里)'로, 몽가마리(蒙哥馬利), 민아맥 리부(悶俄脈里部)라고도 한다.

140 래드너셔(Radnorshire): 원문은 '랍덕낙이(拉德諾爾)'로, 랄나사부(辣糯士部)라고도 한다. 웨일 스의 역사적 지명이다.

141 카디건셔(Ceredigionshire): 원문은 '가이적안(加爾的安)'으로, 갑북안항(甲北安港), 가이례부(加 爾禮部)라고도 한다. 지금의 웨일스 중부에 위치하는 케레디기온이다.

142 펨브로크셔(Pembrokeshire): 원문은 '분불라각(奔不羅略)'으로, 보포(寶布), 팽포라극(彭布羅克), 빈일록부(賓日鹿部)라고도 하는데, 웨일스 남부의 옛 주이자 역사적 지명이다.

143 카마던셔(Carmarthenshire): 원문은 '해이마돈(該爾馬敦)'으로, 해이마이돈(該爾馬爾敦), 갑마정 읍(甲馬丁邑), 잡마삼(卡馬森), 격이마정부(格爾馬廷部)라고도 한다.

144 브레크녹셔(Brecknockshire): 원문은 '북륵각낙극(北勒各諾克)'으로, 북륵극낙극(北勒克諾克), 포 뢰극낙극군(布雷克諾克郡), 묵력낙부(默力諾部)라고도 한다.

145 글러모건(Glamorgan): 원문은 '가랍마이안(加拉摩爾安)'으로, 격랍마근(格拉摩根), 액랍마응부 (額拉磨凝部)라고도 하는데, 웨일스의 역사적 지명이다.

스코틀랜드[蘇格蘭] 사가서아(斯哥西亞)·사고태(師古泰)라고도 한다. 는 잉글랜
드의 북쪽에 위치하며 남북의 길이는 약 8백여 리이고, 동서의 너비는 넓
고 좁고 일정하지 않다. 예전에는 따로 일국을 이루었으나, 명나라 만력
31년(1603)년에 잉글랜드에 합병되어 하나의 나라가 되었다. 이남은 전답
이 비옥하고 이북은 토양이 척박하고 소금기가 많다. 이곳 사람들은 부지
런하고 참을성이 많으며, 생활력이 강하다. 풍속이 검소해서 아껴 쓰며 함
부로 낭비하지 않고, 사해를 돌아다니며 통상을 해, 재산은 주로 수만 리
밖에서 모으기 때문에 비록 땅이 척박하고 춥지만 봉군에 버금가는 큰 부
자가 많다. 이 땅에서는 석탄이 가장 많이 나, 석탄으로 매년 1백여만 원
의 세수를 거둔다. 이 땅은 33개의 주로 나뉜다. 남부는 13개 주로, 에든
버러(Edinburgh)[146] 이정보(以丁堡)라고도 한다. 는 스코틀랜드의 구수도이다. 지
금은 주도로서 내해의 남쪽 해안에 위치하며, 시가지가 깨끗하게 잘 정
비되어 있고 빌딩이 구름처럼 연이어 있는 북부의 대도시이다. 또한 린
리스고(Linlithgow),[147] 해딩턴(Haddington),[148] 베릭(Berwick),[149] 렌프루(Renfrew),[150]

에든버러(Edinburgh): 원문은 '일정불이액(壹丁不爾厄)'으로, 이정포(以丁布), 애정보(爱丁堡)라
고도 한다.

147 린리스고(Linlithgow): 원문은 '림리덕액(林利德厄)'으로, 림리사과(林利斯戈)라고도 한다.

148 해딩턴(Haddington): 원문은 '합정돈(合丁敦)'으로, 합령돈사(哈領頓社), 합정돈(哈丁頓)이라고
도 한다.

149 베릭(Berwick): 원문은 '배이유극(北爾維克)'으로, 마읍(麻邑), 마위일사(麻威壹社), 마일사(麻壹
社), 패리극(貝里克), 비이유극(比爾維克), 비위객읍(比威客邑)이라고도 한다.

150 렌프루(Renfrew): 원문은 '릉비률(棱非律)'로, 릉부류사(淩埠流社), 륜불로(倫弗魯)라고도 한다.

에어(Ayr),¹⁵¹ 위그타운(Wigtown),¹⁵² 래너크(Lanark),¹⁵³ 피블스(Peebles),¹⁵⁴ 셀커크
(Selkirk),¹⁵⁵ 록스버러(Roxburgh),¹⁵⁶ 덤프리스(Dumfries),¹⁵⁷ 커쿠브리(Kirkcudbright)¹⁵⁸
가 있다. 중부는 14개 주로, 아가일(Argyll),¹⁵⁹ 뷰트(Bute),¹⁶⁰ 킨카딘(Kincardine),¹⁶¹
머리(Moray),¹⁶² 밴프(Banff),¹⁶³ 애버딘(Aberdeen),¹⁶⁴ 네언(Nairn),¹⁶⁵ 앵거스(Angus),¹⁶⁶

---

151 에어(Ayr): 원문은 '애이(哀爾)'로, 애야사(埃野社), 애이(艾爾)라고도 한다.

152 위그타운(Wigtown): 원문은 '오의가돈(烏宜痾敦)'으로, 임달온(稔達溫), 임달온사(稔達溫社), 위
격돈(威格敦)이라고도 한다.

153 래너크(Lanark): 원문은 '랍나이극(拉拿爾克)'이다.

154 피블스(Peebles): 원문은 '비파륵사(比波勒斯)'이다.

155 셀커크(Selkirk): 원문은 '새이급이극(塞爾給爾克)'으로, 서이격사(西爾格社), 새이구극(塞爾扣克)
이라고도 한다.

156 록스버러(Roxburgh): 원문은 '라가사불이액(羅哥斯不爾厄)'으로, 녹사마사(菉斯麻社), 라극사보
(羅克斯堡)라고도 한다.

157 덤프리스(Dumfries): 원문은 '당비리사(當非利斯)'로, 등불리사(鄧弗里斯)라고도 한다.

158 커쿠브리(Kirkcudbright): 원문은 '급이가덕비리지(給爾加德比里至)'로, 가이격묵리사(加爾格墨
利社), 가고포리(柯庫布里)라고도 한다.

159 아가일(Argyll): 원문은 '아이일륵(亞爾日勒)'으로, 아애이사(阿埃爾社), 아개이(阿蓋爾)라고도 한다.

160 뷰트(Bute): 원문은 '비간덕(比干德)'으로, 비특(比特)이라고도 한다.

161 킨카딘(Kincardine): 원문은 '내일이나(內壹爾那)'이다.

162 머리(Moray): 원문은 '모래(慕來)'로, 마립사(麻立社), 막리(莫里), 본래항(本來港)이라고도 한다.

163 밴프(Banff): 원문은 '방불(邦弗)'이다.

164 애버딘(Aberdeen): 원문은 '아배이전(亞北爾嗹)'으로, 아비이전(亞比爾嗹), 아마령사(阿麻領社),
아백정(阿伯丁)이라고도 한다.

165 네언(Nairn): 원문은 '미아이(迷牙爾)'이다.

166 앵거스(Angus): 원문은 '안고사(安孤斯)'이다.

배스(Bath),[167] 파이프(Fife),[168] 킨로스(Kinross),[169] 클라크매넌(Clackmannan),[170] 스털링(Stirling),[171] 덤버턴(Dumbarton)[172]이 있다. 클라크매넌은 사라사의 총집산지로, 다른 나라에 수출하며 매년 1천여만 원어치의 수입을 올린다. 북부에는 오크니제도(Orkney Islands),[173] 케이스네스Caithness),[174] 서덜랜드(Sutherland),[175] 로스(Ross),[176] 크로머티(Cromarty),[177] 인버네스(Inverness)[178] 6개 주로 구성되어 있다.

아일랜드[阿爾蘭] 이란(耳蘭), 일이란대(壹爾蘭大)라고도 한다. 는 잉글랜드와 스코틀랜드 서쪽에 위치하며 항구를 사이에 두고 떨어져 있는 별도의 섬으로, 남북의 길이는 약 7백~8백 리이고, 동서의 너비는 약 4백~5백 리이다. 옛날에는 원주민이 다스리던 부락이었는데, 영국인이 남송(南宋) 때 이 땅을 차지해 다스렸다. 이 땅은 웅덩이와 못이 많은 반면 강줄기는 아주 짧

---

167 배스(Bath): 원문은 '백이사(白爾斯)'로, 팔읍(八邑), 파사(巴思)라고도 한다.

168 파이프(Fife): 원문은 '발일부(發壹夫)'로, 읍비사(邑匪社), 법부(法夫)라고도 한다.

169 킨로스(Kinross): 원문은 '견라사(見羅斯)'로, 김라사(金羅斯)라고도 한다.

170 클라크매넌(Clackmannan): 원문은 '가랍극마남(加拉克馬南)'으로, 갈리만란부(噶利滿蘭部), 극랍극만남(克拉克曼南)이라고도 한다.

171 스털링(Stirling): 원문은 '사덕이령(斯德爾令)'으로, 사달롱(斯達淩), 사특림(斯特林)이라고도 한다.

172 덤버턴(Dumbarton): 원문은 '당파이돈(當巴爾敦)'으로, 등파돈(鄧巴頓)이라고도 한다.

173 오크니제도(Orkney Islands): 원문은 '이가내(爾哥內)'로, 아이가군도(阿耳加群島), 오극니군도(奧克尼群島)라고도 한다.

174 케이스네스(Caithness): 원문은 '해내사(該內斯)'로, 결니사사(結尼司社), 개사니사(凱斯尼斯)라고도 한다.

175 서덜랜드(Sutherland): 원문은 '소새이란(蘇塞爾蘭)'으로, 사특란사(沙特蘭社), 살슬란(薩瑟蘭)이라고도 한다.

176 로스(Ross): 원문은 '라사(羅斯)'로, 라사사(羅土社), 라사사(羅斯社)라고도 한다.

177 크로머티(Cromarty): 원문은 '가라마이적(哥羅馬爾的)'이다.

178 인버네스(Inverness): 원문은 '음위이내사(音威爾內斯)'로, 영왜이사(英哇爾社), 막왜니사사(莫哇尼斯社), 인불내사(因弗內斯), 인위닉(因威匿)이라고도 한다.

고 토양 역시 척박하다. 석탄이 아주 풍부하게 날 뿐만 아니라, 아연·주석·구리·철도 난다. 사람들은 호방하고 시원시원하지만, 술을 마시고 파티를 열면서 원대한 계획은 세우지 못한다. 영국인들이 이들을 모집해 병사로 삼았는데, 전쟁터에 나가면 굳세게 싸우면서 후퇴하는 것을 수치스럽게 여긴다. 그래서 영국의 육군이나 해군 장군들 가운데 절반은 모두 아일랜드 사람들이다. 민간에서 천주교를 숭상하면서 예수교를 믿지 않으려 해, 영국인들이 싫어했지만 억지로 바꾸게 할 수는 없었다. 이 땅은 32개의 주로 나뉜다. 동부는 12개 주로 구분되며, 더블린(Dublin)[179] 토북림(土北林)이라고도 한다. 은 이 나라의 수도이다. 리피(Liffey R.)[180] 강변에 건설되었으며, 하류가 해구와 연결되어 있고 수심이 깊어 배가 정박하기 편하다. 더블린 성 안팎의 인구는 10만여 명이고, 무역이 활발하게 이루어지고 있으며, 도시의 경관이 아주 화려하다. 또한 라우스(Louth),[181] 이스트미스(Eastmeath),[182] 위클로(Wicklow),[183] 웩스퍼드(Wexford),[184] 킬케니(Kilkenny),[185] 칼로(Carlow),[186] 킬데어

---

179 더블린(Dublin): 원문은 '도백림(都伯林)'으로, 영부(嶺部), 납묵령(拉墨領), 나묵리사(那墨利斯), 도백림(都柏林), 돌림도(突林都)라고도 한다.

180 리피(Liffey R.): 원문은 '단사강(但土江)'으로 되어 있는데, 단사강은 템스강이다. 역사적 사실에 따라 리피강으로 고쳐 번역한다.

181 라우스(Louth): 원문은 '로사(勞斯)'로, 률(律), 로사(勞思)라고도 한다.

182 이스트미스(Eastmeath): 원문은 '일사덕미(壹斯德迷)'로, 동밀(東密), 동미사(東米思)라고도 한다.

183 위클로(Wicklow): 원문은 '오의가루(烏宜哥婁)'로, 온라(溫羅), 위극락(威克洛), 위기라읍(威其羅邑)이라고도 한다.

184 웩스퍼드(Wexford): 원문은 '위가사불이(威哥斯佛爾)'이다.

185 킬케니(Kilkenny): 원문은 '기이급니(幾爾給尼)'로, 길이경니(吉爾景尼), 기이긍니(基爾肯尼)라고도 한다.

186 칼로(Carlow): 원문은 '가이루(加爾婁)'로, 가루(加婁), 잡락(卡洛)이라고도 한다.

(Kildare),[187] 퀸스카운티(Queens County),[188] 킹스카운티(Kings County),[189] 웨스트미스(Westmeath),[190] 롱퍼드(Longford)[191]가 있다. 서부는 5개 주로, 리트림(Leitrim),[192] 슬라이고(Sligo),[193] 로스커먼(Roscommon),[194] 메이요(Mayo),[195] 골웨이(Galway)[196]가 있다. 남부는 6개 주로, 클레어Clare),[197] 리머릭(Limerick),[198] 케리(Kerry),[199] 코크

---

187 킬데어(Kildare): 원문은 '기이덕일이(幾爾德壹耳)'로, 길이나리부(吉爾那厘部), 길이랍리(吉爾拉厘), 길이나리(吉爾那里), 기이덕이(基爾德爾)라고도 한다.

188 퀸스카운티(Queens County): 원문은 '고음사고옹적(固音斯高翁的)'으로, 휴인사가온체(虧引斯加溫逮), 휴인사가온체(虧引斯加溫遞), 곤사(昆斯)라고도 하는데, 지금의 아일랜드 레이시(Laoighis)이다.

189 킹스카운티(Kings County): 원문은 '경사고옹적(京斯高翁的)'으로, 경사가온(經士加溫), 경사가온(經斯加溫), 김사(金斯)라고도 하는데, 지금의 아일랜드 오펄리(Offaly)이다.

190 웨스트미스(Westmeath): 원문은 '위사덕미(威斯德米)'로, 서미사(西米斯)라고도 한다.

191 롱퍼드(Longford): 원문은 '랑불이(朗佛爾)'로, 랑하(朗賀), 랑복덕(朗福德)이라고도 한다.

192 리트림(Leitrim): 원문은 '륵덕령(勒德靈)'으로, 리특림(里特臨), 리특리모(利特里姆)라고도 한다.

193 슬라이고(Sligo): 원문은 '사려각(斯黎各)'으로, 색리아(色厘俄), 사래과(斯萊戈)라고도 한다.

194 로스커먼(Roscommon): 원문은 '라사가만(羅斯哥滿)'으로, 라사감문(羅斯感門), 라사과문(羅斯科門)이라고도 한다.

195 메이요(Mayo): 원문은 '마약(馬約)'으로, 마약(麻約), 마우(馬尤), 매오(梅奧)라고도 한다.

196 골웨이(Galway): 원문은 '가이위(加爾威)'로, 아이위(牙爾衞), 고이위(高爾韋), 과이위(戈爾韋)라고도 한다.

197 클레어(Clare): 원문은 '가뢰의이(哥雷宜爾)'로, 길리야(吉利野), 격렬야(格列野), 극래이(克萊爾)라고도 한다.

198 리머릭(Limerick): 원문은 '리마려극(里摩黎克)'으로, 리묵리(利墨里), 리민리(利敏里), 리민리(離敏里), 리묵리극(利默里克), 림미륵(林米勒)이라고도 한다.

199 케리(Kerry): 원문은 '급려(給黎)'로, 가리부(加里部), 극리(克里), 개리(凱里)라고도 한다.

(Cork),[200] 워터퍼드(Waterford),[201] 티퍼레리(Tipperary)[202]가 있다. 북부는 9개 주로, 앤트림(Antrim),[203] 다운(Down),[204] 아마(Armagh),[205] 티론(Tyrone),[206] 런던데리(Londonderry),[207] 도니골(Donegal),[208] 퍼매너(Fermanagh),[209] 캐번(Cavan),[210] 모너핸(Monaghan)[211]이 있다.

영국 인근에는 섬이 아주 많은데, 이남에서 가장 큰 섬은 와이트섬(Isle of Wight)[212]으로 풍광이 아주 수려하다. 프랑스 인근 해상에 저지섬(Isle of

---

200 코크(Cork): 원문은 '가이극(哥爾克)'으로, 과특(戈特)이라고도 한다.

201 워터퍼드(Waterford): 원문은 '와덕이불이(窩德爾佛耳)'로, 와달하(瓦達賀), 왜달활(哇達活), 왜달하(哇撻賀), 옥특복덕(沃特福德)이라고도 한다.

202 티퍼레리(Tipperary): 원문은 '적비랍려(的卑拉黎)'로, 저비나리(底比那里), 체박뢰리(蒂珀雷里)라고도 한다.

203 앤트림(Antrim): 원문은 '안덕령(安德靈)'으로, 엄특림(奄特林), 안특리모(安特里姆)라고도 한다.

204 다운(Down): 원문은 '도니(刀尼)'로, 나온(那溫), 당군(當郡), 당군(唐郡)이라고도 한다.

205 아마(Armagh): 원문은 '아이매아(亞爾罵痾)'로, 아마(阿馬), 아이마(阿爾馬)라고도 한다.

206 티론(Tyrone): 원문은 '적륜(的倫)'으로, 대륜(帶倫), 체룡(蒂龍)이라고도 한다.

207 런던데리(Londonderry): 원문은 '륜돈덕려(倫敦德黎)'로, 륜돈나리(倫頓那厘), 륜돈덕리(倫敦德里)라고도 한다.

208 도니골(Donegal): 원문은 '덕내가이(德內加爾)'로, 륜아이(倫俄爾), 라니아이(羅尼俄爾), 다내과이(多內戈爾)라고도 한다.

209 퍼매너(Fermanagh): 원문은 '비이마나아(非爾馬那痾)'로, 화만나(化蠻那), 불마납(弗馬納)이라고도 한다.

210 캐번(Cavan): 원문은 '가만(加彎)'으로, 가완(加完), 잡만(卡萬)이라고도 한다.

211 모너핸(Monaghan): 원문은 '마나안(摩那安)'으로, 마나한(摩那寒), 막납근(莫納根)이라고도 한다.

212 와이트섬(Isle of Wight): 원문은 '위지(威地)'로, 회특(懷特)이라고도 한다.

Jersey)[213]과 건지섬(Isle of Guernsey)[214]이 있다. 서쪽에는 맨섬(Isle of Man)[215]이 있다. 스코틀랜드 부근에 위치한 셰틀랜드제도(Shetland Islands)[216]는 기후가 상당히 추워서 보리와 곡식 수확이 어렵다. 이북에 있는 군도는 더욱 추워 1년에 반은 얼음과 눈이 쌓여 있으며, 사람들은 물고기를 잡아 먹고산다.

영국 세 섬의 물산은 석탄 이외에 구리·철·주석·아연·와택(窩宅: 주석의 일종)·염화암모늄도 나며, 말·소·양이 가장 많다. 토양이 보리와 밀농사에 적합해 엄청나게 많은 수확을 올린다. 그러나 많은 인구에 비해 식량이 부족해 다른 나라에서 양식을 들여와 보급한다. 방직에 종사하는 인구는 49만여 명으로, 방직기는 철로 만들고 베틀로 쳐서 자동으로 움직이게 해 일도 수월해지고 가격도 저렴해졌다. 매년 소용되는 40여만 섬의 면화는 모두 오인도와 미국에서 운반해왔다. 나사·우단·서지(serge)[217]를 가장 많이 직조하고 또한 새틴(satin)[218]을 직조할 수 있는데, [그 수준이] 프랑스에 버금간다. 실은 중국과 이탈리아에서 사들인다. 총포·칼·시계 및 일상용품을 만드는 일에 종사하는 인구는 약 30만 명이다. 여기서 매년 거둬들이는 물건

---

213 저지섬(Isle of Jersey): 원문은 '액서(額西)'로, 일새이(日塞爾), 일서(日西), 택서(澤西), 일이서도 (日耳西島)라고도 한다.

214 건지섬(Isle of Guernsey): 원문은 '액이서(額耳西)'로, 급이니새(給爾尼塞), 위이니(危耳尼), 격은제 (格恩濟)라고도 한다.

215 맨섬(Isle of Man): 원문은 '맹도(萌島)'로, 만도(曼島), 만도(漫島), 마은도(馬恩島)라고도 한다.

216 셰틀랜드제도(Shetland Islands): 원문은 '산다도(散多島)'로, 설란도(設蘭島), 살다해도(撒多海島), 설득란군도(設得蘭群島)라고도 한다.

217 서지(serge): 원문은 '필기(嗶嘰)'이다. 라틴어로 비단을 의미하는 serica에서 유래했는데, 고급 직물을 가리킨다.

218 새틴(satin): 원문은 '사단(絲緞)'이다. 수자직(繻子織)으로 짠 광택이 나고 매끄러운 옷감으로, 여성복이나 모자에 많이 사용된다.

의 값은 1억여 냥 정도 된다. 시장에는 사람들의 옷깃이 이어져 장막을 치고, 땀을 흘리면 비가 오는 것처럼[219] 수많은 사람들이 베를 짜듯 아침저녁으로 왕래한다. 이 나라의 상선들은 천하에서 가지 않는 곳이 없다. 큰 이익이 상인들에게 돌아가 장인들은 가난하다.

영국의 제도를 살펴보면 재상이 두 명으로, 한 명은 국내 정치를 전담하고 다른 한 명은 대외업무를 전담한다. 이외의 대신으로는 국고 담당 1인, 출납 담당 1인, 무역 담당 1인, 소송 담당 1인, 옥새 담당 1인, 인도 업무 담당 1인, 해군 업무 담당 1인이 있으며, 모두 도와줄 소속 보좌관이 있다. 수도에는 의회[220]가 있으며, 의회는 양원으로 나뉘는데, 하나는 상원인 귀족원(House of Lords)[221]이고 다른 하나는 하원인 평민원(House of Commons)[222]이다. 귀족원에는 작위를 받은 귀족과 예수교 주교들이 있으며, 평민원에는 평민이 선출한 재능과 학식을 갖춘 이들이 있다. 나라에 중대사가 생기면 왕이 재상에게 의논하고, 재상은 귀족원에 알려서 많은 이들이 모여 협의하고 조례를 참고하여 가부를 결정한다. 다시 평민원에 알려서 반드시 평

---

219 옷깃이 이어져 장막을 치고 땀을 흘리면 비가 오는 것처럼: 원문은 '임유한우(衽帷汗雨)'이다. 『전국책(戰國策)』「제책(齊策)」과 『사기(史記)』「소진열전(蘇秦列傳)」에 보면, "거리는 수레바퀴가 서로 부딪치고 사람들의 어깨가 서로 스치며, 옷깃이 이어져 장막을 치고 소매가 이어져 천막을 치며, 땀을 흘리면 비가 오는 것 같다(車轂擊, 人肩摩, 連衽成帷, 擧袂成幕, 揮汗成雨)."라는 문장이 있다. 임유한우는 이 문장에서 나온 말로, 도시가 번화해 왕래하는 사람이 많음을 가리킨다.

220 의회: 원문은 '공회소(公會所)'이다.

221 귀족원(House of Lords): 원문은 '작방(爵房)'으로, 상의원(上議院)이나 참의원(參議院)을 가리킨다.

222 평민원(House of Commons): 원문은 '향신방(鄕紳房)'으로, 하의원(下議院)이나 중의원(衆議院)을 가리킨다.

민원 의원들이 승인해야만 시행 가능하다. 그렇지 않으면 사안을 중단하고 논의하지 않는다. 민간에서 이로움을 진작시키고 폐단을 제거할 경우, 먼저 평민원에 의견을 진술하면 평민원 의원이 참작하여 심사하고 귀족원에 그 사안을 보고한다. 귀족원에서 논의해서 시행할 수 있으면 곧 재상에게 사안을 보고해서 왕에게 아뢰는 반면, 그렇지 않으면 보고하지 않는다. 민간에서 고소할 일이 있을 경우 역시 평민원에 가서 소장을 제출한다. 평민원 의원이 이를 헤아리고 비준해서 귀족원에 보고하면, 귀족원에서 조사를 통해 판결을 내린다. 의원이 죄를 지으면 다른 의원들에게 논의해 처리하게 하고, 평민과 함께 수감하지 않는다. 대개 상벌이나 정벌, 조례 등의 일은 귀족이 주관하여 논의했고, 과세 증감이나 국고와 군비 조달은 전적으로 평민원 의원들의 논의에 달려 있다. 이 제도는 영국뿐만 아니라 유럽 각국이 모두 똑같이 따라했다. 또한 영국의 소송 제도를 살펴보면 증거가 있으면 체포해 관에 데려간다. 심문을 할 때 먼저 시민들 중에 명망이 있는 사람 6명을 선발하고, 또 범인에게 직접 6명을 선발하게 한다. 이렇게 12명이 모여 함께 심문을 하고 시비를 따진 뒤에 관에 알린다. 그러면 관에서 자세하게 심문한 뒤에 법을 집행한다.

영국본토 자체는 그저 3개의 섬으로 이루어져 있지만, 영국령 부두는 모두 수천만 리 밖에 있다. 북아메리카는 명나라 만력연간에 영국인이 찾아내어 차지한 곳으로, 인구를 늘려 나라를 부강하게 하고 땅을 개간하고 경영한지 2백여 년이 넘었다. 후에 조지 워싱턴이 남쪽 강역을 차지하는 바람에 북쪽 강역 6개 지역만 남아 있다. 『아메리카도설』에 상세히 보인다. 건륭 초년에 다시 수천 리에 걸친 오인도의 옥토를 차지했다. 『오인도도설(五印度圖說)』에 상세히 보인다. 인도양의 동쪽해안에서부터 점차 남쪽으로 세력을 확장해 나가 미얀마(Myanmar)[223]의 서쪽 강역에 위치한 아라칸(Arakan)[224] 등지에 부두를 세웠다. 이남은 플라카이고, 다시 동남쪽으로 가면 싱가포르가 나온다. 『남양도설(南洋圖說)』에 모두 상세히 실려 있다. 또 미얀마에서 서북쪽으로 가서 아삼(Assam)[225]을 개척했다. 남양의 극동남쪽에 오스트레일리아(Australia)[226] 신하란(新荷蘭)이라고도 한다. 라는 큰 섬이 있고 별도로 뉴질랜드(New Zealand)[227] 신서란(新西蘭)이라고도 한다. 라는 섬이 있는데, 모두 영국인들이 새로 개척한 땅이다. 별도로 『도설』이 있다. 이 이외에 아프리카 서쪽 강역에 시에라리온(Sierra Leone)[228] 등지가 있다. 『아프리카도설』에 상세히 보인다. 남아메리카에 데메라라(Demerara)[229] 등지가 있으며, 『아메리카도설』에 상세히 보인다. 나머지 영국령 작은 섬은 수를 셀 수 없을 정도로 많다.

살펴보건대, 영국은 아득히 먼 곳에 떨어져 있는 3개의 섬으로 대서양[230]의 주먹크기만한 돌에 불과하다. 면적을 헤아려보면, 복건의 대만(臺灣), 광동의 경주(瓊州)만 하다. 설

---

223 미얀마(Myanmar): 원문은 '면전(緬甸)'이다.

224 아라칸(Arakan): 원문은 '아객라(阿喀喇)'로, 아객랄(阿喀剌)이라고도 한다.

225 아삼(Assam): 원문은 '아살밀부(阿薩密部)'로, 아산지(亞山地)라고도 한다.

226 오스트레일리아(Australia): 원문은 '오대리아(澳大利亞)'로, 오사달랍리아(奧斯達拉里亞)라고도 한다.

227 뉴질랜드(New Zealand): 원문은 '닉일륜돈(搦日倫敦)'이다.

228 시에라리온(Sierra Leone): 원문은 '사산(獅山)'으로, 새랍리앙(塞拉利昻), 소리마(蘇里馬)라고도 한다. 시에라리온은 아프리카 대륙 서부 대서양 해안에 위치한 작은 나라로, 1792년까지 대서양 무역의 중심지였다.

229 데메라라(Demerara): 원문은 '특묵납랍(特墨拉拉)'이다. 지금의 남아메리카 가이아나 공화국의 수도인 조지타운(Georgetown)이다.

230 대서양: 원문은 '서해(西海)'이다.

령 땅 전체가 비옥하다 해도 그 땅에서 생산되는 산물이 얼마나 되겠는가? 갑자기 부강해져서 수만 리 밖에서 종횡하게 된 것은 서쪽에서 아메리카를 차지하고 동쪽에서 인도의 여러 지역을 차지했기 때문이다. 아메리카는 천하에서 고립되어 오랜 옛날부터 소식이 통하지 않았다. 영국인이 전대 명나라 만력 연간에 발견해 차지하고는 마침내 1만 리에 이르는 비옥한 땅을 더해 급속도로 헤아릴 수 없는 부를 축적했다. 그 땅이 비록 영국과 1만 리나 떨어져 있지만, 영국인은 항해에 뛰어나 갈대 하나로도 건널 수 있는[231] 가까운 거리로 보았다. 이후에 남쪽 강역은 미국에게 빼앗기고, 남은 북쪽 강역은 땅은 광활하지만 중국 북방의 변경지대처럼 황량하고 추웠다. 그 북쪽 땅[232]마저 잃게 되자, 영국은 면목이 없어졌다. 오인도는 중국 서남쪽에 위치하는데, 소위 말하는 천축(天竺)의 불국(佛國)이다. 영국인은 강희 연간에 벵골에서 작은 땅을 구입해서 집을 짓고 부두를 세웠다. 건륭 20년(1755)에 벵골을 멸망시키고 승세를 틈타서 인도의 여러 왕국을 잠식했다. 왕국들은 흩어져 있고 유약해서 저항할 수 없어, 마침내 대부분 영국의 속지가 되었다. 영국은 그 땅에서 면화를 생산하고 아편도 생산했다. 중국에서 아편이 널리 유행한 뒤로 10배의 이익을 벌어들였다. 영국 사람들은 세금의 태반을 오인도에서 거둬들이고 있다. 영국은 이처럼 서쪽을 잃고 동쪽 구석을 차지했는데,[233] 이 무슨 행운이란 말인가! 영국인은 오인도를 차지하고 나서 점차 동남쪽으로 세력을 확장해 나갔다. 인도양의 동쪽 해안에

---

231 갈대 하나로도 건널 수 있는: 원문은 '일위지항(一葦之杭)'이다. 『시경(詩經)』「위풍(衛風)·하광(河廣)」에 보면, "누가 황하가 넓다고 했는가? 한 개의 갈대로도 건널 수 있는 것을(誰謂河廣, 一葦杭之).'이라는 구절이 있는데, 갈대로 뗏목을 만들어 건널 수 있는 가까운 거리를 의미한다.

232 북쪽 땅: 원문은 '연지(燕支)'이다.

233 서쪽을 잃고 동쪽 구석을 차지했는데: 원문은 '실지상유, 이수지동우(失之桑楡, 而收之東隅)'이다. 일반적으로 상유(桑楡)는 '뽕나무와 느릅나무'로, 서쪽이나 저녁을 지칭하고, 동우(東隅)는 '동쪽 구석'으로, 해 뜨는 곳 즉 동쪽이나 아침을 가리킨다. 여기서는 서쪽은 아메리카를, 동쪽 구석은 오인도를 의미한다.

널리 부두를 세웠다. 미얀마에서 아라칸·타보이(Tavoy)[234]를 손에 넣었다. 믈라카·셀라트 바로 싱가포르[235]이다. 를 네덜란드에서 양도받았다. 소서양 바로 인도양이다. 의 이권은 8~9할을 장악했다. 다시 동쪽으로 가면 중국 남양의 여러 섬나라 중에서 루손(Luzon)[236] 만이 스페인령이고, 나머지는 모두 네덜란드의 부두이다. 번성한 클라파(Kelapa)[237] 바로 자와[238]이다. 와 마닐라(Manila)[239] 바로 소여송이다. 같은 요충지를 영국인이 일찍부터 탐내지 않은 적이 없었다. 그러나 남이 나보다 먼저 차지했으니, 터무니없이 빼앗을 방법이 없었다. 그래서 영국은 동쪽 길을 왕래하면서 두 곳을 여관으로 활용했고, 스페인과 네덜란드도 감히 조금이라도 부딪치려 하지 않았다.

오스트레일리아는 동남쪽 구석에 홀로 떨어져 있다. 강역은 드넓고 끝없으며 원주민은 짐승처럼 야만스러웠지만, 영국인은 또한 적극적으로 이곳을 경영해 수십 년, 수백 년 후에라도 효과를 거두고자 했다. 아프리카 시에라리온 서이랍리아니(西爾拉里阿尼)라고도 한다. 에서는 황무지를 개간해 물자를 취했고, 남아메리카 데메라라[240]에서는 진흙을 밟아가며 밭을 일구었다. 대개 사해 안에서 영국의 배가 가지 않은 곳이 없었는데, 무릇 땅이 있고 사람이 있는 곳이라면 모두 눈 흘겨 살펴보고 그 정수를 착취해서 빼앗을 생각을 했다. 지금 해외의 교두보에 의지해 국력을 확장해나가고 있는 곳은 바로 오인도에서

---

234 타보이(Tavoy): 원문은 '달왜(達歪)'로, 토와(土瓦)라고도 한다. 지금의 미얀마 다웨이(Dawei)를 가리킨다.

235 싱가포르: 원문은 '신기파(新奇坡)'이다.

236 루손(Luzon): 원문은 '여송(呂宋)'이다.

237 클라파(Kelapa): 원문은 '갈라파(噶羅巴)'이다. 지금의 인도네시아 자카르타를 말한다. 이 땅은 클라파, 자야카르타(Jaya Karta)로 불리었으나, 1618년에 네덜란드가 점령한 뒤 바타비아(Batavia)로 이름을 바꿨다. 인도네시아가 독립한 뒤 다시 이름을 자카르타로 개정했다.

238 자와: 원문은 '과왜(瓜哇)'이다.

239 마닐라(Manila): 원문은 '마니랄(馬尼剌)'이다.

240 데메라라: 원문은 '특묵(特墨)'이다.

이다. 오인도는 후장(後藏)[241] 서남쪽에 위치해 뱃길로 광동까지 불과 20~30일 걸린다. 대개 영국인의 속지가 오래전부터 남방 열대지역의 변경까지 잇닿아 있었는데, 논자들은 그저 그 본국에 대해서만 알아, 7만 리 밖에 위치해있다고 여기고 있다.

영국 본국은 지형이 좁고 협소한데 반해 인구는 상당히 많다. 경작 가능한 토지로는 인구의 10분의 1을 먹여 살리기에도 부족하다. 북아메리카가 분할되기 전에 일자리가 없던 영국인들은 대개 서쪽으로 바다를 건너가서 생계를 도모했다. 미국이 남쪽 강역을 차지한 뒤로 영국은 나머지 북쪽 경내의 땅을 차지했으나 추워서 경작이 불가능했다. 비록 오인도의 드넓은 땅을 차지했지만, 그 땅에는 본래부터 거주하는 이들이 있었고 또한 개척할 만한 황무지도 전혀 없었다. 객지를 떠도는 영국인은 많았지만 끝내 그 땅에서 주인 행세는 할 수 없어 결국 그들은 신천지를 찾아 나서기에 급급했다. 근래에 뉴홀랜드(New Holland)[242]라는 큰 섬을 차지하고는 잡초를 제거하고 이곳에 죄인들을 유배시켰다. 생업이 없는 가난한 백성들 역시 배를 타고 이곳에 와서 정착했다. 8만 리 밖으로 사람들을 이주시킨 것은 인구를 늘리고 나라를 부강하게 만들기 위한 계책에서 나온 것이니 역시 근면하고 부지런하다고 할 만하다.

영국이 해마다 거두어들이는 세금은 상인에게 돌려주는 이자를 제외하면 매년 대략 2천여만 냥 정도이며, 지출 역시 2천여만 냥이다. 본국의 병사 수는 9만 명, 인도 주둔 영국 병사는 3만 명, 그 지역에서 모집한 병사는 23만 명으로 이들을 세포이(Sepoy)[243]이라고 한다. 크고 작은 군함이 6백

---

241 후장(後藏): 지금의 티베트 시가체(Shigatse) 지구이다.

242 뉴홀랜드(New Holland): 원문은 '신하란(新荷蘭)'으로, 지금의 오스트레일리아이다.

243 세포이(Sepoy): 원문은 '서파병(叙跛兵)'으로, 영국 동인도회사에서 고용한 인도 병사를 말한다.

여 척이고, 화륜선이 1백여 척이다. 병사들은 해군의 경우 푸른색 군복을 입고 육군은 붉은색을 입으며, 해군을 중시하고 육군을 경시한다. 오직 총포만을 믿고 무술을 연마하지 않으며, 칼 이외에 다른 무기는 없다.

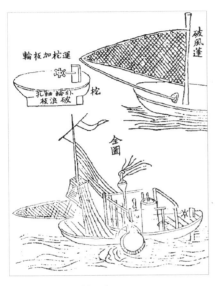

화륜선 구조 1
출처: 『해국도지』

화륜선 구조 2
출처: 『해국도지』

영국의 병선은 대형의 경우 대포 120문을, 그다음은 100문을, 그다음은 90문을, 그다음은 74문을, 그다음은 60문을 장착한다. 중형 병선은 대포 44문을, 그다음은 36문을, 그다음은 28문을 장착한다. 소형 병선은 대포 20문을, 그다음은 10문, 그다음은 6문을 장착한다. 대형 병선은 돛대가 3개에 길이가 15~16길이고, 그다음은 돛대가 2개에 길이가 약 10길이다. 배의 형태는 평평하고 곧으며, 양쪽 피판의 높이는 6~7자이다. 선복(船腹)의 입수 깊이는 깊게는 3길이고, 얕게는 2길 남짓이며, 소형 병선은 1길 남짓 입수한다. 구리조각으로 선복을 싸매는데, 그 두께는 1~2푼으로 벌레가 배를 좀 먹는 것을 방지한다. 선저에는 3개의 용골(龍骨)[244]이 있는데, 정중앙에 있는 것은 높이가 3자 가량으로 평평하고 곧으며 양쪽에 있는 것은 서로 1자 가량 떨어져 있고 중앙에 있는 용골보다 1자 가량 낮다. 선저의 두께는 약 7~8치로, 안과 밖 이중으로 되어있어서 협판(夾板)이라고 한다. 못을 상당히 촘촘하게 박았는데, 못은 구리로 만들었고 길이는 1자 정도 된다. 키는 아주 작은데, 중앙에 있는 용골의 끝부분에 위치하며 길이는 중앙에 있는 용골과 같다. 돛대는 세 마디로 되어 있는데, 밑동은 둘레가 약 3자 남짓에 길이가 약 10길이고, 선복에 들어가는 것은 3길 남짓 길이로, 곧게 용골을 지지하고 있다. 밖에 노출된 돛대는 7길 남짓이고, 중간 한 마디의 둘레는 약 1자 남짓에 길이가 약 2~3장이다. 위쪽 한 마디의 둘레는 1자가 안 되고 길이는 단지 1길 남짓이다. 매 마디의 이음새 부분에 나무 선반이 있어서 여러 명이 앉을 수 있고, 기구를 가지고 방향을 살피고 또 대포를 매달아 멀리까지 포격할 수도 있다. 돛은 세 폭으로 나뉘며, 천으로 만들어 상당히 빠르게 접었다 폈다 한다. 밧줄로 거미줄처럼 촘촘하게 돛을 짜서, 돛대 양쪽에 두어 사다리처럼 이용해 돛대로 올라간다. 뱃머리에 있는 돛대는 길이가 2~3길로, 비스듬히 세워져 있으며 역시 덮개를 씌워 바람을 막는데 이를 두비(頭鼻)[245]라고 한다. 포위(砲位)는 적은 경우에는 한 층이고, 많은 경우에는 이층에서 삼층까지 있다. 위의 한 층은 갑판에 있고 아래 두 층은 배 옆쪽 개포동(開砲洞)에 있으며, 사람은 선복에 있다. 이 병선은 대양을 운항할 때 풍랑을 두려워하지 않는다. 돛(破風篷)을 접었다 펼쳤다 하는 것이 민첩하고 교묘해서 팔방에서 불어오는 바람

---

244 용골(龍骨): 배의 골격은 용골, 늑골, 보, 선수재, 선미 골재 등으로 이루어져 있다. 그 가운데 용골은 배의 이물에서 고물에 걸쳐 선박 바닥의 중심선을 따라 설치된 길고 큰 재목으로, 사람의 등뼈와 같이 선체 골격의 기초를 이루어 선체를 받치는 구실을 한다. 이것의 크기가 곧 배의 크기를 결정한다.

245 두비(頭鼻): 뱃머리에 설치한 여러 장 길이의 큰 사목(斜木)으로, 용총줄을 모두 그 끝에 묶는다.

을 제압할 수 있다. 다만 지나치게 깊은 바다로 들어갈 경우는 암초에 부딪칠 까 걱정하는데, 좌초되자마자 바로 배가 부서진다. 배의 재료는 모두 외국 나무로, 황색도 있고 적흑색도 있는데, 모두 견고하다. 배의 안팎은 모두 광택이 날 정도로 수시로 닦는다. 밧줄은 기름칠을 해서 늘 부드럽고 튼튼하게 만들며, 며칠 간격으로 재차 기름칠을 한다.

전해오는 바에 따르면 서양의 대포는 모두 구리로 만들었다고 하는데, 그렇지 않다. 동포[銅砲]도 있지만 철포[鐵砲]만큼 많지는 않다. 철포는 쇠붙이를 정교하게 녹여 만들어서 안팎이 윤기가 나며 외형이 크면서도 길이는 짧다. 그래서 3천근 나가는 대포도 길이가 5자 남짓에 불과하다. 포가(砲架)[246]는 바퀴를 사용하지 않고 상하 양쪽 받침대에 쇠줄을 설치해서 앞뒤좌우로 줄을 잡아당기면 아주 잘 움직인다. 포탄은 아주 둥글고 반질거리는데, 녹이 스는 것을 방지하기 위해 역시 수시로 기름으로 닦아준다. 대포 1문마다 병사 6명이 관리한다. 조총[247]은 모두 자동화총을 사용했으며, 별도로 한 자 남짓한 예리한 칼을 칼집에 넣어 허리춤에 차고 있다가 적군에게 총을 쏠 상황이 되지 않을 때는 칼을 총 끝에 끼워 찔렀다.

화륜선 가운데 큰 것은 삼외선(三桅船)[248]만하고 작은 것은 양외선(兩桅船)[249]만하다. 화륜선의 뒤쪽은 상단에는 물탱크가 있고, 하단에는 화문(火門: 점화구)이 놓여 있는데 5개나 9개가 있다. 화문의 안쪽에 땔감을 넣어 석탄에 불을 붙인다. 물탱크 위에 있는 한 자 남짓한 크기의 두 개의 동관(銅管)은 구불구불 아래로 선저까지 이어져 선저에 있는 두

---

246 포가(砲架): 포신 및 관련 사격 통제 기재 등을 장착하기 위한 화포 받침 역할을 하는 구조물로, 포 받침대를 말한다.

247 조총: 원문은 '조창(鳥槍)'이다.

248 삼외선(三桅船): 3개 이상의 돛대가 달린 범선인 바컨틴(Barquentine)을 말하는데, 앞 돛대에만 가로돛을 달고 다른 돛대에는 세로돛을 단다.

249 양외선(兩桅船): 돛대가 두 개이고 그중 앞 돛대는 가로돛, 뒤의 돛대는 세로돛을 단 범선인 브리간틴(brigantine)의 일종이다.

개의 나무통을 바치고 있는데, 나무통은 높이가 5~6자, 둘레가 7~8자이다. 나무통의 앞쪽은 또한 똑같은 두 개의 철관[雙鐵管]으로 연결되어 있는데, 철관은 구불구불하게 돌아서 바퀴 축[輪軸]까지 이어진다. **철관 안에 들어 있는 수은은 어떻게 사용되는지 그 용도를 알 수 없다.** 불이 열을 내며 타 물이 끓어오르면 수증기가 동관을 통해 나무통으로 들어가고, 수증기로 차면 나무통의 덮개가 움직여 수증기가 두 개의 철관으로 뚫고 들어가서 바퀴 축을 쳐서 움직이게 한다. 바퀴는 배의 양측에 위치하며, 세 겹의 쇠바퀴로 되어 있고, 가로로 철판이 놓여 있는데 대략 남방에서 밭에 물을 대는 수차(水車)처럼 생겼다. 바퀴의 바깥은 목갑(木匣)으로 감싸고 있어 멀리서 보면 반달처럼 보인다. 갑판에 높이 2길 남짓의 큰 철통이 있는데, 철통에서 검은 연기가 나와 불길을 지나간다. 또한 높이 1길 남짓한 작은 철통 하나가 있는데, 여기서 흰 증기가 나와 수증기를 지나간다. 화륜선은 출발 즈음에 먼저 불을 약 2~3시간 때서 물이 끓기를 기다렸다가 배를 출발시킨다. 배안에 동척(銅尺) 두 개가 있는데 이것을 양쪽 기둥에 설치하고 전방을 향해 밀면 바퀴가 앞으로 움직인다. 반면에 후방을 향해 밀면 바퀴가 뒤로 움직인다. 동척을 기둥에 붙여 세워놓으면 바퀴가 움직이지 않는다. 배가 움직이면 바퀴가 나는 듯이 물을 쳐 순식간에 보이지 않고 하루 밤낮에 약 1천여 리를 갈 수 있다. 갑판에 세워둔 작은 돛대 두 개는 순풍을 만나면 돛을 펼쳐 바퀴가 잘 굴러가게 한다. 반면 역풍일 때는 전적으로 바퀴만을 이용해 배를 움직이고 돛을 사용하지 않는다. 갑판에 협판선과 마찬가지로 대포는 설치할 수 있지만, 선복(船腹)에만은 개포동(開砲洞)을 두지 않는다. 화륜선의 제작은 40~50년 전에 처음 시작되었다. 이에 앞서 유럽각국에서 직물을 짤 때 화륜 방적기를 많이 이용했다. 재주가 뛰어난 사람이 그 사용법을 널리 보급해 마침내 화륜선을 만들어냈다. 최근에 들어 미국이 또 그 사용법을 확대해 화륜기차를 만들고 철을 녹여 길을 만들어서 빨리 달리게 했으니, 화륜을 능숙하게 잘 다룬다고 할 수 있다.

영국인들은 몸집이 크고 우람하며 피부가 희고, 두발과 눈동자가 흑색인 사람도 있고 황적색(黃赤色)인 사람도 있다. 계략이 틈이 없고 정확하며, 참을성 있게 일을 하고 기상이 담대해, 유럽 각국의 우두머리가 되었다. 언어는 불어와 독어가 섞여 있다. 문자는 모두 26자모 프랑스에서 사용하는 24자모에 영국의 자모 2개를 더해 만들었으며, 나머지 24자모는 불어와 같다. 로 구성되어 있으며 간혹 두세 글자를 합쳐 하나의 음이 되는 경우도 있어, 이를 중국어로 음역하면 결단코 들어맞을 수가 없다. 나라 전체가 예수교를 숭상하며 예수의 책을 『성서(聖書)』라고 하는데, 사람들은 『성서』 한 권씩을 가슴에 품고 다닌다.

영국의 관리들은 평소에는 원통형에 크라운이 평평한, 챙이 좁은 모자를 쓰고, 집에서는 주로 부드러운 안감을 챙에 붙인 모자를 쓰는데, 중국의 여의건(如意巾)과 대체로 비슷하다. 예복용 모자는 흑융(黑絨)으로 만드는데, 두께가 손가락 하나 정도의 두께이다. 정수리는 도끼날처럼 생겼고 앞뒤로 펼치면 2자 정도로 늘어나는데 중국의 우모(雨帽)와 비슷하게 생겼으며, 한 여름이라 하더라도 썼다. 그러나 문에 들어갈 때는 바로 모자를 벗는데, 오래 쓰고 있을 수 없기 때문이다. 무관직 중에 공을 세운 사람은 정수리에 흰 화살 깃 수십 개를 묶고 몸에 딱 달라붙는 옷에 혁대를 묶었다. 밖에 걸치는 옷은 무릎보다 긴 길이에 감색 모직으로 만들었으며, 소매는 좁고 앞섶은 넓다. 문관직은 옷소매와 깃은 모두 은색실로 꼬아서 꽃무늬를 만들고, 무관직은 양쪽 어깨에 구리로 만든 짐승 얼굴장식물을 달았으며, 귀족은 금으로 만든 것을 달고, 아래에 금실 영락(纓絡)[250]을 묶었다. 관

---

250 영락(纓絡): 영락(瓔珞)이라고도 하는데, 고대의 목에 두르는 구슬을 꿰어 만든 장식품을 말

직이 높은 사람은 짐승 얼굴 장식물 아래로 몇 자 길이의 금색 수술을 달아 짐승 얼굴 장식물에 꼬아 묶었다. 관직이 낮은 사람은 한쪽 어깨에만 짐승 얼굴 장식물을 달았다. 문관직은 검을 차고 무관직은 칼[刀]를 찼다. 칼집은 모두 백철(白鐵)로 만들고, 금 구슬과 상아로 장식하면서 아주 정교하게 아로 새겨 넣었다. 칼은 수은을 칠한 것처럼 희고 빛났으며, 허리에 차고 두를 수 있을 정도로 부드러우며, 펼치면 직선이다. 예복용 칼은 칼날이 없어 '태평도(太平刀)'라고 한다. 무관의 가죽신은 뒤꿈치 뒤에 길이 1치 정도 되는 구리 못이 위로 휘감고 있다.

영국의 풍속에 따르면, 남녀는 결혼할 때 모두 스스로 알아서 배우자를 정한 뒤에 부모에게 알린다. 결혼식 날 예수교 신부가 좋은 말로 깨우침을 주면서 그들을 위해 축복한다. 신랑이 반지를 신부의 손가락에 끼워주면서 맹세하면, 친척과 하객은 신랑신부를 방으로 들여보내고 피로연을 열고 흩어진다. 또 풍속에 남녀는 모두 부모의 재산을 나눠 가지며, 남자는 첩을 들여서는 안 되는데, 첩을 들일 경우 7년 동안 유배생활을 한다. 남자는 항상 여자의 말을 들어야 했는데, 온 나라가 모두 그랬다.

영국의 풍습에 손님과 주인이 만나면 모자를 벗어 존경을 표시하고 각자 오른 손으로 악수하는 것을 예로 삼았다. 하느님과 구세주께 무릎을 꿇는 것을 제외하고는 국왕을 만나도 머리 숙여 인사하지 않는다. 신분고하를 막론하고 함께 자리하면서 상하좌우의 구분이 없다. 연회를 열 때면 좌중에 있는 사람들은 먼저 일어나 잔을 들고 국왕의 장수를 빌고 좋은 말로 인사하면서 일제히 함께 마신 뒤에 돌아가면서 서로 술을 권한다. 누군가

한다.

에게 술을 권하는데, 이 사람이 술을 마시지 않으면, 그 자리에 있는 다른 한 사람이 좋은 말로 인사하고, 좌중에 있는 사람들이 박수를 치면서 분위기를 뛰운다. 그러면 좌중에 있는 사람들이 다같이 술잔을 들이킨다.

영국의 풍속에 아침은 모두 과자나 빵에 버터를 가득 바르고, 차나 커피에 우유나 설탕을 넣어 마신다. 점심은 진수성찬이라 여겨 소고기나 양고기를 익혀 먹거나 구워 먹으면서 포도주를 마신다. 야채는 그다지 먹지 않지만, 네덜란드의 감자만은 자주 먹는다.

〚 歐羅巴英吉利國 〛

英吉利, 英機黎・英圭黎・鷹吃黎・諳厄利・英倫的・及列的不列嗊. 歐羅巴強大之
國也. 地本三島, 孤懸大西洋海中. 迤東兩島相連, 南曰英倫, 一作英蘭. 北曰蘇
格蘭. 一作斯哥西亞, 又作師古泰. 兩島南北約二千餘里, 東西闊處五六百里, 狹處
三四百里, 迄西別一島, 曰阿爾蘭, 一作耳蘭, 又作壹爾蘭大. 南北約七八百里, 東
西約五六百里.

英倫南境, 與荷蘭・佛郎西皆相近, 舟行半日可達. 距佛尤近, 海港狹處, 止
六七十里, 兩岸可以相望也. 其地古時爲塞爾達土番部落, 後爲北狄峨特族所
據. 漢宣帝五鳳三年, 羅馬大將愷撒 一作人略塞薩爾. 略定西北諸番, 渡海平英
倫, 建爲別部. 屬意大里者數百年, 至今猶有羅馬城闕遺址. 前五代時, 羅馬衰
亂, 峨特族卑勒敦人據英倫, 後爲蘇格蘭之斯各多・比德斯兩部所攻, 孤弱不
能自立, 求援於安各羅. 安各羅者, 亦峨特種, 寄居撒遜・比利時界內, 兵素強,
而逼仄無立國地. 既爲卑勒敦人所邀, 則大喜, 悉衆渡海, 破走蘇格蘭兩部, 因
脅降卑勒敦人. 陳後主元年, 據英倫立國. 後分爲七部, 如列國小侯, 時相攻伐.
有厄伯德者, 娶佛郎西王之女. 女奉天主教, 招教師來其國, 爲制禮儀, 由是其
國漸強. 唐德宗貞元十六年, 滅六部歸於一. 是時大尼國 即嗹國. 方劫掠海上,
突以兵船入英倫, 據都城. 英人以厚賂緩兵, 尋以計焚其船. 自是大尼寇鈔不
已, 居民逃竄, 田野荒蕪. 王子有亞腓烈者, 智略過人. 幼時嘗兩赴羅馬, 與文
士游. 方嗣王位, 而大尼以大衆來攻. 王乃僞爲樂工, 抱琴造敵營, 請奏伎侑酒,
因得縱觀虛實, 進兵決戰, 破其連營. 是時佛郎西已陷北地, 大尼迭侵擾, 王枕
戈寢甲, 五十餘戰而外患平. 乃墾田勸農, 招徠商旅, 開學堂以譯異書, 立保約

以弭盜賊, 境內大治. 王卒於唐昭宗年間, 嗣王屢弱, 大業遂衰. 先是英倫以尙天主興, 久之, 敎師擅大權. 王娶后, 敎師禁不令同室, 王不聽. 敎師劫后, 以鐵烙毀其容, 尋斃之, 王噤不能仇. 由是王僅守府, 國勢不振. 大尼復來侵擾, 許以歲賂, 始給銀一萬七千斤, 後增至二萬四千斤, 而兵不止.

宋眞宗十九年, 大尼大擧來伐, 破倫敦都城, 遂兼英. 其王曰駕奴特, 立治粗有條理, 英人安之. 其子嗣位, 苛斂好兵. 先是英北族 英倫北部. 有酋曰威廉, 一作給列爾美. 常仕佛郞西, 守西北大郡. 大尼旣滅英, 威廉欲圖興復, 請於羅馬敎王, 敎王以英土封之. 宋英宗治平年間, 威廉率舟師伐英, 大尼王禦之, 兵敗被殺. 威廉進攻, 據倫敦, 遂王英. 北族凌英民, 英民多反側. 王怒, 驅英民十萬衆於林中, 皆凍餓僵死, 以其田宅賜北族. 旣而悔恨卒, 王顯理第一嗣. 宋高宗二十七年, 王顯理第二立, 有智謀. 時天主敎魁參預國事, 王有所拔擢, 敎魁輒阻撓之. 群臣怒, 殺敎魁. 王懼敎王之加罪也, 自守齋, 拜其墓乃已. 附近有伊琳大洲, 卽阿爾蘭. 王征服之. 其世子剛猛好戰, 欲伐居猶太之回回族. 先往聘修好, 歸爲他國所擄, 以金贖回, 後戰死. 其弟約翰嗣位, 性強狡, 好田獵, 百姓疾之. 又侮天主敎師, 羅馬敎王怒. 棄絶英民, 息禮拜, 閉殿堂, 廢其婚葬, 禁飮酒食肉剃鬚, 民皆怨恫咎王, 王不得已, 納貢敎王. 由是權遂下移, 民自擇薦紳議政, 不復關白. 王憤甚, 欲誅諸紳, 諸紳欲招佛郞西世子爲王. 會王歿, 華義都第三 一作義都亞爾多. 嗣立, 有權略, 平內難, 與佛郞西構兵累年, 互有勝負. 其子嗣位, 權復爲紳民所侵. 英有別部之酋, 忽起兵攻王, 奪其位. 明建文帝元年, 國人立顯理第四. 募兵恢復, 滅僭位者, 國乃定. 顯理第五立, 伐佛郞西勝之. 顯理第六立, 年尙幼, 大臣攝政.

時王宗分二派, 一曰紅玫瑰派, 一曰白玫瑰派. 因初分之第宅植此兩種花, 因以得名. 兩宗爭欲據王位, 自相屠攻, 國大亂者數十年, 藩屬皆叛. 明憲宗成化年間, 顯理第七嗣位, 削平內亂, 四境乂安. 王性機敏, 長於吏治, 稱為賢士. 顯理第八立, 性強傲, 尚豪華, 喜怒不常. 娶西班牙王女為后, 因助西班牙伐佛郎西. 后無子, 出之, 再娶少艾. 已而失寵, 殺之. 再娶, 又殺之. 王有佞臣, 委以大權, 偶迕意, 立賜死. 忠言至計如充耳, 四國皆稱為無道主. 先是日耳曼人路得者, 著書譯解耶穌教旨, 人多信之. 王不謂然, 手著一書駁詰之. 王歿, 嗣王崇信耶穌教, 寬惠愛民, 教士有法, 擧國喁喁望治. 立未幾卒, 其姊馬利 一作馬理. 嗣位. 贅西班牙王子為婿, 禁耶穌教, 國人不悅.

明嘉靖三十七年, 女主以利撒畢卽位, 賢明知大體, 勤於政治, 英民頌之. 是時荷蘭不肯從天主教, 為西班牙所攻. 英女主以兵助荷蘭, 西班牙因移兵伐英. 師船泊英港, 忽大風激浪, 船觸礁石半沉壞. 英人以小舟圍而殲之, 片帆無返者, 國勢益振.

先是斯哥西亞別為一國, 一作師古泰, 卽蘇格蘭地. 元初, 英人取之. 明中葉, 斯哥西亞人布魯斯復自立為國. 有女曰馬理, 姿絕世, 初嫁佛郎西王為后, 佛王早卒, 馬理歸母家. 父卒, 嗣王位, 選群臣美丈夫為夫. 夫有別寵, 馬理妒之, 賣夜遣客殺夫, 焚宮以滅其迹, 而贅殺夫者為夫. 時國人已競尚耶穌教, 而馬理仍執天主教, 又殺夫有邪行, 國人圍馬理, 將囚之. 越城而逃, 募兵決戰, 兵敗降於英. 英女主謂馬理犯倫肇亂, 下之獄. 馬理在獄十八年, 復與獄吏奸, 因逃去. 英人捕得之, 斬於市.

萬曆三十一年, 英女主卒, 無子. 斯哥西亞王熱給斯者, 一作慈米土. 女主之姻也, 英人奉以嗣王位, 斯哥西亞復與英合為國. 熱給斯辯給有才, 好講禮制. 時天主教之徒, 結黨謀反, 窖公會殿下藏火藥, 候王至, 將轟殺之. 會發覺, 悉誅死. 萬曆四十二年, 查理第一立, 性拗癖, 好戲狎, 不恤民隱. 由是士民怨畔, 公會皆散, 稅餉無所出. 王將與佛郎西戰, 授甲無應者, 師船未戰而退. 順治四年, 王募兵誅梗命者. 國人與王戰, 虜王弑之. 時有大紳負才望, 攝王政以定國, 自稱保護主, 申明法制, 參以變通, 英人稱便. 與西班牙·荷蘭戰, 皆勝之. 攝政數年, 倉庫充實, 乃致位於先王世子, 曰查理第二. 爲人淫侈多內寵, 惰於聽政. 嘗與荷蘭戰, 帥師者, 國之名將, 入荷蘭內港, 毀其戰船, 王由此愈汰. 忽倫敦大火, 焚宮室民居殆盡. 已而瘟疫盛行, 死者相枕藉, 國勢頓衰. 其弟嗣位, 素習天主教, 強民相從. 民習耶穌教人, 不肯變, 慮王之相難也, 渡海招荷蘭王爲主. 荷蘭王率兵至, 王奔佛郎西.

康熙二十七年, 荷蘭王入倫敦, 卽王位, 號曰威廉第三. 雄武有大略, 法度嚴明, 百司任職, 積粟如邱山, 蒐討軍實, 悉成勁旅, 由是威聲大振. 方欲席捲西土, 會嬰疾歿, 無子. 時曰耳曼之漢挪瓦王若耳治第一有賢聲, 康熙五十三年, 國人招若耳治第一來英, 奉以爲王. 王初莅英, 不諳其俗. 后爲英故王之女, 習於英事, 相助爲理, 民大和. 前王兩宗苗裔尚存, 起兵欲圖恢復, 王夷滅之. 是時英商船通行四海, 日益富強. 與佛郎西交兵, 屢戰勝. 王卒, 子若耳治第二立, 修法度, 別等威, 定親疏, 平訟獄, 國稱大治. 伐西班牙獲全勝, 又伐佛郎西, 割其藩屬之在亞墨利加者. 乾隆二十三年, 若耳治第三立, 舉動好循禮法, 亦稱賢主.

先是前明中葉, 英人泛海覓新地, 得北亞墨利加腴土, 徙國人實其地. 日漸墾闢, 遂成沃壤, 英人倚爲外府. 後英國軍興連年, 徵稅餉於亞墨利加, 倍其常額, 亞墨利加人不能堪. 有華盛頓者, 一作兀興騰, 又作瓦乘敦. 據地起兵, 英人以大衆攻之, 八年不克. 佛郎西與英世仇, 舉傾國之師助華盛頓, 英不能支. 乾隆四十七年, 與華盛頓和, 聽其自立爲米利堅國. 亞墨利加之轉音, 卽花旗國. 沃土盡爲米利堅所割, 僅餘北境荒寒之土, 英國由是虛耗. 已而五印度貿易日盛, 英富厚過於昔時.

五印度者, 一名溫都斯坦. 乾隆中年, 東印度之孟加拉, 囚虐英商, 英以大兵攻之, 滅孟加拉, 乘勝脅降東中南印度諸部, 設四大部. 孟加拉·麻打拉薩·孟買·亞加拉. 麻喇甲·息力諸番族, 皆歸統轄. 英人遍設埔頭, 帆檣雲集, 百貨流通, 富饒遂爲西國之最. 嘉慶年間, 佛郎西拿破侖得國, 侵伐四鄰. 廢西班牙王, 而以其弟王西班牙. 故王求援於英, 英起兵伐佛郎西, 血戰累年. 嘉慶二十一年, 破佛郎西舟師於海峽, 以九萬人登陸進攻. 拿破侖率十萬衆禦之於窩德爾祿. 約其大戰, 自昧爽至日暮, 槍砲之聲震天地, 數十里烟氣迷漫. 佛師大潰, 英人乘勢逐北, 斬首二萬級, 禽拿破侖以歸, 流之荒島. 西班牙王復其故國, 由是英國威振西土. 王晚年得狂疾, 世子攝政. 王卒, 世子嗣立, 有賢聲, 早卒. 道光九年, 其弟嗣立, 曰威廉第四. 初爲水師總統, 以厚德御下, 不沽名譽. 及卽位, 安民和衆, 不喜兵争. 論者謂才能不越衆, 而德量有餘. 道光十八年四月卒, 無子, 有女不慧, 遺命立兄女維多里亞爲王, 卽今在位之女主也. 立時年十八, 贅日耳曼撒可堡侯世子博雅那爲婿.

英吉利三島, 以英倫爲主, 其立國之本境也. 南北約千里, 東西廣狹不齊, 西界稍見山嶺, 而平地爲多. 河道十餘, 皆不甚長. 田土膏腴, 爲歐羅巴之上壤. 地分五十二部. 東方之部六, 首曰迷德勒塞斯, 建都於達迷塞河濱, 名曰倫敦. 一作蘭墩. 東西南北皆七十里, 無城郭, 居民一百四十餘萬. 殿闕巍峨, 規模閎巨, 離宮別苑, 綿亘相屬. 文武百官之署, 各有方位. 街衢縱横穿貫, 百貨山積, 景象之繁華, 人戶之湊密, 爲西國第一大都會. 都中有保羅殿堂, 耶穌弟子. 又有西殿, 祀耶穌教名師. 兩殿營構最奇崛. 有大書院, 曰屋度, 文儒所萃. 有大肆曰北明翰, 鐵工聚焉. 城外内港通海口, 埔頭最大, 每歲別國商船, 來者千餘, 本國出入者三千餘. 次曰諾耳佛爾克, 曰素佛爾克, 白黑爾德佛爾, 曰厄塞斯, 曰岡比黎日. 諾耳克佛爾爲織造呢布之地, 岡比黎日有大書院.

南方地氣較暖, 岡阜紆蟠, 帶以清流. 蔭以茂樹, 每春夏林花嫣然, 風景極清. 分十部, 曰根德, 曰薩塞斯, 曰蘇勒, 曰北爾克, 曰蘇當波敦, 曰烏義爾德, 曰索美爾塞, 曰多爾塞, 曰的彎, 曰哥爾奴瓦里斯. 根德爲大敎師所駐, 殿堂甚巨. 別有邑曰綠威, 養軍士水手之受傷而年邁者. 又有邑曰風素耳, 有別館, 極幽雅, 居王族之隱逸而習靜者. 南界有港口, 甚寬大, 兵船 · 商船, 皆修造於此, 橋立如林. 北方地形漸狹, 別一區宇, 分六部. 其大部曰約爾克, 有屬邑曰曼識特, 爲洋布總聚之地. 外通港口曰里味池, 居民二十萬, 米利堅販棉花之船, 皆收此港, 在英國埔頭爲第二. 西北列五部, 曰蘭加斯德爾, 曰威斯德謀爾蘭, 曰岡比爾蘭, 曰達爾威, 曰諾爾東北爾蘭北境有邑, 曰新堡, 係石炭 即中國之煤. 聚集之處. 中央之部十八, 多平衍膏腴之土. 曰支斯德爾, 曰德爾比, 曰諾定昂, 曰林哥爾內, 曰舍羅波, 曰斯達佛爾, 曰雷塞斯德爾, 曰魯德蘭, 曰氣耳佛爾, 曰窩耳塞斯德爾, 曰窩爾維克, 曰諾爾桑波敦, 曰恒丁敦, 曰瞞冒, 曰哥羅塞斯德爾, 曰疴哥斯佛爾, 曰巴京咸, 曰比德佛爾.

西方地形入海, 別一區宇, 總名曰威爾勒士. 一作瓦勒. 其地山嶺重叠, 爲英倫之後戶. 居民皆古時土番遺種, 與英倫言語不同, 多以牧羊爲業. 人皆散處, 城邑甚少, 地產石炭. 分十二部, 曰非林德, 曰敦比各, 曰該拿爾彎, 曰安哥勒塞, 曰美略內, 曰蒙德疴美里, 曰拉德諾爾, 曰加爾的安, 曰奔不羅咯, 曰該爾馬敦, 曰北勒各諾克, 曰加拉摩爾安.

蘇格蘭, 一作斯哥西亞, 又作師古泰. 在英倫之北, 南北約八百餘里, 東西廣狹不齊. 古時別爲 一國, 明萬曆三十一年, 合於英爲一國. 迤南土田肥沃, 迤北硫瘠多鹵斥. 其民智勤耐苦, 善於謀生. 俗儉嗇, 不妄費, 經商遍四海, 積貲多在數萬里外, 故地雖寒瘠, 而多素封. 產石炭最多, 每歲收炭稅百餘萬. 地分三十三部. 南方十三部, 曰壹丁不爾厄, 一作以丁堡. 蘇格蘭之舊都也. 今爲會城,在內海之南岸, 街衢整潔, 萬廈雲連, 爲北方大都會. 曰林利德厄, 曰合丁敦, 曰北爾維克, 曰棱非律, 曰哀爾, 曰烏宜疴敦, 曰拉拿爾克, 白比波勒斯, 曰塞爾給爾克, 曰羅哥斯不爾厄, 曰當非利斯, 曰給爾加德比里至. 中央十四部, 曰亞爾日勒, 曰比干德, 曰內壹爾那, 曰慕來, 曰邦弗, 曰亞北爾巇, 曰迷牙爾, 曰安孤斯, 曰白爾斯, 曰發壹夫, 曰見羅斯, 曰加拉克馬南, 曰斯德爾零, 曰當巴爾敦. 加拉克馬南爲洋布總聚之地, 出運別國, 每歲得價千餘萬. 北方六部, 曰爾哥內, 曰該內斯, 曰蘇塞爾蘭, 曰羅斯, 曰哥羅馬爾的, 曰音威爾內斯.

阿爾蘭, 一作耳蘭, 又作壹爾蘭大. 在英倫·蘇格蘭之西, 海港隔斷, 別爲一島, 南北約七八百里, 東西約四五百里. 古時爲土番部落, 英人於南宋時收服之. 地多瀦澤, 河流甚短, 土亦磽瘠. 產石炭甚富, 又產鉛錫銅鐵. 其民粗豪開爽, 飲酒歡會無遠圖. 英人募以爲兵, 臨陣敢於衝突, 以退縮爲恥. 故英之水陸將領, 半皆阿爾蘭人. 俗尚天主教, 不肯從耶穌教, 英人惡之, 而不能使之改革也. 地分三十二部. 東方十二部, 曰都伯林, 一作土北林. 其會城也. 建於利菲江濱, 下接海口, 水深便於泊船. 城內外居民十萬餘, 貿易繁盛, 景象極豪華. 曰勞斯, 曰壹斯德迷, 曰烏宜哥婁, 曰威哥斯佛爾, 曰幾爾給尼, 曰加爾婁, 曰幾爾德壹耳, 曰固音斯高翁的, 曰京斯高翁的, 曰威斯德迷, 曰朗佛爾. 西方五部, 曰勒德靈, 曰斯黎各, 曰羅斯哥滿, 曰馬約, 曰加爾威. 南方六部, 曰哥雷宜爾, 曰里摩黎克, 曰給黎, 曰哥爾克, 曰窩德爾佛耳, 曰的卑拉黎. 北方九部, 曰安德靈, 曰刀尼, 曰亞爾罵疴, 曰的倫, 曰倫敦德黎, 曰德內加爾, 曰非爾馬那疴, 曰加彎, 曰摩那安.

英國附近海島甚多, 迤南最大者曰威地, 風景極清. 近佛朗西海中兩島, 曰額西, 曰額耳西. 西方者, 曰萌島. 附近蘇格蘭, 曰散多島, 地氣寒甚, 穀麥不登. 迤北群島尤寒冽, 積冰雪者歲居其半, 其民捕魚爲食.

英吉利三島物産, 石炭之外, 兼產銅·鐵·錫·鉛·窩宅·硇砂, 馬·牛·羊最多. 土宜二麥, 收穫甚豊. 然人滿食不足, 資運糴於他國. 織布者四十九萬餘人, 其機以鐵爲之, 激以火輪關捩, 自能運動, 是以工省而價廉. 每年用棉花四十餘萬擔, 皆從五印度·米利堅運入. 織造大呢·羽緞·嗶嘰最多, 又能織絲緞, 亞於佛朗西. 絲由中國·意大里運買. 槍砲·刀劍·鐘錶, 以及日用各項器皿之工, 約三十萬人. 每年各項貨價, 約值一萬萬餘兩. 街市之中, 袘帷汗雨, 晝夜往來如織. 其商船四海之中, 無處不到. 大利歸於商賈, 而工則貧.

英國之制, 相二人, 一專司國內之政, 一專司外國之務. 此外大臣, 一管帑藏, 一管出納, 一管貿易, 一管訟獄, 一管璽印, 一管印度事務, 一管水師事務, 各有佐屬襄助. 都城有公會所, 內分兩所, 一曰爵房, 一曰鄉紳房. 爵房者, 有爵位貴人及耶穌教師處之, 鄉紳房者, 由庶民推擇有才識學術者處之. 國有大事, 王諭相, 相告爵房, 聚衆公議, 參以條例, 決其可否. 復轉告鄉紳房, 必鄉紳大衆允諾而後行. 否則, 寢其事勿論. 其民間有利病欲興除者, 先陳說於鄉紳房, 鄉紳酌核, 上之爵房. 爵房酌議, 可行則上之相, 而聞於王, 否則報罷. 民間有控訴者, 亦赴鄉紳房具狀. 鄉紳斟酌擬批, 上之爵房核定. 鄉紳有罪, 令衆鄉紳議治之, 不與庶民同囚禁. 大約刑賞征伐條例諸事, 有爵者主議, 增減課稅, 籌辦帑餉, 則全由鄉紳主議. 此制歐羅巴諸國皆從同, 不獨英吉利也. 又英國聽訟之制, 有證據, 則拿解到官. 將訊, 先於齊民中, 選派有聲望者六人, 又令犯罪者, 自選六人. 此十二人會同訊問, 辨其曲直, 然後聞之於官. 官乃審訊, 而行法焉.

英吉利本國境土, 止三大島, 其藩屬埔頭, 皆在數千萬里之外. 北亞墨利加一土, 英人於前明萬曆年間探得之, 生聚墾闢, 經營二百餘年. 後南境爲華盛頓所割據, 僅餘北境六部. 詳『亞墨利加圖説』. 乾隆初年, 復得五印度數千里膏腴之土. 詳『五印度圖說』. 由印度海之東岸, 漸拓而南, 在緬甸之西界, 有阿喀喇等埠頭. 迤南爲麻喇甲, 再東南爲息力. 俱詳『南洋圖說』. 又由緬甸之西北, 開阿薩密部. 南洋之極東南, 有大島曰澳大利亞, 又名新荷蘭. 別有兩島, 曰搦日倫敦, 又名新西蘭. 皆英人新開之土. 另有圖說. 此外則阿非利加之西界, 有獅山諸地. 詳『阿非利加圖說』. 南亞墨利加, 有特墨拉拉諸地, 詳『亞墨利加圖說』. 其餘所屬小島, 不可勝數.

按: 英吉利夐然三島, 不過西海一捲石. 揆其幅員, 與閩廣之臺灣 · 瓊州相若. 卽使盡爲沃土, 而地力之產, 能有幾何? 其驟致富強, 縱橫於數萬里外者, 由於西得亞墨利加, 東得印度諸部也. 亞墨利加一土, 孤懸宇內, 亘古未通聲聞. 英人於前明萬曆年間探得之, 遂益萬里膏腴之土, 驟致不貲之富. 其地雖隔英倫萬里, 而彼長於浮海, 視如一葦之杭. 迨南境爲米利堅所割, 所餘北境雖廣莫, 而荒寒類中國之塞北. 燕支既失, 英國幾無顏色矣. 五印度在中國西南, 卽所謂天竺佛國. 於康熙年間, 在孟加拉購片土, 造屋宇, 立埠頭. 乾隆二十年, 滅孟加拉, 乘勝蠶食印度諸部. 諸部散弱不能抗, 遂大半爲其所役屬. 其地產棉花, 又產鴉片烟土. 自中國盛行之後, 利市十倍. 英人所收稅餉, 五印度居其大半. 失之桑榆, 而收之東隅, 抑何幸也! 英人既得五印度, 漸拓而東南. 印度海之東岸, 遍置埠頭. 阿喀剌 · 達歪, 取之緬甸. 麻喇甲 · 息力 卽新奇坡. 易之荷蘭. 小西洋 卽印度海. 利權, 歸掌握者八九矣. 再東則中國之南洋諸島國, 惟呂宋屬西班牙, 餘皆荷蘭埠頭. 繁盛如噶羅巴, 卽瓜哇. 衝要如馬尼剌, 卽小呂宋. 英人未嘗不心艷之. 而他人我先, 無由馮空攫取. 然往來東道, 以兩地爲逆旅, 西與荷不敢迕連也.

澳大利一島, 孤懸巽維. 廣莫無垠, 野番如獸, 英人亦極意經營, 欲收效於數十年數百年之後. 至如亞非利加之獅山, 又名西爾拉里阿尼. 闢荒穢而取材, 南亞墨利加之特墨, 踐塗泥而耕作. 蓋四海之內, 其帆檣無所不到, 凡有土有人之處, 無不睥睨相度, 思朘削其精華. 而

517

目前之倚爲外府, 而張其國勢者, 則在於五印度. 其地在後藏西南, 由水程至粵東, 不過兩三旬. 蓋英人之屬地, 久已近連炎徼, 而論者止知其本國, 以爲在七萬里之外也.

英吉利本國, 地形偏小, 而生齒最繁. 可耕之土, 不足供食指之什一. 北亞墨利加未分割之前, 英民無業者, 率西渡謀食. 迨米利堅割據之後, 英所餘北境之土, 寒不可耕. 雖得五印度廣土, 而其地本有居人, 并無曠土. 英人流寓雖多, 終不能反客爲主, 故汲汲於尋新地. 近年得新荷蘭大島, 誅鋤草萊, 流徙罪人於此. 貧民無生業者, 亦載往安插. 移民於八萬里之外, 其爲生聚之謀, 亦可謂勤且勞矣.

英吉利歲入稅餉, 除還商民利息外, 每年約得二千餘萬兩, 所出亦二千餘萬兩. 本國額兵九萬, 印度英兵三萬, 土兵二十三萬, 謂之叙跛兵. 兵船大小六百餘隻, 火輪船百餘隻. 其兵水師衣靑, 陸路衣紅, 重水師而輕陸路. 專恃槍砲, 不工技擊, 刀劍之外無別械.

英吉利兵船, 極大者安砲一百二十門, 次一百, 次九十, 次七十四, 次六十. 中等者安砲四十四, 次三十六, 次二十八. 小者安砲二十, 次十, 次六. 其船大者三桅, 長十五六丈, 次者二桅, 長約十丈. 船形平直, 兩舷高六七尺. 船腹入水, 深者三丈餘, 淺者兩丈餘, 小者丈餘. 包以銅片, 厚一二分, 防蠔蟲蝕船也. 船底有三龍骨, 正中者高三尺許, 平而直, 兩旁者相距尺許, 低於中龍骨尺許. 船底厚約七八寸, 表裏兩層, 故謂之夾板. 釘極密, 以銅爲之, 長尺許. 舵甚小, 在與中龍骨之尾, 長與中龍骨齊. 桅三節, 在根者, 圍約三尺餘, 長約十丈, 入船腹者三丈餘, 直抵龍骨. 在外者七丈餘, 中一節圍約尺餘, 長約二三丈. 上一節圍不及尺, 長止丈餘. 每節相接處有木架, 可坐數人, 持儀器審方向, 又可懸砲擊遠. 帆分三幅, 以布爲之, 捲舒極速. 繩索密如蛛網, 桅兩旁有繩梯用以登桅. 船首有桅, 長二三丈, 其勢斜立, 亦施篷以兜風, 謂之頭鼻. 砲位少者一層, 多者兩層至三層. 上一層在船面, 下兩層於船旁開砲洞, 人在

518

船腹. 其船行大洋中, 不畏風浪. 其篷關捩靈巧, 能收八面之風. 惟入水過深, 最畏礁石, 一閣淺卽立敗矣. 船料皆番木, 或黃色, 或赤黑色, 皆極堅韌. 船之內外, 時時拭滌, 皆極光澤. 索拭以油, 使其柔韌, 隔數日輒重拭之.

俗傳西洋砲皆銅鑄, 非也. 銅砲亦有之, 而不如鐵砲之多. 其鐵砲鎔鑄精凝, 內外滑澤, 形粗而短. 三千斤者, 長才五尺許. 砲架不用輪, 上下兩盤, 施鐵條, 進退左右, 拽之以繩, 極其靈便. 砲彈極圓滑, 亦時時以油拭之, 防銹澀也. 每砲一門, 兵六人司之. 鳥槍皆自來火, 另有利刃長尺餘, 以鞘插之於腰, 敵迫不及放槍, 則套刃於槍梢, 以當戟刺.

火輪船, 大者如三桅船, 小者如兩桅船. 船之後半, 上爲水櫃, 下列火門, 或五或九. 火門之內, 以柴燃煤. 水櫃之上, 兩銅管粗尺許, 灣折而下, 至船底, 承以兩木桶, 高五六尺, 圍七八尺. 木桶之前, 又接以雙鐵管, 曲折灣環, 達於輪軸. **管內貯水銀, 不知如何運用.** 火燃水沸, 熱氣從銅管入桶, 桶蓋扇動, 熱氣貫入雙鐵管, 宛轉達於輪軸, 以激動之. 輪在船之兩旁, 爲鐵圈三層, 橫施鐵板, 略如南方灌田之水輪. 外以木匣護之, 望如半月. 船面有大鐵筒, 高二丈餘, 出黑烟以透火氣. 又小鐵筒一, 高丈餘, 出白蒸以透水氣. 船將行, 先燃火, 約兩三時, 候水沸而開船. 船內有銅尺二, 施於兩柱, 推之向前, 則輪前轉. 推之向後, 則輪倒轉. 推之依柱, 則輪不行. 船之行也, 輪激水如飛, 瞬息不見, 一晝夜約千餘里. 船面立小桅二, 遇順風, 則施篷以助輪. 風不順, 則專用輪而不用篷. 船面設砲與夾板同, 惟船腹不開砲洞耳. 火輪船之制, 四五十年前始創爲之. 先是歐羅巴諸國, 織布多用火輪機. 能者推廣其法, 遂造爲火輪船. 近年米利堅又推廣其法, 造火輪車, 而鎔鐵爲路, 以速其行, 亦可謂精能之至矣.

英吉利之人, 身材長大白皙, 鬚髮與睛或黑色, 或黃赤色. 心計精密, 作事堅忍, 氣豪膽壯, 爲歐羅巴諸國之冠. 其語音雜佛郎西日耳曼. 其文字用二十六字母, 佛郎西用二十四字母, 英益其二, 餘二十四字母與佛同. 或二三字合爲一音, 以漢字譯之, 斷不能吻合也. 舉國尙耶穌敎, 耶穌之書, 名爲『聖書』, 人藏一帙於懷袋.

英吉利官員, 常服之冠, 圓筒平項窄櫚, 燕居多用軟胎貼櫚, 略如中國之如意巾. 禮服之冠, 以黑絨爲之, 厚一指許. 頂如斧刃, 前後伸出長近二尺, 略似中國之雨帽, 雖盛暑亦著此. 然入門即免冠, 不能久戴也. 武職有武功者, 頂上綴白羽數十莖, 貼身之衣束革帶. 外襲之衣長過膝, 用天青呢, 窄袖敞前襟. 文職領袖與褲, 皆以銀綫盤作花紋, 武職兩肩挂銅獸面, 貴者以金, 下綴金綫纓絡. 職大者, 獸面之下, 拖金絲繩長數尺, 縮結盤於獸面. 職卑者, 僅一肩挂獸面. 文職帶劍, 武職帶刀. 鞘皆用白鐵, 飾以金珠象牙, 鏤制絕精. 刃雪亮如敷汞, 柔可盤圍腰間, 伸之則直. 禮服之刀劍, 皆無鋩, 謂之太平刀. 武員革舃, 踵後有銅釘上屈, 長寸許.

英吉利之俗, 男女婚配皆自擇定, 然後告父母. 至婚配之日, 耶穌教師誡以善言, 爲之祈福. 男以戒指約於女指, 親賓送之入房, 歡宴而散. 其俗, 男女皆分父母之產, 男不得娶妾, 犯者流之七年. 男恒聽命於女, 舉國皆然.

英俗, 賓主相見, 以脫帽爲恭, 各伸右手相握爲禮. 除跪拜天帝救世主外, 見君王亦無叩頭之禮. 尊卑雜坐, 無上下左右之分. 每宴會, 合座先立起, 持杯祝君王壽, 頌以好詞, 一飲而盡, 然後輪流相敬. 敬是人, 則是人不飲, 內一人頌好詞致祝, 合座擊節呼贊之. 贊畢, 合座皆嚼.

英俗, 早餐皆餅餌饅頭, 沃以牛油, 飲茶與加非, 參以牛乳白糖. 午飯謂之大餐, 牛羊肉或燒或炙, 飲葡萄酒. 蔬菜不甚用, 惟重荷蘭薯.

521

524

532

찾아보기

536

저자 소개

서계여(徐繼畬, 1795~1873)

청대 정치가, 계몽 사상가이다. 자는 건남(健男), 호는 송감(松龕)으로, 산서성(山西省) 오대현(五臺縣) 사람이다. 1826년 진사에 급제한 뒤 한림원(翰林院) 편수(編修)로서 관계에 발을 들여놓은 뒤 주로 양광(兩廣), 복건(福建) 등지에서 관리 생활을 했다. 1840년 아편 전쟁 발발 직후 하문(廈門)과 복주(福州)의 통상 업무를 보면서 세계와 서구를 바라보는 인식의 변화를 느끼고, 서구에 대한 정보를 수집하기 시작해 1848년에 『영환지략』을 편찬했다. 주요 저작으로는 『퇴밀재시문집(退密齋時文集)』, 『고시원비주(古詩源批注)』, 『오대신지(五臺新志)』, 『거우집(擧隅集)』 등이 있다.

역주자 소개

이민숙(李玟淑)

한국외국어대학교에서 중국고전소설로 박사학위를 받았으며, 현재 한림대학교 인문학연구소 학술연구교수로 재직 중이다. 고서적 읽는 것을 좋아해서 틈틈이 중국 전통 시대의 글을 번역해 출간하고 있다. 특히 필기문헌에 실려 있는 중국 전통문화를 이해하고 재구성하는 것에 관심이 많다. 저서로는 『한자 콘서트』(공저), 『중화미각』(공저), 『중화명승』(공저), 역서로는 『태평광기』(공역), 『우초신지』(공역), 『풍속통의』(공역), 『강남은 어디인가: 청나라 황제의 강남 지식인 길들이기』(공역), 『임진기록』(공역), 『녹색모자 좀 벗겨줘』(공역), 『열미초당필기』, 『해국도지』(공역) 등이 있다.

정민경(鄭暋暻)

중국사회과학원에서 중국문학 전공으로 박사학위를 받았으며, 현재 제주대학교 중문과 부교수로 재직 중이다. 중국소설과 필기를 틈틈이 읽고 있으며 중국 지리와 외국과의 문화 교류에도 관심이 많다. 저서로는 『옛이야기와 에듀테인먼트 콘텐츠』(공저), 『중화미각』(공저), 『중화명승』(공저)이 있고, 역서로는 『태평광기』(공역), 『우초신지』(공역), 『풍속통의』(공역), 『명대여성작가총서』(공역), 『강남은 어디인가: 청나라 황제의 강남 지식인 길들이기』(공역), 『사치의 제국』(공역), 『(청 모종강본) 삼국지』(공역), 『해국도지』(공역) 등이 있다.